# 복음주의 조직신학

## (하)

# 복음주의 조직신학

하

## 구원론·교회론·종말론

밀라드 J. 에릭슨 〈 신경수 옮김

CH북스
크리스천
다이제스트

# 차 례

## (下)

**제9부**
**성령**

# 제10부
# 구원

# 제11부
## 교회

# 제12부
# 마지막 일들

# 제9부

# 성령

# 40

# 성령의 인격



우리의 조직신학 개관의 결론적인 부분들에 이르게 되면, 조사해야 할 문제들을 그것들의 적절한 맥락 속에 놓을 수 있게 될 것이다. 우리는 지고(至高)하신 존재인 하나님과, 존재하는 만물을 계획하시고 창조하시며 돌보시는 그의 사역에 대한 연구로부터 시작하였다. 그 다음에 우리는 신적으로 작정된 그의 운명과 그 신적인 계획으로부터의 일탈의 국면에서, 피조물들 가운데 가장 높은 인간을 조사하였다. 우리는 또한 인류에게 닥쳐온 결과들과 하나님께서 그들의 구원과 회복을 위하여 행하셨던 준비를 보았다. 창조와 섭리와 구원의 준비는 하나님의 객관적인 사역이다. 우리는 이제 하나님의 주관적인 사역, 곧 그의 신적인 구원의 사역을 인간에게 적용하는 일에 이르게 되었다. 우리는 인간이 받고 경험한 구원의 실제적인 성격을 조사하게 될 것이다. 그 다음에 우리는 믿음이 취하는 집단적인 형태, 즉 교회를 조사하게 될 것이다. 그리고 우리는 마지막으로 하나님의 계획의 완성, 즉 마지막 일들을 살펴보게 될 것이다.

　우리의 조직신학 개관을 조사하는 한 가지 다른 방식은 삼위일체의 다른 위격들의 사역에 초점을 맞추어서 그것을 보는 것이다. 아버지는 창조와 섭리의 사역 속에서 돋보이고(1-4부), 아들은 죄를 지은 인간을 위하여 구원을 이루셨으며(5-8부), 성령은 이 구원 사역을 하나님의 피조물에 적용하심으로써, 구원을 현실적으로 만드신다(9-11부). 따라서 우리는 계속해서 그의 노력들의 결과들로 나아가기 전에 삼위일체의 세번째 위격을 연구하면서 얼마의 시간을 보내는 것이 중요할 것이다.


## 성령론의 중요성

성령론에 대한 연구가 우리에게 특별히 중요한 몇가지의 이유들이 존재한다. 한가지는 성령은 삼위일체가 신자에게 인격적으로 되는 대상이라는 것이다. 우리는 대개 아버지를, 초월하셔서 하늘 위에 멀리 떨어져 계신 분으로, 그리고 이와 유사하게, 아들은 역사에서 멀리 옮겨지셔서 역시 상대적으로 알려질 수 없는 분으로 생각한다. 그러나 성령은 신자들의 삶 속에서 활동하신다. 그는 우리 안에 거하신다. 성령은 삼위일체의 전체 신격(神格)이 그를 통하여 우리 안에서 활동하시는 삼위일체의 특별한 위격이시다.

성령론에 대한 연구가 특별히 중요한 두번째 이유는 삼위일체의 다른 위격들의 활동보다 성령의 활동이 더 두드러진 시대에 우리가 살고 있다는 사실이다. 아들의 사역이 복음서들에 의하여 다루어지는 기간에서부터 승천하시기까지 이르렀던 것과 같이, 아버지의 사역은 구약 성경의 시대 속에서 가장 두드러진 것이었다. 성령은 오순절부터 계속하여, 즉 사도행전과 서신서들에 의하여 다루어지는 기간과 그 이후의 교회사의 기간들에 무대의 중심을 차지해왔다. 만약 우리가 오늘날 하나님과 접촉하려고 한다면, 우리는 성령의 활동을 잘 알고 있어야 한다.

성령론의 중요성에 대한 세번째 이유는 현재의 문화가 경험적인 것을 강조하고 있고, 또한 우리가 하나님을 경험하게 되는 것이 일차적으로 그를 통해서라는 사실이다. 우리가 하나님의 현존을 심중에 느끼고 또한 그리스도인의 삶이 특별한 확실성을 얻게 되는 것은 바로 성령의 사역을 통해서이다. 따라서, 우리가 성령을 이해하는 일이 매우 중요하다.


## 성령 이해의 난점들

　성령에 대한 연구가 특별히 중요하지만, 이것은 또한 매우 어렵다. 이해는 대부분의 다른 교리들보다도 여기에서 종종 더 불완전하고 혼란스럽다. 이렇게 된 이유들 중에 우리가 아버지나 아들에 대해서 발견하는 것보다 성경에서 성령에 관하여 덜 명백한 계시를 가지고 있다는 사실이 존재한다. 아마도 이것은 부분적으로는 성령의 사역의 큰 몫이 아들을 선포하고 영화롭게 하는 것이라는 사실에 기인하고 있는 것 같다(요 16:14). 다른 교리들과는 달리 성령에 대해서는 어떠한 체계적인 논의도 존재하지 않는다. 사실상 유일하게 확대된 표현은 요한복음 14-16장에 있는 예수의 강화(講話)이다. 성령이 언급되는 경우의 대부분에, 이것은 다른 주제와 연결되어 있다.

　더 큰 문제는 구체적인 이미지의 결여이다. 하나님 아버지는 아버지의 표상이 모든 사람에게 익숙하기 때문에 꽤 충분하게 이해된다. 아들은 개념으로서 생각하기가 어렵지 않은데, 그 이유는 그가 실제로 인간의 형태로 나타나셨고 목격되었으며 보고되었기 때문이다. 그러나 성령은 손으로 만질 수 없고 상상하기가 힘들다. 이 문제를 복잡하게 만드는 것은 성령(the Holy Spirit)을 "성령"(the "Holy Ghost") 으로서 언급하고 있는 흠정역과 다른 옛 영역 성경들의 부적당한 술어이다. 성경의 이러한 역본들을 사용하여 성장한 많은 사람들은 성령을 하얀 수의(壽衣) 안에 있는 어떤 것으로 상상한다.

　게다가, 아버지와 아들의 본성과 관련된 성령의 사역의 본성에 관하여 성경이 계시하는 것으로부터 하나의 문제가 야기된다. 현시대(現時代) 동안에, 성령은 아버지와 아들을 섬기는 사역을 이행하면서, 그들의(물론 그의 것이기도 한) 뜻을 수행하신다. 이런 점에서, 우리는 직분에서 아버지께 종속적이었던 아들의 지상에서의 사역을 상기하게 된다. 이제 이 일시적인 직분의 종속 — 즉·지상 사역 동안의 아들의 종속과 현시대 동안의 성령의 종속 — 으로 인하여 본질에서도 역시 약간의 열등함이 존재한다는 결론을 우리가 도출해서는 안된다. 그러나 실제로 우리들 중 많은 사람들이 성령을 아버지와 아들보다 더 낮은 본질을 갖고 있는 분으로 간주하는 비공식적인 신학을 갖고 있다. 사실상 삼위일체는 아버지와 아들과 성령(FATHER, SON and holy sprit)으로나, 혹은 다음과 같이 상상된다:

아버지　　　　　　　　　　　　　아들


　　　　　　　　　　　　　　　　　　　　　　　성령


　이러한 오류는 아리우스주의자들의 그것과 비슷하다. 지상에서의 사역 기간 동안 아버지에 대한 아들의 종속에 대해서 언급하고 있는 성경의 인용절들로부터, 그들은 아들이 아버지보다 더 낮은 지위와 본질을 갖고 있다고 결론을 내렸다.

20세기 후반에 와서, 성령에 대하여 상당한 논란이 있었다. 실제로 대중적이거나 평신도적인 수준에서, 성령론은 이 기간 동안 모든 교리들 가운데서 가장 쟁점을 일으키는 것이었을 수도 있다. 그 결과, 그러한 논의가 의견의 충돌에 이르게 될 것을 염려하여, 성령을 논의하는 일을 꺼려하는 일도 있었다. 오순절주의자들이 성령을 대단히 중시하기 때문에, 자신들이 오순절주의자들로 오해받지 않을까 걱정하는 어떤 비오순절주의자들은 성령에 대하여 말하기를 전적으로 피한다. 실제로, 어떤 진영에서는 "은사적(charismatic) 그리스도인"이 명성의 상징이지만, 다른 진영에서는 이것이 치욕이다.


## 성령론의 역사

만약 우리가 그것의 초기의 역사를 조사하게 된다면 당시의 문맥에서 성령론을 보는 것이 더 용이할 것이다. 특별한 교리들이 다양한 속도로 발전되었다.[1] 물론 이것은 전통적인 공식들에 대한 도전들이 있을 때나 혹은 교리의 새로운 형태들이 구성되고 제안될 때에 교리들이 가장 충분히 고심하여 만들어지기 때문이다. 이것은 특별히 성령론에서 사실로서 실현되었다.

교회의 초기 시대에는, 성령에 대하여 상대적으로 거의 언급이 되지 않았다. 한 가지 초기의 강조는 하나님의 말씀인 성경을 산출하였던 인도하시는 운동력으로서의 성령에 대한 것이었다. 예를 들어, 오리겐(Origen)은 성경을 "성령에 의하여 기록된"[2] 것으로 말하였다. 그 당시에는 성경 속에 있는 모든 것이 성령의 특별한 사역에 의하여 전하여진 것으로 가정되었다. 일반적인 견해는 성경이 어떤 오류나 어떤 불필요한 것도 포함하고 있지 않다는 것이었다. 비록 어떤 완전한 영감론도 제출되지 않았지만, 성경의 저자들이 실제로 그들의 집필 작업에서 성령에 의하여 사로잡

---

1) James Orr, *The Progress of Dogma*(Grand Rapids: Eerdmans, 1952 reprint), pp.22-30. 오르는 주요한 교리들이 애써서 만들어져 온 역사적 순서는 그것들의 교리적인 순서, 즉 신론이 첫번째로 만들어졌고 마지막 일들에 관한 교리가 마지막으로 만들어졌다는 것을 반영하고 있다고 주장하였다. 그러나 그러한 근거에 의하면 우리는 성령에 대한 완전한 표현을 이미 4,5세기에 발견하기를 기대할 수 있었겠지만, 이 교리가 광범위한 주목을 받게 된 것은 20세기에 들어와서야 이루어졌다.

2) Origen, *Against Celsus* 5.60; 참고하라. Basil *Homily on Psalm* 1.

3) Athenagoras, *A Plea for the Christians* 7.9.

혔다는 필로(Philo)와 다른 알렉산드리아 유대인들의 견해를 뒷받침하는 다수의 기독교 신학자들이 있었다. 예를 들어, 변증론자인 아테나고라스(Athenagoras)는 음악가가 관악기를 통하여 숨을 불어 넣듯이 성령이 그들을 통하여 호흡하실 때에, 선지자들이 황홀경의 상태에 사로잡히는 것으로 묘사하고 있다.[3] 그러나 이것은 초대교회의 신념의 상당히 극단적인 한 예이다. 대부분의 교부들은 저자들에게 순전히 수동적인 역할을 제안하는 것을 조심해서 피하였다. 예를 들어, 어거스틴(Augustine)은 저자들이 일어난 사건들에 대한 그들 자신의 기억들을 사용했다고 강조하였다. 성령의 역할은 그러한 기억들을 자극하고 그것들을 오류로부터 보호하는 것이었다.[4]

2세기 후반경에, 성령의 신성에 대한 증대되는 강조가 있었다. 로마의 클레멘트(Clement)는 삼위일체의 세 위격들을 한 가지 서약 속에서 통합하였다 — "하나님께서 살아계시는 것처럼, 주 예수 그리스도가 살아계시고, 성령이 살아계신다."[5] 유사한 방식으로, 그는 "우리에게는 한 분 하나님과 한 분 그리스도와 우리에게 부어지신 한 분 은혜의 성령이 계시지 않는가?"[6]라고 말하였다. 터툴리안(Tertullian)은 소위 아들과 성령이 공동으로 아버지와 함께 갖고 계시는 한 본질이 있다는 사실을 강조하면서, 성령을 하나님이라고 불렀다.[7] 그러나 사모사타의 바울(Paul of Samosata)에게서, 우리는 성령은 단순히 하나님께서 사도들에게 부어주셨던 은혜에 대한 명칭에 불과하다는 가르침을 만나게 된다.[8]

2세기에, 이레네우스(Irenaeus)는 성령을 신적인 지혜와 동일시하면서, 사실상 하나님의 한 속성으로서 간주하였다.[9] 그는 자신을 통하여 선지자들이 예언하였고 사람들이 의롭게 된 분이었다.[10] 오리겐(Origen)은 성령이 존재적인 삼위일체의 한 부분이라는 개념으로부터 훨씬 더 멀리 나아갔다. 그는 성령이 "말씀을 통하여 존재하게 된 모든 존재들 가운데 가장 영광스러운 존재이며, 그리스도를 통하여 아버지로 말미암아 시작된 모든 존재들의 최고 우두머리"[11]라고 단언하였다. 성령이 피조

---

4) Augustine, *Harmony of the Gospels* 2.30:3.7.
5) Clement of Rome, *The Epistle to the Corinthians* 58.2.
6) Ibid., 46.6.
7) Tertullian, *Adversus Praxeam* 2,3,8.
8) J.N.D.Kelly, *Early Christian Doctrines*(New York: Harper and Row,1960),p.118.
9) Irenaeus, *Against Heresies* 2.30.9: *The Demonstration of the Apostolic Preaching* 5.
10) Irenaeus, *Demonstration* 6.
11) Origen, *Commentary on John* 2.10.75.
12) Ibid.

물 가운데 가장 높고 으뜸간다는 이러한 신념은 아리우스주의자들이 나중에 아들에 대하여 주장하였던 견해와 다르지 않다. 삼위일체를 강조하고, 세 구분되는 본질이 존재한다는 사실을 강조하면서도, 오리겐은 그들을 너무나 날카롭게 구분함으로써 어떤 사람들은 그의 견해가 삼신론에 접근하였다고 생각했다.[12] 게다가, 그는 더 이상은 아니라 하더라도, 그들이 하등의 존재들의 영역을 초월하는 그만큼 그들을 초월하시는 아버지에 대한 아들과 성령의 종속에 대해서 말하였다.[13]

어떤 의미에서, 특별히 아버지(성부)와 아들(성자)과의 관계 속에서, 성령에 대한 충분한 교리적인 이해를 성취해 내는 일은 4,5세기에 이루어진 기독론적인 작업의 부속물이요 부산물이었다. 이것은 성령의 신성의 문제가 어떤 의미에서 아들의 신성의 문제 속에 포함되었기 때문에 당연한 것이었다. 그 이유는 만약 신적인 제2위격이 존재할 수 있다면, 존재론적인 신성의 일원이며 하나님께만 드려야 하는 예배와 복종이 그에게 드려져야 하는 제3위격도 그만큼 쉽게 존재할 수 있기 때문이다.

오리겐의 시대 이후로, 성령의 본성에 대한 신학적인 성찰은 신앙적인 실천에 뒤처지게 되었다. 성령은 경배되었지만, 그의 정확한 지위는 불분명한 채로 남아 있었다. 아리우스(Arius)는 성령을 본질이라고 말했지만, 그의 본질은 아들의 본질이 아버지의 본질과 전혀 다른 것처럼 아들의 본질과 전혀 다른 것으로 간주하였다.[14] 가이사랴의 유세비우스(Eusebius of Caesarea)는 성령을 "세번째 등급에 있는", "제3의 능력," 그리고 "지고한 원인에서 나온 제3위"라고 언급하였다.[15] 그는 요한복음 1:3에 대한 오리겐의 주석을 따랐으며, 성령을 "아들을 통하여 존재하게 된 실재들 가운데 하나"라고 주장하였다.[16] 그러므로 다른 문제들에서와 같이 이 문제에서도 정통주의적인 견해가 되어야 했던 것을 아타나시우스(Athanasius)가 공표하는 일이 남아 있었다.

아타나시우스는 "비유"를 의미하는 희랍어 단어인 τρόπος(트로포스)에서 유래한 이름인, 트로피키(Tropici)라고 그가 불렀던 어떤 사람들의 글들로 인하여 특별히 그의 관념들을 설명하도록 고무되었다.[17] 이 사람들은 그 당시에는 보기 드문 관례가 아니었던, 성경에 대한 비유적인 주석에 종사하고 있었다. 그들은 성령이 무로부터 존재하게 된 피조물이라고 주장하였다. 특히 그들은 그를 확실히 천사들의 등급

---

13) Origen, *Commentary on Matthew* 14.10.
14) Athanasius, *Four Discourses Against the Arians* 1.6을 보라.
15) Eusebius of Caesarea, *Preparation for the Gospel* 11.20.
16) Eusebius of Caesarea, *On the Theology of the Church: A Refutation of Marcellus* 3.6.3.
17) Athanasius, *Letters to Bishop Serapion Concerning the Holy Spirit* 1.21.30.

에서는 가장 높지만, 그럼에도 불구하고 히브리서 1:14에서 언급된 "부리는 영들" 중의 하나인 천사로서 간주하였다. 그는 아버지와 아들과는 "본질에서 다른"(헤테로우시오스, ἑτεροούσιος) 것으로서 생각되어야 했다. 대부분의 이단들과 같이, 이 트로피키들은 그들의 견해를 뒷받침하기 위하여 증거 본문들을 인용하였다 — 아모스 4:13("보라. 우레를 수립하고 영을 창조하는 내가"), 스가랴 1:9("내 안에서 말하는 천사가 이것들을 말하였다"), 디모데전서 5:21("하나님과 그리스도 예수와 택하심을 받은 천사들 앞에서 내가 엄히 명하노니").[18]

아타나시우스는 트로피키들의 견해에 대하여 격렬하게 반응하였다. 그는 성령이 완전히 신적이며, 아버지와 아들과 함께 동질을 갖고 계신다고 주장하였다. 그의 주장은 몇가지 요소들을 포함하였다. 첫째는 트로피키들의 부정확한 주석에 대한 반박이었다. 그 다음에 그는 성령이 "삼위일체에 속하여 있고, 그 안에 있는 신성과 하나"라고 성경이 분명히 가르친다는 사실을 계속해서 보여주었다. 그는 삼위일체가 영원하고 동질적이며, 분할할 수 없기 때문에, 그것의 일원인 성령은 아버지와 아들과 동질적임에 틀림없다고 주장하였다. 게다가 성령과 아들 사이의 밀접한 관계로 인하여, 성령은 정확히 아들이 아버지께 속하는 것과 같이, 본질에서 아들에게 속해야 한다. 마지막으로, 우리 모두를 "하나님께 참여한 자들"로 만드시는 분이 바로 그 분이기 때문에, 성령은 신적임에 틀림없다(고전 3:16-17 — 성령의 우리 안에 내주하심이 우리를 하나님의 성전으로 만든다). 이러한 고찰들에 비추어 볼 때, 성령은 아버지와 아들과 같은 본성을 갖고 계시며, 그들과 같은 명예와 예배를 받으시는 분으로서 인정되어야 한다.[19]

그러나 그럼에도 불구하고 다양한 견해들이 있었다. 바로 380년에, 나지안주스의 그레고리(Gregory of Nazianzus)는 성령에 대한 여러 가지 신념들이 존재하였다는 사실을 한 설교에서 말했다. 그가 말한 바에 의하면, 어떤 사람들은 성령을 하나의 힘으로서 간주하였고, 다른 사람들은 그를 피조물로 인식하였으며, 게다가 다른 사람들은 그를 하나님으로서 생각하였다. 그리고 이 주제에 대한 성경의 모호성으로 인하여, 어떤 사람들은 관여하기를 거절하였다. 여전히 다른 사람들은 삼위일체의 세 위격들이 신성을 상이한 등급들 속에서 갖고 있다고 주장하였지만, 심지어는 성령을 하나님으로 간주하는 사람들 중에도, 어떤 사람들은 그것을 사적인 견해로서 주장하였고, 다른 사람들은 그것을 공공연하게 선언하였다.[20]

이 주제에 관한 좀더 과격한 기독교 집단들 가운데에는 마케도니우스파

---

18) Ibid.,1.3.11.10. 이 번역들은 트로피키의 해석들을 반영하고 있다.
19) Ibid.,1.2.20-27;3.1-6.
20) Gregory of Nazianzus, *Theological Oration 5: On the Holy Spirit* 5.

(Macedonians)나 혹은 신령파(Pneumatomachians, 성령의 전사들)가 있었다. 이 사람들은 성령의 완전한 신성의 교리를 반대하였다. 그러나 375년에 「성령에 대하여」(*De Spiritu Sancto*)라는 글에서 바질(Basil)은 아버지와 아들에게 드려지는 것과 같은 영광과 명예와 예배가 성령에 대해서도 역시 드려져야 한다고 주장하였다. 바질은 그가 그들 "밑에서 고려되는" 것이 아니라, 그들과 "함께 고려되어야" 한다고 주장하였다. 그는 성령을 그렇게 많은 말로서 하나님으로 부르지는 않았으나, "우리는 그가 신적인 본성에서 다르지 않다고 믿기 때문에, 아버지와 아들과 함께 성령께 영광을 돌려드려야 한다"고 말하였다. 바질의 견해에 의하면, 성령의 활동의 위대성과 그의 아버지와 아들에 대한 관계성과 일하심의 밀접성이 그의 지위를 이해할 수 있는 주요한 열쇠들이다.[21]

또한 주목되어야 하는 것은 교회사의 초기 기간 동안에 있었던 카리스마적인 집단들의 존재이다. 이 집단들 가운데 가장 현저한 것은 2세기 후반에 번성하였던 몬타누스주의자들이었다. 그의 세례식에서 몬타누스(Montanus)는 방언으로 말하고 예언하기 시작하였다. 그는 보혜사, 즉 예수께서 약속하신 성령이 그를 통하여 말씀하시고 있다고 선언하였다. 몬타누스와 그의 여제자들 중 두 사람도 역시 성령의 대변인들로서 믿어졌다. 그들의 수많은 예언들 가운데에는 그리스도의 재림이 임박하였다는 경고들도 있었다. 몬타누스주의자들은 그들의 예언들이 성경을 명백하게 설명해주며 또한 성령의 영감을 받은 선지자들이 기독교 공동체 안에서 계속해서 일어날 것이라고 믿고 가르쳤다.[22] 보혜사의 명령을 전달한다고 주장하면서, 그들은 재혼하는 것은 죄라고 선언하였다. 교회의 실천들이 느슨하게 되기 시작하고 있을 때와 동시에, 몬타누스주의 운동 안에서는 기독교적인 삶의 높은 표준에 대한 강조가 있었다. 그들은 터툴리안이 몬타누스주의자가 되었을 때에 그들의 가장 유명한 개종자를 확보하게 되었다. 얼마간 유사한 성격을 지니고 있었던 그 이후의 운동은 노바투스주의(Novatianism)였다. 이것은 3세기 중반과 그 이후에 번성하였다. 이 집단은 몬타누스주의와 도덕적인 삶에 대한 깊은 관심을 공유하였다. 그러나 이것은 예언에 대해서는 동일하게 강조하지 않았다. 이 집단들 가운데 어느 것도 교회에 지속적인 영향을 갖고 있지는 않았다.

중세 시대 동안에는 성령에 대하여 거의 강조되지 않았다. 부분적으로 이것은 물론 성령의 특별한 영역인 그리스도인의 삶의 경험적인 측면에 대한 상대적인 무관심 때문이었다. 이 시대에 일어났던 유일하게 주요한 문제는 신조들 속에

---

21) Basil, *Letters* 159.2.
22) Tertullian, *On the Resurrection of the Flesh* 63.

filioque(필리오케)라는 단어를 삽입하는 것과 관련되었다. 이것의 추가는 처음부터 아리우스주의를 반대하는 입장을 취하는 한가지 방법으로서 여겨졌다 — 성령은 아버지와 "아들로부터" 나오신다. 점차로 이것이 공식적으로 되었으며, 이 과정은 9세기경에 서방 교회에서 사실상 완성되었다. 그러나, 동방 교회는 이 단어를 못마땅하게 생각하였다. 그들은 요한복음 15:26이 성령을 아들로부터가 아니라, 오직 아버지께로부터만 나오시는 것으로 언급하고 있음을 주목하였다. 니케아 신조의 원래 형태는 서방 교회의 추가였던 "그리고 아들로부터도"라는 단어들을 포함하지 않고 있었다. 더욱이, 동방 교회는 아버지의 μοναρχία(모나르키아, "단일한 통치")의 개념에 입각하여 filioque라는 단어를 거절하였다 — 그는 신성의 유일한 토대이자 근원이며 원인이시다. 그들은 성령이 "아들을 통하여 아버지로부터" 나오신다는 진술에는 동의할 수 있었으나, 그가 "아들로부터" 나오신다는 진술에는 동의할 수 없었다.[23] 따라서, 결국 그들은 서방 교회로부터 분리되었다. 비록 filioque 논쟁이 인용된 유일한 교리적인 문제이긴 하였으나, 이것은 아마도 동방 교회를 서방 교회로부터 분리시킨 정말로 중요한 문제는 아니었을 것이다.

종교개혁은 성령에 대한 정통적인 교리에 어떤 주요한 변화도 산출하지 않았다. 우리가 발견하게 되는 것은 이전의 공식 위에서의 다듬기와 확대 작업들이다. 예를 들어, 루터의 사상 속에서, 우리는 신자의 마음 속에 성령께서 "사랑을 불어 넣으신다"는 관념을 발견한다. 초기의 공식에서, 루터의 관념은 어거스틴의 그것과 매우 유사하였다. 이것은 놀라운 일은 아닌데, 그 이유는 루터가 어거스틴파 수도사였기 때문이다. 성령의 사랑의 주입은 한편으로는 개인의 삶 속에서의 하나님의 임재를 지시하였으며, 그 결과는 하나님의 뜻과 인간의 뜻의 일치였다. 루터의 개념은 또한 개인 속에 여전히 존재하는 옛 죄성에 대한 성령의 싸움을 설명하였다.[24]

성령론의 논의에 끼친 칼빈의 유일한 공헌은 성경의 권위에 대한 영역에 놓여 있다. 우리는 성경이 실제로 신적으로 영감되었으며, 따라서 하나님께로부터 온 메시지라는 사실을 어떻게 아는가? 가톨릭 교회의 답변은 교회가 성경의 신성을 보증한다는 것이다. 칼빈의 답변은 여러 형태를 취하였지만, 성령의 증언이 그의 중심적

---

23) "Filioque Controversy," in *The New Schaff-Herzog Encyclopedia of Religious Knowledge*, ed.Samuel Macauley Jackson(New York: Funk and Wagnalls, 1908), vol. 4. pp. 312-13.

24) Bernard Holm, "The Work of the Spirit: The Reformation to the Present," in *The Holy Spirit in the Life of the Church: From Biblical Times to the Present*, ed.Paul D. Opsahl(Minneapolis: Augsburg, 1978), pp. 102-03.

인 논지였다. 교회의 증언이나 다른 외적인 증거들의 설득력이 아니라, 성령의 내적인 증언이 성경의 신적인 본성에 대한 우리의 확신의 궁극적 토대이다.

칼빈은 성령의 증언이 이성보다 우월하다고 주장하였다. 이것은 성경을 듣거나 읽는 사람들의 마음을 사로잡고, 그들이 다루고 있는 것이 하나님의 말씀이라는 신념이나 확신을 일으키시는 내적인 활동이다. 이것은 성경에 관한 성령의 두번째 사역이다. 처음에는 성경을 기록하도록 선지자들과 사도들에게 영감을 불어넣으셨던 성령께서 이제 우리 마음 속에 들어오셔서, 우리에게 이 성경이 실제로 하나님의 말씀이며 따라서 진리라는 확신을 갖게 하신다. 그는 확신을 일으키시며, 우리가 가질 수 있는 어떠한 의혹도 제거하신다.[25]

칼빈은 말씀과 성령의 연합을 매우 조심성있게 강조하였다. 어떤 사람들은 성령이 성경과 관계없이 작용하실 것으로 기대하였다. 그들은 성령으로부터의 새로운 계시를 기대하고 있었다. 그러나 칼빈은 독자들에게 요한복음 14:26에 나오는 예수의 말씀을 상기시켜 주었다 — 성령은 어떤 새로운 진리를 제자들에게 가르쳐 주시는 것이 아니라, 예수의 말씀을 그들에게 조명하고 각인하신다.[26]

성령에 대한 존 웨슬리(John Wesley)의 주요한 강조는 성화의 문제에 관한 것이었다. 그는 성화의 전부가 순식간에 일어나는 성화의 특별한 사역에 대하여 언급하였다.[27] 그리스도인의 삶의 시초에 일어나는 회심/중생의 사건과는 전혀 다른 것인, 이러한 순간적인 성화의 사역이 기대되고 추구되어야 한다. 웨슬리는 "성령의 세례"라는 용어를 사용하지는 않았지만, 그는 이 사건을 오순절주의자들이 나중에 "세례"라고 불러야 했던 것과 매우 유사한 성령의 특별한 활동으로서 생각하였다. 루터와 칼빈과는 달리, 웨슬리는 신자들 스스로가 성령의 활동을 야기시키는 일을 도울 수 있다고 말하였다.

성령에 대한 교회의 관심은 18,19세기 동안에 오랜 쇠퇴의 기간을 겪게 되었다. 이것은 그들 각자가 자기들의 방식으로 성령과 그의 사역을 불필요하거나 믿을 수 없는 것으로 간주하였던 여러 가지 운동들에 기인하고 있었다. 그런 운동들 가운데 하나가 개신교 **스콜라주의**였다. 이것은 루터교에서, 특별히 필립 멜란히톤(Philipp Melanchthon)의 저작들에서 그것의 영감을 이끌어내었던 분파 속에서 발견되었다. 일련의 교리적인 논쟁들이 발생하게 되었을 때, 신념들을 좀더 명확하

---

25) John Calvin, *Institutes of the Christian Religion*, book 1, chapter 7, section 5.

26) Ibid., book 1, chapter 9, section 1.

27) John Wesley, letter of 21 June 1784, in *The Letters of the Rev. John Wesley*, ed. John Telford(London: Epworth, 1931), vol. 7, p. 222.

게 정의하고 다듬는 일이 필요하게 되었다. 그 결과로서 믿음은 점차로 바른 교리(recht Lehre)로서 생각되게 되었다. 성경의 역할에 대한 좀더 기계적인 견해가 개발되었고, 그 결과로서 성령의 증언이 무시되는 경향이 있게 되었다. 권위의 토대로서 간주되었던 것은 이제 성령이 없는, 말씀뿐이었다. 체험보다는 믿음이 기독교 신앙의 본질로서 간주되게 되었기 때문에, 성령은 점차로 무시되었다. 성령론은 별개의 주제로서 거의 다루어지지 않았다. 그의 사역은 종종 그리스도의 인격과 사역에 관한 논의들 속에 덧붙여진 몇 마디의 짧은 논평 속에서 다루어졌다.[28]

이 시대의 두번째로 주요한 세력은 **합리주의**였다. 인간의 이성이 최고의 표준으로서 설정되었다. 처음에는 이성이 기독교의 모든 신념들을 정당화할 수 있는 것으로 생각되었다. 그러나 점차로, 그러한 관념은 만약 믿음이 받아들여져야 한다면, 그것은 이성에 의하여 정당한 것으로 인정받아야 한다는 원리로 변경되었다. 합리적인 증거에 의하여 확립될 수 있는 것들만이 신뢰를 받을 수 있다. 이성에 대한 이러한 새로운 강조는 예를 들어, 하나님의 개념이 이전에 그랬던 것보다 상당히 더 일반적으로 되었다는 것을 의미하였다. 자연 종교로부터(즉, 특별 계시없이) 하나님에 대하여 알려질 수 있는 것은 세목이 매우 결여되어 있다. 하나님이 삼위일체라는 사실, 즉 신적인 성령이 존재하신다는 사실은 자연에 대한 고찰로부터는 증명될 수 없다. 여기에서 더 중요한 국면은 하나님이 인간의 삶에서 매우 멀리 떨어져 있는 것으로 간주되게 되었다는 사실이다. 이러한 이신론(理神論)이 증가함에 따라, 이것은 인간과 상당하게 관계를 맺고 계시는 분으로서의 하나님에 대한 성경의 묘사를 직접적으로 부인하거나 혹은 적어도 그것의 중요성을 약화시켰다. 따라서 하나님께서 사람들과 관계를 맺으시는 특별한 통로인 성령에 대한 교리는 상당히 무시되었다.[29]

성령에 관한 연구를 억제하는 경향을 갖고 있었던 이 기간의 세번째 운동은 낭만주의였다. 이것은 낭만주의가 엄밀히 말하여 지적인 영역과는 대조되는 정신의 영역에 상당히 주목하였기 때문에, 다소 모순되는 진술인 것처럼 보일 수 있다. 그러나 낭만주의의 발생 이후 어려움을 겪었던 것은 성령에 대한 '교리'였다. 그 이유는 특별히 프리드리히 슐라이에르마허(Friedrich Schleiermacher)에 의하여 주장되었던 바와 같이, 종교에서의 낭만주의는 종교가 신념들(교리들)이나 행동(윤리)의 문

---

28) Heinrich Schmid, *The Doctrinal Theology of the Evangelical Lutheran Church*, trans. Charles A. Hay and Henry E. Jacobs, 4th ed. rev. (Philadelphia: Lutheran Publication Society, 1899), pp. 407-99.

29) 예를 들어 Matthew Tindal, *Christianity as Old as the Creation*(Stuttgart-Bad Cannstatt: Frommann-Holzboog, 1967 reprint of the 1730 London edition)을 보라.

제가 아니라고 주장하였기 때문이다. 이것은 외적인 권위에 의하여 전달된 교리들을 받아서 검토하는 문제가 아니었다. 오히려 감정이, 특별히 절대 의존의 감정이 종교의 본질을 구성한다. 믿음으로부터 감정으로 종교의 중심이 이렇게 옮겨지면서, 자체로서의 교리들은 버려지거나 재정의되는 경향이 있었다. 예를 들어, 슐라이에르마허는 성령을 "도덕적 인격으로서의 기독교적인 교제의 매우 중요한 일치"로서 정의하였다.[30]

성령의 중요성의 폄하(貶下)로 귀결된 이러한 운동들에도 불구하고, 그를 크게 주목하였던 기독교의 분파들이 존재하였다. 특히, 미국의 서부 개척지대의 부흥운동은 기독교의 특이한 형태를 유지하였다. 여기에서는 체험의 직접성과 회심이 크게 강조되었다. 그리스도를 받아들이기 위한 명확한 결단을 내려야 할 필요성이 부흥운동가들의 설교를 듣는 사람들의 마음 속에 중요하게 간직되었다. 회개와 회심은 기독교 신앙에 이르는 이러한 접근 방법에 으뜸가는 말들이었다. 그리고 성령은 회개와 신생을 야기하시는 유일한 분이기 때문에, 그는 이러한 형태의 인격적인 종교에서 간과될 수 없었다. 그러나 이들 부흥 집회에서, 사람들은 대체로 사도행전에서 보도되는 것과 같은 성령의 특별한 활동들을 발견하지는 않았다. 그럼에도 불구하고, 상당히 강한 감정적인 특성이 이러한 복음 전도 집회들을 특징지었다.

그러나 19세기 말에, 적어도 어떤 진영에서는 성령에 대하여 실제로 신학에서 현저한 역할을 부여할 수 있을 만한 발전이 나타나게 되었다. 일찍감치 1896년에 노스 캐롤라이나(North Carolina)에서 외국어나 방언으로 말하는 어떤 분출들이 있었다. 캔사스(Kansas) 주, 토페카(Topeka)에서 조그만 성경 학교의 교장이었던 찰스 파햄(Charles Parham)은 학생들이 성령의 세례에 관한 주제에 집중하는 일정한 기간의 시간을 가지는 것이 필요하다는 사실을 발견하였다. 파햄이 돌아왔을 때, 그들이 이구동성으로 내린 결론은 회심과 신생에 이어 성령의 세례가 일어나야 한다는 것과, 방언으로 말하는 것은 사람이 이런 은사를 받았다는 사실의 표시라고 성경이 가르치고 있다는 것이었다. 1901년 1월 1일에 아그네스 오즈만(Agnes Ozman)이라는 학생은 파햄이 성경의 방식대로 그녀에게 안수해 줄 것을 요청하였다. 그녀 자신의 증언에 의하면, 그가 이렇게 하고 기도했을 때, 성령이 그에게 내

---

30) Friedrich Schleiermacher, *The Christian Faith*(New York: Harper and Row, 1963), vol. 2, p. 537.

31) Klaude Kendrick, *The Promise Fulfilled: A History of the Modern Pentecostal Movement*(Springfield, Mo. :Gospel, 1961), pp. 48-49, 52-53; Agnes N.(Ozman) LaBerge, *What God Hath Wrought*(Chicago: Herald, n. d.), p. 29.

려왔고 그녀는 자신이 알지 못했던 몇가지 방언으로 계속해서 기도하였다.[31] 이 집단의 다른 사람들도 마찬가지로 은사를 받았다. 몇몇 교회사가들의 판단에 의하면, 이것은 현대 오순절 운동의 시작이었다.

그러나 오순절운동의 실제적인 발발은 흑인 성결 설교자인 윌리엄 세이무어(William J.Seymour)에 의해서 조직된 집회들에서 일어났다. 이 집회들은 로스앤젤레스의 아주사가(Azusa Street)312번지에 있던 이전의 감리교회에서 312년에 개최되었으며, 그 결과로서 아주사가(街) 집회들로서 언급되게 되었다.[32] 이러한 시작에서부터, 오순절 현상은 미국 전역과 다른 나라들로, 가장 현저하게는 스칸디나비아로 퍼져 나갔다. 최근에, 이러한 유형의 오순절 운동은 라틴 아메리카와 다른 제3세계 국가들에서 강력한 세력이 되었다.

그러나 여러 해 동안 오순절 운동은 기독교 내에서 상대적으로 분리된 요소였다. 이것은 대개 사회적으로나 경제적으로 낮은 계층들에 속해 있는 사람들로 주로 구성된 교파들 속에서 발견되었다. 때때로 그들의 예배들은 매우 극적인 것이었는데, 일정한 집단들 속에 있는 대부분의 사람들이 방언으로 말하는 것뿐만 아니라, 신앙 치유와 축사(逐邪)를 포함하였다. 이러한 예배들은 주요한 교파들의 예배와는 상당히 날카로운 대조를 이루었다. 오순절 집단의 예배를 참관해 보면, 주요한 교파들의 회원들은 상당한 문화적인 충격을 경험하게 되는데, 그 이유는 그들이 훨씬 더 의식적이고 예전적인 예배 형태에 익숙해 있기 때문이다.

그러나 1950년대 초에, 이것이 변하기 시작하였다. 몇몇 지금까지는 성공할 것 같지 않았던 장소들에서, 방언이 터져나오기 시작하였다. 감독교회와 루터교회, 그리고 심지어는 가톨릭 교회에서도, 성령 활동의 특별한 조짐들이 강조되었다. 신오순절운동이나 혹은 성령운동으로 불릴 수 있는 이러한 운동과 20세기 초에 나타나서 지금까지 계속되는 옛 흐름의 오순절운동 사이에는 중대한 차이들이 존재하였다. 후자의 구성원들이 주로 낮은 사회경제적 계층들에 속해 있는 일정한 교파적인 단체들을 형성하였다면, 신오순절운동은 중간 계층과 중상류 계층들로부터 많은 참여자들을 이끌어내는 좀더 초교파적인 운동이었다.[33] 리처드 니버(H.Richard Niebuhr)의 분류에 의하면, 오순절운동은 아마도 "종파"(sect)로서, 그리고 신오순절운동은

---

32) Kendrick, *Promise Fulfilled*, pp.64-68.
33) Richard Quebedeaux, *The New Charismatics: The Origins, Development, and Significance of Neo-Pentecostalism*(Garden City, N.Y.:Doubleday, 1976), pp.4-11.
34) H.Richard Niebuhr, *The Social Sources of Denominationalism*(New York: Henry Holt, 1929), pp.17-21.

"교회"로 불릴 수 있을 것이다.[34] 이 두 집단들은 또한 그들의 카리스마적인 은사들을 실천하는 방식에서도 다르다. 옛 흐름의 오순절 집단들에서는, 다수의 회원들이 동시에 큰 소리로 말하거나 기도할 것이다. 그러나 카리스마적 기독교인들은 그렇지 않다. 그들 중 일부는 자신의 개인적인 기도 시간에만 은사를 사용한다. 은사의 공적인 표명은 회중의 전체 예배에서보다는 특별한 집단들에서 대개 이루어진다.

## 성령의 본성

### 성령의 신성

우리는 이제 성령의 본성을 면밀하게 조사할 필요가 있다. 우리는 그의 신성에서부터 시작할 것이다. 성령의 신성은 아버지나 아들의 그것처럼 쉽게 확립되지는 않는다. 아버지의 신성은 성경에서 단순히 당연한 것으로 받아들여지고, 아들의 신성은 확언되고 주장되지만, 성령의 신성은 성경에서 발견되는 여러 가지 간접적인 진술들로부터 추론되어야 하는 것으로 언급될 수 있을 것이다. 그러나, 성령이 아버지와 아들과 같은 방식과 같은 정도로 하나님이시라고 결론을 내릴 수 있는 몇가지 근거들이 있다.

첫째로, 우리는 성령에 대한 다양한 언급들이 하나님에 대한 언급들과 상호 교환될 수 있다는 사실을 주목해야 한다. 그렇다면 사실상, 이 인용절들은 그를 하나님으로 언급하고 있다. 한 가지 두드러지는 예가 사도행전 5장에서 발견된다. 아나니아와 삽비라는 땅의 일부를 팔았다. 땅을 판 돈의 일부를 사도들에게 가져오면서, 그들은 그것을 그들이 받은 돈의 전부라고 주장하였다. 베드로가 그들 각각에 대하여 엄한 정죄의 말을 전하자, 그들은 둘 다 쓰러져서 죽고 말았다. 아나니아를 꾸짖으면서, 베드로는 "아나니아야, 어찌하여 사단이 네 마음에 가득하여 네가 성령을 속이고 땅값 얼마를 감추었느냐?"(3절)라고 물었다. 다음 절에서 그는 "네가 사람에게 거짓말을 한 것이 아니요 하나님께로다"라고 단언하였다. 베드로의 마음 속에서 "성령께 거짓말을 하는 것"과 "하나님께 거짓말을 하는 것"은 상호 교환될 수 있는 표현인 것처럼 보인다. 물론 두 가지의 다른 지시 대상들이 고려됨으로써, 베드로는 실제로 "네가 성령과 하나님께 대하여 거짓말을 하였다"고 말하고 있었던 것으로 주장될 수도 있을 것이다. 그러나 4절에 나오는 진술은 거짓말이 사람들, 즉 하나님보다 못한 어떤 존재에 대해서가 아니라, 하나님 자신에 대해서 언급되었다는 사실을 분명히 하기 위하여 의도되었다. 따라서, 우리는 이 두번째 진술이 첫번째 진술의 부연 설명이며, 아나니아가 거짓말을 범한 성령이 하나님이라는 사실을 강조하고 있다는 결론에 이르게 된다.

"성령"과 "하나님"이 상호 교환적으로 사용되는 또다른 인용절은 그리스도인의 몸에 대한 바울의 논의이다. 고린도전서 3:16-17에서, 그는 "너희가 하나님의 성전인 것과 하나님의 성령이 너희 안에 거하시는 것을 알지 못하느냐? 누구든지 하나님의 성전을 더럽히면 하나님이 그 사람을 멸하시리라. 하나님의 성전은 거룩하니 너희도 그러하니라"고 기록하고 있다. 6:19-20에서도 그는 거의 동일한 언어를 사용하고 있다. "너희 몸은 너희가 하나님께로부터 받은 바 너희 가운데 계신 성령의 전인 줄을 알지 못하느냐? 너희는 너희의 것이 아니라, 값으로 산 것이 되었으니 그런즉 너희 몸으로 하나님께 영광을 돌리라." 바울에게는 성령이 내주하시는 것은 하나님이 내주하시는 것임이 분명하다. "하나님의 성전"이라는 구절을 "성령의 전"이라는 구절과 동등시함으로써, 바울은 성령이 하나님이시라는 사실을 분명히 하고 있다.

더욱이, 성령은 하나님의 속성들 혹은 특성들을 갖고 계신다. 이것들 가운데 하나는 전지(全知)이다. 바울은 고린도전서 2:10-11에서 "성령은 모든 것 곧 하나님의 깊은 것이라도 통달하시느니라. 사람의 사정을 사람의 속에 있는 영 외에는 누가 알리요? 이와 같이 하나님의 사정도 하나님의 영 외에는 아무도 알지 못하느니라"고 기록하고 있다. 성령이 전지하시다는 사실은 요한복음 16:13에 나오는 예수의 진술에서도 역시 분명하다. "그러하나 진리의 성령이 오시면 그가 너희를 모든 진리 가운데로 인도하시리니 그가 자의로 말하지 않고 오직 듣는 것을 말하시며 장래 일을 너희에게 알리시리라."

성령의 능력이 또한 신약 성경에서 현저하게 언급된다. 누가복음 1:35에 나오는 "성령"과 "지극히 높으신 이의 능력"이라는 구절들은 평행을 이루거나 혹은 같은 의미를 구성하고 있다. 물론, 이것은 확실히 최초의 위대한 기적으로서 고려되어야 하는 동정녀 수태에 대한 언급이다. 바울은 그의 사역의 업적들이 "표적과 기사의 능력이며 성령의 능력으로"(롬 15:18) 이루어졌다는 사실을 인정하였다. 더욱이 예수는 인간의 마음과 성격을 바꾸는 능력이 성령에게 있다고 생각하였다. 우리 안에 책망(요 16:8-11)과 중생(요 3:5-8)을 일으키시는 분은 성령이다. 예수가 인간의 마음을 변화시키는 이러한 능력에 대해서 다른 곳에서도 언급하였다는 사실이 기억되어야 한다. "사람으로는 할 수 없으되 하나님으로서는 다 할 수 있느니라"(마 19:26; 16-25절을 보라). 성령이 전능하다는 사실을 이 본문들이 명확하게 주장하지는 않지만, 이것들은 그가 아마도 하나님만이 가지셨을 능력을 가지고 있다고 확실히 지적하고 있다.

그러나 아버지와 아들과 함께 그를 일괄적으로 대하게 하는 성령의 또 다른 속성은 그의 영원성이다. 히브리서 9:14에서 그는 예수가 그를 통하여 자신을 제물로 바친 "영원하신 성령"으로 언급되고 있다. 그러나 오직 하나님만이 영원하시고(히 1:10-12), 모든 피조물들은 일시적이다. 따라서 성령은 하나님이심에 틀림없다.

신적인 속성들을 갖고 계신 이외에도, 성령은 일반적으로 하나님께 돌려지는 어떤 사역들을 수행하신다. 그는 창조의 시초에서와 그것의 섭리적인 유지와 인도하심에서 그것과 계속해서 연결되셨고 또한 계속해서 연결되실 것이다. 창세기 1:2에서 우리는 "하나님의 신이 수면에 운행하시니라"라는 글을 읽게 된다. 욥기 26:13은 하늘이 하나님의 성령에 의하여 단장되었다는 사실을 특별히 언급하고 있다. 시편 기자는 "주의 영을 보내어 저희를 창조하사 지면을 새롭게 하시나이다"(시 104:30)라고 노래하였다.

성령의 역할에 관한 가장 풍부한 성경의 증언은 사람들 위에서나 혹은 속에서의 그의 영적인 활동과 관계된다. 우리는 예수가 중생을 성령의 사역으로 돌리시는 것을 이미 주목하였다(요 3:5-8). 이것은 디도서 3:5에 나오는 바울의 진술에 의해서 확인된다. "〔주 우리 하나님께서〕 우리를 구원하시되 우리의 행한 바 의로운 행위로 말미암지 아니하고 오직 그의 긍휼하심을 좇아 중생의 씻음과 성령의 새롭게 하심으로 하셨나니." 이외에도, 성령은 그리스도를 죽은 자들 가운데서 살리셨으며 또한 우리들을 살리실 것이다. 즉, 하나님께서 성령을 통하여 우리를 살리실 것이다. "예수를 죽은 자 가운데서 살리신 이의 영이 너희 안에 거하시면 그리스도 예수를 죽은 자 가운데서 살리신 이가 너희 안에 거하시는 그의 영으로 말미암아 너희 죽을 몸도 살리시리라"(롬 8:11).

성경을 기록하는 일은 성령의 또 다른 신적인 사역이다. 디모데후서 3:16에서 바울은 "모든 성경은 하나님의 감동으로〔문자 그대로, '하나님이 불어 넣으신 것으로' 혹은 '하나님이 고무하신 것으로'〕 된 것으로 교훈과 책망과 바르게 함과 의로 교육하기에 유익하니"라고 기록하였다. 베드로도 역시 우리에게 성경을 전달하시는 성령의 역할에 대해서 언급하고 있지만, 최종적인 산물보다는 저자에 대한 영향력을 강조하고 있다. "예언은 언제든지 사람의 뜻으로 낸 것이 아니요 오직 성령의 감동하심을 입은 사람들이 하나님께 받아 말한 것임이니라"(벧후 1:21). 이와 같이 성령은 저자들을 영감하셨고 또한 그들을 통하여 저작들을 영감하셨다.

성령의 신성을 증명해주는 우리의 마지막 고찰은 명백한 동등성에 근거하고 있는 그와 아버지와 아들과의 관계이다. 가장 유명한 증거 중의 하나는 대(大)위임 명령에서 명령되고 있는 세례 공식이다. "그러므로 너희는 가서 모든 족속으로 제자를 삼아 아버지와 아들과 성령의 이름으로 세례를 주라"(마 28:19). 고린도후서 13:13에 나오는 바울의 축도는 또 다른 증거이다. "주 예수 그리스도의 은혜와 하나님의 사랑과 성령의 교통하심이 너희 무리와 함께 있을지어다." 그리고 바울이 영적인 은사들을 설명하고 있는 고린도전서 12장에서, 그는 신성의 세 위격들을 대등하게 서술하고 있다. "은사는 여러 가지나 성령은 같고 직임은 여러 가지나 주는 같으며 또 역사는 여러 가지나 모든 것을 모든 사람 가운데서 역사하시는 하나님도 같으니"(4-6절). 베드로도 역시 "[흩어진 나그네] 곧 하나님 아버지의 미리 아심을 따라 성령의 거룩하게 하심으로 순종함과 예수 그리스도의 피 뿌림을 얻기 위하여 택하심을 입은 자들에게"(벧전 1:2) 보내는 그의 첫번째 편지의 인사말에서 세 위격들을 함께 연결하면서, 구원의 과정 속에서의 그들의 각 역할을 언급하고 있다.

### 성령의 인격성

성령의 신성 이외에도 우리는 또한 그의 인격성을 유념하는 것이 중요하다. 우리는 여기에서 비인격적인 힘을 논하고 있지 않다. 이 문제는 동양 종교들의 영향력을 통하여 범신론적인 경향들이 우리의 문화로 유입되고 있는 때에 특히 중요하다. 성경은 성령이 인격이시며 인격이 함의하는 모든 특성들을 갖고 계신다는 사실을 몇 가지 방식으로 분명히 하고 있다.

성령의 인격성의 첫번째 증거는 그를 나타내는 남성 대명사의 사용이다. πνεῦμα(프뉴마)라는 단어가 중성 명사이고, 또한 대명사들은 인칭과 수와 성(性)에서 앞에 나오는 명사들과 일치해야 하기 때문에, 우리는 성령을 나타내기 위하여 중성 대명사가 사용되기를 기대할 수도 있다. 그러나 요한복음 16:13-14에서 우리는 이상한 현상을 발견하게 된다. 예수가 성령의 사역을 설명할 때, 그는 우리가 중성 대명사를 기대할 수 있는 곳에서 남성 대명사(ἐκεῖνος, 에케이노스)를 사용하고 있다. 직접적인 문맥에서 유일하게 가능한 선행 명사는 "진리의 성령"(13절)이다.[35] 예수의 강화(講話)를 보도하면서 요한은 이 지점에서 문법적인 오류를 범하였거나, 그렇지 않으면 그는 예수가 사물이 아니라, 인격에 대해서 언급하고 있었다는 사실을 우리에게 전달하기 위하여 남성 대명사를 사용하기를 신중히 선택하였던 것이다. 이와 비슷한 참고절은 에베소서 1:14인데, 여기에 나오는 "성령"을 수식하는 관계 대명사 절에서, 우선적인 본문 읽기는 ὅς(호스)이다 — "이는 우리의 기업에 보증이 되사 그 얻으신 것을 구속하시고 그의 영광을 찬미하게 하려 하심이라."

성령의 인격성에 관한 증거의 두번째 정보는 그와 그의 사역이 이런저런 방식으로 다양한 사람들 및 그들의 활동과 제휴되고 있는 다수의 인용절들이다.

---

35) 가능한 선행 명사는 7절에 나오는 남성 명사인 παράκλητος(파라클레토스)일 것이라고 제안되었다. 그러나 대명사와 이 명사 사이의 간격은 이러한 주장을 오히려 있을 것 같지 않은 가능성으로 만들고 있다.

παράκλητος(파라클레토스)라는 용어가 요한복음 14:26과 15:26, 그리고 16:7에서 성령에 대하여 적용되고 있다. 각각의 문맥에서, 고려되고 있는 것이 어떤 일종의 추상적인 영향력이 아니라는 것은 분명하다. 예수도 역시 παράκλητος(파라클레토스)로서 분명히 언급되고 있다(요일 2:1). 가장 중요한 것은 요한복음 14:16에 나오는 그의 말씀들인데, 여기에서 그는 아버지께서 제자들에게 또다른 παράκλητος를 보내 주시도록 기도하실 것이라고 말씀하셨다. 여기에서 "또 다른"을 의미하는 단어는 ἄλλος(알로스)인데, 이것은 "같은 종류의 또 다른"을 의미한다.[36] 성령의 오심과 자신의 떠나가심을 연결시키시는 예수의 진술들을 고려할 때(예를 들어, 16:7), 성령이 예수의 교체자이시며 또한 같은 역할을 수행하실 것이라는 사실이 분명하다. 그들의 기능이 유사하다는 사실은 예수와 같이, 성령도 분명히 인격이시라는 사실을 암시해 준다.

예수와 성령 두 분이 다 행하시고, 이에 따라서 성령의 인격성을 지시하는데 이바지하는 또 다른 기능은 삼위일체의 또다른 위격을 영화롭게 하는 기능이다. 요한복음 16:14에서 예수는 성령이 "내 영광을 나타내리니, 내 것을 가지고 너희에게 알리겠음이니라"고 말씀하셨다. 평행절이 요한복음 17:4에서 발견되는데, 여기에 나오는 그의 대제사장 기도에서 예수는 그의 지상 사역 동안에 그가 아버지를 영화롭게 하였다고 진술하였다.

성령과 인격적인 주체들에 대한 가장 흥미있는 집단화들은 그가 아버지와 아들 양자와 연결되어 있는 것들이다. 이것들 중에서 가장 유명한 것 가운데에 마태복음 28:19에 나오는 세례 공식과 고린도후서 13:14에 나오는 축도가 있다. 그러나, 다른 예들도 존재한다. 유다는 "사랑하는 자들아 너희는 너희의 지극히 거룩한 믿음 위에 자기를 건축하며 성령으로 기도하며 하나님의 사랑 안에서 자기를 지키며 영생에 이르도록 우리 주 예수 그리스도의 긍휼을 기다리라"(20-21절)고 명하였다. 베드로는 "곧 하나님 아버지의 미리 아심을 따라 성령의 거룩하게 하심으로 순종함과 예수 그리스도의 피 뿌림을 얻기 위하여 택하심을 입은 자들"(벧전 1:2)인 그의 독자들에게 편지를 보내고 있다. 이전에 오순절에 한 그의 설교에서, 그는 "하나님이 오른손으로 예수를 높이시매 그가 약속하신 성령을 아버지께 받아서 너희 보고 듣는 이것을 부어 주셨느니라. … 너희가 회개하여 각각 예수 그리스도의 이름으로 세례를 받고 죄 사함을 얻으라. 그리하면 성령을 선물로 받으리니"(행 2:33,38)라고 선포하였다. 바울은 또한 예를 들어, 갈라디아서 4:6에서 세 위격의 활동을 대등하게

---

36) Richard Trench, *Synonyms of the New Testament*(Grand Rapids: Eerdmans, 1953), pp.357-61.

기록하고 있다. "너희가 아들인고로 하나님이 그 아들의 영을 우리 마음 가운데 보내사 아바! 아버지!라 부르게 하셨느니라." 이와 유사한 참고절은 고린도후서 1:21-22이다. "우리를 너희와 함께 그리스도 안에서 견고케 하시고 우리에게 기름을 부으신 이는 하나님이시니 저가 또한 우리에게 인(印)치시고 보증으로 성령을 우리 마음에 주셨느니라." 다른 예들은 로마서 15:16과 고린도전서 12:4-6; 에베소서 3:14-17, 그리고 데살로니가후서 2:13-14이다.

성령은 또한 예수의 사역의 여러 가지 사건들 속에서 아버지와 아들과 연결되어 있다. 그러한 사건의 한 가지가 삼위일체의 세 위격들이 모두 참여한, 예수의 세례(마 3:16-17)이다. 아들이 세례를 받으셨을 때, 아버지는 하늘에서부터 아들을 칭찬하셨고, 성령은 가시적인 형태로 그 위에 강림하셨다. 그러한 사건의 또 다른 경우는 아버지와 성령과 관련되어 있는 것으로 예수가 언급하시는 그의 귀신들을 쫓아내시는 사건이다. "그러나 내가 하나님의 성령을 힘입어 귀신을 쫓아내는 것이면 하나님의 나라가 이미 너희에게 임하였느니라"(마 12:28). 이러한 사건들 속에서 성령을 아버지와 아들과 연결시키고 있다는 것은 정확히 그들과 같이, 그도 인격적이시라는 사실을 암시한다.

성령의 인격성은 그를 사람들과 함께 분류하는 인용절에서도 역시 찾을 수 있다. 우리는 단지 한 가지 예를 인용할 것이다. 예루살렘에 있는 사도들과 장로들이 안디옥에 보낸 편지는 매우 이상한 표현을 포함하고 있다. "성령과 우리는 이 요긴한 것들 외에 아무 짐도 너희에게 지우지 아니하는 것이 가한 줄 알았노니"(행 15:28). 성령과 기독교의 지도자들의 이러한 공동의 사역이 인간의 인격에서 발견되는 어떤 진정한 성품들을 성령이 소유하고 있음을 지시하고 있다는 사실에 이의를 제기하기는 힘들 것이다.

그리고 사실상, 성령이 어떤 인격적인 특성들을 소유하고 있다는 사실은 그의 인격성에 대한 우리의 세번째 지적이다. 이러한 특성들 가운데 가장 주목할 만한 것은 전통적으로 개성의 세 가지 근본적인 요소들로서 간주되었던 지성과 의지와 감정들이다. 성령의 지성과 지식에 대한 여러 가지 언급들 가운데에서 우리는 여기에서 요한복음 14:26을 인용하게 되는데, 이 인용절에서 예수는 성령이 "너희에게 모든 것을 가르치시고 내가 너희에게 말한 모든 것을 생각나게 하시리라"고 약속하셨다. 성령의 의지는 고린도전서 12:11에서 입증되는데, 이 인용절에서 다양한 영적인 은사들을 받은 사람들은 "그 뜻대로 각 사람에게 나눠 주시는 한 분의 같은 성령에 의하여 영감을 받는" 것으로 언급된다. 성령이 감정들을 갖고 계신다는 사실은 바울이 성령을 근심하게 하지 말라고 경고하는 에베소서 4:30에서 명백하다.

성령은 사람과 같이 영향을 받을 수도 있으며, 이렇게 해서 인격성을 수동적으로 나타내실 수도 있다. 아나니아와 삽비라와 같이, 성령께 대하여 거짓말을 하는 일도 가능하다(행 5:3-4). 바울은 성령을 근심케 하고(엡 4:30) 성령을 소멸하는 죄들(살전 5:19)에 대해서 언급하였다. 스데반은 그의 적대자들이 항상 성령을 거스른다고 비난하였다(행 7:51). 단순한 힘을 거스를 수는 있지만, 우리는 비인격적인 어떤 것에 대해서 거짓말을 하거나 그것을 근심케 할 수는 없다. 또한 그 다음으로, 가장 현저한 것으로는 성령을 훼방하는 죄가 존재한다(마 12:31: 막 3:29). 예수가 아들을 훼방하는 죄보다 더 중대한 것으로 제기하는 이 죄는 틀림없이 비인격적인 사물에 대해서는 저질러질 수 없다.

게다가, 성령은 오직 사람에 의해서만 수행될 수 있는 도덕적인 행위들과 직무들에 관여하신다. 이러한 활동들 가운데 가르치고, 중생하고, 찾고, 말하고, 중보하고, 명령하고, 증거하고, 인도하고, 조명하고, 나타내시는 일이 들어 있다. 한 가지 흥미롭고 이상한 인용절은 로마서 8:26로, 여기에서 바울은 "이와 같이 성령도 우리 연약함을 도우시나니 우리가 마땅히 빌 바를 알지 못하나 오직 성령이 말할 수 없는 탄식으로 우리를 위하여 친히 간구하시느니라"고 말하였다. 틀림없이, 바울은 인격을 고려하고 있다. 그리고 예수도 성령에 대해서 언급할 때마다, 요한복음 16:8에서와 같이 인격을 고려하였다. "그가 와서 죄에 대하여, 의에 대하여, 심판에 대하여 세상을 책망하시리라."

앞서 말한 모든 고찰들은 한 가지 결론에 이르게 된다. 성령은 힘이 아니라 인격이시며, 그 인격은 아버지와 아들과 진정으로 완전히 그리고 같은 방식으로 하나님이시다.


## 성령론의 함축된 의미들

성령이 누구이며 무엇인가에 대한 정확한 이해는 어떤 함축된 의미들을 지니고 있다.

1. 성령은 막연한 힘이 아니라 인격이시다. 따라서 그는 우리가 그와 인격적인 관계를 맺을 수 있는 분이며, 우리가 기도할 수 있고 또한 기도를 드려야 하는 분이다.

2. 완전히 신적이신 성령은 우리가 아버지와 아들에게 드리는 것과 같은 영예와 존경을 받으셔야 한다. 우리가 그들에게 하는 것처럼 그를 예배하는 것이 적당하다. 그의 역할은 때때로 그들의 역할에 종속될 수 있지만, 그는 결코 본질에서 그들보다

열등하신 분으로 생각되어서는 안된다.

3. 성령은 아버지와 아들과 하나이시다. 그의 사역은 그들 세 위격들이 함께 계획한 일을 나타내시고 실행하시는 것이다. 그들의 위격들과 활동들 사이에는 아무런 긴장도 존재하지 않는다.

4. 하나님은 먼 곳에 떠나 계시지 않는다. 성령 안에서 삼위일체 하나님은 가까이, 실제로 각각의 신자들에게도 들어오실 만큼 가까이 오신다. 그는 성육신하셨을 때보다도 지금 우리들과 훨씬 더 친밀하시다. 성령의 활동을 통하여, 그는 진실로 "하나님이 우리와 함께 계시는" 임마누엘이 되셨다.

> 성령을 찬양하라! 이스라엘의 위로자를,
> 우리를 축복하려고 아버지와 아들이 보내신 이를,
> 아버지와 아들과 성령을 찬양하라.
> 삼위일체 하나님을 찬양하라.

# 41

# 성령의 사역



**성**령의 사역은 그리스도인들에게 특별한 중요성을 가지고 있는데, 그 이유는 특별히 이러한 사역을 통해서 하나님께서 신자의 삶에 친히 관여하시고 활동하시기 때문이다. 더욱이, 얼마 전에 교리의 이러한 측면은 성령에 관하여 가장 크게 논쟁을 불러 일으키는 주제가 되었다. 이 논쟁은 그의 좀더 극적인 특별한 은사들 중의 몇가지에 집중하고 있다. 그러나 실제로, 이 특별한 은사들에 관한 주제는 여기에서 우리의 기본적인 논의를 구성하기 위한 토대로서는 너무나 폭이 좁다. 그 이유는 성령의 사역이 다양한 영역들에 걸쳐 있는 폭넓은 문제이기 때문이다. 쟁점이 되는 문제들은 성령의 좀더 일반적인 활동의 배경에 비추어서 보아야 한다.

## 구약 성경에서의 성령의 사역

우리는 구약 성경에서의 그의 사역을 조사함으로써 성령의 일반적인 활동에 대한 우리의 연구를 시작할 것이다. 구약 성경에서 성령을 확인하는 일은 종종 어려움이 있는데, 그 이유는 이것이 점진적인 계시의 최초의 단계들을 반영하고 있기 때문이다. 실제로, "성령"이라는 용어는 여기에서 좀처럼 사용되지 않고 있다. 오히려, 일반적인 표현은 "하나님의 영"이다. 히브리어는 형용사들이 상대적으로 부족한 구상(具象) 언어라는 사실을 염두에 두어야 한다. 영어에서 우리는 명사와 형용사를 사용할 수 있지만, 히브리어는 두 개의 명사를 사용하는 경향이 있는데, 그 중의 하나가 소유격으로서의 역할을 하게 된다.[1] 예를 들어, 우리가 영어로 "의로운 사람"(a righteous man)을 언급할 수 있는 경우에, 히브리어 안에서 전형적으로 발견하는 것은 "의를 지닌 사람"(a man of righteousness)이다.

이와 유사하게, 삼위일체의 제3위격에 대한 대부분의 구약 성경의 인용절들은 "영"(Spirit)과 "하나님"(God)이라는 두 가지 명사로 이루어져 있다. 독립된 위격이 관련되어 있다는 사실은 이러한 구성으로부터는 분명하지 않다. "하나님의 영"(Spirit of God)이라는 표현은 단순히 하나님의 의지나 마음, 혹은 활동에 대한 언급으로서 이해될 수도 있을 것 같다.[2] 그러나, "하나님의 영"에 대한 구약 성경의 언급이 성령에 대한 언급임을 신약성경이 분명히 밝히고 있는 몇가지 사례들이 존재한다. 이들 신약성경의 인용절들 가운데 가장 현저한 것 중의 하나가 사도행전 2:16-21인데, 여기에서 베드로는 오순절에 일어나고 있는 일이 선지자 요엘이 말한 바의 성취라고 설명하고 있다. "내가 내 신을 만민에게 부어주리라"(욜 2:28). 확실히 오순절 사건은 예수의 약속의 실현이었다. "성령이 너희에게 임하시면 너희가 권능을 받으리라"(행 1:8). 한마디로 말하면, 구약성경의 "하나님의 영"은 성령과 동의어이다.[3]

구약성경 시대에 성령이 활동하신 몇몇 주요한 영역들이 존재한다. 첫째는 창조

---

1) 데이비드슨(A.B.Davidson)은 "언어의 특징은 다양한 방식으로 선행 명사를 설명하기 위하여 사용되고, 그것의 재료나 특성들이나 관계들을 지시해 주는 형용사들과 소유격의 형성에 대하여 우호적이지 않다"라고 말하였다 — *Hebrew Syntax*(Edinburgh: T. and T. Clark, 1902), p.32.

2) J.H.Raven은 "하나님의 영"에 대한 구약 성경의 언급들이 성령과 명확하게 관련되지 않는다고 주장하였다. "신성 안에 있는 위격들에 대한 어떤 구분도 여기에 존재하지 않는다. 구약 성경에 나오는 하나님의 영은 적극적인 영향력을 행사하시는 하나님 자신이시다" *The History of the Religion of Israel*(Grand Rapids: Baker, 1979), p.164.

3) 시편 104:30과 같은 인용절들이 성령에 대한 인격적인 언급들이라는 견해에 대해서는, Leon Wood, *The Holy Spirit in the Old Testament*(Grand Rapids: Zondervan, 1976), pp.19-20을 보라.

이다. 우리는 창조 기사(記事)에서 성령의 존재와 활동에 대한 언급을 발견하게 된다. "땅이 혼돈하고 공허하며 흑암이 깊음 위에 있고 하나님의 신은 수면에 운행하시니라"(창 1:2). 창조에서의 하나님의 계속적인 활동은 성령의 사역으로 돌려진다. 욥은 이렇게 기록하였다. "그 신으로 하늘을 단장하시고 손으로 날랜 뱀을 찌르시나니"(26:13). 이사야는 피조물 안에서의 생산의 때로서 미래에 성령을 부어주실 것을 기대하고 있다. 즉 "필경은 위에서부터 성신을 우리에게 부어 주시리니 광야가 아름다운 밭이 되며 아름다운 밭을 삼림으로 여기게 될 때까지"(사 32:15) 황폐가 있을 것이다.

성령의 사역의 또다른 일반적인 영역은 예언과 성경을 주시는 것이다.[4] 구약 성경의 선지자들은 그들의 말과 글이 그들에게 성령이 임하신 결과라고 증거하였다. 에스겔은 가장 분명한 예를 제공하고 있다. "말씀하실 때에 그 신(神)이 내게 임하사 나를 일으켜 세우시기로 내가 그 말씀하시는 자의 소리를 들으니."(2:2; cf. 8:3; 11:1,24). 성령은 심지어 발람과 같이 가망이 없는 사람들에게도 들어오셨다(민 24:2). 사울이 하나님의 기름부음을 받은 자라는 표시로서, 성령이 그에게 강하게 임하셨고 그는 예언을 하게 되었다(삼상 10:6,10). 베드로는 그들의 경험에 관한 선지자들의 증언을 이렇게 확증하였다. "예언은 언제든지 사람의 뜻으로 낸 것이 아니요 오직 성령의 감동하심을 입은 사람들이 하나님께 받아 말한 것임이니라"(벧후 1:21). 이외에도, 사도행전은 성령이 다윗의 입을 의탁하여 말씀하셨다고 증거한다(행 1:16; 4:25). 성령께서 성경이 나오도록 하셨기 때문에, 성경은 "하나님의 감동으로 된 것"(θεόπνευστος, 딤후 3:16)으로 언급될 수 있다.

그러나 구약 성경에 나오는 하나님의 영의 또다른 사역은 다양한 과제들을 수행하기 위한 어떤 필수적인 기술들을 전달하는데 있었다.[5] 예를 들어, 성막을 만들고 설치하기 위하여 브사렐을 지명할 때, 하나님께서 "내가 하나님의 신을 그에게 충만하게 하여 지혜와 총명과 지식과 여러 가지 재주로 공교한 일을 연구하여 금과 은과 놋으로 만들게 하며 보석을 깎아 물리며 나무를 새겨서 여러 가지 일을 하게 하리니"(출 31:3-5)라고 말씀하신 사실을 읽을 수 있다. 브사렐이 이전에 이러한 일련의 재능들을 갖고 있었는지 아니면 그것들이 이러한 특별한 과제를 수행하기 위하여 갑자기 주어졌는지는 분명하지 않다. 그가 그 후에도 그것들을 계속 가지고 있었는지도 분명하지 않다. 바벨론 포로에서 돌아온 후에 스룹바벨에 의하여 성전이 재건되었을 때, 이와 유사한 재능이 주어졌다. "만군의 여호와께서 말씀하시되 이는 힘으

---

4) Eduard Schweizer, *The Holy Spirit*, trans. Reginald H. and Ilse Fuller(Philadelphia: Fortress, 1980), pp. 10-19.
5) Wood, *Holy Spirit*, pp. 42-43.

로 되지 아니하며 능으로 되지 아니하고 오직 나의 신으로 되느니라"(슥 4:6).

행정력도 역시 성령의 은사였던 것으로 보인다. 심지어 바로도 요셉에게서 성령의 존재를 인정하였다. "바로가 그 신하들에게 이르되 이와 같이 하나님의 신에 감동한 사람을 우리가 어찌 얻을 수 있으리요"(창 41:38). 모세가 이스라엘 백성들을 인도하는데 도움이 필요하였을 때, 신(神)의 일부가 그에게서 취하여져서 다른 사람들에게 주어졌다. "여호와께서 구름 가운데 강림하사 모세에게 말씀하시고 그에게 임한 신을 칠십 장로에게도 임하게 하시니 신이 임하신 때에 그들이 예언을 하다가 다시는 아니하였더라"(민 11:25). 여기에서 행정의 은사는 예언의 은사를 동반하였거나 혹은 그것과 관계되었다. 여호수아의 지도력이 하나님의 영의 활동과 특별히 관련되어 있는지는 불분명하지만, 그런 의미에 대한 언급이 있는 것처럼 보인다. "모세가 눈의 아들 여호수아에게 안수하였으므로 그에게 지혜의 신이 충만하니 이스라엘 자손이 여호와께서 모세에게 명하신 대로 여호수아의 말을 순종하였더라"(신 34:9).

사사들의 시대에, 힘과 성령의 은사들에 의한 행정력은 특별히 극적인 것이었다.[6] 이 시기는 국가적인 지도력이 극히 적을 때였다. 이루어진 일의 상당수는 우리가 오늘날 "카리스마적인 지도력"이라고 부를 수 있는 것에 의하여 성취되었다. 옷니엘에 관해서 성경은 이렇게 말씀한다. "여호와의 신이 그에게 임하셨으므로 그가 이스라엘 사사가 되어 나가서 싸울 때에 여호와께서 메소보다미아 왕 구산 리사다임을 그 손에 붙이시매 옷니엘의 손이 구산 리사다임을 이기니라"(삿 3:10). 기드온에 대한 하나님의 부르심에도 이와 비슷한 기술(記述)이 나온다. "여호와의 신이 기드온에게 강림하시니 기드온이 나팔을 불매 아비에셀 족속이 다 모여서 그를 좇고"(삿 6:34). 사사들의 시대에 성령의 활동이 주로 전쟁을 수행하는 기술을 수여하는 것으로 이루어져 있었다는 사실은 주목할 만한 일이다. 성령이 옷니엘에게 임하시자, 그는 나가서 싸웠다. 여호와의 신이 기드온에게 임하시자, 그는 이스라엘이 그의 손으로 말미암아 구원받을 것이라고 확신하였고, 이에 나가서 싸웠다. 그의 군사들은 숫자로는 균형이 맞지 않았지만, 이상하게도 효과적인 것으로 입증되었다. 이와 유사하게, 삼손은 성령이 그에게 임하셨을 때, 특별한 힘으로 채움을 받았고, 초자연적인 위업들을 수행할 수 있었다. "여호와의 신이 삼손에게 크게 임하시매 삼손이 아스글론에 내려가서 그곳 사람 삼십 명을 쳐 죽이고 옷을 노략하여 수수께끼를 푼 자들에게 옷을 주었다"(삿 14:19).

성령은 또한 이스라엘의 초기 왕들에게도 특별한 능력들을 주셨다. 우리는 성령

---

6) Ibid., p.41.

이 그에게 임했을 때 사울이 예언하였다는 사실을 이미 주목한 바 있다(삼상 10:10). 다윗의 기름부음도 역시 마찬가지로 하나님의 영의 임하심을 동반하였다. "사무엘이 기름 뿔을 취하여 그 형제 중에서 그에게 부었더니 이 날 이후로 다윗이 여호와의 신에게 크게 감동되니라. 사무엘이 떠나서 라마로 가니라"(삼상 16:13).

그러나 성령은 극적인 사건들 속에서만 나타나지는 않는다. 국가적인 지도력을 지닌 인물들과 전쟁의 영웅들 이외에도, 그는 이스라엘의 영적인 삶에 현존하셨다. 이와 관련하여 그는 "선한 영"으로서 언급된다. 하나님을 부르면서, 에스라는 이스라엘 백성들에게 광야에서 그들의 조상들을 먹이신 일을 상기시켜 주었다. "또 주의 선한 신을 주사 저희를 가르치시며 주와 만나로 저희 입에 끊어지지 않게 하시고 저희의 목마름을 인하여 물을 주셨느니라"(느 9:20). 시편 기자는 하나님께 이렇게 간구하였다. "주의 신이 선하시니 나를 공평한 땅에 인도하소서"(시 143:10). 성령의 선하심도 역시 "거룩한 영"으로서의 그에 대한 두개의 인용문에서 나타난다. 이 예들의 각각에 사람들의 죄악된 행위들과 하나님의 거룩성 사이에서의 대비가 존재한다. 그의 죄들을 도말해 주실 것을 구하면서 다윗은 이렇게 기도하고 있다. "주의 성신을 내게서 거두지 마소서"(시 51:11). 그리고 이사야는 "반역하여 주의 성신을 근심케 한"(사 63:10) 백성들에 대해서 언급하였다.

성령의 선하고 거룩한 성격은 더욱이 그가 행하신 사역과 그것의 결과들에 비추어 보면 더 분명해진다. 그는 여호와에 대한 경외심과 약속된 메시야의 공의와 심판의 다양한 특성들을 불러 일으키시는 분으로서 묘사된다(사 11:2-5). 성령이 부어지게 되면(사 32:15), 그 결과는 공평과 의와 화평이다(16-20절). 여호와께 대한 헌신은 성령의 부어지심으로부터 유래한다(사 44:3-5). 신약 성경의 중생의 교리를 예시하는 인용절인 에스겔서 36:26-28은 하나님께서 그의 성령을 부어주신 산물로서의 신중한 복종과 새마음에 대해서 언급하고 있다.

앞서 말한 구약 성경으로부터의 고찰들은 성령을 그가 임하시거나 내주하시는 사람에게 도덕적이고 영적인 거룩성과 선성(善性)의 성품들을 산출하시는 분으로 묘사하고 있다. 그러나, 우리는 어떤 경우에는 성령의 이러한 내적인 활동이 영속적인 것으로 보이지만, 사사기에서와 같이 다른 경우에는 그의 존재가 간헐적이고 또한 수행되어야 하는 특별한 활동이나 사역과 관련되어 있는 것으로 보인다는 사실을 주목해야 한다.

성령에 대한 구약 성경의 증언 속에는 성령의 사역이 더 완전하게 될 강림의 때

---

7) George Smeaton, *The Doctrine of the Holy Spirit*(London: Banner of Truth Trust, 1958), pp.33-35.

에 대한 예기(豫期)도 존재한다.[7] 이 증언의 일부는 성령이 비범한 정도와 방식으로 그에게 머물게 될 오실 메시야와 관련된다. 우리는 이미 이사야서 11:1-5을 주목한 바 있다. 이와 유사한 구절들은 이사야서 42:1-4과 61:1-3("주 여호와의 신이 내게 임하셨으니 이는 여호와께서 내게 기름을 부으사 가난한 자에게 아름다운 소식을 전하게 하려 하심이라. 나를 보내사 마음이 상한 자를 고치며 포로 된 자에게 자유를, 갇힌 자에게 놓임을 전파하며 …")을 포함하고 있다. 예수는 이사야서 61장의 서두 절들을 인용하시면서 이것들이 지금 자신에게서 성취되고 있다는 사실을 지적하셨다(눅 4:18-21). 그러나 좀더 일반적인 약속, 즉 메시야에게로 제한되지 않는 약속이 존재한다. 이것은 요엘서 2:28-29에서 발견된다. "그 후에 내가 내 신을 만민에게 부어 주리니 너희 자녀들이 장래 일을 말할 것이며 너희 늙은이는 꿈을 꾸며 너희 젊은이는 이상을 볼 것이다. 그 때에 내가 또 내 신으로 남종과 여종에게도 부어줄 것이다." 오순절에 베드로는 이 예언을 인용하면서 이것이 이제 성취되었다고 지적하였다.

## 예수의 생애에서의 성령의 사역

예수의 생애를 조사할 때, 우리는 처음부터 끝까지 성령의 파급적이고 강력한 현존과 활동을 발견하게 된다. 그의 성육신하신 존재의 첫 시작도 성령의 일이었다.[8] 예수의 탄생에 대한 예언과 기록 두 가지 다 성령의 특별한 활동을 가리키고 있다. 마리아에게 그녀가 아이를 잉태할 것이라는 사실을 고지(告知)한 후에, 천사는 이렇게 설명하였다. "성령이 네게 임하시고 지극히 높으신 이의 능력이 너를 덮으시리니 이러므로 나실 바 거룩한 자는 하나님의 아들이라 일컬으리라"(눅 1:35). 잉태된 후에, 당연히 고민을 하고 있던 요셉에게 천사가 나타나서 "다윗의 자손 요셉아 네 아내 마리아 데려오기를 무서워 말라 저에게 잉태된 자는 성령으로 된 것이라"(마 1:20)고 설명해 주었다. 이 사건이 기록되어 있는 단락의 서두에 있는 말씀은 이렇게 기록되어 있다. "예수 그리스도의 나심은 이러하니라. 그 모친 마리아가 요셉과 정혼하고 동거하기 전에 성령으로 잉태된 것이 나타났더니"(마 1:18).

예수 그리스도의 사역에 대한 세례 요한의 선포도 역시 성령의 직무를 강조하고 있다. 세례자 자신도 그의 어머니의 모태로부터 성령으로 채움을 받았다(눅 1:15).

---

8) Karl Barth, *Dogmatics in Outline*(New York: Philosophical Library, 1949), p.95.

단순히 물로써 이루어진 자기 자신의 세례와는 달리, 그의 메시지는 예수가 성령으로 세례를 주실 것이라는 사실을 강조하였다(막 1:8). 마태(3:11)와 누가(3:16)는 "그리고 불로써"라고 덧붙였다. 요한은 자신이 성령을 갖고 있다고 주장하지 않았으며, 특히 그가 성령을 줄 수 있다고 주장하지도 않았다. 그는 성령을 주시는 일을, 오실 메시야의 일로 돌렸다.

성령은 예수가 세례받을 때에 알려진 바와 같이, 예수의 공적인 사역의 첫 시작에서부터 극적인 모습으로 임재하셨는데, 그 이유는 그 때에 그의 머리 위로 성령의 식별할 수 있는 강림이 있었기 때문이다(마 3:16; 막 1:10; 눅 3:22; 요 1:32). 마태와 마가는 예수가 내려오시는 비둘기를 보셨다고 언급하면서도, 다른 사람이 보았는지에 대해서는 우리에게 알려주지 않는다. 누가는 누가 비둘기를 보았는지에 대해서 기록하지 않았다. 오직 요한만이 세례 요한도 역시 성령을 보았고 또한 그 사실을 증언하였다는 것을 분명히 밝히고 있다. 어떠한 기사(記事)들도 특별한 직접적인 징후들, 즉 가시적인 결과들이나 이와 유사한 어떤 것을 언급하지 않고 있다. 그러나 우리는 그 후에 즉시로 예수께서 "성령의 충만을 입으셨음"(눅 4:1)을 알고 있다. 저자는 사실상 예수의 생애에서 성령의 사역들이 정확히 어떠하였는지를 후속되는 사건들로부터 우리가 추론하도록 남겨놓았다.

예수가 성령의 충만을 받으신 직접적인 결과는 공적인 사역의 처음에 있었던 주요한 시험, 즉 일련의 유혹들이었다.[10] 예수는 성령의 인도하심을 받아 시험이 일어난 곳으로 인도되었다. 마태복음 4:1과 누가복음 4:1-2에서 예수는 성령에 이끌려 광야로 들어간 것으로 묘사되고 있다. 마가의 진술은 훨씬 더 설득력이 있다. "성령이 곧 예수를 광야로 몰아 내신지라"(1:12). 예수는 사실상 성령에 의하여 "쫓겨났다." 여기에서 현저한 것은 예수의 생애에서의 성령의 현존이 그로 하여금 악의 세력들과 직접적이고 즉각적으로 싸우도록 만들었다는 것이다. 성령과 세계의 악 사이의 대조가 해명되어야 하는 것으로 보인다.

마찬가지로 예수의 사역의 나머지도 성령의 능력과 지도에 의하여 수행되었다. 이것은 분명히 예수의 가르침에서도 사실이었다.[11] 누가는 시험에 이어서 "예수께서 성령의 권능으로 갈릴리에 돌아가시니"(4:14)라고 우리에게 말해 준다. 그리고 나서 그는 모든 회당에서 가르치시기 시작하였다. 자라나신 곳인 나사렛에 이르신 후에,

---

9) Raymond E.Brown, *The Birth of the Messiah*(Garden City, N.Y. : Doubleday, 1977), pp. 124-25.

10) Schweizer, *Holy Spirit*, p. 51.

11) Dale Moody, *Spirit of the Living God*(Nashville : Broadman, 1976), p. 40-41.

그는 회당에 들어가서 성경을 읽으시기 위하여 서셨다. 그는 이사야서 61:1-2을 찾아서, 그 구절을 읽고 이것이 이제 그에게서 성취되었다고 주장하셨다(눅 4:18-21). 이렇게 하실 때에, 예수는 그가 회당에서 가르치는 것처럼 그가 종사하는 사역은 자신에게 임하셔서 거하시는 성령의 활동의 결과라고 주장하셨다.

예수의 가르침에 들어맞는 것은 그의 기적들, 특히 그가 귀신들을 쫓아내시는 일에도 역시 들어맞는다. 여기에서 성령과 세상에서 활동하고 있는 악한 세력들 사이의 대립이 분명히 나타난다. 어떤 경우에 예수가 귀신들린 자를 치료하셨을 때, 바리새인들은 예수가 귀신들의 왕을 힘입어 귀신들을 쫓아낸다고 주장하였다. 예수는 이 주장이 지니고 있는 내적인 모순을 지적하신 후에(마 12:25-27), 그것을 맞받아치셨다. "그러나 내가 하나님의 성령을 힘입어 귀신을 쫓아내는 것이면 하나님의 나라가 이미 너희에게 임하였느니라"(28절). 그가 바리새인들의 말을 "성령을 훼방하는 것"(31절)으로 정죄하시고 "누구든지 말로 성령을 거역하면 사하심을 얻지 못하리라"(32절)고 경고하신 것은 그가 행하신 일이 정확히 성령의 능력으로 말미암아 이루어진 것이라는 증거이다. 이것은 그를 통한 성령의 행하심이었다. 예수는 그의 기적들에 대한 자신의 연관을 분명히 부인하시고, 그 대신에 그것들을 성령이 행하신 일로 돌렸다.

그의 가르침과 기적들뿐만 아니라, 이 시점에서의 예수의 전(全)생애도 "성령 안에" 있었다. 70인이 그들의 전도에서 돌아와 귀신들도 예수의 이름으로 그들에게 복종하였다고 보고하였을 때(눅 10:17), "같은 시간에 그는 성령으로 기뻐하셨다"(21절). 심지어 그의 감정들도 "성령 안에" 있었다. 이것은 성령으로 완전히 충만함을 받은 사람에 대한 서술이다.

예수의 생애에서 성령의 임재가 증가하였다는 어떠한 증거도 존재하지 않는다는 것은 주목할 만한 일이다. 성령의 임하심의 어떤 연속적인 경험들도 존재하지 않고, 단지 잉태와 세례에서만 존재한다. 그러나 성령의 임재의 점진적인 성취가 존재하고 있는 것으로 보인다. 우리는 예수의 생애에서 어떤 형태의 황홀한 현상이 있었다는 증거도 발견하지 못한다. 확실히 그가 자신의 임무에 대한 긴박감에 사로잡혀 있던 때가 있었다(그가 "때가 아직 낮이매 나를 보내신 이의 일을 우리가 하여야 하리라. 밤이 오리니 그 때는 아무도 일할 수 없느니라"〔요 9:4〕고 말씀했을 때와 같이.) 그러나 우리는 사도행전에서 보도되고 있고 고린도전서 12-14장에서 바울이 거론하고 있는 형태의 카리스마적인 현상을 예수의 생애에서는 발견하지 못한다. 그 자신의 경험 속에 그러한 현상에 대한 어떤 보고도 존재하지 않을 뿐만 아니라, 우리는 이 주제에 대한 그의 어떠한 가르침도 갖고 있지 않다. 고린도 교회가 부딪치게 된 문제들과 오순절 현상, 그리고 사도행전에 기록된 나중의 경험에 비추어 볼 때, 이것은 실존적인 '삶의 정황'(Sitz im Leben)이 복음서들 속에 어떤 자료들이 통합되었는지를 일차적으로 결정하며, 구세주의 개인적인 생애나 그의 가르침도 그러한 카리스마들을 전혀 암시하지 않는다고 주장하는 사람들에게는 특별히 놀라운 일이다.

## 그리스도인의 삶에서의 성령의 사역

### 그리스도인의 삶의 시작

예수의 가르침에서 우리는 사람들을 그리스도인의 삶으로 가입시키시는 성령의 사역에 대한 특별히 강한 강조를 발견하게 된다. 예수는 성령의 활동이 인간의 관점에서의 그리스도인의 삶의 시작인 회심과, 하나님의 관점에서의 그것의 시작인 중생 양자 모두에서 본질적이라고 가르쳤다.

회심은 하나님을 향한 인간의 방향 전환이다. 이것은 소극적이고 적극적인 요소, 즉 죄의 포기인 회개와 또한 약속들과 그리스도의 사역을 받아들이는 믿음으로 구성된다. 예수는 특별히 회개와, 회개의 필요 조건인 죄의 자각에 대해서 특별히 언급하셨다. 그는 이렇게 말씀하셨다. "그〔보혜사〕가 와서 죄에 대하여, 의에 대하여, 심판에 대하여 세상을 책망하시리라. 죄에 대하여라 함은 저희가 나를 믿지 아니함이요, 의에 대하여라 함은 내가 아버지께로 가니 너희가 다시 나를 보지 못함이요, 심판에 대하여라 함은 이 세상 임금이 심판을 받았음이니라"(요 16:8-11). 성령의 이러한 사역이 없다면, 어떠한 회심도 있을 수 없다.

중생은 개인의 기적적인 변형이며 영적인 능력의 주입(注入)이다. 예수는 중생이 아버지에 의하여 받아들여지는데에 가장 중요한 것이라고 니고데모에게 분명히 밝히셨다. "진실로 진실로 네게 이르노니 사람이 거듭나지 아니하면 하나님 나라를 볼 수 없느니라"(요 3:3). 그는 이 문제를 이렇게 자세히 설명하셨다. "진실로 진실로 네게 이르노니 사람이 물과 성령으로 나지 아니하면 하나님 나라에 들어갈 수 없느니라. 육으로 난 것은 육이요 성령으로 난 것은 영이니라"(5-6절). 예수는 여기에서 중생이 초자연적인 사건이며, 또한 성령이 이것을 일으키시는 주체라는 사실을 분명히 하였다. 육(즉, 인간의 노력)은 이러한 변형을 초래할 수 없다. 이러한 변형은 심지어 인간의 지성에 의해서도 이해될 수 없다. 예수는 실제로 성령의 사역을

---

12) 니고데모에게 하신 예수의 말씀에 대한 논의를 위해서는, Henry B. Swete, *The Holy Spirit in the New Testament : A Study of Primitive Christian Teaching* (London: Macmillan, 1909), pp.130-35를 보라.

바람이 부는 것에 비유하였다. "바람이 임의로 불매 네가 그 소리를 들어도 어디서 오며 어디로 가는지 알지 못하나니 성령으로 난 사람은 다 이러하니라"(8절).[12]

## 그리스도인의 삶의 지속

성령의 사역은 사람이 신자가 될 때 완성되지 않으며, 이와는 반대로, 이것은 단순히 시작에 불과하다. 그가 계속되는 그리스도인의 삶에서 수행하는 다른 많은 역할들이 있다.

성령의 다른 역할들 중의 하나는 권능을 부여하는 일이다. 예수가 "내가 진실로 진실로 너희에게 이르노니 나를 믿는 자는 나의 하는 일을 저도 할 것이요 또한 이보다 큰 것도 하리니 이는 내가 아버지께로 감이니라"(요 14:12)고 말씀했을 때, 그는 아마도 제자들을 어리둥절하게 하였을 것이다. 제자들이 예수가 하신 것보다 더 큰 일들을 하게 되는 것은 분명히 그의 떠나가심과 성령의 오심 양자 모두에 달려 있는데, 그 이유는 이 두 가지 사건들이 밀접하게 연결되어 있기 때문이다. 실제로, 제자들이 그가 떠나가실 것을 생각하고 근심하였을 때, 예수는 "그러하나 내가 너희에게 실상을 말하노니 내가 떠나가는 것이 너희에게 유익이라. 내가 떠나가지 아니하면 보혜사가 너희에게로 오시지 아니할 것이요, 가면 내가 그를 너희에게로 보내리니"(요 16:7)라고 말씀하셨다. 그들이 스승 자신보다도 더 큰 일들을 하게 될 것이라는 사실은 그들 자신의 약점들과 결점들을 그 때쯤 아주 많이 알고 있었던 제자들에게는 아마도 믿을 수 없는 일로 보였을 것이다.

그러나 베드로가 오순절 일요일에 설교하였을 때 삼천명이 믿게 되었다. 우리가 알고 있는 한 예수 자신은 그런 유형의 반응을 결코 갖지 못하였다. 아마도 그는 그의 전체 사역에서 그만큼 많은 진정한 회심자들을 모으지는 못하였을 것이다! 그러나 제자들의 성공의 열쇠는 그들의 능력이나 힘에 있는 것이 아니었다. 예수는 그들에게 성령의 강림을 기다리라고 말씀하셨다(행 1:4-5). 그는 성령의 이러한 강림이 그들에게 그가 약속하신 권능, 즉 그가 예언하신 일들을 행할 수 있는 능력을 주실 것이라고 설명하였다. "오직 성령이 너희에게 임하시면 너희가 권능을 받고 예루살렘과 온 유대와 사마리아와 땅 끝까지 이르러 내 증인이 되리라"(8절). 성령으로 말미암은 이러한 능력이 그들로 하여금 그때 그들의 임무에서 성공할 수 있게 해 주었고, 또한 주를 섬기기를 원하는 그리스도인들에게 오늘날에도 여전히 유용한 자원이 된다.

예수의 약속의 또 다른 요소는 성령이 신자 안에 거하시며 조명하실 것이라는 사실이었다. "내가 아버지께 구하겠으니 그가 또 다른 보혜사를 너희에게 주사 영원토록 너희와 함께 있게 하시리니 저는 진리의 영이라. 세상은 능히 저를 받지 못하나니 이는 저를 보지도 못하고 알지도 못함이라. 그러나 너희는 저를 아나니 저는 너희와 함께 거하심이요 또 너희 속에 계시겠음이라"(요 14:16-17). 성령의 사역의 효력의 일부는 그것의 내재의 결과이다. 예수는 스승과 지도자였으나, 그의 영향은 외적인 말씀과 모범의 그것이었다. 그러나 성령은 안에 거하심으로써, 사람의 생각과 감정들의 깊은 중심에 이를 수 있기 때문에, 그에게 좀더 강하게 영향을 미칠 수 있다. 신자들 안에 내주하심으로써, 성령은 예수께서 약속하신 것처럼, 그들을 모든 진리 가운데로 인도하실 수 있다. 이 문맥 속에서 성령에 대하여 사용된 이름도 이러한 역할을 시사해 준다. "그러하나 진리의 성령이 오시면 그가 너희를 모든 진리 가운데로 인도하시리니 그가 자의로 말하지 않고 오직 듣는 것을 말하시며 장래 일을 너희에게 알리시리라. 그가 내 영광을 나타내리니 내 것을 가지고 너희에게 알리겠음이니라"(요 16:13- 14).

성령은 분명히 가르치는 역할을 갖고 계신다. 같은 강화(講話)의 앞에서 우리는 그가 제자들에게 예수께서 이미 그들에게 하신 말씀들을 기억나게 하시고 또한 명료하게 해 주실 것이라는 사실을 읽을 수 있다. "보혜사 곧 아버지께서 내 이름으로 보내실 성령 그가 너희에게 모든 것을 가르치시고 내가 너희에게 말한 모든 것을 생각나게 하시리라"(요 14:26). 예수는 또한 "내가 아버지께로서 너희에게 보낼 보혜사 곧 아버지께로서 나오시는 진리의 성령이 오실 때에 그가 나를 증거하실 것이요"(요 15:26)라고 단언하셨다. 여기에서 우리는 성령에 의한 조명이라는 관념, 즉 제11장에서 장황하게 전개하였던 주제를 얻게 된다. 성령의 이러한 사역은 단순히 제자들의 첫번째 세대를 위한 것이었을 뿐만 아니라, 오늘날의 신자들이 성경을 이해하도록 도와주는 일도 역시 분명하게 포함하고 있다. 우리를 조명하시는 일은 성령에게 넘어온 역할인데, 그 이유는 이제 예수가 같은 구절에서 언급된 다른 기능들을 수행하시는 일에서 영원히 활동하시기 때문이다(예를 들어, 그는 신자들을 위하여 처소를 예비하시고 있다[14:2-3]).

특별히 흥미로운 다른 논점은 성령의 중보적인 사역이다. 우리는, 대제사장으로서 예수께서 우리를 위하여 드리신 중보기도(intercession)를 잘 알고 있다. 바울도 역시 성령이 우리를 위하여 올리시는 중보 기도에 대해서 언급하고 있다. "이와 같이 성령도 우리 연약함을 도우시나니 우리가 마땅히 빌 바를 알지 못하나 오직 성령이 말할 수 없는 탄식으로 우리를 위하여 친히 간구하시느니라. 마음을 감찰하시는 이가 성령의 생각을 아시나니 이는 성령이 하나님의 뜻대로 성도를 위하여 간구하심이니라"(롬 8:26-27). 이렇게 해서 신자들은 그들이 어떻게 기도해야 할지를 알지 못할 때, 성령께서 주의 뜻이 이루어지도록 그들을 위하여 지혜롭게 간구하신다는 것을 확신하게 된다.

　　성령은 또한 신자의 삶에 성화를 일으키신다. 성화는 그가 이미 하나님의 면전에서 가지고 있는 신분을 신자의 삶이 실제로 반영하게 되는 도덕적이고 영적인 성격의 지속적인 변형을 의미한다. 칭의는 개인을 하나님 앞에서 바로 서도록 해주는 순간적인 행동이지만, 성화는 그 사람을 거룩하거나 선하게 만드는 과정이다. 로마서 8장의 전반부에서, 바울은 성령의 이러한 사역을 자세히 설명하고 있다. 성령은 우리를 율법으로부터 해방시킨다(2절). 따라서 신자들은 그들의 옛 본성인 육에 따라서 행하거나 살지 않고, 성령에 따라서 행하며(4절), 성령의 일을 생각한다(5절). 그리스도인들은 성령 안에 있고(9절), 성령은 그들 안에 거하시는데, 이것은 세번이나 반복되고 있는 사상이다(9절,11절에서 두번). 성령이 신자들 안에 내주하실 때, 그는 그들을 지도하시고 인도하신다. 따라서 육의 행위들은 죽음에 이르게 된다(13절). 이렇게 해서 "무릇 하나님의 영으로 인도함을 받는 그들은 곧 하나님의 아들이다"(14절). 성령은 이제 그들에게 생명을 공급하시고, 그들이 종들이 아니라 아들이라는 사실을 증거하시며, 또한 이렇게 해서 그들이 진실로 그리스도 안에 있다는 분명한 증거를 공급하시는 일에서 역사하신다(15-17절).

　　성령 안에서의 이러한 삶은 하나님께서 그리스도인들을 위하여 의도하신 것이다. 갈라디아서 5장에서 바울은 성령 안에서의 삶을 육체 안에서의 삶과 대조하고 있다. 그는 독자들에게 육체의 소욕을 이루는 대신에 성령을 좇아 행하라고 명령한다(16절). 만약 그들이 이 명령을 마음에 둔다면, 성령은 "성령의 열매"(22절)로서 총괄적으로 언급되는 일단의 성품들을 그들 안에 일으키실 것이다. 바울은 이 성품들 가운데 아홉 가지를 열거하였다. "오직 성령의 열매는 사랑과 희락과 화평과 오래 참음과 자비와 양선과 충성과 온유와 절제니 이같은 것을 금지할 법이 없느니라"(22-23절). 이 성품들은 도움을 받지 않은 자력으로는 사람들의 삶 속에서 완전히 일으켜질 수 없다. 이것들은 초자연적인 일이다. 이것들은 정확히 성령 자신이 육체에 반대되시는 것처럼 ― 19-21절에 나오는 죄들의 목록 ― 육체의 일과 반대된다. 그렇다면 성화에서의 성령의 사역은 단순히 육체의 행실을 죽이는 소극적인 일뿐만 아니라(롬 8:13), 그리스도를 적극적으로 닮는 일도 역시 일으키신다.

　　성령은 또한 그리스도의 몸에 속한 신자들에게 어떤 특별한 은사들을 수여하신다. 바울의 저작들 속에는 이러한 은사들의 세 가지 다른 목록들이 존재한다. 베드로전서에도 또한 간결한 목록이 존재한다(도표 5를 보라). 이러한 목록들에 대하여 어떤 소견이 이루어져야 할 필요가 있다. 첫째로, 이 모든 것들이 성령의 은사들과 관계가 있지만, 이것들이 기본적으로 지향하는 것은 다르다. 에베소서 4:11은 실제로 교회 안에 있는 다양한 직분들의 목록이거나, 혹은 말하자면 교회를 향한 하나님의 은사들인 사람들의 목록이다. 로마서 12:6-8과 베드로전서 4:11은 실제로 교회 안에서 수행되는 몇가지 기본적인 기능들을 목록으로 작성하고 있다.

도표 5

성령의 은사들

| 로마서 12:6-8 | 고린도전서 12:4-11 | 에베소서 4:11 | 벧전 4:11 |
|---|---|---|---|
| 예언 | 지혜 | 사도들 | 말하는 일 |
| 섬김 | 지식 | 선지자들 | 봉사하는 일 |
| 가르침 | 믿음 | 복음전하는 자들 | |
| 권고 | 치유 | 목사와 교사들 | |
| 베풂 | 기적 행함 | | |
| 원조 제공 | 예언 | | |
| 자선의 행위 | 영들 분별함 | | |
| | 각종 방언들 | | |
| | 방언을 통역함 | | |

고린도전서의 목록은 좀더 특별한 능력들에 관한 문제이다. 이 인용절들이 "성령의 은사"에 대해서 언급할 때, 이것들은 고려되는 다른 의미들을 가지고 있는 것 같다. 따라서 이러한 표현을 단일한 개념이나 정의로 축소하려는 어떠한 시도도 이루어져서는 안된다. 둘째로, 이 은사들이 날 때부터 타고난 재능들인지, 나중의 어떤 시점에 받은 특별한 능력들인지, 혹은 이 두 가지가 결합된 것인지는 분명하지 않다. 셋째로, 믿음과 섬김과 같은 어떤 은사들은 모든 그리스도인들에게 기대되는 성품들이나 활동들이다. 그러한 경우에, 저자는 그 지역에 있는 특별한 능력을 염두에 두고 있는 것 같다. 넷째로, 네 개의 목록들 중에서 어느 것도 다른 목록들에서 발견되는 모든 은사들을 포함하고 있지는 않기 때문에, 총괄해서 이것들이 성령의 모든 있을 수 있는 은사들을 속속들이 말하고 있는 것으로는 사실상 생각될 수 없다. 그리고 이 목록들은 개별적으로나 혹은 집합적으로, 하나님께서 교회에 부여하신 다양한 은사들을 예증하고 있다.

은사들의 본성과 은사들이 사용될 수 있는 방법 양자에 관해서 바울이 주장하고 있는 몇가지의 견해들을 주목하는 것도 역시 이 시점에서 중요하다. 이 견해들은 고린도전서 12장과 14장에 나타난다:

1. 은사들은 몸(교회)에 대해서 수여된다. 이것들은 단순히 이것들을 소유한 개

개의 지체들의 즐거움이나 풍부함을 위해서 뿐만이 아니라, 전체적인 몸의 덕을 세우기 위한 것이다(12:7;14:5,12).

2. 어떤 한 사람이 모든 은사들을 가지고 있지 않으며(12:14-21), 은사들 중의 어떤 한 가지가 모든 사람들에게 수여되지도 않는다(12:28-30). 따라서, 교회의 개별적인 지체들은 서로가 필요하다.

3. 똑같이 현저하지는 않지만, 모든 은사들이 중요하다(12:22-26).

4. 성령은 그가 원하시는 대로 각 사람에게 여러 가지 은사들을 나누어 주신다(12:11).

## 오늘날의 기적적인 은사들

좀더 극적인 어떤 은사들이 최근에 특별한 주목을 끌었으며 상당한 논쟁을 불러일으켰다. 이것들은 때때로 주목할 만한 은사들이나, 기적적인 은사들, 특별한 은사들, 이적 은사들, 혹은 카리스마적인 은사들로서 언급되는데, χαρίσματα(카리스마타)가 기본적으로 은사들을 의미하기 때문에, 마지막의 표현은 다소 장황한 표현이다. 가장 흔하게 언급되는 것은 신앙 치유와 귀신들의 추방, 그리고 특별히 방언이나 외국어로 말하는 것이다. 가장 논쟁을 야기시켜온 문제는 성령이 오늘날의 교회에서도 여전히 이런 은사들을 나누어 주시는가 하는 것과, 만약 그렇다면, 이것들이 규범적인가(즉, 모든 그리스도인들이 이것들을 받아서 사용할 수 있으며 또 사용해야 하는가)에 관한 문제이다. 방언이 이런 은사들 가운데에서 가장 현저하기 때문에, 우리는 이것에 전념하게 될 것이다. 우리의 결론들은 다른 은사들을 평가하는 데에도 마찬가지로 도움이 될 것이다.

이것이 정확하게 이해되고 다루어져야 한다면 우리는 이러한 논쟁적인 주제들의 양 측면들을 다 조사해야 할 필요가 있다. 방언에 대한 논거는 20세기 내내 오순절 집단들에 의하여, 그리고 좀더 최근에는 신오순절주의자들, 혹은 그들이 이제 좀더 일반적으로 부르듯이 은사파들에 의하여 주장되었다. 사도행전에 나오는 설화(說話)적인 인용절들에 심하게 의존하고 있는 그들의 입장은 오히려 솔직한 것이다. 논쟁은 대개 사도행전에 기록된 회심과 중생의 일화들에 이어서, 관례적으로 성령 세례나 특별한 성령 충만이 따라 나왔으며, 또한 그것의 일반적인 나타남이 알지 못하는 언어로 언급되고 있다는 견해와 더불어 시작된다. 성령이 이 은사를 교회에 수여하기를 멈출 것이라는 어떤 시사도 존재하지 않는다.[13] 사실은, 은사가 교회사를 통하여 현재에 이르기까지 줄곧 계속되었다는 증거가 존재한다. 이것은 종종 단지 작고, 상대적으로 고립된 집단들 속에서 일어났지만, 그 집단들에게 특별한 영적인 생명력을 공급해 주었다.

종종 경험적인 논증도 역시 방언을 지지하기 위하여 사용된다. 이 은사를 몸소 체험하였거나 다른 사람들이 그것을 사용하는 것을 목격한 사람들은 이 체험에 대한 주관적인 확신을 갖고 있다. 그들은 이것이 그리스도인의 영적인 삶에 가져오는 은혜, 특별히 사람의 기도하는 삶에 활력을 주는 방편으로서 그것의 가치를 강조한다.[14]

이외에도, 방언을 지지하는 사람들은 이것을 사용하는 것이 성경 어디에서도 금지되어 있지 않다고 주장한다. 고린도인들에게 편지를 쓸 때에, 바울은 은사의 적절한 사용을 책망한 것이 아니라, 단지 그것의 남용을 책망하였다. 사실, 그는 "내가 너희 모든 사람보다 방언을 더 말하므로 하나님께 감사하노라"(고전 14:18)라고 말했다. 더욱이, 그는 그의 독자들이 "더욱 큰 은사들을 사모"(고전 12:31)하며, "신령한 은사들을 사모"(고전 14:1)하라고 촉구하였다. 방언의 지지자들은 "더욱 큰 은사들"과 "신령한 은사들"을 방언과 동일시하면서, 방언을 말하는 은사가 그리스도인들에게 가능하며 또한 바람직한 것이라고 결론을 내린다.

이 주장의 다른 쪽에는, 성령이 카리스마적인 은사들을 지금도 나누어 주신다는 관념을 거절하는 사람들이 존재한다. 그들은 기적적적인 은사들이 역사적으로 그쳤다고 주장한다. 즉 이것들은 교회사의 대부분을 통하여 사실상 알려지지 않았다.[15] 이것들이 존재하였을 때에, 이것은 일반적으로, 다른 많은 주요한 교리들에 대한 이단적인 믿음들에 의해서 특징지어지는 고립된 집단들 속에서 존재하였다. 현대적인 방언의 가능성을 거절하는 소수의 사람들은 고린도전서 13:8의 "방언도 그치고"라는 구절을 증거로서 이용한다. 그들은 이 구절에서 "방언"들과 함께 사용되는 동사와 "예언"과 "지식"과 함께 사용되는 동사 사이의 차이를 주목한다. 전적으로 다른 단어가 연결되어 있을 뿐만 아니라, 전자의 예에서는 중간태가 사용되고 있고 후자의 경우에는 수동태가 사용되고 있다. 이러한 근거에 의하면, 예언과 지식과는 달리, 방언은 마지막 때까지 있을 것으로 의도된 것이 아니라, 이미 그쳤다고 주장된다.

---

13) Donald Gee, *The Pentecostal Movement, Including the Story of the Way Years* (1940- 47), rev. ed. (London: Elim, 1949), p. 10.

14) Laurence Christenson, *Speaking in Tongues and Its Significance for the Church* (Minneapolis: Bethany Fellowship, 1968), pp. 72-79.

15) Anthony Hoekema, *What About Tongue-Speaking ?* (Grand Rapids: Eerdmans, 1966), pp. 16ff.

그러므로, 방언은 온전한 것이 올 때에는 폐하여지게 될 불완전한 은사들에 대한 언급 속에 포함되지 않았다(9-10절).[16] 어떤 신학자들은 히브리서 2:3-4에 근거하여 기적적인 은사들의 소멸을 주장할 것이다. "이 구원은 처음에 주(主)로 말씀하신 바요 들은 자들이 우리에게 확증한 바니 하나님도 표적들과 기사들과 여러 가지 능력과 및 자기 뜻을 따라 성령의 나눠 주신 것으로써 저희와 함께 증거하셨느니라." 이러한 주장의 요지는 기적적인 은사들의 목적이 계시와 성육신을 입증하고 이렇게 해서 그것의 진정성을 증명하는 것이었다는 사실이다. 이 목적이 성취되었을 때, 기적들은 불필요하게 되었고, 단순히 사라졌다.[17]

부정적인 논증의 두번째 양상은 성령의 특별한 은사들로서 해석되어서는 분명히 안될 방언에 필적하는 것들의 존재이다. 예를 들어, 이와 유사한 현상들이 다른 종교들에서도 발견된다는 사실이 주목된다. 어떤 부두교의 마녀 의사들의 습속(習俗)이 문제의 사례이다. 더욱이, 이 현상은 성경 시대에도 기독교에만 유일한 것이 아니었다. 고린도에서 멀리 떨어져 있지 않은 델포이 신전의 신탁으로부터, 고린도 교회에서 발견되는 방언과 같은 황홀한 언사들이 분출되었다.[18] 심리학도 역시 방언으로 말하는 것과 세뇌나 전기충격 요법에 의해 야기되는 강화된 암시 감응성의 어떤 사례들 사이에서 유사한 것들을 발견한다.[19]

최근에 흥미로운 한 가지 특별한 논점은 언어학에 의한 방언의 연구였다. 방언을 지지하는 모든 사람들이 오늘날의 현상이 기존의 인간 언어들을 나타낸다고 주장하고 있지는 않다는 사실이 주목되어야 한다. 물론, 어떤 사람들은 고린도의 방언들이 오순절의 방언들과 같이 실제적인 언어들이었다고 주장한다. 그들은 마찬가지로 오늘날의 방언들도 역시 실제적인 언어들이며, 언급되는 특정 언어에 정통한 사람이라면 해석자의 도움이 없이도 이해할 수 있을 것이라고 주장한다. 그러나 다른 사람

---

16) Stanley D.Toussaint, "First Corinthians Thirteen and the Tongue Question," *Bibliotheca Sacra* 120(October-December 1963):311-16; Robert Glenn Gromacki, *The Modern Tongues Movement*(Philadelphia: Presbyterian and Reformed, 1967), pp.118-29.

17) Benjamin B.Warfield, *Miracles: Yesterday and Today*(Grand Rapids: Eerdmans, 1953), p.6.

18) P. Feine, "Speaking with Tongues," in *The New Schaff-Herzog Encyclopedia of Religious Knowledge*, ed.Samuel Macauley Jackson(New York: Funk and Wagnalls, 1908), vol.11, pp.37-38.

19) William Sargent, "Some Cultural Group Abreactive Techniques and Their Relation to Modern Treatment," in *Proceedings of the Royal Society of Medicine*(London: Longmans, Green, 1949), pp.367ff.

들은 오순절의 방언들과는 달리, 고린도의 방언들과 오늘날의 방언들은 명백히 관계 없는 음절들의 발언이며 따라서 어떤 알려진 인간 언어의 특성들을 나타내지 않는다 고 말한다. 후자의 집단들은 언어학의 연구에 의하여 영향을 받지 않았다. 그러나, 오늘날의 방언들이 기존 인간의 언어들을 나타낸다고 주장하는 사람들은 방언의 많 은 사례들이 그 자체로서 분류될 수 있는 언어의 충분히 많은 특징들을 단순히 나타 내고 있지 않다는 과학의 비난들에 답변해야 한다.[20]

이 논쟁의 양 진영에 의하여 제기된 고찰들을 확실하게 다룰 수 있는 방법이 있 는가? 이 문제는 사람이 그의 그리스도인의 삶을 수행하는 방식에 대해서, 그리고 심지어는 그리스도인의 삶의 진정한 품격이나 경향에 대해서까지도 중대한 영향을 미치기 때문에, 단순히 무시될 수는 없다. 교의학적인 결론들은 이 영역에서 거의 도출될 수 없지만, 다수의 중요한 견해들이 언급될 수 있다.

우리는 성령의 세례에 대한 문제에서부터 시작한다. 우리는 먼저 사도행전이 신 생에 이어서 나타나는 성령의 특별한 사역에 대해서 언급하고 있음을 주목한다. 그 러나 사도행전은 과도기적인 기간을 다루고 있는 것으로 나타난다. 그 때 이후로 정 상적인 양식은 회심/중생과 성령의 세례가 동시에 일어나는 것이었다. 바울은 고린 도전서 12:13에서 "우리가 유대인이나 헬라인이나 종이나 자유자나 다 한 성령으로 세례를 받아 한 몸이 되었고 또 다 한 성령을 마시게 하셨느니라"라고 기록하고 있 다. 12절에 의하면 이 "한 몸"이 그리스도라는 사실은 아주 분명하다. 이렇게 해서 바울은 13절에서 우리가 성령으로 말미암아 한 몸으로 세례를 받음으로써 그리스도 의 몸의 지체들이 된다고 말하고 있는 것으로 보인다. 성령에 의한 세례는 회심과 신생과 동등하지는 않다 하더라도, 적어도 그것들과 동시에 일어나는 것으로 보인 다.

그러나 회심/중생과 성령의 세례 사이에 분명히 어떤 분리가 존재하였던 사도행 전의 사건들은 도대체 무엇을 의미하는가? 사도행전이 과도기적인 기간을 다루고 있 다는 앞 단락에서의 견해를 계속 유지할 때에, 이 사건들은 성령을 받기 전에 중생 한 사람들을 실제로 포함하고 있었다는 것이 나의 해석이다. 그들은 구약성경의 마 지막 신자들이었다.[21] 그들은 구약성경을 믿었고 하나님을 경외하였기 때문에 중생 하였다. 그러나 그의 강림의 약속이 예수가 승천하실 때까지는 이루어질 수 없었기 때문에, 그들은 성령을 받지 못했다. (신약 성경의 체계 아래에서 확실히 이미 중생

---

20) William J.Samarin, *Tongues of Men and Angels: The Religious Language of Pentecostalism*(New York: Macmillan, 1972), chapter 4-6.
21) 좀더 완전한 논의를 위해서는, Frederick Dale Bruner, *A Theology of the Holy Spirit*(Grand Rapids: Eerdmans, 1970), pp.153-218을 보라.

하였던 예수의 제자들도 오순절까지는 성령으로 충만 받지 못했다는 사실을 명심하라.) 그러나 오순절에 구약 성경의 체계 아래에서 이미 확실하게 중생하였던 사람들이 그리스도를 받아들였을 때, 그들은 성령으로 충만을 받았다. 그 일이 일어나자마자, 어떤 중생한 구약 성경의 신자들도 더 이상 존재하지 않게 되었다.

오순절 사건 이후에, 우리는 유대인들 가운데에서 회심 이후의 경험에 대한 어떤 다른 분명한 사례들을 발견하지 못한다. 집단으로서의 유대인들에게 일어났던 일(행 2장)은 사마리아인들(행 8장)과 이방인들에게도(행 10장) 역시 일어났다. 그 후로 중생과 성령의 세례는 동시에 일어났다. 사도행전 19장에 나오는 아볼로의 제자들의 사건은 불완전하게 복음화된 신자들의 문제로서 보이는데, 그 이유는 그들이 단지 회개의 세례인 요한의 세례로만 세례를 받았으며, 성령이 있음도 듣지 못하였기 때문이었다. 이 네 가지 사건들 중의 어떤 사건에서도 성령의 세례가 받는 자들에 의하여 추구되지는 않았으며, 또한 은사가 집단의 각 지체들에게 내려오지 않았다는 어떠한 암시도 존재하지 않는다. 이러한 해석학적인 도식은 고린도전서 12:13에 나오는 바울의 말과, 성경이 어떤 곳에서도 성령 안에서 혹은 성령으로 세례를 받으라고 명령하지 않고 있다는 사실과, 또한 사도행전의 기록과 잘 어울리는 것처럼 보인다.

나의 판단에 의하면, 현대의 카리스마적인 현상이 실제로 성령의 은사들인지 아닌지의 여부를 확실히 결정하기는 불가능하다. 방언들이 그치게 될 것이라는 예언이 성취되는 때를 지시해 주는 어떤 성경의 증언도 단순히 존재하지 않는다. 방언이 언젠가 그칠 것이고, 예언과 지식도 다른 때에 그칠 것이라는 고린도전서 13:8에 나오는 동사들 사이의 차이점들에 근거하여 결론을 내리는 것은 기껏해야 의심스러운 것이다. 역사적인 증거는 분명하지도 않고 결정적이지도 않다. 여기에서의 상황은 사도적 계승에 관한 교리와 관련된 상황과 얼마간 유사하다. 양 측면 모두에 상당한 증거가 존재한다. 각 집단은 다른 집단이 제시한 자료들을 무시하고 자기에게 유리하도록 인상적인 양의 자료들을 인용할 수 있다. 그러나 역사적인 최종성의 이러한 결핍은 문제가 아니다. 왜냐하면 방언의 은사가 그쳤다는 사실을 역사가 입증하였다 하더라도, 하나님께서 그것을 회복시키시지 못하도록 방해할 만한 어떤 것도 존재하지 않기 때문이다. 다른 한편으로, 은사가 교회의 여러 시대들을 통하여 주어졌다는 역사적인 증거가 오늘날의 현상들을 비준해 주지는 않을 것이다.

그렇다면 우리가 해야 하는 일은 각각의 사례를 그 자체의 장점들에 근거하여 평가하는 것이다. 이것은 우리가 다르게 고백하는 그리스도인들의 영적인 경험이나 영적인 삶을 판단해야 한다는 것을 의미하는 것은 아니다. 이것이 의미하는 것은 성령의 일하심에 대한 특별한 체험을 갖고 있다고 주장하는 모든 사람이 실제로 같은 것을 가지고 있다고 우리가 가정할 수 없다는 사실이다. 과학적인 연구들은 우리가 모든 주장을 순진하게 잘 믿어버리는 것에 대해서 경고해 줄 만큼 충분히 성령이 유발하지 않은 필적할 만한 사례들을 발견해 내었다. 하나님께서 기독교 신앙에 대한 어떤 권리도 주장하지도 않고 실제로 그것에 반대할 수도 있는 사람들에게까지 그의 성령의 특별한 나타나심들을 허용하실 만큼 아주 너그러우신 에큐메니칼적이고 아량이 있으신 존재가 아니라면, 확실히 모든 예외적인 종교적 경험들이 다 신적인 기원을 가질 수는 없다. 확실히 귀신의 세력들이 성서 시대에 신적인 기적들을 모방할 수 있었다면(예를 들어, 애굽의 술객들은 어느 정도까지 역병들을 모방할 수 있었다), 같은 일은 역시 오늘날에도 마찬가지로 일어날 수 있다. 그러나, 이와는 반대로 이러한 은사들이 오늘날을 위한 것이 아니며 또한 오늘날에는 일어날 수 없다는 주장에 대해서는 어떤 결정적인 사례도 있을 수 없다. 따라서 우리는 방언에 대한 주장이 비논리적인 것이라고 선험적이고 무조건적인 방식으로 규정할 수는 없다. 사실상, 성령을 훼방하는 일에 대한 예수의 경고에 비추어 볼 때, 특정한 현상들을 귀신의 활동으로 돌리는 것은 아주 위험할 수도 있다.

결국, 성령이 오늘날 특별한 은사들을 나누어 주시는 것으로 성경이 가르치고 있는지의 여부는 그렇게 실제적으로 중요한 문제가 아니다. 왜냐하면, 그가 그렇게 하신다 하더라도, 우리는 그것들을 추구하기 위하여 우리의 삶을 결정해서는 안되기 때문이다. 그는 그것들을 주권적으로 수여하시며, 오직 그만이 받을 사람들을 결정하신다(고전 12:11). 만약 그가 우리에게 특별한 은사를 주시기로 선택하신다면, 그는 우리가 그것을 기대하거나 혹은 추구하거나와는 상관없이 그렇게 하실 것이다. 우리가 행하도록 명령을 받은 것(엡 5:18)은 성령의 충만을 받으라는 것이다(계속되는 행동을 암시하는 현재 명령). 이것은 우리가 성령을 더 많이 받는 문제가 아니라, 아마도 우리 모두가 성령을 완전히 소유하는 일일 것이다. 오히려 이것은 우리의 삶을 그가 더 많이 소유하시는 문제이다. 우리들 각자는 성령이 우리의 삶을 전적으로 다스리시도록 열망해야 한다. 이 일이 일어날 때, 우리의 삶은 그가 우리들을 통하여 나타내시기 원하시는 그의 권능을 부여하시는 모든 열매와 행동들과 더불어, 하나님께서 우리가 어떤 은사를 가질 것을 의도하시는가를 명백하게 해 줄 것이다. 우리가 앞에서 주목하였듯이, 어떤 하나의 은사도 모든 그리스도인들에게 주어지지는 않으며, 어떤 은사도 다른 것들보다 더 중요한 것은 아니라는 사실이 기억되어야 한다.

많은 점에서 어떤 은사들을 받는 것보다 더 중요한 것은 성령의 열매이다. 바울의 평가에 의하면, 이들 덕목들은 성령이 그리스도인들 안에서 활동하고 계신다는 실질적인 증거이다. 개인의 삶 속에 있는 사랑과 희락과 화평은 성령에 대한 생생한 체험의 가장 확실한 표지(標識)들이다. 특별히 바울은 어떤 은사들이 아무리 특별한 것이라 하더라도, 그것들보다 사랑을 더욱 바람직한 것으로 강조한다(고전 13:1-3).

그러나 성경적인 방언의 은사로서 주장되는 것을 오늘날 공적으로 실천하는 실제적인 사례와 관련하여서는 무엇이 적절한 절차인가? 첫째로, 이것이 진정한 것인지 아닌지에 대해서 미리 어떤 결론이 도출되어서는 안된다. 그리고 나서, 바울이 아주 오래 전에 주장하였던 절차가 이어서 수반되어야 한다. 이렇게 해서, 만약 사람이 방언으로 말한다면, 통역자가 있어야 하고, 그렇게 함으로써 전체 무리가 덕을 세움을 받을 수 있다. 한 번에 오직 한 사람만이 말하되 한 모임에서는 단지 두세 사람만이 말해야 한다(고전 14:27). 말하는 자든지 아니면 어떤 다른 사람이든지 간에, 만약 통역하는 사람이 없으면, 자칭 말하는 자는 교회에서 잠잠해야 하고 방언의 사용을 개인적인 기도의 실천에 제한해야 한다(28절). 우리는 방언으로 말하는 것을 금해서는 안된다(39절). 그렇지만 우리는 어떤 곳에서도 이 은사를 구하라고 명령을 받지는 않았다.

마지막으로, 성경의 강조점이 은사들을 받는 사람들이 아니라 오히려 그것들을 수여하시는 분에게 놓여 있음을 명심해야 할 것이다. 하나님은 인간 행위자들을 포함하지 않고서도 기적적인 사역들을 종종 수행하신다. 예를 들어, 우리는 야고보서 5:14-15에서 교회의 장로들이 병든 자를 위해서 기도해야 한다는 사실을 읽을 수 있다. 그들을 구원하는 것으로 언급되는 것은 인간의 기적-일꾼(miracle-worker)이 아니라, 믿음의 기도이다. 어떤 은사이든지 간에, 궁극적으로 중요한 것은 교회의 덕을 세우는 것과 하나님의 영광이다.


## 성령의 사역의 함의들

1. 우리가 가지고 있는 은사들은 성령으로 말미암아 우리에게 수여된 것들이다. 우리는 이것들이 우리들 자신의 업적들이 아니라는 사실을 깨달아야 한다. 이것들은 그의 계획의 달성을 위하여 사용되도록 의도되었다.

2. 성령은 그리스도인의 삶과 섬김 속에서 신자들에게 권능을 부여하신다. 인격적인 부적절성들이 우리를 단념시키거나 낙담하게 해서는 안된다.

3. 성령은 그의 은사들을 교회에 대하여 현명하고도 주권적으로 나누어 주신다. 특별한 은사의 소유나 결핍은 자랑이나 유감을 위한 어떠한 근거도 되지 않는다. 그의 은사들은 그것들을 구하거나 자격을 갖춘 사람들에 대한 보상이 아니다.

4. 어떤 한 가지 은사도 모든 사람을 위한 것이 아니며, 어떤 한 사람도 모든 은사들을 다 가지고 있지는 않다. (그리스도의) 몸의 친교는 개별적인 신자들의 완전한 영적인 발전을 위하여 필요하다.

5. 우리는 하나님의 말씀을 우리가 이해하도록 해 주시며, 또한 우리를 향하신 그의 뜻으로 우리를 인도하시는 성령을 의존할 수 있다.

6. 삼위일체 하나님에 대해서와 마찬가지로, 정확히 아버지와 아들에게 기도를 드리듯이, 성령께도 기도를 드리는 것이 적절하다. 이러한 기도들 속에서 우리는 그에게 감사하고, 특별히 그가 우리 안에서 행하시는 특별한 사역을 계속하시도록 요청하게 될 것이다.

오소서, 은혜의 성령, 천국의 비둘기시여,
위로부터 나오시는 빛과 위로로서,
당신은 우리의 보호자시며, 우리의 인도자시로다.
모든 생각과 발걸음을 지배하시는도다.

진리의 빛이여, 우리에게 나타나소서.
우리에게 당신의 길을 알고 선택하게 하소서.
모든 마음마다 거룩한 두려움을 심으사,
우리가 하나님으로부터 결코 떠나지 않게 하소서.

우리를 거룩으로 인도하소서,
우리가 하나님과 함께 살기 위하여 선택해야 하는 그 길로,
우리를 그리스도에게로, 살아있는 길로 인도하소서.
우리가 그의 임재에서 멀리 벗어나지 않게 하소서.

시몬 브라운 (Simon Browne)

# 제10부

## 구원

# 42

# 구원의 여러 가지 개념들



구원은 그리스도의 사역을 개인의 삶에 적용하는 것이다. 따라서, 이것은 인간의 가장 중대한 필요에 관계하기 때문에, 구원론은 특별한 호소력과 타당성을 갖고 있다. 실제로, 개인의 삶 속에서의 이러한 으뜸되는 필요로 인하여, 최근의 어떤 신학들은 구원을 처음에 논한 다음에 그리스도의 인격과 사역으로 되돌아갔다.[1] 이

---

1) Walter Lowe, "Christ and Salvation," in *Christian Theology: An Introduction to Its Tradition and Tasks*, ed. Peter C. Hodgson and Robert H. King(Philadelphia: Fortress, 1982), pp. 196-97.

접근 방법은, 선포에서는 일정한 변증적인 가치를 지니고 있지만, 신학을 위한 형식으로는 한계가 있는데, 그 이유는 이것이 인간을 그 자신의 문제에 대한 최고의 법관이라고 가정하고, 또한 그것과 교회의 대화가 수행되는 조건들을 세상이 명령하는 상황에 이르게 될 수도 있기 때문이다. 그러므로 그리스도를 먼저 연구하는 것이 더 바람직하지만, 그럼에도 불구하고 구원론은 특별한 중요성을 지니고 있는데, 그 이유는 이것이 인간 존재의 가장 중요한 문제들을 다루고 있기 때문이다. 이것은 죄에 대한 성경의 가르침을 이해하는 사람들에게는 특별히 명백하다.

'구원'(salvation)이라는 용어는 그것을 잘 알고 있는 사람들에게는 얼마간 분명한 의미를 가지고 있는 것으로 보인다. 그러나, 기독교 진영들 내에서도 구원이 무엇을 의미하는가에 대하여 상당히 광범위하게 다른 개념들이 존재한다. 이러한 개념들 중에서 좀더 현저한 것을 조사하기 전에, 이것들의 다른 여러 가지 세세한 것들을 간략하게 살펴보는 것이 유익할 것이다. 이 일은 우리가 몇가지 견해들을 분석할 때 사용할 수 있는 범주들을 우리에게 제공해 줄 것이다.

## 구원 개념의 상이한 항목들

### 시간의 차원

구원이 시간과 어떻게 관련되는가에 대한 여러 가지 견해들이 존재한다. 이것은 그리스도인의 삶의 시초에 일어나는 단일한 사건으로서, 또한 그리스도인의 삶을 통하여 내내 지속되는 과정으로서, 혹은 미래의 사건으로서 다양하게 생각된다. 어떤 그리스도인들은 구원이 그리스도인의 삶의 시초에 기본적으로 완성되는 것으로 생각한다. 그들은 "우리는 구원받았다"고 말하는 경향이 있다. 다른 사람들은 구원을 과정으로서 간주한다 — "우리는 구원받고 있다." 그러나 또 다른 사람들은 구원을 미래에 받게 될 어떤 것으로 생각한다 — "우리는 구원받을 것이다." 물론 이 견해들 가운데 두 가지나 세 가지를 전부 결합할 수도 있다. 그런 경우에, 구원의 독립된 국면들(예를 들어, 칭의와 성화와 영화)은 상이한 때에 일어나는 것으로 이해된다.

만약 구원이 시간 안에서 일어나는 것으로 생각된다면, 우리는 연루된 시간이 어떤 종류인지를 결정해야 한다. 특별히 헬라어에서, 사용된 동사는 행동을 정지한 것으로나 혹은 지속하는 것으로 묘사할 수 있거나, 아니면 대관절 어떤 종류의 시간이 연루되는지에 대하여 전혀 상술하지 않을 수도 있다. 따라서, 구원과 그것의 구성적인 국면들은 몇가지 다른 방식으로 생각될 수 있다.

1. 일련의 시점(時點)들: . . . . . .
2. 일련의 불연속적인 과정들:

3. 일련의 중복되는 과정들:

4. 구별할 수 있는 구성 요소들을 지니고 있는 하나의 연속적인 과정:

### 필요의 본질과 중심

두번째 문제는 논의되어야 하는 필요의 본질과 중심에 관련되어 있다. 전통적인 견해에 의하면, 인간의 기본적인 결핍은 본성상 수직적인 것으로 생각된다. 근본적인 인간의 문제는 하나님으로부터의 분리이다. 죄는 하나님의 의지의 위반이고, 그 결과는 하나님을 향한 증오심이다. 필요한 것은 하나님과 피조물 사이의 단절된 관계를 회복하는 일이다. 이것이 복음주의적인 구원관이다. 이것은 "회심"과 "용서"와 "화해", 그리고 "양자 입양"과 같은 용어로서 특징지어진다. 두번째 견해는 근본적인 인간의 문제가 수평적이라는 것이다. 이것은 한 개인이 다른 사람들에게 적응하는데에 결함이 있다거나, 혹은 전체 사회 안에서 근본적인 조화가 결여되어 있다는 것을 의미할 수도 있다. 구원은 인류 안에 있는 분열들을 제거하고, 개인적이고 사회적인 관계들을 치유하는 일을 포함한다. "관계의 신학"(relational theology)은 개별적인 부적응들과 소그룹의 문제들의 수준에서 이러한 과정에 관심을 갖는다. 해방 신학의 체계들은, 상이한 인종적이거나 경제적인 계층들의 갈등, 즉 사회 전체가 삶의 기본적인 어떤 필요들을 그것의 구성원들에 대하여 거절하도록 조직되어 있다는 사실에 관심이 있다. 마지막으로, 근본적인 인간의 문제는 또한 내적인 것으로도 생각된다. 그 개인은 근절되어야 하는 감정들, 즉 범죄, 열등감, 불확실성으로 인하여 괴롭힘을 당한다. "적응"과 "자기 이해", 그리고 "자기 용납"과 "자존심의 증대"가 여기에서의 표어들이다.

### 구원의 방편

구원이 어떻게 달성되거나 혹은 전달되는지에 관한 문제도 역시 매우 중요하다.

어떤 견해들은 구원을 사실상 물리적인 과정으로서 간주한다. 이것은 구원이나 은혜가 물리적인(physical) 대상에 의해서 얻어지는 것으로 믿고 있는 어떤 성례주의자들의 체계들에서 사실로 나타난다. 예를 들어, 전통적인 로마 가톨릭에서, 은혜는 성찬의 떡을 자신의 몸으로 받아들임으로써 실제로 전달되고 얻어지는 것으로 믿는다. 성례전의 가치는 어느 정도는 성찬 배령자의 내적인 태도나 상황에 달려있지만, 은혜는 일차적으로 외적인 물리적 행위를 통하여 받게 된다. 다른 사람들은 구원이 도덕적인 행위에 의하여 전달된다고 생각한다. 여기에서 구원은 어떤 개인이나 조직에 의하여 소유되고 다른 사람들에게 전달되는 것이 아니라, 오히려 이것은 사태를 변경시킴으로써 만들어지는 것이다. 이러한 구원의 관념은 사회 복음 운동과 자유주의 신학 체계들 속에서 발견된다. 이러한 이데올로기들 중의 어떤 것들에 의해 주장되는 변화의 접근 방법은 본성상 매우 세속적이어서 예를 들어, 표준적인 정치적 경로들을 사용하는 것을 포함할 수 있다. 복음주의적인 신학들은 세번째의 관념을 나타낸다. 즉 구원은 믿음에 의하여 중재된다. 믿음은 그리스도가 성취하신 사역을 받아들인다. 받아들이는 사람은 어떤 의미에서 이 과정에서 수동적이다. (이 주제들은 48장에서 좀더 충분하게 연구될 것이다.)

### 구원의 진전 방향

추가적으로 고려할 사항은 구원의 진전 방향이다. 하나님은 개인들을 구원하심으로써, 즉 구원받은 자가 그 한 부분을 구성하고 있는 사회 속으로 나아가서 그 세상을 변화시키는 어떤 인격적인 변형을 초래하심으로써 역사하시는가? 그렇지 않으면 하나님은 우리 사회의 구조들을 변경하시고 그 다음에 그것을 구성하고 있는 사람들을 변화시키기 위하여 이 변경된 구조들을 사용하심으로써 역사하시는가?

19세기 후반과 20세기의 사회 복음 운동은 근본적인 인간의 문제가 그릇된 인간의 본성에 있는 것이 아니라, 악한 사회적 환경에 있다고 확신하였다. 이러한 견해에 따르면, 개인들을 변화시키려고 노력하는 것은 전혀 의미가 없는데, 그 이유는 이들이 부패한 사회 속으로 다시 밀치고 들어와서 말하자면 다시 오염될 것이기 때문이다. 사람들은 본질적으로 악하지 않다. 그들은 자기들의 환경이 그들을 만들어주는 그대로이다. 이렇게 해서 사회로 말미암아 타락한 개인들을 치료하려고 하는 대신에, 우리는 그들을 질병에 이르게 하는 상황들을 변경해야 한다. 우리는 사회 복음의 지지자들이 일종의 영적인 공중 위생의 사역을 제안하였다고 말할 수 있을 것이다. 인간 본성에 대한 그들의 견해는 물론 매우 다른 정황 속에서 이기는 하지만, 장 자크 루소(Jean Jacques Rousseau)의 그것과 매우 유사하였다. 다른 방식으로 이것은, 개인의 성격이 그의 환경에 의하여 결정되는 일련의 행동 양태들과 거의 같은 정도라고 보는 행동주의의 견해와 유사하다.

정반대의 접근 방법이 회심을 강조하는 기독교 내의 집단들에 의하여 주장되었다. 그들은 인간의 본성이 근본적으로 부패했다고 주장한다. 사회의 악들은 이것이 악한 개인들로 구성되어 있다는 사실에서 유래한다. 오직 이러한 개인들의 변형이 존재할 때에만, 사회를 변화시킬 수 있는 실재적인 희망이 존재한다. 변화된 개인들이 마침내 사회를 변화시키게 될 것인데, 그 이유는 단순히 전체가 부분들의 총합으로 구성되어 있을 뿐만 아니라, 초자연적으로 변화된 개인들이 사회 전체의 변화를 위하여 일하려는 동기를 갖고 있기 때문이다.

### 구원의 범위

구원의 범위는 구원을 사회에 대해서보다는 개별적인 사람들에게 적용되는 것으로 생각하는 사람들을 위한 주제이다. 문제는 누가 또는 인류 가운데 얼마나 많은 사람들이 구원받게 될 것인가? 하는 것이다. 제한 구원론자들(the particularist)의 입장은 구원을 하나님의 은혜에 대한 개인들의 응답에 근거하고 있는 것으로 본다. 이것은 모든 사람들이 다 하나님께 긍정적으로 응답하지는 않을 것이라고 주장한다. 따라서, 어떤 사람들은 버려질 것이고 어떤 사람들은 구원받을 것이다.

다른 한편으로, 보편 구원론자들(the universalist)의 입장은 하나님께서 모든 사람들을 그들이 원래 의도되었던 그에 대한 관계로 회복시킬 것이라고 주장한다. 어떤 사람도 버려지지 않을 것이다. 두 종류의 보편 구원론적인 입장이 존재한다. 사람들은 낙관적인 특별 구원론자가 됨으로써 보편구원론자가 될 수도 있다. 이를테면, 사람들은 구원을 받기 위해서는 예수 그리스도를 개인적으로 받아들이는 일이 필수적이라는 것과, 또한 모든 개인들이 그렇게 할 것이라고 주장할 수도 있을 것이다. 그러나 불행하게도, 과거의 모든 사람들이 그리스도를 받아들였던 것으로는 보이지 않는다. 실제로 무수한 사람들이 그렇게 할 수 있는 기회조차도 갖지 못하였다. 따라서 구원의 조건들이 성취될 수 있는 어떤 일종의 무의식적인 방편이 존재하지 않는다면, 모든 사람들이 이러한 방식으로 구원받게 될 것이라고 생각하는 것은 불가능하다. 좀더 일반적인 보편구원론의 입장은 마지막 때에 하나님께서 어떤 근거 위에서 모든 사람들을 자기와의 영원한 교제로 받아들이실 것으로 가정하는 것이다.

### 구원의 대상들

어떤 사회 속에서는 오직 인간들만이 개별적으로나 집단적으로 구원받게 될 것이라는 관념이 존재한다. 이 견해는 피조물의 나머지를 단순히 인간의 희곡이 상연되는 무대에 불과한 것으로 간주한다. 따라서 이것들은 전체적인 구원의 사건에 대하여 단지 부수적인 것에 불과하다. 그러나 다른 견해는 구원의 우주적인 차원들이 존재한다고 주장한다. 사람들은 피조물 속에 있는 죄의 존재에 의하여 혼자서만 영향을 받지는 않았다. 보통 이것에 대한 단서들을 로마서 8:18-25에 있는 바울의 진술들에서 가져오는, 이 대안적인 견해는 그 최종적인 형태에서 구원이 지금은 죄의 속박 아래 놓여 있는 타락한 우주 전체를 조물주에 의하여 그것이 창조되었고 예정되었던 순전하고 영광스러운 상태로 회복하는 일을 포함하게 될 것이라고 주장한다.

## 현재 유포되고 있는 구원 개념들

### 해방 신학의 체계들

구원에 대한 독특한 견해를 현시대에서 제의하고 있는 아주 중요한 운동들 가운데 하나가 "해방 신학의 체계들"로서 언급될 수 있는 일군(一群)의 신학 체계들이다. 우리는 이 운동을 흑인 신학과 여성 신학, 그리고 제3세계 신학의 체계들로 세분할 수도 있을 것이다. 해방 신학으로서 언급되는 것은 특별히 이 세 가지 중에서 마지막의 것이다. 이 집단들 사이에 때때로 갈등을 불러 일으켰던 몇가지의 중요한 차이들이 존재하지만, 구원의 본성에 대한 그들의 견해의 몇몇 근본적인 특징들을 우리가 추적할 수 있도록 해주는 충분한 공통성이 그들 사이에 존재한다.

여기에서의 공통된 강조점들 중의 하나는, 사회의 근본 문제가 권력을 가진 자들에 의한 무력한 계층들의 억압과 착취라는 것이다. 구원은 이러한 억압으로부터 구원(혹은 해방)에 있다. 해방의 방법은 특정한 상황의 본질에 따라 고유한 것이 될 것이다.

인간의 곤경에 대한 해방 신학의 체계들의 분석은 두 가지의 근원에서 유래한다. 한편으로는, 경제적이고 정치적인 문제들에 대한 자본주의자나 혹은 "개발주의자"의 접근 방법이 본래적으로 잘못되었고 부적절하다는 동의가 존재한다. 자본주의자들은 모든 사회가 관념적으로 지나가야 하는 한 가지 과정이 존재한다고 주장한다. 미개발 국가들의 문제는 단순히 이 국가들이 좀더 산업이 발달한 국가들만큼 그 과정에서 멀리까지 나아가지 않았다는 것이다. 미개발 국가들이 발전함에 따라, 그

---

2) 예를 들어, Walt W. Rostow, *The Stages of Economic Growth*, 2nd ed. (New York: Cambridge University, 1971)을 보라.

들의 문제들이 해결될 것이다.[2]  그러나 해방신학자들에게는 상류 사회 계층들의 번영과 마찬가지로 선진국가들의 경제적인 발전이 좀 덜 행복한 사람들의 희생에 의하여 얻어진다는 사실이 점차로 명백해졌다. 사람들은 라틴 아메리카 국가들에서 빈민가와 인접해 있는 고급스런 고층 아파트들의 날카로운 대조를 볼 수 있다. 국제적인 회사들은 바나나 공화국들과 이와 유사한 지역들에서 값싼 노동력을 착취하였기 때문에 성공하게 된다. 부유한 나라들은 가난한 국가들이 그들에게 굴복하도록 군대의 힘을 사용한다. 더 가난한 국가들이 더 부유한 나라들의 관습들을 모방하는 것은 모두를 위한 번영으로 귀착되지 않을 것이다. 여기에서의 근본적인 이유는 번영한 국가들이 다른 국가들을 가난에서 벗어나지 못하도록 하기 때문에 특별히 번영한다는 것이다. 가난한 자들과 부자들 사이의 간격은 계속해서 증가하고 있다. 대다수의 사람들이 가난한 상태 아래에서 살고 있을 뿐만 아니라, 문자 그대로 살아갈 수 없는 사람들도 존재한다! 게다가, 수백만 명이 치사하고 불공평한 조건들 아래에서 일한다.[3]

이와 같이 구원을 착취로부터의 해방으로 보도록 강요하는 다른 근원은, 성경이 억압당하는 자들과 스스로를 동일시하고 있다는 의미이다. 성경에 접근하는 데에 해방신학이 편견을 갖고 있다는 비난이 사실로서 인정되지만, 성경의 저자들이 이러한 편견을 공유하고 있었다는 사실이 응답의 방식으로 지적된다. 하나님의 구속적인 활동의 역사는 일단(一團)의 억압받는 사람들의 역사이다. 확실히 이스라엘 백성들은 애굽에서 억압받았다. 실제로, 출애굽기는 하나님의 말씀 중에서 해방 신학이 가장 좋아하는 부분들 중의 하나이다. 마찬가지로 후대의 역사에서, 이스라엘은 끊임없이 더 강한 국가들의 멍에 아래에 놓여 있었다. 블레셋의 침략과 앗수르와 바벨론의 손에 포로가 되었던 일을 생각해 보라. 특별히 이방인의 영토로 확장될 때, 교회는 사회의 상류층들보다는 오히려 무력하고 가난하고 중요하지 않은 사람들로 이루어져 있었다. 후스토(Justo)와 캐서린 곤잘레스(Catherine Gonzalez)는 이렇게 요약하고 있다. "우선 첫째로 성경의 대부분이 힘없는 자의 관점에서 기록된 것이 사실인가? 물론 이것은 사실이다"[4]

해방 신학은 무력한 자들을 통하여 하나님께서 말씀하시는 성향이 있다는 사실로부터 그의 구원의 메시지가 특별히 그들에게 관계한다고 결론을 내린다. 예수가 이것을 누가복음 10:21에서 확인하였다. "아버지여, 이것을 지혜롭고 슬기있는 자들

---

3) Gustavo Gutierrez, *A Theology of Liberation*, trans. Sister Caridad Inda and John Eagleson(Maryknoll, N. Y. : Orbis, 1973), p. 26.

4) Justo L. Gonzalez and Catherine G. Gonzalez, *Liberation Preaching: The Pulpit and the Oppressed* (Nashville: Abingdon, 1980), p. 16.

에게는 숨기시고 어린아이들에게는 나타내심을 감사하나이다.” 지혜롭고 권세있는
자들은 나단과 아모스와 베드로와 예수와 같은 무력한 사람들을 통하여 하나님의 말
씀을 들어야 하거나, 혹은 그것을 전혀 듣지 못할 것이다.

그렇다면 해방 신학의 체계들이 고찰하는 구원의 특정한 본성은 무엇인가? 이러
한 신학 체계들이 보편적인 이론들이라고 내세우지 않고, 구체적인 정치적 현실들과
밀접하게 연결되어 있다는 사실을 우리는 먼저 주목해야 한다. 보편적인 이론들은
대개 백인 중산층 남성들의 신학적인 개념들로서 드러난다. 이와 대조하여 흑인 신
학은 규범들에 근거하여 세워지고 흑인 공동체 특유의 근원들에서 도출되는 신학을
형성하는 것이 백인 사상의 타락시키는 영향력에서 벗어나는 방법이라고 주장한다.[5]

이와 유사하게, 해방신학의 체계들은 성경을 본성상 보편적인 것으로 간주하지
않는다. 면밀히 조사해 보면, 이것은 영원한 진리들과 규칙들이 아니라, 특정한 역
사의 책으로서 여겨진다. 여기에서 진리는 존재하는(is) 것이 아니라, 오히려 일어나
는(happens) 것이다. 그리고 성경의 특정한 역사는 과거의 사건들에 대한 단순한
서술이 아니다. 이것은 또한 하나님의 피조물에 대한 구속의 계획이며, 수행되어야
하는 정치적인 과제이다.[6]

해방 신학은 구체적인 역사적이고 정치적인 문제들에 특별히 관계하지만, 자신
을 단순히 단편적인 신학으로서만 이해하지는 않는다. 이것은 기독교 신학 전체를
논하며 또한 그것에 관계하고 있다. 이것은 단순히 해방에만 관여하지는 않는다. 그
러나 이것은 전통적인 신학의 모든 교리들이나 주제들을 해방의 관점에서 논하도록
계획되었다.[7]

해방 신학은 하나님을 대부분의 그리스도인들에 의하여 전통적으로 믿어져 왔던
무감정적이고 불변적이며 알 수 없는 존재로서 이해하지 않는다. 오히려, 하나님은
활동적이시다. 그는 가난한 자들의 투쟁에 관계하신다. 이것의 증거는 성육신으로
서, 이것에 의하여 하나님은 결코 먼 곳에 떨어져서 안전하게 계시지 않으시며, 예
수 그리스도의 인격으로 이 땅에 오셔서 인간의 싸움을 시작하셨다. 해방 신학의 이
해에 의하면, 전통적인 유신론의 항상 일정하고 불변적인 하나님은 실제로 우상이
며, 변화에 의해서 대부분의 것을 상실해야 하는 사람들에 의해서 개발된 우상이다.
그러나 이에 반하여, 하나님은 활동적이며, 적극적으로 변화에 관여하신다. 이것은
그가 중립적이지 않다는 것을 의미한다. 그는 평등을 찬성하신다. 그리고 평등이 효

---

5) James H. Cone, *A Black Theology of Liberation*(Philadelphia:
   Lippincott, 1970), p. 53.
6) Gonzalez and Gonzalez, *Liberation Preaching*, pp. 20-21.
7) Ibid., p. 21.

과를 나타내기 위하여, 하나님은 모든 사람들에 대하여 평등하게 역사하실 수 없으며 그렇게 하시지 않아야 한다. 만약 그의 정의가 평등하게 하시는 정의라면, 이것은 반드시 불평등한 세계 안에서 불평등하거나 혹은 보상적인 방법으로 이루어져야 한다. 아마도 이 견해에 대한 가장 강력한 진술은 제임스 콘(James Conn)이 한 말일 것이다. "흑인 신학은 흑인들을 위하시며 따라서 백인들을 반대하시는 존재로서 자신을 나타내시지 않는 하나님 관(觀)을 받아들일 수 없다. 백인 억압자들의 세계에서 살아가는 흑인들은 중립적인 하나님을 위한 시간은 갖고 있지 않다."[8]

해방신학의 구원관은 인간과 죄에 대한 특별한 관점을 나타낸다. 전통적인 신학은 종종 겸손과 자기비하를 하나님에 의해서 고안된 인류의 일차적인 덕목들로서 강조하였다. 이에 상응하여 교만(pride)은 주요한 죄로서 간주되고 있다. 죄는 종종 내적인 태도들이나 사사로운 악행들의 문제로서 간주된다. 그러나 해방신학자들에 의하면, 성경은, 종종 억압의 수용에 이르는 속성인 겸손을 강조하지 않는다. 오히려, 시편 8편과 같은 구절들에서, 성경은 인간 피조물을 찬양하고 있다. 더욱이, 성경은 내적인 자존심(pride)을 주요한 죄로서 간주하지 않는다. 다른 많은 것들에서와 같이 이 점에서 힘있는 자들의 이익에 봉사하는 신학과 기독교 설교는 성경에서 가장 흔하게 정죄되는 종류의 죄를 무시해버리는 경향이 있었다. "가옥에 가옥을 연하며 전토에 전토를 더하여 빈 틈이 없도록 하고 이 땅 가운데서 홀로 거하려 하는 그들은 화 있을진저"(사 5:8).[9]

구원은 일차적으로 죽음 이후의 개인적인 삶으로서 생각되어서는 안된다고 해방신학자들은 주장한다. 성경은 하나님의 나라에 훨씬 더 많이 관여하고 있다. 심지어 영생조차도 대개는 새로운 사회 질서의 맥락 속에 놓여 있으며, 역사로부터 끄집어내는 것이 아니라 오히려 역사의 절정에 참여하는 것으로 간주된다. 역사의 목표가 정의의 실현이라는 이러한 이해는 권력을 가진 자들에게는 전혀 인기가 없었다. 전통적인 공식이 주장하듯이, 만약 역사와 영원이 두 가지의 평행하는(즉 교차하지 않는) 영역들이라면, 역사 속에서의 우리의 목표는 영원에 접근하는 것이다. 이것은 온유하게 받아들임으로써 가장 잘 성취될 수 있다. 인간 개인의 주요한 관심은 자신이 천국에 가는 것이기 때문에, 몸을 이용하는 사람들은 실제로 예배를 드릴 수도 있다. 그러나 곤잘레스가 제기하고 있듯이, 만약 역사와 영원이 교차한다면, 즉 "만약 구원이 전체 인간을 포함하는 새로운 질서로 옮겨가고 있다면, 우리는 오늘날 그 질서를 부인하는 모든 것에 맞서서 싸워야 한다."[10] 억압받는 모든 사람들의 구원

---

8) Cone, *Black Theology*, pp. 131-32.
9) Gonzalez and Gonzalez, *Liberation Preaching*, p. 24.
10) Ibid.

은 역사 내에서 하나님의 활동의 목표이며, 따라서 그를 믿는 사람들의 과제임에 틀림없다. 그들은 이러한 의미에서 필요하다면 정치적인 노력과 심지어 혁명까지도 포함하여, 가능한 모든 방편을 사용하여 구원을 가져오기 위하여 노력할 것이다.

## 실존주의 신학

20세기의 여러 가지 신학 체계들은 실존주의 철학에 근거하고 있거나 혹은 그것으로부터 구성되어 있다는 의미에서 실존주의적이었다. 실제로는, 아마도 다양한 정도로 20세기의 신학 체계들의 대부분은 어느 정도의 실존주의를 그들의 교리 형성에 통합시켰을 것이다. 그러나 우리는 여기에서 명백하고도 공공연하게 실존주의를 지향하였던 것들, 즉 실존주의 철학이 주요하고도 중대한 역할을 나타내고 있는 신학 체계들을 염두에 두고 있다. 아마도 이러한 의미에서의 실존주의 신학의 현저한 전형은 루돌프 불트만(Rudolf Bultmann)과 그의 비신화화 프로그램일 것이다. 불트만은 자신이 그 곳에서 신약 성경을 가르치고 있었을 때 마르부르크 대학에서 철학을 가르치고 있었던 마르틴 하이데거(Martin Heidegger)의 사상에 근거하여 신약 성경을 해석하고 또한 실제로 신학을 구성하려고 하였다. 불트만의 구원의 개념을 이해하기 위해서는, 하이데거의 몇몇 주요한 철학적인 교의들을 요약하는 것이 필수적일 것이다.

첫번째 주요한 교의는 하이데거의 객관적인 지식과 주관적인 지식 사이의 구분이다. 객관적인 지식은 나타나는 대상을 정확하게 반영하거나 그것과 일치하는 관념들로 이루어진다. 여기에서 주체나 인지자(認知者)의 태도는 전혀 아무런 관계도 없다. 실제로, 이것은 어쩌면 해로운 것으로서, 그 이유는 이것이 자료들에 대하여 선입관을 갖게 하는 경향이 있기 때문이다. 객관적인 지식은 여러 가지 자연 과학들에 의하여 추구되는데, 그것의 목적은 고려중인 자료들을 가능한 한 정확하게 확인하고 묘사하며, 분석하는 것이다. 그러나 주관적인 지식은 전혀 다르다. 여기에서 중심적인 관심은 정확성, 즉 어떤 관념이 나타나는 대상을 정확하게 묘사하고 있느냐 하는 것이 아니라, 인지자의 주관적인 참여나 내적인 열정, 즉 그가 논의의 주제나 지식의 대상에 대하여 어떻게 느끼고 있는가 하는 것이다. 대상들이 아니라 주체들을 다룰 때에는 과학적인 유형의 지식을 얻는 것이 불가능하다. 왜냐하면, 주체들, 즉 인간적이거나 신적인 다른 사람들은 딱딱한 논리의 범주들 아래에서는 단순히 정복될 수 없다. 다른 사람에 대한 우리의 주관적인 지식은 그 사람에 대한 우리의 객관적인 관념들의 축적이 아니다. 이것은 그 사람을 향한 우리의 감정의 문제이다. 같은 사실이 우리 자신에 대한 우리의 주관적인 지식에도 적용된다. 그렇다면 우리 자신에 대한 진리는 객관적인 정보보다 훨씬 더 많은 것을 포함하고 있다. 왜냐하면 우리는 우리의 몸에 대하여 모든 종류의 객관적인 지식을 가질 수 있지만, 실제로 존재하는 우리, 곧 진정한 자아에 대해서는 거의 알 수 없기 때문이다.[11]

방금 언급되었던 것을 불트만이 성경에 적용하였다. 이것은 본질적으로 하나님에 대한, 그리고 인간과 상황에 대한 객관적인 정보의 원천이 아니다. 이것은 우리에게 '사실의 역사'(Historie)가 아니라 '의미의 역사'(Geschichte)를 제공해 준다. 이것은 본질적으로 실제의 사건에 대한 객관적인 보고(報告)가 아니다. 그 대신에, 이것은 여러 가지 사건들이 제자들에게 미친 충격을 우리에게 전달해 준다. 이것의 목적은 우리에게 알려주려는 것이 아니라, 우리를 변화시키려는 것이며, 우리의 정보의 축적을 더하려는 것이 아니라, 우리의 존재에 영향을 미치려는 것이다.

하이데거의 사상에 의하면, 진정한 존재와 비진정한 존재 사이에도 중요한 구분이 존재한다. 철학의 목적은 개인 속에서 진정한 존재를 일으키는 것이다. 이 용어가 의미하는 바와 같이, 진정한 존재는 우리가 되고자 의도하였던 것이 되는 것, 즉 사람들로서의 우리 자신의 가능성을 성취하는 방식으로 삶을 살아가는 것이다. 비진정성의 한 가지 사례는 자유롭게 선택하고 행동할 수 있는 자신의 능력을 사용하지 않는 것이다. 다른 모든 사람들이 그것을 하기 때문에 단순히 어떤 것을 행하는 것은 군중들과 함께 행하고 그들을 따라가는 것으로서, 자기 자신의 인격이 되지 않는 것이다.[12] 비진정성의 또 다른 사례는 인간이 자유롭게 행동하였고 그 결과로서 책임을 져야 한다는 사실을 기꺼이 받아들이려고 하지 않는 것이다. 유전학적이거나, 심리학적이거나 사회학적이거나 신학적이거나 혹은 어떤 다른 형태이든지 간에 어떤 형태의 결정론에 근거하여 자신의 행동들을 변경하거나 설명하는 것은 비진정성이다. 다른 한편으로 진정성은 자신의 행동들에 대한 책임을 받아들이는 것을 포함한다. 이것은 현재의 나인 나의 존재에 기여할 수 있었던 것은 무엇이든지 간에, 내가 지금 자유롭게 선택할 수도 있으며 또한 나의 선택들에 대해서 책임을 감수할 것이라는 사실을 인정하는 것이다. 이와같이 스스로 책임을 감수하는 것을 하이데거는 "죄책"(guilty)이라고 부른다.

불트만은 진정한 존재와 비진정한 존재의 개념을 차용하였다. 그는 현대인에게

---

11) Martin Heidegger, *Being and Time* (New York : Harper and Row, 1962), p.85; cf.**Søren** Kierkegaard, *Concluding Unscientific Postcript*, trans. D. F. Swenson and W. Lowrie (Princeton, N.J. : Princeton University, 1941), pp.169-75.
12) Heidegger, *Being and Time*, pp.163-68.

서 나타나는 두 가지의 경향을 언급하고 있다. 한편으로는 자기 지향에 의하여 삶으로 인도되는 경향이 존재한다. 인간의 목표는 행복과 안전과 유용성과 이익을 위한 자신의 욕망을 실현하는 것이다. 그는 이기적이고 몰염치하다. 다른 사람들을 사랑하고 진리를 알고 말하며 삼가 받으려는 소망은 자기 증대를 위한 욕구에 공헌한다. 인간은 다른 사람들의 관심과 필요들을 멸시할 뿐만 아니라, 자기의 삶에 대한 하나님의 명령과 요구들에 대해서도 순종하지 않는다. 그는 하나님이 존재하신다는 사실을 부정하거나, 혹은 그가 존재하신다 하더라도, 하나님이 그의 복종과 헌신에 대한 합법적인 권리를 갖고 계신다는 사실을 부정한다.[13]

불트만에 의해서 언급되는 다른 경향은, 현대인은 그가 자기 자신의 노력에 의하여 진정한 안전을 얻을 수 있다고 믿는다는 것이다. 그는 자신에 대해서 자율적으로 생각한다. 부의 축적과 기술의 확산과 영향을 미치려는 탐구의 노력은 자기들의 미래를 보증하려고 하는 사람들의 개인적이거나 혹은 집단적인 시도들이다. 불행하게도 이것은 도달하기 어려운 희망인데, 그 이유는 인간이 정복할 수 없는 얼마간의 장애물들이 있기 때문이다. 죽음은 인간이 무슨 일을 한다 하더라도, 필연적으로 찾아 온다. 생명들뿐만 아니라 재산까지도 파괴하는 자연적인 질병들은 예견되거나 예방될 수 없다. 이렇게 해서, 이러한 불확실성의 세계에서, 안전을 확립하려는 인간의 시도들은 실패로 운명이 정해져 있다. 그럼에도 불구하고 인간은 계속해서 애를 쓴다. 그리고 그가 계속해서 이기적으로 행동하고 자신의 노력을 통하여 안전을 얻으려고 할 때, 그는 자신에 대해서 예정된 모든 것을 거절하거나 부정한다. 이것이 비진정한 실존에 대한 불트만의 신학적인 상당 어구(equivalent)이다.[14]

인간이 하나님과 복음에 의해서 부름을 받게 되는 것은 그의 진정한 자아요 그의 진정한 운명이다. 이것이 말하자면, 진정한 존재 혹은 구원이다. 하나님의 말씀은 "인간이 스스로 확립한 그의 이기심과 환각적인 안전으로부터 그를 불러낸다. 이것은 세계와 과학적인 사고를 초월하시는 하나님께로 그를 불러낸다. 동시에 이것은 인간을 그의 진정한 자아로 불러내는 것이다."[15]

하나님의 말씀이 인격적으로 인간에게 다가올 때, 이것은 그로 하여금 그 자신과 그의 불안들을 넘어가도록 명하신다. 이것은 자신의 노력이나 인류의 노력을 통하여 안전을 확립하려는 그의 시도를 포기할 것을 그에게 요청한다. 이것은 하나님께 자신의 신뢰를 둠으로써 오는 진정한 안전을 그에게 제공한다. 오직 믿음의 행사

---

13) Rudolf Bultmann, *Jesus Christ and Mythology*(New York: Scribner, 1958), pp. 39-40.
14) Ibid., p. 45.
15) Ibid., p. 40.

를 통하여 인간은 그의 비진정한 존재를 끝낼 수 있다. "하나님의 말씀을 믿는 것은 모든 단순한 인간의 안전을 포기하고 이렇게 해서 항상 헛된 시도인 안전을 발견하려는 시도로부터 비롯되는 절망을 극복하는 것을 의미한다."[16]

기독교적인 선포의 메시지에 대한 응답으로서 나타나는 믿음을 행사할 때, 우리는 우리 자신의 노력들을 통하여 안전을 확립하려는 시도를 버리게 된다. 그 대신에 우리는 하나님을 신뢰하게 된다. 그러나 이것은 이 세상에서는 보이지 않으며 또한 그것에 대한 어떤 지상적인 증거도 존재하지 않는 어떤 것에 우리의 신뢰를 두는 일과 관계된다. 이것을 행하는 것을 우리는 달가워하지 않는다. 그러나 불트만은 우리가 볼 수 있는 것에만 신뢰를 제한하는 경향은 인간들을 당연히 특징지어주는 비진정성의 단순히 또다른 형태일 뿐이라는 사실을 지적하고 있다.[17] 믿음은 유형적인 실체들과 일시적인 대상들에 대한 탐구를 포기하는 것을 의미한다. 그러한 것들을 추구하는 것은 죄인데, 그 이유는 그것에 의해서 우리가 우리에게 은사로서 제공되는 하나님의 미래를 거절하고 우리의 삶으로부터 불가시적인 현실을 배제하기 때문이다. 믿음은 우리의 마음을 하나님의 은혜에 대하여 여는 것이며, 또한 그가 우리를 과거로부터 해방하여 그의 미래로 데려가시도록 허락하는 것이다. 이것은 또한 복종, 즉 "자신에게서 우리의 등을 돌리고 모든 안전을 포기하는 것"을 수반한다.

구원이 안전을 위한 우리의 이기적인 노력들을 포기하고 그 대신에 하나님을 신뢰함으로써 진정한 존재에 단순히 참여하는 것이라는 견해와 유사한 것이 불트만의 비신화화 프로그램이다.[18] 성경의 주장들은 우리 자신의 외부에 있는 객관적인 진리에 대한 확언들로서 받아들여져서는 안된다. 오히려, 이것들은 우리에게 우리 자신에 대한 어떤 것을 말해 준다. 예를 들어, 십자가는 갈라디아서 2:20의 빛에서 이해되어야 한다. "내가 그리스도와 함께 십자가에 못박혔나니 그런즉 이제는 내가 산 것이 아니요 오직 내 안에 그리스도께서 사신 것이라. 이제 내가 육체 가운데 사는 것은 나를 사랑하사 나를 위하여 자기 몸을 버리신 하나님의 아들을 믿는 믿음 안에서 사는 것이라." 십자가의 메시지는 예수가 천상의 거래에서 아버지께 드려진 어떤 일종의 대속으로서 죽음을 당하셨다는 것이 아니다. 그것은 신화(myth)이다. 십자가의 비신화화된 의미는 우리들 각자가 하나님과 별도로 얻어지는 자기 만족과 안전

---

16) Ibid.
17) Rudolf Bultmann, "New Testament and Mythology," in *Kerygma and Myth*, ed. Hans Bartsch(New York: Harper and Row, 1961), pp. 18-19, 30.
18) Ibid., pp. 9-16.

을 위한 자신의 노력들을 죽여야 한다는 것이다.[19]

이와 유사하게, 부활은 로마서 6:11과 같은 본문들에 의하여 이해되어야 한다. "이와 같이 너희도 너희 자신을 죄에 대하여는 죽은 자요 그리스도 예수 안에서 하나님을 대하여는 산 자로 여길지어다." 이 절은 예수에게 일어난 어떤 사건을 언급하고 있는 것이 아니다. 이것은 오히려 우리가 하나님을 신뢰하고 미래에 대하여 개방적일 때, 우리가 전에는 그렇지 않았던 방식으로 살게 될 것이라는 진리를 표현하고 있다. 그렇다면 구원은 어떤 사람들이 중생에 대하여 이해하기 쉬웠던 것처럼 영혼의 본질에서의 변화도 아니며, 칭의에 대한 전통적인 이해, 즉 우리가 하나님 앞에서 의롭다는 법정적인 선언도 아니다. 오히려, 이것은 우리의 존재(Existenz)의 근본적인 변화이고, 삶에 대한 우리의 전체적인 조망이며 행위이다.[20]

### 세속화 신학

신학이 발전되는 전체적인 문화적 환경이 변하고 있다. 실재에 대한 인간의 견해가 변화를 겪고 있다. 초창기에는 대부분의 사람들이 하나님을 믿었다. 그의 활동은 세계의 존재와 세계 내에서 일어나고 있는 일에 대한 설명으로서 생각되었으며, 그는 인간이 직면하였던 문제들의 해결자였다. 그러나 오늘날 사람들은 가시적인 것과 지금 여기에 있는 것과, 어떤 초월적이거나 초감각적인 실체들을 가정하지 않는 해석들을 믿는다.

이러한 상이한 조망은 몇가지 경로를 통하여 일어난다. 한 가지는 과학적인 설명들이 수적으로 증가하게 되었다는 사실이다. 이전에는 어떤 초자연적인 존재나 힘이 이러한 대단히 복잡한 우주를 존재하게 하였다고 믿는 것이 필수적인 것으로 보였지만, 이제는 기존의 해석과는 다른 설명들이 가능하게 되었다. 지나간 때에는 인간의 육체적인 조직의 복잡성이 어느 정도는 지혜롭고 강력한 설계자를 지적하고 있는 것으로 보였다. 그러나 진화론은 인간의 복잡성을 더 좋은 것들이 생존에 적응할 수 있는 경쟁적인 생존 경쟁과 결합된 우연 변이의 탓으로 돌렸다. 복합적인 존재들은 그의 무한한 지혜 속에서 그렇게 정해졌기 때문이 아니라, 복잡한 요소들이 우연히 종(種) 속에서 발생하였고, 그것들을 소유하지 못한 것들은 그렇지 못하였지만, 그것들을 소유한 개체들이 살아 남았기 때문에 존재한다.

조망이 변하게 된 또다른 이유는 인간이 삶에서 직면하는 많은 문제들을 해결할 수 있는 능력을 개발하였다는 것이다. 성서 시대에는 여자가 불임이라면, 그녀는 하

---

19) Ibid., pp. 35-38.
20) Ibid., pp. 19-22.

나님께 기도하였고 아이가 태어나도록 그녀의 태를 열어주심으로써 응답을 받았다(삼상 1:1-20). 하나님은 또한 날씨의 원인으로서 믿게 되었다. 엘리야의 시대에, 3년 반 동안의 가뭄과 그 이후의 비는 하나님의 탓으로 돌렸다(왕상 17-18장; 약 5:17-18). 그러나 이제는 아이를 갖기를 원하는 여성이 불임이면, 여성생태학자가 수정(受精)약을 처방하게 되고, 출산(때로는 다산[多産])이 뒤따르게 된다! 만약 장기간 동안 비가 오지 않는다면, 누군가가 은 요오드화물이나 이와 유사한 어떤 물질을 구름 위에 뿌리게 되면, 비가 오게 된다. 인간은 출산과 날씨를 모두 다 통제할 수 있다. 하나님은 더 이상 필요하지 않다. 인류는 성년에 도달하게 되었다. 인류는 초인적인 도움이 없이도 문제들을 처리할 수 있다.

　이러한 발전들에 직면하여, 많은 현대인들이 세속적으로 되었다. 그들 중 많은 사람들이 사변적인 문제들에는 관심이 없기 때문에, 이것은 그들이 의식적으로 자연주의적인 세계관을 채택했다는 것이 아니다. 오히려 이것은 실제의 문제로서 하나님을 위한 자리가 없는 삶의 양식을 그들이 무의식적으로 따르게 되었다는 것이다. 이러한 세속적인 조망의 일부는 근본적인 실용주의의 결과이다. 과학적인 노력은 인간의 필요한 것들을 충족시키는데 성공하였으며, 종교는 더 이상 필수적이거나 유효하지 않다. 인간은 기독교 이후 시대(post-Christian era)에 살고 있다.[21]

　교회가 이러한 상황에 대하여 대처할 수 있는 두 가지 가능한 답변들이 존재한다. 한 가지는 기독교와 세속주의를 경쟁 상대, 즉 서로에 대하여 취할 수 있는 다른 방도로서 보는 것이다. 만약 이 접근 방법이 채택된다면, 18세기와 19세기를 통하여 심지어 오늘날에 이르기까지 그런 경향이 있어온 것처럼, 세속주의를 대항하거나 피하며, 혹은 반박하려는 시도들이 있게 될 것이다. 세속주의와 그것이 동반하고 있는, 인간의 선성(善性)과 가치와 충분성을 강조하는 철학인 인본주의의 불충분성을 보여주려는 노력들이 있게 될 것이다. 이것은 변증론의 접근 방법이다. 이것은 인류가 세속적인 세계관이 다룰 수 없는 문제들에 직면하고 있다는 것을 보여주고 있다. 오직 기독교 유신론만이 이것들을 해결할 수 있다.

　그러나 최근에, 색다른 답변이 기독교 신학자들에 의하여 점차적으로 채택되고 있다. 그것은 세속주의를 경쟁 상대로서가 아니라, 기독교 신앙의 성숙한 표현으로서 간주하는 것이다. 이 접근 방법의 선구자들 가운데 한 사람이 디트리히 본회퍼(Dietrich Bonhoeffer)였다. 그의 생애 말년에 그는 "종교없는 기독교"라고 언급되

---

21) Paul Van Buren, *The Secular Meaning of the Gospel*(New York : Macmillan, 1963), pp. 1020; Langdon Gilkey, *Naming the Whirlwind : The Renewal of God-Language*(Indianapolis : Bobbs-Merrill, 1969), pp. 3-29.

는 입장을 발전시켰다.[22] 그는 인류가 성년에 도달하는 과정을, 하나님께 대한 반역으로서가 아니라, 하나님의 최고의 지상적인 피조물이 하나님에게서 자립하도록 교육하는 것이라고 보았다. 그렇다면 하나님은 세속화 과정에서 활동해 오셨다. 슬기로운 부모들이 그들의 자녀들이 그들에게서 독립하도록 도와주는 것처럼, 하나님은 인류가 자족하는 지점에 이르도록 노력해 오셨다. 세속주의를 반박하려는 변증론의 노력은 본회퍼의 시각에 의하면, 성인들이 의존적이 되도록 강요하고 그들의 약점들을 이용하며, 그들을 사춘기로 되돌아가게 하려는 시도이다.[23]

본회퍼는 하나님이 세속적인 세계 안에 부재(不在)하신다고 생각하지는 않았다. 오히려, 그는 "무종교"(irreligion) 안에서 존재하신다. 기독교인이 되는 것은 "종교적"이 되는 것이 아니라, 인간적이 되는 것이다. 성년에 도달하게 된 인류의 세속적인 일원들은 "무의식적인 그리스도인들"이다.[24] 우리는 기독교를 현대의 세속적인 사람들이 이해할 수 있는 언어로 해석해 주어야 한다. 우리는 그들이 기독교인들이 될 필요가 없다는 사실을 볼 수 있도록 도움을 주어야 한다. 즉 그들은 이미 그리스도인들이다. 전통적인 복음주의는 사람들을 그리스도교적으로(즉, 자족적이고 충분히 인간적으로)가 아니라 종교적으로 만들려고 하는 실수를 범하였다. 본회퍼는 특별히 전통적인 기독교 신앙의 내적이고 인격적인 국면에 반대하였다. 이것을 그는 종교의 최종적인 단계로서, 즉 극복되어야 할 거대한 장애물로서 간주하였다.[25]

이 주제에 관한 본회퍼의 저작들은 단편적이다. 그가 처형되지 않았다면, 그는 의심할 바 없이 그것들을 더욱 발전시켰을 것이다. 그의 관념들을 선택하여 정교하게 다듬는 일은 다른 사람들에게 위탁되었다. 영국의 존 로빈슨(J.A.T.Robinson)[26]과 미국의 하나님의 죽음(the Death of God)의 신학자들이 세속화 신학의 으뜸가는 지지자들이었다. 후자의 신학자들 가운데에서 토머스 알타이저(Thomas J.J.Altizer)는 세속주의가 존재론적인 기초를 가지고 있다고 주장하였다. 근본적(primordial)이거나 초월적인 하나님이 세상에 충분히 임재하시게 되었다. 이것은 예수의 성육신에서 절정에 달한 오랜 과정이었다. 하나님은 이제 세계와 인류의 바깥에서 어떤 독립된 지위를 갖고 계시지 않는다.[27] 따라서 그는 공적인 예

---

22) Dietrich Bonhoeffer, *Letters and Papers from Prison*, enlarged ed.(New York: Macmillan, 1972),pp.278-80.
23) Ibid.,pp.326-27.
24) Ibid.,pp.280-82,373.
25) Ibid.,pp.344-45.
26) John A.T.Robinson, *Honest to God*(Philadelphia: Westminster,1963).
27) Thomas J.J.Altizer, *The Gospel of Christian Atheism*(Philadelphia: Westminster, 1966),pp.40-54.

배나 개인적인 헌신을 통해서는 발견되지 않을 것이다. 그는 민권 운동과 이와 유사한 운동들 속에 참여함으로써 발견될 가능성이 더 많다.[28]

요약하면, 세속화 신학은 구원이 세계로부터 옮겨져서 하나님께로부터 오는 초자연적인 은혜를 받아들이는 것으로 이루어져 있다는 전통적인 이해를 거절한다. 오히려, 구원은 훨씬 더 널리 퍼진(diffuse) 방식으로 온다. 구원은 종교를 통해서(through)가 아니라 오히려 종교로부터(from) 온다. 자신의 능력을 깨닫고 그것을 활용하며, 하나님으로부터 독립하여, 성년에 도달하고, 자신을 긍정하며, 세상에 참여하는 것 — 이것이 구원의 참된 의미이다. 대부분의 사람들, 심지어 교회 밖에 있는 사람들조차도 이미 이러한 구원을 경험하고 있다. 사실, 교회의 현재의 "종교적인" 자세를 고려해 보면, 외부에 있는 사람들이 교회 내에 있는 사람들보다 더 진정한 기독교인들 일 수도 있다.

## 현대의 로마 가톨릭 신학

어떤 주제에 관하여 우리가 현대의 로마 가톨릭의 사고를 조사하게 될 때, 우리는 어려운 과제를 갖게 된다. 이것이 어려운 것은 한때는 대부분의 문제들에 대하여 로마 가톨릭 내에서 일률적이고 공식적인 입장만이 있었지만, 지금은 오히려 단지 많은 다양성만이 존재하고 있는 것처럼 보이기 때문이다. 공식적인 교리적 표준들이 여전히 남아있지만, 이것들은 이제 보충되었고, 또한 어떤 경우에는 나중의 진술들과 표면상으로 모순된다. 이러한 나중의 진술들 가운데에는 제2차 바티칸 공의회의 결론들과 개별적인 가톨릭 학자들이 발표한 견해들이 있다. 전통적인 교회의 입장의 배경에 반하여 이러한 진술들 가운데 몇가지를 알아보는 것이 필수적이다.

공식적인 가톨릭의 입장은 오랫동안 교회가 하나님의 은혜의 유일한 경로라는 것이었다. 이 은혜는 교회의 성례전들을 통하여 전달된다. 공식적이거나 조직된 교회의 바깥에 있는 사람들은 그것을 받을 수 없다. 교회는 자신이 신적인 은혜의 분배를 위한 배타적인 특권을 갖고 있는 것으로 여겼다. 또한 이러한 전통적인 견해에 기본적인 것은 자연과 은혜(은총) 사이의 명백한 구분이다. 인간의 본성은 두 부분, 즉 은혜에 대한 수동적인 능력과 은혜에 대한 갈망이나 혹은 동경으로 이루어져 있다. 그러나 인간은 자신의 어떤 성취에 의하여 그의 본성의 이러한 국면들을 전혀

---

28) William Hamilton, "The Death of God Theologics Today," in Thomas J.J.Altizer and William Hamilton, *Radical Theology and the Death of God*(Indeanapolis: Bobbs-Merrill, 1966), p.48.

29) Joseph Pohle, *The Sacraments: A Dogmatic Treatise*, ed. Arthur Preuss(St.Louis: B.Herder,1942), vol.1, pp.66-75.

만족시킬 수 없다. 신적인 생명으로서 이해되는 하나님의 은혜를 요청하는 것이 하나님에 의하여 인간에게 분여되었다.[29]

이러한 전통적인 입장은 몇가지 점에서 수정되었다. 이 입장들 중의 한 가지는 인간의 본성에 관한 것이다. 여기에서는 칼 라너(Karl Rahner)가 가장 인상적인 몇가지 일을 하였다. 교회와 교회의 성례전으로부터 떨어져 있는 인간을 묘사하면서, 라너는 "초자연적인 실존주의"에 대하여 언급하였다. 그는 이 말로써 인간이 자신 안에 하나님을 알 수 있는 가능성을 지니고 있다는 사실뿐만 아니라, 이 가능성이 이미 적극적으로 발휘되고 있다는 사실을 의미하고 있다. 은혜로부터 전적으로 떨어져 있는 것은 없다. 은혜는 자연 그 자체 안에서도 존재한다. 인간은 은혜를 자신의 자아의 일부분으로서 경험한다.[30]

비기독교 종교들에 대하여 논의하면서, 제2 바티칸 공의회는 은혜가 자연 속에 존재할 수 있다는 사실을 인정하는 것으로 보인다. 이것은 모든 사람들의 공통된 기원과 운명을 강조하였다. 그렇게 할 때에, 이것은 여러 종교들이 동일한 생명의 신비에 대하여 다양한 전망들을 나타낸다는 사실을 주목하였다. 하나님의 은혜는 비록 정도에 따라 다르지만, 그것들 모두에서 발견된다.[31] 따라서 가톨릭 교도들은 다른 종교의 신자들 가운데에서 발견되는 "영적이고 도덕적인 미덕들을 인정하고 보존하며 증진시키도록" 가르침을 받는다.[32]

자연에 있는 은혜의 존재는 교회에서 떨어져 있거나 혹은 교회 바깥에 은혜가 존재한다는 것을 의미하는가? 이것은 교회가 직면하고 있는 딜레마이다. 모든 사람들이 그를 알도록 은혜를 베푸시는 하나님의 명령은 그들이 그를 알게 될 수 있는 어떤 방식이 존재한다는 것을 함의하고 있지는 않은가? 현대 가톨릭의 일반적인 답변은 두 가지로서, 모든 사람들이 실제로 하나님을 알 수 있다는 사실을 확언하면서 동시에 구원에서 교회 역할의 배타성을 계속해서 주장하는 것이었다. 이 답변은 교회와 그 구성원에 대한 좀더 광범위한 개념이 필요하게 되었다.

교회가 구원의 방편을 가지고 있기 때문에, 전통적인 가톨릭의 입장은 구원이 일어나기 위해서는 교회와의 연합이 필수적이라는 것이었다. 만약 실제적인 연합이 불가능하다면, 하나님은 그 대신에 연합에 대한 진지한 갈망을 받아들이실 것이다.

---

30) Karl Rahner, *Ecclesiology*, Theological Investigations, vol.9, trans. David Bourke (New York: Seabury, 1976), p.282.

31) "Dogmatic Constitution on the Church," in *The Documents of Vatican II*, ed. Walter M. Abbott (New York: Herder and Herder, 1966), p.35.

32) "Declaration of the Relationship of the Church to Non-Christian Religions," in *The Documents of Vatican II*, p.663.

교회와의 실제적인 연합이 필요 불가결하다면, 완전한 분리는 받아들여질 수 없다. 이브 콩가르(Yves Congar)는 사실상 교회 안에 있는 지체들의 등급을 주장하였다.[33] 대부분의 인류는 교회와 어떠한 가시적이고 공적인 관계를 갖고 있지 않지만, 그럼에도 불구하고 불가시적인 일원으로서의 사람이다. 구원이 있는 곳에는, 교회도 역시 존재하고 있음에 틀림없다. 이것은 교회의 존재가 구원을 실현한다는 전통적인 공식을 뒤집어 놓고 있다.

바티칸 공의회는 콩가르와 비슷한 입장을 채택하였다. 즉 하나님의 백성들은 가시적이고 성직의 위계 구조가 존재하는 교회에 국한되지 않는다. 그러나 이것은 하나님의 백성들 중의 얼마가 가시적인 교회나 가톨릭 교회에 전혀 연루되어 있지 않거나 혹은 참여하지 않고 있다는 것을 말하려는 것이 아니다. 사실상, 하나님의 백성들은 그들이 교회에 관여하는 정도에 따라서 세 범주들로 나누어진다:

1. 교회에 "통합된" 가톨릭 교도들.
2. 교회에 "연결된" 비가톨릭적인 그리스도인들. 그들의 상태는 로마 가톨릭 교도들만큼 안전하지는 않지만, 참된 교회들을 가지고 있고 하나님으로부터 전적으로 분리되어 있지 않다.
3. 교회에 "관련된" 비그리스도인들.[34]

세번째 집단은 라너가 "익명의 그리스도인들"이라고 부르는 사람들을 포함하고 있다. 사람들이 가시적인 가톨릭 교회(혹은 그 문제에 관한 어떤 기독교 교회) 바깥에 있다는 사실은 그들 전부가 하나님의 은혜로부터 떨어져 있다는 것을 의미하지는 않는다. 그리스도는 마찬가지로 그들을 위해서도 죽으셨으며, 우리는 이 은혜를 부인해서는 안된다. 지체의 등급들과 익명의 그리스도인들이라는 개념은 교회로 하여금 그것의 성례전으로부터 떨어져 있는 은혜의 가능성을 인정하는 것과 동시에 그것의 권위를 주장할 수 있는 두 가지를 다 허용하였다.

또한 구원의 본성에 관한 논의가 교회 안에서 있어 왔다. 고전적인 개신교의 칭의 개념에 대한 좀더 큰 개방성이 존재하였다. 이 점에서는, 칼 바르트의 신학에 관한 한스 큉(Hans Küng)의 작품이 특별히 의미가 있었다. 과거에, 가톨릭은 개신교가 칭의와 성화라고 부르는 것을 한 가지 개념, 즉 성화의 은총으로 융합(融合)하였다. 그러나 큉은 칭의의 객관적이고 주관적인 국면들에 대해서 말하였다. 전자는 개

---

33) Yves Congar, *The Wide World My Parish: Salvation and Its Problems*(Baltimore: Helicon, 1961), pp. 101-04.
34) "Dogmatic Constitution on the Church," pp. 30-35, section 13-16.

신교도들이 보통 칭의라고 부르는 것과 일치한다. 구원의 이러한 국면에서 인간은 수동적이고 하나님이 능동적이다. 후자는 개신교도들이 보통 성화라고 부르는 것과 대충 일치한다. 여기에서는 인간이 능동적이다.[35] 큉은, 트렌트 공의회가 후자를 강조하였지만 바르트는 전자를 강조하였다는 사실을 주목하고 있다. 그럼에도 불구하고, 바르트와 트렌트 사이에는 어떠한 실제적인 모순도 존재하지 않는다.[36] 칭의에 대한 개신교의 개념 이외에, 가톨릭 교회는 마찬가지로 은혜에 대한 루터의 해석에 대해서도 좀더 관용적이 되었다.

요약하면, 가톨릭 교회는 가시적인 교회 바깥에 있는 어떤 사람들과, 아마도 기독교인들이라고 전혀 주장하지 않는 어떤 사람들이 은혜의 수령자들이 될 수 있는 가능성에 대하여 최근에 좀더 개방적으로 되었다. 그 결과로서, 구원에 대한 가톨릭의 이해가 전통적인 개념보다 얼마간 더 폭이 넓어지게 되었다. 특별히 현재의 이해는 보통 개신교와 관련되는 차원들을 포함하고 있다.

### 복음주의 신학

구원에 관한 전통적인 정통주의나 혹은 복음주의의 입장은 인간의 곤경에 대한 정통주의의 이해와 밀접하게 관련되어 있다. 이러한 이해에 의하면, 인간과 하나님의 관계는 근본적인 것이다. 그것이 바르게 되지 않으면, 삶의 다른 차원들도 역시 마찬가지로 거꾸로 영향을 받게 된다.

성경은 복음주의자들에 의하면 인간의 죄 문제에 대하여 두 가지 주요한 국면들이 존재한다는 사실을 지적하고 있는 것으로 이해된다. 첫째로, 죄는 하나님과의 관계의 단절이다. 인간은 하나님의 율법이 정해 놓으신 한계들을 벗어남으로써든 혹은 그 안에서 실제적으로 명령되고 있는 것을 수행하지 못함으로써든 간에, 하나님의 기대들을 이행하지 못하였다. 율법으로부터의 일탈은 죄책이나 형벌에 대한 책임의 상태로 귀결되었다. 둘째로, 인간의 진정한 본성은 율법으로부터의 일탈의 결과로 손상되었다. 이제는 죄를 향한 경향, 즉 죄를 지으려는 성향이 존재한다. 말하자면, 선으로부터 벗어나려는 성향이 존재하게 됨으로 인하여, 사람들은 본성상 악을 행하기 쉽게 되었다. 대개는 타락으로 불리는 이것은 역시 마찬가지로 종종 내적인 방향 감각의 상실과 갈등의 측면으로 나타난다. 게다가, 우리는 대인 관계의 망상 조직의 상황 속에서 살고 있기 때문에, 우리와 하나님의 관계의 파멸은 또한 우리와 다른

---

35) Hans Küng, *Justification: The Doctrine of Karl Barth and a Catholic Reflection*(New York: Thomas Nelson, 1964), pp. 222-35, 264-74.
36) Ibid., p. 275-84.

사람들의 관계에 대한 방해로 귀결된다. 죄는 심지어 집단적인 차원을 띠기도 한다. 즉 사회의 전체적인 구조가 개인들과 소수의 집단들에 대해서 곤경과 불법을 강요한다.

구원의 어떤 국면들은 하나님에 대한 인간의 신분의 문제와 관련된다. 개인의 법적인 지위가 유죄에서 무죄로 변경되어야 한다. 이것은 인간이 하나님의 면전에서 의롭거나 정당하다고 선언되는, 즉 신적인 요구들을 충분히 충족시키는 것으로 간주되는 문제이다. 여기에서의 신학적인 용어는 "칭의"(justification)이다. 인간은 그리스도와 법적으로 연합됨으로써 의롭다함을 받는다. 그러나 죄의 단순한 용서 이상의 것이 필요하다. 인간과 하나님의 관계를 특징지어주는 따뜻한 친밀감이 상실되었다는 사실을 기억하라. 이 문제는 "양자 입양"(adoption)에 의해서 교정된다. 양자 입양에서 인간은 하나님의 은혜로 회복되며, 사랑하시는 아버지가 공급하시는 모든 은혜들을 요구할 수 있는 기회를 얻게 된다.

인간과 하나님의 관계를 회복해야 할 필요성 이외에도, 인간의 마음의 상태를 변경해야 할 필요성도 역시 존재한다. 인간의 삶의 방향에서 죄를 향한 성향으로부터 의롭게 살려는 적극적인 갈망으로의 근본적인 변화는 "중생"(regeneration)으로나 혹은 문자 그대로 신생(new birth)으로 불린다. 인간의 성격의 실제적인 변화, 즉 적극적인 영적 에너지의 유입이 수반된다. 그러나 이것은 단순히 영적인 삶의 시작일 뿐이다. 또한 개인의 영적인 상태의 점진적인 변화가 일어난다. 즉 인간은 실제로 더 거룩하게 된다. 이러한 점진적인 주체의 변화는 "성화"(sanctification, "거룩하게 만드는 것")라고 불린다. 성화는 신자의 영적인 본성이 완성될 때, 마침내 죽음 저편의 삶에서 완성에 이르게 된다. 이것은 "영화"(glorification)라고 불린다. 개인의 신앙과 헌신을 하나님의 은혜를 통하여 마지막까지 유지하는 것은 "성도의 견인"(perseverance)이다.

다른 문제들에 대하여 우리가 그랬던 것처럼, 우리는 구원에 관한 복음주의적인 입장을 채택할 것이다. 하나님은 개인적으로나 집단적으로 모든 인간의 필요에 대하여 관심을 갖고 계시지만, 예수는 개인의 영원한 영적 행복은 일시적인 필요들을 공급해 주는 것보다 무한히 훨씬 더 중요하다는 사실을 분명히 하셨다. 예를 들어, 마태복음 5:29-30에 나오는 그의 권고를 유념해 보라. "만일 네 오른눈이 너로 실족케 하거든 빼어 내버리라. 네 백체 중 하나가 없어지고 온 몸이 지옥에 던지우지 않는 것이 유익하며 또한 만일 네 오른손이 너로 실족케 하거든 찍어 내버리라. 네 백체 중 하나가 없어지고 온 몸이 지옥에 던지우지 않는 것이 유익하니라."

마가복음 8:36에 나오는 그의 웅변적인 물음도 같은 논점을 강조하고 있다. "사람이 만일 온 천하를 얻고도 제 목숨을 잃으면 무엇이 유익하리요?" 인간의 영원한 영적인 행복에 대한 하나님의 열중과 죄에 대한 성경의 묘사는 복음주의적인 구원관에 대한 어찌할 수 없는 증거이다. 우리는 27장에서 죄가 유혹에 대하여 반응할 때 개인적이고 자발적인 선택을 통하여 개별적인 인간 안에서 비롯된다는 사실을 보았다. 그리고 우리는 29장에서 인간의 죄의 근본적이고 철저한 본성을 살펴 보았다. 용서와 하나님의 은혜로 회복되는 일을 경험하려고 한다면, 불려지는 바와 같이, 이 "전적 타락"은 인간 본성의 근본적이고 초자연적인 변화가 필요하다는 것을 의미한다. 따라서, 다음 장에서, 우리는 구원에 대한 복음주의적인 견해를 발전시키게 될 것이다.

# 43

# 구원에 선행되는 일: 예정



기독교 신앙의 모든 교리들 가운데, 확실히 가장 당황스럽고 이해하기 어려운 교리 중의 하나가 예정론이다. 이 교리는 많은 사람들에게 모호하고 기이한 것으로까지 보인다. 이 교리는 다른 사람들에게는 이해할 수 있는 인간의 능력을 넘어서 있는 것에 대한 불필요한 연구인 것으로 보인다. 그러한 신학적인 꼬치꼬치 캐묻는 일이 어떤 실제적인 의미가 있다고 할 때, 이것은 거의 아무런 의미도 없는 것으로 생각된다. 아마도 합쳐진 다른 모든 기독교 교리들에 대해서보다 이 교리에 대해서 더 많은 조롱을 받았을 것이다. 그러나 성경의 계시가 이것을 언급하기 때문에, 기독교는 그것의 의미를 연구하는 이외에는 달리 어떤 선택권도 갖고 있지 않다. 이것이 어렵고 모호한 교리라는 사실 때문에, 진리가 이 문제에서 무엇인지를 정확히 결정하기 위한 철저한 연구와 성찰의 필요성으로부터 우리가 면제받지는 않는다.

예정(predestination)이라는 용어가 정확히 무엇을 의미하는지를 정의해야 할 필요가 있다. 비록 어떤 사람들은 이 단어를 "작정"(foreordination)과 "선택"(election)[1] 과 상호 교환적으로 사용하지만, 여기에서 "예정"은 우리의 목적을 위해서 특별히 "작정"과 "선택"의 중간적인 의미로 사용된다. "작정"을 우리는 개개인들의 운명이나 혹은 바위의 떨어짐이든지 간에, 일어나는 모든 문제들과 관련되어 있는 하나님의 뜻을 나타내는 가장 넓은 의미로 간주할 것이다. "예정"은 하나님께서 개개인들을 영생이나 영죽음으로 선택하시는 것을 지칭한다. "선택"은 어떤 사람들을 영생으로 선택하시는 것, 즉 예정의 적극적인 측면이다.


## 교리의 역사적 발전


예정에 대한 상당한 논란이 있어 왔고, 교리의 상이한 형태들이 신학과 일반 문화 내의 다른 발전 양상들과 관련되어 있기 때문에, 고전적인 형태들이 표명되기까지 이 교리가 교회의 여러 세기들을 통하여 다듬어져 온 과정을 살펴보면서 이 교리를 소개하는 것이 유익할 것이다. 신학적인 문제들에서 매우 흔한 사실인 것처럼, 예정론은 그것에 관한 중대한 불일치가 야기되기까지는 다소간 발전되지 않은 형태로 제기되었다. 교회의 초기 시대에는 어떠한 정확한 공식도 고안되지 않았다. 특별히 서방 교회에서는 인간의 죄성과 이에 따르는 신적으로 변화시키는 은혜의 필요성에 대하여 확신이 증가하고 있었다.[2] 그러나, 일반적으로 이런 확신의 논리적인 함의들은 어거스틴에게 이를 때까지는 다루어지지 못하였다. 하나님의 은총에 대한 인격적인 경험으로 인하여 그는 다른 사람들보다 더 분명히 이 문제들에 관한 성경의 교훈을 볼 수 있었다. 우리는 그의 경험에 의해서 그가 성경에서 발견한 것을 결정하였다고 생각해서는 안된다. 오히려, 그의 경험이 그를 감광(感光)시켜서, 그가 그곳에서 발견한 것을 공감하게 하고, 따라서 그것을 더 잘 이해하게 하였다.

펠라기우스의 사상을 대면하기 이전에 이미, 어거스틴은 상당한 정도로 인간의 상황에 대한 그의 견해를 발전시켰다. 그는 아담이 삶을 진실로 자유롭게 살기 시작하였다고 강조하였다.[3] 그의 의지와 행동에 대한 유일한 제한은 인간의 근본 본성에

---

1) 예를 들면, Benjamin B. Warfield는 '작정하다'(foreordain)와 '예정하다'(predestinate)가 정확히 동의어이며, 둘 중에서 어느 것을 선택하느냐 하는 것은 단지 취향에 따라 결정될 수 있는 것이라는 입장을 취하였다. — "Predestination" in *Biblical Doctrines*(New York: Oxford University, 1929), p.4. 워필드는 여기에서 "예정"(predestination)으로 불리는 것을 지시하기 위하여 "선택"(election)이라는 용어를 사용하고 있다.
2) 예를 들면, Turtullian, *On the Soul* 39.
3) Augustine, *On Rebuke and Grace* 33.

의해서 강요된 본래적인 제한이었다. 이렇게 해서 예를 들면, 변화의 가능성이 있었는데, 그것은 선으로부터 벗어날 가능성을 포함하고 있었다.[4] 아담이 죄를 범하였을 때, 그는 본성상 오염되게 되었다. 이제 악을 저지르는 성향을 갖게 되었고, 그는 이러한 죄를 짓는 성향을 그의 후손들에게 유전하게 되었다. 따라서 악을 삼가고 선을 행하는 자유는 상실되게 되었다. 이것은 일반적인 의지의 자유가 상실되었다는 것을 말하려는 것이 아니라, 오히려 우리가 이제 반드시 그 자유를 우리를 향한 하나님의 의도와 반대되는 방식으로 사용하게 되었다고 말하려는 것이다.[5] 신적인 도움이 없이는 우리는 선을 선택하거나 행할 수 없다.

펠라기우스의 견해들은 어거스틴의 사상을 더 예리하게 하면서, 그것을 이전의 지경들을 넘어서 뻗어나가게 해 주었다. 영국의 수도사인 펠라기우스는 로마로 재배치되었고 그곳에서 인기 있는 교사가 되었다.[6] 그는 그 자체로서의 신학자라기보다는 오히려 일차적으로 도덕가였다. 사람들이 가능한 한 도덕적으로 살아가는데 관심이 있었기 때문에, 그는 인간의 본성의 극단적인 부패와 그것의 필연적인 결과와 인간의 무능력에 대한 어거스틴의 강조는 바른 삶에 대한 진지한 노력을 좌절시키며 동시에 하나님을 모욕하는 것이라고 생각하였다.[7] 하나님께서는 인간들을 다른 모든 피조물들과는 다르게 지으셨기 때문에, 그들은 다른 피조물들을 다스리는 자연의 법칙들에 종속되지 않는다. 인간은 선택의 자유를 가지고 있다. 하나님의 이 선물은 하나님의 목적들을 성취하기 위하여 사용되어야 한다.[8]

이러한 기본적인 원리로부터 펠라기우스는 그의 체계를 발전시켰다. 그 교리들 중의 첫번째는, 각 사람은 악을 찬성하는 어떤 성향도 가지고 있지 않은 의지를 가지고 세상에 들어온다는 것이다. 모든 개인은 하나님에 의하여 직접 창조되었고, 아담으로부터 악이나 악을 범할 수 있는 경향을 물려받지 않았기 때문에, 아담의 타락은 바른 것과 선한 것을 행하는 각 사람의 능력에 어떤 직접적인 효력을 가지고 있지 않다.[9] 분명히 각 사람의 죄를 용서하시는 하나님은 다른 사람들의 행동에 대하여 우리들 가운데 어떤 이에게도 책임을 지게 하지 않으실 것이다. 그렇다면 그의 후손들에 대한 아담의 죄의 유일한 결과는 나쁜 본보기의 결과이다. 우리는 그의 부

---

4) Augustine, *The City of God* 14.12
5) Augustine, *On Man's Perfection in Righteousness* 9.
6) 비록 펠라기우스가 실제로 수도사였는지 아니었는지에 대하여는 약간의 문제가 있지만, 그는 수도사(monachus)로 불리었다. J.N.D.Kelly, *Early Christian Doctrines*(New York: Harper and Row, 1960), p.357을 보라.
7) Pelagius, *Letter to Demetrias* 16-17.
8) Ibid., 16.
9) Pelagius, *Exposition of Romans* 5:15.

패와 죄책을 물려받지 않는다. 우리들 안에는 태어날 때부터의 어떠한 유전적인 영적이고 도덕적인 결점도 없다.[10]

나아가서, 펠라기우스는 하나님께서 선을 선택하도록 사람들에게 어떤 특별한 영향력도 행사하지 않는다고 주장하였다. 그가 행사하시는 그러한 영향력은 외적인 조력들을 통해서이다. 영혼에 대한 하나님의 어떠한 내적인 작업도 존재하지 않는다.[11] 특히 그는 어떤 사람들을 거룩하다고 특별히 선택하지 않으신다. 은혜는 모든 사람들에게 똑같이 효력이 있다. 그것은 자유의지와, 이성을 통한 하나님의 이해, 그리고 모세의 율법과 그리스도의 모범으로 이루어진다. 각 사람은 이들 은혜의 증거들로부터 혜택을 받을 동등한 기회를 가지고 있다. 하나님은 공평하시다. 거룩을 향한 진보는 행위에 의해서만 이루어지며, 사람들에 대한 하나님의 예정하심은 전적으로 사람들의 삶의 질에 대한 하나님의 미리 아심(예지)에 전적으로 근거하고 있다.[12] 우리는 범죄하지 않고 사는 것이 가능하다고 결론을 내릴 수 있을 것이다. 또한 펠라기우스는 실제로 그러한 결론을 도출하였다. 만약 죄없음이 인간들을 위한 하나의 가능성이 아니었다면, 하나님께서 "너희는 거룩하라. 나 여호와 너희 하나님이 거룩함이니라"(레 19:2) 그리고 "그러므로 하늘에 계신 너희 아버지의 온전하심과 같이 너희도 온전하라"(마 5:48)고 명령하셨겠는가?[13]

이 입장에 대한 대답으로, 어거스틴은 그의 예정에 대한 견해를 발전시켰다. 그는 아담의 죄의 심각성을 강조하였고 아담 자신의 의지의 행동에 오직 그 책임을 돌렸다. 그러나 그 죄는 단지 아담 자신의 죄만은 아니었다. 우리 모두는 그와 더불어 하나이며 따라서 그의 죄에 참여하였다. 인간의 영혼은 생식의 과정을 통하여 그의 부모로부터 파생하기 때문에, 우리는 아담에게 참여하였으며, 그 안에서 그와 더불어 범죄하였다.[14] 이것은 모든 인간들이 심각하게 오염된 상태에서 인생을 시작한다는 것을 의미한다. 어거스틴은 하나님의 형상이 완전히 파괴되었다고 주장하지는 않지만, 우리가 죄를 범하지 않을 자유, 즉 아담이 가졌던 자유를 상실하였다고 주장한다.[15] 하나님의 은혜가 없으면, 우리는 죄를 피할 수 없으며, 선을 행하는 것은 훨씬 더 큰 은혜가 필요하다. 이것은 인간이 자유롭지 않다고 말하려는 것이 아니다. 인간은 선택의 자유를 가지고 있지만, 그것은 본성상 모두 다 죄된 것이다. 그는 자

---

10) Pelagius, *Demetrias* 8,17.
11) Augustine, *On the Grace of Christ and Original Sin* 1.2,8,36.
12) Pelagius, *Exposition of Romans* 9-10; 또한 8:29-30을 보라.
13) Pelagius, *On the Possibility of Not Sinning* 2.
14) Augustine, *On Marriage and Concupiscence* 2.15.
15) Augustine, *City of God* 22.24.2;13,3,14.

유롭게 선택하지만, 단지 또 하나의 죄가 아닌 한 가지 죄에 종사하는 것에서 자유
로울 뿐이다.[16] 하나님의 은혜는 완전한 자유를 회복시키신다. 그것은 우리에게 죄
를 짓지 않고 선을 행할 수 있는 선택권을 돌려준다. 이 은혜는 불가항력적이지만,
우리의 의지에 반해서 작용하지 않으며, 그것과 제휴하여 작용한다. 하나님께서는
우리가 자유롭게 선을 선택하도록 우리의 의지와 관계해서 작용하신다. 하나님은 전
지하신 분이기 때문에, 어떠한 조건하에서 우리가 그가 원하시는 것을 자유롭게 선
택할 것인지를 정확하게 알고 계시며, 또한 그런 조건들을 가져오시는 방식으로 역
사하신다. 하나님의 이 특별한 역사하심이 없이는 인간은 선택하거나 행할 수 없다.
인간은 언제나 자유 의지를 가지고 있지만, 그는 하나님께서 그에게 그런 자유를 허
용하시고 또한 그러하실 때에만 자유롭게 선을 선택하고 행할 수 있다.[17]

　이런 논법의 흐름이 어거스틴을 예정론으로 나아가게 한다. 왜냐하면 만약 하나
님께서 우리의 의지와 관련하여 그렇게 역사하시기를 선택하실 때에만 우리가 선을
행한다면, 그리고 만약 하나님께서 그렇게 의도하실 때 우리가 무오하게 선을 행할
것이라면, 우리가 선을 선택하거나 행하는 것은 전적으로 하나님께서 이미 행하시기
를 의도하셨던 것의 결과로서 보이기 때문이다. 그렇다면 그것은 하나님께서 어떤
이들에게는 은혜를 주시고, 다른 이들에게는 은혜를 주시지 않을 것을 선택하심에
관한 문제이다. 하나님은 영원전에 이 선택을 행하셨으며, 타락한 천사들을 대체하
기 위하여 필요한 숫자를 정확히 선택하셨다.[18] 그들의 어떠한 선행들도 그가 그들
에게 베풀어 주시는 그의 은혜에 의존하고 있기 때문에, 어떤 사람들에 대한 이러한
선택은 그들이 무엇을 행할 것인지에 대한 하나님의 예지에 결코 의존하지 않는다.[19]
누가 그의 은혜를 받을 것이며 누가 그들이 죄적인 상태에 남겨질 것인지를 하나님
께서 어떻게 결정하시는가에 관한 문제에 대해서는 실제로 어떤 답변도 없다. 그는
단순히 그가 원하시는 대로 선택하신다. 그러나 여기에는 어떤 불의도 존재하지 않
는데, 그 이유는 하나님께서 모든 것을 정죄하시는 것이 정의일 것이기 때문이다.
그는 단지 크게 불쌍히 여기시는 행동에 의해서만 어떤 사람을 구원하시는 것이다.
정죄된 이들은 단지 그들이 받기에 합당한 것을 받는다. 선택된 자들은 그들이 받기
에 합당한 것 이상을 받는다.

　어거스틴에 대한 공공연한 공격들로 인하여 펠라기우스주의는 어거스틴이 죽은

---

16) Augustine, *Against Two Letters of the Pelagians* 1.5;3.24.
17) Augustine, *To Simplician — On Various Questions* 1.2.13.
18) Augustine, *City of God* 22.1.2.
19) Augustine, *On the Gift of Perseverance* 35,47-48; *On the Predestination of the Saints* 19.

1년 후인 431년에 에베소 공의회에 의하여 정죄를 받게 된다. 그러나 나중에 널리 유포되었던 것은 실제로 순수한 어거스틴주의가 아니라, 반(半)펠라기우스주의였다. 어거스틴의 표현들 중 많은 것을 받아들였음에도 불구하고, 인간이 구원받기 위하여 이루어져야 하는 것을 하나님과 인간이 함께 성취한다고 주장하는 신인협동설(synergism)의 교리가 세력을 떨치는 경향이 나타났다. 이 입장은 529년 오렌지(Orange) 공의회에 의하여 고려되었고 정죄되었다. 공의회는 인간의 무능력과 하나님의 은혜의 필요성을 강한 어조로 말하였으나, 절대 예정(즉, 불변하는 영원한 작정에 의하여 하나님께서 구원받아야 할 자를 결정하셨으며, 구원은 전적으로 하나님의 은혜에 속한 것이기 때문에 결코 사람이나 그가 행하는 것에 달려있지 않다는 교리)과 불가항력적 은혜를 주장하지는 않았다.[20]

이러한 좀더 온건한 형태의 어거스틴주의는 몇 세기 동안 세력을 발휘하였다. 9세기에 고트샬크(Gottschalk)는 이중 예정의 교리 — 예정은 선택된 자와 버림받은 자에게 똑같이 적용된다 — 를 지지하였다. 고트샬크의 견해들은 848년 마인츠(Mainz)에서 열린 주교들의 회의에 의하여 정죄를 받았다. 논쟁이 이어졌다. 가장 흥미있는 입장들 가운데 하나는 요하네스 스코투스 에리게나(Johannes Scotus Erigena)에 의하여 제기된 것이었다. 고트샬크를 이단으로 비난하였지만, 에리게나는 하나님의 예정이 사람들이 무엇을 행할 것인지에 대한 그의 예지에 의존하고 있다는 사상을 거절하는데에는 그와 견해를 같이 하였다. 그것은 신적인 예정과 인간의 자유 사이의 명백한 불일치를 다루는 상당히 일반적인 방식이었다. 이것은 특별히 이 문제에 대한 해결책으로서 오리겐(Origen)에 의하여 제기되었다. 그러나 이제 에리게나는 하나님은 영원하시기 때문에, 사물들을 과거도 아니고 미래도 아닌 것으로서 아신다고 주장하였다. 그는 우리들 모두를 동시에 다 아신다.[21] 하나님은 시간 밖에 계시기 때문에, 예지의 개념은 그에게는 해당되지 않는다.

11세기에서 13세기에 이르기까지, 몇몇 뛰어난 신학자들이 어거스틴의 입장을 옹호하였다. 안셀름(Anselm)은 단지 바른 것만을 행할 수 있는 사람은 잘못을 범할 수 있는 사람보다 더 자유롭다고 주장함으로써 이 입장을 의지의 자유와 화해시켰다.[22] 후자는 실제로 죄의 노예이다. 피터 롬바르드(Peter Lombard)도 이와 비슷한 견해를 주장하였다. 토마스 아퀴나스(Thomas Aquinas)는 이 문제들에 관하여 어거스틴의 입장을 따랐으며, 하나님께서 어떤 사람들은 구원받으며 다른 사람들은

---

20) Harry Buis, *Historic Protestantism and Predestination* (Philadelphia: Presbyterian and Reformed, 1958), p. 15.
21) Ibid., p. 17.
22) Anselm, *On Freedom of Choice* 1.

그렇지 않을 것을 의도하신다고 주장하였다. 그는 모든 사람들이 구원받을 것이라는 하나님의 일반적인 의지와 어떤 사람들은 선택하시고 다른 사람들은 거절하신다는 하나님의 특별한 의지를 구분하였다. "하나님은 단순히 의도하시는 그의 결과적인 의지에 의해서가 아니라, 그리고 단순하게가 아니라 관계적으로 의도하시는 그의 선행 의지에 의하여 모든 사람들이 구원받을 것을 원하신다."[23]

이 시기로부터 종교개혁에 이르기까지, 가톨릭 신학 내에서의 지배적인 흐름은 펠라기우스주의로 향하는 흐름이었다. 존 위클리프(John Wycliffe)와 토머스 브래드워딘(Thomas Bradwardine)과 같은 몇몇 현저한 예외적인 경우들도 있었지만, 대체로 개인적인 가치와 관련된 하나님의 예지에 대한 둔스 스코투스(Duns Scotus)의 강조가 교회의 입장을 반영하고 있었다. 마틴 루터(Martin Luther)가 주목을 받으면서 나타났을때, 그가 맞서 싸웠던 주요한 문제들 가운데 하나가 바로 이것이었다.

통속적인 정서에 의하여, 존 칼빈(John Calvin)의 예정론에 너무나 많은 강조가 주어졌기 때문에 루터가 유사한 견해를 얼마나 강하게 주장하고 가르쳤는가에 대해서는 거의 이해되지 않았다. 그의 "영적인 아버지"인 요한 폰 슈타우피츠(Johann von Staupitz)는 어거스틴의 사상들을 대단히 장려하였던 어거스틴파의 수도사였기 때문에, 슈타우피츠가 신학부의 학장으로 있었던 비텐베르크(Wittenberg) 대학은 성향에서 결정적으로 어거스틴적으로 되었다. 루터가 예정의 주제와 씨름하기 시작하였을 때, 그는 예정이 인간이 무엇을 할 것인지에 대한 하나님의 예지에 근거하고 있다고 하는 오캄주의자들의 접근 방식을 따랐다. 그러나 성경과 어거스틴의 저작들을 연구하게 되었을 때, 그의 견해들은 바뀌기 시작하였다. 1515년 11월 3일과

1516년 9월 7일 사이에 이루어진 강의 노트로 이루어진 그의 「로마서 주석」(Commentary on Romans)은 어거스틴적인 입장에 대한 확고한 헌신을 보여주고 있다. 예를 들어, 로마서 8:28과 관련하여, 루터는 구약 성경의 사람들에 관해서, 특별히 이삭의 선택과 이스마엘의 거절, 그리고 야곱의 선택과 에서의 거절과 관련하여 하나님의 절대 주권을 지적한다(롬 9:6-18을 보라). 루터는 어거스틴적인 입장에 대한 모든 반대 견해들이 인간의 이성인 육체의 지혜에서 파생하는 것이라고 주장하였다. 로마서 9장에 대한 그의 주석은 어거스틴주의에 대한 그의 확고한 헌신을 강조한다. 에라스무스(Erasmus)는, 루터를 반박하기 위하여 그의 수사학적 능력을 사용하라는 교황의 요청을 받게 되었다. 그 결과가 1524년에 출판된 「의지의 자유」(The Freedom of the Will)였다. 루터는 그 다음 해에 그 주제에 관한 장문의 논

---

23) Thomas Aquinas, *Summa theologica*, part 1, question 23, article 4.

문인 「노예의지론」(*The Bondage of the Will*)으로 응답하였다.

그러나 이 주제에 관한 결정적인 진술을 한 사람은 칼빈이었다. 실제로, 예정론은 오늘날 그의 이름과 밀접하게 관련되어 있다. 칼빈은 예정에 관한 연구가 단순히 학문의 행사일 뿐만 아니라, 마찬가지로 실제적인 중요성을 가지고 있음을 분명히 하였다. 그는 이 주제를 너무 깊이 파고 들어가는 것에 대하여 경고한다.[24] 하나님의 영광이 적절하게 나타나기 위해서는 죄가 필요하다는 츠빙글리(Ulrich Zwingli)의 주장과 견해를 달리 하면서, 칼빈은 하나님께서 주권적으로 자유롭게 어떤 사람들은 구원하시고 다른 사람들은 거절하시기로 선택하셨다고 주장한다. 하나님은 이 모든 일에 전적으로 정당하시고 어떤 잘못도 없으시다.[25]

칼빈은 예정론이 도덕에 대한 무관심, 즉 우리의 선택이 확실하기 때문에 우리가 죄 가운데서 지속할 수 있다는 오만한(cavalier) 태도로 이끌지 않는다고 주장한다. 오히려, 우리의 선택에 대한 지식은 우리로 하여금 거룩한 삶을 추구하도록 이끌어 준다. 신자가 선택을 확신할 수 있는 방식은 하나님의 말씀이 그의 삶을 변화시키는 것을 보는 것이다.[26]

칼빈은 목사 후보생들이 공부하러 왔던 대학을 제네바에 설립하였다. 그 자신은 신학부 교수직을 맡게 되었다. 특별히 많은 학생이 베네룩스 3국으로부터 왔으며, 그 결과로 칼빈주의는 특별히 그곳에서 강하게 되었다. 그의 계승자인 테오도르 베자(Theodore Beza)는 칼빈의 이중 예정의 교훈을 주장하였을 뿐 아니라, 그것을 어떤 부분에서는 확대하였다. 그는 하나님께서 어떤 사람들을 지옥으로 보내기로 결정하셨다고 주장하였을 뿐 아니라, 하나님께서 사람들로 하여금 죄를 짓게 '야기하신다'(cause)고 말하는 것도 주저하지 않았다. 나아가서 그는 어떤 특정한 성경의 진술들이 결여되어 있음에도 불구하고, 하나님의 작정들(decrees)의 논리적인 순서가 결정될 수 있다고 믿었다.[27] 그는 어떤 사람들은 구원하시고 다른 사람들은 저주하시는 작정이 창조하려는 결정보다 논리적으로 앞서 있다고 믿었다. 결론은 하나님께서 어떤 사람들을 저주하시기 위하여 그들을 창조하신다는 것이다. 이 믿음 ─ 타락전 선택설(supralapsarianism) ─ 은 시간이 가면서 칼빈주의의 공식적인 입장으로서 널리 알려지게 되었다.

---


24) John Calvin, *Institutes of the Christian Religion*, book 3, chapter 21, section 1.

25) John Calvin, *Commentaries on the Epistle of Paul the Apostle to the Romans*(Grand Rapids: Eerdmans, 1955), pp. 364-66(Rom. 9:20-21).

26) Calvin, *Institutes*, book 3, chapter 23, section 12.

27) Theodore Beza, *Tractationes*, 1.171-77.

여러 시대에 작정에 대한 이러한 해석으로부터의 이탈과 의견의 불일치가 있었다. 아마도 가장 심각한 것은 16세기 후반과 17세기 초에 화란에서 일어났던 것일 것이다. 테오도르 쿠른헤르트(Theodore Koornhert)라는 이름의 교양있는 평신도는 베자의 타락전 선택설을 반대하면서, 만약 하나님께서 사람들로 하여금 죄를 유발시키신다면, 그는 실제로 죄의 창시자라고 주장하였다. 쿠른헤르트는 성경은 그러한 괴상한 것을 가르치지 않는다고 주장하였다. 아무도 쿠른헤르트의 가르침들을 반박하기 위하여 앞으로 나아오지 않았기 때문에, 암스테르담의 인기있는 목사이자 탁월한 주석 설교가인 제임스 알미니우스(James Arminius)가 그렇게 하기로 위임을 받았다.

알미니우스는 로마서 9장에 관심을 집중하면서 열심을 가지고 그의 직무를 시작하였다. 그러나 그가 성경과 교회사를 연구하면 할수록, 그는 이중예정론과 특히 베자의 타락전 선택설에 대하여 점점 덜 확신적이 되었다. 라이덴(Leyden) 대학의 신학 교수로 임명되었던 그는 반펠라기우스주의와 심지어 가톨릭교도라고 고발되었다. 대학에서의 알력이 너무 심각해져서 정부가 끼어들게 되었다. 화해시키려는 시도들은 1609년 알미니우스의 죽음으로 끝이 났다.

알미니우스의 견해들은 아주 분명하며 쉽게 요약될 수 있다. 구원에 관한 하나님의 첫번째 절대 작정은 어떤 개인들을 영생으로, 다른 사람들을 저주로 할당하는 것이 아니라, 그의 아들, 예수 그리스도를 인류의 구세주로 임명하는 것이었다. 둘째로, 하나님은 회개하고 믿는 모든 사람들이 구원받게 될 것으로 섭리하셨다. 그밖에 하나님은 모든 사람들이 믿을 수 있을 만한 충분한 은혜를 모든 사람들에게 수여하셨다. 그들은 나름대로 자유롭게 믿거나 믿지 않는다. 하나님은 우리를 위하여 믿지 않으시며 혹은 우리가 믿도록 강요하지 않으신다. 마지막으로, 하나님은 그가 미리 아시는(예지) 사람들이 믿을 것을 예정하신다.[28]

18세기에 존 웨슬리(John Wesley)는 알미니우스주의를 대중화시켰다. 사실, 여러 해 동안 그는 「알미니우스주의자」(*The Arminian*)라고 불리는 잡지를 편집하였다. 의지의 자유를 주장하면서, 웨슬리는 선행(先行, prevenient) 은총 혹은 보편 은총의 관념을 강조함으로써 알미니우스를 능가하였다.

하나님께서 모든 사람들에게 수여하신 이 은혜는 세상에서 발견되는 여하간의 인간의 선행의 기초이다. 이 선행 은총은 또한 사람들이 예수 그리스도 안에서 주어

---

28) James Arminius, *The Writings of James Arminius*, trans. James Nicholas and W.R.Bagnall(Grand Rapids: Baker,1977 reprint),vol.1,pp.247-48.

지는 구원을 받아들일 수 있게 해준다.[29]


## 상이한 예정 교리들

### 칼빈주의

칼빈주의라고 지칭되는 것은 여러 해 동안 많은 다른 형태들을 띠고 있었다. 우리는 여기서 그 모든 것들 속에서 발견되는 어떤 일반적인 특징들을 조사할 것이다. 완전한 체계를 요약하기 위하여 때때로 사용된 기억술적인 보조자료는 전적 타락(total depravity), 무조건적 예정(unconditional predestination), 제한 속죄(limited atonement), 불가항력적 은혜(irresistible grace), 성도의 견인(perseverance)의 첫글자를 딴 TULIP이다.[30] 이 표현들에 대한 얼마간 다양한 해석들이 존재하고, 또한 이 개념들 전부가 우리의 현재의 고찰들을 위하여 필수적이지는 않지만, 우리는 그것들을 이 예정관에 대한 우리의 조사를 위한 구조 틀로써 활용할 것이다.

칼빈주의자들은 전 인류가 죄 가운데서 상실되었다고 생각한다. 그들은 전적 타락의 개념을 강조한다. 그것은 모든 개인이 여하간의 은총의 제공에 대해서도 응답할 수 없을 정도로 죄적이라는 것이다. 우리가 충분히 받아야 할 이러한 상태는 도덕적인 부패(이에 따른 도덕적인 무능력)와 벌받을 책임(죄책)을 포함한다. 모든 사람들이 이러한 상태에서 인생을 시작한다. 이러한 이유로 그것은 "원죄"라고 불린어진다. 칼빈주의 신학자들은 아담의 죄가 어떻게 우리 안에 이러한 결과를 가져왔는지에 대해서는 의견이 일치하지 않는다. 어떤 사람들은 아담은 우리의 대표자였으며, 따라서 그의 죄가 우리에게 전가되거나 부과되었다고 주장한다.[31] 우리는 죄를 스스로 범한 것처럼 취급된다. 다른 사람들은 전체 인류가 실제로 아담 안에 종자적으로 혹은 배자적으로 참여하였기 때문에, 우리가 실제로 죄를 범했다고 하는 어거

---

29) John Wesley, "On Working Out Our Own Salvation," in *The Works of John Wesley*, 3rd ed.(Kansas City, Mo.: Beacon Hill, 1979).

30) 예를 들어 다음을 보라. Edwin H. Palmer, *The Five Points of Calvinism*(Grand Rapids: Baker, 1972); Duane Edward Spencer, *TULIP: The Five Points of Calvinism in the Light of Scripture*(Grand Rapids: Baker, 1979).

31) Charles Hodge, *Systematic Theology*(Grand Rapids: Eerdmans, 1952), vol. 2, pp. 192-205.

스틴의 견해를 채택한다. 비록 우리가 개인적으로는 죄를 짓는다고 의식하지는 않았지만, 그럼에도 불구하고 그것은 우리의 죄였다.[32]

때때로 "전적 무능력"이라는 구절이 인간의 상태를 묘사하기 위하여 사용된다. 이 용어는 죄인이 선을 행할 수 있는 능력을 상실하였고 스스로 회개할 수 없음을 강조한다.[33] 종종 인용되는 핵심적인 구절은 에베소서 2:1-3이다. "너희의 허물과 죄로 죽었던 너희를 살리셨도다. 그 때에 너희가 그 가운데서 행하여 이 세상 풍속을 좇고 공중의 권세잡은 자를 따랐으니 곧 지금 불순종의 아들들 가운데서 역사하는 영이라. 전에는 우리가 다 그 가운데서 우리 육체의 욕심을 따라 지내며 육체와 마음의 원하는 것을 하여 다른 이들과 같이 본질상 진노의 자녀이었더니." 수많은 다른 구절들이 이 상태의 보편성과 심각성을 아울러 지시한다(예를 들면, 요 6:44; 롬 3:1-23; 고후 4:3-4).

칼빈주의의 두번째 주요한 개념은 하나님의 주권이다. 그는 만물의 창조주이고 주님이시며, 따라서 그가 원하시는 무엇에 대해서나 그는 자유롭게 행하신다.[34] 그는 어느 누구에 대해서도 영향을 받거나 책임을 지지 않는다. 인간은 어떤 입장에서도 하나님이 행하시는 일에 대해서 그를 심판할 수 없다. 이와 관련하여 종종 인용되는 구절들 중의 하나는 포도원 일꾼들의 비유이다. 주인은 아침 일찍 몇명의 일꾼을 고용하였고, 몇사람은 3시에, 몇사람은 6시에, 몇사람은 9시에, 몇사람은 11시에 고용하였다. 11시에 고용된 일꾼들은 아침 일찍 고용된 일꾼들이 약속받았던 것과 똑같은 액수를 지불받았다. 아침 일찍 고용된 사람들이 이 불공정하게 보이는 처사에 대하여 불평했을 때, 주인은 그들 중 한 사람에게 이렇게 대답하였다. "친구여 내가 네게 잘못한 것이 없노라. 네가 나와 한 데나리온의 약속을 하지 아니하였느냐? 네 것이나 가지고 가라. 나중 온 이 사람에게 너와 같이 주는 것이 내 뜻이니라. 내 것을 가지고 내 뜻대로 할 것이 아니냐? 내가 선하므로 네가 악하게 보느냐?"(마 20:13-15).

또다른 중요한 구절은 토기장이와 진흙에 관한 바울의 은유이다. 하나님이 불의하다고 불평하는 일개인에게 바울은 이렇게 대답한다. "이 사람아 네가 뉘기에 감히 하나님을 힐문하느뇨? 지음을 받은 물건이 지은 자에게 어찌 나를 이같이 만들었느냐 말하겠느뇨? 토기장이가 진흙 한 덩이로 하나는 귀히 쓸 그릇을, 하나는 천히 쓸

---

32) Augustus H. Strong, *Systematic Theology* (Westwood, N.J.: Revell, 1907), pp. 619-37.
33) Loraine Boettner, *The Reformed Doctrine of Predestination*, 8th ed. (Grand Rapids: Eerdmans, 1958), pp. 61-82.
34) Benjamin B. Warfield, "Perfectionism," in *Biblical Doctrines*, pp. 62-64.

그릇을 만드는 권이 없느냐?"(롬 9:20-21). 이러한 신적인 주권의 개념은 인간의 무능력과 더불어 칼빈주의 선택(election)론의 기초가 된다. 이 두 개념이 없다면 나머지 교리는 거의 무의미하다.

칼빈주의에 의하면, 선택은 특별한 호의로써 하나님께서 어떤 사람들을 선택하시는 것이다. 그것은 하나님의 특별한 계약의 백성으로서 이스라엘을 선택하신 것이나 혹은 어떤 특별한 직무를 위하여 개인들을 선택하시는 것이라고 언급할 수 있다. 그러나 여기에서 우리가 기본적으로 관심을 갖는 의미는, 하나님의 영적인 자녀들이 되고 이렇게 해서 영생의 소유자들이 되는 어떤 사람들을 선택하시는 것이다.[35] 하나님께서 어떤 개인들을 구원으로 선택하셨다는 한 가지 성경의 증거는 에베소서 1:4-5에서 발견된다. "곧 창세 전에 그리스도 안에서 우리를 택하사 우리로 사랑 안에서 그 앞에 거룩하고 흠이 없게 하시려고 그 기쁘신 뜻대로 우리를 예정하사 예수 그리스도로 말미암아 자기의 아들들이 되게 하셨으니."

예수는 제자들을 영생으로 선택하는 주도권이 그에게 속해 있다고 지시하였다. "너희가 나를 택한 것이 아니요 내가 너희를 택하여 세웠나니 이는 너희로 가서 과실을 맺게 하고 또 너희 과실이 항상 있게 하여"(요 15:16). 예수께로 오는 능력은 아버지의 주도권에 달려 있다. "나를 보내신 아버지께서 이끌지 아니하면 아무라도 내게 올 수 없으니 오는 그를 내가 마지막 날에 다시 살리리라"(요 6:44, 또한 65절을 보라). 역으로, 아버지께서 예수에게 주신 모든 자는 그에게 오게 될 것이다. "아버지께서 내게 주시는 자는 다 내게로 올 것이요 내게 오는 자는 내가 결코 내어 쫓지 아니하리라"(요 6:37). 더욱이 사도행전 13:48에서 우리는 "이방인들이 이것을 (구원을 주신다는 것을) 듣고 기뻐하여 하나님의 말씀을 찬송하며 영생을 주시기로 작정된 자는 다 믿더라"고 읽을 수 있다.

하나님께서 어떤 개인들을 구원으로 선정하거나 선택하시는 것이 절대적이거나 혹은 무조건적이라는 해석은 야곱의 선택과 에서의 거절에 이르기까지 따라오는 바, 그가 이스라엘 나라를 선택하신 것과 같이 다른 문맥들 속에 있는 하나님의 행동들과 관련되어 있다. 로마서 9장에서 바울은 이 모든 선택은 전적으로 하나님께 속한 것이며 결코 선택된 사람들에게 의존하지 않는다고 인상적으로 주장한다. 출애굽기 33:19에 나오는 하나님께서 모세에게 하시는 말씀인 "나는 은혜 줄 자에게 은혜를 주고 긍휼히 여길 자에게 긍휼을 베푸느니라"를 인용하면서, 바울은 "그런즉 원하는 자로 말미암음도 아니요 달음박질하는 자로 말미암음도 아니요 오직 긍휼히 여기시는 하나님으로 말미암음이니라"(롬 9:15-16)고 논평한다.[36]

---

35) Ibid., p.65.
36) Ibid., p.53.

우리는 칼빈주의자들에 의하여 검토된 선택의 몇가지 특징들을 이미 살펴 보았다. 한 가지는 선택이 하나님의 주권적인 의지나 선하신 기뻐하심의 표현이라는 것이다. 그것은 선택된 자 안에서의 어떠한 공로에 근거하지 않는다. 그것은 또한 개인이 믿을 것이라는 사실에 대한 예지에 의존하지도 않는다. 그것은 믿음의 원인이지 결과가 아니다. 둘째로, 선택은 효력이 있다. 하나님께서 선택하신 사람들은 가장 확실하게 그에 대한 믿음에 이르게 되며, 그런 연고로 하여 그 믿음 속에서 마지막까지 견디어 낼 것이다. 모든 선택된 자들이 확실히 구원받을 것이다. 셋째로, 선택은 영원 전부터 이다. 그것은 개인이 이미 존재하는 시간의 어떤 시점에서 이루어진 결정이 아니다. 그것은 하나님께서 항상 하시려고 섭리하신 것이다. 넷째로, 선택은 무조건적이다. 그것은 인간이 특정한 행동을 수행하거나 하나님의 어떤 상황이나 조건들을 충족시키는 것에 의존하지 않는다. 그것은 사람들이 어떤 일들을 행하는 조건으로 하나님께서 그들을 구원하시기를 원하시는 것이 아니다. 그는 단순히 그들을 구원하시며 그것을 일으키시기를 원하신다. 마지막으로, 선택은 불변적이다. 하나님은 그의 마음을 변경하지 않으신다. 선택은 영원 전부터 이며 하나님의 무한한 자비로부터 나온다. 그는 자기의 마음을 변경하실 어떠한 이유나 경우도 없으시다.[37]

대부분 칼빈주의자들은 선택이 그들이 이해하고 있는 대로의 자유 의지와 모순되지 않는다고 주장한다. 그러나 그들은 알미니우스적인 의미에서 사람들이 자유 의지를 가지고 있다는 사실은 부인한다. 칼빈주의자들이 강조하는 것은 자유가 없다면, 적어도 적절히 자유를 행사할 수 있는 능력이 없다면 죄가 제거되었을 것이라는 것이다. 예를 들어, 로레인 뵈트너(Loraine Boettner)는 타락한 인간을 날개가 부러진 새에다 비유하고 있다. 새는 "자유로이" 날 수 있지만, 그는 그렇게 할 수 없다. 마찬가지로, "자연인은 자유로이 하나님께 나아올 수 있지만 그렇게 할 수 없다. 그가 죄를 사랑하면서 어떻게 자신의 죄를 회개할 수 있겠는가? 그가 하나님을 미워하면서 어떻게 하나님께로 나아올 수 있겠는가? 이것이 바로 인간이 고통당하고 있는 의지의 무능력이다."[38] 그것은 오직 하나님께서 선택하시고 그에게 응답할 수 있는 사람들에게 그의 특별한 은혜 속에서 다가오실 때뿐이다. 그렇게 해서, 사람들은 자기들의 죄의 본성과 하나님의 위대성과 영광과 사랑을 분명하고 생생하게 볼 때, 가장 확실하고도 절대적으로 그에게 돌아올 것이다.

칼빈주의자들 가운데에 여러 가지 변형된 견해들이 존재한다. 어떤 사람들은 이중 예정론, 즉 하나님께서 어떤 사람들은 구원받도록 하고 다른 사람들은 버려지도

---

37) Louis Berkhof, *Systematic Theology*(Grand Rapids: Eerdmans,1953), pp. 114-15.
38) Boettner, *Predestination*, p.62.

록 선택하신다는 믿음을 주장한다. 칼빈은 이것을 "무서운 섭리"이라고 불렀지만, 그럼에도 불구하고 그가 성경에서 그것을 발견했기 때문에 그것을 주장하였다.[39] 다른 사람들은 하나님께서 영생을 받기로 된 사람들을 적극적으로 선택하시고, 다른 모든 사람들을 지나감으로써 그들을 스스로 선택한 죄 가운데 내버려 두신다고 말한다.[40] 그 결과는 두 가지 경우에 동일하다. 그러나 후자의 견해는 선택되지 않은 자의 버려짐을 하나님의 적극적인 결정에 의한 것이라기보다는 오히려 그들 자신의 죄의 선택 탓으로 돌리거나, 혹은 위임에 의해서라기보다는 타락에 의한 하나님의 선택의 탓으로 돌린다.

칼빈주의 내의 다른 주요한 변형은 하나님의 섭리의 논리적인 순서와 관계되어 있다. 여기서 우리는 타락전 선택설(supralapsarian)과 타락후 선택설(infralapsarian), 그리고 타락후 예비선택설(sublapsarian)의 입장들을 구분한다. 이 용어는 구원하려는 작정이 논리적으로 타락을 허용하려는 작정 이전에 오는가 아니면 이후에 오는가에 관계된다. 이 입장들은 또한 속죄가 모든 사람에 대해서인가 아니면 구원받기로 선택된 사람들에 대해서만인가에 따라 다르다.

### 타락전 선택설

1. 어떤 사람들은 구원하고 다른 사람들은 저주하려는 작정.
2. 선택된 자들과 유기된 자들을 둘 다 창조하려는 작정.
3. 양 계층 모두의 타락을 허용하려는 작정.
4. 선택된 자들에 대해서만 구원을 제공하려는 작정.

### 타락후 선택설

1. 인간들을 창조하려는 작정.
2. 타락을 허용하려는 작정.
3. 어떤 사람들은 구원하고 다른 사람들은 저주하려는 작정.
4. 선택된 자들에 대해서만 구원을 제공하려는 작정.[41]

### 타락후 예비선택설(제한되게 적용되는 무제한적인 속죄)

1. 인간들을 창조하려는 작정.

---

39) Calvin, *Institutes*, book 3, chapter 23, section 7.
40) Strong, *Systematic Theology*, pp. 789-90.
41) Benjamin B. Warfield, *The Plan of Salvation*(Grand Rapids: Eerdmans, 1942), p. 31.(「구원의 계획」— 본사 역간)

2. 타락을 허용하려는 작정
3. 모든 사람들을 위하여 충분한 구원을 예비하려는 작정.
4. 이 구원을 받아들이는 어떤 사람들을 선택하려는 작정.[42]

## 알미니우스주의

알미니우스주의는 다수의 아류들을 포함하는 용어이다. 그것은 알미니우스 자신의 복음적인 견해들로부터 좌파의 자유주의에 이르기까지 모든 영역을 망라할 수 있다. 알미니우스는 인간은 죄를 범하여 자신의 힘으로는 선을 행할 수 없다고 주장하였다.[43] 그러나 극단적인 자유주의는 죄를 짓는 인간의 경향을 도외시함으로써 인간이 갱신되어야 할 필요가 있다는 사실을 부인한다.[44] 알미니우스주의는 또한 구원의 과정에서의 공로의 필요성을 강조함으로써 전통적인 로마 가톨릭주의를 포함하고 있다. 대부분 우리는 알미니우스주의의 좀더 보수적인 혹은 복음적인 형태를 고려할 것이지만, 대부분의 알미니우스주의자들의 입장을 포함할 만큼 충분히 넓은 방식으로 그것을 해석할 것이다.

알미니우스의 견해에 관한 진술들은 매우 다양하지만, 논리적인 출발점으로서 하나님께서는 모든 사람들이 구원받기를 원하신다는 개념이 존재한다.[45] 알미니우스주의자들은 성경의 어떤 명확한 주장들을 지적한다. 하나님께서는 사악한 자들을 포함하여 그가 어떤 사람의 죽음도 원하지 않으신다는 사실을 구약 성경에서 분명히 하셨다. "주 여호와의 말씀에 나의 삶을 두고 맹세하노니 나는 악인의 죽는 것을 기뻐하지 아니하고 악인이 그 길에서 돌이켜 떠나서 사는 것을 기뻐하노라. 이스라엘 족속아 돌이키고 돌이키라. 너희 악한 길에서 떠나라. 어찌 죽고자 하느냐 하셨다 하라"(겔 33:11). 하나님께서 죄인들의 죽음에서 어떠한 즐거움도 찾지 않으신다는 사실은 베드로의 진술에서도 역시 분명하다. "주의 약속은 어떤 이의 더디다고 생각하는 것같이 더딘 것이 아니라 오직 너희를 대하여 오래 참으사 아무도 멸망치 않고 다 회개하기에 이르기를 원하시느니라"(벧후 3:9).

바울도 이와 비슷한 소견을 되풀이한다. "우리 구주 하나님은 모든 사람이 구원을 받으며 진리를 아는 데 이르기를 원하시느니라"(딤전 2:3-4). 이것은 또한 정확

---

42) Strong, *Systematic Theology*, pp.778-79.
43) Arminius, *Writings*, vol.1, pp.252-53.
44) Eugene W. Lyman, *Theology and Human Problems*(New York: Scribner, 1910), pp.190-98.
45) Samuel Wakefield, *A Complete System of Christian Theology*(Cincinnati: Hitchcock and Walden, 1869), pp.387, 392.

히 바울이 아덴 사람들에게 선포하였던 것이다. "알지 못하던 시대에는 하나님이 허물치 아니하셨거니와 이제는 어디든지 사람을 다 명하사 회개하라 하셨으니 이는 정하신 사람으로 하여금 천하를 공의로 심판할 날을 작정하시고 이에 저를 죽은 자 가운데서 다시 살리신 것으로 모든 사람에게 믿을 만한 증거를 주셨음이니라"(행 17:30-31). 특별히 두번 사용된 "모든"(πᾶσι)을 주목하라.

전체 인류의 구원에 대한 하나님의 염원은 교훈적인 진술들에서 뿐만 아니라, 하나님의 많은 명령들과 권고들의 우주적인 특성에서도 보이고 있다. 구약 성경은 보편적인 초대들을 포함한다. 예를 들면, "너희 목마른 자들아 물로 나아오라 돈 없는 자도 오라, 너희는 와서 사먹으라!"(사 55:1). 예수의 초대도 유사하게 제한이 없었다. "수고하고 무거운 짐진 자들아 다 내게로 오라. 내가 너희를 쉬게 하리라"(마 11:28). 이것들과 또한 유사한 구절들은 너무나 강하고 분명해서 뵈트너와 같은 견고한 칼빈주의자조차도 양보하지 않으면 안된다. "그 자체로서 받아들여지는 어떤 구절들은 알미니우스적인 입장을 함축하는 것처럼 보이는 것이 사실이다."[46] 이 구절들이 함축하는 것으로 보이는 것과는 반대로 만약 모든 사람들이 구원받는 것이 하나님의 의도가 아니라면, 그는 그의 제안에서 성실치 못함에 틀림없다.

알미니우스주의의 두번째 주요한 개념은 **모든 사람들이 구원의 조건들을 믿거나 혹은 충족할 수 있다는 것이다.** 만약 이것이 사실이 아니라면, 구원으로의 보편적인 초대들은 거의 무의미할 것이다. 그러나 모든 사람들이 믿을 수 있다는 개념을 위한 여지가 신학에 있는가? 만약 우리가 죄인들의 전적인 타락의 개념을 수정하거나 제거한다면 있을 수도 있는 것이다. 그렇지 않으면 웨슬리나 다른 사람들처럼, 우리는 "선행 은총"의 개념을 채택할 수 있을 것이다. 여기에서 우리의 주목을 끌게 될 것이 이 후자의 입장이다.[47]

일반적으로 이해할 때, 선행 은총은 하나님에 의하여 모든 사람들에게 차별없이 주어지는 은혜이다. 그것은 하나님께서 모든 사람들에게 햇빛과 비를 주시는 데서 볼 수 있다. 그것은 또한 도처의 사람들에게서 발견되는 모든 선성(善性)의 기초이다. 게다가 그것은 죄의 결과를 거스르기 위하여 보편적으로 주어진다. 헨리 디슨(Henry Thiessen)은 그것을 이렇게 기록하고 있다. "인류는 허물과 죄 가운데 절망적으로 죽어 있고 구원을 얻기 위하여 아무 것도 할 수 없기 때문에, 하나님께서 그에 대한 순종과 관련해서 선택할 수 있는 충분한 능력을 모든 사람들에게 은혜롭

---

46) Boettner, *Predestination*, p.295.
47) Richard Watson, *Theological Institutes; or, A View of the Evidences, Doctrines, Morals, and Institutions of Christianity*(New York: Land and Scott, 1850), vol.2, p.377.

게 회복하신다. 이것이 모든 사람들에게 나타났던 하나님의 구원을 가져오는 은혜이다."[48] 하나님께서 이 은혜를 모두에게 주셨기 때문에, 모든 사람이 구원의 제의를 받아들일 수 있으며, 따라서 하나님의 은혜를 특정한 개인들에게 특별히 적용해야 할 필요는 없다.

세번째 기본적인 개념은 사람들을 구원으로 선택하는 데에 예지의 역할이다. 대부분, 알미니우스주의자들은 선택(election)이라는 용어와 개인들이 구원으로 미리 정하여졌다는 관념을 유지하기를 원한다. 이것은 하나님께서 어떤 사람들을 다른 사람들보다 더 좋아하셔야 한다는 것을 의미한다. 알미니우스주의 견해에서, 그는 구원을 받아들이는 어떤 사람들을 선택하는 반면에, 다른 사람들을 단순히 간과하신다. 하나님이 예정하신 사람들은 그가 예지할 수 있는 무한한 지식 속에서 예수 그리스도 안에서 이루어진 구원의 제안을 받아들일 사람들이다. 이 견해는 예지와 작정 혹은 예정 사이에서 성경 안에서 밀접한 관련에 기초해 있다. 호소되는 첫번째 구절은 로마서 8:29이다. "하나님이 미리 아신 자들로 또한 그 아들의 형상을 본받게 하기 위하여 미리 정하셨으니 이는 그로 많은 형제 중에서 맏아들이 되게 하려 하심이니라." 뒷받침하는 구절은 베드로전서 1:1-2로, 여기서 베드로는 "곧 하나님 아버지의 미리 아심을 따라 … 택하심을 입은 자들"이라고 설교하고 있다. 전자의 예에서, 우리의 고찰을 위한 핵심 단어는 '프로기노스코'(πρόγινώσκω)라는 동사이고, 후자에서는 그것의 명사형인 '프로그노시스'(πρόγνωσιs)이다. 두 인용절들은 예지에 기초하고 그것으로부터 유래하는 작정을 나타낸다.[49]

마지막으로, 알미니우스주의자들은 무조건적이거나 절대적인 칼빈주의적인 예정에 대한 이해에 대하여 반대의견들을 제기한다. 이것들 중 어떤 것들은 본성상 이론적이라기보다는 실제적이다. 그것들 중 많은 것들은 칼빈주의가 숙명론적이라는 관념으로 축소된다. 만약 하나님께서 일어나는 모든 일들을 결정하신다면, 사람들이 행하는 일은 실제로 어떤 의미가 있는가? 윤리적인 행동은 무의미하게 된다. 만약 우리가 선택된 사람들이라면, 우리가 어떻게 살아가는지가 무슨 의미가 있는가? 우리는 우리의 행동들에 상관없이 구원받을 것이다. 밀드레드 윈쿠프(Mildred Wynkoop)는, 알미니우스주의는 "칼빈주의의 반(反)율법주의적인 경향들에 반대하는 도덕적인 저항이다. 만약 사람들이 모든 면에서 예정에 의하여 결정된다면, 거룩에 대한 윤리적인 명령들은 기독교인의 삶과는 관련이 없다"고 요약한다.[50]

---

48) Henry C. Thiessen, *Introductory Lectures in Systematic Theology*(Grand Rapids: Eerdmans, 1949), pp. 344-45.
49) H. Orton Wiley, *Christian Theology*(Kansas City, Mo.: Beacon Hill, 1958), vol. 2, p. 351.

그 이상의 반대는, 칼빈주의가 여하간의 선교적이거나 복음전도적인 충동을 부정한다는 것이다. 만약 하나님께서 구원받을 사람을 이미 선택하셨고, 그들의 수가 증가될 수 없다면, 복음을 선포하는 의의는 무엇인가? 선택된 자들은 어쨌거나 구원받을 것이며, 지명된 수보다 더 많지도 더 적지도 않은 사람이 그리스도에게로 올 것이다. 그렇다면 왜 기금을 모으고, 선교사들을 파송하며, 복음을 선포하거나, 혹은 잃어버린 자들을 위하여 기도하느라고 애를 쓰는가? 그러한 활동들은 틀림없이 헛되이 행하여지는 것임에 틀림없다.[51]

마지막의 반대 의견은, 칼빈주의의 작정 교리가 인간의 자유에 모순된다는 것이다. 우리가 가진 생각들과 우리가 하는 선택들, 그리고 우리가 행하는 행위들은 실제로 우리의 행위가 아니다. 하나님은 영원 전부터 그것들을 미리 작정하셨다. 만약 그것이 사실이라면, 우리는 우리가 실제로 행했던 것과는 다른 어떤 것도 행할 수 없었을 것이다. 우리의 행위들은 실제로 자유롭지가 않다. 그것들은 외적인 힘, 즉 하나님에 의하여 야기된다. 이렇게 해서 우리는 실제로 단어의 전통적인 의미에서 인간적이지 않다. 우리는 자동기계들 혹은 로봇, 혹은 기계들이다. 그러나 이것은 우리가 우리 자신에 대하여 알고 있는 모든 것과 또한 마찬가지로 우리가 다른 사람들에 대하여 고려하는 방식과 모순된다. 하나님께서 우리가 선을 행한데 대해서 칭찬하시거나, 혹은 악을 행한데 대해서 책망하시는 것은 아무런 의미도 없다. 왜냐하면 우리는 다른 방식으로는 행할 수 없었기 때문이다.[52]

### 칼 바르트(Karl Barth)

예정론을 이해하기가 어렵고, 또한 두 가지의 고전적인 견해들에 따라오는 문제들로 인하여, 교회 역사를 통하여 줄곧 덜 성가신 입장을 표명하려는 시도들이 있었다. 두 가지의 고전적인 견해들과 다른 것을 선택하기 위하여 발전되었던 많은 해석들 가운데, 가장 흥미있는 것 중의 하나는 20세기에 칼 바르트가 제기한 것이었다. 개혁교회의 신학자로서, 바르트는 이 당황스러운 주제를 다루는 것을 아주 당연하게 소원하였으며, 이 주제를 신학 전체에 대하여 기본적이고 중심적인 것으로서 간주하였다. 그러나 그는 자기의 전통이 여기에서 성경의 증언을 오해하였다고 생각하였다. 전통적인 개혁교회의 입장에서 벗어나고 있음을 의식하면서, 그는 예정론을 다

---

50) Mildred Bangs Wynkoop, *Foundations of Wesleyan-Arminian Theology*(Kansas City, Mo.:Beacon Hill, 1967), p.65.

51) John Wesley, "Free Grace," in *The Works of John Wesley*, vol.7, p.376.

52) Wakefield, *Complete System*, pp.326-35;Wesley, "Free Grace," pp.376-77.

루는 데에 그의 신학 전체에 기본적인 원리였던 예수 그리스도의 중심성을 따랐다.

바르트의 선택론은 하나님께서 영원 전에 구원받을 자와 버림받을 자를 최종적이고 절대적인 방식으로 결정하셨다는 전통적인 칼빈주의의 입장에 대한 비판과 더불어 시작된다. 그는 이 입장을 성경에 대한 오해, 즉 하나님과 우주의 관계가 정적이라는 형이상학적인 믿음 — 즉 어떤 개인들은 영원전부터 선택되었고, 다른 사람들은 거절되었으며, 이것은 변경될 수 없다고 하는 — 에 근거한 오해라고 간주한다. 바르트는 좀더 옛적의 신학자들이 성경, 특히 로마서 9장과 에베소서 1장으로 나아갔다는 사실을 인정한다. 그러나 그들은 성경을 올바른 방식으로 해석하지 않았으며, 올바른 출발점을 선택하지도 않았다. 마땅히 되어야 할 일은 성경을 기독론적으로 읽는 것, 즉 예수 그리스도를 이 교리의 출발점으로 만드는 것이다.[53]

만약 우리가 예정에 관한 교리를 공식화 한다면, 우리는 하나님의 계시와 속죄의 사역에 비추어 그렇게 해야 한다고 바르트는 말한다.[54] 여기에서 우리는 예수 그리스도가 인간들을 구원하기 위하여 오셨다는 사실과 대면하게 된다. 바르트는 그리스도가 시간 안에서 하나님의 사역의 중심부에 있다는 사실과 신적인 선택 속에 있는 그 사역의 영원한 작정 사이에 복잡한 관계가 존재한다고 주장한다.[55] 만약 이것이 사실이라면, 하나님의 뜻은 사람들을 거절하는 것이 아니라 선택하는 것이었다. 성육신은 하나님께서 사람들을 반대하시는 것이 아니라 사람들을 위하신다는 증거이다. 그는 그들을 거절하시지 않았고, 그들을 선택하셨다.

하나님에 의하여 누가 선택되었는가를 바르트가 질문하게 될 때, 이 기독론적인 토대는 계속된다. 칼빈의 사상 속에서 발견된 정적이고 고정적이며, 절대적인 섭리의 자리에, 바르트는 그리스도의 인격을 대치해 놓았다. 이것이 바로 그가 전통적인 예정관 속에 가하고 있는 본질적인 변경이다.[56] 그의 예정 개념의 주요한 핵심은 하나님의 영원하신 의지는 예수 그리스도의 선택이라는 것이다. 우리는 하나님께서 그리스도를 통하여 역사 속에서 행하신 사역을 뛰어넘거나 혹은 그 뒤에서 하나님의 어떤 뜻을 찾아서는 안된다. 바르트가 본 대로, 전통적인 견해는 하나님의 의지를 영원 전에 이루어진 불변적인 작정으로서 간주하였다. 그는 이 의지를 시간 속에서 행하도록 되어 있었다. 바르트는 좀더 역동적인 견해를 제안한다. 하나님은 왕과 같이 자유롭게 그의 작정을 정정하시거나, 정지시키며, 혹은 대치하신다.[57] 바르트는

---

53) Karl Barth, *Church Dogmatics*(Edinburgh:T.and T.Clark,1957),vol.2,part 2,pp.145-48.
54) Ibid., p.174.
55) Ibid., p.149.
56) Ibid., p.161.
57) Ibid., p.181.

하나님의 "거룩한 변덕"에 대하여 말한다. 그는 사실상의 이신론에 이르는 방식으로 자신의 작정 속에 갇힌 포로가 아니다. 바르트의 견해에 의하면, 불변하는 요소는 어떤 사람들에 대한 영원한 선택과 다른 사람들에 대한 거절이 아니다. 그것은 자유롭게 선택된 사랑으로서 그의 삼위일체적 존재 안에 계신 하나님의 불변성(constancy)이다.

그러나 예수 그리스도의 선택은 고립된 한 개인으로서가 아니다. 왜냐하면 그 안에서 전체 인류가 선택되었기 때문이다.[58] 그러나 이것조차도 선택론의 전부가 아니다. 왜냐하면 그리스도는 단순히 선택된 사람이 아니라, 그는 또한 선택하시는 하나님이기 때문이다. 그는 인간이 되기를 선택함으로써 자유롭게 아버지께 복종하였다. 바르트는 그리스도를 그와 우리 사이에서 확립된 계약을 위한 "신적인 결정 — 아버지와 아들과 성령의 결정 — 의 구체적이고도 명백한 형태"라고 말한다.[59] 바르트가 이중 예정에 관하여 말할 때마다, 그는 예수 그리스도는 선택하시는 하나님인 동시에 선택된 사람이라는 것을 의미한다. 이중 예정에 대한 전통적인 이해에 접근하는 내용의 이중성도 또한 존재한다. 왜냐하면 인간이 되시기를 선택하시는 데에 그리스도는 "유기(reprobation)와 멸망(perdition)과 죽음"을 선택하셨기 때문이다.[60] 그는 인간에 의한 거절을 자발적으로 경험하셨다. 이것은 십자가에서 가장 생생하게 나타난다. 그는 인류를 위해서 선택(election)과 생명을 선택하시면서 자신을 위해서는 형벌을 선택하셨다.

바르트에게 선택에 관한 논의의 출발점은 우리가 보았던 대로 예수 **그리스도의 선택**이다. 정통 개혁교회의 신학은 선택된 사람과 선택하시는 하나님이신 예수 그리스도보다는 오히려 인간 개개인들과 더불어 시작하였기 때문에 부분적으로 잘못되었다. 더구나 그리스도의 선택과 개인의 선택 사이에는 예수 그리스도를 선포하기 위하여 존재하고 세상으로 하여금 그를 믿도록 초대하는 공동체의 중간적인 선택이 존재한다.[61] 바르트가 개인의 선택을 그의 논의의 세번째 단계로 고려하기 시작할 때, 그는 이중 예정에 관하여 말하지 않는다. 오히려 그는 보편적인 선택에 대하여 말한다. 모든 인간들이 예수 그리스도 안에서 선택되었다. 이것은 바르트가 보편 구원론, 즉 그가 어쨌든 실제적으로 관여하지 않고 아주 신중하게 다루고 있는 주제를 주장한다고 말하려는 것이 아니다. 비록 모두가 선택되지만, 모두가 선택된 자로서 살지는 않는다. 어떤 사람들은 거절된 것처럼 살아간다. 그러나 이것은 자기 자신의

---

58) Ibid., p.229.
59) Ibid., p.105.
60) Ibid., p.163.
61) Ibid., p.195.

선택과 행위에 속해 있다. 선택된 공동체의 과제는 그러한 사람에게 "그가 영원히 예수 그리스도에게 속해 있고 따라서 거절되지 않으며, 예수 그리스도 안에서 하나님에 의하여 선택된다는 사실과, 그의 잘못된 선택으로 인하여 그가 마땅히 받아야 할 거절은 예수 그리스도가 지시고 취소하셨다는 사실, 그리고 또한 그는 바른, 신적인 결정의 토대 위에서 하나님과 함께 영원한 생명으로 정하여졌다는 사실"을 선포해 주는 것이다.[62]

바르트에 의하면, 선택된 자들과 거절된 자들, 즉 신자들과 불신자들 사이에는 어떤 절대적인 차이도 존재하지 않는다. 왜냐하면 모든 사람들이 선택되었기 때문이다. 전자는 그들이 선택되었다는 사실을 깨닫고 그 빛 가운데서 살아가고 있지만, 후자는 아직도 선택되지 않은 자들처럼 살아가고 있다.[63]

전통적인 배경에 속한 기독교인들은 실제로 선택된 거절된 자들도 역시 구원받는지에 관한 질문을 꼬치꼬치 캐묻고 싶어 하지만, 바르트는 그런 얽힌 문제를 설명하지 않을 것이다. 교회는 거절된 자들의 불신앙을 너무 심각하게 받아들여서는 안 된다. 궁극적인 의미에서 인간을 향한 하나님의 어떤 거절도 존재하지 않는다. 하나님은 그리스도 안에서 자신을 위해서는 거절을 택하셨지만, 인간을 향해서는 선택을 택하셨다.


## 제안된 해결책

우리는 이제 구원과 관련된 하나님의 섭리들에 대한 성가신 문제에 관하여 몇가지 결론에 이르기를 시도해야 한다. 우리가 여기에서 일반적인 하나님의 작정들의 전체 문제를 다루고 있지 않음을 주의하라. 다른 말로 하면, 우리는 하나님께서 전체 시간과 전체 우주 속에서 발생하는 모든 사건을 확실하게 하는지의 여부를 고려하지 않는다. 그 질문은 이 책 16장에서 이미 제기되었고 다루어졌다. 여기에서 우리는 어떤 사람들이 그의 은혜의 특별한 수령자들이 되기 위하여 하나님에 의해 선별되었는지의 문제에 대해서만 단지 관심이 있다. 물론, 우리가 나아갈 때에 더 광범위한 질문에 직면하게 될 수도 있겠지만, 지금 이것은 이차적인 문제이다.

우리는 성경 자료들을 조사함으로써 시작한다. 성경은 선택을 몇가지 다른 의미로 언급하고 있다. 선택은 때때로 특별히 그가 사랑하시는 백성으로서의 이스라엘에

---

62) Ibid., p.306.
63) Ibid., p.350.

대한 하나님의 선택을 지칭한다. 그것은 이따금씩 구원으로의 선택은 물론이고 특권과 직분과 관련한 특별한 지위들로 개인들을 선택하는 것을 지칭한다. 선택의 다양한 의미들을 고려할 때, 그것들 중의 오직 한 가지로만 우리의 논의를 제한하려는 시도는 자명하게 이 주제의 단절로 귀착될 것이다.

예정에 관한 용어는 면밀히 조사되어야 할 필요가 있다. 히브리어와 헬라어 둘 다에서 몇가지 관련된 용어들이 존재한다. 히브리어 בָּחַר(바하르)와 헬라어 ἐκλέγομαι(에클레고마이)는 대략적으로 상응하는 용어들이다. 이 용어들은 사람들 가운데에서 어떤 사람들을 자신과의 특별한 관계를 위하여 하나님께서 선택하시거나 선발하시는 것을 언급한다. [64] 헬라어 동사 προορίζω(프로오리조)는 미리 결정하거나 혹은 미리 정하는 것을 언급한다. [65] 그러나, 이 단어의 용례 전부가 궁극적인 운명과 관련되어 있는 것은 아니다. προτίθημι(프로티세미)라는 동사와 πρόθεσις(프로세시스)라는 명사는 계획하거나 작정하거나 혹은 어떤 일을 하려고 결심하는 것을 지칭한다. [66] 이 용어들은 전부가 행동을 일으킨다는 관념을 전달한다.

하나님께서 어떤 사람들이 영생을 갖도록 특별히 선택하셨다는 성경의 가르침을 조사하기 이전에, 그들의 자연적인 상태에서 신앙으로 구원의 기회에 응답하려는 인간들의 상실과 무지와 무능력에 대한 생생한 묘사를 고려하는 것이 중요하다. 로마서에서, 특별히 3장에서 바울은 인류를 그들의 죄로 인하여 하나님으로부터 가망없이 분리되었다고 묘사한다. 그들은 이러한 상태로부터 벗어나기 위하여 어떤 일도 할 수 없으며, 실제로 그들의 상황에 대하여 전혀 무지하여서 그렇게 하려는 소원도 갖고 있지 않다. 칼빈주의자들과 보수적인 알미니우스주의자들은 이것에 대하여 의견을 같이 한다. 이것은 하나님의 시야에서 그들을 의롭게 해 줄 수 있는 그런 유형의 선행을 사람들이 그들의 자연적인 상태에서는 단순히 할 수 없다는 것뿐만이 아니다. 거기에 더하여 그들은 영적인 무지(롬 1:18-23; 고후 4:3-4)와 무감각으로 시

---

64) Francis Brown, S.R. Driver, and Charles A. Briggs, *Hebrew and English Lexicon of the Old Testament*(New York:Oxford University, 1955), pp. 103-04 ; Lothar Coenen, "Elect, Choose," in *The New International Dictionary of New Testament Theology*, ed. Colin Brown (Grand Rapids: Zondervan, 1975), vol. 1, pp. 536-43.

65) G. Abbott-Smith, *A Manual Greek Lexicon of the New Testament*(Edinburgh: T. and T. Clark, 1937), p. 382 ; Paul Jacobs and Hartmut Krienke, "Foreknowledge, Providence, Predestiantion," in *The New International Dictionary of New Testament Theology*, vol. 1, pp. 695-96.

66) Abbott-Smith, *Lexicon*, pp. 380, 390; Jacobs and Krienke, "Foreknowledge," pp. 696-97.

달린다. 예수는 이사야의 예언을 성취하기 위하여 비유로 말씀하신다고 설명하셨을 때 그들의 곤경을 생생하게 묘사하셨다. "너희가 듣기는 들어도 깨닫지 못할 것이요 보기는 보아도 알지 못하리라. 이 백성들의 마음이 완악하여져서 그 귀는 듣기에 둔하고 눈은 감았으니 이는 눈으로 보고 귀로 듣고 마음으로 깨달아 돌이켜 내게 고침을 받을까 두려워함이라"(마 13:14-15, 사 6:9-10인용). 바울은 영적인 무능력이 유대인과 이방인들에게 똑같이 적용되는 보편적인 상황이라는 점을 분명히 한다. "유대인이나 헬라인이나 다 죄 아래 있다. 기록한 바 의인은 없나니 하나도 없으며 깨닫는 자도 없고 하나님을 찾는 자도 없다"(롬 3:9-11).

만약 이것이 사실이라면, 아무도 하나님에 의한 어떤 특별한 행동이 없이는 복음의 부름에 응답할 수 없을 것이라는 사실이 따라온다. 성경에서 가르쳐지는 인간의 무능력을 인식하게 된 많은 알미니우스주의자들은 여기에서 선행 은총의 개념을 도입하는데, 그것은 죄의 지적(知的)인 결과들을 무효화시켜 주는 보편적인 효과를 가지고 있어서, 믿음을 가능하게 해주는 것으로 믿어지고 있다. 문제는 이런 보편적인 능력의 개념을 위한 어떤 분명하고도 충분한 근거도 성경에 존재하지 않는다는 점이다. 이 이론은 많은 점에서 호소력이 있지만, 단순히 성경에서 명백하게 가르쳐지고 있지 않다.

사람들이 믿게 되는 이유에 관한 문제로 돌아가서, 우리는 하나님께서 어떤 사람들을 구원받도록 선택하셨다는 사실과, 또한 구원의 제안에 대한 우리의 응답이 하나님에 의한 이 선행적인 결정과 주도권에 의존하고 있다는 사실을 암시하는 인상적인 본문들의 글모음을 발견하게 된다. 예를 들면, 어떤 사람들이 듣기는 하지만 깨닫지는 못하도록 비유로 말씀하셨다는 예수의 설명과 관련하여, 우리는 그가 계속해서 제자들에게 말씀하셨다는 사실을 관찰하게 된다. "그러나 너희 눈은 봄으로, 너희 귀는 들음으로 복이 있도다"(마 13:16). 다른 청자(聽者)들처럼 그들도 영적으로 무능력했다는 사실을 의미하는 것으로 이 구절을 해석할 수도 있을 것이다.

그러나, 만약 우리가 마태복음 16장을 주목해 보면, 우리는 여기서 의미하고 있는 것이 무엇인지를 더 잘 이해할 수 있을 것이다. 예수는 사람들이 자기를 누구라고 말하느냐고 제자들에게 물었을 때, 그들은 세례 요한, 엘리야, 예레미야, 혹은 선지자들 가운데 한 사람이라는 다양한 견해들로서 답하였다(14절). 그러나 베드로는 "주는 그리스도시요 살아 계신 하나님의 아들이시니이다"(16절)라고 고백하였다. 예수의 다음과 같은 논평은 교훈적이다. "바요나 시몬아 네가 복이 있도다. 이를 내게 알게 한 이는 혈육이 아니요 하늘에 계신 내 아버지시니라"(17절). 제자들과 영적으로 눈멀고 귀먹은 사람들 사이에 차별을 두는 것은 하나님의 특별한 행동이었다. 이것은 예수의 다음 진술들과 일치한다. "나를 보내신 아버지께서 이끌지 아니하면 아무라도 내게 올 수 없다"(요 6:44). 또한 "너희가 나를 택한 것이 아니요 내가 너희를 택하여 세웠다"(요 15:16). 예수는 또한 이 이끄심과 택하심이 효과적이라고 우리에게 말씀하신다. "아버지께서 내게 주시는 자는 다 내게로 올 것이요 내게 오는 자는 내가 결코 내어 쫓지 아니하리라"(요 6:37). "아버지께 듣고 배운 사람마다 내게로 오느니라"(45절).

우리의 믿음이 하나님의 주도권에 의존하고 있다는 개념은 또한 사도행전에서도 나타나는데, 거기에서 누가는 비시디아 안디옥에 있는 이방인들이 구원에 대해서 들었을 때, "이방인들이 듣고 기뻐하여 하나님의 말씀을 찬송하며 영생을 주시기로 작정된 자는 다 믿더라"(행 13:48)라고 우리에게 말하고 있다. 어떤 사람들은 여기 나오는 동사(τεταγμένοι, 테타그메노이)가 수동태보다는 중간태로서 이해되어야 한다고 주장하려고 하였다. 이 구절의 마지막 절에 대한 그들의 번역은 "영생으로 정하여진 사람들은 다 믿었다"라는 것이다. 그러나 이런 해석에는 몇가지 논리적인 난점들이 존재한다. 사람의 믿음은 아마도 그가 영생으로 정하여진 결과일 것이다. 그러나 믿지 않는 사람이 어떻게 그런 행동을 취할 수 있는가? 또한 τάσσω(타소)라는 단어의 원형의 의미 ― "정돈된 방식으로 정리하다" ― 를 주목하라. 거듭나지 않고 영적으로 무력한 사람이 실제로 그의 삶을 정돈된 방식으로 정리할 수 있는가?

하나님의 작정이 그의 예지에 근거하고 있다는 주장도 역시 설득력이 없다. 왜냐하면 바울이 προγινώσκω(프로기노스코)를 사용하고 있는 배경에 있는 것으로 보이는 יָדַע(야다)라는 단어는 예지나 예견 이상의 뜻을 의미하기 때문이다. 이것은 매우 분명하고 친밀한 관계에 관한 함의를 지니고 있다. 이것은 누군가를 호의를 가지고 바라보거나 사랑하는 것을 암시하며, 심지어는 성적인 관계에 대해서 사용된다.[67] 그렇다면, 고려 중인 것은 누가 무엇을 할 것인지에 관한 중립적인 사전 지식이 아니라, 그 사람에 대한 긍정적인 선택이다. 이러한 히브리적인 배경에 반하여 로마서 8:29과 베드로전서 1:1-2에 나오는 예지에 대한 언급들은 아마도 예지를 예정을 위한 근거로서가 아니라 예정의 확증으로서 제시하고 있는 것으로 보인다.

그렇다면 보편적인 구원의 제안들과 듣는 자들에게 믿으라고 하는 일반적인 초청들은 무엇을 의미하는가? 알미니우스주의자들은 칼빈주의적인 근거 위에서 어떤 사람들은 구원을 받아들이기를 선택하지만, 구원받도록 허락되지 않을 수도 있다고 때때로 주장한다. 그러나 칼빈주의의 이해에 의하면, 이 시나리오는 결코 일어나지 않는다. 왜냐하면 아무도 특별한 능력들이 없이는 구원받는 것과 하나님께로 오는

---

67) Brown, Drivers, and Briggs, *Lexicon*, p.394; Jacobs and Krienke, "Foreknowledge," pp.692-93.

것, 믿는 것을 원할 수 없기 때문이다. 하나님은 진정으로 모두에게 구원을 제공하시지만, 우리들 모두는 우리들의 죄 가운데 빠져 있기 때문에, 그렇게 하도록 도움을 받지 못한다면 응답하지 않을 것이다.

그런 상황 속에 진정한 자유가 존재하는가? 여기에서 우리는 하나님의 계획과 관련하여 인간의 자유에 대한 우리의 일반적인 논의를 독자들이 참고하기를 바란다(16장). 그러나 우리는 지금 우리가 구원에 관한 비판적인 주제와 관련하여 특별히 영적인 능력이나 선택의 자유를 다루고 있다는 사실을 부가적으로 유의해야 한다. 그리고 여기에서 주된 고려 사항은 타락이다. 우리가 29장과 이 장에서 논의해 온 대로, 만약 거듭나지 않은 상태에 있는 사람들이 전적으로 타락하였고, 하나님의 은혜에 응답할 수 없다면, 그들이 자유롭게 구원의 제안을 받아들일 수 있는지의 여부에 대해서는 의문의 여지가 없다. — 아무도 없다! 오히려, 제기되어야 할 질문은 구원의 제안을 자유롭게 거절하도록 특별히 부름받은 사람이 있는가 하는 것이다. 여기서 취해진 입장은 부름받은 사람들이 응답해야 한다는 것이 아니라, 하나님께서 그의 제안을 그토록 간절하게 호소하심으로 해서 그들이 긍정적으로 응답할 것이라는 사실이다.


## 예정에 함축된 의미들


정확히 이해할 때, 예정론은 몇가지 중요한 함의들을 지니고 있다.

1. 우리는 하나님께서 결정하신 것이 일어날 것이라는 확신을 가질 수 있다. 그의 계획은 성취될 것이며, 선택된 자들은 믿게 될 것이다.

2. 우리는 어떤 사람들이 그리스도를 거절할 때 우리 자신들을 비판할 필요는 없다. 예수 자신은 그의 청중들 가운데 있는 모든 사람들을 다 사로잡지는 못했다. 그는 아버지께서 그에게 주신 자들은 다 그에게 올 것이며(요 6:37) 단지 그들만이 올 것(44절)으로 이해했다. 우리가 최선을 다했을 때, 우리는 그 문제를 주님께 맡겨 놓을 수 있다.

3. 예정은 복음 전도와 선교를 위한 열의를 무효화시키지 않는다. 우리는 누가 선택된 자들이며 선택되지 않은 자들인지를 알지 못한다. 따라서 우리는 계속해서 말씀을 전하여야 한다. 우리의 복음 전도 노력들은 선택된 자들을 구원으로 이끄시기 위한 하나님의 수단이다. 목적에 대한 하나님의 정하심(ordaining)은 마찬가지로 그 목적에 이르는 수단의 결정을 포함한다. 선교가 하나님의 수단이라는 지식은

그러한 노력을 위한 강력한 동기이며 그것이 성공적으로 판명될 것이라는 확신을 우리들에게 준다.

　4. 은혜는 절대적으로 필요하다. 알미니우스주의가 종종 은혜를 강하게 강조하지만, 우리 칼빈주의적인 도식에서는 그 자신의 주권적인 의지 이외에 하나님께서 어떤 사람들을 영생으로 선택하시는 어떠한 근거도 존재하지 않는다. 하나님께서 어떤 개인에게 구원을 베푸시도록 설득할 만한 어떤 것도 개인 속에는 존재하지 않는다.

# 44

# 구원의 시작: 주관적 국면들

효과적 부르심
논리적인 순서: 효과적 부르심, 회심, 중생
회심
    회개
    믿음
중생
효과적 부르심, 회심, 중생의 함축된 의미들

구원론은 성경의 가르침과 인간 경험의 크고 복잡한 영역을 포함한다. 따라서 이 교리의 다양한 국면들 가운데 몇가지 특징들을 이끌어낼 필요가 있다. 우리는 자료를 많은 다른 방식으로 조직할 수 있지만, 시간적인 도식을 활용하기로 선택하였다. 우리는 구원을, 그것의 시작과 지속과 완성의 측면에서 주목할 것이다. 제44장과 45장은 둘 다 그리스도인의 생활의 시초를 다루고 있다. 그러나 이것들은 전망의 차이에 의하여 구분된다.

회심과 중생(제44장)은 그리스도인의 생활의 시작의 주관적인 측면들이며, 우리의 내적인 본성, 즉 우리의 영적인 상태 속에서의 변화를 다룬다. 회심은 인간적인 전망에서 고려되는 이러한 변화이며, 중생은 하나님의 전망으로부터 고려되는 이러한 변화이다. 다른 한편으로, 그리스도와의 연합, 칭의와 양자됨(제45장)은 그리스도인의 삶의 시작의 객관적인 측면들이며, 개인과 하나님 사이의 관계를 일차적으로 언급한다.

# 효과적 부르심(Effectual Calling)

실제적인 구원에 대해서 예비적인 어떤 문제들이 있다. 앞 장에서 우리는 예정에 포함된 전반적으로 복잡한 주제들을 조사하였고, 하나님께서 어떤 사람들을 구원 받도록 선택하시며, 그들의 회심은 하나님 편에서의 그런 결정의 결과라고 결론을 내렸다. 그러나 모든 사람들은 죄 가운데 빠져 있고, 영적으로 눈이 멀었으며, 믿을 수 없기 때문에, 하나님에 의한 어떤 행동이 시간 속에서 그의 영원한 결정과 개인의 회심 사이에 개입하셔야 한다. 하나님의 이러한 활동은 특별 혹은 효과적 부르심으로 불린다.

구원에 대한 일반적인 부르심, 즉 모든 사람들에 대해서 베풀어진 초대가 있다는 것은 성경으로부터 분명하다. 예수는 "수고하고 무거운 짐진 자들아 다 내게로 오라. 내가 너희를 쉬게 하리라"고 말씀하셨다(마 11:28). 이사야의 "땅 끝의 모든 백성아 나를 앙망하라. 그리하면 구원을 얻으리라. 나는 하나님이라 다른 이가 없음이니라"(사 45:22)라는 말씀에는 우주적인 차원이 존재한다. 이 구절은 그의 제안의 보편성 이상으로 하나님의 배타성을 강조하는 것으로 보이지만, 그럼에도 불구하고 전자가 존재한다. 더구나, 예수께서 "청함을 받은 자는 많되 택함을 받은 자는 적으니라"(마 22:14)고 말씀하셨을 때, 그는 아마도 하나님의 보편적인 초대를 언급하였을 것이다. 그러나 여기에서 부르심과 선택 사이의 구분을 주목하라. 선택된 사람들은 하나님의 특별 혹은 효과적 부르심의 대상들이다.

하나님의 부르심에 대한 몇몇 신약 성경의 참조구절 속에는, 모든 사람이 부름받고 있지는 않다는 사실이 암시되고 있다. 예를 들어, 이것은 로마서 8:30 "또 미리 정하신 그들을 또한 부르시고 부르신 그들을 또한 의롭다 하시고 의롭다 하신 그들을 또한 영화롭게 하셨느니라"에서 암시되고 있다. 여기에서 미리 정하여지고, 부름받고, 의롭게 되고, 또한 영화롭게 된 사람들의 부류가 함께 전개되어 있는 것으로 보인다. 만약 그것이 사실이라면, 부르심은 효력이 있음에 틀림없다 — 부름받은 사람들은 실제로 구원받는다. 이 부르심의 유효성은 또한 고린도전서 1:9에서도 암시되고 있다. "너희를 불러 그의 아들 예수 그리스도 우리 주로 더불어 교제케 하시는 하나님은 미쁘시도다." 하나님의 유효한 특별 부르심에 대한 다른 참조구절들은 눅 14:23; 롬 1:7; 11:29; 고전 1:23-24,26; 엡 1:18; 빌 3:14; 살전 2:12; 살후 2:14; 딤후 1:9; 히 3:1; 벧후 1:10을 포함하고 있다.

특별 부르심은 하나님께서 특별히 유효한 방식으로 선택된 자들과 더불어 일하시고, 그들로 하여금 회개와 믿음으로 응답하게 하시며, 그들이 응답하는 것을 확실하게 한다. 특별 부르심의 상황은 광범위하게 변할 수 있다. 우리는 예수께서 제자들 중의 좀더 친밀한 집단이 된 사람들에게 특별한 초대를 발하시는 것을 본다(예를 들어, 마 4:18-22; 막 1:16-20; 요 1:35-51을 보라). 그는 특별한 배려를 위하여 삭개오를 골라내셨다(눅 19:1-10). 이러한 사례들을 통하여, 예수는 부름받은 개인들과 밀접한 관계를 이루셨다. 그는 에워싼 군중들이 느끼지 못하는 특별한 설득력을 지닌 그의 요청들을 직접적이고 인격적인 방식으로 의심할 바 없이 나타내셨다. 우리는 사울의 회심에서 하나님에 의한 또 다른 극적인 접근을 보게 된다(행 9:1-19). 이 경우에 하나님은 독특한 탄원을 하셨다. 때때로 그의 부르심은 루디아의 경우에서와 같이 좀더 조용한 형태를 띤다. "주께서 그 마음을 열어 바울의 말을 청종하게 하신지라"(행 16:14).

특별 부르심은 대부분 성령의 조명하시는 사역으로서, 받는 자로 하여금 복음의 참된 의미를 이해할 수 있게 해준다. 성령의 이와 같은 일하심은 모든 인간들을 특징지어주는 타락으로 인하여 그들이 하나님의 계시된 진리를 이해할 수 없기 때문에 필요하다. 고린도전서 2:6-16을 주석하면서 조지 래드(George Ladd)는 이렇게 논평하고 있다.

> 성령의 첫번째 사역은 사람들로 하여금 신적인 구원의 사역을 이해할 수 있게 하는 것이다 … 이것(십자가)은 그 의미가 헬라인들에게는 어리석은 것이요 유대인들에게는 거치는 것이 되는 사건이었다. 그러나 성령의 조명을 받은 사람들에게, 이것은 하나님의 지혜이다. 다른 말로 하면, 바울은 사람들의 눈에는 자명하지 않지만 오직 초자연적인 조명에 의해서만 받아들여질 수 있는 그리스도의 죽음의 역사적 사건("하나님은 그리스도 안에서 세상을 자신과 화해시키셨다," 고후 5:19) 속에 숨겨진 의미를 깨달았다. 성령은 천상적인 실재들이 아니라 역사적인 사건의 진정한 의미를 드러내신다. 그는 어떤 일종의 "영지주의의" 비밀한 진리가 아니라 역사 속의 한 사건의 진정한 의미를 알려주신다. 오직 성령의 조명에 의해서만 사람들은 십자가의 의미를 이해할 수 있고, 따라서 오직 성령에 의해서만 사람들은 십자가에 처형되신 예수가 또한 주님이라는 사실을 고백할 수 있다(고전 12:3).[1]

그렇다면 특별 혹은 효과적 부르심은 구원의 메시지의 특이한 표명을 포함한다. 이것은 죄의 영향들을 상쇄시키고 사람들로 하여금 믿게 할 만큼 충분히 강력하다. 이것은 또한 충분히 호소력이 있어서 사람들이 믿게 될 것이다. 특별 소명은 많은 면에서 알미니우스주의자들이 말하는 선행 은총과 유사하다. 그러나 이것은 두 가지

---

1) George E. Ladd, *A Theology of the New Testament*(Grand Rapids: Eerdmans, 1974), pp.490-91.

점에서 그 개념과는 다르다. 이것은 모든 사람들에 대해서가 아니라, 오직 선택된 자들에게만 주어지며, 무오하게 혹은 효과적으로, 받는 사람들에 의해서 긍정적인 응답에 이르게 된다.

## 논리적인 순서: 효과적 부르심, 회심, 중생

특별 부르심은 논리적으로 회심에 앞서 있으며 그것에 이르게 된다. 여기에서 우리는 중생도 역시 논리적으로 회심보다 앞서 있는지, 아니면 그 반대가 맞는지에 대해서도 물어 보아야 한다. 이것은 전통적으로 알미니우스주의자들과 칼빈주의자들을 서로 분리시켰던 주제였다. 알미니우스주의자들은 회심이 앞선다고 주장하였다.[2] 이것은 신생의 필요 조건이다. 인간이 회개하고 믿으며, 따라서 하나님께서 구원하시고 변케 하신다. 만약 이것이 사실이 아니라면, 상당히 기계적인 상황이 유행하게 될 것이다. 즉 하나님께서 이 모든 것을 행하실 것이며, 실제로 어떠한 인간적인 응답의 요소도 없어지게 될 것이며, 복음을 듣는 자들에 대한 회심하라는 호소는 거짓이 될 것이다.

다른 한편으로, 칼빈주의자들은 만약 모든 사람들이 진정으로 죄인들이어서, 전적으로 타락하였고 하나님의 은혜에 응답할 수 없다면, 아무도 첫번째로 중생이 없으면 회심할 수 없다고 주장하였다. 회개와 믿음은 인간적인 능력들이 아니다.[3]

우리가 여기에서 시간적인 연속에 대해서 말하고 있지 않다는 사실이 지적되어야 한다. 회심과 신생은 동시적으로 일어난다. 오히려, 문제는 내부에서의 하나님의 중생의 사역 때문에 인간이 회심하느냐, 아니면 하나님께서 인간의 회개와 믿음 때문에 개인을 중생시키시느냐에 관한 것이다. 논리적인 견지에서 볼 때, 일반적인 칼빈주의의 입장이 의미가 잘 통한다는 사실이 인정되어야 한다. 만약 우리 죄지은 인간들이 우리 내부에서의 그의 어떤 특별한 사역없이는 하나님의 복음을 믿고 응답할 수 없다면, 사람들이, 심지어 선택된 자들이라 하더라도 중생을 통하여 우선 믿을 수 있게 되지 않는다면 어떻게 믿을 수 있겠는가? 회심이 중생에 앞선다고 말하는 것은 전적인 부패를 부정하는 것처럼 보일 것이다.

---

2) H. Orton Wiley, *Christian Theology*(Kansas City, Mo.:Beacon Hill, 1958), vol.2, p.378.

3) John Murray, *Redemption — Accomplished and Applied*(Grand Rapids: Eerdmans, 1955), pp.95-96.

그럼에도 불구하고, 성경의 증거는 회심이 중생보다 앞선다는 입장에 호의를 보이고 있다. 복음에 응답하라는 다양한 호소들은 회심이 중생으로 귀착된다는 사실을 의미한다. 그것들 가운데 빌립보 감옥의 간수에 대한 바울의 대답이 있다(우리는 여기에서 중생이 구원받는 과정의 일부라고 가정하고 있다). "주 예수를 믿으라. 그리하면 너와 네 집이 구원을 얻으리라"(행 16:31). 베드로는 그의 오순절 설교에서 유사한 진술을 하고 있다. "너희가 회개하여 각각 예수 그리스도의 이름으로 세례를 받고 죄 사함을 얻으라 그리하면 성령을 선물로 받으리라"(행 2:38). 이것은 신약성경 전반에 걸쳐 나오는 양식으로 보인다.

심지어 중생이 앞서 있는 것으로 명백히 생각하는 존 머레이도 "지금 우리가 말하고 있는 신앙은 우리가 구원받은 신념이 아니라 우리가 구원받기 위한 그리스도에 대한 신뢰이다"[4]라고 말함으로써 자신의 입장을 부인하는 것으로 보인다. 머레이가 중생을 구원받는 과정의 일부로서 고려하지 않고 있다면, 그는 신앙이 중생의 수단이 되며 따라서 논리적으로 그것보다 앞선다고 말하고 있는 것으로 보인다.

그렇다면 여기에서의 결론은 하나님께서 회개하고 믿는 사람들을 중생시키신다는 것이다. 그러나 이 결론은 전적인 무능력의 교리와 일치하지 않는 것으로 보인다. 우리는 이 점에 관하여 성경과 논리 사이에서 분열되는가? 출구가 하나 있다. 그것은 한편으로는 하나님의 특별하고 효과적 부르심과 다른 한편으로는 중생을 구분하는 것이다. 비록 아무도 복음의 일반적인 부르심에 응답할 수 없다 하더라도, 선택된 자들의 경우에 하나님은 그들이 회개와 믿음으로 응답할 수 있도록 특별한 부르심을 통하여 강하게 역사하신다. 이러한 회심의 결과로, 하나님을 그들을 중생시키신다. 특별 부르심은 성령으로 말미암은 단순히 강력하고 효과적인 역사하심이다. 이것은 중생을 구성하는 완전한 변형이 아니라, 개인의 회심을 가능하고도 확실하게 해 준다. 따라서 구원 시작의 양상들의 논리적인 순서는 특별 부르심 — 회심 — 중생이다.


## 회심


그리스도인의 생활은 그 진정한 본성과 정의로 말미암아, 우리가 이전에 살았던 방식과는 전혀 다른 어떤 것을 나타낸다. 죄와 허물로 죽어 있던 것과 대비해 볼

---

4) Ibid., p.109.

때, 이것은 새로운 삶이다. 이것은 필생의 것이며 심지어 영원히 지속되는 것이지만, 시작의 한정된 지점을 가지고 있다. "1000마일의 여행도 한 걸음부터 시작해야 한다"고 중국의 철학가 노자가 말했다. 그리고 이것은 그리스도인의 삶에 대해서도 그러하다. 그리스도인의 삶의 첫걸음은 회심으로 불린다. 이것은 회개를 통하여 자신의 죄로부터 돌아서서 믿음 안에서 그리스도를 향하는 행동이다.

죄로부터 돌아서는 모습은 구약 성경과 신약 성경 모두에서 발견된다. 에스겔서에서 우리는 이스라엘 백성들을 향한 여호와의 말씀을 읽게 된다. "나 주 여호와가 말하노라. 이스라엘 족속아! 내가 너희 각 사람의 행한 대로 국문할지라. 너희는 돌이켜 회개하고 모든 죄에서 떠날지어다. 그리한즉 죄악이 너희를 패망케 아니하리라. 너희는 범한 모든 죄악을 버리고 마음과 영을 새롭게 할지어다. 이스라엘 족속아! 너희가 어찌하여 죽고자 하느냐. 나 주 여호와가 말하노라. 죽는 자의 죽는 것은 내가 기뻐하지 아니하노니 너희는 스스로 돌이키고 살지니라"(겔 18:30-32). 나중에 에스겔이 악한 자에게 그의 길에서 돌아설 것을 경고하라고 들을 때에도 같은 관념이 나타난다(겔 33:7-11).

에베소서 5:14에서 바울은 다른 이미지를 사용하고 있지만, 기본적인 취지는 동일하다. "잠자는 자여! 깨어서 죽은 자들 가운데서 일어나라. 그리스도께서 네게 비취시리라." 사도행전에서 우리는 베드로가 삶의 방향의 변화를 옹호하는 것을 발견한다. "그러므로 너희가 회개하여 돌이켜 너희 죄 없이함을 받으라"(행 3:19). 현대의 복음전도자들이 종종 "회개함을 받으라(Be converted)"라고 간청할 때, 우리가 인용한 구절들 속에서, 이 명령이 능동태로 나타난다는 사실은 주목할 만한 가치가 있다. 실제로 언급된 것은 "회개하라(Convert)!"이다.

회심은 **회개**(repentence)와 **믿음**이라는 두 가지로 구분할 수 있지만 분리할 수는 없는 양상들을 가지고 있는 단일한 실재이다. 회개는 불신자의 죄로부터의 돌아섬이며, 믿음은 그리스도를 향한 돌아섬이다. 이것들은 각각 같은 사건의 소극적이고 적극적인 측면들이다.[5] 어떤 의미에서, 각각은 상대편이 없이는 불완전하며, 각각은 상대편에 의하여 동기를 얻게 된다. 즉, 우리가 죄를 알고 그것으로부터 돌아설 때에, 우리는 그의 의를 공급받기 위하여 그리스도에게로 돌아서야 할 필요성을 보게 된다. 역으로, 그리스도를 믿음으로 우리는 우리의 죄를 알게 되고 이렇게 해서 회개에 이르게 된다.

---

5) Charles M.Horne, *Salvation*(Chicago: Moody, 1971), p.55; Fritz Laubach, "Conversion, Penitence, Repentance, Proselyte," in *The New International Dictionary of New Testament Theology*, ed.Colin Brown(Grand Rapids: Zondervan, 1975), vol.1, p.354.

성경은 회심이 수반하는 시간의 양에 대하여 어떠한 설명도 하지 않는다. 몇몇 경우에 이것은 실제로 순간적인 시간의 변화가 나타나는 격변적인 결정이었던 것으로 나타난다. 이것은 의심할 바 없이 실제로 그들이 처음으로 복음을 들었던 오순절에 회심한 대다수의 사람들에게 십중팔구 사실이었다. 다른 한편으로, 어떤 사람들에게 회심은 하나의 과정 그 이상의 어떤 것이었다. 니고데모는 아마도 이런 방식으로 그리스도께 헌신하게 되었을 것이다(요 19:39). 이와 유사하게, 회심에 정서적으로 동반되는 것들이 크게 변할 수 있다. 다소의 사울의 사건에서, 이 결정은 매우 극적인 상황 아래 놓여 있었다. 그는 하늘로부터 그에게 말씀하시는 음성을 들었고(행 9:4-7) 심지어 사흘 동안 보지 못하게 되었다(9,17-18절). 이와는 대조적으로, 우리가 앞에서 살펴 보았듯이, 루디아가 그리스도에게로 돌아온 것은 성격상 매우 단순하고 조용했던 것으로 보인다. "주께서 그 마음을 열어 바울의 말을 청종하게 하신지라"(행 16:14). 또 다른 한편으로, 단지 몇 구절 밑에서 우리는 빌립보 감옥의 간수에 대해서 읽게 되는데, 그는 지진이 일어난 후에 죄수들 중에 아무도 달아나지 않았다는 말을 듣고서 아직 두려움에 떨면서, "내가 어떻게 하여야 구원을 얻으리이까?" 하고 외쳤다. 이 두 사람들의 회심 체험은 매우 다르지만, 그 마지막 결과는 동일하였다.

때때로 교회는 하나님이 역사하시는 방법들에 다양성이 존재한다는 사실을 잊고 있다. 미국의 개척 변방에서는 어떤 일정한 유형의 설교가 전형적인 것이 되었다. 삶은 불확실하였고 종종 어려웠으며, 순회 복음전도자는 단지 드문드문 찾아왔다. 설교의 일반적인 형태는 엄청난 죄에 대한 강한 강조와, 그리스도의 죽음과 그것으로 인한 은혜의 제시, 그리고 다음으로는 그리스도를 받아들이라는 감정적인 호소를 포함하고 있었다. 듣는 자들은 즉각적인 결정을 내리도록 강요되었다.[6] 그렇게 해서 회심은 어떤 위기 결정으로서 생각되게 되었다. 비록 하나님은 종종 이런 방식으로 개인들과 더불어 일하시지만, 성격의 유형과 배경, 그리고 직접적인 상황의 차이점들은 매우 다른 형태의 회심으로 귀착될 수도 있다. 회심의 부수적 사건들이나 외부적인 요인들이 모든 사람들에게 동일하다고 주장하지 않는 것이 중요하다.

또한 회심(conversion)과 회심들(conversions) 사이의 구분을 도출하는 것도 역시 중요하다. 개인이 구원의 제안에 응답하면서 그리스도를 향하여 돌이키는 삶의 한 주요한 시점이 존재한다. 신자들이 죄악의 삶으로 되돌아가지 않기 위하여 특별한 행위나 신념을 버려야 하는 또 다른 시점들이 있을 수 있다. 그러나 이 사건들은

---

6) W.L.Muncy,Jr., *A History of Evangelism in the United States*(Kansas City,Kans.: Central Seminary,1945),pp.86-90.

이차적인 것이며, 취해진 그 한 가지 주된 조치에 대한 재확인이다. 우리는 그리스
도인의 삶에서 많은 회심들이 있을 수 있지만, 오직 한번의 회심(Conversion)만이
있다고 말할 수 있을 것이다.

### 회개

회심의 소극적인 측면은 죄의 포기 혹은 거절이다. 이것이 우리가 회개
(repentance)로서 의미하는 것이다. 이것은 우리가 저지른 악에 대한 경건한 슬픔
의 감정에 근거하고 있다. 우리가 회개와 믿음을 조사할 때, 기억되어야 할 것은 그
것들이 실제로는 서로 분리될 수 없다는 사실이다. 기존에 존재해온 것이 진행되고
있는 것보다는 논리적으로 앞서 있기 때문에 우리는 회개를 먼저 다루게 될 것이다.

회개의 관념을 표현하는 히브리 용어는 두 가지가 있다. 한 가지는 נחם(나함)으
로서, "헐떡거리다, 탄식하다, 혹은 신음하다"를 의미하는 의성어적인 단어이다. 이
것은 "탄식하다, 몹시 슬퍼하다"를 의미하게 되었다. 다른 사람들의 상황을 고려하
여 야기된 감정과 관련하여 사용되었을 때, 이것은 연민과 동정을 의미한다. 자기
자신의 성격과 행위들에 대한 고찰을 통하여 야기된 감정과 관련하여 사용되었을 때
에, 이것은 "유감으로 여기다" 혹은 "후회하다"를 의미한다.[7] 흥미롭게도, 나함이
"회개하다"의 의미로 나타날 때, 이 동사의 주어는 대개 "사람"보다는 오히려 "하나
님"이다. 한 가지 주요한 보기가 창세기 6:6이다. "땅위에 사람 지으셨음을 한탄하
사 마음에 근심하시고." 또 다른 보기는 출애굽기 32:14이다. 금송아지를 숭배하는
그들의 죄로 인하여 이스라엘 백성들을 쓸어버리기로 생각하셨던 하나님께서 그의
마음을 바꾸셨다. "여호와께서 뜻을 돌이키사 말씀하신 화를 그 백성에게 내리지 아
니하시니라." 이 동사가 사람을 주어로 해서 나타나는 구절은 욥기에서 발견된다.
그의 긴 시련 끝에 욥은 "내가 주께 대하여 귀로 듣기만 하였삽더니 이제는 눈으로
주를 뵈옵나이다. 그러므로 내가 스스로 한(恨)하고 티끌과 재 가운데서 회개하나이
다"라고 말한다(욥 42:5-6).

사람들이 나타낼 수 있는 진정한 회개의 형태는 שׁוב(슈브)라는 단어에 의하여 좀
더 일반적으로 표시된다. 이것은 여호와께로 돌아오라는 예언자들의 이스라엘을 향
한 외침들 속에서 광범위하게 사용된다. 이것은 의식적이고 도덕적인 분리의 중요

---

7) Francis Brown, S.R.Driver, and Charles A.Briggs, *Hebrew and English
   Lexicon of the Old Testament*(New York: Oxford Univesity-
   1955),pp.636-37.
8) Ibid., pp.996-1000.

성, 즉 죄를 버리고 하나님과 새로운 교제를 맺는 것의 필요성을 강조한다.[8] 가장 잘 알려진 용법들 가운데 하나가 역대하 7:14에 있다. "내 이름으로 일컫는 내 백성이 그 악한 길에서 떠나 스스로 겸비하고 기도하여 내 얼굴을 구하면 내가 하늘에서 듣고 그 죄를 사하고 그 땅을 고칠지라." 하나님께서 그의 적들에게 분노로 갚으실 것을 유의하면서, 이사야는 "여호와께서 가라사대 구속자가 시온에 임하며 야곱 중에 죄과를 떠나는 자에게 임하리라"(사 59:20)라고 덧붙인다. 실제로 이 단어는 회심의 소극적인 측면이든지 아니면 적극적인 측면에서 사용될 수 있다.

신약 성경에서도 역시 회개를 위한 두 가지의 주요한 용어가 존재한다. μεταμέλομαι(메타멜로마이)라는 단어는 "돌봄이나 관심, 혹은 후회의 감정을 갖는 것"을 의미한다.[9] נחם(나함)과 같이, 이것은 회개의 감정적인 측면, 즉 잘못을 범한 데 대한 유감이나 후회의 감정을 강조한다. 예수는 그의 두 아들의 비유에서 이 단어를 사용하였다. 첫째 아들이 포도원에 가서 일하도록 아버지께로부터 요청을 받았을 때, "그는 '싫소이다'라고 대답했지만, 나중에 뉘우치고 갔다"(마 21:29). 둘째 아들은 가겠다고 말했지만, 가지 않았다. 예수는 (그가 설교하고 있었던) 대제사장들과 바리새인들을 둘째 아들에, 그리고 회개하는 죄인들을 첫째 아들에 비유하였다.(참고, 우리말 개역 성경에는 첫째 아들과 둘째 아들이 반대로 나온다) "요한이 의(義)의 도(道)로 너희에게 왔거늘 너희는 저를 믿지 아니하였으되 세리와 창기는 믿었으며 너희는 이것을 보고도 종시 뉘우쳐 믿지 아니하였도다"(32절).

μεταμέλομαι(메타멜로마이)라는 단어는 또한 예수를 배반한 유다의 뉘우침에 대해서도 사용된다. "때에 예수를 판 유다가 그의 정죄됨을 보고 스스로 뉘우쳐 그 은 삼십을 대제사장들과 장로들에게 도로 갖다 주며"(마 27:3), 그 다음에 밖으로 나가서 스스로 목매어 죽었다. μεταμέλομαι(메타멜로마이)는 유다의 사건에서와 같이, 자기의 행위들에 대한 후회와 뉘우침을 단순히 지칭할 수 있는 것으로 보인다. 혹은 이것은 첫째 아들의 경우에서와 같이, 실제적인 행동의 변경을 수반하는 참된 회개를 나타낼 수도 있다. 오토 미첼(Otto Michel)은 유다가 "회개가 아니라, 뉘우침을 나타내고 있다고 주석하고 있다. 유다는 자기의 행동이 죄악된 것이었음을 알고서 괴로움으로 인하여 무너졌다. 유다(마 27:3)와 에서(히 12:17)의 뉘우침은 죄의 파멸적인 작용을 극복할 수 있는 능력을 갖지 못하였다."[10] 죄에 대한 반응에서 유다와 베드로의 행위들을 대비하는 것이 교훈적이다. 베드로는 예수께로 돌아왔고 그 사귐

---

9) Otto Michel, μεταμέλομαι, in *Theological Dictionary of the New Testament*, ed. Gerhard Kittel and Gerhard Friedrich, trans. Geoffrey W. Bromiley, 10 vols. (Grand Rapids: Eerdmans, 1964-1976), vol. 4, p. 626.
10) Ibid., p. 628; cf. Laubach, "Conversion," p. 356.

으로 회복되었다. 유다의 사건에서, 죄에 대한 인식은 단지 절망과 자기파멸에 이르게 되었을 뿐이다.

회개에 대한 다른 주요한 신약 성경의 용어는 μετανοέω(메타노에오)로서, 이것은 문자적으로 "어떤 것에 대하여 다르게 생각하거나 혹은 마음을 변화시키는 것"을 의미한다. 이 단어는 세례 요한의 설교의 특성을 나타내고 있다. "회개하라. 천국이 가까웠느니라"(마 3:2). 이것은 또한 초대 교회의 설교에서 핵심적인 단어였다. 오순절에 베드로는 많은 사람들에게 강조하였다. "너희가 회개하여 각각 예수 그리스도의 이름으로 세례를 받고 죄 사함을 얻으라. 그리하면 성령을 선물로 받으리라"(행 2:38).

우리가 회개에 관한 이러한 문제를 조사할 때, 우리는 구원을 위한 필요 조건으로서 그것의 중요성에 감명을 받지 않을 수 없다. 회개가 강조되는 다수의 구절들과 다양한 문맥들은 이것이 선택적인 것이 아니라 필수 불가결한 것임을 분명히 해 준다. 많은 다른 문화적 배경들에 속해 있는 사람들이 회개하도록 촉구되었다고 하는 사실은 이것이 단지 소수의 특정한 지역적인 상황들에 대해서만 의미가 있었던 메시지가 아님을 보여준다. 오히려, 회개는 기독교 복음의 본질적인 한 부분이다. 우리는 이미 세례 요한의 설교에서 회개의 현저함을 주목하였다. 사실, 이것이 실제로 요한의 메시지의 전부였다고 주장할 수도 있을 것이다. 회개는 또한 예수의 설교에서도 탁월한 위치를 갖고 있었다. 사실상, 이것은 그의 사역을 알리는 징표였다. "이때부터 예수께서 비로소 전파하여 가라사대 회개하라 천국이 가까웠느니라 하시더라"(마 4:17). 그리고 그의 사역의 마지막에 그는 회개가 제자들의 설교에서 최고의 주제가 되어야 한다는 사실을 지적하였다. 그의 승천 직전에 그는 그들에게 이렇게 말했다. "또 이르시되 이같이 그리스도가 고난을 받고 제 삼일에 죽은 자 가운데서 살아날 것과 또 그의 이름으로 죄 사함을 얻게 하는 회개가 예루살렘으로부터 시작하여 모든 족속에게 전파될 것이 기록되었으니"(눅 24:46-47). 베드로는 오순절날에 이 명령을 완수하기 시작하였다. 그리고 바울은 아레오바고 마르스의 언덕에서 철학자들을 향한 그의 메시지에서 이렇게 선포하였다. "알지 못하던 시대에는 하나님이 허물치 아니하셨거니와 이제는 어디든지 사람을 다 명하사 회개하라 하셨으니"(행 17:30). 이 마지막 문장은 특별히 중요하다. 왜냐하면 이것, 즉 "도처에 있는 모든 사람들"은 보편적이기 때문이다. 그렇다면, 회개가 복음 메시지의 제거될 수 없는 부분이라는 사실에는 의심의 여지가 있을 수 없다.

우리가 진정한 회개의 성격을 이해하는 것이 중요하다. 회개는 죄로부터 돌아서려는 결심과 함께 자신의 죄를 경건하게 슬퍼하는 것이다. 다른 동기들에 기초한 자신의 행악에 대한 다른 형태의 뉘우침들도 존재한다. 뉘우침의 한 가지 형태는 거의 이기심과 같은 것에 의하여 유발될 수 있다. 만약 우리가 죄를 짓고 그 결과들이 불유쾌하다면, 우리는 우리가 한 일을 당연히 후회할 수 있을 것이다. 그러나 그것은 진정한 회개(repentence)가 아니다. 그것은 단순한 후회(penitence)이다. 진정한 회개는 하나님께 대하여 저질러진 죄악과 그에게 부과된 상처로 인한 자신의 죄에 대한 슬픔이다. 이 슬픔은 그 죄를 버리려는 참된 소원을 동반한다. 진정한 회개의 경우에는, 만약 죄인이 죄로 인하여 어떠한 불행한 일신상의 결과들로 고통을 당하지 않는다 하더라도 죄에 대한 후회가 존재한다.

회개의 필요성에 대한 성경의 반복적인 강조는 디트리히 본회퍼(Dietrich Bonhoeffer)가 "값싼 은혜"(혹은 "쉬운 신앙주의")라고 불렀던 것과는 반대로 논쟁의 여지가 없는 주장이다.[11] 단순히 예수를 믿는 것과 은혜의 제안을 받아들이는 것만으로는 충분하지 않으며, 내적인 인격의 참된 변화가 있어야 한다. 만약 하나님의 은혜에 대한 믿음이 필요한 전부라면, 누가 그리스도인이 되기를 바라지 않을 것인가? 그러나 예수는 이렇게 말씀하셨다. "아무든지 나를 따라 오려거든 자기를 부인하고 날마다 제 십자가를 지고 나를 좇을 것이니라"(눅 9:23). 만약 의식적인 회개가 없다면, 죄의 권세로부터 구원받았다는 진정한 자각도 존재하지 않을 것이다. 이에 상응하는 깊이나 헌신도 결여될 수 있을 것이다. 예수는, 눈물로써 자기 발을 씻어주었고 머리카락으로 발을 닦아준 여인의 많은 죄들이 용서 받았다는 사실을 확언하신 후에, "사함을 받은 일이 적은 자는 적게 사랑하느니라"(눅 7:47)라고 말씀하셨다. 제자도를 가능한 한 쉽게 함으로써 제자들의 수를 늘리려는 어떠한 시도도 오히려 제자직의 자격을 약화시키는 결과로 귀착될 것이다.


### 믿음

회개가 회심의 소극적인 측면, 즉 자신의 죄로부터 돌아서는 것이라면, 믿음은 적극적인 측면, 즉 그리스도의 약속들과 사역을 붙잡는 것이다. 믿음은 우리가 하나님의 은혜를 받을 수 있게 해주는 수단이기 때문에, 복음의 진정한 핵심에 놓여 있다. 다시 한번 성경의 용어를 먼저 주목하는 것이 중요하다.

매우 진정한 의미에서, 구약 성경의 히브리어는 아마도 하박국 2:4에 나오는 אמונה(에무나)를 제외하고는 믿음에 대한 명사를 갖고 있지 않지만, 이 단어는 일반적으로 "신실함"(faithfulness)[12]으로 번역된다. 대신에, 히브리어는 동사의 형태들

---

11) Dietrich Bonhoeffer, *The Cost of Discipleship*(New York: Macmillan, 1963), pp. 45-47.
12) Brown, Driver, and Briggs, *Lexicon*, p. 53.

로써 믿음의 개념을 전달한다. 아마도 이것은 히브리인들이 믿음을 누군가가 갖고 있는 어떤 것으로서보다는 누군가가 행하는 어떤 것으로 생각했기 때문일 것이다. 이것은 소유라기보다는 오히려 활동이다. 믿음을 지시하기 위하여 사용된 동사들 가운데 가장 일반적인 것은 אמן(아만)이다. 칼(Qal) 어간에서 이것은 " ― 을 품다"(to nourish)를 의미하고, 니팔(Niphal) 어간에서 이것은 "견고하다, 확정되다 혹은 확고하다"를 의미하며, 우리의 목적에 가장 중요한 히필(Hiphil) 어간에서 이것은 "확정된 것으로 생각하다, 진실한 것으로 간주하다, 혹은 믿다"를 의미한다. 이 동사는 전치사 ל (르)와 ב(브)와 같이 사용될 수 있다. 전자와 더불어서 이것은 기본적으로 누군가 혹은 어떤 것에 대한 확신적인 의존의 관념을 전달하며, 후자와 더불어서 이것은 어떤 증언에 동의하는 것을 나타낼 수 있다.[13] "실제적으로, 〔이 단어가 의미하는 바는〕묶어놓은 것 혹은 기대는 것이다. 왜냐하면 이것은 האמין(헤아민)의 고유한 의미, 즉 하나님의 약속의 말씀에다 심장을 묶어놓는(머물게 하는〔Gesenius〕) 것이나, 하나님의 능력과 신실하심에 의지하는(기대는) 것, 그리고 바로 이러한 이유로 해서 그는 모든 세상적인 장애물들에도 불구하고 그가 선택한 것에 영향을 미칠 수 있으며 미칠 것이며, 따라서 צור-לבב(추르-레바브), 시편 73:26"[14] 에서 안식하는 것이기 때문이다. 두번째 히브리어 동사는 בטח(바타흐)이다. 종종 전치사 על(알)과 함께 나타나는 이 동사는 " ― 에 기댄다, ― 을 신뢰한다"를 의미한다. 이것은 신뢰와 자신을 맡기는 것을 암시하는 만큼의 지적인 신념을 함의하지는 않는다.[15]

신약 성경으로 방향을 바꾸어 보면, 믿음의 관념을 나타내는 한 가지 일차적인 단어가 존재한다. 이것은 같은 어원의 명사인 πίστις(피스티스)와 더불어 사용되는 πιστεύω(피스튜오)라는 동사이다. 이 동사는 두 가지 기본적인 의미를 가지고 있다. 첫째로, 이것은 "누군가가 말하는 것을 믿는다, (특별히 종교적인 성격을 지닌) 어떤 진술을 참된 것으로 받아들인다"는 것을 의미한다.[16] 한 가지 보기가 요한일서 4:1에서 발견된다. "사랑하는 자들아, 영을 다 믿지 말고 오직 영들이 하나님께 속

---

13) Ibid., pp.52-53; Jack B.Scott, אמן, in *Theological Wordbook of the Old Testament*, ed.R.Laird Harris(Chicago: Moody, 1980), vol.1, pp.51-52.

14) Gustav F.Oehler, *Theology of the Old Testament*(Grand Rapids: Zondervan, 1950), p.459.

15) Walter Eichrodt, *Theology of the Old Testament*(Philadelphia: Westminster, 1967), vol.2, p.286; Alfred Jepsen, בטח, in *Theological Dictionary of the Old Testament*, ed.G.Johannes Botterweck and Helmer Ringgren, 4 vols. (Grand Rapids: Eerdmans, 1975), vol.2, p.89.

16) Rudolf Bultmann, πιστεύω, in *Theological Dictionary of the New Testament*, vol.6, p.203.

하였나 시험하라." 이 동사의 극적인 예는 백부장을 향한 예수의 진술이다. "가라. 네 믿은대로 될지어다"(마 8:13). 크게 감동을 받은 예수는 자기의 종이 치료될 것이라는 백부장의 믿음에 보답하셨다. 예수는 야이로에게 그의 딸이 낫게 될 것이라는 사실을 믿으라고 명령하셨으며(막 5:36; 눅 8:50), 야이로의 집에서부터 그를 따라온 눈먼 소경들에게 이렇게 물으셨다. "내가 능히 이 일을(너희들을 치료)할 수 있을 것으로 믿느냐?"(마 9:28). 이 구절들과 수많은 다른 예들은 믿음은 어떤 것이 참되다는 사실을 믿는 것을 수반한다는 사실을 확증한다. 사실, 히브리서의 저자는 어떤 진리들을 인정한다는 의미에서 믿음이 구원에 필수불가결한 것이라고 선언한다. "믿음이 없이는 기쁘시게 못하나니 하나님께 나아가는 자는 반드시 그가 계신 것과 또한 그가 자기를 찾는 자들에게 상주시는 이심을 믿어야 할지니라"(히 11:6).

πιστεύω(피스튜오)와 πίστις(피스티스)가 "단순한 신임이나 신념과는 구분되는 인격적인 신뢰"를 의미하는 예들도 최소한 동일하게 중요하다.[17] 이 의미는 전치사의 사용을 통하여 일반적으로 동일시할 수 있다. 마가복음 1:15에서 전치사 ἐν(엔)이 사용되는데, 세례자가 사로잡힌 이후에 예수는 갈릴리에서 설교하시며, "회개하고 복음을 믿으라"라고 말씀하셨다. εἰς(에이스)라는 전치사는 사도행전 10:43에서 사용되었다. "저에 대하여 모든 선지자도 증거하되 저를 믿는 사람들이 다 그 이름을 힘입어 죄 사함을 받는다 하였느니라." 같은 구분이 마태복음 18:6; 요한복음 2:11; 사도행전 19:4; 갈라디아서 2:16; 빌립보서 1:29; 베드로전서 1:8; 그리고 요한일서 5:10에서 발견된다.

사도 요한은 예수의 이름을(εἰς τὸ ὄνομα, 에이스 토 오노마) 믿는 것에 대하여 말한다. "영접하는 자 곧 그 이름을 믿는 자들에게는 하나님의 자녀가 되는 권세를 주셨으니"(요 1:12; 또한 2:23; 3:18; 그리고 요일 5:10을 보라). 이 구문은 사람의 이름을 실제로 그 개인과 동등한 것으로 간주했던 히브리인들에게는 특별한 의미를 갖고 있다. 따라서, 예수의 이름을 믿는다는 것은 그에게 자기의 인격적인 신뢰를 두는 것이었다.[18] 전치사 ἐπί(에피)는 마태복음 27:42에서 대격과 함께 사용되고 있다. "저가 이스라엘의 왕이로다. 지금 십자가에서 내려올지어다. 그러면 우리가 믿겠노라"(또한 행 9:42; 11:17; 16:31, 22:19; 롬 4:5를 보라). 이것은 로마서 9:33; 10:11; 베드로전서 2:6에서는 여격과 더불어 사용되는데, 이 모든 구절들은 디모데전서 1:16에서와 마찬가지로 70인역에서 인용된 것들이다.

---

17) G. Abbott-Smith, *A Manual Greek Lexicon of the New Testament*(Edinburgh: T. and T. Clark, 1937), pp. 361-62.
18) Ladd, *Theology of the New Testament*, pp. 271-72.

앞에서의 고찰들에 근거하여, 우리는 구원에 필요한 믿음의 형태는 그것을 믿는 것과 또한 사실들을 믿거나 동의하며 사람을 신뢰하는 것을 다 포함하는 것으로 결론을 내릴 수 있다.[19] 이 두 가지를 함께 유의하는 것이 중요하다. 때때로 기독교 사상사에서는 믿음의 측면들 중에서 한 가지가 다른 것을 상당히 덜 중요하게 보이게 할 만큼 지나치게 강조되었다. 인간의 믿음에 대한 견해와 계시의 본성에 대한 그의 이해 사이에는 상관 관계가 종종 존재한다. 계시가 정보의 전달로서 생각될 때에, 믿음은 교리에 대한 지적인 동의로서 간주된다. 그러한 것이 개신교 스콜라주의에서 사실이었다.[20] 계시가 신정통주의에서와 같이 인격적인 만남 속에서의 하나님의 자기 제시로서 생각될 때, 믿음은 인간이 만나는 하나님에 대한 인격적인 신뢰로서 간주된다.[21] 그러나 우리가 이 책의 전반부에서 취했던 입장은 계시가 이것이냐/저것이냐의 문제가 아니라는 것이다. 하나님은 자신을 계시하시지만, 적어도 부분적으로는 자신에 대한 정보를(혹은 명제들을) 전달하시며, 그가 누구인지를 우리에게 말씀하심으로써 그렇게 하신다.[22] 계시에 대한 우리의 견해로 인하여 우리는 믿음의 이중적인 성격, 즉 확언들을 신용하는 것과 하나님을 신뢰하는 것을 강조하게 된다.

때때로 믿음은 이성과 대조되며 확증할 수 없는 것으로 묘사된다. 믿음은 명백한 증거에 의하여 선행적인 근거 위에서 확립된 어떤 것이 아니라는 것이 사실이다. 그러나 믿음은 일단 그것에 관여하게 되면 그것을 지지하는 여러가지 증거들을 추론하고 인식할 수 있게 해주는 것도 역시 사실이다.[23] 이것은 믿음이 지식의 형태이며, 이성에 반하는 것이 아니라, 이성과 제휴하여 역사한다는 것을 의미한다. 세례 요한이 두 제자를 보내서 "오실 그이가 당신이오니이까? 우리가 다른 이를 기다리오리이까"(눅 7:19)라고 물어보았을 때, 예수의 대답이 여기에 관련된다. 예수는 그들이 본 기적들과 그들이 들었던 메시지를 요한에게 가서 보고하라고 말씀하심으로써 대

---

19) 한편에서는 동의(assensus)나 신임(credentia)과 다른 한편에서는 신뢰(fiducia) 사이에 종종 구분이 이루어진다 — William Hordern, *The Case for a New Reformation Theology* (Philadelphia: Westminster, 1959), pp. 34-35. Edward Carnell은 "일반적인 믿음"과 "중대한 믿음"이라는 용어를 사용하였다 — *The Case for Orthodox Theology* (Philadelphia: Westminster, 1959), pp. 28-30.

20) A. C. McGiffert, *Protestant Thought Before Kant* (New York: Harper, 1961), p. 142.

21) Emil Brunner, *Revelation and Reason* (Philadelphia: Westminster, 1946), p. 36.

22) pp. 191-96을 보라.

23) Augustine *Letter* 137.15; cf. Ladd, *Theology of the New Testament*, pp. 276-77.

답하셨다. 예수는 사실상 요한에게 "믿을 수 있기 위하여 네가 필요한 증거가 여기 있다"라고 말씀하셨다.

면밀히 조사해 볼 때, 믿음이 어떤 종류의 증거에도 의존하지 않는다고 주장하면서 인용되는 사례들은 실제로 그 결론을 지지하지 않는 것으로 드러난다. 한 가지는 도마의 경우로서, 그는 부활하신 예수가 나타나셨을 때 다른 제자들과 함께 있지 않았기 때문에 믿지 않았다. 도마는 예수의 손바닥에 있는 못자국을 보고, 그의 손가락을 못자국 위에 대며, 또한 예수의 옆구리에 손을 넣어보지 않고는 믿지 않을 것이라고 말하였다.(요 20:25). 예수가 나타나셨을 때, 그는 도마의 의혹들을 풀어주기 위하여 그를 초대하였다. 그리고 도마가 "나의 주시며 나의 하나님이시니이다"(28절)라고 고백하였을 때, 예수는 "너는 나를 본고로 믿느냐? 보지 못하고 믿는 자들은 복되도다"(29절)라고 대답하셨다. 예수는 어떤 증거가 되는 토대도 없이 도마가 맹목적으로 믿기를 기대하셨는가? 도마가 3년 동안이나 예수와 함께 살았고, 그의 가르침을 들었으며, 그의 기적들을 보았다는 사실을 기억하라. 그는 죽은 자들로부터 부활할 것이라는 예수의 약속과 주장에 대해서 알고 있었다. 그는 그들의 성실성을 이미 오랫동안 체험해 왔던 동료 제자들의 증언을 믿을 만한 충분한 토대를 이미 갖고 있었다. 그는 어떤 추가적인 증거가 필요하지 않았을 것이다.

이와 유사하게, 아브라함이 이삭을 바치라고 부름을 받았을 때, 그는 맹목적으로 행동하도록 요청받지 않았다. 진실로 어떤 희생을 위한 동물도 보이지 않았으며, 그는 하나님만을 단순히 신뢰해야만 하였다. 그러나 그 순간에 어떤 가시적인 증거도 없었지만, 아브라함은 오랫동안 여호와를 알고 있었다. 그는 하나님께서 그가 약속하신 땅과 아들을 주시는데에 신실하셨음을 과거에 발견하였다. 아브라함이 자기 아들을 기꺼이 제물로 바치려고 했을 때에 행하였던 믿음은 과거에 그가 체험한 하나님 경험을 미지의 미래 속으로 추정한 행동이었다.

비록 우리가 회심을 하나님의 주도권에 대한 인간의 응답으로 묘사하였지만, 회개와 믿음도 역시 하나님의 선물이라는 사실을 우리는 유의해야 한다. 예수는 회개에 의해서 전제되는 확신이 성령의 사역임을 분명히 하셨다. "그(성령)가 와서 죄에 대하여, 의에 대하여, 심판에 대하여 세상을 책망하시리라. 죄에 대하여라 함은 저희가 나를 믿지 아니함이요, 의에 대하여라 함은 내가 아버지께로 가니 너희가 다시 나를 보지 못함이요, 심판에 대하여라 함은 이 세상 임금이 심판을 받았음이니라"(요 16:8-11). 예수는 또한 "나를 보내신 아버지께서 이끌지 아니하면 아무라도 내게 올(즉, 믿음을 행할) 수 없으니 오는 그를 내가 마지막 날에 다시 살리리라"(요 6:44)고 말씀하셨다. 아버지의 이러한 사역은 효과적이다. "아버지께서 내게 주시는 자는 다 내게로 올 것이요 내게 오는 자는 내가 결코 내어 쫓지 아니하리라 … 아버지께 듣고 배운 사람마다 내게로 오느니라"(요 6:37, 45). 따라서, 회개와 믿음은 둘 다 신자들의 삶 속에서의 하나님의 은혜로운 사역들이다.


## 중생


회심은 인간을 향한 하나님의 구원의 제안과 접근에 대한 인간의 반응과 관련된다. 중생은 회심의 다른 측면이다. 이것은 하나님의 행위이다. 이것은 개개의 신자들에 대한 하나님의 변형(transformation)이며, 그들이 그리스도를 받아들일 때 그들의 삶에 대하여 새로운 영적인 활력과 방향을 제공해 주는 것이다.

중생의 교리의 기초를 이루는 것은 인간 본성에 관한 가정이다. 인간의 본성은 변형의 필요 속에 있다. 인간은 영적으로 죽어 있고 따라서 신생이나 영적인 탄생이 필요하다.[24] 우리는 자연인이 영적인 자극에 대하여 무지하고 둔감하다는 사실을 앞에서 주목하였다.[25] 눈멀고, 귀먹고, 죽어 있다는 중생하지 못한 사람에 대한 성경의 묘사들은 영적인 민감성의 결핍을 지시하고 있다. 그리고 불신자들은 영적인 진리들을 인식할 수 없을 뿐만 아니라, 그들은 그들의 눈먼 상태와 죄를 향한 자연적인 성향을 변경할 만한 어떤 것도 할 수 없다. 로마서 3:9-20에 나오는 죄악된 인간에 대한 서술을 읽어 보면, 인격에서의 단순한 변형이나 조정보다는 어떤 근본적인 변화나 변형이 필요하다는 사실이 명백해진다. 어떤 사람들에게 이것은 인간의 본성에 대한 매우 비관적인 견해로 나타나며, 실제로 이것은 자연적인 가능성의 측면에서 그러하다. 그러나 우리의 견해는 자연적인 가능성들에 대한 그것의 기대치들을 제한하지는 않는다.

신생(New birth)에 대한 성경의 서술들은 수없이 많고, 생생하며 다양하다. 구약 성경에서 조차, 우리는 하나님의 새롭게 하시는 사역에 대한 현저한 언급을 발견한다. 그는 "내가 그들에게 새로운 마음(일치한 마음)을 주고 그 속에 새 신을 주며 그 몸에서 굳은 마음을 제하고 부드러운 마음을 주어서 내 율례를 좇으며 내 규례를 지켜 행하게 하리니 그들은 내 백성이 되고 나는 그들의 하나님이 되리라"(겔 11:19-20)고 약속하신다. 비록 용어와 이미지가 신약 성경과는 다르지만, 우리는 여기에서 삶과 정신의 변형에 대한 기본적인 개념을 갖게 된다.

신약 성경에서, 중생의 개념을 가장 문자적으로 전달하는 용어는

---

24) Ladd, *Theology of the New Testament*, p.290.
25) pp.614, 925를 보라.

παλιγγενεσία(팔리게네시아)이다. 이것은 신약 성경에서 단지 두번 나타난다. 이 예들 중의 하나가 마태복음 19:28인데, 여기에서 이 단어는 종말의 일부분이 될 "새로운 세계"를 언급한다. 또 다른 예는 디도서 3:5인데, 여기에서는 우리 구주 하나님께서 "우리를 구원하시되 우리의 행한 바 의로운 행위로 말미암지 아니하고 오직 그의 긍휼하심을 좇아 중생의 씻음과 성령의 새롭게 하심으로 하셨나니"와 같이 구원을 지칭한다. 여기에서 우리는 성경적인 재생의 개념을 갖게 된다. παλιγγενεσία(팔리게네시아)라는 문자적인 용어가 신약 성경의 다른 곳에서는 발견되지 않지만, 이 개념은 가장 확실하게 두드러진다.

신생의 개념에 대한 가장 유명하고 광범위한 설명은 요한복음 3장에 있는 예수와 니고데모와의 대화에서 발견된다. 예수는 니고데모에게 "사람이 거듭나지 아니하면 하나님 나라를 볼 수 없느니라"라고 말씀하셨다(3절). 이 토론의 후반에 그는 "내가 네게 거듭나야 하겠다 하는 말을 기이히 여기지 말라"(7절)고 말하였다. 여기에서 사용되는 헬라어 아노센(ἄνωθεν)은 또한 "위로부터"라고 번역될 수도 있다. 그러나 이 "다시" 혹은 "새롭게"가 여기서의 정확한 번역이라는 사실이 니고데모의 응답으로부터 보인다. "사람이 늙으면 어떻게 날 수 있삽나이까? 두번째 모태에 들어 갔다가 날 수 있삽나이까?"(4절). 니고데모는 예수께서 사람이 다시 태어나야 한다고 말하고 있는 것으로 이해했다.

비록 용어는 달라지지만, 이 관념은 신약 성경의 다른 곳에서 발견된다. 니고데모와의 같은 대화에서, 예수는 "성령으로 나는 것"(요 3:5-8)에 대해서 말씀하셨다. 그는 개인의 삶을 변형시키는 초자연적인 사역을 염두에 두고 있었다. 이 사역은 사람이 하나님의 나라에 들어가기 위하여 필수불가결한 것으로, 인간의 노력이나 계획에 의하여 성취될 수 있는 것이 아니다. 이것은 또한 "하나님께로서 나는" 혹은 "하나님의 말씀을 통하여 나는" 것으로 언급되고 있다(요 1:12-13; 약 1:18; 벧전 1:3,23; 요일 2:29; 5:1,4). 이러한 체험을 경험하는 사람은 누구든지 새로운 피조물이다. "그런즉 누구든지 그리스도 안에 있으면 새로운 피조물이라. 이전 것은 지나갔으니 보라 새 것이 되었도다"(고후 5:17). 바울은 성령의 새롭게 하심(딛 3:5)과 살리심(엡 2:1,5), 그리고 죽은 자들로부터 일으키심(엡 2:6)에 대해서 말한다. 동일한 관념이 생명을 얻게 하셨다고 하는 예수의 진술들 속에 함축되어 있다(요 6:63; 10:10,28).

신생의 관념이 나타나는 예들을 열거하는 것은 싱딩히 쉬운 일이지만, 그것의 의미를 확인하는 것은 그렇게 쉽지 않다. 그러나 우리는 신생이 이해하기 어렵다는 사실에 놀라서는 안된다.[26] 예수는 니고데모가 예수가 말하고 있는 내용을 이해하는 데 큰 곤란을 겪는데 대하여 니고데모에게 이 개념은 어려운 것이라고 지적하셨다.

이것은 바람과 같다. 비록 사람은 바람이 어디에서 오며, 어디로 가는지를 알지 못하지만, 그 소리를 듣는다(요 3:8). 신생은 감각으로는 인식되지 않는 문제들을 다루기 때문에, 대부분의 주제들이 연구되는 방식으로는 연구될 수 없다. 또한 신생의 관념에 대한 자연적인 반감, 즉 우리가 이 개념을 객관적으로 조사하는 일을 어렵게 만드는 반감이 존재한다. 신생의 필요성은 우리들 중 아무도 자연적인 상태에서는 충분히 선하지 않다고 지적하기 때문에, 우리들 모두에 대한 고발이다. 즉 우리가 하나님을 기쁘시게 하려고 한다면, 우리 모두는 변형을 경험해야 할 필요가 있다.

이 개념을 이해하는 문제에도 불구하고, 중생에 대하여 몇가지가 확언될 수 있다. 첫째로, 이것은 새로운 어떤 것, 즉 인격의 자연적인 성향들의 전체적인 역전을 수반한다. 이것은 단순히 현재의 특징들의 확대가 아니다. 왜냐하면 중생의 한 가지 측면은 기존 특성들을 사형에 처하거나 십자가에 못박는 일을 포함하기 때문이다. 성령에 속한 삶을 육에 속한 삶과 비교하면서, 바울은 "그리스도 예수의 사람들은 육체와 함께 그 정과 욕심을 십자가에 못박았느니라. 만약 우리가 성령으로 살면 또한 성령으로 행할지니"(갈 5:24-25)라고 말한다. 개인의 죽음이나 혹은 개인의 어떤 양상들에 대한 다른 언급들은 로마서 6:1-11과 갈라디아서 2:20, 6:14에서 나타난다. 인간이 육(행동하고 살아가는 자연적인 방식)에 대하여 죽고, 영에 대하여 산다는 관념은 중생이 전적으로 (바울이 정확하게 불렀던 대로) 새로운 피조물의 탄생이며, 또한 이미 자신의 삶의 기본 방향이던 것의 단순한 고양(高揚)이 아니라는 증거이다.

육을 죽임으로써, 신생은 죄의 영향들의 상쇄를 수반한다. 이것은 에베소서 2:1-10에 있는 바울의 진술들 속에서 아마도 가장 분명하게 나타날 것이다. 변형이 필요한 죽음은 우리가 살아온 죄의 결과로서, 공중의 권세를 잡은 임금(prince)에 의해서 인도되는 것이다. 비록 중생은 우리에게 전적으로 새로운 어떤 것을 포함하지만, 이것은 인간의 본성에 대하여 낯선 것으로 귀착되지는 않는다. 오히려, 신생은 죄가 타락시에 인류 속으로 들어오기 이전에 원래 작정되었고 실제로 있었던 대로의 인간 본성의 회복이다. 이것은 신생의 시작이며 동시에 옛 삶과 활동의 복귀이다.

나아가서, 신생은 그 자체로 순간적인 것으로 나타난다. 이것이 단일한 행위라기보다 하나의 과정이라는 것을 암시하는 어떤 것도 신생에 대한 묘사에 나타나지 않는다. 이것은 어떤 곳에서도 불완전한 것으로 규정되지 않는다. 성경은 신자들에

---

26) Millard J.Erickson, "The New Birth Today," *Christianity Today*,16 August 1974, pp.8-10.

대해서, "거듭나고 있는" 것으로 보다는 오히려 "거듭난" 혹은 "거듭나게 된" 것으로 말하고 있다(요 1:12-13; 고후 5:17; 엡 2:1,5-6; 약 1:18; 벧전 1:3,23; 요일 2:29; 5:1,4 ─ 이 참조구절들 속에 있는 관련 헬라어 동사는 계속적인 행동보다는 오히려 정지적인 행동을 지시하는 부정과거 시제이거나, 아니면 완성의 상태를 지시하는 완료 시제로 나타난다). 신생의 정확한 시간을 결정하는 일은 불가능할 수도 있고, 또한 전체적인 일련의 선행자들이 있을 수도 있지만, 신생 그 자체는 한 순간에 완성되는 것으로 나타난다.[27]

비록 중생은 순간적으로 완성되지만, 이것은 그 자체로 마지막은 아니다. 영적인 감정들의 변화로서, 중생은 사람의 일생을 통하여 지속되는 성장의 과정의 시작이다. 영적인 성숙의 이러한 과정은 성화이다. 그의 독자들이 이전에는 죽었지만 이제는 살아있다고 특별히 말하면서, 바울은 "우리는 그의 만드신 바라. 그리스도 예수 안에서 선한 일을 위하여 지으심을 받은 자니 이 일은 하나님이 전에 예비하사 우리로 그 가운데서 행하게 하려 하심이니라"고 덧붙인다(엡 2:10). 그는 시작된 일을 계속하고 완성하는 것에 대하여 빌립보서 1:6에서 언급하고 있다. "너희 속에 착한 일을 시작하신 이가 그리스도 예수의 날까지 이루실 줄을 우리가 확신하노라." 중생은 시작이지만, 아직 이르러야 할 것이 훨씬 더 많다. 이러한 영적인 원숙함의 나타남들을 "성령의 열매"라고 부른다. 이것들은 옛 본성의 열매, 즉 육과는 직접적으로 반대되는 것이다(갈 5:19-23).

신생은 또한 초자연적인 사건이다. 이것은 인간의 노력에 의하여 성취될 수 있는 것이 아니다. 예수는 요한복음 3:6에서 이것을 분명히 하셨다. "육으로 난 것은 육이요 성령으로 난 것은 영이니." 그는 신생이 모태로 다시 들어감으로써 오는 것인지를 묻는 니고데모의 질문에 대답하고 있었다. 중생이 특별히 성령의 사역이라는 사실을 명심하는 것이 또한 중요하다. 비록 구원이 아버지에 의하여 계획되고 시작되었으며, 또한 실제로 아들에 의해서 성취되었다 하더라도, 이것을 신자들의 삶에 적용하고, 이렇게 해서 인간들을 향한 신적인 의도를 달성하게 하시는 분은 성령이다.

과거에 이따금씩, 중생은 영혼의 본질을 변경하는 것으로 생각되었다.[28] 이 관념은 부분적으로는 "본질"(substance)의 의미가 그렇게 분명하지 않기 때문에, 우리들에게 그렇게 의미가 있는 것은 아니다. 개인의 성향들과 감정들의 변화의 측면

---

27) Augustus H.Strong, *Systematic Theology*(Westwood, N.J.: Revell,1907), pp.826-27.
28) James Strahan, "Flacius," in *Encyclopedia of Religion and Ethics*,ed.James Hastings (New York: Scribner,1955),vol.6,p.49.

에서 단순히 생각하고, 일어나는 변화의 정확한 성격에 대하여서는 깊이 생각하지 않는 것이 더 좋을 것이다.

중생의 교리는 기독교 신앙을 진기한 입장 속에 놓는 것이다. 한편으로, 기독교인들은 인간의 선성에 대한 현재의 세속적인 신념과 그것으로부터 야기되는 낙관적인 희망을 거절한다. 중생에 대한 진정한 주장은 외적인 도움이나 완전한 변형이 없이는 대규모의 진정한 선이 인류로부터 나타날 가능성이 도무지 존재하지 않는다는 선언이다. 다른 한편으로, 인간의 자연적인 능력들에 대한 비관적인 평가에도 불구하고, 기독교는 매우 낙관적이다. 즉 초자연적인 도움과 더불어, 인간들은 그들의 원래의 선성으로 변형되고 또한 회복될 수 있다. 예수께서 "사람으로는 할 수 없으되 하나님으로서는 다 할 수 있느니라"(마 19:26)라고 말씀하신 것은 인간의 마음을 변화시키고, 우리를 그의 왕국에 들어갈 수 있게 해주는 하나님의 능력에 관한 것이었다.

## 효과적 부르심, 회심, 중생의 함축된 의미들

1. 인간의 본성은 사회 개혁이나 교육에 의해서는 변경될 수 없다. 이것은 삼위일체 하나님의 초자연적인 역사에 의하여 변형되어야 한다.

2. 누가 신생을 경험할 것인지는 아무도 예견하거나 조정할 수 없다. 이것은 궁극적으로 하나님의 행위이며, 회심조차도 그의 효과적 부르심에 의존한다.

3. 그리스도인의 삶의 시작은 자신의 죄성에 대한 인식과 자기 중심적인 삶의 방식을 포기하겠다는 결정을 요구한다.

4. 구원하는 믿음은 하나님의 본성과 그가 행하신 일에 대한 정확한 신념이 필요하다. 그러나 정확한 신념으로는 불충분하다. 또한 하나님께 대한 자신의 적극적인 헌신이 있어야 한다.

5. 한 사람의 회심은 다른 사람의 그것과는 근본적으로 다를 수 있다. 중요한 것은 진정한 회개와 믿음이 있어야 한다는 것이다.

6. 신생은 그것이 일어날 때 느껴지지 않는다. 오히려, 이것은 영적인 일들에 대한 새로운 민감성과 새로운 삶의 방향, 그리고 하나님께 복종할 수 있는 능력을 증가시킴으로써 신생의 실재(presence)를 확립한다.

# 45

# 구원의 시작: 객관적 국면들



이렇게 해서 지금까지 우리는 인간의 실제적인 영적 상태를 포함하는 그리스도인의 삶의 시작에 관한 측면들, 즉 구원의 시작에 관한 주관적 측면들을 조사하였다. 이 장에서 우리는 개인의 신분에서의 변화나 혹은 하나님과의 관계 속에 존재하는 것, 즉 구원의 시작의 객관적 차원들을 고려하게 될 것이다.

# 그리스도와의 연합

### 성경의 가르침

한 가지 의미에서, 그리스도와의 연합은 구원의 전반에 대한 포괄적인 용어이며, 다양한 여타의 교리들은 단순히 하부적인 부분들이다.[1] 이 용어와 개념은 중생과 칭의, 그리고 성화와 같은 다른 개념들에 관심을 집중하기 위하여 종종 무시되었지만, 그리스도와 신자들 사이의 통일성에 대한 다수의 언급들을 유의하는 것이 유익하다. 이와 관련하여 가장 기본적인 언급들은 신자와 그리스도가 서로 "안에" 있는 것으로 묘사한다. 한편으로, 우리는 신자들이 그리스도 안에 있는 것에 대한 많은 특정한 언급들을 갖고 있는데, 예를 들면 고린도후서 5:17이다. "그런즉 누구든지 그리스도 안에 있으면 새로운 피조물이라 이전 것은 지나갔으니 보라 새 것이 되었도다." 에베소서 1:3-4에도 두 가지의 그런 구절들이 나타난다. "찬송하리로다. 하나님 곧 우리 주 예수 그리스도의 아버지께서 그리스도 안에서 하늘에 속한 모든 신령한 복으로 우리에게 복 주시되 곧 창세 전에 그리스도 안에서 우리를 택하사 우리로 사랑 안에서 그 앞에 거룩하고 흠이 없게 하시려고." 두 절 밑에서 우리는 "이는 그의 사랑하시는 자 안에서 우리에게 거저 주시는 바 그의 은혜의 영광을 찬미하게 하려는 것이라. 우리가 그리스도 안에서 그의 은혜의 풍성함을 따라 그의 피로 말미암아 구속 곧 죄 사함을 받았으니 이는 그가 모든 지혜와 총명으로 우리에게 넘치게 하사"(6-8절)라는 내용을 읽게 된다.

바울은 우리가 그리스도 안에서 새롭게 지음받았다고 말해 준다. "우리는 그의 만드신 바라. 그리스도 예수 안에서 선한 일을 위하여 지으심을 받은 자니 이 일은 하나님이 전에 예비하사 우리로 그 가운데서 행하게 하려 하심이니라"(엡 2:10). 하나님의 은혜가 그리스도 안에서 우리에게 주어졌다. "그리스도 예수 안에서 너희에게 주신 하나님의 은혜를 인하여 내가 너희를 위하여 항상 하나님께 감사하노니 이는 너희가 그의 안에서 모든 일 곧 모든 구변과 모든 지식에 풍족하므로"(고전 1:4-5). 죽은 신자들은 "그리스도 안에서 죽은 자들"로 불리며(살전 4:16), 또한 우리의 부활은 그리스도 안에서 일어날 것이다. "아담 안에서 모든 사람이 죽은 것 같이 그리스도 안에서 모든 사람이 삶을 얻으리라"(고전 15:22).

이 관계의 다른 측면은 그리스도께서 신자들 안에 있는 것으로 언급된다는 사실이다. 바울은 "하나님이 〔성도들에게〕 그들로 하여금 이 비밀의 영광이 이방인 가운

---

1) John Murray, *Redemption — Accomplished and Applied*(Grand Rapids: Eerdmans, 1955), p.161.

데 어떻게 풍성한 것을 알게 하려 하심이라. 이 비밀은 너희 안에 계신 그리스도시니 곧 영광의 소망이니라"(골 1:27)고 말한다. 신자들 안에서의 그리스도의 현존은 또한 갈라디아서 2:20에서 얼마간 다른 방식으로 표현되고 있다. "내가 그리스도와 함께 십자가에 못박혔나니 그런즉 이제는 내가 산 것이 아니요 오직 내 안에 그리스도께서 사신 것이라. 이제 내가 육체 가운데 사는 것은 나를 사랑하사 나를 위하여 자기 몸을 버리신 하나님의 아들을 믿는 믿음 안에서 사는 것이라."

또한 포도나무와 가지에 대한 예수의 유비가 있는데, 이것은 그리스도와 신자들의 상호적인 내주(內住)를 강조한다. "내 안에 거하라. 나도 너희 안에 거하리라. 가지가 포도나무에 붙어 있지 아니하면 절로 과실을 맺을 수 없음 같이 너희도 내 안에 있지 아니하면 그러하리라. 나는 포도나무요 너희는 가지니 저가 내 안에, 내가 저 안에 있으면 이 사람은 과실을 많이 맺나니 나를 떠나서는 너희가 아무 것도 할 수 없음이라"(요 15:4-5). 신자들이 영적으로 갖고 있는 모든 것은 그리스도의 내주하심에 근거하고 있는 것이 명백하다. 영화롭게 되는 것에 대한 우리의 희망은 우리 안에 계신 그리스도이다. 우리의 영적인 활력은 그의 내주하시는 현존으로부터 도출된다. 우리가 언급할 수 있는 다른 인용절들은 신자들과 함께 있겠다는 예수의 약속들을 포함하고 있다(마 28:20; 요 14:23). 마지막으로, 신자들이 "그리스도와 함께" 공유하는 것으로 언급되는 전체적인 다수의 경험들, 즉 고난(롬 8:17), 십자가에 못박힘(갈 2:20), 죽음(골 2:20), 장사됨(롬 6:4), 되살리심(엡 2:5), 다시 살리심(골 3:1), 영광과 상속받음(롬 8:17)이 또한 존재한다.

### 불충분한 모델들

비록 우리와 그리스도의 연합에 대한 수많은 언급들이 있지만, 그럼에도 불구하고 우리는 이것이 정확하게 무엇을 의미하는지를 물어보아야 한다. 왜냐하면 언어가 덜 명쾌하기 때문이다. 어떤 의미에서 그리스도가 우리 안에 있는 것으로, 또한 우리가 그의 안에 있는 것으로 언급될 수 있는가? 이러한 표현들은 전적으로 은유적인 것인가, 아니면 어떤 문자적인 지시 대상이 존재하는가?

제안된 몇가지 설명들은 이 교리가 포함하고 있는 것을 정확히 전달하지 못한다. 이 설명들 가운데에는 **우리와 그리스도의 연합이 형이상학적이라는 견해**도 있다. 여기에서 기초를 이루는 관념은 우리가 하나님과 본질에서 하나라는 범신론적인 개념이다. 그의 존재를 떠나서는 어떤 존재도 존재하지 않는다. 우리는 신적인 본질

---

2) Pierre Teilhard de Chardin, *The Phenomenon of Man*(New York: Harper, 1959), pp. 296-97.

의 일부분이다. 그리스도는 우리와 더불어 하나이며 구속보다는 창조에 의해서 우리 안에 계신다.[2] 이것은 그가 단순히 신자들뿐만 아니라, 인류의 모든 수와 더불어 하나임을 의미한다. 그러나 이 설명은 성경의 가르침의 한계를 넘어간다. 그리스도와의 연합에 대한 모든 성경의 진술들은 신자들에 대해서만 배타적으로 관계한다. 다양한 인용절들은 그리스도께서 그들 안에 내주하시고 그들이 그리스도 안에 있는 사람들 속에 모든 사람들이 포함되어 있지는 않다는 사실을 분명히 한다(예를 들면, 고후 5:17).

제안된 두번째 모델은 **우리와 그리스도와의 연합이 신비적이라는 것이다.**[3] 신자들과 그리스도와의 관계는 너무나 깊고 흡수적이어서 신자들은 실제로 자기 자신의 개성을 잃어 버리게 된다. 예수는 이 관계를 잘 조절하셨기 때문에 인간적인 성격이 거의 없어지게 되었다. 그리스도인의 경험은 시간과 장소와 자신에 대한 모든 의식을 잃어버리게 하는 경기장이나 무대 위에서 발산되고 있는 것에 그들의 주의력을 전적으로 빼앗겨 버리는 스포츠광(狂)이나 음악광(狂)과 비교된다. 이 관계는 예수께서 그로 하여금 살게 하시는 방식대로 신자가 살아가는 문제라기보다는 오히려 예수께서 그를 위하여 인간의 삶을 떠맡아 실제로 살아가는 문제이다. 신자들은 거의 최면술에 걸린 것처럼 주님의 계명들에 대하여 암시에 걸리기 쉽다. 분명히 이 견해는 모든 형태의 독자성을 제거하려고 시도한다.

이 견해를 주장하는 사람들은 주님의 뜻에 대한 전적인 복종이 이러한 삶 속에서 얻어질 수 있다고 생각한다. 물론, 이 목표는 매우 칭찬할 만하다. 그들의 입장을 지지해 주는 듯이 보이는 구절들이 있다는 사실, 예를 들면 바울이 "그런즉 이제는 내가 산 것이 아니요 오직 내 안에 그리스도께서 사신 것이라"라고 말하는 갈라디아서 2:20이 있다는 것도 주목되어야 한다. 그러나 좀더 면밀히 조사해 보면 이 본문은 개인적인 성격이 없어진다고 가르치지 않는다는 사실을 보여준다. 그것은 바울이 "이제 내가 육체 가운데 사는 것은 나를 사랑하사 나를 위하여 자기 몸을 버리신 하나님의 아들을 믿는 믿음 안에서 사는 것이라"고 계속해서 말하고 있기 때문이다. 여기에서 사는 것은 바울이다 ― 그는 그리스도 안에서 믿음으로 산다. 이 본문은 신자들이 그들 자신의 삶을 살지 않는다는 사실을 결코 암시하지 않는다. 다른 관련된 언급들은 요한복음 14:12에 나오는 예수의 말씀을 포함한다. "내가 진실로 진실로 너희에게 이르노니 나를 믿는 자는 나의 하는 일을 저도 할 것이요 또한 이

---

3) Adolf Deissman, *Paul: A Study in Social and Religious History*, 2nd ed.(New York: George H.Doran, 1926), pp. 142-57. 다이스만(Deissman)이 "연합-신비주의"(unio-mysticism)라고 부르는 것의 극단적인 형태들 중에서, 이 견해는 범신론에 가깝다.

보다 큰 것도 하리니 이는 내가 아버지께로 감이니라.” 이와 유사하게, 그는 세상을 떠나가실 때, “오직 성령이 너희에게 임하시면 너희가 권능을 받고 예루살렘과 온 유대와 사마리아와 땅 끝까지 이르러 내 증인이 되리라”(행 1:8)고 말씀하셨다. 이 구절들 속에서 제자들은 전적으로 수동적으로 남아 있고 자신이 이 일을 할 것이라고 예수가 암시하지 않는다는 사실을 주목하라. 비록 그가 공급하시는 힘 안에서, 그 힘에 의해서이기는 하지만 틀림없이, 그들이 이 일을 할 것이다. 이것들과 다른 인용절들은 신자들에 대한 그리스도의 영향이 비록 강하지만, 그들이 둘로 존재한다는 사실을 분명히 해준다. 그들은 하나로 융합되지 않으며, 그들 중 한 쪽이 다른 쪽의 인격 속으로 가라앉지도 않는다.

세번째 모델은 **우리와 그리스도와의 연합을 두 친구들 사이에 혹은 교사와 학생 사이에서의 연합과 같은 것으로 본다.** 심리적인 통일성은 같은 관심사들을 공유하며 같은 이상들에 헌신하는데서 초래된다. 이것은 동정적인 통일성으로 불릴 수 있다.[4] 이것은 하나의 외적인 결속이다. 언어를 통하여 한쪽이 다른 한쪽에 주로 영향을 미친다. 예를 들어보면, 교사가 전달된 교육을 통하여 주로 학생에게 영향을 미친다.

만약 둘째 모델이 그리스도와 신자들의 관계를 너무 강하게 만듦으로써 오류를 범하고 있다면, 이 세번째 모델은 그것을 너무 약화시키고 있다. 왜냐하면 이것은 그리스도인들과 예수의 관계를 우리가 사도 바울과 갖거나 혹은 세례 요한의 제자들이 그와 가졌던 관계와 종류에서 전혀 다르지 않은 것으로 보기 때문이다. 그러나, 확실히 예수께서 그의 추종자들과 함께 거하시겠다고 약속하셨을 때, 그는 그의 가르침 이상의 어떤 것을 염두에 두고 있었다. 실제로, 돌아가시기 전에 제자들에게 한 그의 마지막 대 강화(講話)에서, 그는 그의 가르침들과 그의 인격적인 현존을 구분하였다. “사람이 나를 사랑하면 내 말을 지키리니 내 아버지께서 저를 사랑하실 것이요 우리가 저에게 와서 거처를 저와 함께 하리라”(요 14:23). 그는 칼 마르크스(Karl Marx)나 지그문트 프로이트(Sigmund Freud)와 그들의 제자들과의 관계를 훨씬 능가하는 관계를 분명히 약속하셨다.

네번째의 불충분한 모델은 **성례전적인 견해이다** ― 신자들은 성례전을 받음으로써 예수 그리스도의 은혜를 얻게 된다.[5] 사실, 인간은 주의 만찬에 참여함으로써 그리스도를 실제로 자신에게로 맞아들이며, 그리스도의 살을 먹고 그의 피를 마신다. 이 모델은 주의 만찬을 제정하실 때의 예수의 말씀, 즉 “이것이 내 몸이니라 … 이

---

4) C.S.Lewis, *The Four Loves*(New York:Harcourt Brace,1960),pp.96-97.
5) Eric Mascall, *Christian Theology and Natural Science: Some Questions on Their Relations*(New York: Longmans, Green,1956),pp.314ff.

것이 나의 피니라"(마 26:26-28; 막 14:22-24; 눅 22:19-20)를 문자적으로 해석한데 근거하고 있다. 이것은 또한 요한복음 6:53에 나오는 예수의 말씀에 대한 문자적인 해석에 근거하고 있다. "내가 진실로 진실로 너희에게 이르노니 인자의 살을 먹지 아니하고 인자의 피를 마시지 아니하면 너희 속에 생명이 없느니라." 대체로, 우리와 그리스도의 연합에 대한 성례전적인 견해는 이 구절들에 대한 문자적인 해석에 따라 결정된다. 우리는 구원의 방편을 논의할 때 성찬중시주의를 철저히 조사하고 평가할 것이다. 그러나, 이 시점에서, 우리는 이 인용절들을 가장 문자적인 의미로 받아들이는 것은 근거가 없으며 또한 실제적으로 어떤 우스꽝스러운 결론들(예를 들면, 주의 만찬을 성찬중시자들이 종종 그렇게 부르고 있듯이, 예수의 살과 피가 동시에 그의 신체의 일부분이며 성만찬의 떡과 포도즙이라고 하는)에 이르게 된다는 사실을 단순히 주목할 뿐이다. 신자들과 그리스도의 연합에 대한 성례전적인 견해가 가지고 있는 보다 더 큰 어려움은 인간 중재자가 성례전을 집행한다는 사실이다. 이 개념은 예수께서 중재자들의 필요성을 제거하였고 또한 우리가 이제 그에게 직접 갈 수 있다는 히브리서 9:23-10:25에 나오는 말씀들과 모순된다.

### 연합의 특징들

그러나 우리가 방금 조사한 모델들의 부족함들을 지적하는 것만으로는 충분하지 않다. 우리는 그리스도와의 연합의 개념이 의미하는 바를 정확히 물어보아야 한다. 이 개념을 이해하기 위해서, 우리는 연합의 몇가지 특징들을 주목할 것이다. 우리는 우리가 이 문제를 완전히 이해할 수 있을 것으로 기대해서는 안된다. 왜냐하면 바울이 그것을 신비라고 말했기 때문이다. 그리스도와 그의 교회의 회원들의 연합을 남편과 아내의 연합에 비유하면서, 바울은 "이 비밀이 크도다"(엡 5:32)라고 말했다. 그는 이 연합의 지식은 하나님으로부터의 특별 계시를 통하지 않고는 사람들에게 이를 수 없는 사실이라고 언급하고 있다. 이 비밀은 "만세와 만대로부터 옴으로 감취었던 것인데 이제는 그의 성도들에게 나타났고 하나님이 그들로 하여금 이 비밀의 영광이 이방인 가운데 어떻게 풍성한 것을 알게 하려 하심이라. 이 비밀은 너희 안에 계신 그리스도시니 곧 영광의 소망이니라"(골 1:26-27).

우리와 그리스도의 연합의 첫번째 특징은 이것이 본성상 **법적**(judicial)이라는 것이다. 아버지께서 율법 앞에서 우리를 평가하거나 판단하실 때, 그는 우리만을 보지 않으신다. 우리는 그의 눈으로 볼 때 그리스도와 하나이다. 하나님은 신자들을 항상 그리스도와의 연합 가운데서 보시고 그 둘을 함께 판단하신다. 따라서, 그는 "예수는 의롭지만 인간은 불의하다"라고 말씀하시지 않는다. 그는 둘을 하나로 보시고 사실상 "그들은 의롭다"라고 말씀하신다. 신자들이 의롭다고 하는 것은 허구나 허위 진술이 아니다. 이것은 새로운 법적 실체, 즉 말하자면 형성된 법인에 대한 정확한 평가이다. 신자들은 그리스도께로, 그리스도는 신자들에게로 통합되었다(비록 그렇게 배타적이지는 않지만). 각각의 모든 자산들은 이제 상호간에 소유되도록 되었다. 법적인 관점에서, 이 둘은 이제 하나이다.

둘째로, 신자들과 그리스도의 연합은 영적(spiritual)이다. 이것은 두 가지 의미를 가지고 있다. 한편으로, 이 연합은 성령에 의하여 이루어진다. 그리스도와 성령 사이에는 종종 인식되는 것보다 더 가까운, 밀접한 관계가 존재한다. 이것은 고린도전서 12:13에서 명백하다. "우리는 유대인이나 헬라인이나 종이나 자유자나 다 한 성령으로 세례를 받아 한 몸이 되었고 또 다 한 성령을 마시게 하셨느니라." 또한 로마서 8:9-11에 나오는 그리스도와 성령의 교환 가능성을 주목하라. "만일 너희 속에 하나님의 영이 거하시면 너희가 육신에 있지 아니하고 영에 있나니 누구든지 그리스도의 영이 없으면 그리스도의 사람이 아니라 또 그리스도께서 너희 안에 계시면 몸은 죄로 인하여 죽은 것이나 영은 의를 인하여 산 것이니라. 예수를 죽은 자 가운데서 살리신 이의 영이 너희 안에 거하시면 그리스도 예수를 죽은 자 가운데서 살리신 이가 너희 안에 거하시는 그의 영으로 말미암아 너희 죽을 몸도 살리시리라." 존 머레이(John Murray)는 "그의 영이 우리 안에 거하시면 그리스도께서 우리 안에 거하시고, 또한 그는 성령으로 말미암아 우리 안에 거하신다"고 말한다.[6]

우리와 그리스도의 연합은 성령에 의해서 야기될 뿐만 아니라, 이것은 또한 영들의 연합이다. 이것은 삼위일체 안에서와 같이, 한 본질 안에 있는 인격들의 연합이 아니다. 이것은 예수 그리스도의 성육신에서의 사실과 같이, 한 인격 안에 있는 본성들의 연합이 아니다. 이것은 두 조각의 금속을 용접하는 것과 같이, 물리적인 결합이 아니다. 이것은 어떤 면에서 그들의 어느 한 쪽도 압도하지 않는 영들의 연합이다. 이것은 신자들을 물리적으로 더 강하거나 혹은 더 지적으로 만들어주지 않는다. 오히려, 연합이 만들어 내는 것은 사람 속에서의 새로운 영적인 활력이다.

마지막으로, 우리와 그리스도의 연합은 생명이 있다(vital). 그의 생명이 실제로 우리 생명 속으로 흘러 들어와서, 우리의 내적인 본성을 새롭게 하고(롬 12:2; 고후 4:16) 영적인 힘을 공급해 준다. 포도나무와 가지에 대한 예수의 은유에는 문자적인 진리가 존재한다. 가지가 포도나무로부터 생명을 공급받지 못한다면 열매를 맺을 수 없음같이, 그리스도의 생명이 우리 안으로 흘러 들어오지 않는다면 우리는 영적인 열매를 맺을 수 없다(요 15:4).

---

6) Murray, *Redemption*, p. 166.

그리스도와의 연합의 개념을 조명하기 위하여 다양한 유비들이 사용되었다. 이것들 중 몇가지는 자연 과학의 영역으로부터 도출되었다. 구강-대-구강 소생법에서 한 사람은 실제로 다른 사람을 위하여 숨을 쉰다. 인공 심장은 심장 수술을 하는 동안에 몸의 세포들에 피를(그리하여 산소와 여러 가지 필수적인 영양소들을) 공급해 주는 극히 중대한 기능을 수행한다. 그리고 심리학이나, 혹은 초심리학에 의존할 때, 우리는 생각들이 어떻게든지 어떤 개인들로부터 다른 사람들에게로 옮겨질 수 있다는 상당히 많은 증거를 발견하게 된다. 이제 그리스도가 우리의 정신을 포함하여 우리의 전체 본성을 계획하시고 창조하셨기 때문에, 그가 우리가 충분히 이해하지 못하는 어떤 방식으로 우리 안에 거하시면서, 우리의 참다운 생각들과 감정들에 영향을 미칠 수 있다는 사실은 놀라운 일이 아니다. 마지막 예로서, 성경적인 근거를 갖고 있는 한 가지 예는 남편과 아내의 실례이다. 이 두 사람은 육체적으로 하나가 될 뿐만 아니라, 관념적으로도 정신과 마음에서 매우 가깝게 되었기 때문에 서로서로에 대하여 큰 공감과 이해를 가지고 있다. 이 유비들 가운데 어떤 것도 그 자체로서는 우리에게 충분한 이해를 제공해 줄 수 없지만, 이 유비들 전체는 집단적으로 우리와 그리스도의 연합에 대한 이해를 넓혀줄 수 있다.

### 그리스도와의 연합의 함축된 의미들

우리와 그리스도의 연합은 우리의 생명에 대한 어떤 함의들을 지니고 있다. 첫째로, 우리는 의로운 것으로 간주된다. 바울은 "그러므로 이제 그리스도 예수 안에 있는 자에게는 결코 정죄함이 없나니"(롬 8:1)라고 기록하였다. 그리스도와 우리의 법적인 연합으로 인하여, 우리는 율법에 대면하여 그리고 하나님의 면전에서 정당한 신분을 갖고 있다. 우리는 하나님 자신의 아들이신 예수 그리스도와 마찬가지로 의롭다.

둘째로, 우리는 이제 그리스도의 힘으로 산다.[7] 바울은 "내게 능력 주시는 자 안에서 내가 모든 것을 할 수 있느니라"(빌 4:13)라고 주장하였다. 그는 또한 "이제 내가 육체 가운데 사는 것은 나를 사랑하사 나를 위하여 자기 몸을 버리신 하나님의 아들을 믿는 믿음 안에서 사는 것이라"(갈 2:20)고 주장하였다. 바울이 그의 "육체의 가시", 아마도 육체적인 병과 싸웠을 때, 그는 비록 이것이 제거되지는 않았지만, 하나님께서 그에게 이것을 견딜 수 있는 은혜를 주셨음을 발견하였다. "[주께서] 내게 이르시기를 '내 은혜가 네게 족하도다. 이는 내 능력이 약한 데서 온전하여짐이라' 하신지라. 이러므로 도리어 크게 기뻐함으로 나의 여러 약한 것들에 대하여 자랑하리니 이는 그리스도의 능력으로 내게 머물게 하려 함이라"(고후 12:9). 이

---

7) George E.Ladd, *A Theology of the New Testament*(Grand Rapids: Eerdmans, 1974), pp.492-93.

러한 그리스도의 능력은 단지 그의 가르침과 그의 모범의 감화에서만 발견되지는 않는다. 그는 또한 그가 우리에게 기대하시는 것을 우리가 성취할 수 있도록 우리에게 구체적인 도움을 주신다.

그리스도와 하나됨은 또한 우리가 고난을 당하게 될 것을 의미한다. 제자들은 그들이 예수가 마셨던 잔을 마실 것이며, 예수와 동일한 세례를 받을 것이라는 사실을 듣게 되었다(막 10:39). 만약 전통이 정확하게 우리에게 도움이 된다면, 그들 대부분은 순교자의 죽음을 당하였다. 예수는 그들에게 만약 그들이 박해를 만나게 된다 하더라도 놀라지 말라고 말씀하셨다. "내가 너희더러 종이 주인보다 더 크지 못하다 한 말을 기억하라. 사람들이 나를 핍박하였은즉 너희도 핍박할 것이다"(요 15:20). 바울은 이러한 전망을 피하지 않았으며, 실제로 그의 목표들 가운데 하나는 그리스도의 고난을 함께 당하는 것이었다. "내가 그를 위하여 모든 것을 잃어 버리고 … 내가 그리스도와 그 부활의 권능과 그 고난에 참여함을 알려 하여 그의 죽으심을 본받게 되었다"(빌 3:8-10). 베드로는 독자들에게 "오직 너희가 그리스도의 고난에 참여하는 것으로 즐거워하라. 이는 그의 영광을 나타내실 때에 너희로 즐거워하고 기뻐하게 하려 함이라"(벧전 4:13)고 역설하였다.

마지막으로, 우리는 또한 그리스도와 함께 다스린다는 전망을 가지고 있다. 권세와 명예가 있는 지위를 요구하였던 두 제자들은 그 대신에 고난을 약속받았지만(막 10:35-39), 예수는 또한 전체 무리들에게 그들이 계속해서 그와 함께 그의 고난을 받았기 때문에, 그들이 그의 나라에서 그의 상에서 먹고 마시며, "또한 보좌에 앉아 이스라엘 열두 지파를 다스리게 될 것이라"(눅 22:30)고 말씀하셨다. 바울도 이와 유사한 진술을 하였다. "참으면 또한 함께 왕노릇할 것이요"(딤후 2:12). 비록 우리가 여기에서 종종 시험과 심지어 고난까지 당한다 하더라도, 우리는 그것들을 견딜 수 있는 방편들을 공급받고 있다. 그리고 그리스도와 함께 고난을 받는 사람들에게는 영광스러운 미래가 앞에 놓여 있다.


## 칭의


인류는 죄와 타락의 결과로 이중적인 문제를 안고 있다. 한편으로, 인간 본성의 기본적인 부패가 존재하고, 우리의 도덕적인 품성은 죄를 통하여 오염되었다. 저주의 이러한 측면은 중생에 의해서 폐기되고, 중생은 인간 본성의 방향과 일반적인 성향들을 역전시킨다. 그러나, 다른 문제, 즉 하나님의 기대를 성취하지 못한 데 대한 우리의 죄책 혹은 형벌에 대한 책임이 남아 있다. 칭의가 관련되는 것이 바로 이 문제에 대한 것이다. 칭의는 하나님의 면전에서 죄인들을 의롭다고 선언하시는 하나님의 행동이다. 이것은 우리가 용서받았고 하나님의 율법이 우리에게 요구하는 모든 것을 우리가 성취하였다고 선언하는 문제이다. 역사적으로, 이 특별한 교리는 기독교에서 매우 중요한 역할을 해왔다. 수도원에서 그의 영적 투쟁을 하는 동안에 마르틴 루터(Martin Luther)의 마음을 사로잡았던 것이 바로 이 문제였으며, 그를 로마 가톨릭 교회와 절교하게 한 것이 바로 그의 이신칭의에 대한 지지였다. 오늘날도 역시 이것은 상당히 실제적인 중요성을 지니고 있는 문제이다. 왜냐하면 이것은 내가 하나님과 더불어 어떻게 의로울 수 있는가? 어떻게 죄인인 내가 거룩하고 의로운 심판자 앞에서 용납받을 수 있는가? 하는 문제를 다루고 있기 때문이다.

### 칭의와 법정적인 의

칭의를 이해하기 위해서는, 우선 성경적인 의의 개념을 이해하는 것이 중요하다. 왜냐하면 칭의는 개인을 의로움의 상태로 회복하는 것이기 때문이다. 구약 성경에서, צדק(차다크)라는 동사와 그것의 파생어들은 어떤 표준에 대한 일치를 의미한다. 개인의 성품이 고려되기보다는 오히려 하나님의 율법에 대한 그의 관계가 고려되기 때문에, 이 용어는 성격상 윤리적이라기보다 오히려 종교적이다. 이 동사는 "주어진 표준에 일치하다"를 의미하며, 히필(Hiphil) 어간에서는 "의롭다고 선언하거나 혹은 정당화하다"[8]를 의미한다. 고려되는 특별한 표준은 상황에 따라 변한다. 때때로 정황은 가족 관계들이다. 다말은 유다가 시아버지로서의 의무를 완수하지 않았기 때문에, 유다보다 더 의로웠다(창 38:26). 그리고 다윗은 사울을 살해하기를 거절하였을 때, 의롭다고 언급되었는데, 그 이유는 그가 왕과 신하라는 관계의 표준들을 지켰기 때문이었다. 분명히 의는 어떤 관계를 위하여 설정된 표준들에 따라서 행동하는 문제로 이해된다. 그들이 맺고 있는 관계의 필요들을 성취하는 사람들은 의롭다. 궁극적으로, 하나님 자신의 인격과 본성이 의의 기준이거나 표준이다. 하나님은 만물의 척도이며 모든 진실한 기준들의 원천이다. 아브라함이 고백한 대로, "세상을 심판하시는 이가 공의를 행하실 것이 아니니이까?"(창 18:25).

구약 성경에서, 의의 개념은 종종 법정적인 혹은 사법적인 문맥에서 나타난다. 의인은 재판관에 의하여 죄가 없다고 선언받은 사람이다. 재판관의 임무는 죄인을 정죄하고 무죄한 자를 방면하는 것이다.[9] "사람과 사람 사이에 시비가 생겨서 재판

---

8) Francis Brown, S.R.Driver, and Charles A.Briggs, *Hebrew and English Lexicon of the Old Testament*(New York: Oxford University, 1955), pp.842-43; J.A.Ziesler, *The Meaning of Righteousness in Paul*(Cambridge: Cambridge University, 1972), p.18.

을 청하거든 재판장은 그들을 재판하여 의인은 의롭다 하고 악인은 정죄할 것이며 … ”(신 25:1). 하나님은 사람들을 심판하시는 분이다(시 9:4; 렘 11:20). 무죄 방면된 사람들은 하나님과의 올바른 관계 속에 있는 것으로, 즉 이 관계 속에서 그들에게 기대되었던 것을 완수한 것으로 판결되었다. 그렇게 해서 구약 성경의 의미에서, 칭의는 한 사람이 무죄하다는 사실을 확인하고 그 다음에 실제로 진실인 것, 즉 그 사람이 의롭다는 사실, 다시 말해서 율법을 성취했다는 사실을 선포하는 것을 포함한다.

신약 성경은 칭의에 대한 구약 성경의 관점 위에서 나아간다. 이 개념의 이해에 대한 어떠한 덧붙임도 없이, 하나님께서 경건치 아니한 자를 의롭다고 하신다(롬 4:5)고 바울이 말했을 때, 이것은 충격적이고 수치스러운 일이었을 것이다. 정의는 그들이 정죄될 것을 요구한다. 따라서 불의한 자를 의롭다 하거나 무죄로 방면하는 재판관은 스스로 불의하게 행동하는 것이다. 그래서, 이와는 반대로 하나님께서 경건치 아니한 자를 의롭다 하실 때 스스로 의로우심을 보여주셨다(롬 3:26)는 내용을 읽을 때, 우리는 그런 칭의는 율법의 공로와는 별개의 것임을 이해해야 한다. 신약 성경에서, 칭의는 ‘그리스도의 죽음의 충분성에 근거하여’ 신자들이 그들에게 관련된 율법의 모든 요구들을 성취하였다고 선언하시는 하나님의 선언적인 행동이다. 칭의는 그리스도의 의를 신자들에게 전가하는 법정적인 행동이며, 이것은 개인에게 거룩성을 실제로 주입하는 것이 아니다. 이것은 재판관이 피고인을 무죄로 방면할 때와 같이, 그 사람을 의롭다고 선언하는 문제이다.[10] 이것은 그 사람을 의롭게 만들거나 그의 실제적인 영적 상태를 변경하는 문제가 아니다.

칭의가 성격상 법정적이거나 선언적이라는 논거를 지지해 주는 몇가지 요소들이 존재한다:

1. 법이나 계약 앞에 형식상 서 있는 문제로서, 그리고 그런 점에서 우리의 신분을 결정하고 선언하는 사람인 재판관의 문제로서의 의의 개념.

2. 로마서 8:33-34과 같은 인용절들에서 나타나는 “의롭다 하다”($\delta\iota\kappa\alpha\iota\acute{o}\omega$, justify)와 “정죄하다”(condemn)의 병치 현상. “누가 능히 하나님의 택하신 자들을 송사하리요? 의롭다 하신 이는 하나님이시니 누가 정죄하리요? 죽으실 뿐 아니라 다시 살아나신 이는 그리스도 예수시니 그는 하나님 우편에 계신 자요 우리를 위하여 간구하시는 자시니라.” “의롭다 하다”와 “정죄하다”는 여기에서 평행적이다. 만약 후자가 선언적이거나 법정적인 행동이라면, 아마 전자도 역시 그러할 것이다. 확실히 정죄의 행동은 사람의 영적인 상태를 변경하는, 즉 여하

---

9) Ladd, *Theology of the New Testament*, p. 440.
10) Ziesler, *Righteousness*, p. 168.

간의 죄나 악을 주입하는 문제가 아니다. 이것은 단순히 어떤 사람을 악하다고 책망하고 죄를 입증하는 문제이다. 이에 상응하여, 의롭다 하는 행위는 거룩을 신자들에게 주입하는 것이 아니라, 그들을 의롭다고 선언하는 문제이다. 이와 유사한 구절이 마태복음 12:37인데, 여기에서 예수는 언표된 모든 무익한 말들에 대하여 각 사람이 설명하게 되는 심판날에 대하여 말씀하시면서, "네 말로 의롭다 함을 받고 네 말로 정죄함을 받으리라"고 말씀하셨다. 구약 성경에서 우리는 이미 인용된 신명기 25:1과, 다음의 잠언 17:15을 주목해야 한다. "악인을 의롭다 하며 의인을 악하다 하는 이 두 자는 다 여호와의 미워하심을 입느니라." 만약 "의롭다 하다"가 "의롭게 혹은 거룩하게 혹은 선하게 만들다"를 의미한다면, 악한 자를 의롭다 하는 사람들은 의인을 정죄하는 사람들과 더불어 비난받게 될 것이다. 만약 정죄하는 것이 선언적인 행동이라면, 의롭다 하는 것도 역시 그러함에 분명하다.

　　3. δικαιόω(디카이오오)가 "변호하다, 정당함을 입증하다, 혹은 옳은 것으로 인정하다(혹은 입증하다)"를 의미하는 인용절들. 몇몇 경우에 이것은 하나님과 관련된 인간의 행동에 대해서 사용된다. 누가는 예수의 설교를 들었을 때, "모든 백성들과 세리들은 이미 요한의 세례를 받은지라. 이 말씀을 듣고 하나님을 의롭다 하되"(눅 7:29)라고 보고하였다. 예수는 자기에 대한 그들의 거절을 정당시하려는 바리새인들과 율법사들의 시도에 대하여 응답하시던 것과 동일한 방식으로 이 용어를 사용하셨다. "그러나 지혜(즉, 세례 요한의 가르침과 나의 가르침)는 자기의 모든 자녀로 인하여 옳다 함을 얻느니라"(35절).

　　4. 칭의가 특성상 법정적이거나 선언적이라는 언어적인 증거. δικαιόω(디카이오오)에서와 같이, -όω(-오오)라는 동사 어미는 "어떤 것을 특별한 방식으로 만들다"라는 의미를 지니고 있지 않다. 오히려, 이것은 άγιάζω(하기아조)에서와 같이 -αζω(-아조)의 의미이다. 이와는 대조적으로 -όω(-오오) 어미는 άξιόω(악시오오, "가치있게 여기다")에서와 같이, "어떤 것이 특정한 방식으로 있다고 선언하다"를 의미한다. 따라서, δικαιόω(디카이오오)는 "정당하다고 선언하다"를 의미한다.[11]

우리는 앞에서의 자료들에 근거하여 칭의가 피고인을 무죄방면할 때의 재판관의

---

11) James Hope Moulton and Wilbert Francis Howard, *New Testament Greek*(Edingburgh: T.and T.Clark,1960), vol.2,p.397; William Sanday and Arthur C.Headlam, *A Critical and Exegetical Commentary on the Epistle to the Romans*, 5th ed.(Edinburgh:T.and T.Clark, 1958),pp.30-31.

행동과 같이, 하나님의 법정적이거나 선언적인 행동이라고 결론을 내린다. 고트롭 쉬렝크(Gottlob Schrenk)는 진술하기를 "신약 성경에서 우리는 왕왕 법적인 관계를 발견할 수 있다 ⋯ 법적인 것을 강조하는 70인역은 분명히 신약 성경의 용법에 큰 영향을 끼쳤다"고 하였다.[12] 그리고 화이틀리(D.E.H.Whiteley)는 "의롭다 하다(dikaioo)라는 단어가 '의롭게 만들다'를 의미하지 않는다는 것에 대하여 거의 보편적으로 의견이 일치한다"[13]고 요약하고 있다.

### 법정적인 칭의론에 대한 반대 견해들

칭의가 본성상 법정적이라는 견해에 대한 반대 의견들이 제기되어 왔다. 우리는 이것들을 다루면서, 칭의의 의미에 대한 좀더 분명한 상을 얻게 될 것이다. 윌리엄 샌디(William Sanday)와 아서 헤들램(Arthur Headlam)은 하나님께서 어떻게 경건치 아니한 자를 의롭다 하실 수 있는지(의롭다고 선언하실 수 있는지)에 대하여 의문을 제기하였다. 이것은 죄인들이 죄를 범하지 않은 것처럼 혹은 죄인들이 실제로 그들이 존재하는 것과는 다른 어떤 것인 양 하나님께서 그들을 대하시는 허구적인 어떤 것이 아닌가? 칭의에 대한 이러한 해석은 그것이 단지 자기 기만이라 하더라도, 하나님으로 하여금 기만의 죄를 범하게 만드는 것처럼 보인다.[14] 빈센트 테일러(Vincent Taylor)는 우연히 이런 사상에 대해서 알게 되어 의가 죄인에게 전가될 수 없다고 주장하였다. "만약 믿음을 통하여 사람이 의로운 것으로 간주된다면, 이것은 틀림없이 이 용어의 존경할 만한 의미에서 그가 의롭기 때문이며, 그 대신에 다른 사람이 의롭기 때문은 아니다."[15]

칭의의 행동은 죄인들이 실제로 그렇지 않은 어떤 것이라고 하나님께서 선언하시는 문제가 아니라고 우리는 응답한다. 마찬가지로 칭의에 대한 구성적인 측면이 존재한다. 왜냐하면 하나님이 행하시는 것은 그리스도의 의를 우리에게 (첨가하심으로써가 아니라) 전가하심으로써 실제로 우리를 의롭게 구성하시는 것이기 때문이다. 여기에서 우리는 '의롭다'는 단어의 두 가지 의미를 구분해야 한다. 사람은 결코 율법을 위반하지 않음으로써 의로울 수 있다. 그런 사람은 율법을 전적으로 성취하였

---


12) Gottlob Schrenk, δικαιόω, in *Theological Dictionary of the New Testament*, ed. Gerhard Kittel and Gerhard Friedrich, trans. Geoffrey W.Bromiley, 10 vols.(Grand Rapids:Eerdmans, 1964-1976), vol.2, p.214.

13) Denys Edward Hugh Whiteley, *The Theology of St.Paul*(Philadelphia, Fortress, 1964), p.159.

14) Sanday and Headlam, *Romans*, p.36.

15) Vincent Taylor, *Forgiveness and Reconciliation*(London:Macmillan, 1952), p. 57.

기 때문에 무죄할 수 있을 것이다. 그러나 만약 우리가 율법을 위반하였다 하더라도, 일단 규정된 형벌을 치르게 되면 의로운 것으로 생각될 수 있다. 이 두 가지 상황 사이에는 차이점이 존재하는데, 그것은 칭의를 단순히 하나님께서 "내가 단지 결코 죄를 짓지 않은 것처럼" 나를 생각하시는 것으로 규정하는 것이 얼마나 불충분한가를 지적해 준다. 인간은 전자의 의미에서가 아니라 후자의 의미에서 의롭다. 왜냐하면 죄에 대한 형벌이 지불되었고, 따라서 율법의 요구가 이루어졌기 때문이다. 그렇다면, 신자들이 의롭다는 것은 허구가 아니다. 왜냐하면 그리스도의 의가 그들에게 돌려졌기 때문이다. 이러한 상황은 사람들이 결혼하거나 두 단체가 합쳐질 때 일어나는 것과 어느 정도 유사하다. 그들의 분리된 자산들이 연합을 이루게 되고 따라서 공동의 소유들로서 취급된다.[16]

대리 속죄와 법정적인 칭의의 교리들에 대하여 때때로 제기된 반대 의견들 가운데 하나는 덕행이 단순히 한 사람에게서 또 다른 사람에게로 옮겨질 수 없다는 것이다. 그러나 명심해야 할 것은 이것은 때때로 고려되는 것처럼 그렇게 외적인 문제가 아니라는 것이다. 왜냐하면 그리스도와 신자는 서로 간에 팔이 닿는 거리에 있지 않고, 따라서 하나님께서 신자를 정면으로 보실 때, 그는 역시 그리스도를 자기의 의로서 보시지 않고 단지 보시는 체 할 뿐이기 때문이다. 오히려, 그리스도와 신자는 그런 연합을 이루게 됨으로써 소위 그리스도의 영적인 자산과 신자의 영적인 채무와 자산이 합쳐지게 된다. 따라서 신자를 바라보실 때, 하나님 아버지는 그만을 보시지 않는다. 그는 신자를 그리스도와 함께 보시며, 칭의의 행동 가운데서 그들 둘 다를 함께 의롭다 하신다. 이것이 하나님이 말씀하시는 바와 같이 "그들은 의롭다!" 하는 것이다. 그는 실제로 신자에게 적용되는 것을 선포하시는데, 그것은 하나님께서 신자를 그리스도와 함께 하나로 구성하심을 통하여 일어나게 된다. 이 연합은 결혼함으로써 그들의 자산과 채무가 합쳐지는 부부의 연합과 같은 것이다. 그들이 재산을 공동으로 임차할 때에, 한쪽 편의 자산이 실제적인 순수 차액을 남겨서 다른 쪽의 채무를 완제할 수 있다.

그렇다면, 칭의는 두 편이 아니라 세 편의 문제이다. 그리고 이것은 세 편 모두 자발적이다. 예수는 이 직무를 위하여 징발된 내키지 않는 희생자가 아니다. 그는 기꺼이 자신을 주어 죄인과 연합하기로 자원하였다. 또한 이러한 관계를 맺기 위한 죄인의 편에서의 의식적인 결단이 존재한다. 그리고 아버지는 기꺼이 이것을 받아들이신다. 아무도 강요되지 않았다는 것은 전체적인 문제가 전적으로 윤리적이고 법적이라는 것을 의미한다.

성경의 무수한 인용절들은 칭의가 하나님의 선물이라고 지적한다. 가장 유명한

---

16) Ziesler, *Righteousness*, p. 169.

인용절들 가운데 하나가 로마서 6:23이다. "죄의 삯은 사망이요 하나님의 은사는 그리스도 예수 우리 주 안에 있는 영생이니라." 또 다른 인용절은 에베소서 2:8-9이다. "너희가 그 은혜를 인하여 믿음으로 말미암아 구원을 얻었나니 이것이 너희에게서 난 것이 아니요 하나님의 선물이라. 행위에서 난 것이 아니니 이는 누구든지 자랑치 못하게 함이니라." 칭의는 완전히 당치도 않은 어떤 것이다. 이것은 공로가 아니다. 이것은 노력하여 얻은 것(attainment)이 아니라, 얻어진 것(obtainment)이다. 심지어 믿음은 하나님께서 구원으로 보상해야 하시는 어떠한 선행이 아니다. 이것은 하나님의 선물이다. 이것은 우리의 구원의 원인이 아니며, 우리가 구원을 얻게 되는 방편이다. 그리고 어떤 사람들의 생각과는 달리, 이것은 언제나 구원의 방편이었다.

유대인의 조상인 아브라함에 대해서 논하면서, 바울은 독자들에게 아브라함이 공로에 의해서가 아니라, 믿음으로 말미암아 의롭다함을 받았다고 지적한다. 그는 긍정적이고 부정적인 양면에서 이것을 지적한다. 그는 "아브라함이 '하나님을 믿으매 이것을 그에게 의로 정하셨다 함과 같으니라'"(갈 3:6)라고 단언한다. 그리고 나서 그는 우리가 공로에 의해서 의롭게 될 수 있다는 관념을 거절한다. "무릇 율법 행위에 속한 자들은 저주 아래 있나니 … 또 하나님 앞에서 아무나 율법으로 말미암아 의롭게 되지 못할 것이 분명하니"(10-11절). 이렇게 하나님은 구원의 새로운 방편을 소개하지 않으셨다. 그는 언제나 같은 방식으로 일하셨다.

오직 은혜로 말미암은 구원의 원리는 사람들이 받아들이기 어려운 어떤 것이다. 갈라디아 교회가 율법주의와 마주치게 된 문제는 진기한 것이 아니었다. 우리가 구원을 위하여 어떤 일을 해야 하거나 혹은 우리의 죄를 위하여 얼마간 고난을 당하지 않고서도 우리가 구원을 받는다는 것은 어쩐지 옳지 않은 일로 보인다. 혹은 그것이 우리 자신과 관련하여서는 사실이 아닌 것처럼 보인다 하더라도, 이것은 틀림없이 다른 사람들, 특별히 유별나게 악한 성품을 가지고 있는 사람들에 대해서는 사실인 것처럼 보인다. 또 다른 난점은 사람들이 구원을 얻기 위하여 일할 필요가 없다는 원리를 받아들일 때, 반(反)율법주의에 대하여 줄곧 과잉반응하려는 경향이 종종 존재한다는 것이다(롬 6:1-2; 갈 5:13-15).

### 믿음과 공로

은혜로 말미암은 구원의 원리는 믿음과 공로의 관계에 대한 질문을 우리에게 제기한다. 공로가 구원을 가져오지 못한다는 것은 언급된 것으로부터 분명하다. 그러나 성경의 증언은 칭의로 인도하는 것은 믿음이지만, 칭의는 존재하게 되는 새로운 피조물의 본성에 어울리는 공로를 반드시 산출해야 하며 또한 산출할 것이라고 역시 지적한다. 이것은 우리가 이 은혜의 결과를 지적해주는 10절, 즉 "우리는 그의 만드신 바라. 그리스도 예수 안에서 선한 일을 위하여 지으심을 받은 자니 이 일은 하나님이 전에 예비하사 우리로 그 가운데서 행하게 하려 하심이니라" 하는 구절까지 가지 않기 위해서, 은혜로 말미암은 구원에 관한 고전적인 본문인 에베소서 2:8-9을 인용하는 것으로 충분한다. 야고보는 믿음과 공로의 관계를 논하면서 이것을 훨씬 더 강력하게 제기하는데, 이 논의는 그의 다음 진술 속에서 요약된다. "이와 같이 행함이 없는 믿음은 그 자체가 죽은 것이라"(약 2:17, 또한 26절을 보라). 바울과 야고보 사이에 긴장이 존재한다는 꽤 일반적인 견해에도 불구하고, 두 사람은 본질적으로 같은 강조점을 가지고 있다. 즉 칭의에 이르는 믿음의 진정성은 그것으로부터 유래하는 결과들 속에서 명백하게 된다. 만약 아무런 선행도 없다면, 어떠한 참된 믿음이나 칭의도 존재하지 않는다. 우리는 칭의가 그리스도와의 연합과 친밀하게 결합되어 있다는 사실에서 이러한 주장에 대한 지지를 발견하게 된다. 만약 우리가 그리스도와 하나가 되었다면, 우리는 육을 따라서 살지 않고, 오히려 성령으로 말미암아 살 것이다(롬 8:1-17). 칭의를 가져오는 그리스도와의 연합은 또한 새생명도 가져온다. 지슬러(J.A.Ziesler)가 말하듯이, "신자는 예수와 단지 사적인 관계를 맺는 것이 아니라, 새로운 종류의 인간이 되는 새로운 인간성이다."[17]

### 죄의 남아있는 결과들

한 가지 문제가 남아 있다. 즉 죄의 결과들은 심지어 죄가 용서되고 죄인이 의롭게 된 이후에도 좀처럼 사라지지 않는 것으로 보인다. 한 가지 예가 다윗이다. 그는 밧세바를 간음하고 우리야를 죽게 한 그의 죄가 사하여졌기 때문에 그가 죽지 않을 것이지만, 그럼에도 불구하고 밧세바에게 태어난 아이는 다윗의 죄로 인하여 죽을 것이라는 사실을 듣게 되었다(삼하 12:13-14). 그런 용서가 참되고 온전한가? 그러한 예들 속에서 하나님은 약간의 형벌은 남아있도록 그의 용서를 약간만 철회하시고 있는 것처럼 보이는 것이 아닌가? 그리고 만약 이것이 사실이라면, 참된 은혜는 존재하는가?

우리는 여기에서 죄의 일시적이고 영원한 결과들을 구분해야 할 필요가 있다. 사람이 의롭다 함을 받을 때, 죄의 모든 영원한 결과들은 취소된다. 이것은 영원한 죽음을 포함한다. 그러나 죄의 일시적인 결과들은 개인에게 일어나는 결과들과 인류에게 집단적으로 일어나는 결과들 양자가 다 반드시 제거되지는 않는다. 따라서 우리는 육체적인 죽음과 창세기 3장에 나오는 저주의 다른 요소들을 여전히 경험하게

---

17) Ibid., p.168.

된다. 다수의 이러한 결과들은 본성상 물리적일 수도 있거나 사회적일 수 있는 원인과 결과의 관계 속에 있는 우리의 죄로부터 유래한다. 하나님은 보통 이 율법들이 관철되는 것을 방지하시기 위하여 기적적으로 개입하시지는 않으신다. 따라서, 예를 들어, 만약 분노로 홍분된 상태에 있는, 즉 어쩌면 술취한 상태에 있는 어떤 사람이 자기 가족을 죽이고 나중에 회개하여 용서받는다 하더라도, 하나님은 그 가족 구성원들을 다시 살리시지 않는다. 죄는 일생을 상실로 인도한다.

우리가 다윗과 밧세바의 아들의 죽음의 원인에 대한 정확한 성격을 알지 못하지만, 다윗의 죄와 그의 다른 자녀들 사이에서 일어났던 강간과 살인, 그리고 모반 사이의 관계를 알아보는 일은 어렵지는 않다. 모두가 그 자신의 결점들을 역시 알고 있다. 다윗은 아들들에 대하여 지나치게 관대했을 수도 있었으며, 그렇지 않으면 그들이 그가 선행을 하라고 자신들에게 명령하는 것을 위선적인 것으로 간주하였을 수도 있을 것이다. 우리는 나중에 일어났던 비극들 속에서 그 결과들을 보게 된다. 여기에 하나의 경고가 있다 — 하나님의 용서는 끝이 없고 또한 쉽게 얻을 수 있다 하더라도, 우리는 그것을 악용해서는 안된다. 죄는 가볍게 취급되어서는 안되는 것이다.

## 양자됨

칭의의 결과는 일차적으로 소극적인 것으로, 우리들에 대한 심판의 취소이다. 유감스럽게도, 동시에 적극적인 입장을 취하지 않고서도 용서받는 것이 가능하다. 그러나 이러한 일은 칭의에 대해서는 사실이 아니다. 왜냐하면 우리는 형벌에 대한 채무로부터 벗어났을 뿐만 아니라, 하나님과의 사랑의 위치로 회복되었기 때문이다. 소외와 적대감의 신분으로부터 용납과 사랑의 신분으로의 이러한 이동이 양자됨으로 불린다.[18] 이것은 신약성경의 몇몇 인용절들 속에서 언급되고 있다. 아마도 가장 유명한 것이 요한복음 1:12일 것이다. "영접하는 자 곧 그 이름을 믿는 자들에게는 하나님의 자녀가 되는 권세를 주셨으니." 바울은 우리의 양자됨이 하나님의 계획 가운데 일부의 성취라고 말한다. "그 기쁘신 뜻대로 우리를 예정하사 예수 그리스도로 말미암아 자기의 아들들이 되게 하셨으니"(엡 1:5). 그리고 갈라디아서 4:4-5에서 바울은 양자됨을 칭의와 연결시키고 있다. "때가 차매 하나님이 그 아들을 보내사 여자에게서 나게 하시고 율법 아래 나게 하신 것은 율법 아래 있는 자들을 속량하시고 우리로 아들의 명분을 얻게 하려 하심이라."

---

18) Murray, *Redemption*, pp. 132-34.

### 양자됨의 성격

우리의 양자됨의 몇가지 특징들을 주목하는 것이 중요하다. 첫째로, 이것은 회심과 중생과 칭의와 그리스도와의 연합이 일어나는 것과 동시에 일어난다. 게다가 이것은 그리스도인들이 그 때 이후로 살고 움직이는 조건이다. 양자됨은 비록 논리적으로는 중생과 칭의와 구분되지만, 이 사건은 실제로 그것들과 분리되지 않는다. 오직 의롭다 함을 받고 중생한 사람들만이 양자로 입양되며, 또한 역이 성립된다.[19] 이것은 우리가 이미 주목하였던 대로, 하나님의 입양된 자녀들에 대한 핵심적인 언급인 요한복음 1:12을 뒤따르는 말씀들 속에서 분명해진다. "이는 혈통으로나 육정으로나 사람의 뜻으로 나지 아니하고 오직 하나님께로서 난 자들이니라."

양자됨은 신분과 상태 모두의 변화를 수반한다. 형식적인 의미에서, 양자됨은 선언적인 문제이며, 우리의 법적인 지위의 변경이다. 우리는 하나님의 자녀들이 된다. 이것은 객관적인 사실이다. 그러나 그 외에도 하나님에 의하여 사랑을 받는 실제적인 경험이 존재한다. 우리는 아들됨의 영으로 지명되는 것을 즐긴다. 그리스도인은 무시무시한 노예 감독과 공사장 감독으로서보다는 오히려 아버지로서의 하나님을 애정스럽고 또한 신뢰를 가지고 본다(요 15:14-15). 양자됨을 통하여 인간이 한때 가지고 있었으나 잃어버렸던 하나님과의 관계로 우리가 회복된다는 사실 역시 중요하다. 모든 사람들이 하나님의 자녀인가 그렇지 않은가에 관하여 보수주의자들과 자유주의자들 사이에서 때때로 일어나는 논쟁은 사실상 잘못된 논점이다. 왜냐하면 둘 다 옳기 때문이다. 우리는 본성상 그리고 창조로 말미암아 하나님의 자녀들이지만, 반역하였고 소원(疎遠)해진 자녀들이다. 우리는 소위 하나님의 가족으로부터 쫓겨나게 되고야 말았다. 그러나 우리를 양자로 입양하실 때에 하나님은 우리가 원래 의도되었던 그와의 관계로 우리를 회복시키신다. 이 개념은 전적으로 새로운 것이 아니다. 왜냐하면 이것은 우리의 원래의 본성에 대하여 낯선 것이 아니기 때문이다.

우리가 창조로 말미암은 하나님의 자녀들이라는 사실이 사도행전 17:24-29에 나오는 바울의 진술에서 강하게 암시되는데, 이것은 29절에서 절정에 달하게 된다. "이와 같이 신의 소생이 되었은즉 … " 이것은 또한 히브리서 12:5-9에서도 함의되어 있는데, 여기에서 하나님은 자기 아들들에게 권면하는 아버지로서 묘사된다. 야고보서 1:17도 이와 유사하게 하나님을 모든 사람들의 아버지로 생각하고 있다. "각양 좋은 은사와 온전한 선물이 다 위로부터 빛들의 아버지께로서 내려오나니 그는 변함도 없으시고 회전하는 그림자도 없으시니라." 아마도 이와 관련된 본문들 중에

---

19)  Augustus H.Strong, *Systematic Theology*(Westwood, N.J. : Revell, 1907),
     p.857.

서 가장 분명하고 가장 정직한 것은 말라기 2:10일 것이다. "우리는 한 아버지를 가지지 아니하였으냐? 한 하나님의 지으신 바가 아니냐?" 말라기는 여기서 이스라엘과 유다 백성들에게만 언급하고 있다. 그는 그들이 한 아버지를 가지고 있고, 모두가 다 한 하나님에 의하여 지으심을 받았음에도 불구하고, 서로 간에 맺은 계약에 대해서 불성실하였기 때문에 그들을 몹시 꾸짖고 있다. 그러나 여기에서의 기본적인 원리는 훨씬 더 광범위하게 적용된다. 이 한 하나님에 의하여 지으심을 받은 모든 사람들은 한 아버지를 가지고 있다. 그렇다면 하나님의 아버지됨은 단순히 지역적인 중요성이나 적용만을 갖고 있는 것이 아니다. 이것은 그의 인류 창조와 관계되어 있기 때문에, 보편적인 진리이다.

그러나 이것을 말한 다음에, 우리는 우리가 말해온 양자됨이 일반적인 사람들이 하나님과 갖고 있는 관계와는 전혀 다른 유형의 하나님과의 관계를 소개하고 있음을 주목해야 한다. 요한은 이러한 구분을 분명히 지적하였다. "보라 아버지께서 어떠한 사랑을 우리에게 주사 하나님의 자녀라 일컬음을 얻게 하셨는고, 우리가 그러하도다. 그러므로 세상이 우리를 알지 못함은 그를 알지 못함이니라"(요일 3:1). 불신자들은 신자들이 경험하는 유형의 아들됨을 단순히 갖고 있지 않으며, 또한 경험할 수도 없다.[20]

## 양자됨의 유익

양자됨의 의미나 중요성은 우리가 그것의 결과들, 즉 그것이 신자의 삶 속에서 가지고 있는 효과들을 조사할 때 가장 명백하게 된다. 물론 이것들 가운데 하나는 용서이다. 하나님께서 우리를 용서하셨다는 사실에 비추어, 바울은 우리에게 다른 사람들을 용서해 주라고 권한다. "서로 인자하게 하며 불쌍히 여기며 서로 용서하기를 하나님이 그리스도 안에서 너희를 용서하심과 같이 하라"(엡 4:32). 우리는 하나님 우리 아버지께서 우리를 용서하시는데 인색하지 않으셨기 때문에, 인자하게 하며 불쌍히 여겨야 한다. 그는 용서하시기를 즐겨하신다. 그는 자비하시고, 불쌍히 여기시며, 인자하시다(신 5:10; 시 103:8-14). 그는 엄하거나 가혹하거나 매정한 아버지가 아니다. 그는 두려워해야 하는 것이 아니라 신뢰해야 한다. 우리의 양자됨은 계속적인 용서함이 있다는 것을 의미한다. 만약 하나님께서 단지 우리의 심판자이시라면, 우리의 과거의 죄들은 모두 용서받을 수 있겠지만, 미래의 죄악들에 대한 용서에 대해서는 어떠한 확신도 가질 수 없을 것이다. 법에서는 문제되는 행동이 일어나기 전에는 우리가 유죄 판결을 받거나 혹은 무죄로 방면받을 수 없으며, 미리 벌

---

20) Charles M. Horne, *Salvation*(Chicago:Moody, 1971), pp. 76-77.

금을 지불하거나 형(刑)을 복역할 수 없다.[21] 행동 그 자체가 있은 다음에야 비로소 형벌이 지불되고 또한 의로운 것으로 인정받을 수 있다. 이와는 현저히 다르게, 우리가 한번 잘못을 범할 때에, 하나님의 은혜가 그치게 되고 우리는 엄하게 취급을 받을 것이라고 두려워할 필요는 없다. 하나님은 진실로 경찰관이 아니라, 우리의 아버지이시다. 우리는 바울이 로마서 5:1에서 지적한 대로, 하나님과 더불어 화평을 누린다. 우리의 양자됨과 하나님의 용서는 영원하다.

우리의 양자됨은 또한 화해를 수반한다. 하나님은 우리를 용서하셨을 뿐만 아니라, 우리도 그와 화해되었다. 우리는 그를 향하여 더 이상 적의를 지니고 있지 않다. 하나님은 우리의 죄로 말미암아 손상된 친교를 주도적으로 회복하심으로써 우리를 향한 그의 사랑을 보여 주셨다. 바울이 주장하고 있는 바와 같이, "우리가 아직 죄인 되었을 때에 그리스도께서 우리를 위하여 죽으심으로 하나님께서 우리에게 대한 자기의 사랑을 확증하셨느니라 … 곧 우리가 원수 되었을 때에 그 아들의 죽으심으로 말미암아 하나님으로 더불어 화목되었은즉 화목된 자로서는 더욱 그의 살으심을 인하여 구원을 얻을 것이니라"(롬 5:8,10). 양자됨에서 양 편이 서로 화해되었다.

또한 하나님의 자녀들을 위한 자유가 존재한다. 하나님의 자녀는 속박이나 강제의 의미로부터 복종하는 노예가 아니다. 노예들은 그들의 책무들을 이행하지 못할지도 모른다고 할 때, 그 결과들을 두려워하면서 살아간다. 그러나 바울은 하나님의 자녀들로서 우리는 율법을 좇아서 살아가지 못하는 결과들을 두려워할 필요가 없다고 지적한다. "무릇 하나님의 영으로 인도함을 받은 그들은 곧 하나님의 아들이라. 너희는 다시 무서워하는 종의 영을 받지 아니하였고 양자의 영을 받았으므로 아바 아버지라 부르짖느니라. 성령이 친히 우리 영으로 더불어 우리가 하나님의 자녀인 것을 증거하시나니"(롬 8:14-16). 이와 유사한 생각이 갈라디아서 3:10-11에 표현되어 있다. 우리는 자유로운 사람들이다. 우리는 전적으로 노예나 종이 존재하는 방식으로 율법에 속박되지 않는다.

그러나 이 자유는 면허장은 아니다. 이 자유를 방해하는 어떤 사람들이 항상 존재한다. 바울은 그런 사람들에게 경고하였다. "형제들아 너희가 자유를 위하여 부르심을 입었으나 그러나 그 자유로 육체의 기회를 삼지 말고 오직 사랑으로 서로 종노릇 하라. 온 율법은 네 이웃 사랑하기를 네 몸 같이 하라 하신 한 말씀에 이루었나

---

21) 법정은 가설적인 것이 아니라, 오직 실제적인 소송 사건들만을 심리한다는 사실이 주목되어야 한다. 어떠한 사람도 주장된 행동에 대해서 미리 죄가 있다거나 혹은 죄가 없는 것으로 평결될 수는 없다.

니 만일 서로 물고 먹으면 피차 멸망할까 조심하라. 내가 이르노니 너희는 성령을 좇아 행하라. 그리하면 육체의 욕심을 이루지 아니하리라"(갈 5:13-16). 신자들은 두려움과 압력에 의해서가 아니라 더 높은 동기, 즉 그들의 하나님과의 사귐에 의해서 하나님을 섬긴다. 예수는 "너희가 나의 명하는 대로 행하면 곧 나의 친구라. 이제부터는 너희를 종이라 하지 아니하리니 종은 주인의 하는 것을 알지 못함이라. 너희를 친구라 하였노니 내가 내 아버지께 들은 것을 다 너희에게 알게 하였음이라"(요 15:14-15)고 말씀하셨다. 같은 설교의 초반부에서 그는 이와 유사한 진술들을 하셨다. "너희가 나를 사랑하면 나의 계명을 지키리라 … 나의 계명을 가지고 지키는 자라야 나를 사랑하는 자니 나를 사랑하는 자는 내 아버지께 사랑을 받을 것이요 나도 그를 사랑하여 그에게 나를 나타내리라"(요 14:15, 21). 신자들은 잔인하고 엄한 주인을 두려워해서가 아니라, 자비롭고 사랑이 많은 아버지에 대한 사랑으로 인하여 계명들을 지킨다.[22]

　양자됨은 그리스도인이 자부(慈父)와 같은 하나님의 돌보심을 받는 사람이라는 것을 의미한다. 바울은 "우리가 하나님의 자녀인 것을 증거하시나니 자녀이면 또한 후사 곧 하나님의 후사요 그리스도와 함께 한 후사니 우리가 그와 함께 영광을 받기 위하여 고난도 함께 받아야 될 것이니라"(롬 8:16-17)라고 특별히 언급하였다. 후사로서 우리는 아버지의 무제한의 자원들을 사용할 수 있다. 바울은 빌립보 사람들에게 이것을 이렇게 지적하였다. "나의 하나님이 그리스도 예수 안에서 영광 가운데 그 풍성한 대로 너희 모든 쓸 것을 채우시리라"(빌 4:19). 신자는 하나님께서 하실 수 있는 일에는 어떠한 한계도 없다는 것을 알고 있기 때문에, 확신을 가지고 기도할 수 있다. 예수에 의하면, 공중에 나는 새들을 먹이시고 들의 백합화를 입히시는 아버지께서는 그의 인간 자녀들을 위해서 훨씬 더 많은 것을 돌보신다(마 6:25-34). 그의 공급하심은 언제나 현명하시고 자비하시다(눅 11:11-13).

　그러나 하나님이 관대하시거나 관용적인 분이라고 생각되어서는 안된다. 그는 우리의 하늘 조부가 아니라, 우리의 하늘 아버지이시다. 따라서, 징계는 우리의 양자됨의 특징들 가운데 하나이다. 히브리서에는 이 주제에 대한 상당히 확대된 논의가 존재한다(히 12:5-11). 잠언 3:11-12을 인용하면서, 기자는 "너희가 참음은 징계를 받기 위함이라. 하나님이 아들과 같이 너희를 대하시나니 어찌 아비가 징계하지 않는 아들이 있으리요?"(히 12:7)라고 논평한다. 징계는 받는 순간에는 기쁘지 않을 수도 있지만, 이것은 긴 안목으로 보면 유익하다. 사랑은 또다른 궁극적인 행복에 대한 관심과 행동이라는 사실이 기억되어야 한다. 그러므로, 징계는 사랑이 부

---

22) Ladd, *Theology of the New Testament*, pp. 493-94.

족하다는 증거로서보다는 오히려 사랑의 증거로서 생각되어야 한다. 이것은 항상 양자됨의 유익으로서 생각될 수는 없겠지만, 그럼에도 불구하고 유익이다. 하나님은 이스라엘을 그의 아들로서 몇번 언급하셨다(출 4:22; 렘 31:9; 호 11:1). 이 아들은 아주 제멋대로 하고 반항적이었지만, 하나님은 그를 던져 버리지 않으셨다. 그러므로 우리가 방황할 때 하나님께서 우리를 버리실 것이라고 두려워 할 필요가 없다. 만약 그가 구약 성경에 기록되어 있는 것처럼, 그들의 모든 불법 속에서도 이스라엘에 대해서 애착을 갖고 계셨다면, 그는 마찬가지로 우리를 향해서도 불변하시고 신실한 자애를 보여주시면서 인내하실 것이다.

마지막으로, 양자됨은 아버지의 호의를 수반한다. 우리가 용서함을 받는 것이 한 예인데, 그 이유는 우리의 행악으로 말미암아 받아야 할 형벌이 초래되었기 때문이다. 그러나 그것은 우리가 미래에 처벌되지 않을 것이라는 사실을 단순히 의미할 수도 있다. 이것은 호의를 반드시 보증해 주지는 않는다. 만약 사회에 대한 범죄자의 죄가 치러졌다 하더라도, 그 후에 그를 호의를 가지고, 혹은 관대하게 보지는 않을 것이다. 그 대신에 의혹과 불신, 심지어는 증오까지도 존재할 것이다. 그러나 아버지에게는 우리가 그토록 많이 필요한 염원하는 사랑과 호의가 존재한다. 그는 우리의 아버지이며 우리는 그의 것이다. 그리고 그는 양자됨을 통하여 그의 측량할 수 없는 사랑으로 베풀어 주실 수 있는 모든 유익들을 우리에게 펼쳐 주신다.

# 46

# 구원의 지속



우리가 앞의 두 장에서 조사한 대로 구원의 시작의 양상들은 복잡하고도 난해하다. 그러나 이것들은 그들이 정해진 대로 그의 자녀들을 자기와 닮은 모습으로 회복하시는 하나님의 특별한 사역의 마지막이 아니다. 이 변형의 사역을 시작하신 이후에, 그는 그것을 계속하시고 완성하신다.

## 성화

### 성화의 본질

성화는 신자의 삶에서 신자를 실제적으로 거룩하게 만드시는 계속적인 하나님의 사역이다. 여기에서 '거룩한'이란 말은 "하나님과 실제적으로 닮은 모습을 지니고 있다"는 것을 의미한다. 성화는 인간의 도덕적인 상태가 하나님 앞에서 그의 법적인 신분과 일치되는 과정이다. 이것은 삶의 새로움이 신자 안에 주어지고 서서히 주입되었을 때, 중생에서 시작되었던 것의 연속이다. 특별히, 성화는 예수 그리스도에 의해서 이루어진 사역을 성령이 신자의 삶에 적용하는 것이다.

성화라는 단어에는 거룩의 두 가지 기본적인 개념들과 관련된 두 가지의 기본적인 의미가 존재한다. 한편으로는 특별한 대상들과 사람들, 그리고 장소들의 형식적인 특징으로서의 거룩이 있다. 이런 의미에서 거룩은 평상적인 것이나 세속적인 것과 구별되어 특별한 목적이나 용도를 위하여 봉헌된, 분리됨의 상태를 언급한다. "거룩한"(קָדוֹשׁ, 카도쉬)의 히브리어 형용사는 "잘라내다" 혹은 "분리하다"[1]를 의미하는 동사에서 유래하였기 때문에, 문자적으로 "분리된"을 의미한다. 같은 어원을 가진 말들과 더불어, 이것은 여호와를 위하여 특별히 구별되거나 성별된 특별한 장소들(특별히 성소와 지성소)과 대상들(예를 들면, 아론의 의복들과 안식일), 그리고 사람들(예를 들면, 제사장들과 레위인들)을 지칭하기 위하여 사용된다. 한 가지 예가 출애굽기 13:2에서 발견된다. "이스라엘 자손 중에 사람이나 짐승이나 무론하고 초태생은 다 거룩히 구별하여 내게 돌리라. 이는 내 것이니라 하시니라." 이와 유사하게, 하나님의 거룩은 그가 더러운 것으로부터 분리되어 있음을 의미한다.

성화의 이러한 의미는 마찬가지로 신약 성경에서도 발견된다. 베드로는 그의 독자들을 "택하신 족속이요 왕같은 제사장이요 거룩한 나라요 하나님의 소유된 백성"(벧전 2:9)으로 언급하고 있다. 여기에서, 성별된다는 것은 "주께 속해 있다"는 것을 의미한다. 이런 의미에서 성화는 중생과 칭의와 더불어 그리스도인의 삶의 진정한 시초에, 즉 회심의 순간에 일어나는 어떤 것이다. 그들이 결코 완전하지 않을 때에조차도, 신약 성경이 그토록 빈번하게 그리스도인들을 "성도들"(ἅγιοι, 하기오이)로 언급하는 것이 바로 이러한 의미에서이다.[2] 예를 들어, 바울은 어쩌면 그가 목회하던 교회들 가운데에서 가장 결점이 많았음에도 불구하고, 고린도교회의 사람들에게 이런 식으로 편지를 하고 있다. "고린도에 있는 하나님의 교회 곧 그리스도 예수 안에서 거룩하여지고 성도라 부르심을 입은 자들과 또 각처에서 우리의 주 곧 저희와 우리의 주 되신 예수 그리스도의 이름을 부르는 모든 자들에게"(고전 1:2).

---

1) Francis Brown, S.R.Driver, and Charles A.Briggs, *Hebrew and English Lexicon of the Old Testament*(New York: Oxford University,1955),p.871.
2) G. Abbott-Smith, *A Manual Greek Lexicon of the New Testament*, 3rd ed.(Edinburgh: T.and T.Clark,1953),p.5.

성화의 다른 의미는 도덕적인 선이나 영적인 가치이다. 이런 의미가 점차적으로 두드러지게 되었다. 이것은 신자들이 형식적으로 분리되어 있거나, 그리스도에게 속해 있다는 사실뿐만 아니라, 그들이 그것에 따라 행동해야 한다는 것을 가리킨다. 그들은 순결하고 선한 삶을 살아야 한다.[3]

성화라는 용어는 공관 복음에서는 전혀 나타나지 않는다. 우리의 삶이 순결해야 한다는 관념을 전하기 위해서, 예수는 그 대신에 우리가 하나님의 자녀들이라는 사실을 강조했다. 우리는 하나님께 속해 있으며 따라서 그와 닮은 모습을 나타내어야 한다. 우리는 그의 사랑의 정신을 함께 나누어야 한다. "또 네 이웃을 사랑하고 네 원수를 미워하라 하였다는 것을 너희가 들었으나 나는 너희에게 이르노니 너희 원수를 사랑하며 너희를 핍박하는 자를 위하여 기도하라. 이같이 한즉 하늘에 계신 너희 아버지의 아들이 되리니"(마 5:43-45a). 예수에게, 그의 형제와 자매는 하나님의 뜻을 행하는 사람들이다(막 3:35). 바울은 하나님 앞에서 우리의 신분이 거룩한 삶으로 귀착되어야 한다는 이러한 개념을 공유하고 있다. 예를 들어, 그는 에베소인들에게 이렇게 권고하고 있다. "그러므로 주 안에서 갇힌 내가 너희를 권하노니 너희가 부르심을 입은 부름에 합당하게 행하라"(엡 4:1). 그런 다음에 그는 계속해서 겸손과 온유, 인내, 오래 참음의 삶을 열거하고 있다. 하나님께 속해 있다는 사실은 그러한 신분을 반영하는 도덕적 속성들에서 비롯되어야 한다.[4]

성화의 본성에 좀더 예리하게 초점을 맞추기 위해서는 그것을 칭의와 대비하는 것이 유익할 것이다. 많은 중요한 차이점들이 존재한다. 한 가지는 지속에 관계된다. 칭의는 한 순간에 완성되는 순간적인 사건이지만, 반면에 성화는 완성을 위하여 전생애를 필요로 하는 하나의 과정이다. 마찬가지로 양적인 구분도 존재한다. 한 가지는 의롭다 함을 받거나 그렇지 않은 것이지만, 반면에 한 가지는 더 많거나 혹은 더 적게 성화될 수 있다는 것이다. 즉 칭의의 단계들이 아니라 성화의 단계들이 존재한다. 칭의는 우리가 일찍이 살펴본 대로, 법정적이거나 선언적인 문제이지만, 성화는 그 사람의 성격과 신분에 대한 실제적인 변형이다. 칭의는 하나님 앞에서의 우리의 신분, 즉 우리와 그와의 관계에 영향을 미치는 객관적인 일이지만, 반면에 성화는 우리의 내적인 인격에 작용하는 주관적인 일이다.

우리는 이제 성화의 특성들에 주목해야 할 필요가 있다. 우리는 성화가 초자연적인 일이라는 사실을 먼저 강조해야 한다. 즉 이것은 우리가 스스로 행하는 것이

---

3) Ibid.

4) Horst Seebass, "Holy, Consecrate, Sanctify, Saints, Devout," in *The New International Dictionary of New Testament Theology*, ed. Colin Brown(Grand Rapids: Zondervan, 1976), vol.2, p.230.

아니라, 하나님에 의해서 이루어진 어떤 것이다. 따라서, 우리가 말하고 있는 것은 개혁이 아니다. 바울은 "평강의 하나님이 친히 너희로 온전히 거룩하게 하시고 또 너희 온 영과 혼과 몸이 우리 주 예수 그리스도 강림하실 때에 흠없게 보전되기를 원하노라"(살전 5:23)라고 적었다. 우리의 성화에 역사하시는 분이 하나님이라는 사실을 강조하는 다른 언급들에는 에베소서 5:26; 디도서 2:14; 히브리서 13:20-21이 포함된다. 성화가 초자연적이라고 말할 때, 우리는 이것이 자연에 의하여 산출되거나 설명될 수 없는 것임을 의미한다. 성화는 또한 성령에 의한 특별하고도 의지적인 사역이거나 일련의 사역들이라는 의미에서 초자연적이다. 이것은 보편적으로 표명되는 것처럼 단순히 그의 일반적인 섭리의 문제가 아니다.

게다가, 신자 안에서의 이러한 신적인 역사하심은 점진적인 문제이다. 예를 들어, 이것은 하나님께서 빌립보인들의 삶 속에 계속 역사하실 것이라는 바울의 확신에서 나타난다. "너희 속에 착한 일을 시작하신 이가 그리스도 예수의 날까지 이루실 줄을 우리가 확신하노라"(빌 1:6). 바울은 또한 십자가가 "구원을 얻는 우리들에게는"(고전 1:18) 하나님의 능력이라고 말한다. 그는 여기에서 진행중인 활동의 관념을 뚜렷하게 전달해주는 현재 분사를 사용하고 있다. 이 활동이 중생에서 시작된 새 삶의 지속과 완성이라는 것은 빌립보서 1:6에서 뿐만 아니라, 골로새서 3:9-10에서 분명하다. "너희가 서로 거짓말을 말라. 옛 사람과 그 행위를 벗어 버리고 새 사람을 입었으니 이는 자기를 창조하신 자의 형상을 좇아 지식에까지 새롭게 하심을 받는 자니라."

이 신적인 역사하심의 목적은 그리스도 자신을 닮는 것이다. 이것은 영원전부터 하나님의 의도였다. "하나님이 미리 아신 자들로 또한 그 아들의 형상을 본받게 하기 위하여 미리 정하셨으니 이는 그로 많은 형제 중에서 맏아들이 되게 하려 하심이니라"(롬 8:29). "본받게 하기 위하여"(σύμμορφους, 숨모르푸스)라고 번역된 단어는 단순히 외적이거나 피상적인 닮음이 아닌 그리스도와의 유사성을 지시한다. 이것은 어떤 것을 그것되게 만들어 주는 전체적인 일련의 특성들이나 특질들을 의미한다. 게다가, 이것은 닮은 대상과의 밀접한 관련을 지시하는 접두사가 붙어 있는 합성어이다. 이것은 우리가 그리스도와 닮게 지음받은 것이 얼마간의 거리를 둔 처리가 아니라는 분명한 증거이다. 우리가 갖게 된 것을 우리는 그와 더불어 갖고 있다.

성화는 성령의 사역이다.[5] 갈라디아서 5장에서 바울은 성령 안에서의 삶에 대하

---

5) Otto Procksch, ἅγιος, ἁγιάζω, ἁγιασμός, in *Theological Dictionary of the New Testament*, ed. Gerhard Kittel and Gerhard Friedrich, trans. Geoffrey W.Bromiley, 10 vols.(Grand Rapids: Eerdmans, 1964-1976), vol.1, p.113.

여 말한다. "너희는 성령을 좇아 행하라. 그리하면 육체의 욕심을 이루지 아니하리라."(16절);"만일 우리가 성령으로 살면 또한 성령으로 행할지니"(25절). 그는 또한 그가 "성령의 열매"로서 총괄하여 부르는 일단의 특성들 — "사랑, 희락, 화평, 오래 참음, 자비, 양선, 충성, 온유, 절제"(22-23절) — 을 열거한다. 이와 유사하게, 로마서 8장에서 바울은 성령과 그리스도인에 대하여 많은 것을 언급하고 있다. 그리스도인들은 성령을 좇아 행하고(4절), 영의 일을 생각하며(5절), 영에 있고(9절), 그들 안에 하나님의 영이 거하시며(9절), 영으로써 몸의 행실을 죽이고(13절), 영으로 인도함을 받으며(14절), 성령이 그들이 하나님의 자녀인 것을 증거하시고(16절), 성령이 그들을 위하여 친히 간구하신다(26-27절). 그리스도와 닮은 모습을 일으키시면서 신자 안에서 일하시는 이는 성령이시다.

전술한 내용으로부터, 우리는 성화가 신자의 편에서는 전적으로 수동적인 문제라고 결론을 내릴 수도 있을 것이다. 그러나 이것은 그렇지 않다. 성화는 배타적으로 하나님께 속해 있지만, 즉 그것의 능력이 전적으로 그의 거룩에 의존하고 있지만[6], 신자는 구원과 관련된 문제에서 끊임없이 일하고 자라가도록 권고를 받는다. 예를 들어, 바울은 빌립보인들에게 이렇게 편지를 쓰고 있다. "두렵고 떨림으로 너희 구원을 이루라. 너희 안에서 행하시는 이는 하나님이시니 자기의 기쁘신 뜻을 위하여 너희로 소원을 두고 행하게 하시나니"(빌 2:12-13). 바울은 악을 미워하고 선을 행하라고 권고한다(롬 12:9,16-17). 우리는 몸의 행실을 죽여야 하고(롬 8:13), 우리의 몸을 산제사로 드려야 한다(롬 12:1-2). 이렇게 해서 성화는 하나님의 일이지만, 마찬가지로 신자도 죄를 없이하고 거룩을 발전시키는 일이 필요한 한가지 역할을 갖고 있다.

### 성화: 완전한가, 불완전한가?

교회사를 거쳐 내려오면서 견해가 일치하지 않았던 한 가지 주요한 문제는 도대체 성화의 과정이 신자의 지상적인 생애 내에서 완성될 수 있는지에 관한 것이다. 우리는 도대체 더 이상 죄를 범하지 않는 지점까지 나아갈 수 있는가? 이 문제에 관해서는 날카로운 견해 차이들이 존재한다. 이것을 일반화하는 것은 위험하지만, 그 질문에 대하여 긍정적으로 대답하는 사람들(완전주의자들)은 알미니우스주의자들인 경향이 있다. 나사렛 교회와 오순절 계통의 집단들과 같은 주요한 완전주의적인 교파들은 알미니우스적이다. 그러나 모든 알미니우스주의자들이 완전주의자들은 아니다. 칼빈주의자들은 대개 완전주의자들이 아니다.

---

6) Ibid., p.111.

완전주의자들은 신자가 죄를 짓지 않는 상태에 들어가는 것이 가능하며, 또한 실제로 어떤 그리스도인들은 그런 지점에 도달하게 된다고 주장한다. 이것은 사람이 죄를 지을 수 없다는 것이 아니라, 실제로 그가 죄를 짓지 않는다는 것을 의미한다. 이것은 또한 은혜의 방편이나 성령이 더 이상 필요없다는 것이 아니라, 더 이상 어떠한 유혹이나 악을 향한 타고난 성향과의 싸움이 존재하지 않거나, 혹은 더 이상의 영적인 성장을 위한 어떠한 여지도 존재하지 않는다는 것을 의미한다.[7] 그러나 이것은 죄를 짓지 않는 것이 가능하고, 또한 어떤 신자들은 실제로 모든 악을 그만둔다는 것을 의미한다. 그러한 견해를 지지하는 풍부한 성경 본문들이 존재한다. 그것들 가운데 하나가 마태복음 5:48인데, 여기에서 예수는 그를 경청하는 이들에게 이렇게 말한다. "그러므로 하늘에 계신 너희 아버지의 온전하심과 같이 너희도 온전하라." 바울은 "우리가 다 하나님의 아들을 믿는 것과 아는 일에 하나가 되어 온전한 사람을 이루어 그리스도의 장성한 분량이 충만한 데까지 이르도록"(엡 4:13), 지도자들이 그리스도의 몸을 세우는 일을 위해서 성도들을 온전케 하기 위하여 주어질 것이라는 사실을 언급하고 있다. 그는 데살로니가인들을 위해서 이렇게 기도하고 있다. "평강의 하나님이 친히 너희로 온전히 거룩하게 하시고 또 너희 온 영과 혼과 몸이 우리 주 예수 그리스도 강림하실 때에 흠없게 보전되기를 원하노라"(살전 5:23). 히브리서 기자는 단순히 "평강의 하나님이 모든 선한 일에 너희를 온전케 하사 자기 뜻을 행하게 하시고 그 앞에 즐거운 것을 예수 그리스도로 말미암아 너희 속에 이루시기를 원하노라"(히 13:20-21)고 기도한다. 이 구절들은 전체적인 성화가 모든 신자들에 대해서는 하나의 가능성이고, 어떤 신자들에게는 현실이라는 증거를 언뜻 보기에 확실히 제안하는 것처럼 보인다.[8]

완전은 이 삶 속에서는 결코 얻을 수 없는 이상이라고 주장하는 사람들도 그들의 확신에 대해서 마찬가지로 진지하다. 죄로부터 완전히 구출된 이후에 우리가 바라고 애쓰는 만큼 단순히 죄없음이 이 세상에서의 실제적인 목표는 아니라고 그들은 주장한다. 그들은 우리가 이 죄를 회피할 수 없음을 지시하는 몇몇 인용절들을 지적한다.[9] 이러한 인용절들 가운데 특출한 한 가지는 요한일서 1:8-10이다. "만일 우리가 죄 없다 하면 스스로 속이고 또 진리가 우리 속에 있지 아니할 것이요 만일 우리

---

7) John Wesley, *A Plain Account of Christian Perfection*(London: Epworth, 1952), p. 28.

8) Charles G. Finney, *Lectures on Systematic Theology*(London: William Tegg, 1851), pp. 604-13.

9) Augustus H. Strong, *Systematic Theology*(Westwood, N.J.: Revell, 1907), p. 879.

가 우리 죄를 자백하면 저는 미쁘시고 의로우사 우리 죄를 사하시며 모든 불의에서 우리를 깨끗케 하실 것이요 만일 우리가 범죄하지 아니하였다 하면 하나님을 거짓말하는 자로 만드는 것이니 또한 그의 말씀이 우리 속에 있지 아니하니라." 이 인용절이 신자들에게 써 보내졌다는 사실은 우리 모두 안에 죄가 있다는 진술을 더욱 설득력이 있게 만들어준다.

비완전주의자들에 의해서 매우 자주 언급되는 또다른 인용절은 로마서 7장으로서, 여기에서 바울은 자신의 경험을 설명하고 있다. 바울이 회심 이후의 그의 삶을 고려하고 있다는 가정(모든 학자들이 동의하고 있지는 않은 가정)하에서 보면, 이 인용절은 신자가 결코 죄로부터 자유롭지 않다는 취지에 대한 생생하고도 강력한 증언으로 나타난다. 바울은 이 사실을 강력하게 제기한다. "내 속 곧 내 육신에 선한 것이 거하지 아니하는 줄을 아노니 원함은 내게 있으나 선을 행하는 것은 없노라. 내가 원하는 바 선은 하지 아니하고 도리어 원치 아니하는 바 악은 행하는도다"(18-19절). 이 말은 모든 그리스도인들 중 가장 위대한 한 사람으로부터 나왔다. 실제로 많은 사람들은 그가 모든 시대에서 가장 위대한 그리스도인이었다고 말할 것이다. 만약 그조차 죄에 대한 커다란 난점을 가지고 있다고 고백했다면, 확실히 우리는 완전이란 이 삶에서는 경험될 수 없는 것이라고 결론을 내려야 한다.

우리는 이 모든 고찰들을 어떻게 해결하여 이 난해하면서도 중요한 주제에 대한 결론에 도달할 수 있겠는가? 우리는 죄의 본성을 다시 유의함으로써 시작할 것이다. 이것은 단지 외적인 본성의 행위들만이 아니다. 예수는 우리가 갖고 있는 생각들과 태도들조차도 전능하시고 전적으로 거룩하신 하나님의 마음과 완전히 일치하지 않는다면, 죄악된 것이라는 점을 아주 분명히 하셨다(예를 들어, 마 5:21-28을 보라). 따라서, 죄는 우리가 생각하기 쉬운 것보다 상당히 더 퍼져나가고 미묘한 특성을 지니고 있다.

우리는 또한 우리에게 명령된 완전의 성격에 대하여 결정해야 할 필요가 있다. 마태복음 5:48에서 발견되는 τέλειοι(텔레이오이)라는 단어는 "흠없는"이나 "오점이 없는"을 의미하지 않는다. 오히려, 이것은 "완전한"을 의미한다. 그러므로 죄로부터 전적으로 자유롭지 않은 "완전한" 것이 상당히 가능하다.[10] 즉, 우리는 그것들을 완전히 소유하지 않고서도 예수의 충만함(엡 4:13)과 성령의 충만한 열매(갈 5:22-23)를 소유할 수 있다.

목표로 삼아야야 할 표준은 죄로부터의 완전한 자유이다. 그 목표를 달성하기

---

10) James Hope Moulton and George Milligan, *The Vocabulary of the Greek New Testament* (Grand Rapids: Eerdmans, 1974), p. 629.

위하여 하나님의 은혜로 말미암아 싸우라는 명령들이 너무 많아서 무시할 수 없다. 그리고 특별한 유혹에 굴복하는 일을 피하는 것이 이러한 능력에 의해서 확실히 가능하다면, 이것은 틀림없이 모든 경우에 효과를 나타낼 수 있게 할 것이다. 바울은 그것을 이렇게 진술하고 있다. "사람이 감당할 시험밖에는 너희에게 당한 것이 없나니 오직 하나님은 미쁘사 너희가 감당치 못할 시험 당함을 허락지 아니하시고 시험 당할 즈음에 또한 피할 길을 내사 너희로 능히 감당하게 하시느니라"(고전 10:13).

그러나 이것을 말하면서, 우리는 또한 요한일서 1장과 같은 강력한 인용절들을 유의해야 한다. 그리고 이러한 교훈적인 인용절들 이외에도 성경이 하나님의 위대한 남녀들을 죄인들로 자유로이 묘사하는 확증적인 사실이 있다. 우리는 우리의 논거를 주로 경험적인 것, 즉 그리스도인의 삶의 현상들에 근거시키는 일을 피하기 위해서 주의해야 하지만, 그럼에도 불구하고 이와 관련하여 성경의 설화적이고 서술적인 부분들이 교훈적인 인용절들을 확증하며 설명하고 있음을 주목해야 한다. 분명히 우리가 가정할 수 있는 바, 히브리서 11장에 나오는 믿음의 위대한 영웅들과 여걸들이 소유했던 완전은 그들이 전적으로 죄로부터 자유하지 않았다는 사실과 모순되지 않는다. 게다가 주의 기도는 하나님의 나라가 이 땅에 완전히 올 때까지는, "우리의 죄를 사하여 주옵소서"라고 기도하는 것이 필요할 것이라는 것을 의미한다. 우리의 결론은 죄로부터의 완전한 자유와 승리는 우리가 목표로 삼아야 할 표준이고 또한 이론적으로도 가능하지만, 신자가 이생에서 이 목표를 달성할 수 있을 것인지는 의심스럽다는 것이다.

그러나 그러한 태도를 가정하는 데에는 어떤 난점들이 부가된다. 한 가지는 이것이 실제적으로 가능하지 않다면 그리스도인들에게 승리적이고, 오점없는 삶에 대하여 반복적으로 권고하는 것은 모순된 것으로 보인다는 사실이다.[11] 그러나 이것은 필연적으로 일어나는가? 우리는 우리가 강조하는 것에 대해서 하나의 표준, 즉 이상을 가질 수 있지만, 그 표준에 대해서 유한한 시간의 기간 내에 도달할 것으로 기대하지는 않는다. 어떤 사람도 아직까지 북극성을 향하여 배로 항해하거나 공중을 날아서 그것에 도달하지 않았다는 사실이 주목될 수 있다. 그러나 그것은 이것이 여전히 우리가 강조하는 표준, 즉 "북향성(北向性)"에 대한 우리의 표준이라는 사실을 변경하지는 않는다. 이와 유사하게, 비록 우리는 이생에서는 결코 완전하게 성화될 수 없지만, 우리는 저편에서 영원에 있게 될 것이며 따라서 우리가 할 수 있는 한 완전한 성화에 가깝게 도달하기 위해서 지금 애를 써야 한다.

또다른 문제는 요한일서 3:4-6과 같은 가르침의 존재이다. "죄를 짓는 자마다

---

11) Finney, *Lectures*, pp. 611-13.

불법을 행하나니 죄는 불법이라. 그가 우리 죄를 없이 하려고 나타내신 바 된 것을 너희가 아나니 그에게는 죄가 없느니라. 그 안에 거하는 자마다 범죄하지 아니하나니 범죄하는 자마다 그를 보지도 못하였고 그를 알지도 못하였느니라.” 이것은 완전주의자의 입장을 확인해 주는 것이 아닌가? 그러나 동사의 형태들, 특히 4절(죄를 범하는 자)과 6절 후반부(범죄하는 자)에 나오는 분사들이 현재 시제임을 주목하라. 여기에서의 의미는 계속해서 습관적인 죄를 짓는 자마다 불법의 죄를 범하고 있으며 결코 그리스도를 알지 못하였다는 것이다.

비록 죄없음이 이생에서는 경험되지 않는다 하더라도, 그것이 우리의 목표가 되어야 한다는 우리의 견해에는 중요한 실제적인 함의들이 존재한다. 한편으로, 이 입장은 우리가 죄를 범할 때에 낙담과 패배, 심지어는 절망과 죄에 대한 커다란 의식들이 존재할 필요가 없다는 것을 의미한다. 그러나 다른 한편으로, 이것은 또한 우리가 죄의 존재에 대하여 지나치게 좋아하지 않거나 무관심하지도 않을 것이라는 사실을 의미한다. 왜냐하면 우리는 바울과 같이, 우리 속에서 그토록 퍼져 있는 죄에 대한 성향을 온전히 극복할 수 있게 해달라고 하나님께 성실하면서도 부지런히 요청할 것이기 때문이다.


## 그리스도인의 삶

신약 성경은 계속되는 그리스도인의 삶의 기초와 본성에 대하여 많은 것을 말하고 있다. 이 교훈은 우리 안에서 하나님의 성화시키시는 활동을 이해하도록 도와줄 뿐만 아니라, 그리스도인의 삶을 살도록 우리를 인도해 준다.

### 그리스도와의 연합

앞 장에서 우리는 어떤 의미에서 구원의 전부를 포함하는 그리스도와의 연합의 개념을 상당히 상세하게 조사하였다. 거기에서 우리는 우리가 그리스도와 연합되어 있음으로 해서, 그의 의를 공유하고 소유하고 있기 때문에 칭의가 가능하다는 사실을 주목하였다. 그러나 그 이상으로 그리스도인의 삶 속에서 우리의 계속되는 노정, 즉 우리의 성화가 그와의 연합에 의존하고 있다는 것이 분명하다. 예수는 그의 포도나무와 가지의 비유에서 이것을 아주 분명히 하셨다. “내 안에 거하라. 나도 너희 안에 거하리라. 가지가 포도나무에 붙어 있지 아니하면 절로 과실을 맺을 수 없음 같이 너희도 내 안에 있지 아니하면 그러하리라. 나는 포도나무요 너희는 가지니 저가 내 안에, 내가 저 안에 있으면 이 사람은 과실을 많이 맺나니 나를 떠나서는 너희가 아무 것도 할 수 없음이라"(요 15:4-5). 예수는 자기의 계명들을 지키는 것과 밀접하게 연결되어 있는(10절) 그와의 연합을 전(全)그리스도인의 삶의 열쇠로 보았다. 과실을 맺는 것(5절)과 기도(7절), 그리고 마지막으로 기쁨(11절)은 그것에 의존하고 있다.

바울은 "그리스도를 얻고 그 안에서 발견되려 함이니 내가 가진 의는 율법에서 난 것이 아니요 오직 그리스도를 믿음으로 말미암은 것이니 곧 믿음으로 하나님께로서 난 의라. 내가 그리스도와 그 부활의 권능과 그 고난에 참여함을 알려 하여 그의 죽으심을 본받아 어찌하든지 죽은 자 가운데서 부활에 이르려 하노니"(빌 3:8b-11)라고 하는 그의 소망 속에서 유사한 생각을 표현하였다. 여기에서 그리스도와 같이 된다는 것은 기꺼이 그와 고난에 함께 참여한다는 것과 밀접하게 연결되어 있다. 이와 비슷한 표현이 로마서 8:17에서 발견된다. "자녀이면 또한 후사 곧 하나님의 후사요, 그리스도와 함께 한 후사니 우리가 그와 함께 영광을 받기 위하여 고난도 함께 받아야 될 것이니라." 분명히 바울은 그리스도와의 연합을 두 가지 방식의 헌신으로서 생각하였다.[12]

### 사귐의 관계

아마도 신자와 그 자신의 관계에서 그리스도의 가장 감동적이고 친숙한 모습은 요한복음 15장에 나오는 사귐의 비유를 그가 사용한데서 발견될 수 있을 것이다. 그러나 이것은 은유 그 이상의 것인데, 왜냐하면 틀림없이 여기에서 그리스도는 이러한 관계에 대하여 문자적인 어떤 것을 말하고 있기 때문이다. 신자들은 자신들을 종이나 노예(δοῦλα, 둘로이)로서 생각해서는 안되는데, 왜냐하면 예수께서 아버지께로부터 들은 모든 것을 그들에게 말씀해 주셨기 때문이다. 그렇게 하실 때에 그는 자신이 하고 있는 것을 종들에게 설명해주는 주인으로서가 아니라, 친구로서 행동하셨다(15절). 노예들로서보다는 예수의 친구들로서, 신자들은 전적으로 상이한 태도를 가지고 있다. 두려움과 은밀성보다는 오히려 예수에 대한 신뢰와 확신이 존재한다.

같은 유형의 따뜻함과 신뢰가 또한 신자들과 아버지와의 관계에서 나타난다. 인간인 아버지들이 어떻게 그들의 자녀들에게 좋은 선물들을 줄줄을 알고 있듯이, 또한 하늘 아버지도 그러하시다. 그는 단순한 믿음으로 요청하는 그의 자녀에게 어떤 악한 것이나 해로운 것도 주시지 않을 것이다(눅 11:1-13). 하늘의 아버지는 자녀들

---

12) George E.Ladd, *A Theology of the New Testament*(Grand Rapids: Eerdmans,1974), pp.516-17.

의 필요들과 또한 위협하는 어떠한 위험도 아시며, 그러한 지식에 따라서 자녀의 행복을 위해 행동하신다(마 6:25-34; 10:28-31).

## 율법의 역할

그리스도인의 삶이 우리와 그리스도의 연합과 사귐에 기초하고 있다는 사실을 알게 되니까, 율법은 이 도식에서 어떤 위치를 차지하고 있는가?라는 질문이 제기된다. 직접적으로 예수 그리스도 자신과 관련된 자료들 이외에, 소수의 자료들이 율법이 갖고 있는 것보다 더 광범위하게 바울에 의하여 다루어지고 있다. 신약 성경이 그리스도인의 삶에서 율법의 위치에 대해서 말하고 있는 것을 이해하기 위해서, 우리는 먼저 그것이 사물들에 대한 구약 성경의 도식하에서 수행하였던 역할을 결정해야 한다.

신약성경 시대에는 구원이 믿음을 통해서 얻어지는 반면에, 구약성경의 성도들은 율법을 성취함으로써 구원받았다는 사실이 일반적으로 주장된다. 그러나 중요한 구약 성경의 본문들을 면밀하게 조사해보면 이 가정이 잘못되었음이 드러난다. 실제로, 중요한 요소는 하나님께서 은혜로 그의 백성들과 세우셨던 계약이었다. 율법은 단순히 그 계약을 신봉하는 그 백성들을 위하여 하나님께서 설정하신 표준이었다.[13] 그렇게 해서 아브라함에 대해서 "그가 하나님을 믿으니 이것이 그에게 의로 여긴 바 되었다"고 하였다. 바울은 아브라함의 구원이 율법의 공로가 아니라 믿음으로 말미암은 것이었다는 사실을 분명히 하였다(갈 3:6). 수많은 방식으로 구약 성경은 그 자체로 사람을 구원하는 것이 율법의 성취가 아니라는 사실을 지적하고 있다. 율법 그 자체는 하나님에 대한 완전하고도 무조건적인 사랑을 명령하였다. "너는 마음을 다하고 성품을 다하고 힘을 다하여 네 하나님 여호와를 사랑하라"(신 6:5). 이것은 이와 유사하게 자기의 이웃에 대한 사랑을 명령하였다. "너는 네 이웃을 네 몸과 같이 사랑하라"(레 19:18). 만약 이 율법에 대한 개인적인 성취가 구약 성경의 성도들에게서 요구되었다면, 그들 중 아무도 구원받을 수 없었을 것이다. 분명히, 구원은 공로가 아니라 믿음을 통해서 왔다. 더구나, 비록 하나님과 인간 사이의 계약이 외적인 의식, 즉 할례에 의해서 보증되었지만, 그 행위만으로는 사람을 하나님 앞에서 옳다고 하기에 불충분하였다. 마찬가지로 마음의 할례가 있어야 했다(신 10:16; 렘 4:4).[14] 그러한 믿음의 행위가 중대한 요인이었다.

---

13) Ibid., p.496.
14) John Bright, *The Kingdom of God*(Nashville: Abingdon-Cokesbury, 1953), p.94.

중간기 동안에 율법은 유대교 내에서 다른 지위를 가지고 있었다. 율법의 개념이 계약의 빛을 바래게 만들었다. 율법의 준수가 하나님께서 인간에 대한 심판을 내리시는 근거로 생각되게 되었다.[15] 이것은 희망(유다의 성서 26:1), 칭의(바룩의 시리아 묵시록 51:3), 의(바룩의 시리아 묵시록 67:6), 구원(바룩의 시리아 묵시록 51:7), 부활(제2마카비서 7:9), 생명(제4에스라서 7:20-21; 9:31)의 근거로서 언급되었다. 율법에 대한 복종이 왕국을 가져오며 세상을 변혁시킬 것으로 주장되었다(요벨서 23). 조지 래드는 이렇게 논평하였다. "이와같이 율법은 하나님과 인간 사이에서 중개자의 위치를 달성하였다."[16]

신약 성경에서, 특별히 바울의 저작들에서, 율법은 전혀 다르게 나타난다. 이 문제를 조사할 때에, 우리는 율법의 지위와 중요성이 신약 성경에서 전혀 가치가 저하되지 않았다는 것을 명심해야 한다. 예수 자신은 그가 "율법과 선지자들을 폐하려는 것이 아니요 그것들을 완전케 하려고"(마 5:17) 오셨다고 말하였다. 이와 유사하게, 바울은 율법을 "하나님의 법"(롬 7:22,25)으로 말하고 있다. 이것은 죄가 아니다(롬 7:7). 이것은 거룩하고 의로우며, 선하다(12절). 또한 이것은 신령한 것이다(14절).

이 시대에 유대교는 구원을 율법에 대한 복종에 근거하고 있는 것으로 생각했지만, 실제적으로는 엄격한 복종이 드물다는 것을 깨닫고 있었다. 그래서 구원이 복종에 근거하고 있다는 가르침은 회개와 용서의 교리로서 보충되었다. 그러나 바울의 이해에 의하면, 유대교 사상에서의 이러한 새로운 흐름은 두 가지의 모순되는 원리인 율법과 은혜를 혼합한 것이었다.[17] 그는 그 대신에 의로워지기 위해서 인간은 율법의 특수한 사항 전체를 복종해야 한다고 주장하였다(갈 5:3). 율법의 어떤 부분이라도 지키지 못한다면 그것은 율법 전체를 어기는 것이다(갈 3:10). 이 점에서 그는 야고보의 가르침과 일치하였다(약 2:11). 물론 우리들 가운데 아무도 율법 전체를 복종할 수 없다는데 문제가 있다.

우리가 율법을 엄격히 신봉함으로써 의를 성취할 수 없으므로, 율법의 역할은 의롭게 하는 것이 아니라, 우리에게 무엇이 죄인지를 보여주는 것일 것이다(롬 3:20; 5:13,20; 갈 3:19). 인간의 죄악된 상태를 드러냄으로써, 율법은 그를 죄인

---

15) Hermann Kleinknecht and W.Gutbrod, *Law*, Bible Key Words, vol.11(New York:Harper and Row,1964),p.69.

16) Ladd, *Theology of the New Testament*,p.497.

17) G.F.Moore는 어떤 랍비도 여기에서 모순을 보지 않았을 것이라고 지적한다 — *Judaism in the First Centuries of the Christian Era: The Age of Tannaim*(Cambridge: Harvard University,1962),vol.3,pp.150-51.

으로 확증한다. 율법은 실제로 우리에게 죄를 일으키게 하지는 않지만, 우리들의 행위들에 대한 하나님의 평가를 제공함으로써 그것들을 죄로 구성한다. 그러나 우리가 스스로 율법을 성취할 수 없고, 따라서 그것에 의해서 의로워 질 수 없다는 사실이 율법이 이제 폐기되었다는 것을 의미하는 것은 아니다. 왜냐하면 그리스도 안에서, 하나님께서 율법이 할 수 없었던 것을 이루셨기 때문이며, 죄를 위하여 자기 아들을 보내고, 육신에 죄를 정하사, 율법이 요구하는 것이 이제 성령으로 말미암아 행하는 사람들에 의하여 성취되었기 때문이다(롬 8:3-4). 그리스도에 대한 믿음이 우리를 율법으로부터 해방시켰기 때문에, 우리는 실제로 율법을 굳게 세울 수 있게 되었다(롬 3:31). 그러므로, 율법은 계속해서 적용되어야 한다.

우리가 율법이 요구하는 공로를 우리 자신의 힘으로 행함으로써 그리스도인의 삶을 시작하기 위한 의를 받지 않은 것처럼, 그리스도인의 삶의 지속도 역시 율법을 성취하는 공로로 말미암지 않고, 은혜로 말미암는다. 그러나 비록 그리스도인들이 율법의 특정한 요구를 성취함으로써 의를 얻거나 주장하지는 않는다 하더라도, 그럼에도 불구하고 그들은 성경에 계시된 율법을 그들의 삶을 위한 하나님의 뜻의 표현으로서 간주할 것이다. 왜냐하면 우리가 보아왔듯이, 율법이 폐하여지지 않았기 때문이다. 바울은 우리가 사랑으로써 율법의 몇가지 특정한 계명들을 성취할 수 있다고 말한다(롬 13:8-10). 그는 약속있는 첫번째 계명인 네 아버지와 어머니를 사랑하라는 명령의 중요성을 반복하여 말하고 있다(엡 6:2). 따라서, 래드(Ladd)는 "더 이상 율법 아래에 있지 않는 사람들에게조차도 율법은 행동을 위한 하나님의 뜻의 표현으로서 계속된다는 것이 분명하다"[18]고 말한다.

율법과 율법주의 속에서 구현되는 원리들을 준수하려는 시도를 구분하는 것이 중요하다. 성경은 우리에게 하나님께서 계시하신 명령들을 무시할 수 있는 어떤 근거도 제공하지 않는다. 예수는 "너희가 나를 사랑하면 나의 계명을 지키리라"(요 14:15)고 하셨고, 또한 "너희가 나의 명하는 대로 행하면 곧 나의 친구라"(요 15:14)고 말씀하셨다. 우리는 그런 명령들을 마음대로 거절해서는 안되며, 그렇게 하는 것은 그리스도인의 자유를 남용하는 것이 될 것이다. 따라서, 우리는 이러한 권고들에 의하여 우리의 삶을 인도하도록 노력해야 한다. 그러한 행동은 율법주의가 아니다. 율법주의는 사람이 그것에 의하여 공로를 얻게 된다는 믿음에서 율법을 노예같이 따르는 것이며, 이것은 또한 율법의 형식적이거나 문자적인 요구들을 넘어가는 것에 대한 거절을 수반한다. 우리가 신적인 은혜에 대한 필요를 결코 벗어날 수 없다는 것과 율법의 본질이 사랑이라는 사실들을 무시한다는 점에서 이것은 완전히

---

18) Ladd, *Theology of the New Testament*, p.510.

쓸데없는 것이다.

## 분리

거룩과 순결에 대한 성경의 주장으로부터 따라오는 한 가지 주제는 분리이다. 그리스도인은 세상의 어떠한 양상들로부터 옮겨져야 한다. 이 메시지는 야고보가 선포하였다. "하나님 아버지 앞에서 정결하고 더러움이 없는 경건은 곧 고아와 과부를 그 환난 중에 돌아보고 또 자기를 지켜 세속에 물들지 아니하는 이것이니라"(약 1:27). 이와 유사하게, 바울은 고린도교인들에게 이렇게 편지하고 있다. "그러므로 주께서 말씀하시기를 너희는 저희 중에서 나와서 따로 있고 부정한 것을 만지지 말라. 내가 너희를 영접하여 너희에게 아버지가 되고 너희는 내게 자녀가 되리라. 전능하신 주의 말씀이니라 하셨느니라"(고후 6:17-18). 순결하고 구분된 삶을 살라는 이러한 호소들은 우리가 하나님 자신의 백성들이라는 사실에 근거하고 있다. 우리의 관계와 행동은 세상의 그것들과는 구분되어야 한다.

삶의 실제 행동에 대해서 이런 원리들을 적용하는 것이 다른 사람들에게는 다른 것들을 의미하였다. 어떤 사람들에게는 이것이 이 세상의 지혜를 피하는 것, 즉 세속적인 학문을 피하는 것을 의미하였다. 다른 사람들에게는 이것은 교리나 생활 양식에 있어서 순결하지 않은 교회들이나 교회 단체들로부터의 분리를 의미하였다. 또 다른 사람들에게는, 이것은 자기의 믿음과 삶이 그것에 의하여 오염되지 않기 위해서, 비기독교인인 사람들과는 어떠한 깊거나 혹은 오랜 교제를 철회하는 것을 의미하였다. 이것은 또한 담배를 피우거나 술을 마시거나, 사교춤을 추거나, 또는 극장에 가는 것과 같은 어떤 개인적인 습속들을 삼가는 것을 의미하였다. 어떤 집단들은 분리에 대한 이러한 이해들 가운데 몇가지를 채택하였다.[19]

다른 한편으로, 최근에 몇몇 복음적인 집단에서 세속화를 향한 운동이 또한 있었다. 이 운동은 몇가지 형태를 띠었다. 그것들 가운데 하나는 교육적이고 학구적이다. 그것의 표명된 견해들 가운데에는 기독교의 교육 제도들을 그들의 세속적인 상대편의 대등한 제도들로 만들려 하거나, 혹은 세속적인 제도에서, 특히 대학원 수준에서 자신의 교육을 얻으려 하거나, 혹은 더 넓은 범주에서 수행되는 학문에 자신을 관련시키려는 소원들이 있다.

또한 교회적인 형태의 세속화가 있었다. 20세기 초반에 보수주의자들은 신학적으로 자유주의적인 것으로 인식되었던 집단들로부터 물러나는 일을 종종 선택하였

---

19) 예를 들어, John R. Rice, *The Ruin of a Christian*(Murfreesboro, Tenn.：Sword of the Lord, 1944), pp. 13-40을 보라.

다. 이것은 그레샴 메첸(J.Gresham Machen)과 오스왈드 앨리스(Oswald T.Allis), 로버트 딕 윌슨(Robert Dick Wilson), 그리고 프린스턴 신학교로부터 갈라져 나와 궁극적으로 모(母) 교파인, 미국 장로교회에서 떠밀려 나온 다른 사람들에 의하여 웨스트민스터 신학교가 1929년에 설립되었을 때의 사실이었다.[20] 정규 침례교도 협회(the General Association of Regular Baptists)의 형성과 보수적 침례교 협회(the Conservative Baptist Association)의 형성은 같은 현상의 실례들이다.[21] 그러나 어떤 복음주의자들은 신학적으로 좌파로 흘러간 모(母)교파들의 한 부분으로 남기로 선택하였다. 외부에서보다는 내부에서 더 큰 영향력을 가질 수 있다는 것이 이들 복음주의자들의 느낌이었다.[22]

나아가서, 덜 분리주의적인 사회적 태도를 향한 운동이 있었다. 이것은 개인적인 수준에서 적용된다. 가까운 개인적인 우정들이 비기독교인들과 더불어 지속된다. 이것은 또한 더 넓은 수준에서도 적용된다. 복음주의자들은 이제 사회의 비기독교적인 부분들 속에서 살고 일하는 것, 즉 기독교적인 헌신이나 그것과 모순되는 헌신에 대하여 어떠한 명백한 요구도 내세우지 않는 단체의 일원들이 되는 것을 선택하고 있다. 그리고 마지막으로, 어떤 복음주의자들은 이전에는 금기였던 개인적인 습속들을 받아들였다. 예를 들어, 스스로를 복음주의자들이라고 밝히는 어떤 사람들은 이제 술마시는 일과 담배를 피우는 일, 그리고 심지어는 외설스런 단어들을 사용하는 일에 빠져 있다.[23]

이러한 긴장을 지닌 각 측면의 어떤 형태들을 지지해 주는 성경적인 근거가 존재한다. 한편으로, 우리는 순결하고 거룩하신 하나님께 속해 있기 때문에, 우리도 마찬가지로 순결해야 한다는 성경의 가르침이 확실히 존재한다. 그러나 우리가 세상의 소금과 빛이 되어야 한다는 예수의 가르침도 역시 존재한다(마 5:13-16). 우리는 기독교의 진정시키는 효력이 필요한 세계 속에서 우리의 영향력이 느껴지도록 만들어야 한다. 우리의 특수성을 여전히 유지하면서 사회의 구조들 속에 영향을 미치기 위하여, 소금과 빛으로서의 우리의 특성은 섬세한 균형이 필요하다. 각 그리스도인은 그가 어떻게 그것을 가장 잘 성취할 수 있는지를 기도하면서 올바로 결정해야 할

---

20) Ned B. Stonehouse, *J.Gresham Machen: A Biographical Memoir*(Grand Rapids:Eerdmans, 1954),pp.430-68.
21) Robert G.Torbet, *A History of the Baptists*(Philadelphia:Judson,1950), pp.440-52.
22) Edward J.Carnell, *The Case for Orthodox Theology*(Philadelphia: Westminster,1959), pp.132-37.
23) Richard Quebedeaux, *The Worldly Evangelicals*(San Francisco: Harper and Row,1978), p.119.

필요가 있다. 야고보가 주장한 이상, 즉 연민과 자비의 행위를 실천하는 것과 또한 우리 자신을 세속에 물들지 않게 하는 이 두 가지가 우리의 목표여야 할 것이다.

### 구약 신자들의 구원

직접적이고 실제적인 중요성은 없지만, 그 영향이 멀리까지 파급되는 함의들을 지닐 수도 있는 한 가지 문제는 구약 신자들의 지위이다. 그들의 구원은 오순절 이후의 신자들의 그것과 같은 근거 위에 존재하였는가? 그리스도인의 삶에 대한 그들의 주관적인 경험은 우리가 오늘날 갖고 있는 것과 같았는가? 만약 차이점들이 있다면, 우리가 구약을 해석하고 적용하는 방식에 그들이 어떻게 영향을 미치고 있는가?

율법의 지위에 대한 우리의 연구에서, 우리는 칭의가 신약 시대에서와 같이 구약 시대에서도 동일한 근거 위에 있었음을 주목하였다. 이것은 공로가 아니라 믿음으로 말미암은 것이었다. 그러나 구원의 다른 양상들에 대해서는 어떠한가?

중생은 구약의 신자들과 관련하여 특별히 문제가 되는 주제이다. 어떤 신학자들은 오순절까지는 성령이 아직 부어지지 않았고, 그럴 수도 없을 것이기 때문에, 구약의 신자들이 중생함을 받지 않았으며, 그럴 수도 없었다고 매우 단호하게 진술하였다. 이러한 입장을 주장하는 대표자가 루이스 스페리 췌퍼(Lewis Sperry Chafer)이다.

> 신자들과 관련되어 있는 성령의 현재 사역들 — 중생, 내주하심, 세례주심, 인치심과 채우심 — 가운데, 구약의 성도들이 이것들을 경험하였는지에 관해서는 사실상 어떤 것도 언급되지 않았다 … 구약의 성도들은 이러한 축복들을 단지 이론적으로만 부여받았다 … 구약에서 유대인들이 구원받지 않은 상태에서 구원받은 상태로 옮겨갔는지에 관한 기록을 찾거나, 혹은 그러한 변화가 보증될 수 있는 용어들과 관련된 어떤 선언이 있는지를 찾는 것은 헛된 일일 것이다 … 각 신자들이 성령의 불변하는 성전이 되는 성령의 영구적인 내주하심의 개념은 이 시대의 교회에만 속하는 것이며, 유대교의 저장품들 속에서는 어떤 자리도 갖고 있지 않다.[24]

이 입장은 중생이 오직 성령으로 말미암은 내주하심과 연결되어 있을 때에만 일어날 수 있다는 신념으로부터 도출된 추론적인 결론이라는 사실을 명심하라. 그러나 구약의 신자들이 중생함을 받지 못했다는 실제적인 증거는 없다. 다른 한편으로, 구약(혹은 오순절 이전의) 시대에 중생이 일어났음을 입증해주는 몇가지 성경의 고찰

---

24) Lewis Sperry Chafer, *Systematic Theology*(Dallas: Dallas Seminary, 1948), vol.6, pp.73-74.

들이 존재한다.

한 가지 주요한 고찰은 구약의 성도들의 지위를 묘사하기 위하여 사용된 언어가 신약의 신자들의 중생을 묘사하는 언어와 매우 유사하다는 것이다. 모세는 이스라엘 내의 두 집단을 구별하하였다. 그들의 심중을 강퍅케 하여 행하는 자들이 있었다(신 29:19-20). 그들은 "완고하고", "목이 곧은" 것으로 언급되었다(출 32:9; 33:3,5; 34:9; 신 9:6,13; 겔 2:4). 이와 유사한 개념이 스데반에 의해 이렇게 표현되었다. "목이 곧고 마음과 귀에 할례를 받지 못한 사람들"(행 7:51). 이제 이 서술들을 신명기 30:6에 나오는 모세의 약속과 대조해 보라. "네 하나님 여호와께서 네 마음과 네 자손의 마음에 할례를 베푸사 너로 마음을 다하며 성품을 다하여 네 하나님 여호와를 사랑하게 하사 너로 생명을 얻게 하실 것이며." 이 대조는 마음에 할례를 받은 사람들과 그렇지 않은 사람들 사이에 있다.

바울은 이러한 표현을 명백히 밝히고 있다. "대저 표면적 유대인이 유대인이 아니요 표면적 육신의 할례가 할례가 아니라 오직 이면적 유대인이 유대인이며 할례는 마음에 할지니 신령에 있고 의문에 있지 아니한 것이라. 그 칭찬이 사람에게서가 아니요 다만 하나님에게서니라"(롬 2:28-29). 아서 루이스(Arthur Lewis)는 이렇게 주석하고 있다. "따라서 바울은 유대인의 총수 안에 언제나 그들의 마음을 하나님의 뜻에 부합되도록 변경하면서, 그들 모두가 믿음으로 구원받고 안으로부터 정결하게 된 일단의 참된 유대인이 있었다고 가르쳤고 믿었다."[25]

구약과 신약 신자들의 상태를 묘사하는 언어의 유사성 이외에도, 인간의 마음 속에서의 변화들에 대한 구약 성경의 묘사들은 신생에 대한 신약성경의 묘사를 강하게 닮아 있다. 사무엘은 사울에게 "네게는 여호와의 신이 크게 임하리니 너도 그들과 함께 예언을 하고 변하여 새 사람이 되리라"(삼상 10:6)고 말했다. 이 약속은 즉시 성취되었다. "[사울이] 사무엘에게서 떠나려고 몸을 돌이킬 때에 하나님이 새마음을 주셨고 그 날 그 징조도 다 응하니라"(9절). 하나님의 영이 사울에게 강하게 임하였고 그는 예언하였다. 이사야 57:15에서 하나님은 "겸손한 자의 영을 소성케 하며 통회하는 자의 마음을 소성케 하려는" 그의 의도를 선언하신다. 이 히브리어 동사는 문자적으로 "살게 하는 것"[26] 을 의미한다. 에스겔서에서 두번이나(11:19-20; 36:25-26) 하나님은 돌같은 마음을 새로운 마음, 즉 인간의 마음으로 바꾸실 것을 약속하셨다. 이 모든 언급들은 단순히 비유적인 표현들 이상의 것으로 나타난다.

---

25) Arthur H. Lewis, "The New Birth Under the Old Covenant," *Evangelical Quarterly* 56, no.1(January 1984):37.
26) Brown, Driver, and Briggs, *Lexicon*, p.311.

그들이 묘사하고 있는 것은 예수께서 니고데모에게 설명하셨던 것과 같은 변형이다. 우리는 예수가 오순절 이전에 니고데모에게 잘 말씀하셨던 것을 주목해야 한다. 그가 향후 몇년 뒤까지는 활용할 수 없을 어떤 것을 묘사하고 있었다는 것, 혹은 사도들이 오순절이 될 때까지 거듭나지 않았다는 것을 믿기는 어렵다.

그러나 여기에서 우리의 관심을 끄는 문제는 구약의 성도들이 성화를 경험하였는가 하는 것이다. 구약 성경에서 우리가 신약 성경이 "성령의 열매"라고 부르는 것의 탁월한 사례들을 발견한다는 것은 중요하다. 예를 들어, 노아와 욥은 둘 다 의인이었고, 행위가 완전하였다(창 6:9; 욥 1:1,8)는 사실을 주목하라. 아브라함의 믿음과 요셉의 선함, 모세의 온유함, 솔로몬의 지혜, 그리고 다니엘의 자제심에 대하여 특별히 주목해야 한다. 이 사람들은 성령의 내주하심을 경험하지 않았지만, 확실히 그의 영향력 아래 놓여 있었다.[27]

우리가 언급하였던 유사성들을 대비해 보면, 구약의 신자들이 소유했고 경험한 구원은 신약 성경의 다양성과 두 가지 면에서 다르다. 전적으로 그리스도의 사역에 의존하고 있는 반면에, 구약 성경의 은혜는 간접적으로 주어졌다. 구약의 신자들은 그 은혜가 초래되었는지를 알지 못하였다. 그들은 자기들의 의가 예정된 것임을 이해하지 못했다 ― 이것은 하나님의 성육신하신 아들의 미래의 죽음에 의하여 성취되었다. 그 은혜는 또한 제사장들과 희생제에 의하여 매개되었다. 이것은 예수 그리스도와의 직접적인 인격적 관계를 통하여 일어나지 않았다. 두번째 차이점은 구약 성경의 은혜의 상대적인 외형성에 놓여 있다. 성령은 내부에 거하시지 않았고, 예를 들어 기록되고 구전된 말씀을 통하여 외적인 영향력을 발휘하셨다. 하나님의 현존은 성막과 성전 안에 있는 성소와 지성소에 의하여 가시적으로 표현되었다. 율법은 나중에 사실로 되었듯이(요 14:26), 성령이 마음에 진리를 전하시는 것이라기보다는 외적으로 기록된 법전이었다. 그러나 이러한 차이점들에도 불구하고, 구약의 성도는 신약의 신자와 같이, 믿음과 하나님의 계명들에 대한 복종을 통하여 거룩하게 되었다. 이러한 영적인 과정은 하나님의 사역이었다.

만약 구약 신자들의 구원과 오순절 이후의 그리스도인들의 구원 사이에 근본적인 차이가 있다고 한다면, 우리는 신약성경에서 발견하는 양식이 변화되기 쉬운 변덕스러운 형태라고 생각하기가 쉬울 것이다. 그러나 구원의 본질이 점진적인 계시에 기인하는 단지 소수의 변화들만을 지니고 있으면서, 광범위하게 상이한 시대와 문화를 가로질러 불변한 채로 남아 있다는 사실은 신약의 구원 양식도 역시 마찬가지로 우리의 구원 양식이 되어야 한다는 것을 지적하고 있다.

---

27) Lewis, "New Birth," p.40.

  우리가 살펴본 대로, 그리스도인의 삶은 인간이 구원받고 그 다음에는 단순히 그 지식 속에서 머무르는 정적인 문제가 아니다. 이것은 그리스도인 자신의 힘이 아니라, 성령의 능력 안에서 그리고 성령의 인도에 의하여 살아가는 성장과 발전의 과정이다. 그리고 이것은 도전과 만족의 과정이다.

# 47

# 구원의 완성

견인
    칼빈주의의 견해
    알미니우스주의의 견해
    이 문제에 대한 해결책
영화
    "영광"의 의미
    신자의 영화

그리스도인들은 두 가지의 경험이 그들 앞에 놓여 있다는 것을 알고 있다. 이 경험들 중의 하나는 육체적인 죽음 혹은 이 세상에서의 삶의 종말이다. 다른 것은 그 이후에 오는 삶, 즉 이 생애와 세상 너머에 있는 영원이다. 신자는 전자에서 살아남을 것이며 후자를 통하여 내내 축복받는 존재가 될 것으로 확신하고 있다. 이 장에서 우리는 두 가지 주요한 주제들을 논의하게 될 것이다. 첫째로, 하나님의 은혜로 말미암아 보존된, 그리스도인들은 이생에서의 모든 시련들과 유혹들을 성공적으로 견딜 것이며, 죽음에 이를 때까지 주님께 진실하게 남아 있을 것이다. 이것을 우리는 "견인"(perseverance)이라고 부른다. 둘째로, 내세의 삶은 현재의 삶의 특성의 단순한 연장이 아니라, 그것의 완성일 것이다. 우리가 현재 경험하고 있는 제한들은 사라질 것이다. 이것을 우리는 "영화"(glorification)라고 부른다.

## 견인(堅忍)

진정으로 중생하고, 의롭다 함을 받고, 하나님에 의해서 양자로 입양되고, 또한 예수 그리스도와 연합된 신자는 그러한 관계 속에서 존속될 것인가? 다른 말로 하면, 그리스도인이 된 사람은 항상 그렇게 계속 남아 있을 것인가? 그리고 만약 그렇다면, 어떤 근거에서인가? 이 문제는 실제적인 그리스도인의 삶의 견지에서 볼 때 상당한 중요성을 갖고 있다. 한편으로, 만약 구원이 영원하다는 어떠한 보장도 없다면, 신자들은 그리스도인의 삶의 주요한 과제들로부터 떨어져 나올 상당한 불안과 위험을 경험할 수도 있을 것이다. 다른 한편으로, 만약 우리의 구원이 절대적으로 안전하다면, 즉 우리가 행하는 것이나 우리의 삶이 어떠한가와는 전혀 상관없이 보존된다면, 그 결과로서 복음의 도덕적이고 영적인 요구들에 대한 일종의 권태나 무관심이 있게 될지도 모르며, 그 마지막 결과는 심지어 방종으로 끝날 수도 있다. 그러므로, 신자의 보호에 대한 성경의 가르침을 결정하는 것은 어떠한 시간과 노력이 필요하다 하더라도 가치가 있는 일이다.

### 칼빈주의의 견해

신자의 구원이 절대적으로 안전한가에 관한 문제와 관련하여 두 가지 주요한 입장들, 즉 칼빈주의의 입장과 알미니우스주의의 입장이 받아들여졌다. 이 두 입장들은 어떤 개념들을 공통적으로 주장한다. 그들은 하나님이 전능하시고 신실하시며, 기꺼이 약속을 지키시고 또한 지키실 수 있다는데 동의한다. 그들은 적어도 그것들의 통상적인 형태에서는 구원이 인간의 공로에 의해서 얻어지지도 않고 유지되지도 않는다는 사실에 동의한다. 그들은 (비록 성령이 다른 사람들에게서보다도 어떤 그리스도인들 안에서 좀더 충분히 임재하시고 활동하시는지에 관해서는 약간의 불일치가 있을 수도 있지만) 성령이 모든 신자들 안에서 활동하신다는 데에는 의견을 같이 하였다. 양자가 다 하나님에 의해서 공급되는 구원의 완전성을 확신하고 있다. 그들은 둘다 자신이 지금 구원을 소유하고 있다는 사실을 신자가 실제로 알 수 있다고 주장한다. 그러나 공통적으로 주장되는 이런 모든 신념들과 더불어, 이 둘 사이에는 여전히 중요한 차이점들이 존재한다.

칼빈주의의 입장은 이 문제에 관하여 분명하고도 솔직하다. "하나님께서 그의 사랑하시는 자 안에서 용납하시고, 그의 성령으로 말미암아 효과적으로 부르시고 거룩하게 하신 사람들은 전적으로나 최종적으로 은혜의 상태로부터 떨어져 나갈 수 없고, 마지막까지 그 가운데에서 확실히 견디어 낼 것이며, 영원히 구원받게 될 것이다."[1] 이러한 특징은 칼빈주의의 나머지 신학 체계에서도 일관된다. 하나님께서 대부분의 타락한 인류로부터 영생을 얻도록 어떤 개인들을 선택하셨고, 또한 그렇게 선택된 사람들은 반드시 영생을 얻게 될 것이기 때문에, 그들의 구원에 영속성이 있어야 한다는 사실이 따라온다. 만약 선택된 자들이 어떤 시점에서 그들의 구원을 잃어버릴 수 있다면, 그들을 영생으로 선택한 하나님의 선택은 진실로 유효하지 않을 것이다. 따라서 로레인 뵈트너(Loraine Boettner)가 주장하는 대로, 칼빈주의자들이 이해하는 선택론도 역시 마찬가지로 견인이 필요하다.

> 이 교리(견인)는 고립되어 있지 않고 칼빈주의적인 신학 체계의 필수적인 한 부분이다. 선택과 효과적 부르심의 교리들은 논리적으로 이러한 축복들을 받은 사람들의 확실한 구원을 포함한다. 만약 하나님께서 사람들을 절대적이고 무조건적으로 영생으로 선택하셨다면, 그리고 만약 그의 성령이 그들에게 구속의 은혜를 효과적으로 적용한다면, 피할 수 없는 결론은 이 사람들이 구원받을 것이라는 사실이다.[2]

그러나 칼빈주의자들이 견인의 교리를 고수하게 하는 것은 논리적인 일관성뿐만이 아니다. 이 교리를 독자적으로 지지하는데 사용되는 수많은 성경의 가르침들이 있다. 그것들 가운데 하나님이 공급하시는 구원의 파괴할 수 없는 특성을 강조하는 일단의 본문들이 있다.[3] 한 가지 예가 베드로전서 1:3-5이다. "찬송하리로다 우리 주 예수 그리스도의 아버지 하나님이 그 많으신 긍휼대로 예수 그리스도의 죽은 자 가운데서 부활하심으로 말미암아 우리를 거듭나게 하사 산 소망이 있게 하시며 썩지 않고 더럽지 않고 쇠하지 아니하는 기업을 잇게 하시나니 곧 너희를 위하여 하늘에 간직하신 것이라. 너희가 말세에 나타내기로 예비하신 구원을 얻기 위하여 믿음으로 말미암아 하나님의 능력으로 보호하심을 입었나니." 우리의 기업이 생생하고 강하다는 사실을 묘사하기 위하여 세 가지 형용사들이 사용되었다. 이것들은 전쟁 중에 한 나라를 파괴하는 방식으로 파괴될 수 없는 우리의 구원에 대해서 말하고 있다. 이것은 더러운 어떤 것을 도입함으로써 부패하거나 썩지 않을 것이다. 그리고 이것은 어떤 영향력들이 그것에 미치게 된다 하더라도, 결코 쇠하지 않을 것이다. 이 구원은 그것에 대한 영원한 특성을 지니고 있으며, 또한 그것은 계속되리라!

신적인 사랑의 영속성과 능력을 강조하는 다양한 본문들이 또한 견인의 교리를 지지한다.[4] 한 가지 그러한 증거가 로마서 8:31-39에 나오며, 38절과 39절에서 절정에 달하는 바울의 진술 속에서 발견된다. "내가 확신하노니 사망이나 생명이나 천사들이나 권세자들이나 현재 일이나 장래 일이나 능력이나 높음이나 깊음이나 다른

---

1) Westminster Confession of Faith 17.1.
2) Loraine Boettner, *The Reformed Doctrine of Predestination*, 8th ed. (Grand Rapids: Eerdmans, 1958), p. 182.
3) John Murray, *Redemption — Accomplished and Applied* (Grand Rapids: Eerdmans, 1955), p. 155.

아무 피조물이라도 우리를 우리 주 그리스도 예수 안에 있는 하나님의 사랑에서 끊을 수 없으리라." 이 본문은 신자의 삶 속에서 계속되는 하나님의 일하심을 분명히 지적하고 있다. 그리스도는 우리에게 단순히 영생을 주시고 그 다음에는 우리를 인간적인 자기 노력에 내어 맡기시지 않는다. 오히려, 그 안에서 시작된 사역은 그것이 완성될 때까지 계속된다. "너희 속에 착한 일을 시작하신 이가 그리스도 예수의 날까지 이루실 줄을 우리가 확신하노라"(빌 1:6). 더구나, 그리스도는 우리를 위하여 끊임없이 간구하신다고 한다(히 7:25). 예수는 아버지께서 항상 그의 기도들을 들으신다고 말씀하셨기 때문에(요 11:42), 우리를 위한 이러한 간구의 기도들이 유효하다는 사실이 따라온다. 그리고 그리스도가 아버지의 오른편에서 중보하실 뿐만 아니라, 성령도 우리를 위하여 간구하신다(롬 8:26). 따라서, 우리가 어떻게 혹은 무엇으로 기도해야 할지를 알지 못할 때에도, 우리를 위하여 기도가 드려진다.

칼빈주의의 입장에 대한 지지는 또한 우리가 어떠한 장애물들이나 유혹들이 닥쳐올 때에도 하나님의 예비하심들을 통하여 그것을 대처하거나 극복할 수 있을 것이라는 성경적인 확신에 의하여 주어지고 있다. 우리의 주인은 그의 종인 우리들이 심판에도 불구하고 설 수 있게 해 주실 것이다(롬 14:4). 그는 유혹들을 대처할 수 있는 방법을 제공하신다. "사람이 감당할 시험밖에는 너희에게 당한 것이 없나니 오직 하나님은 미쁘사 너희가 감당치 못할 시험 당함을 허락지 아니하시고 시험 당할 즈음에 또한 피할 길을 내사 너희로 능히 감당하게 하시느니라"(고전 10:13).

그러나 칼빈주의자들은 이 문제와 관련하여 가장 큰 격려의 원천을 주께서 지키시겠다는 직접적인 약속들 속에서 발견한다. 가장 솔직한 것 중의 하나는 제자들을 향한 예수의 진술이다. "내 양은 내 음성을 들으며 나는 저희를 알며 저희는 나를 따르느니라. 내가 저희에게 영생을 주노니 영원히 멸망치 아니할 터이요 또 저희를 내 손에서 빼앗을 자가 없느니라. 저희를 주신 내 아버지는 만유보다 크시매 아무도 아버지 손에서 빼앗을 수 없느니라. 나와 아버지는 하나이니라"(요 10:27-30). 따라서, 바울은 주의 지키심에 대하여 완전한 확신을 갖고 있었다. "이를 인하여 내가 또 이 고난을 받되 부끄러워하지 아니함은 나의 의뢰한 자를 내가 알고 또한 나의 의탁한 것을 그 날까지 저가 능히 지키실 줄을 확신함이라"(딤후 1:12).

이외에도 많은 칼빈주의자들은 다른 교리들로부터 견인에 대한 그들의 견해를 또한 추론한다.[5] 그것들 가운데에 그리스도와의 연합의 교리가 있다. 만약 신자들이 그리스도와 하나가 되었고 그의 생명이 그들을 통해서 흘리간다면(요 15:1 11), 어떤 것이 그 관계를 파기할 수 있다는 것은 상상할 수 없는 일이다. 루이스 벌코프는

---

4) Boettner, *Predestination*, p.185.

이렇게 말하였다. "그들이 이 몸으로부터 다시 제거되고, 따라서 신적인 이상을 좌절시키는 것은 불가능하다."[6] 신생의 교리, 즉 성령께서 신자에게 새로운 본성을 주신다는 교리도 역시 견인의 교리를 지지한다. 요한은 이렇게 말하고 있다. "하나님께로서 난 자마다 죄를 짓지 아니하나니 이는 하나님의 씨가 그의 속에 거함이요 저도 범죄치 못하는 것은 하나님께로서 났음이라"(요일 3:9). 만약 구원이 상실될 수 있다면, 중생에 대한 파기도 있어야 할 것이다. 그러나 이런 일이 있을 수 있는가? 영적인 죽음이 성령이 거하시는 사람에게, 즉 이미 영생을 받은 사람에게 실제로 올 수 있는가? 이것은 틀림없이 불가능한 일이다. 왜냐하면 영생은 정의상 영원하기 때문이다.

마지막으로, 견인은 우리가 구원을 확신할 수 있다는 성경의 가르침을 포함하고 있다. 여기에서 관련되는 인용절에는 히브리서 6:11; 10:22, 그리고 베드로후서 1:10이 포함된다. 아마도 이 모든 것들 가운데 가장 분명한 것은 요한일서에서 발견될 것이다. 하나님께서 그의 아들 안에서 우리에게 영생을 주셨다는 몇가지 증거들(성령과 피와 물의 증거)을 인용하면서, 사도는 이렇게 요약하고 있다. "내가 하나님의 아들의 이름을 믿는 너희에게 이것을 쓴 것은 너희로 하여금 너희에게 영생이 있음을 알게 하려 함이라"(요일 5:13). 만약 구원을 상실하는 일이 가능하다면, 어떻게 사람이 이런 확신을 가질 수 있겠는가? 우리가 그러한 확신을 가지고 있다는 사실은 우리의 구원이 틀림없이 안전하다는 것을 의미한다.

### 알미니우스주의의 견해

알미니우스주의자들은 전혀 다른 입장을 취한다. 견인의 문제에 관한 그들의 견해의 초기의 진술들 가운데 하나는 항변파(Remonstrants)의 그것이다. 도르트 회의에 제출된 "항변파의 선언"(Sententia Remonstrantium)에서 상술(詳述)된 입장은 단지 넘어지는 것이 가능하다는 사실만을 주장하므로[7], 많은 점에서 상당히 온건하지만, 알미니우스주의의 입장에 대한 후기의 진술들은 좀더 강한 어조를 갖고 있다. 이것들은 성경적인 자료와 경험적인 현상들 양자에 근거하고 있다.

알미니우스주의자들이 견인의 문제와 관계 있는 것으로 인용하는 첫번째 부류의 성경 자료들은 배교에 대한 경고들로 이루어져 있다. 예수는 그의 제자들에게 미혹

---

5) Augustus H.Strong, *Systematic Theology*(Westwood,N.J.: Revell,1907), p.882.

6) Louis Berkhof, *Systematic Theology*(Grand Rapids: Eerdmans,1953), pp.547-48.

7) *Sententia Remonstrantium* 5.3.

받을 위험에 대해 경고하셨다(마 24:3-14). 그는 이와같이 명확하게 말씀하셨다. "너희가 사람의 미혹을 받지 않도록 주의하라"(4절). 그리고 그의 재림 전에 일어날 여러 가지 사건들을 묘사한 후에, 그는 이렇게 덧붙이셨다. "거짓 선지자가 많이 일어나 많은 사람을 미혹하게 하겠으며 불법이 성하므로 많은 사람의 사랑이 식어지리라. 그러나 끝까지 견디는 자는 구원을 얻으리라"(11-13절). 만약 그들이 넘어지고 따라서 자기들의 구원을 잃어버리는 일이 가능하지 않았다면, 예수가 제자들에게 그런 경고를 말씀하셨겠는가? 성경의 다른 부분들에도 이와 유사한 경고들이 존재한다. 칼빈주의자들이 자신들의 입장을 입증하기 위하여 종종 인용하는 바울은, 구원에 조건적인 성격이 존재한다는 사실을 암시하였다. "전에 악한 행실로 멀리 떠나 마음으로 원수가 되었던 너희를 이제는 그의 육체의 죽음으로 말미암아 화목케 하사 너희를 거룩하고 흠없고 책망할 것이 없는 자로 그 앞에 세우고자 하셨으니 만일 너희가 믿음에 거하고 터 위에 굳게 서서 너희 들은 바 복음의 소망에서 흔들리지 아니하면 그리하리라"(골 1:21-23a). 바울은 또한 고린도인들에게 경고하였다. "그런즉 선 줄로 생각하는 자는 넘어질까 조심하라"(고전 10:12).

히브리서 기자는 특별히 열정적으로, 넘어질 위험들과 깨어 있는 일의 중요성에 대하여 몇차례나 독자들의 주의를 환기시키고 있다. 한 가지 주목할 만한 보기가 히브리서 2:1이다. "그러므로 모든 들은 것을 우리가 더욱 간절히 삼갈지니 혹 흘러 떠내려갈까 염려하노라." 약간 다른 명령이 3:12-14에서 발견된다. "형제들아 너희가 삼가 혹 너희 중에 누가 믿지 아니하는 악심을 품고 살아 계신 하나님에게서 떨어질까 염려할 것이요 오직 오늘이라 일컫는 동안에 매일 피차 권면하여 너희 중에 누구든지 죄의 유혹으로 강퍅케 됨을 면하라. 우리가 시작할 때에 확실한 것을 끝까지 견고히 잡으면 그리스도와 함께 참여한 자가 되리라." 알미니우스주의자들은 이렇게 말한다: "만약 신자가 넘어질 수 없다면 왜 그런 경고들이 주어졌는지를 이해하기 어렵다."[8]

알미니우스주의자들은 신자들에게 계속해서 믿음 안에 있으라고 권고하는 본문들을 또한 인용한다. 우리가 방금 주목한 것과 같은 경고들과 함께 종종 나타나는, 이러한 신실성에 대한 권고들 가운데 한 예가 히브리서 6:11-12이다. "우리가 간절히 원하는 것은 너희 각 사람이 동일한 부지런을 나타내어 끝까지 소망의 풍성함에 이르러 게으르지 아니하고 믿음과 오래 참음으로 말미암아 약속들을 기업으로 받는 자들을 본받는 사 되게 하려는 것이니라." 바울은 자신의 부지런함과 신실히게 남아 있으려는 노력들에 대하여 증거하였다. "내가 내 몸을 쳐 복종하게 함은 내가 남에

---

8) Dale Moody, *The Word of Truth: A Summary of Christian Doctrine Based On Biblical Revelation*(Grand Rapids: Eerdmans, 1981), pp. 350-54.

게 전파한 후에 자기가 도리어 버림이 될까 두려워함이로라"(고전 9:27). 버림받지 않으려고 하는 바울의 절박한 노력들은 그의 구원조차도 상실될 수 있다는 것을 암시한다.

알미니우스주의자들은 또한 사람들이 배교한다고 명백하게 가르치는 인용절들에 그들의 견해를 근거시키고 있다.[9] 히브리서 6:4-6은 아마도 가장 일반적으로 인용된 솔직한 사례일 것이다. "한번 비췸을 얻고 하늘의 은사를 맛보고 성령에 참여한 바 되고 하나님의 선한 말씀과 내세의 능력을 맛보고 타락한 자들은 다시 새롭게 하여 회개케 할 수 없나니 이는 자기가 하나님의 아들을 다시 십자가에 못 박아 현저히 욕을 보임이라." 또다른 예는 히브리서 10:26-27이다. "우리가 진리를 아는 지식을 받은 후 짐짓 죄를 범한즉 다시 속죄하는 제사가 없고 오직 무서운 마음으로 심판을 기다리는 것과 대적하는 자를 소멸할 맹렬한 불만 있으리라." 이 인용절들은 구원을 경험한 이후에, 그것을 떠난 사람들에 대한 명백한 진술들이다.

그러나, 성경은 이러한 추상적인 수준에 단순히 머물러 있지 않는다. 이것은 또한 배교하였거나 넘어진 특정한 사람들의 구체적인 사례들을 기록하고 있다.[10] 가장 생생한 것 중의 하나는 구약 성경에 나오는 사울 왕의 사례이다. 그는 이스라엘 왕으로 선택받고 기름부음을 받았지만, 결국 너무나 불순종하여서 하나님께서 그가 기도하였을 때 응답하지 않으셨다(삼상 28:6). 하나님에 의해 거절되자, 사울은 왕으로서의 그의 지위를 잃어버렸으며 비극적인 죽음을 맞게 되었다. 배교에 대한 현저한 신약 성경의 예는 예수에 의해 열두 제자들 가운데 한 명으로 선택되었던 유다이다. 예수가 불신자를 그의 가장 친밀한 동료와 친구들 가운데 한 사람으로 의도적으로 선택하셨던 것인지 아니면 그가 자신의 선택에서 판단의 실수를 범하였든지 간에 알미니우스주의자들에게 이것은 상상할 수도 없는 일처럼 보인다. 결론은 분명하다. 즉 선택되었을 때, 유다는 신자였다. 그러나 유다는 예수를 배반하였고 분명히 그리스도를 믿는 믿음으로 돌아오지 않은 채로 자신의 삶을 끝마쳤다. 틀림없이 이것은 배교의 사례임에 분명하다. 언급된 다른 사람들에는 아나니아와 삽비라(행 5:1-11), 그리고 "양심을 버림으로써 그들의 믿음에 관하여 파선한" 후메내오와 알렉산더(딤전 1:19-20), 후메내오와 빌레도(딤후 2:16-18), 데마(딤후 4:10), 거짓 교사들과 그들을 따르는 사람들(벧후 2:1-2)이 포함된다. 알미니우스주의자들이 본 대로, 단지 가장 인위적인 추론의 흐름만이 이들 개인들이 믿음으로부터 떠난 실제적인 신자

---

9) I.Howard Marshall, *Kept by the Power of God*(London: Epworth, 1969), p.141.
10) Samuel Wakefield, *A Complete System of Christian Theology*, (Cincinnati:Hitchcock and Walden, 1869), pp.463-65.

들이었다고 하는 명백한 표현을 잘 설명할 수 있다.

알미니우스주의자들이 그들의 견해를 표명하는데에 두 가지 기본적인 방법들을 사용하고 있음을 주목하라. 첫째로, 그들은 배교하는 것이 가능하다고 명백하게 가르치는 교훈적인 인용절들에 초점을 맞추고 있다. 둘째로, 그들은 역사적인 현상들, 즉 명백하게 넘어진 특정한 사람들에 대해서 말하고 있는 성경 기사들을 지적하고 있다. 그러나, 저자가 일어난 일을 직접 설명할 때(예를 들어, 후메내오와 알렉산더가 그들의 믿음을 파선하였다고 바울이 주장할 때), 이들 특별한 인용절들은 실제로 교훈적인 자료로서 작용하고 있다. 알미니우스주의자들은 또한 역사나 그들의 현재 경험으로부터 한 때는 중생한 모든 외양을 나타냈지만 그 이후에 기독교 신앙의 모양을 버렸던 다양한 성경 외적인 사람들의 사례들을 지적하고 있다. 물론, 이런 사례들에서 논거의 흐름은 분명히 성경의 교훈보다는 경험적인 현상들에 근거하고 있다.

마지막으로, 알미니우스주의자들은 또한 견인에 대한 칼빈주의적 이해에 대하여 몇가지 실제적인 반대 의견들을 제기하고 있다. 이 반대 의견들 가운데 하나는 칼빈주의적 견해가 인간의 자유에 대한 성경적 개념과 모순된다는 것이다.[11] 만약 그리스도 안에 있는 사람들이 견뎌 내어 넘어지지 않을 것이 확실하다면, 그들이 배교를 선택할 수 없다는 것도 틀림없는 사실이어야 마땅하다. 그리고 만약 이것이 사실이라면, 그들은 자유로울 수 없다. 그러나 알미니우스주의자들이 지적하는 성경은 사람들을 자유로운 존재들로 묘사하는데, 그것은 그들이 하나님을 선택하라고 반복적으로 권고를 받고 있고 또한 그들의 행위들에 대하여 그에게 책임을 져야 하는 것으로 분명히 묘사되기 때문이다.

### 이 문제에 대한 해결책

우리는 두 가지 반대되는 견해들을 살펴 보았다. 우리는 그것들을 서로 간에 어떻게 관련시킬 수 있는가? 양 견해의 주창자들은 그들의 입장을 뒷받침하여 호소할 수 있는 설득력있는 논거들을 갖고 있다. 양자 안에 진리가 존재하는가? 아니면 우리는 이것이나 저것을 선택해야 하는가? 우리가 이 딜레마를 대처할 수 있는 한 가지 방법은 두 이론을 각각 뒷받침해주는 주요한 본문들로 사용되는 두 가지의 중요한 성경 인용절들을 조사하는 것이다. 이 인용절들은 요한복음 10:27-30과 히브리서 6:4-6이다.

요한복음 10:27-30에 나오는 예수의 말씀들은 보호에 대한 강력한 선언을 구성하고 있다. 28절은 특히 어조가 강하다. "내가 저희에게 영생을 주노니 영원히 멸망

---

11) Ibid., pp.465-66.

치 아니할 터이요 또 저희를 내 손에서 빼앗을 자가 없느니라.” “영원히 멸망치 아니할 터이요”라는 절에서, 요한은 가정법 부정과거와 함께 οὐ μή(우 메)라는 이중 부정을 사용하고 있는데, 이것은 어떤 것이 미래에 일어나지 않을 것임을 매우 강한 어조로 선언하는 것이다. 예수는 그의 양에 의한 극히 최소한의 배교의 기회도 절대적으로 배제하고 있다. 문자적인 번역은 다음과 같은 것이 될 것이다. “그들은 멸망치 않을 것이요, 반복하자면, 최소한의 기회에서도 결코 멸망치 않을 것이다.” 이러한 확언 다음에 아무도 신자들을 예수의 손이나 아버지의 손으로부터 빼앗을 수 없다는 진술들이 따라온다(28-29절). 이 인용절은 제기될 수 있는 한, 참된 신자가 넘어질 수 있다는 관념에 대한 명확한 거절이다.

알미니우스주의자들은 히브리서 6장이 그들의 입장을 위한 똑같이 강력한 사례를 제시한다고 주장한다. 이 인용절은 충분히 명확한 것으로 보인다. “한번 비췸을 얻고 하늘의 은사를 맛보고 성령에 참여한 바 되고 하나님의 선한 말씀과 내세의 능력을 맛보고 타락한 자들(배교한 자들)은 다시 새롭게 하여 회개케 할 수 없나니”(4-6절). 이 묘사는 분명히 믿음을 저버리고 그렇게 해서 그들의 구원을 잃어버린 진정으로 구원받은 사람들에 관한 것이다. 그러나, 이 인용절에서의 논점과 자료의 복잡성으로 인하여, 수많은 해석들이 생겨나게 되었다:

1. 저자는 그들의 구원을 잃어버린 진정으로 구원받은 사람들을 염두에 두고 있다.[12] 그들이 한번 자기들의 구원을 잃어버리면, 다시 그것을 얻을 어떠한 방법도 없다. 이 인용절에서 명백한 한 가지 항목은 많은 알미니우스주의자들이 무시하고 있는 논점으로, 그들을 구원으로 새롭게 할 수 없다는 것이다.

2. 고려되는 사람들은 결코 중생하지 않았다. 그들은 단순히 진리와 생명을 맛보았고, 단순히 하나님의 말씀에 접하였지만, 이러한 하늘의 은사들을 충분히 경험하지는 못하였다. 그들은 사실상 영적인 진리의 중심부로부터가 아니라, 그것의 주변으로부터 배교하였다.[13]

3. 고려되는 사람들은 참으로 영원히 구원받았으며, 그들은 상실되지 않았다. 그들의 구원은 진정한 것이며, 배교는 가설적이다. 즉, “만약”(if)이라는 절은 실제로 일어나지 않는다. 기자는 (하나의 불가능성인) 선택된 자들이 넘어질 때 그 사례가 어떻게 될 것인가를 단순히 묘사하고 있을 뿐이다.[14]

---

12) Marshall, *Power of God*, pp.140-47.
13) John Calvin, *Commentaries on the Epistle to the Hebrews*(Grand Rapids: Eerdmans, 1949), pp.135-40(히 6:4-6).

면밀히 조사해 볼 때, 두번째 설명은 받아들이기 어렵다. 묘사의 생생함과, 특별히 "성령에 참여한 바가 되고"라는 진술은 고려되는 사람들이 (적어도 한번은) 중생했다는 사실을 부인하는 것에 대하여 강력히 반대하고 있다. 그러므로 선택은 첫번째와 세번째 견해 사이에서 이루어져야 한다.

해석의 난점의 일부는 "만약 그 다음에 그들이 배교한다면" 혹은 "그들이 넘어진다면"(참고: 개역성경은 "타락한 자들"이라고 번역함)이라고 번역된 단어의 모호함에서 유래한다. 이 단어는 부사적인 분사인 παραπεσόντας(파라페손타스)이다. 그 자체로서, 이 단어는 많은 다른 방식으로 번역될 수 있다. 다나(H. E. Dana)와 줄리어스 맨티(Julius Mantey)는 부사적 분사의 열 가지 가능한 용법들을 목록에 올렸다. 예를 들어, 이것은 원인과 시간과, 양보, 그리고 여기에서의 우리의 목적을 위하여 중요한, 조건을 나타낼 수 있다.[15] 이렇게 해서 παραπεσόντας(파라페손타스)에 대한 한 가지 합리적인 번역은 "만약 그들이 넘어지면"이 될 수 있겠지만, 이것은 또한 "그들이 넘어질 때"와 "그들이 넘어지기 때문에"를 포함하여 몇가지 다른 방식으로도 번역될 수 있다. 이와 같은 경우들에 의미는 문맥에 근거하여 결정되어야 한다. 현재의 문맥에서 중요한 요소는 9절에서 발견된다. "사랑하는 자들아 우리가 이같이 말하나 너희에게는 이보다 나은 것과 구원에 가까운 것을 확신하노라." 이 절은 4-6절에 묘사된 사람들이 히브리서가 편지로서 전달된 사람들과는 달리, 실제로 구원받지 않았다는 것을 함의하는 것으로 이해될 수 있을 것이다. 그러나 우리는 이러한 해석에 주요한 난점이 있다는 사실을 살펴 보았다.

다른 가능성은 4-6절과 9절에 나오는 지시 대상들이 동일하다는 것이다. 그들은 넘어질 수 있었던 진정으로 구원받은 사람들이다. 4-6절은 만약 그들이 넘어졌다면 그들의 신분이 그러하였을 것이라고 선언한다. 그러나 9절은 그들이 넘어지지 않을 것이라는 진술이다. 그들은 넘어질 수 있었으나, 넘어지지 않을 것이다! 그들이 끝까지 존속한다는 것이 이 진리의 증거이다. 히브리서 기자는 그의 독자들이 넘어지지 않을 것임을 알고 있으며, 그들에 관한 더 좋은 일들, 즉 구원을 수반하는 일들을 확신하고 있다.[16] 그는 그들의 과거 행위와 사랑에 대해서 말하고(10절), 그들

---

14) Thomas Hewitt, *The Epistle to the Hebrews: An Introduction and Commentary*(Grand Rapids: Eerdmans, 1960), p. 110. Hewitt은 각각 "구원 받고 상실되었다는 이론"과 "비그리스도인이라는 이론", 그리고 "가설적인 이론"과 같은 세 가지 견해들을 언급하고 있다. 또한 Brooke Foss Westcott, *The Epistle to the Hebrews*(Grand Rapids: Eerdmans, 1962), p. 165를 보라.

15) H. E. Dana and Julius R. Mantey, *A Manual Grammar of the Greek New Testament*(New York: Macmillan, 1927), pp. 226-29.

16) Westcott, *Hebrews*, pp. 154, 165.

에게 동일한 부지런함으로 진정으로 계속 힘쓸 것을 권고하고 있다(11절). 그러므로 이 인용절의 전체 자료들은 넘어질 수 있었으나, 넘어지지 않을 진정한 신자들을 기자가 고려하고 있다는 것을 지적하는 것으로 보일 수 있을 것이다.

우리는 이제 요한복음 10장과 히브리서 6장을 서로 관련시킬 수 있다. 히브리서 6장은 진정한 신자들이 넘어질 수 있다(can)는 것을 지시하고 있지만, 요한복음 10장은 그들이 넘어지지 않을 것(will not)이라는 사실을 가르친다.[17] 논리적인 배교의 가능성이 존재하지만, 이것은 신자들의 경우에는 일어나지 않을 것이다. 비록 그들이 믿음을 버리고 그 결과로서 히브리서 6장에 묘사된 운명에 이르게 된다 하더라도, 하나님의 은혜는 그들이 배교하지 않도록 지키신다. 하나님은 신자들이 넘어지는 것을 불가능하게 만드심으로써가 아니라, 그들이 배교하지 않을 것을 확실하게 하심으로써 이 일을 행하신다. 할 수 있으나(can) 하지 않을 것(will not)이라는 사실에 대한 우리의 강조는 이치에 맞지 않는 것이 아니다. 이것은 개인의 자유를 보존한다. 신자들은 그들의 믿음을 포기할 수 있지만, 마음대로 그렇게 하는 것을 선택하지는 않을 것이다.

이 시점에서 어떤 사람은 이렇게 물을 수 있을 것이다. 만약 구원이 확실하고 영원하다면, 신자에게 주어진 경고들과 명령들의 논지는 무엇인가? 대답은 그것들은 하나님께서 구원받은 개인이 넘어지지 않을 것을 확실하게 하시는 방편들이라는 것이다.[18] 하나의 유비로서 어린 아이가 거리로 뛰쳐 나가서 차에 치일 것을 두려워하는 부모들의 입장을 생각해 보라. 부모들이 그런 일이 일어나지 않도록 예방하는 한 가지 방법은 마당 둘레에 울타리를 설치하는 것이다. 이것은 아이가 마당을 떠나지 않도록 예방하는 것이겠지만, 또한 아이의 자유를 없애버리게 될 것이다. 아이가 아무리 애를 썼다 하더라도, 그는 도저히 마당을 벗어날 수 없었을 것이다. 이것이 견인이 무엇인가에 대하여 사람들이 갖고 있는 관념이다. 또다른 가능성은 거리로 뛰쳐 나가는 일의 위험성과 조심하는 일의 중요성에 관하여 부모들이 아이를 가르치고 훈련시키는 것이다. 이것이 우리가 논의하고 있는 보호의 성격이다. 이것은 하나님께서 진정한 선택권을 제거하심으로써 배교를 불가능하게 하시는 것이 아니다. 오히려, 그는 우리가 계속해서 그에게 헌신하도록 동기를 불러 일으키시며, 성경 안에

---

17) 이 구분은 Marshall에게는 이해되지 않는 것처럼 보이는데, 그는 "가설적인 이론"을 "인용절의 명백한 의미를 회피하는 철저하게 궤변적인 이론이며, 기자가 묘사하고 있었던 것이 무엇이었든 간에 도저히 그의 독자들을 위협할 수 없었던 가공의 위험에 대한 어떠한 증거도 존재하지 않는 것"(*Power of God*, p.140)으로 간주하고 있다.

18) G.C.Berkouwer, *Faith and Perseverance*(Grand Rapids: Eerdmans, 1958), pp.83-124.

내포된 경고들을 포함하여, 모든 가능한 은혜의 방편들을 사용하신다. 그가 우리로 하여금 믿음 안에서 견딜 수 있게 하시기 때문에, 견인(perseverance)이라는 용어가 보존(preservation)보다 더 좋다.

성경이 실제적인 배교의 사례들을 기록하고 있다고 주장하는 것은 도대체 어떤 것인가? 면밀히 조사해 보았을 때, 이 예들은 처음에 얼핏보기보다는 훨씬 덜 인상적인 것으로 나타난다. 베드로의 사건과 같은 어떤 사례들은 배교라기보다는 타락(backsliding)으로 불러야 한다. 베드로가 그의 주를 부인한 것은 약해진 순간에 이루어진 일이었으며, 이것은 계획적이고 고의적인 모반의 행동이 아니었다. 그의 행동에는 어떠한 영속성도 없었다. 다른 한편으로, 사울 왕의 상황을 어떻게 분류해야 할지 알아보는 것은 다소 어렵다. 왜냐하면 그는 옛 섭리하에서 살았기 때문이다. 유다에 대해서는 그가 중생하지 않았다는 초기의 암시들이 있었다. 특별히 그의 도적질에 대한 언급을 생각해 보라(요 12:6). "부활이 이미 지나갔다고 주장함으로써 진리로부터 벗어났던"(딤후 2:17-18), 후메내오와 빌레도의 사건에서는 그들이 진리를 확실하게 주창하던 자들이었거나 혹은 그 진리가 그들의 삶의 본질적인 부분이 되었다고 하는 어떠한 암시도 없다.

사실상, 이와 대조하여 그 다음 절이 확신있는 신자들에게 초점을 맞추고 있다는 것은 중요하다. "그러나 하나님의 견고한 터는 섰으니 인침이 있어 일렀으되 주께서 자기 백성을 아신다 하며 또 주의 이름을 부르는 자마다 불의에서 떠날지어다 하였느니라"(19절). 디모데전서 1:19-20에 나오는 후메내오와 알렉산더에 대한 언급은 해석하기가 매우 어렵다. 왜냐하면 우리는 바울이 "그들이 징계를 받아 훼방하지 않도록 〔그들을〕 사탄에게 내어주었다"고 한 것이 무엇을 의미하는지를 정확히 알지 못하기 때문이다. 디모데후서 2:17-18과 같이, 이 언급도 역시 마찬가지로 디모데전서 1:6-7에 나오는 "사랑에서 벗어나 헛된 말에 빠진 사람들"에 대한 바울의 진술들의 빛 속에서 보아야 할 필요가 있다. 자기들이 무엇을 말하고 있는지를 깨닫지 못한다는 바울의 비판은 그들이 참된 신자들이 아니라는 것을 잘 의미할 수도 있다. 디모데전서 1:6-7과 후메내오와 알렉산더에 대한 언급(19-20절)의 근접성과, 또한 디모데전서 1:6과 후메내오와 빌레도에 대한 언급(딤후 2:18) 양쪽에서 나타나는 ἀστοχέω(아스톡세오, 진리로부터 '벗어나는 것')라는 중요한 단어의 사용은 이 두 상황들이 유사하였다는 것을 지시할 수도 있다. 후메내오와 알렉산더는 진리로부터 벗어나기 위하여 단련되고 훈련받았던 신자들이었을 수도 있거나, 아니면 친교로부터 쫓겨난 피상적으로 관계된 개인들이었을 수도 있다. 알미니우스주의자들에 의해서 인용된 다른 이름들(예를 들면, 데마)에 대해서는, 그들이 넘어진 참된 신자들이었다는 결론을 보증해 줄 만한 충분한 증거가 없다.

추측컨대 한 때는 참된 신자들이었지만 넘어진 현대인들에 대해서 인용된 예들은 훨씬 덜 신뢰할 만한 것이다. 여기에서 난점은 그들 자신의 증거에 의하여 실제로 결코 그리스도인들이 아니었지만, 그렇다고 생각되었던 사람의 예들을 인용할 수 있다는 사실에 의하여 강조된다. 게다가, 우리는 베드로의 타락과 같은 현대의 타락의 사건들을 실제적인 믿음의 포기와 주의깊게 구분해야 한다. 믿음을 잃어버린 것으로 보이는 사람에 관해서 "그가 이미 영적으로 죽었는가?"라고 질문하는 것이 필수적이다. 그 외에도, 우리는 성경이 외견상으로 믿음을 고백하는 모든 사람을 진실로 중생한 것과 동일시하는 일을 정당화하지 않는다는 사실을 유의해야 한다. 예수는 양의 옷을 입고 나아오지만, 노략질하는 이리들인 거짓 선지자들에 대하여 경고하셨다(마 7:15). 그들은 자기들이 말로 주장하는 것보다 그들의 열매로써 평가되어야 한다(16-20절). 심판날에 그런 사람들이 그를 보고 "주여, 주여"라고 부르고, 그의 이름으로 예언을 하였고, 귀신들을 쫓아 내었으며, 많은 권능을 행하였다고 주장할 것이다(22절). 이 모든 주장들은 아마도 참일 것이다. 그러나 하늘 나라에 들어가는 것은 이들 개인들이 아니라, 오히려 아버지의 뜻을 행하는 사람들일 것이다(21절). 거짓 신자들에 대한 예수의 마지막 말씀은 "내가 너희를 도무지 알지 못하니 불법을 행하는 자들아 내게서 떠나가라"(23절).

씨 뿌리는 비유(마 13:1-9, 18-23)는 참된 믿음인 것처럼 보이는 것이 전혀 다른 것일 수도 있다는 또다른 암시이다. 이것은 단순히 피상적이고 일시적인 대답일 수도 있다. "돌밭에 뿌리웠다는 것은 말씀을 듣고 즉시 기쁨으로 받되 그 속에 뿌리가 없어 잠시 견디다가 말씀을 인하여 환난이나 핍박이 일어나는 때에는 곧 넘어지는 자요 가시떨기에 뿌리웠다는 것은 말씀을 들으나 세상의 염려와 재리의 유혹에 말씀이 막혀 결실치 못하는 자요"(20-22절). 마태복음 7:16-20에서 예수가 말씀하신 것에 비추어 보면, 진정으로 중생한 신자들인 유일한 사람들은 30배이든지, 60배이든지, 아니면 100이든지 간에 열매를 맺는 사람들이다(마 13:23). 이와 유사하게, 종말에 관한 문제들을 말씀하시면서, 예수는 견디는 것이 참된 신자를 구분하는 표라고 지적하였다. "불법이 성하므로 많은 사람의 사랑이 식어지리라. 그러나 끝까지 견디는 자는 구원을 얻으리라"(마 24:12-13; 또한 마 10:22; 막 13:13을 보라). 마지막으로, 우리는 예수가 유다를 결코 중생한 자로 생각하지 않았다는 사실을 주목한다. 왜냐하면 "주여 영생의 말씀이 계시매 우리가 뉘게로 가오리이까? 우리가 주는 하나님의 거룩하신 자신 줄 믿고 알았삽나이다"(요 6:68-69)고 하는 베드로의 신앙고백에 대하여, 예수는 "내가 너희 열둘을 택하지 아니하였느냐? 그러나 너희 중에 한 사람은 마귀니라"(70절)라고 대답하셨기 때문이다. 유다는 비록 신자는 아니었지만, 구원의 계획에서 중대한 역할을 수행하였다. 앞서 말한 고찰들로부터 볼 때, 예수의 견해에 의하면, 신자들인 것처럼 보이는 모든 사람들이 다 진실한 신자가 아니라는 것은 분명하다. 우리는 넘어진 것처럼 보이는 사람들이 애당초 결코 중생하지 않았다고 결론을 내린다.

견인의 교리에 대한 우리의 이해의 실제적인 함의는, 그들의 구원이 영구적이라는 확신 속에서 신자들이 안전하게 쉴 수 있다는 것이다. 어떤 것도 그들을 하나님의 사랑에서 끊을 수 없다. 따라서 그들은 영생에 대한 전망을 향유할 수 있다. 어떤 것이나 어떤 사람이 그들이 약속받았고 기대하게 되었던 궁극적인 행복을 얻지 못하게 할 것이라고 불안해 할 필요는 전혀 없다. 그러나 다른 한편으로, 견인의 교리에 대한 우리의 이해는 나태나 방종을 위한 어떤 여지도 허용하지 않는다. "이제 나는 그리스도인이므로, 나는 내가 좋아하는 대로 살 수 있다"라고 생각하는 사람이 실제로 회심하였고 중생하였는지는 의심스럽다. 그 대신에 참된 믿음은 성령의 열매에서 나온다. 구원의 확신, 즉 자신이 그리스도인이라고 하는 주관적인 신념은 그가 개인의 삶 속에서 활동하고 있다는 증거를 성령이 주시는 데서부터 유래한다. 그리고 성령의 활동이 그리스도에 대한 인간의 헌신이 참되다는 확신으로 귀착되는 곳에서는 어디서나, 하나님께서 그리스도인들로 하여금 계속해서 그러한 관계 속에 있을 수 있게 할 것이며, 또한 어떤 것도 참된 신자를 하나님의 사랑에서 끊을 수 없다는 성경적인 근거에 대한 확신이 역시 존재한다.


## 영화


구원의 과정의 마지막 단계를 영화라고 부른다. 바울의 말씀에 의하면, "하나님께서 미리 아신 자들로 또한 그 아들의 형상을 본받게 하기 위하여 미리 정하셨다 … 그리고 미리 정하신 그들을 또한 부르시고 부르신 그들을 또한 의롭다 하시고 의롭다 하신 그들을 또한 영화롭게 하셨다"(롬 8:29-30). 영화는 구원의 교리와 마지막 일들에 관한 교리가 겹쳐지는 부분인데, 그 이유는 이것이 이생을 넘어 다가올 세계를 바라보기 때문이다. 이 주제는 표준적인 신학 교과서들에서는 거의 다루어지지 않으며, 설교들 속에서도 훨씬 적게 주목받지만, 실제적으로는 대단히 중요하다. 왜냐하면 이것은 신자들을 격려하고 그들의 소망을 강화시켜 주기 때문이다.

영화는 다차원적이다. 이것은 개인적이고 집단적인 종말론을 둘 다 포함한다. 이것은 개별적인 신자의 영적인 본성의 완성을 포함하는데, 그것은 그리스도인들이 주님이 계신 곳으로 나아가는 죽음에서 일어난다. 이것은 또한 모든 신자들의 몸의 완성을 포함하는데, 이것은 그리스도의 재림과 관련하여 부활 때에 일어날 것이다.[19] 이것은 심지어 전체 피조물의 변형을 수반한다(롬 8:18-25).

### "영광"의 의미

영화의 교리를 이해하기 위해서 우리는 먼저 다수의 성경 단어들로 번역되는, 영광(glory)이라는 용어의 의미를 알아야 한다. 그것들 가운데 하나는 히브리어 כָּבוֹד(카보드)이다. 이것은 인지할 수 있는 속성, 즉 광채와 부와 화려함에 대한 개인적인 표현을 지칭한다.[20] 하나님에 관해서 사용되었을 때, 이것은 하나의 특정한 속성을 지시하지 않고, 그의 전체적인 본성의 위대성을 지시한다.[21] 시편 24:7-10은 하나님을 영광의 왕으로 언급하고 있다. 왕으로서 그는 만군에 의해 섬김을 받으며 무한한 광채와 아름다움으로서 특징지워진다.

신약 성경에서, 헬라어 단어 δόξα(독사)는 빛남, 광채, 장엄, 명성의 의미를 전달해 준다.[22] 우리는 영광이 구약 성경에서 하나님을 향하였던 것처럼, 여기에서 그것이 예수 그리스도에게로 돌려지고 있음을 발견한다. 예수는 자기가 아버지를 영화롭게 한 것처럼 아버지께서 그를 영화롭게 해 주시기를 기도하였다(요 17:1-5). 우리가 그의 영광을 보는 것은 특별히 그리스도의 부활에서이다. 베드로는 예수를 죽은 자 가운데서 살리실 때, 유대인들이 부인하였던 그를 하나님께서 영화롭게 하셨다고 선언하였다(행 3:13-15). 이와 유사하게, 베드로는 그의 첫번째 편지에서 이렇게 기록하였다. "너희는 저를 죽은 자 가운데서 살리시고 영광을 주신 하나님을 그리스도로 말미암아 믿는 자니 너희 믿음과 소망이 하나님께 있게 하셨느니라"(벧전

---

19) John Murray는 영화를 부활의 때로 제한한다. 그의 견해에 의하면 모든 신자들은 그리스도의 재림시에 함께 영화로워질 것이다(*Redemption*, pp. 174-75). 그러나 Bernard Ramm은 영화를 그리스도에 대한 직접적인 지식과 관련해서 일어나는 것으로 보고 있다(*Them He Glorified: A Systematic Study of the Doctrine of Glorification*(Grand Rapids: Eerdmans, 1963), p. 65). 여기에서 문제는 "영화"를 규정하는 방식이다. 무엇이 그것의 정도이며, 그것을 어떤 사건들에 적용하는가? 그 답변은 죽음과 부활 사이의 중간 상태의 성격에 대한 자신의 견해에 부분적으로 의존할 것이다(56장을 보라).

20) Francis Brown, S. R. Driver, and Charles A. Briggs, *Hebrew and English Lexicon of the Old Testament*(New York: Oxford University-1955), pp. 458-59.

21) Ramm, *Them He Glorified*, p. 18.

22) William F. Arndt and F. Wilbur Gingrich, eds., *A Greek-English Lexicon of the New Testament*, 4th ed. (Chicago:University of Chicago, 1957), pp. 202-03.

1:21). 바울은 "아버지의 영광으로 말미암아 그리스도를 죽은 자 가운데서 살리셨다"(롬 6:4)고 단언하였다. 그는 또한 그리스도의 영광스런 부활의 몸에 대해서 말하였다(빌 3:21). 바울은 승천에서도 마찬가지로 그리스도의 영화를 보았다 ― 그는 "영광 가운데서 올리우심을" 받았다(딤전 3:16). 이외에도, 사도들은 그리스도가 지금 하나님의 우편에서 존귀하게 되었다고 설교하였다(행 2:33; 5:31).

그리스도의 재림은 또한 그의 영광의 때가 될 것이다. 예수 자신이 그의 재림의 영화로운 성격을 이렇게 생생하게 묘사하였다. "그들이 인자가 구름을 타고 능력과 큰 영광으로 오는 것을 보리라"(마 24:30). "인자가 자기 영광으로 모든 천사와 함께 올 때에 자기 영광의 보좌에 앉으리니"(마 25:31). 예수의 대제사장 기도의 청원들 가운데 하나는 그의 제자들이 그의 다가올 영광을 볼 수 있게 해달라는 것이었다. "내게 주신 자도 나 있는 곳에 나와 함께 있어 아버지께서 창세 전부터 나를 사랑하시므로 내게 주신 나의 영광을 저희로 보게 하시기를 원하옵나이다"(요 17:24). 바울은 "복스러운 소망과 우리의 크신 하나님 구주 예수 그리스도의 영광이 나타나실 것"(딛 2:13)에 대하여 말하였다.

구약과 신약 성경이 모두 다 신자들의 소망과 목표인 하나님의 영광의 이러한 종말론적인 나타남을 제시한다. 구약 성경의 언급들 중에서 가장 분명한 것은 시편 73:24에서 발견된다. "주의 교훈으로 나를 인도하시고 후에는 영광으로 나를 영접하시리니." 미래의 행복에 대한 이러한 약속은 사악한 자의 외견상의 행운과 번성함에 대한 시편기자의 불평과 절망에 대한 하나님의 답변이다. 마찬가지로 신약 성경은 의로운 자들의 현재의 고통과는 비교가 되지 않을 정도로 탁월한 다가올 영광을 그리고 있다. 바울은 로마서 8:18에서 이렇게 기록하였다. "생각컨대 현재의 고난은 장차 우리에게 나타날 영광과 족히 비교할 수 없도다." 그는 고린도후서 4:17에서 유사한 진술을 하고 있다. "우리의 잠시 받는 환난의 경한 것이 지극히 크고 영원한 영광의 중한 것을 우리에게 이루게 함이니." 베드로도 역시 현재의 고난을 장래의 영광의 드러남과 연결하고 있다. "나타날 영광에 참여할 자이며 그리스도의 고난의 증인"으로서, 그는 함께 장로된 자들에게 "목자장이 나타나실 때에 시들지 아니하는 영광의 면류관을 얻을 수 있도록" 하나님의 양무리를 돌보라고 권고한다(벧전 5:1, 4).

### 신자의 영화

그리스도뿐만 아니라, 모든 참된 신자들도 마찬가지로 영화롭게 될 것이라는 사실을 깨닫는 것이 중요하다. 신약 성경은 그리스도인들의 구원의 이러한 미래적인 차원에 대한 몇가지 특징들을 포함하고 있다. 바울은 이렇게 말하였다. "우리 곧 성령의 처음 익은 열매를 받은 우리까지도 속으로 탄식하여 양자될 것 곧 우리 몸의 구속을 기다리느니라"(롬 8:23). 이것, 곧 구원의 과정에서의 이 마지막 단계는 성령에 의해서 보증된 유산이다. "그[그리스도] 안에서 너희도 진리의 말씀 곧 너희의 구원의 복음을 듣고 그 안에서 또한 믿어 약속의 성령으로 인치심을 받았으니 이는 우리의 기업에 보증이 되사 그 얻으신 것을 구속하시고 그의 영광을 찬미하게 하려 하심이라"(엡 1:13-14).

베드로도 역시 유산에 대해서 말하였다. "찬송하리로다. 우리 주 예수 그리스도의 아버지 하나님이 그 많으신 긍휼대로 예수 그리스도의 죽은 자 가운데서 부활하심으로 말미암아 우리를 거듭나게 하사 산 소망이 있게 하시며 썩지 않고 더럽지 않고 쇠하지 아니하는 기업을 잇게 하시나니 곧 너희를 위하여 하늘에 간직하신 것이라. 너희가 말세에 나타내기로 예비하신 구원을 얻기 위하여 믿음으로 말미암아 하나님의 능력으로 보호하심을 입었나니"(벧전 1:3-5).

나아가서, 신약 성경은 심판날에 하나님의 진노로부터의 구원을 약속하고 있다. "그러면 이제 우리가 그 피를 인하여 의롭다 하심을 얻었은즉 더욱 그로 말미암아 진노하심에서 구원을 얻을 것이니 곧 우리가 원수 되었을 때에 그 아들의 죽으심으로 말미암아 하나님으로 더불어 화목되었은즉 화목된 자로서는 더욱 그의 살으심을 인하여 구원을 얻을 것이니라"(롬 5:9-10). 한 마디로 말하면, 신자는 훨씬 더 큰 경험, 즉 하나님에 의한 양자 입양, 몸의 구속, 성령에 의해서 보증된 더럽혀지지 않은 유산, 하나님의 진노로부터의 구원으로서 다양하게 특징지어지는 경험을 기대할 수 있다.

그러나 신자의 영화에서 무엇이 정확하게 수반되어 나타날 것인가? 그 양상들 중의 하나는 신자의 완전하고 최종적인 변호일 것이다.[23] 회심의 순간에 일어났던 칭의가 장래에 분명하거나 명백하게 될 것이다. 이것이 우리가 앞 단락에서 인용하였던 로마서 5:9-10의 의미이다. 8장에서, 바울은 미래의 심판을 묵상하면서 선택된 자를 누가 송사하겠는가고 묻는다. 그리스도께서 우리를 위하여 죽으셨고 이제는 우리를 위하여 중보하신다는 사실을 고려해 볼 때, 아무도 우리를 송사하지 못할 것이다(33-34절). 현재 일이나 장래 일이나 어떤 것이라도 우리를 그리스도 안에 있는 하나님의 사랑에서 끊을 수 없다(38-39절). 심판은 신자의 의로운 상태에 대한 최종적인 선언이 될 것이다(마 25:31-46). 시험에 대비하여 철저히 준비한 학생과 같이, 그리스도인은 그 결과가 긍정적일 것임을 알고 있기 때문에, 두려움이 아니라 기대

---

23) Ramm, *Them He Glorified*, pp.67-69.

를 가지고 마지막 심판을 주시한다.

영화에서는 또한 개인의 도덕적이고 영적인 완성이 있게 될 것이다.[24] 몇가지의 성경 인용절들은 중생에서 시작되었고 성화에서 계속된 과정의 미래의 완성에 대하여 지적하고 있다. 이런 진술들 가운데 가장 직접적인 것 중의 하나가 골로새서 1:22이다. "이제는 그의 육체의 죽음으로 말미암아 화목케 하사 너희를 거룩하고 흠 없고 책망할 것이 없는 자로 그 앞에 세우고자 하셨으니." 미래의 흠없음이나 책망할 것이 없음의 개념은 또한 에베소서 1:4과 유다서 24절에서도 발견된다. 죄없음은 고린도전서 1:8에서 언급된다. 바울은 빌립보인들의 "사랑이 지식과 모든 총명으로 점점 더 풍성하게 되어 그들이 지극히 선한 것을 분별하며 또 진실하여 허물없이 그리스도의 날까지 이르고 예수 그리스도로 말미암아 의의 열매가 가득하여 하나님의 영광과 찬송이 되게 하시기를 위하여" 기도한다(빌 1:9-11). 우리의 도덕적이고 영적인 완전은 미혹을 없앰으로써 부분적으로 얻어지는데, 그 이유는 죄와 악과 미혹의 근원이 최종적으로 극복될 것이기 때문이다(계 20:7-10).

다가올 영화는 또한 지식의 충만을 가져올 것이다. 고린도전서 13:12에서 바울은 우리가 지금 갖고 있는 불완전한 지식과 다가올 완전한 지식을 대비시키고 있다. "우리가 이제는 거울로 보는 것같이 희미하나 그 때에는 얼굴과 얼굴을 대하여 볼 것이요 이제는 내가 부분적으로 아나 그 때에는 주께서 나를 아신 것같이 내가 온전히 알리라." 우리가 지금 경험하는 이해의 불완전성은 훨씬 더 온전한 이해에 의해서 대체될 것이다. 우리가 주님을 볼 것이기 때문에 우리의 지식은 증가할 것이며, 우리는 그의 지상 사역 동안에 그를 알았던 사람들이 기록한 단순한 독서 기사들에는 더 이상 만족해야 할 필요가 없게 될 것이다. 요한은 이렇게 말하였다. "사랑하는 자들아, 우리가 지금은 하나님의 자녀라. 장래에 어떻게 될 것은 아직 나타나지 아니하였으나 그가 나타내심이 되면 우리가 그와 같을 줄을 아는 것은 그의 계신 그대로 볼 것을 인함이라"(요일 3:2).

우리가 지금까지 묘사하였던 것은 아마도 영혼(인간 본성의 영적인 측면)의 영화라고 부를 수 있을 것이다. 또한 몸(육체적인 측면)의 영화도 있을 것이다. 이것은 신자의 부활과 관련하여 일어날 것이다. 그리스도의 재림에서, 주 안에서 죽은 모든 사람들이 살아날 것이며, 그들은 살아남은 신자들과 더불어, 변화될 것이다. 특별히 세 가지의 인용절들이 신자의 몸에 초래될 변화를 강조하고 있다. 빌립보서 3:20-21에서 바울은 이렇게 말한다. "오직 우리의 시민권은 하늘에 있는지라. 거기로서 구원하는 자 곧 주 예수 그리스도를 기다리노니 그가 만물을 자기에게 복종케

---

24) Charles M. Horne, *Salvation* (Chicago: Moody, 1971), pp. 102-06.

하실 수 있는 자의 역사로 우리의 낮은 몸을 자기 영광의 몸의 형체와 같이 변케 하시리라." σύμμορφον(숨모르폰, "같이")이라는 단어는 우리의 몸들이 그리스도의 몸과 "유사한 형태가" 될 것임을 가리킨다. 고린도후서 5:1-5에서 바울은 우리가 갖게 될 몸, 즉 사람의 손으로 말미암지 않고 하나님으로부터 오게 될, 본성상 영원한 몸을 그리고 있다. 이것은 우리의 하늘의 처소가 될 것이다. 죽을 것이 생명에게 삼킨 바 될 것이다(4절). 세번째 인용절은 고린도전서 15:38-50이다. 바울은 우리가 갖게 될 몸과 우리의 현재 몸을 비교하고 있다:

1. 현재의 몸은 썩기 쉽고, 질병과 죽음에 예속되어 있지만, 부활의 몸은 썩지 않는 것이며, 질병과 부패를 당할 염려가 없다.
2. 현재의 몸은 욕된 것으로 심었으나, 부활의 몸은 영광스러울 것이다.
3. 현재의 몸은 약하나, 부활의 몸은 강하다.
4. 현재의 몸은 육적인 것(ψυχικόν, 프쉬키콘)이지만, 부활의 몸은 영적이다.

바울은 그리스도의 재림시에 일어날 큰 변화는 순간적인 것이 될 것이라고 말한다. "보라. 내가 너희에게 비밀을 말하노니 우리가 다 잠잘 것이 아니요 마지막 나팔에 순식간에 홀연히 다 변화하리니 나팔 소리가 나매 죽은 자들이 썩지 아니할 것으로 다시 살고 우리도 변화하리라"(51-52절). 버나드 램(Bernard Ramm)은 이렇게 주석하고 있다. "요컨대, 부활의 몸의 네 가지 긍정적인 속성들은 그 몸의 영화와 동등시 될 수 있다. 이 영화는 어떠한 과정도 아니고, 어떠한 성장의 문제도 아니며, 종말 때에 갑자기 극적으로 일어난다."[25]

마지막으로, 우리는 신자의 영화와 피조물의 갱신(更新) 사이의 관계를 주목해야 한다. 사람은 피조물의 일부이기 때문에, 그의 죄와 타락은 자신에게 뿐만 아니라 피조물에도 어떤 결과들을 가져왔다(창 3:14-19). 피조물은 지금 허무한데 굴복하고 있다(롬 8:18-25). 그러나 바울은 우리에게 "피조물도 썩어짐의 종 노릇 한 데서 해방되어 하나님의 자녀들의 영광의 자유에 이르는 것이니라"(21절)고 말한다. 일어나게 될 변화의 성격은 요한계시록 21:1-2에서 더 명확하게 언급되어 있다. "또 내가 새 하늘과 새 땅을 보니 처음 하늘과 처음 땅이 없어졌고 바다도 다시 있지 않더라. 또 내가 보매 거룩한 성 새 예루살렘이 하나님께로부터 하늘에서 내려오니 그 예비한 것이 신부가 남편을 위하여 단장한 것 같더라." 그 때에 하나님이 선언하실 것이다. "보라 내가 만물을 새롭게 하노라"(5절). 인간의 원래 처소는 에덴 동산의

---

25) Ramm, *Them He Glorified*, p.103.

천국과 같은 환경 속에 있었는데, 그의 마지막 처소도 역시 완전한 환경, 곧 새 예루살렘에 있게 될 것이다. 인간의 영화의 일부는 거할 완전한 환경을 준비하는 일이 될 것이다. 이것은 하나님의 영광이 있을 것이기 때문에 완전할 것이다.

이생에서 신자들은 그들의 불완전함을 느끼기 때문에 때때로 신음하고 고통스러워 한다. 그러나 그들은 확실한 희망을 갖고 있다. 견인의 교리는 그들이 소유하고 있는 구원이 결코 상실되지 않을 것임을 보증한다. 그리고 영화의 교리는 더 좋은 것이 앞에 놓여 있음을 약속해 준다. 우리는 하나님께서 우리에게 있도록 의도하신 모든 것이 될 것이다. 부분적으로 우리의 영화는 죽음과 이 지상적인 존재의 한계들로부터의 우리의 옮겨감과 관련하여 일어날 것이며, 부분적으로 이것은 그리스도의 재림과 관련하여 일어날 것이다. 그 이후에 우리가 온전하고 완전하게 될 것이 확실하다.

> 당신 안에서 완전해요! 저의 공로가 아니죠.
> 사랑하는 주님, 당신의 처소로 저를 취하세요.
> 당신의 피가 저를 용서하셨군요.
> 이제 저는 당신 안에서 완전해요.
>
> 그래요, 의로워졌어요! 오 복된 사상이여!
> 그리고 거룩해졌어요! 구원이 이루어졌어요!
> 당신의 피가 저를 용서하셨군요.
> 그리고 영화롭게 되겠죠, 저도 역시!
> 제임스 그레이(James M.Gray)

# 48

# 구원의 방편과 범위



구원의 주제에 관해서 논의되어야 할 두 가지 중요한 차원이 남아 있다. 첫번째는 구원이 이루어지거나 달성되는 방편과 관계 있고, 두번째는 구원의 범위, 즉 모든 사람이 구원받을 수 있는가를 다루게 된다.

## 구원의 방편에 관한 견해들

구원이 달성되는 방편에 관한 인간의 견해는 구원의 본성에 대한 그의 이해에 의존하고 있다. 그러나 구원의 본성에 대하여 기본적으로 같은 이해를 가지고 있는 사람들 가운데에도, 방편에 대한 상이한 견해들이 존재한다.

## 해방 신학의 견해

구원의 방편에 대한 해방 신학의 개념을 이해하기 위해서, 우리는 신학의 본질에 대한 그것의 견해를 먼저 살펴보아야 한다. 의미심장하게도 "역사와 정치, 그리고 구원"(*History, Politics, and Salvation*)이라는 부제가 붙은 그의 저서「해방 신학」(*Theology of Liberation*)에서, 구스타보 구티에레즈(Gustavo Gutierrez)는 신학의 본질에 대한 기본적인 견해가 근본적인 변화를 겪게 되었다고 말하였다. 원래, 신학은 성경에 대한 단순한 묵상이었으며, 그것의 목적은 지혜와 영적인 성장이었다.[1] 그래서 신학은 합리적인 지식, 즉 기독교 신앙의 내용에 대한 체계적이고 비판적인 성찰로 간주되게 되었다.[2] 그러나 최근에, 신앙의 이해에 대한 상당한 변경이 있었다. 신앙은 더 이상 진리에 대한 긍정이 아니라, 타자에 대한 자신의 전적인 헌신으로 간주되고 있다. 사랑이 그리스도인의 삶과 신학의 중심부에 있다. 영성은 수도원적인 묵상이 아니라, 삶의 세속적인 차원들을 강조하는 세계 내의 활동이다.

구티에레즈는 구원을 세 가지의 다른 수준에서의 해방으로 정의하였다. 해방의 첫번째 수준은 "부유한 나라들과 압제적인 계층들에 대해서 불화를 일으키게 하는 경제적이고 사회적이며, 정치적인 과정의 갈등적인 측면을 강조하는, 억압받는 사람들과 사회 계층의 열망들"[3]과 관계되어 있다. 구티에레즈는 기본적인 자본주의의 틀 안에서 이루어지는 자연적인 발전들이 세계의 문제들을 해결할 것이라고 주장하는 사람들과 맹렬히 싸운다. 두번째 수준은 인간이 "자기 자신의 운명에 대한 의식적인 책임"을 떠맡는 것과 관계 있다.[4] 세번째 수준은 구세주이신 그리스도가 인간을 죄로부터 해방하는 것이다.

구티에레즈는 구원을 본성상 종말론적인 것으로 생각한다. 그러나, 그는 여기에서 삶의 상황으로부터의 어떤 내세적인 구원을 생각하고 있는 것은 아니다. 오히려, 그는 미래를 향한 역사의 개방을 생각하고 있다.[5] 역사로부터의 도피가 아니라, 미래의 역사 안에서의 기본적인 이상의 실현이 우리가 주장하는 목표이다. 더욱이 해방 신학은 기독교 메시지와 성경의 종말론적인 차원을 매우 진지하게 받아들이지만, 우리는 종말론에 대해서 그들이 관심을 갖고 있다는 사실이 그들의 기본적인 접근

---

1) Gustavo Gutierrez, *A Theology of Liberation: History, Politics, and Salvation*, trans. Sister Caridad Inda and John Eagleson (Maryknoll, N.Y.:Orbis, 1973), p.4.
2) Ibid., p.5.
3) Ibid., p.36.
4) Ibid.
5) Ibid., p.215.

방법이 성경의 메시지를 역사의 상황들에 적용하는 것을 의미하는 것으로 생각해서는 안된다. 오히려, 그들은 다른 길로, 즉 현실에 대한 그들의 경험으로부터 신학으로 옮겨간다. 이것이 후안 루이스 세군도(Juan Luis Segundo)가 "해석학적 순환"으로 묘사한 것이다. 현실에 대한 그들의 경험으로 인하여 해방 신학자들은 지배적인 이념들과, 그 다음으로 그런 이념들을 강조하는 신학적인 가설들, 그리고 마지막으로 그런 가설들이 근거되는 해석학에 대해서 질문하게 된다. 그 결과는 새로운 해석학이다.[6] 해방 신학자들은 신학에 대한 서구의 정통적인 이해를 거부하는데, 그 이유는 새로운 해석학의 발전 때문이 아니라, 그 이해가 삶에 대한 그들의 경험과 일치하지 않았기 때문이다.

이 시점에서 우리는 위르겐 몰트만(Jürgen Moltmann)의 「종교와 혁명과 미래」(*Religion, Revolution, and the Future*)를 우리의 논의에 도입해야 한다. 이 책에 나오는 논문들 중 두 편, 즉 「종교와 혁명과 미래」와 「혁명 속에 계신 하나님」이 여기에서의 우리의 목적을 위하여 특히 중요하다. 앞의 논문에서, 몰트만은 인간이 직면하는 주요한 문제들을 기술하고 있으며, 뒤의 논문에서는 그것들의 해결을 위한 몇가지 가능성들을 기술하고 있다.

「종교와 혁명과 미래」에서, 몰트만은 인간이 그의 진정한 본질과 그의 미래로부터 소외되었다고 주장한다. 이 소외는 세 가지의 기본적인 형태로 일어난다. 즉 (1) 경제적인 소외, (2) 정치적인 소외, 그리고 (3) 인종적인 소외이다.

**1. 경제적인 소외**. 인류의 절반 이상이 심각한 빈곤, 즉 최소한의 생활이나 심지어는 그보다 열악한 조건 아래에서 살고 있다. 이러한 부담과 곤경들이 끝나야 하며, 사람들은 그들의 기본적인 필요들에 대한 굶주림과 불안으로부터 자유롭게 살아야 한다. 오늘날의 산업화된 사회들이 이런 점에서 이루어질 수 있는 것의 증거이지만, 그것들은 또한 인간과 인간을 훨씬 더 멀리 갈라놓는 효과를 가지고 있다. 이것은 진보된 능력을 지니고 있는 사람들과 궁핍한 사람을 연합할 것을 요청한다. 몰트만은 "연대 없이는 어떠한 인간도 존재할 수 없다"[7]고 말한다.

**2. 정치적인 소외**. 권위주의적인 정치 체계들은 사람들의 삶과 운명을 그들의 통제 하에 놓고 다스린다. 이러한 체계들 중 어떤 체계하에서는 경제적인 궁핍이 없을 수도 있지만, 그럼에도 불구하고 소외가 존재한다. 만약 인간의 존엄성이 경제적인 곤궁을 끝내는 데 달려있다면, 인간의 행복은 지배를 끝낼 것을 요청한다. 우리

---

6) Juan Luis Segundo, *The Liberation of Theology*, trans. John Drury (Maryknoll, N.Y. : Orbis, 1976), pp.7-38.
7) Jürgen Moltmann, *Religion, Revolution, and the Future*, trans. M.Douglas Meeks(New York: Scribner, 1969), p.38.

가 관례적으로 억압적인 정부들이나 제국주의적인 착취의 측면에서 정치적인 지배를 생각하지만, 이것은 또한 개발 원조를 받는 나라들에 대한 위압적인 온정주의의 형태를 취할 수도 있다.[8]

**3. 인종적인 소외**. 사람이 그의 피부 색깔이 어떠하든지 간에, 그것으로 판단받는 곳에서는 어디서나, 그는 그의 인간적인 정체성을 용인받지 못하고 있다. 백인의 발전은 주로 백인들의 협력자들과 종들과, 심지어 노예들이 되었던 백인이 아닌 사람들의 희생 위에서 성취되었다. 단지 아주 제한된 지역 내에서만 백인이 아닌 사람들이 백인의 발전에 참여하도록 허용받고 있다.[9]

몰트만의 논문, 「혁명 속에 계신 하나님」은 이러한 문제들에 답하고 있다. 그는 역사가 점점 더 혁명적이 되고 있다고 주장한다. 혁명은 수많은 다른 지역들에서 일어나고 있다. 혁명이라고 할 때, 몰트만은 정치나 경제나 도덕, 혹은 종교의 어느 것에서든지 간에, 어떤 체계의 진정한 토대에서의 변화를 의미한다.[10] 그밖의 다른 변화들은 단순히 발전이나 개혁일 뿐이다. 자유와 정의를 위한 오늘날의 투쟁에서, 교회는 중립적인 관찰자나 중재자가 되어서는 안된다. 비록 어떤 사람들은 교회가 모든 사람들을 위한 것이기 때문에, 교회가 이러한 투쟁들에 연루되어서는 안된다고 주장하지만, 몰트만은 교회가 가담해야 한다고 주장한다. 교회는 "하나님의 새로운 백성들"을 갈라놓는 어떤 장벽도 있어서는 안되기 때문에, 굴욕을 당하는 자들을 편들고 그들에게 평등한 지위를 줄 수 있도록 도와야 한다. 유대인과 헬라인, 주인과 종, 남자와 여자 사이의 구분들은 중지되어야 한다. 그러므로 사람들 사이에 어떠한 종류의 장벽을 세우는 어떤 것도 반대되어야 하고 제거되어야 한다.[11]

장벽들을 제거해야 할 필요성이 폭력을 사용하는 일의 타당성에 대한 질문을 제기한다. 몰트만은 오늘날 비폭력을 옹호하는 사람들은 경찰력을 통제하는 사람들이며, 혁명적인 폭력을 옹호하는 사람들은 대개 어떤 실제적인 힘을 갖고 있지 않은 사람들이라는데 주목한다. 그러나 만약 상황이 변하여야 한다면, 즉 힘의 균형이 이루어져야 한다면, 폭력의 사용이 필요하다. 동시에 몰트만은 단지 인도적인 목표들이 고려되는 때에만 폭력이 사용될 수 있다고 규정한다. 더구나, 혁명이 시작되기 전에, 존재하는 힘의 구조들이 "벌거벗은 폭력"의 죄를 범하고 있다는 사실, 즉 그들의 힘을 부당하게 사용하고 있다는 사실이 입증되어야 한다.[12]

---

8) Ibid., pp. 38-39.
9) Ibid., p. 40.
10) Ibid., p. 131.
11) Ibid., p. 141.
12) Ibid., p. 143.

현재의 체계들의 변화를 강조하고 있다는 점에서 볼 때, 해방 신학은 구원을 모든 사람들의 해방으로 간주하고 있는 것이 분명하다. 구원은 모든 사람들을 위한 경제적이고 정치적이며, 인종적인 평등성을 포함한다. 이러한 방향에서의 하나님의 사역은 단순히 교회와 종교의식뿐만 아니라, 다양한 방편들에 의하여 성취된다. 사실상, 구원은 주로 정치적인 과정들에 의해서만, 그리고 심지어 혁명과 폭력에 의해서만 때때로 달성된다.

구원에 대한 해방 신학의 개념을 평가할 때에, 해방의 세 가지 수준 가운데서, 구티에레즈는 하나님께서 우리에게 죄로부터의 자유를 허락하시는 수준을 가장 기본적인 것으로 간주한다. 그러나, 실제는, 강조점이 특별히 경제적이고 정치적인 측면들에 놓여지는 것처럼 보인다. 물론 하나님께서 소선지서들(예를 들면, 아모스)의 해석이 보여주는 것처럼, 삶의 세 가지 측면들에 관심을 갖고 계신다는 사실은 전혀 의문의 여지가 없다. 그러나, 이러한 측면들이 해방 신학자들이 주장하는 것만큼 중요한 것인지는 심각하게 질문되어야 한다. 오히려, 성경에서 결정적인 문제는 죄에 대한 우리의 속박이며, 죄가 초래한 하나님으로부터의 분리와 소외이다. 이스라엘 백성들을 애굽의 노예 상태로부터 구원한 출애굽조차도 일차적으로는 정치적인 사건이 아니었다. 사실, 우리가 성경의 기사를 면밀히 조사해 본다면, 우리는 출애굽의 주된 목적이 그의 유일한 백성들을 위하여 예비하신 영적인 축복들을 그들이 향유할 수 있도록, 하나님께서 이스라엘과 특별한 관계를 수립하는 것이었다는 사실을 알게 될 것이다. 정치적인 자유와 경제적인 넉넉함, 그리고 신체적인 건강은 그것들이 아무리 중요하다 하더라도, 영적인 운명에 대해서는 이차적이다.

이것이 예수의 다음과 같은 진술에 함축된 의미들이다. "만일 네 오른눈이 너로 실족케 하거든 빼어 내버리라. 네 백체 중 하나가 없어지고 온 몸이 지옥에 던지우지 않는 것이 유익하며 또한 만일 네 오른손이 너로 실족케 하거든 찍어 내버리라. 네 백체 중 하나가 없어지고 온 몸이 지옥에 던지우지 않는 것이 유익하니라"(마 5:29-30). 만약 우리의 분석이 옳다면, 해방 신학의 단점은 그것이 말하는 것이 아니라, 그것이 말하지 않는 것에 있다. 신약 성경이 구원의 주된 차원이라고 분명히 지시하는 것에 대해서는 거의 충분하게 언급되지 않고 있다.

우리는 또한 가난하고 학대받는 자들에 의한 폭력을 해방 신학이 지지하는데 대하여 논평해야 한다. 이러한 입장이 다른 뺨도 돌려 대라(마 5:39; 눅 6:29), 너희 원수를 사랑하라(마 5:44; 눅 6:27,35)고 하는 권고들과 같이, 예수의 진술들의 어떤 것들과 모순되는 것처럼 보인다는 것은 주목할 만하다. 좋은 대의에서 폭력을 사용하는 것에 대한 건전한 사례를 만들 수도 있겠지만, 해방 신학자들은 오늘날의 상황에서 힘을 사용하는 것에 대한 적절한 논거를 확립하지 못하였다.

### 성례주의(sacramentalism)적인 견해

구원의 방편에 대한 두번째 주요한 견해는 구원이 교회의 성례(성사)들을 통하여 전달되고 배령되었다는 것이다. 아마도 이런 견해의 가장 분명하고도 가장 완전한 표현은 전통적인 로마 가톨릭의 견해인데, 이것은 조셉 폴(Joseph Pohle)에 의하여 간결하게 요약되었다.

> 죄인의 칭의는 … 보통 순수하게 내적이고 불가시적인 과정이나 일련의 행위들이 아니라, 은혜를 허락하시든지 아니면 그것을 증가시키시는, 예수 그리스도가 제정하신 외적이고 가시적인 표징들의 방편을 필요로 한다. 그러한 가시적인 은혜의 방편을 성사(Sacraments)라고 부른다.[13]

성례의 몇가지 중요한 특징들이 이 간단한 진술 속에서 언급되고 있다. 이러한 행위들은 죄인의 칭의를 위하여 필요하다. 칭의는 단순히 내적이고 불가시적인 사건(순수한 영적 사건)일 뿐만 아니라, 특별한 외적인 의식들에 의존하고 있으며 그것이 필요하다. 이러한 의식들이 실제적인 은혜의 방편이다. 그것들은 개인 안에서 일어나는 변화들을 상징하지만, 단순한 상징들인 것만은 아니다. 그것들은 실제로 은혜를 이루거나 전달한다. 다른 말로 하면, 그것들은 유효 표지들(signs)이다.[14]

가톨릭의 이해에 의하면, 성례를 구성하는데 세 가지 요소가 필요하다. 그것은 가시적인 표지와 불가시적인 은혜, 그리고 신적인 제도이다. 가시적인 표지는 두 부분으로 이루어지는데, 어떤 물질의 형태(예를 들면, 세례시의 물)와 선포의 말씀이다.[15] 모든 성례들은 성화의 은혜를 전달한다. 즉, 그것들은 개신교도들이 칭의와 성화라고 부르는 것을 결합하고 있어서, 개인을 의롭고 거룩하게 만들어 준다.[16]

성례들이 유효하다는 관념은 최고의 중요성을 갖고 있다. 트렌트 공의회의 판단에 의하면, 개신교의 종교개혁자들은 성례들을 단순히, "믿음을 일깨우기 위해 고안된 권고들"(루터), "하나님의 약속들의 신실성에 대한 표징들"(칼빈), 혹은 "신자들이 예수 그리스도의 교회에 속해 있음을 증명하는 그리스도인의 소명의 표지들"(츠빙글리)로 생각하였다. 개혁자들의 입장들을 정죄하면서, 공의회는 성례들이 그 은혜에 대한 장애물을 세우지 않는 모든 사람들에 대한 은혜의 방편이라는 자신들의

---

13) Joseph Pohle, *The Sacraments: A Dogmatic Treatise*, ed. Arthur Preuss (St.Louis: B.Herder, 1942), vol.1, p.1.
14) Ibid., p.11.
15) Ibid., p.15.
16) Ibid., p.67.

입장을 발표하였다.[17]

　　트렌트 공의회의 입장을 지지하는 사람들은 성경이 성례적인 표지들과 은혜 사이의 본질적이고 인과적인 관련에 대하여 증거하고 있다고 주장한다. 가장 현저한 보기가 요한복음 3:5이다. "사람이 물과 성령으로 나지 아니하면 하나님 나라에 들어갈 수 없느니라." 물은 신생의 도구적인 원인이라고 주장된다. 폴은 이렇게 말한다. "그러므로 진실로, 사람의 영적인 재생이 성령에 의하여 주로 야기되는 것처럼, 이것은 물에 의해서도 도구적으로 야기되며 따라서 세례의 물은 칭의에 대하여 인과적인 영향력을 행사한다."[18] 세례의 물이 죄를 정화해준다는 주장을 뒷받침하는 것으로 인용되는 다른 본문들은 사도행전 2:38; 22:16; 에베소서 5:26, 그리고 디도서 3:5을 포함한다. 더구나, 여러 가지 본문들에 기초하여, 다른 성례들에 대해서도 마찬가지로 효력이 주장된다. 예를 들면, 견진 성사(행 8:17), 성체 성사(요 6:56-58), 고백 성사(요 20:22-23), 종부 성사(약 5:14-16), 신품 성사(딤후 1:6)이다.[19] 이외에도, 성례들이 은혜의 방편이라는 견해를 지지해 주는 것으로 교부들의 증언이 인용된다.[20]

　　역사적인 가톨릭의 견해에 의하면, 성례들은 행해짐으로써 효력이 발생한다(ex opere operato). 이러한 표현은 13세기에 처음 사용되었는데, 트렌트 공의회에서 공식적으로 채택되었다. 이것은 은혜의 수여가 사제나 수령자의 공로에 의존하지 않고, 행위 그 자체에 의존한다는 것을 지적한다. 물론 성례를 집행하기 위해서는 사제가 있어야 하고 수령자는 도덕적으로 준비되어 있어야 한다. 사실상, 전달되는 은혜의 양은 수령자의 성향과 협력에 달려 있다.[21] 그러나 이러한 요인들은 성례에 영향을 주는 것이 아니다. 성례 그 자체가 은혜의 작용에 유효한 원인이다.

　　때때로 가톨릭의 입장은 모순되는 것처럼 보인다. 한편으로는, 성례들은 "수령자의 공로나 성향에 관계없이" 효력을 내는 것으로 언급된다. 다른 한편으로는, 성례가 "칭의를 위하여 요구되는 충분한 효력"[22]을 산출하기 위해서는 도덕적인 준비가 필요한 것으로 생각된다. 그러나, 이러한 도덕적인 준비는 "각각의 성례의 특성에 반대되는 이전의 언짢은 마음"[23]을 단순히 제거하는 것이다. 따라서, 성례의 실제

---

17) Ibid., pp. 122-23.
18) Ibid., p. 126.
19) Ibid., pp. 126-28.
20) Ibid., pp. 129-31.
21) Ibid., p. 73.
22) Ibid., p. 125.
23) Ibid., p. 126.

적인 효력은 수령자의 공로에 결코 의존하지 않는다. 이러한 주장을 뒷받침하는 신학적인 논거는 유아 세례의 의식으로서, 여기에서는 어떠한 공로나 심지어 실제적인 믿음도 명백하게 있을 수 없다.[24]

우리는 이미 성례의 적절한 집행자가 있어야 한다는 사실을 언급하였다. 어떤 보기 드문 상황에서의 예외가 있긴 하지만, 성례들을 집행할 수 있는 자격을 갖춘 유일한 사람들은 서품된 개인들, 즉 신품 성사의 성례를 받은 사람들이다.[25] 우리가 살펴 보았듯이, 성례의 효력은 개인적이고 도덕적인 가치나 사제의 정통성에 의존하지 않는다.[26] 그러나 필요한 것은 우리가 성례를 집행할 의향을 가지고 있어야 한다는 것이다.[27] 이것은 반드시 의식적으로 의도해야 할 필요는 없다. 사제가 성례를 집행하는 행동을 할 때에 산만하다 하더라도, 성례의 집행은 유효하다. 이것은 사실상의(virtual) 의미(현실적[actual] 의미와 대비되는 것으로서)를 가진 사건으로 생각될 수 있을 것이다. 다른 한편으로, 만약 사제가 수영을 하면서 다른 사람에게 장난으로 물을 튀긴다면, 그것은 세례의 목적을 가지고 이루어지지 않았기 때문에, 세례가 아니다.

이 모든 것이 결국 이르게 되는 것은, 구원이 교회에 의존하고 있다는 것이다. 왜냐하면 첫째로, 그리스도에 의하여 교회에 위탁된 성례들이 구원에 필수적이라는 사실이 주장되기 때문이다. 그리고 둘째로, 자격있는 집행자, 즉 교회에 의하여 서품을 받은 개인의 존재가 필요하다. 이와 관련하여 본질적인 문제는 구원이 실제로 성례들에 의해서 달성된다는 것이다. 그것들은 구원이 야기되는 방편들이다. 만약 우리가 구원 받기를 원한다면, 우리는 성례들을 받아야 한다.

전통적인 로마 가톨릭의 이러한 명쾌한 입장은 몇가지 점에서 결함이 있다. 우리는 세례와 주의 만찬에 대한 우리의 논의에서 몇가지 결함들을 지적할 것이다. 그러나 우리는 여기에서 전통적인 가톨릭이 성경에서 다양하게 관련되는 본문들에 대하여 내렸던 어떤 해석들에 대하여 거의 증거가 없다는 것을 주목하고 있다. 이러한 해석들은 기껏해야 의심스럽고 아무리 나빠도 매우 상상적인 것들이다. 물론, 고전적인 로마 가톨릭은 성경이 신적인 진리의 유일한 권위라는 우리의 견해에 찬성하지 않는다. 그 대신에, 그것은 교회에 의해서 보존되고, 해석되고, 명백하게 된 성경과 사도들의 기록되지 않은 전승들이라는 두 가지의 동등한 권위를 가정한다. 그러나

---

24) Ibid., p.132.
25) Ibid., p.164.
26) Ibid., pp.166,171.
27) Ibid., p.175.

성례들과 같은 기본적인 문제들에 대한 그들의 가르침에서 이 두 가지 권위 사이에는 어떠한 모순도 있어서는 안된다. 그런고로, 우리가 성경에서 어떤 명백한 방식으로 가르치는 성례들에 대한 객관적인 효력을 발견하지 못하는 것은 분명히 매우 중요하다. 더구나, 성직이나 사제직이 유일하거나 특별한 역할을 가지고 있다는 관념은 성경에서 분명하게 표현되지 않는다. 실제로, 히브리서 9장과 같은 인용절들의 가르침은 이러한 주장과 모순되는 것처럼 보인다.

게다가, 성례가 은혜를 전달하기 위하여 수령자에게서 요구되는 성향이라는 개념은 난점들을 제시한다. 성례들을 마술적인 것으로, 즉 그것들 안에서 그 자체로 자동적인 효력을 가지고 있는 것으로 여긴다는 비난을 피하기 위하여, 성례주의자들은 성례들이 객관적으로 유효하다는 사실, 즉 그것들이 요청되는 은혜를 전달하지만, 어떤 성향이 수령자에게 요구된다는 사실을 강조한다. 수령자는 하나님의 은혜를 받는 데에 여하간의 장애물을 제거해야 한다. 다른 말로 하면, 성례는 수령자에 의하여 거절되거나 반대되지 않는다면, 행해짐으로써 효력이 발생한다. 이것은 믿음, 심지어는 구원하는 믿음을 상당히 수동적으로 만든다. 기껏해야, 이것은 지적인 묵종이다. 그러나, 하나님의 은혜를 받기 위하여 요구되는 믿음의 형태는 훨씬 더 능동적이다. 예를 들어, 야고보서 2:18-26을 보라. 거기에서는 공로를 동반하지 않고 단지 정신적인 동의만 수반하는 믿음은 죽은 것으로 불리고 있다. 게다가, 사도들이 사도행전에서 호소하는 믿음은 명백히 능동적이다. 그들은 하나님의 약속들을 적극적으로 붙잡고 총체적으로 헌신할 것을 요청한다.

### 복음주의적인 견해

신학에 대한 복음주의적인 해석에 의하면, 구원의 방편, 혹은 더 넓게 제기되었을 때, 은혜의 방편은 무엇인가? 어느 정도 복음주의적인 견해는 해방 신학과 성례주의적인 견해들에 대한 우리의 평가에서 설명되었다. 그러나 복음주의적인 입장의 대한 적극적인 선포의 측면에서 더 많은 것이 언급되어야 할 필요가 있다.

복음주의적인 견해에 의하면, 하나님의 말씀은 구원의 전반적인 문제에서 필요 불가결한 역할을 한다. 로마서에서 바울은 그리스도를 떠난 사람들의 곤경을 묘사하고 있다. 그들은 아무런 의(義)도 없으며, 그의 은혜와 구원을 받기에 전적으로 무가치하다(3:9-20). 그렇다면 그들은 어떻게 구원받을 수 있는가? 그들은 주님의 이름을 요청함으로써 구원받을 수 있을 것이다(10:13). 그러나 그들이 부르기 위해서는, 믿어야 하는데, 듣지 않고서는 믿을 수 없다. 그러므로 누군가가 그들에게 좋은 소식을 말하거나 선포해 주어야 한다(14-15절). 바울은 하나님의 말씀의 중요성에 대하여 디모데에게도 또한 편지를 보냈다. 디모데의 어린 시절부터 그에게 알려진 거룩한 글들은 "능히 너로 하여금 그리스도 예수 안에 있는 믿음으로 말미암아 구원에 이르는 지혜가 있게 하느니라. 모든 성경은 하나님의 감동으로 된 것으로 교훈과 책망과 바르게 함과 의로 교육하기에 유익하니 이는 하나님의 사람으로 온전케 하며 모든 선한 일을 행하기에 온전케 하려 함이니라"(딤후 3:15b-17)고 하였다. 베드로도 역시 하나님의 말씀의 이러한 도구적인 역할에 대해서 말한다. "너희가 거듭난 것이 썩어질 씨로 된 것이 아니요 썩지 아니할 씨로 된 것이니 하나님의 살아 있고 항상 있는 말씀으로 되었느니라 … 너희에게 전한 복음이 곧 이 말씀이니라"(벧전 1:23,25). 시편 19편에서 다윗은 여호와의 율법의 장점과 가치를 찬양하고 있다. 이것은 영혼을 소성케 하고(7a절), 지혜롭게 하며(7b,8b절), 불법에 대하여 경계하게 한다(11절).

하나님의 말씀의 본성과 기능을 묘사하는 풍부한 일련의 표현들이 존재한다. 이것은 반석(굳은 마음)을 쳐서 부스러뜨리는 방망이(렘 23:29)이고, 자기 자신의 상태를 비추어보는 거울(약 1:23-25)이며, 생명으로 싹이 트는 씨(눅 8:11; 벧전 1:23)이고, 씨를 자라게 하는 비와 눈(사 55:10-11)이다. 이것은 음식이다. 즉 아기들을 위한 젖(고전 3:1-2; 히 5:12-13)이고, 성숙한 자를 위한 단단한 식물(고전 3:2; 히 5:12-14)이며, 모든 사람을 위한 꿀(시 19:10)이다. 하나님의 말씀은 금이고 은이며(시 119:72), 등불(시 119:105; 잠 6:23; 벧후 1:19)이고, 마음을 분별하시는 검이며(히 4:12), 신자들로 하여금 말하지 않으면 견딜 수 없게 하는 불(렘 20:9)이다. 이러한 표현들은 하나님의 말씀이 능력이 있으며 개인의 삶에서 큰 일을 이룩할 수 있다는 관념을 그림을 보는 것같이 전달한다. 그러나 영적인 변화를 일으키는 것은 단순히 성경만이 아니라, 성령에 의해서 적용되는 말씀이다.[28]

하나님의 말씀은 단순히 그리스도인의 삶의 시작에 대해서 뿐만 아니라, 그 안에서의 성장에 대해서도 방편이다. 따라서, 예수는 그가 그들에게 하신 말씀을 통하여 그들이 이미 깨끗해졌다고 제자들에게 말씀하셨다(요 15:3). 그는 또한 아버지가 아버지의 말씀인 진리 안에서 그들을 거룩하게 해 주시기를 기도하였다(요 17:17). 여호와께서는 여호수아에게 율법의 책이 정직한 삶의 방편이라고 말씀하셨다. "이 율법책을 네 입에서 떠나지 말게 하며 주야로 그것을 묵상하여 그 가운데 기록한 대로 다 지켜 행하라 그리하면 네 길이 평탄하게 될 것이라. 네가 형통하리라"(수 1:8). 하나님의 말씀은 우리의 발을 인도하시고(시 119:105) 우리가 영적인 싸움을

---

28) Bernard Ramm, *The Pattern of Authority*(Grand Rapids: Eerdmans, 1957), pp. 28-37.

할 때 우리를 보호하신다(엡 6:17).

우리는 읽든지 아니면 선포하든지 간에, 하나님의 말씀이 그리스도 안에서 발견되는 구원을 우리에게 제공하시는 하나님의 방편이라는 사실을 알게 되었다. 믿음은 그 구원을 받아들이는 우리의 방편이다.[29] 바울은 에베소서 2:8-9에서 이것을 아주 분명하게 제시하였다. "너희가 그 은혜를 인하여 믿음으로 말미암아 구원을 얻었나니 이것이 너희에게서 난 것이 아니요 하나님의 선물이라. 행위에서 난 것이 아니니 이는 누구든지 자랑치 못하게 함이니라." 하나님의 말씀(복음)과 믿음이 구원의 방편이라는 것은 로마서 1:16-17에서 명백하다. "내가 복음을 부끄러워하지 아니하노니 이 복음은 모든 믿는 자에게 구원을 주시는 하나님의 능력이 됨이라. 첫째는 유대인에게요 또한 헬라인에게로다. 복음에는 하나님의 의가 나타나서 믿음으로 믿음에 이르게 하나니 기록된 바 오직 의인은 믿음으로 말미암아 살리라 함과 같으니라."

믿음의 필요성은 또한 로마서 3:25에서도 명백하다. "이 예수를 하나님이 그의 피로 인하여 믿음으로 말미암는 화목 제물로 세우셨으니." 바울은 유대인이든 헬라인이든, 모든 사람에게 구원에 이르는 오직 한 길만이 있다는 사실을 분명히 한다. "그러므로 사람이 의롭다 하심을 얻는 것은 율법의 행위에 있지 않고 믿음으로 되는 줄 우리가 인정하노라. 하나님은 홀로 유대인의 하나님뿐이시뇨? 또 이방인의 하나님은 아니시뇨? 진실로 이방인의 하나님도 되시느니라. 할례자도 믿음으로 말미암아 또는 무할례자도 믿음으로 말미암아 의롭다 하실 하나님은 한분이시니라"(28-30절). 심지어 아브라함도 믿음으로 말미암아 의로운 것으로 생각되었다. "아브라함이 하나님을 믿으매 이것이 저에게 의로 여기신 바 되었느니라"(롬 4:3, 또한 9,12절을 보라).

만약 우리가 지금 말한 것이 옳다면, 구원은 공로로 말미암지 않는다. 사람은 선행을 했기 때문이 아니라, 믿었기 때문에 하나님이 보시기에 의롭다고 선언된다. 그러나 우리가 하나님의 구원을 얻으려고 할 때에 공로가 필요하다고 주장하는 것처럼 보이는 인용절들은 도대체 무엇인가? 이런 인용절들 가운데에는 마태복음 25:31-46과 누가복음 7:36-50; 18:18-30, 그리고 야고보서 2:18-26이 있다. 그것들을 해석할 때, 우리는 우리가 지금 조사한 인용절들의 분명한 가르침을 염두에 두어야 할 필요가 있을 것이다.

아마도 이 인용절들 가운데 가장 문제가 되는 것은 마태복음 25:31-46일 것이

---

29) Edward J.Carnell, *The Case for Orthodox Theology*(Philadelphia: Westminster,1959), p.70.

다. 이것은 우리의 영원한 운명이 우리가 다른 사람들에게 자비와 자선의 공로를 행하였는지 혹은 그렇지 않은지에 근거할 것이라는 점을 암시하는 것처럼 보인다. 그러나 유의해야 할 특징이 이 기사에 존재한다. 다른 사람들에게 행해진 공로들은 실제로 심판이 이루어지는 근거가 아니다. 왜냐하면 이러한 공로들은 예수 자신에게 행해진 것으로(혹은 행해지지 않은 것으로) 간주되고 있기 때문이다(40, 45절). 그러므로 심판의 근거는 자기의 동료에 대한 것이 아니라, 주님께 대한 그의 관계이다. 다음과 같은 질문이 제기된다. 만약 다른 사람들에게 행해진 공로들이 심판의 근거가 아니라면, 그것들은 도대체 왜 고려되는가? 이 질문에 답하기 위해서, 우리는 구원론의 더 넓은 배경에서 마태복음 25:31-46을 보아야 한다. 여기서 증거가 제시되었을 때의 두 집단의 놀라움을 주목하라(37-39, 44절). 그들은 다른 사람들에게 행해진 공로를 자기들과 하나님의 관계를 지시하는 것으로 생각하지 않았다. 심지어 자선의 행위를 베푼 사람들조차도 그들의 자비의 행위들이 증거로 소개되었을 때 놀랐다. 진실로, 공로들은 가치있는 것이 아니었다. 그러나 그것들은 우리 안에서 이미 작용하시는 우리와 그리스도의 관계와 그의 은혜에 대한 증거이다. 도널드 블러쉬(Donald Bloesch)는 이렇게 주석하고 있다.

> 우리가 이 인용절을 좀더 넓은 문맥과 관련시킬 때에 믿음의 열매들이 동시에 우리 속에 있는 은혜의 일이라는 것을 알고 있다 하더라도, 이 비유의 의도는 우리가 우리의 믿음이 가져오는 열매들에 근거하여 심판받지 않는다는 사실을 보여주려는 것이다. 이것들은 이미 우리에게 부어진 은혜의 증거요 결과이다. 우리는 우리의 공로에 따라 심판받아야 하지만, 우리의 공로에도 불구하고 구원받게 된다. 우리가 거저주시는 구원의 선물의 신비를 정당하게 평가하려면 양자가 다 확언되어야 한다. 마지막 심판은 예수 그리스도 안에서 이미 성취된 칭의의 효력에 대한 확인이다.[30]

그러므로, 이 인용절을 이해하기 위한 열쇠는 이것이 우리의 구원으로 나아감에 대한 것이 아니라, 마지막 심판과 관련이 있는 것임을 명심하는 것이다. 다른 사람들에게 행한 선행들은 우리가 구원을 얻기 위하여 행해야 하는 것이 아니라, 구원에서부터 나오는 것으로 묘사된다.

누가복음 7:36-50에서 우리는 눈물로 예수의 발을 씻고, 머리카락으로 그의 발을 닦아주며, 그 발에 입맞추고 기름을 부어주었던 죄많은 여인에 대한 기사를 발견한다. 이 여인이 행한 것을 자세히 말씀하시고 그녀가 많이 사랑했다고 하시면서,

---

30) Donald Bloesch, *Essentials of Evangelical Theology*(New York: Harper and Row, 1978), vol. 2, p. 184.

예수는 그녀의 죄들이 용서받았다고 선언하셨다(44-48절). 이것은 그녀가 그녀의 행위들과 사랑에 근거하여 용서받았음을 보여주는 것으로 보인다. 그러나 예수가 이 여인에게 하시는 작별의 말씀들은 매우 교훈적이다. "네 믿음이 너를 구원하였으니 평안히 가라"(50절).[31]

누가복음 18:18-30(그리고 또한 마 19:16-30; 막 10:17-31)에서 발견되는 부유한 청년 관원의 이야기는 구원이 공로로 말미암아 얻어지는 것을 암시하는 것처럼 보인다. 왜냐하면 "내가 무엇을 하여야 영생을 얻으리이까?"라고 하는 질문에 대하여, 예수께서 "네게 있는 것을 다 팔아 가난한 자들을 나눠 주라. 그리하면 하늘에서 보화가 네게 있으리라. 그리고 와서 나를 좇으라"(눅 18:22)고 대답하셨기 때문이다. 그러나 이 에피소드가 있기 직전에, 예수께서 "내가 진실로 너희에게 이르노니 누구든지 하나님의 나라를 어린 아이와 같이 받들지 않는 자는 결단코 들어가지 못하리라"(17절)고 말씀하셨다는 사실이 중요하다. 그러므로, 구원의 기초는 어린아이 같은 믿음이다. 모든 것을 기꺼이 뒤에 버려두는 것은 단지 인간이 그러한 믿음을 갖고 있는지를 결정하는 시험에 불과하다.[32]

마지막으로, 면밀히 조사해 보면, 야고보서 2:18-26은 공로를 믿음의 대안이 아니라, 믿음의 보증으로서 생각하고 있음을 알 수 있을 것이다. 사도는 이렇게 말한다. "행함이 없는 네 믿음을 내게 보이라. 나는 행함으로 내 믿음을 네게 보이리라"(18절). 야고보는 우리가 오직 믿음으로만 의롭다 함을 받는다는 사실을 결코 부인하지 않는다. 오히려, 이 인용절에서의 그의 요점은 행함이 없는 믿음은 참된 믿음이 아니며, 헛된 것이라는 것이다(20절). 참된 믿음은 반드시 행함으로 귀결될 것이다. 믿음과 행함은 분리할 수 없는 것이다. 그래서 야고보는 "우리 조상 아브라함이 그 아들 이삭을 제단에 드릴 때에 행함으로 의롭다 하심을 받은 것이 아니냐? 네가 보거니와 믿음이 그의 행함과 함께 일하고 행함으로 믿음이 온전케 되었느니라. 이에 경에 이른 바 아브라함이 하나님을 믿으니 이것을 의로 여기셨다는 말씀이 응하였고 그는 하나님의 벗이라 칭함을 받았나니"(21-23절)라고 기록하였다.

정확하게 로마서 4:3과 갈라디아서 3:6에서의 바울과 같이, 야고보가 여기에서 믿음으로 말미암은 구원이라는 고전적인 증거 본문 ― 창세기 15:6 ― 을 인용하고 있다는 사실은 중요하다. 아브라함이 이 성경을 성취하였다고 말하면서, 야고보는 행함을 믿음으로 말미암은 칭의와 분명하게 연결시키고 있다. 행함은 믿음의 성취이

---

31) Johannes Norval Geldenhuys, *Commentary on the Gospel of Luke*(Grand Rapids: Eerdmans, 1952), p. 234.
32) I. Howard Marshall, *The Gospel of Luke: A Commentary on the Greek Text*(Grand Rapids: Eerdmans, 1978), pp. 682-83.

거나 혹은 완성이다.

우리가 방금 조사한 네 가지 인용절들을 그것들의 문맥 속에서 이신칭의에 대하여 말하는 본문들과 관련하여 보면, 행함이 구원을 얻는 방편이라고 이 인용절들이 가르치고 있지 않다는 것이 우리의 결론이다. 오히려, 이것들이 가르치는 바는 참된 믿음은 그것이 산출하는 행함에 의해서 보증될 것이라는 점이다.[33] 행함이 따라오지 않는 믿음은 진정한 믿음이 아니다. 역으로, 믿음과 그리스도와의 적절한 관계로부터 나오지 않는 행함은 심판날에 아무런 관계도 없을 것이다. 예수는 마태복음 7:22-23에서 이 점을 말씀하셨다. 그 날에 많은 사람이 그에게 이렇게 말할 것이다. "주여, 주여, 우리가 주의 이름으로 선지자 노릇하며 주의 이름으로 귀신을 쫓아내며 주의 이름으로 많은 권능을 행치 아니하였나이까?" 아마도 이 주장들은 사실일 것이다. 그러나 예수는 이렇게 응답하실 것이다. "내가 너희를 도무지 알지 못하니 불법을 행하는 자들아 내게서 떠나가라 하리라." 그들의 행함이 참된 믿음과 헌신으로부터 이루어지지 않았기 때문에, 예수는 하늘에 계신 그의 아버지의 뜻대로 행한 사람들의 수에다 그런 사람들을 포함하지 않으셨다(21절).

## 구원의 범위

우리는 이제 누가 구원받게 될 것인지에 관한 문제에까지 오게 되었다. 그리고 특히, 모든 사람들이 구원받게 될 것인가? 역사를 통하여 시종일관 교회의 통상적인 입장은, 어떤 사람들이 혹은 심지어 많은 사람들이 구원받겠지만, 어떤 사람들은 구원받지 못할 것이라는 것이었다. 모든 사람들이 구원받는 것을 보기를 원하지 않았기 때문이 아니라, 어떤 사람들이 버려질 것이라는 의미를 지닌 성경의 분명한 진술들이 존재하고 있다고 믿었기 때문에, 교회는 이러한 입장을 취하였다. 그러나, 때때로 반대되는 입장이, 즉 모든 사람이 구원받을 것이라는 견해가 교회 안에서 신봉되어 왔다. 보편구원론(universalism)으로 알려져 있는 이 입장은 미국에서 보편구원론자(Universalist, 이것은 그 이후에 유니테리언파와 합쳐졌다)라는 명칭을 지닌 교파를 낳게 되었다. 그러나 보편구원론을 고수하는 사람들이 모두 다 이 교파에서 발견되는 것은 아니다.

---

33) Alexander Ross, *The Epistles of James and John*(Grand Rapids: Eerdmans, 1954), pp. 54-55.

## 다양한 보편구원론

보편구원론은 긴 역사를 갖고 있다. 오리겐(Origen)은 아마도 그것의 첫번째 주요한 지지자였을 것이다. 그는 성경이 말씀하는 사악한 자들에 대한 형벌은 하나님께서 그들에게 가하시는 어떤 영원한 외적인 고통의 형태가 아니라, 그들이 하나님으로부터 분리되었다는 느낌에 의해서 야기된 일시적인 내적 고뇌일 것이라고 추측하였다.[34] 이것의 목적은 정화하려는 것이다. 그 목적은 영원한 형벌이 없이 실현될 것이다. 따라서 사악한 자에 대한 형벌은 어떤 시점에서 끝나게 될 것이며, 만물이 그들의 원 상태로 회복될 것이다. 이것이 오리겐의 회복(apokatastasis)론이다.

보편 구원에 대한 오리겐의 가르침의 형태는 가장 통속적인 것이었지만, 유일한 것은 아니었다. 사실, 전체 인류가 (적어도 이론적으로는) 어떻게 구원받고 그것을 성취할 수 있는지에 대해서는 몇가지의 가설들이 있다:

1. 보편 회심론(universal conversion)은 모든 사람들이 성경이 정해 놓은 길, 즉 회개와 믿음에 의하여 구원받을 것이라고 주장한다. 이 견해를 지지하는 사람들은 세계가 어느날 성공적으로 복음화될 것이고, 모든 사람들이 복음에 응답하며 이렇게 해서 구원받을 것이라고 믿고 있다. 그러나 이 이론의 문제점은 무수한 사람들이 회심하지 않고 이미 살다가 죽었다는 것이다. 계획된 보편적인 응답은 미래에 놓여 있다. 그러므로, 모든 사람들의 구원에 대해서가 아니라, 단지 미래에 응답할 사람들에 대해서만 보증이 존재한다. 여기에는 어떠한 진정한 보편구원론도 존재하지 않는다. 진정으로 보편구원론적이기 위해서, 이 이론은 어떤 다른 이론이나 그것의 일부와 결합되어야 한다.[35]

2. 보편 속죄론(universal atonement)은 그리스도가 단순히 인류의 어떤 부분만(선택된 자들)을 위해서가 아니라, 모든 인류를 위하여 죽으셨다고 주장한다. 이것은 때때로 특별 혹은 제한 속죄를 주장하는 사람들에 의하여 보편구원론으로 간주되어 왔지만, 진정한 보편구원론이 아니다. 보편 속죄론을 제의하는 알미니우스주의자들과 온건한 칼빈주의자들은 대개 그리스도께서 속죄하신 모든 사람들이 믿게 될 것이라고(혹은 이 속죄가 모든 경우에 유효할 것이라고) 주장하지는 않기 때문에, 그들은 보편 구원이 아니라, 단지 보편 속죄에 대해서 말하고 있다.[36] 다만 이

---

34) Origen, *De principiis* 1.6.2.

35) Loraine Boettner, "Postmillennialism," in *The Meaning of the Millennium*, ed.Robert G.Clouse(Downers Grove,Ill.:Inter-Varsity,1977),p.118. Boettner는 성경이 "모든 나라의 대다수 사람들의 궁극적인 회심"을 약속하고 있다고 주장한다.

36) H.Orton Wiley, *Christian Theology*(Kansas City,Mo.:Beacon Hill,1958),vol.2,p.295.

견해가 그 자체의 가설들에 의해서가 아니라 외부의 가설들에 의해서 해석될 때에만, 이것은 진정한 보편구원론으로 해석된다.

3. 보편 기회론(universal opportunity)은 그들의 일생 동안에 모든 사람들이 구원받는 방식으로 예수 그리스도에게 응답하는 기회를 갖고 있다고 주장한다. 구원받을 수 있는 기회는 실제로 특별 계시의 내용들에 대한 어떤 지식을 제공받은, 선포된 복음을 듣는 사람들에게 국한되지 않는다. 오히려, 시편 19편과 로마서 1,2장, 그리고 성경의 다른 곳에서 논의되는 일반 계시에 접함으로써, 모든 사람들은 예수 그리스도에 대하여 필요한 믿음을 암암리에 나타낼 수 있다. 여기에서도 역시 모든 사람들이 응답할 것이라는 주장은 존재하지 않는다. 그러므로, 보편 기회론은 진정한 보편구원론이 아니다. 모든 사람들이 믿음을 나타낼 수 있었지만, 많은 사람들이 그렇게 하지 않았을 것이다. 승인되지 않은 그리스도인들이 있을 수 있지만, 그들은 숫자상으로 극히 적을 것이다. 이 집단은 기독교의 중심 교리들과 모순되는 다른 세계의 종교들의 열렬한 지지자들로 구성되지 않는다. 오히려, 일반 계시를 통하여 구원받은 사람들은 "알지 못하는 신"(행 17:23)을 숭배하였던 아덴 사람들과 비슷하다.[37]

4. 보편 명시적 기회론(universal explicit opportunity)은 모든 사람이 공공연하거나 명백한 방식으로 복음을 들을 기회를 갖게 될 것이라고 주장한다. 여기 땅 위에서 그들의 일생 동안에 실제로 복음을 듣지 못한 사람들은 미래에 기회를 갖게 될 것이다.[38] 두번째 기회가 있게 될 것이다. 사후에, 그들이 들을 수 있게 될 것이다. 이 이론의 지지자들 중 어떤 이들은 듣고 거절한 사람들조차도 내세의 삶에서 그리스도의 요청들에 직면하게 될 것으로 믿고 있다. 그런 기회를 받은 모든 사람들이 당연히 그것을 받아들일 것이라는 관념과 이런 믿음이 결합될 때, 자명한 결론이 보편 구원이다. 이 견해는 내세에 대한 예수의 가르침과 조화되기 어렵다(눅 16:19-31, 특히 26절을 보라).

5. 보편 화해론(universal reconciliation)은 그리스도의 죽음이 모든 인류와 하나님을 화해시키는 목적을 성취하였다고 주장한다. 그리스도의 죽음은 하나님께서 사람을 용납하시는 것을 가능하게 하였으며, 그는 또한 그렇게 하셨다. 따라서, 인간과 하나님의 은혜의 혜택들 사이에 어떠한 분리가 존재한다 하더라도 이것은 본성상 주관적이며, 이것은 인간의 마음 속에만 존재한다. 그러므로 인간이 들어야 할 필요가 있는 메시지는 그가 구원받기 위한 기회를 가지고 있다는 것이 아니다. 오히

---

37) Augustus  H.Strong,  *Systematic  Theology*(Westwood,N.J.: Revell,1907),p.842.
38) Richard Eddy, *A History of Universalism*, in American Church History, vol.10(New York: Christian Literature,1894),pp.458-60.

려, 인간은 그가 구원받았으며, 따라서 그는 이미 그의 것이 된 축복들을 향유할 수 있다는 사실을 들어야 할 필요가 있다. 이 견해의 지지자들은 고린도후서 5:18을 크게 강조한다. "모든 것이 하나님께로 났나니 저가 그리스도로 말미암아 우리를 자기와 화목하게 하셨다." 화해는 이루어져야 할 어떤 것이 아니며, 그것은 성취된 사실이다.[39]

6. 보편 사면론(universal pardon)은 사랑의 하나님이신 하나님께서는 그가 부여하신 조건들을 변함없이 고수하시지는 않을 것이라고 주장한다. 그는 자기를 받아들이지 않는 모든 사람들을 영원한 저주로 위협하셨지만, 결국에는 마음을 누그러뜨리시고 모든 사람을 용서하실 것이다.[40] 따라서, 믿음을 나타낼 어떤 필요도 존재하지 않는다. 하나님은 모든 사람들을 그들이 믿었던 것처럼 대하실 것이다. 그는 모든 사람들에게 의(義)뿐만이 아니라 믿음도 전가하실 것이다. 이것은 구원의 제안을 받아들이려고 믿음으로 행한 사람들에게는 불공평하게 보일 수도 있겠지만, 그들은 포도원의 일꾼들에 대한 예수의 비유를 기억해야 할 것이다. 그 날 늦게 온 사람들도 아침 일찍 일하기 시작했던 사람들이 받은 것과 같은 사례를 받았다.

7. 보편 회복론(universal restoration)은 오리겐(Origen)이 제안한 견해이다. 미래의 어떤 시점에, 만물이 그들이 원래 의도된 상태로 회복될 것이며, 완전한 구원이 있을 것이다. 현존하는 실재는 변경되거나 변화될 것이다. 하나님께서 인류를 순식간에 완전의 상태에 이르게 하실 것이라는 사실이 상상될 수 있다. 그러나 오리겐의 사고 패턴을 따르는 이 이론의 일반적인 형태에서, 내세의 삶의 시작은 연옥적인 기능을 가지고 있다. 충분한 형벌의 기간이 지나갔을 때, 인류는 하나님께서 잔여 영원을 통하여 내내 그들과 교제를 나누실 수 있는 지점까지 정화될 것이다.[41]

### 보편구원론의 논거에 대한 평가

우리는 이제 보편구원론에 대한 특정한 논거들을 면밀히 조사해야 할 필요가 있다. 우리가 방금 약술하였던 다양한 보편구원론의 각각을 조사하고 평가하는 일은 불가능할 것이다. 그러나 이것들이 보편구원론들인 한, 이것들은 유사한 논거들 위에서 이룩되었다. 구원이 보편적이라는 믿음을 뒷받침하여 제시된 두 가지의 일반적인 유형의 고찰들이 존재한다. 어떤 것들은 성경의 특별한 본문에 근거하고 있거나

---

39) Karl Barth, *The Humanity of God*(Richmond: John Knox, 1960), pp. 60-
  62.
40) C. H. Dodd, *New Testament Studies*(New York: Scribner, 1954), pp. 118-
  26.
41) Origen, *De principiis* 1.6.2.

그것과 관련되어 있다. 다른 것들은 본질상 더 신학적이다. 우리는 먼저 넬스 페레(Nels Ferré)의 사상에서 구체화된 후자의 유형의 논거를 살펴볼 것이다.

스웨덴에서 태어난 페레는 매우 보수적인 침례교 설교가의 아들이었다. 어린 시절에, 넬스는 아버지의 강단에서 들은 많은 것, 특히 복음을 듣지 못한 사람들이 영원히 지옥에 버려질 것이라는 관념으로 인하여 고통을 받았다. 그의 자서전적인 소고(小稿)인 「제3의 회심은 결코 실패하지 않는다」(*The Third Conversion Never Fails*)는 성경에 대한 그의 증대되는 의문들을 열거하고 있다. 그가 이 문제에 대하여 마침내 용기를 내어 아버지께 질문을 하였을 때, 그는 인간은 하나님에 대하여 질문해서는 안된다는 권위적인 대답에 의해서 퇴짜를 맞았다.[42] 십대의 소년 시절에, 그는 홀로 미국으로 왔으며, 그곳에서 정통주의적인 견해를 포기하였다. 나중에 그는 하나님의 사랑을 강조하였던, 그의 모국 스웨덴의 룬트학파 신학자들에 의하여 영향을 받았다. 그들의 인도를 따르면서, 그는 신적인 사랑의 중심 사상 위에서 자신의 신학을 확립하였다. 종말론에 관한 그의 고찰에서, 이 개념은 강력하고 결정적이었다.

페레는 종말론에 대한 대부분의 접근 방식들이 하나님의 정의를 강조하고 있음을 알게 되었다. 페레는 하나님이 공정하신 것은 사실이지만, 하나님의 정의는 전적으로 그의 사랑의 섬김 가운데 있다고 말하였다.[43] 이렇게 해서, 페레는 하나님에 대한 그의 인식을 단지 한 가지 신적인 속성에 정초(定礎)시켰다. 왜 어떤 사람들이 영원한 지옥의 개념을 가르치고 설교할 것을 강조하는지 물으면서, 그는 그렇게 하는 사람들은 하나님의 사랑을 결코 실제로 이해하지 못하였다고 암시하였다.[44] 그는 사랑과 형벌, 천국과 지옥, 기쁨과 슬픔은 서로를 배제한다는 전제 위에 그의 결론의 기초를 놓고 있다.

어떤 사람들은 영원한 실재들로서의 천국과 지옥이 얼마나 완전하게 모순되는지를 결코 실제로 알지 못하였다. 그들의 눈은 이 진리에 대하여 결코 개안(開眼)되지 않았다. 만약 영원한 지옥이 실재한다면, 사랑은 영원히 좌절되고 천국은 버려진 자들을 위한 애도와 근심의 장소가 될 것이다. 그런 기쁨과 그런 슬픔은 함께 어울릴 수 없다. 하나님 자신을 위해서가 아니라, 하나님을 진정으로 사랑하는 사람들을 위해서는 어떠한 정신병적으로 분열된 인격도

---

42) Nels Ferré, "The Third Conversion Never Fails." in *These Found the Way*, ed. David Wesley Soper(Philadelphia: Westminster, 1951), pp. 132-33.

43) Nels Ferré, *The Christian Understanding of God*(New York: Harper and Brothers, 1951), p. 228.

44) Ibid., pp. 234-37.

있을 수 없다. 틀림없이 사랑이 사랑이고 하나님께서 하나님이신 것처럼, 이것이 바로 천국이 지옥을 비웠을 때에만 천국일 수 있는 이유이다. 하나님은 우리가 불성실하다 하더라도 자신에 대하여 불성실할 수 없다. 권세와 나라와 영광은 그의 것이다.[45]

신약 성경의 종말론적인 인용절들을 연구하면서, 페레는 그가 화해할 수 없는 전통들로서 생각하였던 것을 발견하였다. 첫째로 영원한 지옥이 있을 것이라고 가르치는 인용절들이 있다.[46] 그러나 예수 자신이 그런 교리를 가르치셨는지는 불확실하다.[47] 신약성경 속에 있는 또다른 요소는 사악한 자들이 사라질 것이라는 사실이다.[48] 그들은 죽음에서 단순히 없어지거나 멸절될 것이다. 그들은 천국에서 영원히 구원받지도 않을 것이고 지옥에서 영원히 처벌되지도 않을 것이다. 그러나 세번째 전통은 페레가 "하나님 자신의 사랑에 의한, 만물에 대한 그리스도 안에서의 하나님의 주권적인 승리"[49]라고 부르는 것이다. 그는 모든 사람들이 구원받을 것이라고 하는 어떤 특정한 본문들을 교의로서 인용하고 있다. "우리는 우리 소망을 살아 계신 하나님께 둠이니 곧 모든 사람 특히 믿는 자들의 구주시라"(딤전 4:10). "하늘에 있는 자들과 땅에 있는 자들과 땅 아래 있는 자들로 모든 무릎을 예수의 이름에 꿇게 하시고 모든 입으로 예수 그리스도를 주라 시인하여 하나님 아버지께 영광을 돌리게 하셨느니라"(빌 2:10-11). "하나님이 모든 사람을 순종치 아니하는 가운데 가두어 두심은 모든 사람에게 긍휼을 베풀려 하심이로다"(롬 11:32). 그러나 이 문제와 관련하여 페레를 그의 궁극적인 결론으로 인도한 것은 어떤 특정한 구절들이 아니었다.

그러나 어쨌든 그런 모든 구절들이 아무리 많고, 아무리 명백하다 하더라도, 신약 성경의 전체적인 메시지와 비교하여 보면 무의미한 것이다 … "그가 오히려 만물을 자신에게 복종시킬 수 있는 역사하심에 따라서," 신약성경의 논리는 그것의 가장 높고 가장 깊은 논점에서 하나님의 주권적인 사랑의 논리이다 … 주권적인 주님을 예배하는 사람들은 적어도 그의 사랑의 전체적인 승리를 감히 선포한다. 어떤 다른 입장도 일관되게 기독교적일 수는 없다. 모든 다른 입장들이 하나님의 선(善)이든지 아니면 그의 능력을 제한하는데, 이 경우에 근본주의와 현대의 자유주의는 둘 다 그들 자신의 다양한 유한한 하나님을 갖고 있다.[50]

---

45) Ibid., p.237.
46) Ibid., pp.244-45.
47) Ibid., p.245.
48) Ibid., pp.242-43.
49) Ibid., p.246.
50) Ibid., pp.246-47

그러한 고찰들에 기초하여, 페레는 보편구원론자의 입장에 도달하였다. 종말론에 대한 그의 설명이 신론에 관한 논문에서 나타나는 것은 중요하다. 왜냐하면 관련 성경에 대한 그의 해석과 이 문제를 전체적으로 지배하는 것은 사랑으로서의 하나님에 대한 그의 이해이기 때문이다. 그는 보편적인 구원이 어떻게 야기될 것인지를 이해할 것을 요구하지 않는다. 우리는 그 사실을 단순히 받아들여야 한다. 그러나 그 방편이 어떤 것이든 간에, 하나님의 주권적인 사랑은 이 과정을 완전한 승리로 이끄실 것이다.[51]

페레의 견해를 고찰하면서, 우리는 구원이 보편적이라는 것을 단언하거나 암시하는 것처럼 보이는 약간의 본문들을 언급하였다. 보편구원론을 뒷받침하기 위하여 여러 가지 다른 구절들이 인용되었다. "그런즉 한 사람의 범죄로 많은 사람이 정죄에 이른 것같이 의의 한 행동으로 말미암아 많은 사람이 의롭다 하심을 받아 생명에 이르렀느니라"(롬 5:18). "아담 안에서 모든 사람이 죽은 것 같이 그리스도 안에서 모든 사람이 삶을 얻으리라"(고전 15:22). "아버지께서는 모든 충만으로 예수 안에 거하게 하시고 그의 십자가의 피로 화평을 이루사 만물 곧 땅에 있는 것들이나 하늘에 있는 것들을 그로 말미암아 자기와 화목케 되기를 기뻐하심이라"(골 1:19-20). "천사들보다 잠깐 동안 못하게 하심을 입었지만 … 하나님의 은혜로 말미암아 모든 사람을 위하여 죽음을 맛보려 하신" 예수(히 2:9).

그러나, 만약 우리가 조직신학을 하려고 한다면, 우리는 또한 반대의 결론을 암시하는 그런 본문들도 고려해야 하며, 그런 다음에 우리는 명백하게 모순되는 자료를 화해시키기를 시도해야 한다. 보편구원론을 부인하는 것처럼 보이는 많은 본문들이 있다. "저희는 영벌에 의인들은 영생에 들어가리라"(마 25:46). "하나님이 세상을 이처럼 사랑하사 독생자를 주셨으니 이는 저를 믿는 자마다 멸망치 않고 영생을 얻게 하려 하심이니라"(요 3:16). "이를 기이히 여기지 말라. 무덤 속에 있는 자가 다 그의 음성을 들을 때가 오나니 선한 일을 행한 자는 생명의 부활로, 악한 일을 행한 자는 심판의 부활로 나오리라"(요 5:28-29). "만일 하나님이 그 진노를 보이시고 그 능력을 알게 하고자 하사 멸하기로 준비된 진노의 그릇을 오래 참으심으로 관용하시고"(롬 9:22). 마태복음 8:12; 25:41; 26:24; 마가복음 3:29; 로마서 2:5; 데살로니가후서 1:9; 요한계시록 21:8. 이들 가운데에서 수많은 다른 인용절들이 인용될 수 있었다. 실제로, 단순히 숫자들에만 근거했을 때, 모든 사람이 구원받을 것이라는 것보다 어떤 사람들이 영원히 버려질 것이라고 가르치는 구절이 훨씬 더 많은 것처럼 보인다.

---

51) Ibid., pp.248-49.

명백한 모순들이 화해될 수 있는가? 보편구원론자들에 의하여 제기된 한 가지 가능성은 사악한 자들이 버려질 것이라고 암시하는 그런 인용절들을 실제적인 상황이 아니라 가설적인 상황을 묘사하는 것으로서 간주하는 것이다.(우리는 여기에서 히브리서 6:4-6에 대한 우리의 해석을 기억하고 있다.) 말하자면, 이것들은 우리가 그리스도를 거절하려고 할 때, 일어날 수도 있을 일에 대한 묘사들이다. 그러나, 사실상, 아무도 거절하지 않는다. 왜냐하면 문제의 인용절들은 우리를 그리스도에게로 향하게 하기에 충분한 경고들이다. 이것에 근거하여, 보편구원론자들은 요한복음 3:16과 마가복음 3:29과 같은 본문들을 잘 설명할 수 있다. 그러나 어떤 사람들이 실제로 버려질 것이라고 선언하는 그런 구절들이 남아 있다. 그러한 예들은 마태복음 8:12과 25:41,46, 그리고 요한복음 5:29을 포함한다. 우리는 이러한 참고구절들을 단순하게 처리해 버릴 수만은 없다. 그렇다면 우리는 페레와 함께 신약 성경 내에 화해할 수 없는 전통들이 존재한다고 결론을 내리지 않으면 안되는가?

하나의 대안, 즉 제한적인 인용절들과 조화되는 방식으로 보편구원론적인 인용절들을 해석하는 일이 남아 있다. 여기에서 우리는 좀더 결실있는 노력을 발견한다. 먼저 빌립보서 2:10-11과 골로새서 1:19-20이 모든 사람이 구원받을 것이며 하나님과의 교제로 회복될 것이라고 말하지 않는다는 사실을 주목하라. 이것들은 다만 우주의 파괴된 질서를 회복시키는 것, 즉 만물을 하나님께 복종시키는 것에 대해서만 말하고 있다. 그러나 이것은 반항하는 무리들을 억지로 복종시키는 승리에 의해서 성취될 수 있었다. 이것은 반드시 실제적인 사귐으로 향하는 것을 지적하지는 않는다. 또한 디모데전서 4:10과 히브리서 2:9은 다만 그리스도께서 모든 사람을 위해 죽었거나 혹은 모든 사람들에게 구원을 제공하신다는 사실만을 말하고 있음을 주목하라. 이 구절들은 보편 속죄를 입증하지만, 반드시 보편 구원을 입증하지는 않는다. 실제로, 디모데전서 1장은 "믿는 자들"과 나머지 인류를 명백하게 구분하고 있다.

좀더 까다로운 문제는 아담의 죄와 그리스도의 구원 사역의 보편적인 효과가 대비되고 있는 인용절들로서, 즉 로마서 5:18과 고린도전서 15:22이다. 그러나 이 인용절들의 각각의 문맥에서 보면, 보편적인 차원을 그것이 그리스도의 사역에 적용되는 것으로 간주하는데 도움이 되는 요소들이 존재한다. 로마서 5장의 경우에, 17절은 "은혜와 의의 선물을 넘치게 받는 자들이 한 분 예수 그리스도로 말미암아 생명 안에서 왕 노릇하리로다"라고 상술(詳述)하고 있다. 더욱이 '모든'이 아니라 '많은'(πολλοί, 폴로이)이라는 용어가 15절과 19절에서 사용되고 있다. 바울은 이와 유사하게 고린도전서 15:22에서 "모든"의 의미를 제한하고 있다("그리스도 안에서 모든 사람이 삶을 얻으리라"). 왜냐하면 다음 절에서 그가 이렇게 덧붙이고 있기 때문이다. "그러나 각각 자기 차례대로 되리니 먼저는 첫 열매인 그리스도요 다음에는 그리스도 강림하실 때에 그에게 붙은 자요.” 실제로, 그는 앞에서 그가 신자들에 대해서 말하고 있음을 분명히 밝혔다. “만일 그리스도께서 다시 사신 것이 없으면 … 그리스도 안에서 잠자는 자도 망하였으리니”(17-18절). 우리는 아담의 죄에 대한 형벌을 아담 안에 있는 모든 사람들이 정확히 받은 것처럼, 그리스도의 죽음의 혜택들을 “그리스도 안에 있는 모든 사람들”이 받는다고 결론을 맺는다.

한 가지 보편구원론적인 인용절이 남아 있다. 로마서 11:32은 하나님께서 모든 사람들을 구원하시는 것을 암시하는 것으로 보인다. “하나님이 모든 사람을 순종치 아니하는 가운데 가두어 두심은 모든 사람에게 긍휼을 베풀려 하심이로다.” 그러나, 실제로, 하나님께서 보여주신 자비는 그의 아들을 속죄물로 주시고 구원의 제의를 모든 사람에게 베푸는 것으로, 이 문맥에서는 바울이 이스라엘이 하나님을 거역함으로써 구원이 이방인들에게 제공되는 것에 관하여 말하고 있기 때문이다. 하나님의 자비는 모든 사람들에게 나타났지만, 오직 그것을 받아들이는 사람들만이 그것을 경험하고 도움을 얻게 될 것이다. 사실상, 바울은 어떤 사람들이 하나님의 자비를 거절하였으며, 따라서 그의 구원을 얻지 못하였다는 사실(7-10, 21-22절)을 지적하고 있다. 따라서, 구원은 보편적으로 입수 가능한 것이긴 하지만, 구원이 보편적이지는 않다.

모든 사람이 다 구원받지는 못할 것이다. 이것은 우리가 만족하여 진술하는 결론은 아니지만, 전체 성경의 증언에 대하여 가장 충실한 것이다. 이것은 복음주의적인 노력에 대한 하나의 자극이 될 것이다:

그런즉 저희가 믿지 아니하는 이를 어찌 부르리요? 듣지도 못한 이를 어찌 믿으리요? 전파하는 자가 없이 어찌 들으리요? 보내심을 받지 아니하였으면 어찌 전파하리요? 기록된 바 “아름답도다. 좋은 소식을 전하는 자들의 발이여!” 함과 같으니라〔롬 10:14-15〕

# 제11부

## 교회

# 49

# 교회의 본질



우리는 지금까지 개별적인 그리스도인들과 관계되어 있는 구원의 본질에 대하여 논의하였다. 그러나 그리스도인의 삶은 독자적인 문제가 아니다. 사도행전에서 우리는 으레 회심이 개인을 신자들의 모임의 교제로 인도하는 것을 발견하게 된다. 그리스도인의 삶의 집단적인 차원을 우리는 교회라고 부른다.

## 교회의 정의

### 교회에 대한 혼란

교회는 매우 친숙하면서도 동시에 매우 오해받기 쉬운 주제이다. 이것은 주목될 수 있는 기독교 신학의 소수의 측면 가운데 하나이다. 많은 사람들에게, 이것은 기독교가 대면하는 첫번째 논점이며, 아마도 유일한 논점일 것이다. 칼 바르트(Karl Barth)는 교회가 예수 그리스도에 대하여 증언하는 몇가지 방식들 가운데 하나는 단순히 그것이 존재한다는 사실로 말미암은 것이라고 말하였다.[1] 교회가 존재하거나, 적어도 그것이 존재해 왔다는 구체적인 증거들이 있다. 때때로 그 속에 매우 적은 수의 사람들이 모인다 하더라도, 교회의 구조들은 우리가 교회라고 부르는 것의 실체에 대한 증거이다. 교회는 매체 속에서 언급되지만, 그것이 무엇인가에 관해서는 자세하게 설명되지 않는다. 법적인 문서들이 이것에 대하여 언급한다. 미국에서 교회는 국가와 분리됨을 유지해야 한다. 사람들은 교회에 속해 있으며, 그들은 일요일에 교회에 간다. 그러나 이렇게 익히 잘 아는 모든 것에 대하여, 종종 교회에 대한 상당한 혼란과 오해도 존재한다.

이러한 오해의 일부는 '교회'(church)라는 용어에 대한 다수의 용법으로부터 유래한다. 때때로 이것은 건축 구조, 즉 건물과 관련하여 사용된다. 종종 이것은 신자들의 특별한 몸을 언급하기 위하여 사용된다. 예를 들어, 우리는 제일 감리 교회에 대해서 말할 수 있다. 다른 때에, 이것은 교파, 즉 어떤 차이에 의해서 구별되는 집단, 예를 들면 장로교회나 루터교회를 언급하기 위하여 사용된다. 교회라는 용어의 다수 용법에 의하여 초래된 혼란 이외에도, 좀더 깊은 수준의 혼란에 대한 증거, 즉 교회의 기본적인 본질에 대한 이해의 부족이 존재한다.

이러한 이해가 결여된 이유들 중에, 기독교 사상사의 어떤 시점에서도 다른 교리들이 받았던 직접적이며 완전한 주목을 교회론이 받지 못했다는 사실이 존재한다. 1948년 암스테르담에서 열린 세계 교회 협의회(World Council of Churches)의 제1차 총회에서, 게오르게스 플로로프스키(Georges Florovsky)는 교회론이 신학이 전적인(pretheological) 단계를 거의 통과하지 못하였다고 주장하였다.[2] 이와는 대조적으로, 중세에 그리스도의 속죄 사역이, 그리고 16세기에 구원론이 그랬던 것처

---

1) Karl Barth, *Church Dogmatics*(Edinburgh: T.and T.Clark,1936),vol.1, part 1,p.1.
2) Colin W.Williams, *The Church*,New Directions in Theology Today,vol.4(Philadelphia: Westminster,1969),p.11.

럼, 기독론과 삼위일체론은 4세기와 5세기에 특별한 주목을 받았다. 그러나 이러한 일치된 주목은 결코 교회에 대해서는 집중되지 않았다. 심지어 5세기초의 어거스틴과 도나투스파의 논쟁과, 또한 은혜의 방편에 대한 16세기의 논쟁도, 교회의 성질에 관한 양상들을 다루었지만, 교회가 무엇인가에 관한 중심적인 문제에는 실제로 도달하지 않았다. 콜린 윌리엄스(Colin Williams)는 "아마도 교회가 당연한 것으로 생각되었기 때문인지, 교회 그 자체에 대해서는 거의 직접적인 신학적인 주목이 주어지지 않았다"고 말하였다.[3]

그러나 교회의 본질에 관한 문제를 다루는 일은 더 이상 지체될 수 없다. 20세기의 세계 교회 일치운동은 교회를 논의의 맨 앞으로 밀어 내었다. 세계 교회 일치운동(ecumenism)에서 신학의 어떤 분야들이나, 혹은 적어도 예수의 신성과 인성의 관계와 같은 문제들의 세세한 항목에서 논쟁의 여지가 존재하고 있지만, 칭의의 법정적인 성격과 이 세상에서의 완전한 성화의 가능성, 그리고 교회의 본질에 관한 주제는 무시될 수 없다. 왜냐하면 에큐메니칼 운동의 일차적인 관심이 교회들 상호간의 관계들이며, 이것의 가장 가시적인 나타남이 "교회들의 회의"의 형태 속에 존재하기 때문이다.

교회의 본질적인 성격을 주의깊게 묘사하는 것이 필수적인 몇가지 이유들이 존재한다. 존 매쿼리(John Macquarrie)는 교회가 오늘날 많은 신학적인 글들의 주제라고 지적하였다.

> 아마도 어떤 다른 단일한 신학적인 주제보다도 교회에 관하여 오늘날 더 많은 글이 쓰여지고 있을 것이다. 이 글들의 대부분은 실제적인 방향을 갖고 있다. 우리는 급속한 사회 변화와 관련되어 있는 교회, 세속 사회 속에 있는 교회, 교회와 재결합, 선교 속에 있는 교회에 대해서 듣고 있다. 그러나 이러한 다양한 분야들에서 얻어진 어떤 통찰들이 아무리 가치있는 것이라 하더라도, 이것들은 교회에 대한 신학적인 이해에 의하여 인도되고 상호 관련되어야 할 필요가 있다.[4]

교회에 대한 논의들의 다수가 교회와 다른 실체들, 예를 들어 세속 사회와의 관계에 관한 것이라는 사실에 매쿼리가 유의하고 있음을 주목하라. 오늘날 이러한 논문들의 대부분의 초점은 교회 자체가 아니라, 다른 실체들이다. 이러한 경향을 역전시켜야 할 때인데, 그것은 만약 우리가 교회의 본질을 명확히 이해하지 못한다면,

---

3) Ibid.
4) John Macquarrie, *Principles of Christian Theology*(New York: Scribner, 1966), p.346.

교회와 이들 다른 분야들과의 관계에 대해서도 명확히 이해할 수 없기 때문이다.

교회 그 자체보다도 사회 변화와 선교와 같은 문제들을 강조하게 된 것은 부분적으로는 일반적으로 사고(思考)가 세속적인 방향으로 옮겨가고 있는데 기인한 것이다. 이것을 또 다른 방식으로 말한다면, 하나님을 생각하는 방식에 주요한 변화가 있었다는 것이다. 즉 그의 초월보다는 그의 내재를 훨씬 더 강조하게 되었다는 것이다. 그는 그의 초자연적인 기관인 교회의 매개를 통해서만 세상과 관계하는 것으로 더 이상 생각되지 않는다. 일반적으로, 교회는 신적인 현존과 활동의 유일한 구현으로서, 즉 하나님의 특별한 대리자로서 더 이상 여겨지지 않는다. 오히려, 하나님께서 많은 수단이나 기관들을 통하여 세상과 역동적으로 관계하신다는 광범위한 개념이 존재한다. 강조는 하나님이 어떤 분인가에 대해서가 아니라, 그가 무엇을 하고 계시는가에 주어지고 있다. 따라서, 교회의 정체성과 한계 혹은 경계들에 대해서보다는 교회의 선교에 대해서 더 많은 주목이 이루어지고 있다.

전통적으로, 교회는 세계와 구별되는 것으로서, 즉 그것과 마주 대하여 서 있으면서 그것을 변화시키려고 하는 것으로서 생각되었다. 이러한 견해의 가장 충분히 발전된 형태에서, 교회는 은혜의 보고(寶庫)이고, 세계는 단지 교회에 연결되어 그것의 성례들을 받음으로써만 이 은혜를 받을 수 있고 또한 그것에 의하여 변화될 수 있다. 좀더 개신교적인 형태에서, 이 견해는 교회는 복음, 즉 구원의 복된 소식을 소유하고 있으며, 그리스도로부터 상실되고 분리된 세계는 그 복음을 듣고, 믿으며 또한 의롭다 함을 받고 중생함으로써만 구원받거나 그와 재연합될 수 있다고 주장한다. 그러나, 이제 하나님은 세계 속에서, 즉 교회의 형식적인 구조의 바깥에서 직접 활동하시는 것으로, 또한 명백히 그리스도인이 아닌 사람들과 기관들을 통해서도 그의 목적을 성취하시는 것으로 여겨지고 있다. 사상에서의 이러한 변화의 결과들 가운데 하나는, 우리가 48장에서 보았듯이 구원의 본성과 방편에 대한 변화된 개념이다.

### 교회에 대한 경험적 차원의 정의

교회론을 발전시키려는 근래의 시도들을 방해하는데 기여하는 또 다른 요인들이 여전히 존재하고 있다. 철학, 특별히 형이상학과 존재론을 광범위하게 혐오하는 20세기는 어떤 것의 구체적인 역사적 징후들보다는 그것의 이론적인 성격에 훨씬 덜 관심을 갖고 있다. 따라서, 현대 신학의 다수는 교회의 구체적인 모습, 즉 그것이 구체적으로 어떤 것인가 하는 것이나 혹은 역동적으로 어떤 것이 되고 있는가에 대해서보다 교회의 본질, 즉 그것이 "실제로 어떤 것인가" 하는 것이나 혹은 "어떤 것이어야 하는가"에 대해서는 덜 관심을 갖고 있다. 기본적으로 연역적이고 플라톤적인 철학적 접근 속에서, 우리는 이상적인 교회에 대한 정의를 표명함으로써 시작하고, 그 다음에 이러한 순수하고 고정된 본질에서부터 단순히 불완전한 모방이거나 그림자에 불과한 구체적인 실례들로 옮겨가게 된다. 역사적인 접근에서, 교회가 어떤 것이어야 하는가 하는 것은 교회가 현존재에 참여하고 있다는 사실로부터 귀납적으로 나타난다 ― 세계의 상황과 세계 내의 문제들이 교회가 어떤 것이어야 하는가를 형성한다. 물론, 이것은 내세, 즉 보이지 않는 실재의 영역에 몰두하던 것에서 현세, 즉 관찰할 수 있는 영역으로의 변화의 한 부분이다. 불변하는 순수한 정의들 대신에, 변화하는 경험적인 현존이 결정적인 것이다.

　　방향에서의 이러한 변화가 우리의 문화 속에서 일어났다는 사실에 대한 광범위한 동의가 존재하고 있는 많은 신학자들은 그것을 규범적이고 바람직스러운 것으로 받아들인다. 예를 들어, 칼 마이클슨(Carl Michalson)은 이렇게 기록하고 있다. "하나님의 존재 ― 그 자신, 그의 본성과 속성, 교회의 본성, 인간의 본성, 그리스도의 선재적 본성 ― 즉, 살아있는 사람들의 주거로부터 멀리 떨어져 있는 신학을 물리적이거나 아니면 형이상학적인 사변의 영역으로 끌고 가는 이런 모든 추론적인 주제들은 포기되어야 마땅하다."[5] 콜린 윌리엄스도 동의한다. "나는 이런 변화가 일어났고 또한 기꺼이 받아들여져야 한다는 사실에 대해 전혀 의심하지 않는다."[6]

　　이론상의 본질로부터 경험적인 현존으로 강조점이 변화되었다는 사실이 전체 세계가 조망되는 방식의 특징을 나타내고 있다. 실재 전체는 고정된 것이 아니라 유전(流轉)하고 있는 것으로 간주된다. 월터 옹(Walter Ong)은 우리가 인쇄 지향적인 문화로부터 구술-청각적인 문화로 옮겨왔다는 사실에 주의를 환기시키고 있다. 전자는 고정적인 경향을 지니고 있으며, 후자는 역동적이고 변화하거나 혹은 성장하는 경향을 지니고 있다. 그는 「웹스터 제3판 신국제 사전」(*Webster's Third New International Dictionary*)을 가지고 이러한 추세를 설명하고 있다. 이전의 판들은 엄정하게 따라야 할 고정된 형태들이 있다는 언어관을 반영하였다. 좀더 최근의 판은 언어가 역동적이라는, 즉 살아있고 계속해서 변하고 있다는 견해를 반영하고 있다. 이것의 규칙들은 실제적인 용법에 의해서 결정된다. (옹은 이러한 새로운 언어관에 대한 강한 통속적인 반발을 실재가 역동적인 것이라는 견해로 옮겨가는 것에

---

5) Carl Michalson, *Worldly Theology: The Hermeneutical Focus of an Historical Faith* (New York: Scribner, 1967), p. 218.
6) Williams, *Church*, p. 20: 또한 그의 *Faith in a Secular Age*(New York: Harper and Row, 1966)를 보라.
7) Walter Ong, "The Word in Chains," in *In the Human Grain*(New York: Macmillan, 1967), pp. 52-59.

대한 단순한 일반적인 거절의 한 형태로서 보고 있다.)[7] 이와 유사하게, 교회도 이제 역동적인 것으로 생각된다. 이것은 교회의 본질의 측면에서가 아니라, 존재의 측면에서 생각되고 있다 — 솔직히 실존주의적인 해석이다. 이것은 하나의 사건이며, 이미 완성되고 실현된 실체가 아니다. 교회는 고정된 형태가 아니라, 하나의 기획이며 계속적인 과제이다.

이러한 방향 변화의 결과로, 교회는 이제 본질을 정의하거나 구분하려고 하는 교의학이나 조직신학보다는 규율과 방법론들을 통하여 연구되고 있다. 많은 신학자들은 그들에게 교회가 어떤 것인가를 말해주는 교회사에, 즉 교회가 어떠하였는가에 시선을 돌린다. 그들 중 어떤 사람들은 교회를 정확히 신약성서의 현상으로 간주한다. 즉, 그들은 교회의 최초의 기간을 규범적인 것으로 간주하면서, 그들의 역사적 연구를 이 기간으로 제한한다. 교회는 초기에 존재하였던(혹은 처음에 이루어졌던) 것이다(혹은 것이어야 한다).

비신학적인 규율과 방법론들을 교회를 연구하는 일에 적용하고 있는 새로운 강조는 교회가 자신을 신학적으로 이해하려고 투쟁할 때 위험을 제기하게 된다. 과거에 교회가 다른 방법론이나 구조 틀(예를 들면, 생물학이나 인류학, 혹은 심리학)에 직면하여 특별한 교리들(예를 들면, 인간론이나 죄론)에 대한 이해를 정당화하도록 요청받았을 때마다, 교회는 이미 상당한 정도로 그것을 공식화하는 일에 도달하였고, 이렇게 해서 비교적 자신을 갖게 되었다. 그러나 이러한 경우에, 교회는 그 자신의 교리에 대해서는 그렇게 자신을 갖지 못하고 있으며, 따라서 사회 과학에서 이끌어 낸 관점이나 범주들을 단순히 채택하도록 유혹받을 수도 있다. 사회적인 제도로서, 교회는 다양한 형태의 사회 제도들을 연구하는 사람들의 관심을 자극하였다. 그들은 동일한 범주들을 사용하면서, 그들이 사회 제도에 적용하는 것과 같은 종류의 분석을 교회에 적용한다. 우리는 교회가 사회 제도보다 훨씬 더 크며 따라서 단순히 사회적인 표현 이상의 것으로 규정되어야 한다는 것을 알아야 한다.

교회를 그것의 역동적인 활동의 측면에서 규정하려고 할 때 주요한 문제는 이러한 정의가 교회의 본질에 관하여 어떠한 종류의 진술을 내리는 것을 피하고 있다는 것이다. 이것은 우리가 이러한 일과 관련하여 5장에서 변혁자들의 접근 방법으로서 묘사하였던 것의 한 실례로서, 그들은 세계내의 변화하는 상황들을 만족시키기 위하여 교리의 내용을 상당히 심각하게 변경하고 있다. 그러나 문제가 제기된다. 만약 교회에 대한 정의가 교회를 현대 세계와 관련시키기 위하여 빈번하게 변화되어야 한다면, 어떤 의미에서 이전의 정의와 연속성을 갖겠는가? 혹은, 다른 말로 하면, 왜 그것을 계속해서 교회라고 부르는가? 교회를 모든 변화들을 통하여 줄곧 교회로서 인정하게 해주는 공통적인 끈은 무엇인가? 어떤 시점에서는 다른 용어가 적용되어야 하는 것으로 보이지 않는가? 생물학적인 진화의 분야를 생각해 보라. 새로운 종(種)이 기존의 종(種)에서 나타나게 될 때, 새로운 이름이 지명된다. 생물학자들은 옛 이름을 새로운 종에 적용하지 않는다. 그 이름은 옛 종의 성원들을 위해서 보류된다. 세계 속에서의 모든 명백한 변화들에 대하여, 어떤 형태학적이거나 혹은 분류상의 범주들이 결정되어 있다. 그러나 교회가 변하고 있고 또한 어쩌면 아주 근본적으로 변해야 하지만, 이것은 계속해서 교회라고 불려야 하는 것으로 주장되고 있다. 그러나 만약 이것이 계속해서 교회로서 불러야 한다면, 우리는 교회를 교회로서 구분해주거나 혹은 그것을 교회라고 부를 수 있는 자격을 부여해 주는 것이 무엇인지를 정확히 알아야 한다. 이 질문은 제기되지 않고 있다. 우리는 교회가 차라리 클럽이나 사회적인 기관이나 혹은 이와 유사한 어떤 것으로 불려야 마땅한 특성이 있는지에 대해서도 역시 결정해야 한다. 이러한 질문들은 교회 본질의 문제를 정면으로 대면하지 않고는 답변될 수 없다. 그것은 마땅히 제기되어야 하는 문제이며, 성경의 증언 그 자체와 더불어 시작하는 것보다 더 좋은 출발점은 존재하지 않는다.

### 교회에 대한 성경적-언어적 정의

'교회'(church)라는 단어와 다른 언어들의 같은 어원을 가진 용어들(예를 들면, Kirche)은 "주께 속해 있는"을 의미하는 희랍어 퀴리아코스(κυριακός)에서 유래하였다. 그러나, 이 단어들은 신약 성경의 헬라어인 에클레시아(ἐκκλησία)의 조명 속에서 이해되어야 한다. 이것은 일반적인 단어이지만, 이 단어는 신약 성경을 통하여 고르지 않게 분포되어서 나타난다. 복음서에서 나타나는 유일한 예는 마태복음 16:18과 18:17로, 이 두 절은 얼마간 논쟁적인 것이다. 이것은 디모데후서, 디도서, 베드로전후서, 요한 1,2서나 유다서에서는 나타나지 않는다. 이 단어는 요한 3서에서 나타나기 때문에, 요한1,2서에서 빠져 있는 것이나, 또한 디모데전서에서 발견되기 때문에 디모데후서와 디도서에서 빠져 있는 것, 그리고 유다서가 너무 간략하기 때문에 여기에서 빠져 있는 것은 그다지 중요하지 않다. 그러나 더 놀라운 것은 베드로의 편지들에서 빠져 있다는 점이다. 칼 슈미트(Karl Schmidt)는 이렇게 주석하고 있다. "베드로전서는 구약 공동체의 본성과 중요성을 가장 힘있게 다루면서 구약의 표현들을 사용하고 있다. 따라서 우리는 그 용어가 없을 때에도 〔교회〕에 관한 자료가 나타나고 있지 않은지에 대하여 질문할 수 있다. 두 공관복음서 기자인 마가와 누가에게서, 그리고 또한 요한에게서 이 단어가 나타나지 않는 것과 관련하여서

---

8) Karl L. Schmidt, ἐκκλησία in *Theological Dictionary of the New Testament*, ed. Gerhard Kittel and Gerhard Friedrich, trans. Geoffrey W. Bromiley, 10 vols. (Grand Rapids: Eerdmans, 1964-1976), vol. 3, p. 504.

도 같은 질문이 제기된다."[8]

신약 성경의 개념의 의미는 두가지 배경, 즉 고전 헬라어와 구약 성경의 배경에 비추어보아야 한다. 고전 헬라어에서 ἐκκλησία(에클레시아)라는 단어는 헤로도투스 (Herodotus), 투키디데스(Thucydides), 크세노폰(Xenophon), 플라톤(Plato), 유리피데스(Euripides)의 시대만큼이나 일찍 발견된다(주전 5세기 이전).[9] 이것은 폴리스(도시)의 시민들의 총회를 지칭한다. 이러한 총회들은 아테네의 경우에 일년에 30-40회 정도로 자주, 빈번한 간격으로 소집되었다.[10] 에클레시아의 권위가 어떤 문제들에 대하여 제한을 받았을 때에는, 전체 시민들 모두가 그러한 문제들에 대하여 투표하도록 허용되었다. 그러므로 이 단어의 세속적인 의미에서, 에클레시아는 사도행전 19:32,39,41에서도 발견되고 있는 의미인 모임이나 사람들의 총회를 단순히 지칭한다. 고전 헬라어의 단 세 가지 예외적인 경우에만 이 단어가 종교적인 친교나 의식적인 조합에 대해서 사용되었다.[11] 그리고 이러한 예들에서 이 단어는 연합 그 자체가 아니라, 그들의 업무상의 모임을 지칭하고 있다.

우리들에게 더 중요한 것은 구약 성경의 배경이다. 여기서 우리는 קָהָל(카할)과 עֵדָה(에다)라는 두가지 히브리 용어들을 발견하게 된다. 아마도 목소리를 의미하는 단어에서 유래한 것 같은 **카할**이란 용어는 총회에 대한 소집과 그것을 소집하는 행동을 가리킨다. 이것은 총회의 회원들을 열거하는 것이라기보다는 소집하는 사건을 나타낸다. 종교적인 의미가 때때로 이 단어에 부여된다(예를 들면, 신 9:10; 10:4; 23:1-3). 이 용어는 또한 사람들의 좀더 일반적인 집회를 나타낼 수도 있다(예를 들면, 왕상 12:3). 여자들(렘 44:15)과 어린이들도(스 10:1; 느 8:2) 포함된다. 이 용어는 또한 군대의 소집에 대해서도 사용되며, 에스겔서에서는 이스라엘이 아닌 다른 국가들(애굽, 17:17, 두로 27:27; 앗수르 32:22)을 지칭하고 있다.

우리들과 관계되는 다른 히브리 용어는 에다이다. 이것은 특별히 모세 오경에서 나타나며, 그것의 나타남의 절반 이상이 신명기에 있다. 이것은 특별히 회막(會幕) 앞에 모여 있는 백성들을 지칭한다. 이 용어가 출애굽기 12:3에서 처음으로 나타난다는 사실은 이스라엘 "회중"이 유월절을 기념하고 애굽을 떠나라는 명령과 더불어 존재하게 되었음을 암시한다.[12] 에다라는 단어는 의식이나 율법을 중심으로 모여 있

---

9) Ibid., p.513.
10) Lothar Coenen, "Church," in *The New International Dictionary of New Testament Theology*, ed.Colin Brown (Grand Rapids: Zondervan, 1975), vol.1, p.291.
11) Ibid., pp.291-92.
12) Ibid., p.294.

는 공동체를 지시한다. 이 두 가지 히브리 용어들 사이의 특징을 요약하면서, 로다 코에넨(Lothar Coenen)은 이렇게 논평하고 있다.

> 만약 우리가 이 두 히브리 단어들의 사용을 비교해 본다면, 두 가지가 같은 문맥에서 나타나는 인용절들(예를 들면, 출 12:1ff.; 16:1ff.; 민 14:1ff.; 20:1ff.; 왕상 12:1ff.)에서부터 '에다'가 전체로서의 의식적인 공동체를 의미하는 명백하고 영구적인 용어라는 사실이 분명해진다. 반면에 '카할'은 계약으로부터 유래하는 집회, 즉 시내산 공동체와 또한, 신명기적인 의미에서 현재적인 형태 안에 있는 공동체를 의미하는 의식적인 표현이다. 이것은 또한 모여있는 군중들(민 14:5; 17:12) 뿐만 아니라, 세속적이거나(민 10:7; 왕상 12:3) 종교적인 업무(시 22:26)를 위한 사람들의 규칙적인 모임을 나타낼 수도 있다.[13]

이러한 히브리 용어들을 번역하기 위하여 70인역에서 사용되는 희랍어 단어들을 살펴보면, 우리는 ἐκκλησία(에클레시아)가 결코 '에다'가 아니라, '카할'을 번역하기 위하여 종종 사용되고 있음을 발견하게 된다. '에다'는 역시 '카할'을 번역하기 위해서도 사용되는 συναγωγή(수나고게)로서 대개 번역되고 있다. 신약 성경의 교회 개념을 이해하는 우리의 주된 근거는 에클레시아이다.

바울은 어떤 다른 신약 성경 저자보다도 에클레시아라는 단어를 더 많이 사용한다. 그의 저작들의 대부분은 신자들의 특정한 지역적 모임들에 전달되는 서신들이었기 때문에, 이 용어가 일반적으로 특정한 도시에 있는 신자들의 모임을 언급하고 있다는 사실은 놀라운 것이 아니다. 이렇게 해서 우리는 "고린도에 있는 하나님의 교회"(고전 1:2; 고후 1:1)와, "갈라디아의 여러 교회들"(갈 1:2), 그리고 "데살로니가인들의 교회"(살전 1:1)에 보낸 바울의 서신들을 발견한다. 같은 사실은 다른 신약 성경의 저작들에 대해서도 마찬가지로 적용된다. 요한계시록의 시작하는 부분(계 1-3장)은 일곱 개의 특정한 교회들에 전달되고 있다. 사도행전에서도 역시 에클레시아는 예루살렘(행 5:11; 8:1; 11:22)이나 안디옥(13:1)과 같은 특별한 도시에서 살고 모이는 모든 그리스도인들을 일차적으로 지칭하고 있다. 바울은 장로들을 임명하거나(14:23) 혹은 가르치고 격려하기 위하여 지역 교회들을 방문하였다. 교회의 이러한 지역적인 의미는 대단히 많은 에클레시아라는 단어의 쓰임새 속에서 분명히 의도되고 있다.

특정한 도시들에 있는 교회들에 대한 언급 이외에도, 개인의 집에서 모이는 교회들에 대한 언급들도 역시 존재한다. 브리스길라와 아굴라에게 문안하면서, 바울은 또한 "그들의 집에 있는 교회"(롬 16:5, 또한 고전 16:19을 보라)에도 문안한다. 골

---

13) Ibid., p.295.

로새서에서, 그는 "라오디게아에 있는 형제들과 눔바와 그 여자의 집에 있는 교회에 문안하라"(골 4:15)고 쓰고 있다. 그러나, 대부분의 경우에, 에클레시아라는 단어는 더 넓은 것 — 주어진 도시에 있는 모든 신자들(행 8:1; 13:1) — 을 지칭한다. 어떤 예들에서는 더 큰 지리적인 지역을 고려하고 있다. 한 예가 사도행전 9:31이다. "그리하여 온 유대와 갈릴리와 사마리아 교회가 평안하여 든든히 서 가고 주를 경외함과 성령의 위로로 진행하여 수가 더 많아지니라." 또다른 보기는 고린도전서 16:19이다. "아시아의 교회들이 너희에게 문안한다." 앞의 참조절이 단수인 반면에, 뒤의 것은 복수임을 유의하라.

우리는 개별적인 회중이나 특정한 장소에 있는 신자들의 무리가 결코 전체 교회의 단순한 한 부분이나 구성 요소로서 간주되지 않는다는 사실에 주목해야 한다. 교회는 개별적인 지역적 집단들의 총합이나 합성물이 아니다. 그 대신에, 전체는 각 지역에서 발견된다. 칼 슈미트(Karl Schmidt)는 이렇게 말한다. "우리는 개별적인 회중들의 총합이 전체적인 공동체나 교회를 산출하지 않음을 지적해 왔다. 아무리 작다 하더라도, 각 공동체는 전체적인 공동체, 즉 교회를 나타낸다."[14] 코에넨(Coenen)도 비슷한 기분으로 논평한다. "사도행전에서도 역시(바울에게서와 같이) 에클레시아는 궁극적으로 하나이다. 일반적으로 인정하듯이 이것은 특정한 장소들에서 모이는 것으로서만 나타난다(참고 14:27). 그러나 이것은 항상 전체성을 의미한다."[15] 고린도전서 1:2은 이러한 개념을 이해하는데에 우리에게 큰 도움이 된다. 바울은 이 편지를 "고린도에 있는 하나님의 교회"(또한 고후 1:1을 보라)에 보내고 있다. 그가 한 장소, 즉 고린도에서 표시되거나 나타나는 교회에 편지를 쓰고 있음을 주목하라. "이것은 전세계를 통하여 시종일관 하나이지만 모든 개별적인 모임에서도 동시에 충분하게 존재하고 있다."[16]

이 시점에서 어떤 사람들은 신학자들이 교회의 순수한 형태, 즉 추상적인 관념의 예증이거나 구체적이고 특정한 나타남들로서 지역 교회들이 간주되는 플라톤적인 관점을 채택한 것으로 비난할 수도 있을 것이다. 그러나, 신학자들이 이 개념을 성경 속으로 해석해 들어오지 않고 있음을 주목하라. 이 개념은 실제로 바울과 누가의 사상 속에 나타나고 있으며, 그들의 해석자들에 의해서 도입된 것이 아니다. 이 한 가지 점에서 성경의 사상과 플라톤의 사상 사이에는 진정한 평행이 존재한다. 이것은 좋은 것도 나쁜 것도 아니며, 성경에 대한 플라톤적 영향력을 지시하는 것으로 고려되어서도 안된다. 이것은 단순히 하나의 사실이다.

---

14) Schmidt, ἐκκλησία, p.506.
15) Coenen, "Church," p.303.
16) Ibid.

　　교회가 본성상 보편적이라는 개념은 우리로 하여금 신약성경의 인용절들을 좀더 분명하게 이해할 수 있게 해준다. 예를 들어, 마태복음 16:18에 나오는 예수의, "내가 내 교회를 세우겠다"는 말씀은 이 개념에 비추어 볼 때 의미가 잘 통한다. 에베소서에서, 바울은 교회의 보편적인 성격을 특별히 강조한다. 교회는 그리스도의 몸이며, 만물이 그 발 아래 있다(1:22-23). 교회는 하나님의 각종 지혜를 알게 되며(3:10), 대대로 그에게 영광을 돌릴 것이다(3:21). "한 몸이 존재한다"(4:4). "그리스도는 그의 몸인 교회의 머리요, 친히 그것의 구주이시다"(5:23). 교회는 그리스도에게 복종하며(24절), 그 앞에서 나타나게 될 것이다(27절). 그는 교회를 사랑하셨고 위하여 자기 몸을 주셨다(25절). 그리스도와 교회는 큰 비밀이다(32절). 이 모든 구절들이 고린도전서 10:32; 11:22; 12:28과 골로새서 1:18,24에서와 같이 교회의 보편적인 성격을 지시한다.

　　분명히 교회는 세계의 어느 곳에서 존재하든지 그리스도와 관련된 모든 사람들을 구원적으로 포함하고 있다. 이것은 또한 지금까지 살아온 그의 몸의 일부였던 모든 사람들과, 또한 살게 될 그의 몸의 일부가 될 모든 사람들을 포함하고 있다. 이러한 포괄성은 히브리서 12:23에서 다음과 같이 두드러지게 묘사된다. "그리고 하늘에 기록한 장자들의 총회." 이러한 포괄성을 고려하면서 우리는 그리스도의 죽음을 통하여 하나님과 구원적으로 화해되고 새로운 생명을 받은 사람들의 전체적인 몸으로서 교회에 대한 잠정적인 신학적 정의를 제시할 수 있을 것이다. 이것은 하늘에 있든지 아니면 땅 위에 있든지, 이런 모든 사람들을 포함한다. 이것은 본성상 보편적이지만, 전체로서의 그리스도의 몸과 동일한 특성들을 나타내는 신자들의 지역적인 집단들 속에서도 발견된다.

## 교회의 성경적 표상들

　　우리는 다음으로 참된 교회에 현존하는 특징이나 특성들에 관하여 질문해야 할 필요가 있다. 전통적으로 이 주제는 "교회의 표지들(marks)" — 단일성, 거룩성, 보편성, 사도성의 특성들을 조사함으로써 접근되었다. 그 대신에 우리는 바울이 교회에 대해서 사용했던 어떤 상들을 조사함으로써 여기에 접근하게 될 것이다. 대다

---

17) Paul S.Minear, *Images of the Church in the New Testament*, (Philadelphia: Westminster,1960), 100가지 이상의 이런 표상들을 제시하고 있다.

수의 이러한 표상들이 존재하지만[17] 우리는 특별히 세 가지를 조사하게 될 것이다. 아서 웨인라이트(Arthur Wainwright)는 바울의 저작들의 다수에 그가 자신의 서신들을 조직하는 구조에서도 나타나는 함축적인 삼위일체론이 존재한다고 주장하였다.[18] 이것은 또한 그가 교회를 이해하는 방식 속에서도 나타나는데, 그 이유는 그가 이것을 하나님의 백성과 그리스도의 몸, 그리고 성령의 전으로 묘사하고 있기 때문이다.

### 하나님의 백성

바울은 신자들을 자기 백성으로 삼으시는 하나님의 결정에 대하여 기록하였다. "하나님께서 가라사대 내가 저희 가운데 거하며 두루 행하여 나는 저희 하나님이 되고 저희는 나의 백성이 되리라 하셨느니라."(고후 6:16). 교회는 하나님의 백성들로 구성된다. 그들은 그에게 속하고 그는 그들에게 속한다.

하나님의 백성으로서의 교회의 개념은 그들을 선택하시는 하나님의 주도권을 강조한다. 구약 성경에서, 그는 기존 국가를 자신의 백성으로 받아들이지 않고, 자신을 위하여 한 백성을 실제로 '창조하셨다'. 그는 아브라함을 선택하시고, 그 다음에 그를 통하여 이스라엘 백성들을 존재하게 하셨다. 신약 성경에서는, 하나님께서 한 백성을 선택하신다는 이런 개념이 교회 안에서 유대인들과 이방인들을 모두 다 포함하기 위하여 확대된다. 그렇게 해서 바울은 데살로니가인들에게 이렇게 쓰고 있다. "주의 사랑하시는 형제들아 우리가 항상 너희를 위하여 마땅히 하나님께 감사할 것은 하나님이 처음부터 너희를 택하사 성령의 거룩하게 하심과 진리를 믿음으로 구원을 얻게 하심이니 이를 위하여 우리 복음으로 너희를 부르사 우리 주 예수 그리스도의 영광을 얻게 하려 하심이니라"(살후 2:13-14, 또한 살전 1:4을 보라).

이스라엘이 하나님의 백성과 동일시되는 구약 성경의 본문들 가운데에는 출애굽기 15:13, 16이 있다. 홍해를 건너 후에 여호와께 노래하면서, 모세는 하나님께서 이스라엘을 구원하셨으며 그들이 그의 백성이라고 말한다. "주께서 그 구속하신 백성을 은혜로 인도하시되 주의 힘으로 그들을 주의 성결한 처소에 들어가게 하시나이다 … 놀람과 두려움이 그들[에돔과 모압과 가나안의 거민들]에게 미치매 주의 팔이 큼을 인하여 그들이 돌같이 고요하였사오되 여호와여 주의 백성이 통과하기까지 곧 주의 사신 백성이 통과하기까지였나이다." 이스라엘을 하나님의 백성으로 언급하는 다른 언급들은 민수기 14:8과 신명기 32:9-10; 이사야 62:4; 예레미야 12:7-10; 그

---

18) Arthur W. Wainwright, *The Trinity in the New Testament*(London: S.P.C.K., 1962), pp. 256-60.

리고 호세아 1:9-10; 2:23을 포함한다. 로마서 9:24-26에서 바울은 호세아의 진술들을 하나님께서 유대인들 뿐만 아니라 이방인들을 받아들이시는 것에 적용하고 있다. 하나님께서 "곧 유대인 중에서 뿐 아니라 이방인 중에서도 부르신 자니, 이 그릇은 곧 우리라. 호세아의 글에도 이르기를 내가 내 백성 아닌 자를 내 백성이라, 사랑치 아니한 자를 사랑한 자라 부르리라. 너희는 내 백성이 아니라 한 그곳에서 저희가 살아 계신 하나님의 아들이라 부름을 얻으리라 함과 같으니라."

이스라엘과 하나님의 백성으로서의 교회의 개념은 몇가지 함의들을 포함하고 있다. 하나님은 그들을 자랑스럽게 여기신다. 그는 자기 백성들을 배려하시고 보호하시며, 그들을 "자기 눈동자 같이"(신 32:10) 지키신다. 마지막으로, 그는 그들이 무조건적으로, 자신들의 충성심을 나누지 않고서도 그의 백성들이 될 것으로 기대하고 있다. 여호와께서 그의 백성들에게 유일하게 요청하시는 것이 호세아가 그의 부정한 아내인 고멜에게 유일하게 요청하고 있는 기사 속에서 묘사되고 있다. 하나님의 모든 백성들은 소위 특별한 표로써 인쳐진다. 구약 성경에서, 할례는 신적인 소유됨의 증거였다. 이것은 모든 남자 회심자들이나 개종자들 뿐만 아니라, 이스라엘 백성의 모든 남자 아이들에 대해서도 요청되었다. 이것은 그들을 하나님의 백성이 되도록 만들어주는 계약의 외적인 표지였다. 언약궤가 전체 무리를 위하여 객관적인 표지로 사용되었던 것과는 반대로, 이것은 또한 개별적으로 각 사람에게 적용되었던 계약의 주관적인 표지였다.

옛 계약의 시행에서 발견되는 이와 같은 육체의 외적인 할례 대신에, 우리는 새 계약 아래에서 마음의 내적인 할례를 발견한다. 바울은 이렇게 기록하였다. "오직 이면적 유대인이 유대인이며 할례는 마음에 할지니 신령에 있고 의문(儀文)에 있지 아니한 것이라"(롬 2:29, 또한 빌 3:3을 보라). 구약 성경에서, 혹은 옛 계약 아래에서 하나님의 백성은 국가적인 이스라엘이었으나, 신약 성경에서는 하나님의 백성 가운데 포함되는 것은 국가적인 정체성에 근거하지 않았다. "이스라엘에게서 난 그들이 다 이스라엘이 아니요"(롬 9:6). 하나님의 백성을 구분해주는 것은 바로 하나님의 계약 속에 포함되는 것이었다. 그들은 "유대인 중에서 뿐 아니라 이방인 중에서도 부르신"(24절) 모든 사람들로 이루어져 있다. 이스라엘에게 계약은 아브라함과의 계약이었으나, 교회에 대하여 이것은 그리스도에 의하여 이루어지고 확립된 새 계약이다(고후 3:3-18).

거룩의 특별한 특성이 하나님의 백성들에게 기대되었다. 하나님은 이스라엘이 언제나 순결하거나 거룩하기를 기대하였다. 그리스도의 신부로서 교회도 역시 거룩해야 한다. "그리스도께서 교회를 사랑하시고 위하여 자신을 주심같이 하라. 이는 곧 물로 씻어 말씀으로 깨끗하게 하사 거룩하게 하시고 자기 앞에 영광스러운 교회로 세우사 티나 주름잡힌 것이나 이런 것들이 없이 거룩하고 흠이 없게 하려 하심이 니라"(엡 5:25b-27).

### 그리스도의 몸

아마도 교회에 대한 가장 광범위한 표상은 그것을 그리스도의 몸으로 나타내는 일일 것이다. 실제로, 어떤 사람들은 분명히 이 표상을 교회에 대한 실제적으로 완전한 정의로서 여기고 있다.[19] 이것은 매우 완전하고 풍부한 진술이지만, 평가의 전부는 아니다.

그리스도의 몸으로서의 교회의 표상은 그의 지상 사역 기간 동안의 그리스도의 육체적인 몸과 마찬가지로, 교회가 이제 그리스도의 활동의 중심이라는 사실을 강조한다. 이 표상은 보편적인 교회와 개별적인 지역 회중들 양자 모두에 대해서 사용된다. 에베소서 1:22-23은 보편적인 교회를 설명하고 있다. "만물을 그 발 아래 복종하게 하시고 그를 만물 위에 교회의 머리로 주셨느니라. 교회는 그의 몸이니 만물 안에서 만물을 충만케 하시는 자의 충만이니라." 바울이 고린도전서 12:27에서 고린도인들에게 전하는 진술이 후자를 설명하고 있다. "너희는 그리스도의 몸이요 지체의 각 부분이라."

그리스도의 몸의 표상은 또한 신자들의 무리인 교회와 그리스도의 연결성을 강조한다. 이 모든 복잡한 와중에서, 구원은 대부분 그리스도와의 연합의 결과이다. 우리는 45장에서 신자가 "그리스도와 함께" 혹은 "그리스도 안에" 있는 것에 대한 수많은 참고절들을 주목하였다. 여기서 우리는 이러한 사실의 역(逆)에 대한 강조를 발견한다. 신자 안에 계시는 그리스도는 믿음과 소망의 기초이다. 바울은 "하나님이 그들로 하여금 이 비밀의 영광이 이방인 가운데 어떻게 풍성한 것을 알게 하려 하심이라. 이 비밀은 너희 안에 계신 그리스도시니 곧 영광의 소망이니라"(골 1:27, 또한 갈 2:20을 보라)라고 기록하고 있다.

그리스도는 신자들이 각 지체들이요 부분들로 속해 있는 이 몸의 머리(골 1:18)이시다. 만물이 그 안에서 그로 말미암아, 그를 위하여 지음받았다(골 1:16). 그는 시작이요, 처음 나신 자이시다(15절). "하늘에 있는 것이나 땅에 있는 것이 다 한 분 머리이신 그리스도 아래에서 통일되게 하려 하심이라"(엡 1:10). 그와 연합된 신자들은 그들이 연결되는 머리이신 그를 통하여 자라게 된다(골 2:19). 이러한 표상은 가지들로서의 신자들이 연결되어지는 포도나무이신 예수 자신에 대한 표상과 실

---

19) 예를 들면, Louis Berkhof, *Systematic Theology*(Grand Rapids: Eerdmans, 1953), p.557.

제로 평행을 이룬다(요 15:1-11). 몸의 머리로서(골 1:18), 그는 또한 교회를 다스리신다. "그 안에는 신성의 모든 충만이 육체로 거하시고 너희도 그 안에서 충만하여졌으니 그는 모든 정사와 권세의 머리시라"(골 2:9-10). 그리스도는 교회의 주님이시다. 이것은 그의 지도와 활동에 의해서 인도되고 통제되어야 한다.

그리스도의 몸의 표상은 교회를 구성하는 모든 사람들 사이의 상호 연결성에 대해서도 역시 언급하고 있다. 기독교 신앙은 단순히 개인과 주님과의 관계에 의해서만 정의되지는 않을 것이다. 고립된 혼자만의 그리스도인의 삶과 같은 것은 존재하지 않는다. 고린도전서 12장에서, 바울은 특별히 성령의 은사의 측면에서, 몸의 상호 연관성의 개념을 전개하고 있다. 여기에서 그는 다른 모든 이들에 대한 각 신자들의 의존성을 강조하고 있다. 그는 "몸의 지체가 많으나, 몸의 모든 지체들은 한 몸"(12절)이라는 사실을 강조하고 있다. 그들은, 유대인이든 헬라인이든 간에, 모두가 다 한 성령으로 세례를 받아 한 몸이 되었고 또 다 한 성령을 마시게 되었다(13절). 여러 지체들이 모두 다 은사를 받았다. 이들 은사들은 개인적인 만족을 위해서가 아니라, 전체적인 몸을 세우기 위한 것이다(14:4-5, 12). 다양한 은사들이 있지만, 몸 안에 구분이 있어서는 안된다. 이들 은사들 중 어떤 것들은 다른 것들보다 더 두드러지지만, 그렇다고 해서 더 중요한 것은 아니다(12:14-25). 어떤 한 가지 은사도 모든 사람을 위한 것은 아니다(12:27-31). 역으로, 이것은 어떤 한 사람도 모든 은사들을 다 갖고 있지는 않다는 것을 의미한다. 각 지체가 다른 지체들을 필요로 하고, 또한 다른 지체들에 의하여 요구되어진다.

몸에 대한 이러한 이해에는 상호 관계가 존재한다. 각각의 신자들이 다른 신자들을 격려하고 세워준다. 에베소서 4:11-16에서 바울은 다른 사람들에 대한 각 사람의 공헌의 가치에 대하여 이러한 관념을 전개한다. 그는 이렇게 결론을 내리고 있다: "오직 사랑 안에서 참된 것을 하여 범사에 그에게까지 자랄지라. 그는 머리니 곧 그리스도라. 그에게서 온 몸이 각 마디를 통하여 도움을 입음으로 연락하고 상합하여 각 지체의 분량대로 역사하여 그 몸을 자라게 하며 사랑 안에서 스스로 세우느니라." 전체가 순결해야 한다.

몸의 지체들은 서로 짐을 져주고(갈 6:2), 죄 가운데 있는 것으로 발견되는 사람들을 바로잡아 주어야 한다(1절). 여기에서와 같이, 어떤 경우에 죄지은 지체들을 대하는 것은 온유한 마음으로 그들을 바로잡아 주는 일을 포함할 수도 있다. 때때로, 이것은 그 지체를 더럽히고 있는 자들과 교제하지 못하도록 막는 일을 포함할 수도 있다. 이를테면, 이것은 실제적인 배제나 제명을 포함할 수도 있다. 마태복음 18:8, 17에서, 예수는 바울이 로마서 16:17과 고린도전서 5:12-13에서 그랬던 것처럼, 이러한 가능성에 대하여 말씀하셨다.

몸은 진정한 사귐에 의해서 특징지어져야 한다. 이것은 단순한 사회적인 상호관련성이 아니라, 서로에 대한 친밀한 감정과 이해를 의미한다. 공감과 격려(세워줌)가 있어야 한다. 한 지체가 경험하는 것이 모두에 의해서 경험되어야 한다. 따라서 바울은 이렇게 기록하고 있다. "만일 한 지체가 고통을 받으면 모든 지체도 함께 고통을 받고 한 지체가 영광을 얻으면 모든 지체도 함께 즐거워하나니"(고전 12:26). 심지어 사도행전에 나오는 교회도 서로 물질적인 소유들을 나누었다.

몸은 연합된 몸이 되어야 한다. 고린도에 있는 교회의 지체들은 그들이 어떠한 신앙의 지도자를 따르느냐에 따라 나누어졌다(고전 1:10-17; 3:1-9). 사회적인 파벌이나 당파들이 형성되었고 교회의 모임들에서 아주 크게 눈에 띄었다(고전 11:17-19). 그러나 이것은 모든 신자들이 한 성령으로 세례를 받아 한 몸이 된 것이 아니었다(고전 12:12-13).

바울은 또한 다른 일에 대해서도 적었다. "몸이 하나이요 성령이 하나이니 이와 같이 너희가 부르심의 한 소망 안에서 부르심을 입었느니라. 주도 하나이요 믿음도 하나이요 세례도 하나이요 하나님도 하나이시니 곧 만유의 아버지시라 만유 위에 계시고 만유를 통일하시고 만유 가운데 계시도다"(엡 4:4-6).

그리스도의 몸은 또한 우주적이다. 이것은 그 안으로 들어 오게 될 모든 사람을 위한 것이다. 국적과 같은 어떤 특별한 자격 요건들은 더 이상 존재하지 않는다. 이런 모든 장벽들이 바울이 다음에서 지적하고 있듯이 제거되었다. "거기는 헬라인이나 유대인이나 할례당과 무할례당이나 야인이나 스구디아인이나 종이나 자유인이 분별이 있을 수 없나니 오직 그리스도는 만유시요 만유 안에 계시니라"(골 3:11). 몸 안에서 유대인과 이방인들 사이의 구분을 제거하는 일에 관한 특별한 언급들과 함께, 동일한 관념이 로마서 11:25-26,32과 갈라디아서 3:28, 그리고 에베소서 2:15에서 발견된다.

그리스도의 몸으로서, 교회는 그의 사역의 확장이다. 우리는 교회를 그리스도의 문자적인 성육신으로서 간주하는 방향으로 이러한 관념을 너무 지나치게 몰고 가서는 안되는데, 왜냐하면 그 결과는 사실상의 범신론이 될 수도 있기 때문이다. 오히려, 우리는 그리스도의 대(大)위임명령을 주시해야 한다. 하늘과 땅의 모든 권세가 그에게 주어졌다는 사실을 지시하신 후에(마 28:18), 그는 자신이 세상 끝날까지 그들과 항상 함께 있을 것이라고 약속하시면서, 복음을 전하고, 세례를 주며, 가르치도록 하기 위하여 제자들을 파송하였다(19-20절). 그는 그들이 자기의 일을 수행하게 될 것이며, 놀라울 정도로 그렇게 할 것이라고 말씀하셨다. "내가 진실로 진실로 너희에게 이르노니 나를 믿는 자는 나의 하는 일을 저도 할 것이요 또한 이보다 큰 것도 하리니 이는 내가 아버지께로 감이니라"(요 14:12). 그런 점에서, 그리스도의 사역이 어쨌든 이루어지고 있다면, 그것은 그의 몸인 교회를 통하여 이루어지게 될 것이다.

## 성령의 전

바울의 삼위일체론적인 교회 개념을 가득 채우고 있는 것은 성령의 전으로서의 교회에 대한 묘사이다. 교회를 존재하게 하신 이는 성령이시다. 성령의 이 극적인 사역은 오순절에 일어났는데, 이 날에 그는 제자들에게 세례를 주고 삼천 명을 회심시켜, 교회를 탄생하게 하셨다. 그리고 그는 계속해서 교회 안에 거하신다. "우리가 유대인이나 헬라인이나 종이나 자유자나 다 한 성령으로 세례를 받아 한 몸이 되었고 또 다 한 성령을 마시게 하셨느니라"(고전 12:13).

교회는 이제 개인적이며 집단적인 두 가지 토대 위에서 성령이 내주하신다. 바울은 고린도인들에게 이렇게 쓰고 있다. "너희가 하나님의 성전인 것과 하나님의 성령이 너희 안에 거하시는 것을 알지 못하느뇨? 누구든지 하나님의 성전을 더럽히면 하나님이 그 사람을 멸하시리라. 하나님의 성전은 거룩하니 너희도 그러하니라"(고전 3:16-17). 바울은 나중에 그들에게 이렇게 말한다. "너희 몸은 너희가 하나님께로부터 받은 바 너희 가운데 계신 성령의 전인 줄을 알지 못하느냐"(고전 6:19). 그 밖에도 그는 신자들을 "주 안에 있는 성전 … 성령 안에서 하나님의 거하실 처소"(엡 2:21-22)라고 묘사한다. 그리고 우리가 성전의 모퉁이돌로서의 그리스도의 표상을 발견하게 되는 문맥에서, 베드로는 신자들을 "신령한 집"(벧전 2:5)이라고 말하고 있다.

교회 안에 거하시면서, 성령은 그의 생명을 교회에 나누어주신다. 그의 본성이며, 또한 "성령의 열매"로서 언급되는 그런 특성들이 교회 안에서 발견될 것이다. 이 특성들은 사랑, 희락, 화평, 오래 참음, 자비, 양선, 충성, 온유, 절제이다(갈 5:22-23). 이런 특성들이 존재하고 있다는 사실은 성령의 활동을 지시해 주며, 이렇게 해서 어떤 의미에서 교회의 순수성을 지시해 준다.

교회에 능력을 주시는 분은 성령이다. 예수는 사도행전 1:8에서 그것을 지적하였다. "오직 성령이 너희에게 임하시면 너희가 권능을 받고 예루살렘과 온 유대와 사마리아와 땅 끝까지 이르러 내 증인이 되리라." 권능을 지니신 성령의 오심이 임박하였기 때문에, 예수는 제자들에게 그들이 자기가 한 것보다 더 큰 일들도 하게 될 것이라는 놀라운 약속을 하실 수 있었다(요 14:12). 그렇게 해서 예수는 그들에게 이렇게 말씀하셨다. "내가 떠나가는 것이 너희에게 유익이라. 내가 떠나가지 아니하면 보혜사가 너희에게로 오시지 아니할 것이요, 가면 내가 그를 너희에게로 보내리라"(요 16:7). 세상을 죄에 대하여, 의에 대하여, 심판에 대하여 반드시 책망하시는 분이 바로 성령이시다(8절).

이 약속은 아주 빨리 성취되었다. 삼천명의 사람들이 오순절에 베드로의 설교에 응답하였을 뿐만 아니라(행 2:41), 주께서 구원받는 사람들의 수를 날마다 더하셨다(행 2:47). 성령으로 채움을 받은 제자들은 예수의 부활을 담대히 큰 권능으로 증거하였다(행 4:31,33). 우리는 그들의 능력이나 노력에 근거하여 이들 초기의 신자들의 사역의 효력을 단순하게 설명할 수는 없다. 그들은 유별난 사람들이 아니었다. 그 결과들은 성령의 사역의 결과였다.

설교학 교실의 학생들은 성경에 기록되어 있는 여러 가지 설교들에 근거하여 설교를 준비하도록 요청받는다. 사도행전 2장에 이르게 될 때, 학생들은 오순절에 행한 베드로의 설교가 설교학적인 완벽함으로 인한 경이(驚異)가 아니라는 사실을 발견하게 된다. 그들 모두가 기술적으로는 베드로의 설교보다 탁월한 설교를 준비할 수 있겠지만, 그들 중에서 어느 누구도 그의 결과를 능가할 수 있을 것으로 기대되지는 못하였다. 우리는 설교가 준비되고 전달된 기술에 근거하여 단순히 베드로의 설교의 결과들을 설명할 수는 없다. 그것이 성공한 이유는 성령의 권능에 있었다.

우리가 앞에서 살펴본 대로, 한 분이신 성령은 또한 몸 안에서의 일치를 산출한다. 이것은 획일성이 아니라, 목표와 행동에서의 단일성을 의미한다. 초대 교회는 "한 마음과 한 뜻"을 가진 것으로 묘사되고 있다(행 4:32). 그들은 심지어 그들의 모든 물건들까지도 서로 통용하였다(2:44-45; 4:32,34-35). 성령은 그들 안에 개별적인 정체성보다는 무리 안에서의 더 강한 지체 의식을 창조하셨으며, 이로 인하여 그들은 자기들의 소유들을 "내 것"이나 "네 것"이 아니라, "우리의 것"으로 생각하였다.

교회 안에 거하시는 성령은 또한 주의 인도하심에 대한 민감성을 창조한다. 예수는 그의 제자들과 계속해서 함께 계시겠다고 약속하셨다(마 28:20; 요 14:18,23). 그러나 그는 마찬가지로 성령이 오시기 위해서는 자기가 떠나가야 한다고 말씀하셨다(요 16:7). 우리는 내주하시는 성령을 예수가 우리 안에 거하시는 방편이라고 결론을 내린다. 그래서 바울은 이렇게 기록하였다. "만일 너희 속에 하나님의 영이 거하시면 너희가 육신에 있지 아니하고 영에 있나니 누구든지 그리스도의 영이 없으면 그리스도의 사람이 아니라. 또 그리스도께서 너희 안에 거하시면 몸은 죄로 인하여 죽은 것이나 영은 의를 인하여 산 것이니라"(롬 8:9-10). 바울은 그리스도가 우리 안에 거하신다는 관념과 성령이 우리 안에 거하신다는 관념을 상호 교환적으로 사용하고 있다.

성령이 예수의 제자들 안에 내주하게 되었을 때, 그는 그들에게 주의 가르침들을 생각나게 해 주었고(요 14:26) 그들을 모든 진리로 인도하였다(요 16:13). 성령의 이러한 사역이 베드로의 사건에서 극적으로 예시되었다. 환상을 통하여 베드로는 큰 보자기와 같은 것에 싸여 땅으로 내려진 어떤 부정한 짐승들을 잡아 먹으라는 소리를 들었다(행 10:11-13). 베드로의 첫번째 반응은 "주여, 그럴 수 없나이다"(14절) 하는 것이었는데, 그것은 그가 부정한 짐승들을 먹지 말라는 금지 명령을 잘 알고 있었기 때문이었다. 전승은 그것을 먹는 일을 그에게 금지하였다. 그러나 베드로는 이 환상의 메시지의 본질이 그가 부정한 짐승들을 먹어야 한다는 것이 아니라, 유대인들과 마찬가지로 이방인들에게도 복음을 전해야 하는 것임을 곧 깨닫게 되었다(17-48절). 내주하셨던 성령이 베드로에게 주께서 그를 이방인들에게로 인도하시며 그를 기꺼이 순종하도록 만들어 주신다는 것을 깨닫게 해 주셨다. 성령은 정해진 신자들이 그들의 방식으로 주의 인도하심에 응답하고 복종하게 하신다.

성령은 한 가지 의미에서 또한 교회의 주권자이시다. 그 이유는 어떤 경우에는 다양한 직분들을 채우게 되는 사람들이고, 다른 경우에는 특별한 능력들인 은사들을 분배하심으로써 몸을 구비하시는 분이 바로 그이기 때문이다. 그는 은사가 수여되어야 할 때와 나누어 주어야 할 사람을 결정하신다. 바울은 이렇게 기록하고 있다. "이 모든 일은 같은 한 성령이 행하사 그 뜻대로 각 사람에게 나눠 주시느니라"(고전 12:11).

마지막으로, 성령은 교회를 거룩하고 순결하게 하신다. 그 이유는 하나님이 그 안에 거하심으로 인하여 옛 계약 하에서의 성전이 거룩하고 성스러운 장소였던 것처럼, 신자들 역시 성령의 전이기 때문에 새 계약 하에서 거룩하기 때문이다(고전 6:19-20).


## 특별한 문제들

교회론에 관한 우리의 서론격인 장에서 특별한 주목을 요청하는 네 가지의 특정한 주제가 있다. 즉 교회와 하나님 나라의 관계와, 교회와 이스라엘의 관계, 유형(가시적인) 교회와 무형(불가시적인) 교회, 그리고 교회의 시초이다.

### 교회와 하나님의 나라

하나님의 나라와 교회 사이에는 분명히 밀접한 관련이 있다. 실제로, 예수는 그의 교회를 세우실 것이며 죽음의 권세가 그것을 이기지 못할 것이라고 선언하신 후에, 즉시 계속해서 베드로에게 이렇게 말씀하셨다. "내가 천국 열쇠를 네게 주리라"

(마 16:18-19). 이것으로부터 우리는 교회가 하나님의 나라와 동의어라는 사실을 추론할 수 있다. 실제로, 게할더스 보스(Geerhardus Vos)는 이 인용절의 이미지는 교회가 반석 위에 지어진 집이며(18절) 이 집의 열쇠가 베드로에게 넘겨지게 된다는 것이라고 주장하였다.[20] 그러나, 조지 래드(George E. Ladd)는 이것이 비유적인 언어를 너무 지나치게 강요하고 있다고 바르게 주장하였다. 그는 오히려, 하나님의 나라는 하나님의 통치로서 생각되어야 한다고 주장한다.[21] 이와 대조하여 교회는 하나님의 영역, 즉 그의 통치 아래 있는 사람들이다. 하나님의 나라는 하나님의 통치이고, 반면에 교회는 그 통치 아래에 있는 인간의 공동체이다.[22] 래드는 하나님의 나라와 교회의 관계에 관한 다섯 가지 기본적인 논점들을 제시한다.[23]

1. 교회는 하나님의 나라가 아니다.
2. 하나님의 나라는 교회를 창조한다.
3. 교회는 하나님의 나라를 증거한다.
4. 교회는 하나님 나라의 도구이다.
5. 교회는 하나님 나라의 관리자다.

교회는 하나님의 나라 혹은 하나님의 통치의 나타남이다. 이것은 그 통치가 오늘날 지상에서 취하고 있는 형태이다. 이것은 우리 마음 속에서 하나님의 주권적인 통치의 구체적인 나타남이다. 옛 계약 하에서 하나님의 나라가 취하였던 표현의 형태는 이스라엘이었다. 하나님의 나라는 하나님께서 인간의 마음 속에서 다스리는 어느 곳에서나 발견될 수 있다. 그러나 그 이상으로, 이것은 그의 뜻이 이루어지는 어느 곳에서나 발견된다. 따라서, 하나님의 나라는 사람들을 창조하시기 이전에도 하늘에 있었는데, 그것은 천사들이 하나님의 지배를 받고 복종하였기 때문이다. 그들은 지금도 하나님의 나라에 포함되어 있으며, 미래에도 그럴 것이다. 그러나 그들은 결코 교회의 일부가 되지는 않았으며, 그렇게 되지도 않을 것이다. 교회는 하나님 나라의 유일한 나타남이다.

---

20) Geerhardus Vos, *The Teaching of Jesus Concerning the Kingdom of God and the Church* (New York: American Tract Society, 1903), p. 150.
21) George E. Ladd, *Jesus and the Kingdom* (New York: Harper and Row, 1964), pp. 259-60.
22) Ibid., p. 260.
23) Ibid., pp. 259-73.

## 교회와 이스라엘

두번째로 특별한 주제는 이스라엘과 교회의 관계에 관한 것이다. 여기에서 우리는 어떤 경우에는 논쟁들로 분류될 수도 있는 광범위하면서도 매우 상이한 견해들을 만나게 된다. 한편으로, 어떤 개혁교회 신학자들은 문자적인 이스라엘이 교회나 영적인 이스라엘에 의하여 사실상 포함되었거나 대치(代置)된 것으로 보고 있다.[24] 문자적인 이스라엘과 관련하여 성취될 것이 더 이상 남아 있지 않으며, 그 결과로서 유대인들이 하나님의 활동 속에서 탁월한 자리로 회복될 천년왕국의 필요성도 존재하지 않는다. 이와는 달리, 세대주의자들은 이스라엘과 교회를 하나님께서 다른 방식으로 다루시는 두 가지의 영원히 분리된 실체들로 생각하고 있다.[25] 래드가 말한 바와 같이, 여기에서 진리는 대단히 많은 문제들에서와 마찬가지로, 두 극(極) 사이의 어느 지점에 놓여 있다.[26]

우리는 먼저 영적인 이스라엘이 많은 점에서 문자적인 이스라엘을 대신하였다는 사실을 주목한다. 바울은 로마서와 갈라디아서에서 이 점을 강조하였다. 그는 이렇게 기록하였다. "대저 표면적 유대인이 유대인이 아니요 표면적 육신의 할례가 할례가 아니라 오직 이면적 유대인이 유대인이며 할례는 마음에 할지니 신령에 있고 의문(儀文)에 있지 아니한 것이라"(롬 2:28-29). 갈라디아인들에게 그는 이렇게 썼다. "너희가 그리스도께 속한 자면 곧 아브라함의 자손이요 약속대로 유업을 이을 자니라"(3:29). 다른 관련 인용절들은 로마서 4:11, 16, 18과 9:7-8을 포함한다.

게다가, 우리는 구약 성경에서 문자적인 이스라엘을 가리켰던 어떤 약속들이 신약 성경의 저자들에 의하여 영적인 이스라엘인 교회 안에서 성취된 것으로 여겨지고 있음을 깨달아야 한다. 예를 들어, 호세아는 이렇게 기록하였다. "내가 긍휼히 여김을 받지 못하였던 자를 긍휼히 여기며 내 백성 아니었던 자에게 향하여 이르기를 너는 내 백성이라 하리니 저희는 이르기를 주는 내 하나님이시라 하리라"(호 2:23). 이 절이 이스라엘과 관계가 있다는 것은 호세아 1:6-11에서 볼 때 명백하다. 그러나, 바울은 이것을 유대인들과 이방인들에게 똑같이 적용하고 있다. 왜냐하면 "우리들, 곧 유대인 중에서 뿐 아니라 이방인 중에서도 부르신 자"에 대하여 말하면서, 바울이 다음과 같이 이 절을 인용하고 있기 때문이다. "호세아 글에도 이르기를 내가 내 백성 아닌 자를 내 백성이라, 사랑치 아니한 자를 사랑한 자라 부르리라"(롬

---


24) Berkhof, *Systematic Theology*, pp. 570-71.
25) Lewis Sperry Chafer, *Systematic Theology*(Dallas: Dallas Seminary, 1948), vol. 4, pp. 29-35.
26) George E. Ladd, "Israel and the Church," *Evangelical Quarterly* 36, no. 4(October- December 1964):207.

9:24-25). 래드는 또한 베드로가 요엘의 약속을 적용한 것을 인용하였다. "그 후에 내가 내 신을 만민에게 부어 주리니 너희 자녀들이 장래 일을 말할 것이며 너희 늙은이는 꿈을 꾸며 너희 젊은이는 이상을 볼 것이라"(욜 2:28; 참고 행 2:17).[27] 그러나 베드로가 이 점에서 유대인들에 대하여 말하고 있었음을 유의해야 한다(행 2:5,22). 따라서 베드로가 이스라엘을 향하여 주어진 약속들을 여기에서 교회에 적용하고 있다는 주장은 아직 해결되지 않은 문제이다.

그러나 국가적인 이스라엘을 위한 미래가 존재한다. 그들은 아직도 하나님의 특별한 백성이다. 이스라엘의 거절이 세상과의 화목을 의미하였다고 선언한 이후에, 바울은 이렇게 묻는다. "그들(이스라엘)을 받아들이는 것이 죽은 자 가운데서 사는 것이 아니면 무엇이리요?"(롬 11:15). 미래는 밝다. "그리하여 온 이스라엘이 구원을 얻을 것이다"(26절). 그러나 이스라엘은 이방인들과 마찬가지로 교회에 들어옴으로써 구원받게 될 것이다. 신약 성경에는 어떤 다른 구원의 기초가 있다는 어떤 진술이 도무지 존재하지 않는다.

이제 요약해 보면, 교회는 새 이스라엘이다. 이것은 이스라엘이 옛 계약 속에서 차지하였던 자리를 새 계약 속에서 차지하고 있다. 구약 성경에서는 하나님의 나라가 국가적인 이스라엘에 의하여 영유(領有)되었던 반면에, 신약 성경에서는 교회에 의하여 영유된다. 그러나 대규모적인 회심을 통하여 국가적인 이스라엘이 그리스도께로 다가오며 교회로 들어오는 특별한 미래가 있을 것이다.

### 유형 교회와 무형 교회

좀더 발전된 주제는 유형 교회와 무형 교회 사이의 관계이다. 어거스틴의 시대만큼이나 일찍 나타났던 이러한 구분은[28] 마르틴 루터에 의해서 처음으로 분명하게 표명되었으며[29] 칼빈에 의해서도 그의 신학 속에서 마찬가지로 구체화되었다.[30] 성경에서 주장되는 교회의 특성들과 실제로 지상에 존재하는 교회인 경험적인 교회 사이의 명백한 불일치들을 다루는 것이 루터의 방식이었다. 그는 진정한 교회는 오직 의롭다 함을 받은 자들, 즉 구원에 의하여 하나님과 연결된 사람들로서 구성된다고 주장하였다.

우리는 어떤 사람들은 인정하지 않는 구분인 유형 교회와 무형 교회 사이의 구

---

27) Ibid.,p.209.
28) Augustine, *On Christian Doctrine* 3.31-34.(「기독교 교육론」 — 본사 역간)
29) Martin Luther, "Preface to Revelation."
30) John Calvin, *Institutes of the Christian Religion*, book 4,chapter 1,section 7.

분을 조사할 때에, 이것이 지역 교회와 보편적 교회 사이의 구분과는 같지 않다는 사실을 유념해야 한다. 오히려, 우리가 여기에서 다루고 있는 것은, 참된 교회가 현존하는 지상의 제도와 어느 정도로 동일시 될 수 있는지에 관한 문제이다. 한편으로는 참된 신자들이 아닌, 즉 실제로 그리스도의 몸의 한 부분이 아닌 사람들이 유형 교회 안에 존재하는 것이 가능한 일인가? 그리고 역으로, 유형 교회의 어떤 부분, 즉 신자들의 어떤 지역적인 모임과 연합하지 않고도 그리스도의 몸의 지체가 될 수 있는가? 혹은, 문제를 달리 제기한다면, 제도적인 것이나 인격적/영적인 것 중에서 어느 것이 더 중요한 요소인가? 제도적인 교회와 연결되는 것이 사람을 그리스도인으로 만들어 주는가? 그렇지 않으면 교회는 그 지체들의 개별적인 기독교적 경험들에 의해서 구성되는가? 제도적인 조직이나 개별적인 영적 경험들 중에서 어느 것이 다른 것을 정당화 해주는가? 이 질문들은 몇 가지 다른 방식으로 답변되어 왔다.

한편으로, 제도적 유형 교회가 더 중요하다고 주장하는 그런 무리들이 있다. 비록 이런 관점이 역시 성공회와 동방 정교회와 같은 종파들의 특성을 이루고 있는 것이라 하더라도, 전통적인 로마 카톨릭이 아마도 이러한 관점을 갖고 있는 가장 순수한 형태일 것이다. 그들이 교회를 세우시는 그리스도의 행동을 향하여 그것들의 근원을 추적해 갈 수 있다면 특별한 조직들이 참된 교회의 한 부분으로 간주된다(마 16:18).[31] 이 견해에 의하면, "내가 내 교회를 세우겠다"고 하는 예수의 진술은 단순한 예언이나 약속이 아니었다. 이것은 구성적인 선언이었다. 이것이 그가 교회를 창시하신 요점이었다는 것이 그의 계속 이어지는 다음 진술에 의하여 확인된다. "내가 천국 열쇠를 네게 주리니 네가 땅에서 무엇이든지 매면 하늘에서도 매일 것이요 네가 땅에서 무엇이든지 풀면 하늘에서도 풀리리라"(19절). 예를 들어, 전통적인 로마 가톨릭의 해석에 의하면, 죄를 사함으로써 사도들이 교리를 정의하고 은혜를 전달할 수 있게 해주는 특별한 신분을 여기에서 예수께서 그들에게 수여하셨다. 구원을 제공하고 사람을 그리스도인이 되게 하는 것이 바로 이 은혜(전통적인 표현에 의하면 성화 은총)이다. 이 은혜를 시여하는 권위가 사도들에 의하여 그들의 계승자들에게 전달되었는데, 이것은 오늘날까지 계속되어 온 과정이다.[32]

그 다음으로 참된 교회의 주요한 표지(標識)는 사도성이다. 예수는 그의 제자들에게 소위 독특한 특권을 주셨다. 따라서, 참된 교회는 특정한 계보를 나타낼 것이다. 참된 교회는 사도들에게까지, 그리고 이렇게 해서 물론 예수가 교회를 세우시는 행동으로까지 거슬러 갈 수 있는 교회이다. 이러한 계보 없이는 어떤 교회도, 어떤

---

31) Ludwig Ott, *Fundamentals of Catholic Dogma*, ed. James Canon Bastible (St. Louis: B. Herder, 1960), pp. 271-74.
32) Ibid., pp. 274-79.

구원도, 또한 어떤 그리스도인들도 존재하지 않는다. 일단(一團)의 사람들이 모여, 하나의 단체로 조직되고, 종교적인 의식을 행하며, 기구를 세우고 나서, 스스로를 교회라고 부를 수는 있으나, 그들은 그것에 의하여 구성된 하나의 교회는 아니다. 그리스도와 사도들에 의하여 세워진 형식적인 제도와 적절하게 연결되지 않으면, 그들은 교회가 아니며 개인들은 그리스도인들이 아니다. 일단(一團)의 사람들을 교회로서 입증해 주는 것은 역사적으로 신약 성경의 교회로 거슬러 올라갈 수 있는 오늘날의 조직과 가시적으로 연결되는 것이다. 분명히, 이 견해를 주장하는 사람들은 교회의 질서와 그것의 지도력과 지배, 그리고 서임된 성직자들과 같은 자료들에 지나친 의미를 부여하고 있다.

비록 이 용어가 얼마간 오해받을 소지가 있다 하더라도, 교회에 대한 경건주의적인 접근으로서 불릴 수 있는 것이 정반대의 극단에 존재한다. 여기에서는 예수 그리스도를 통한 개인과 하나님의 직접적인 관계 위에 중요성이 놓여 있다. 사람을 그리스도인으로 만드는 것은 그것이며 또한 오직 그것뿐이다. 그리고 하나의 무리를 교회로 적절하게 구성해 주는 것은 이러한 신자들, 즉 중생한 사람들의 존재이다.[33] 이 견해에 의하면 그들이 어떤 가시적인 집단으로 모이든 모이지 않든 간에, 구원에 의하여 그리스도와 연결된 사람들이 교회를 구성한다는 사실을 유의하라. 가시적인 집단 속에 있는 지체는 하나님의 눈 앞에서 칭의에 대하여 어떠한 보증도 받지 못하며, 이렇게 해서 가시적인 조직은 상대적으로 덜 중요하다.

사실상, 어떤 사람들은 조직된 몸의 한 부분이 될 필요성을 부인한다. 자발적인 토대 위에서의 비공식적인 교제가 필요한 전부이다. 플리머스 형제단과 같은 단체들의 경우에는, 형식적인 구조와 전문적인 성직자를 모방하는 어떤 것도 상당한 혐오를 받게 되기 쉽다.[34] 신자들의 주어진 집단에 영원히 헌신하는 교회의 지체(肢體)됨은 이러한 개인주의적인 접근에서는 과소평가된다. 유사 교회 조직들이나 가정 교회들이 조직 교회를 대신할 수 있다. 그리고 종파들이든 종파들간의 교제이든 간에 회중간의 조직들은 상대적으로 덜 중요한 것으로 간주된다. 이런 접근 방식을 취하는 그리스도인들은 스스로를 초종파적으로 생각하지만, 실제적으로는 종종 비종파적이고, 때때로 심지어는 반종파적이다.

---

33) Augustus H.Strong, *Systematic Theology*(Westwood,N.J.:Revell,1907)-pp.494-97.

34) D.Nauta, "Church, Nature and Government of: Quakers, 'Plymouth' Brethren, Darbyites,etc," in *Encyclopedia of Christianity*, ed.Gary G.Cohen (Marshalltown, Del.: National Foundation for Christian Education,1968),vol.2,pp.487-88.

어떤 경우에, 유형 교회에 대한 경시(輕視)는 일반적으로 교회를 하나님의 계획 속에 끼워넣는 것, 즉 사실상의 첨가로서 생각하는 세대주의적인 견해로부터 유래할 수도 있다. 여기에서의 강조점은 하나님의 원래 의도가 국가적인 이스라엘과 관련되어 있었다는 것이다. 이스라엘이 그들에 대한 예수의 하나님 나라 제공을 거절하였을 때, 하나님께서 이방인들 쪽으로 방향을 돌리시고 교회를 창조하셨다. 그럼에도 불구하고, 하나님은 이스라엘에 대한 그의 관심을 결코 버리지 않으셨다. 그가 교회와 관계를 맺으시는 시간이 완성될 때, 이스라엘은 탁월한 지위로 회복될 것이다. 심지어 구약성경의 희생 제사들과 마찬가지로, 실제적인 다윗의 왕국이 다시 수립될 것이다. 이스라엘과 교회는 따로 분리되어 있으며 항상 그러할 것이다.[35] 장래에 이스라엘이 탁월하게 되는 것은 유대인들을 교회 안으로 통합시키는 대규모적인 회심의 결과가 아닐 것이다. 오히려, 이것은 한 국가로서 이스라엘의 특별한 지위가 회복된 결과일 것이다. 교회는 구약 성경에서 예견되지 않은 일시적인 현상이다. 사실상, 어떤 구약 성경의 예언도 교회와 관련되지 않거나 혹은 교회 안에서 성취되지 않는다. 이것은 사실이며 또한 무형 교회조차도 상대적으로 일시적이기 때문에, 가시적이거나 제도적인 교회는 확실히 많은 주목을 받을 필요가 없다.

여기서 묘사되고 있는 교회관은 어떤 점에서 경건주의적인 관점이라기보다는 오히려 개인주의적인 관점으로서 좀더 정확하게 지칭될 수 있었다. 그러나 '경건주의적'(pietistic)이라는 용어를 적절하게 만들어 주는 것은 종종 개별적인 그리스도인의 삶의 질을 강하게 강조하고 있다는 사실이다. 그리스도와 개인의 관계가 기독교를 결정짓는 요인이기 때문에, 개별적인 삶의 경건과 순결은 대단히 중요하다. 이렇게 해서, 개별적인 그리스도인들이 연합될 때마다, 그들은 집단 내에서의 이러한 윤리적인 특성들을 마찬가지로 강조할 것이다. 이러한 특성들은 하나의 집단으로서의 집단이 아니라, 그것을 우연히 구성하고 있는 개인들을 특징지어주는 것으로 간주되어야 할 것이다.

우리가 논의한 이 두 견해의 중간에 있는 것은 "교구(敎區)"(parish)견해라고 불릴 수 있을 것이다. 이것은 유형 교회와 무형 교회를 둘 다 강조한다. 유형 교회나 교구는 표면적으로 고백하고 또한 말씀을 듣기 위해 함께 오며 성례를 축하하는 모든 사람을 포함하고 있다.[36] 이 유형 교회 안에 있는 신자들이 참된 교회, 즉 무형 교회를 구성하고 있다.

---

35) Chafer, *Systematic Theology*, vol.4, pp.27-53.
36) Heinrich Schmid, *The Doctrinal of the Evangelical Lutheran Church*, 3rd ed.rev. (Minneapolis: Augsburg, 1899), p.591.

이 견해에 의하면, 참된 교회의 존재가 파악될 수 있는 어떤 표지(標識)들이 존재한다. 이것들은 단순히 주관적인 기준들이 아니라, 객관적인 표지들이다. 이를테면, 이것들은 집단을 구성하는 개인들의 특성들일 뿐만 아니라, 그 안에 있는 개인들의 영적인 상태와는 전혀 상관없는 지역적인 모임의 특성들이다. 가장 흔하게 언급되는 두 가지는 말씀의 참된 설교와 성례의 적절한 집행이다. 전자는 교리의 순수성이나 정확성과 관련이 있다. 후자는 정당한 권위를 가진 사람이 그것들을 받을 만한 자격을 갖춘 사람들에게 적절한 방식으로 성례를 집행하는 것과 또한 그것들의 효력에 대하여 정확히 이해하고 있음을 의미한다.[37]

이러한 몇가지 견해들을 조사한 이후에, 우리는 유형 교회와 무형 교회 사이의 구분이 조건부이기는 하지만 유지되어야 할 필요가 있다고 결론을 내린다. 소맥(小麥) 가운데 있는 잡초들의 비유(마 13:24-30, 36-43)와 양과 염소에 대한 예수의 가르침(마 25:31-46)은 이러한 구분을 뒷받침 해준다. 그러나 이것은 교회의 지체됨의 중요성을 떨어뜨리는 것이 아니라, 위선과 심지어는 기만의 가능성이 있음을 인정하는 것으로서 간주될 수 있을 것이다. 이것은 "주께서 자기 백성을 아신다"는 디모데후서 2:19의 진리를 반영하고 있다. 심지어 예수의 열두 제자들 가운데 한 사람도 배신자로서 판명되었다.

우리는 성경이 개인의 영적인 상태를 더 중요하게 생각하는 것으로 보인다는 사실을 깨달아야 할 것이다. 예를 들어, 누가는 초대 교회에 대해, "주께서 구원받는 사람을 날마다 더하게 하시니라"(행 2:47)라고 말한다. 구원에 대하여 질문받았을 때, 사도들은 이것이 신자들의 집단과의 관계에 의존하고 있다는 사실을 결코 암시하지 않았다. 베드로와 다른 사람들이 "형제들아, 우리가 어찌할꼬?"(행 2:37)라는 질문을 받았을 때, 대답은 "너희가 회개하여 각각 예수 그리스도의 이름으로 세례를 받고 죄 사함을 얻으라"(38절)는 것이었다. 베드로의 메시지는 사도행전 3:12-26과 4:7-12에서 동일하다. "내가 어떻게 하여야 구원을 얻으리이까?"(행 16:30)라는 빌립보의 간수의 질문에 대한 베드로의 대답은 간단하였다. "주 예수를 믿으라. 그리하면 너와 네 집이 구원을 얻으리라"(31절). 이 예들 가운데 어떤 것에도 집단과의 관계가 결정적이라는 암시는 존재하지 않는다. 사마리아 여인에게 하신 예수의 말씀은 특별한 장소에서 예배하는 것이 신령과 진리로 예배하는 것보다는 덜 중요하다는 것을 가리키고 있다(요 4:20-24).

신앙에 우선권을 부여하거나, 혹은 가시적인 것에 대하여 불가시적인 것의 우월성을 인정하였지만, 그럼에도 불구하고 우리는 교회의 가시적인 형태(유형)의 중요

---

37) Ibid., pp. 590-91.

성을 과소평가해서는 안된다. 신자가 친교의 한 부분이 되는 것은 분명히 표준적인 절차이다(예를 들어, 사도행전 2:47을 보라). 우리는 사도적인 교회의 지체됨이 수반하였던 것을 정확히 알지 못하지만, 이것은 틀림없이 교화와 기도와 예배와, 사도행전 5장에서 특별히 볼 수 있는 것과 같은 징벌의 목적들을 위한 것이었다. 따라서 우리는 각 신자가 신자 집단의 완전한 일부가 되는 것과 또한 그것에 변치 않고 헌신하는 일의 중요성을 강조해야 한다. 기독교는 공동의 문제이며, 그리스도인의 삶은 다른 사람들과의 관계에서만 온전히 실현될 수 있다.

가시적이거나 경험적인 교회와 불가시적이거나 영적인 친교 사이의 구분을 인정하면서도, 우리는 이 둘을 일치되도록 하기 위하여 할 수 있는 모든 일을 다해야 할 것이다. 어떤 참된 신자도 친교 바깥에 있어서는 안되는 것처럼, 오직 참된 신자들만이 안에 있다는 사실도 부지런히 확증되어야 한다. 죄인들을 다루는 일과 관련하여 고린도인들(고전 5:1-5)과 갈라디아인들(6:1)에게 주는 바울의 교훈과 마찬가지로, 아나니아와 삽비라(행 5장)를 다루는 일도 지체들의 영적인 상태와 행위에 대한 집단에 의한 주의깊은 감시를 지지하고 있다. 지체의 완전한 순결은 이 세상에서는 실현될 수 없는 하나의 이상이지만(마 13:24-30), 공공연한 불신앙과 죄가 허용되어서는 안된다.

### 교회의 시초

교회의 본성에 관한 마지막 문제는 그것의 시작 시기와 관련된다. 다른 사람들 중에서, 루이스 벌코프(Louis Berkhof)는 족장과 모세 시대의 교회에 대하여 말한다.[38] 그러나 예수가 교회에 대하여 단지 두번만 언급하고 있다는 것(마 16:18; 18:17)과, 전자의 경우에는 미래에 관해서 언급하고 있다는 것("내가 내 교회를 세우리라")은 주목할 만한 일이다. 누가는 그의 복음서에서는 에클레시아를 결코 사용하지 않지만, 사도행전에서는 스물네 번이나 이것을 사용하고 있다는 사실도 역시 중요하다. 사도행전을 포함하는 기간에 다다를 때까지 그는 교회를 현존하는 것으로서 간주하지 않았던 것으로 보인다. (사도행전 7:38은 광야에 있던 이스라엘 백성에 대해서 에클레시아를 사용하고 있지만, 이 용어는 여기에서 비전문적인 의미로 사용되고 있는 것 같다.) 우리는 교회가 오순절에 시작되었다고 결론을 내린다.

이러한 결론에 비추어, 우리는 이스라엘의 지위에 관하여 물어볼 필요가 있다. 구약 성경의 신자들은 어떠한가? 우리는 이스라엘 백성들이 구약 성경에서 취하였던 형태가 국가적인 이스라엘이었지만, 신약 성경에서는 이것이 교회이며, 또한 교회는

---

38) Berkhof, *Systematic Theology*, p. 570.

오순절과 더불어 시작되었다고 주장한다. 이것은 이제 교회의 한부분이 된 우리들이 구약 성경의 신자들과는 영원히 분리된 집단 속에 있게 될 것이라는 사실을 의미하는가? 그 대신에, 나는 오순절 이전에 이스라엘의 일부였던 사람들이 교회 안으로 통합되었다는 사실을 제의하려고 한다. 이것은 확실히 제자들에게 사실이었던 것으로 보인다. 그들은 이스라엘의 일부였지만, 오순절에 교회의 핵심이 되었다. 만약 구약 성경의 신자들, 즉 참된 이스라엘을 구성하였던 사람들이 그리스도의 구속적인 삶과 죽음의 토대 위에서 우리들과 같이 구원받았다면, 그들은 오순절 사건으로 말미암아 신약 성경의 신자들과 동일한 몸으로 당연하게 휩쓸리게 되었을 것이다. 그런데, 이스라엘은 교회에 의하여 단순히 계승되지 않았으며, 오히려, 이스라엘이 교회 안에 포함되었다. 하나님의 백성은 진실로 하나의 백성이었으며, 그리스도의 몸도 진실로 한 몸이다.


## 함축된 의미들

1. 교회는 일차적으로 사회적인 현상이 아니라, 신적으로 제정된 제도로 생각되어야 한다. 따라서, 이것의 본질은 이것의 활동에 대한 분석에서부터가 아니라, 성경으로부터 결정되어야 한다.

2. 교회는 삼위일체 하나님과 관계를 맺고 있기 때문에 존재한다. 교회는 성령의 권능에 의하여 그것의 주의 뜻을 수행하기 위하여 존재한다.

3. 교회는 세상 속에서의 주의 현존과 사역의 연장이다.

4. 교회는 그들의 주의 영적인 특성들을 나타내는 중생한 신자들의 친교가 되어야 한다. 순결과 헌신이 강조되어야 한다.

5. 교회는 신적인 피조물이지만, 불완전한 인간들로 구성되어 있다. 이것은 주의 재림시까지는 완전한 성화나 영화에 이르지 못할 것이다.

# 50

# 교회의 역할



우리는 교회가 그것의 기능들의 측면에서 정의되어야 한다는 것, 즉 그것의 형태가 그것의 기능들을 따라야 한다는 입장에 대한 비판을 표명하였다. 그럼에도 불구하고, 교회의 기능들은 매우 중요한 주제들인데, 그 이유는 교회가 단순히 그 자체 안에 목적을 가지고 있는 것으로서 존재하도록 우리 주님에 의하여 존재하게 되지는 않았기 때문이다. 오히려, 이것은 그것을 위한 주의 의도를 성취하기 위하여 존재하게 되었다. 이것은 세계 속에서 주의 사역을 계속해서 수행해야 한다 — 즉 그가 행하셨던 일을 영속시키고 그가 아직 여기에 계신다면 하였을 일을 해야 한다. 이 장에서의 우리의 첫번째 고찰은 교회가 수행하도록 위탁받은 여러 가지 기능들이 될 것이다.[1] 그 다음에 우리는 교회 사역의 중심에 무엇이 있는지를 주목하고 교회

---

1) J.C.Hoekendijk, *The Church Inside Out*(Philadelphia: Westminster, 1966), part 1.

가 행하는 모든 일, 즉 복음에 형태를 부여하게 될 것이다. 마지막으로, 우리는 교회가 오늘날 나타내야 할 특별히 중요한 두 가지 특성들 — 즉 자발적인 봉사와 적응성을 주목할 것이다.


## 교회의 기능들

### 복음 전도

제자들을 향한 예수의 마지막 말씀의 두 기사(記事) 속에서 강조되는 한 가지 주제는 복음 전도이다. 마태복음 28:19에서 그는 그들에게 이렇게 명령하신다. "그러므로 너희는 가서 모든 족속으로 제자를 삼으라." 사도행전 1:8에서 그는 "오직 성령이 너희에게 임하시면 너희가 권능을 받고 예루살렘과 온 유대와 사마리아와 땅 끝까지 이르러 내 증인이 되리라"고 말한다. 이것은 예수가 그의 제자들에게 말씀하셨던 최후의 강조였다. 그는 복음 전도를 그들이 존재하는 진정한 이유로 간주하였던 것처럼 보인다.

복음을 전하라는 부르심은 명령이다. 예수를 주로서 받아들인 제자들은 그의 통치 아래 자신들을 복종시켰고 그가 요청하시는 모든 일을 행하지 않을 수 없었다. 왜냐하면 그는 이렇게 말씀하셨기 때문이다. "너희가 나를 사랑하면 나의 계명을 지키리라"(요 14:15), "나의 계명을 가지고 지키는 자라야 나를 사랑하는 자니라"(21a), 그리고 "너희가 나의 명하는 대로 행하면 곧 나의 친구라"(요 15:14). 만약 제자들이 진실로 그들의 주를 사랑했다면, 그들은 복음을 전하라는 그의 부르심을 수행하였을 것이다. 이것은 그들에게 선택적인 문제가 아니었다.

그러나, 제자들은 단순히 그들 자신의 힘만으로 파송되지는 않았다. 예수는 "하늘과 땅의 모든 권세를 내게 주셨으니"(마 28:18)라는 말씀을 그의 위임 명령의 앞에 두셨다. 모든 권세를 가지셨던 그는 제자들을 그의 대리자들로 위임하셨다. 이렇게 해서 그들은 가서 모든 족속들에게 복음을 전할 수 있는 권리를 가지고 있었다. 게다가, 예수는 성령이 제자들에게 오실 것이며, 그 결과로서 그들이 권능을 얻게 될 것이라고 제자들에게 약속하셨다. 이렇게 해서 그들은 이 과제를 위하여 권위와 능력을 부여받았다. 더구나, 그들은 그가 그들을 홀로 파송하지는 않을 것으로 확신하였다. 비록 그는 육체적으로는 그들을 떠나가셔야 했지만, 그럼에도 불구하고 영적으로는 세상 끝날까지 그들과 함께 계실 것이다(마 28:20).

또한 위탁의 정도를 주목해 보라. 이것은 총괄적이다. 마태복음 28:19에서 예

수는 "모든 족속"에 대해서 말하며, 사도행전 1:8에서는 다음과 같은 특별한 목록을
제공하고 있다. "너희가 예루살렘과 온 유대와 사마리아와 땅 끝까지 이르러 내 증
인이 되리라." 상이한 문제들이 이 명령의 여러 가지 수준에 관련되어 있다.[2]

물론, 예루살렘은 인접해 있는 부근(附近)이었다. 이것은 제자들의 내적인 권역
(圈域)의 중앙 영역은 아니었지만(그들은 갈릴리인들이었다), 오순절의 현장이었다.
최초의 개종자들은 예루살렘에서 많은 밀접한 교제를 갖게 될 것이기 때문에, 교회
가 그곳에서 증거하고 성장하는 것은 자연스러운 일이었다. 그러나 예루살렘은 또한
증거하기에 가장 힘든 곳이었는데, 그 이유는 그리스도 최후의 사건들, 특별히 십자
가 처형으로 말미암은 그의 굴욕적인 죽음과 관련된 추문(醜聞)들이 일어났던 곳이
바로 그곳이었기 때문이다. 구세주의 메시지의 어떠한 제시에 대해서도 자연적인 불
신과 어쩌면 심지어 혐오감마저 있었을 것이다. 다른 한편으로, 예루살렘에서 증거
하는 한 가지 이점은 사람들이 그렇게 하기로 선택하기만 하였다면 하나의 회중으로
연합할 만큼 서로 충분히 가깝게 살고 있었다는 것이다.

예루살렘을 넘어서, 제자들은 "온 유대"에서 증인들이 되었을 것이다. 이 지역
은 사고와 관습에서 기본적으로 동질적이었는데, 그 이유는 이곳의 거민들이 유대인
들이었고, 그것도 유대적인 유대인들이었기 때문이다. 그러나 그들 대부분은 예루살
렘의 중심부로부터 너무 멀리 떨어져 있어서 그곳에 모일 수 없었다. 따라서, 위임
명령의 이 부분을 성취하는 것은 추가적인 회중들의 확립으로 귀착되었다.

아마도 이 위임 명령의 가장 싫은 부분은 최소한 제자들이 관계되어 있는 한,
세번째 부분인 "사마리아에서"였을 것이다. 이것은 그들이 사랑하기에 가장 힘들었
고, 또한 아마도 이 메시지를 유대인들이 전할 것이라는 점에서 그들의 메시지를 가
장 적게 받아들이는 사람들에게로 그들을 인도하였다. 유대인들과 사마리아인들은
오랫동안 대립하고 있었다. 이러한 불화는 유대인들이 바벨론 포로에서 귀환하던 때
까지 거슬러 올라간다. 사마리아인들은 앗수르인들에 의해서 뒤에 남겨진 이스라엘
사람들과 이 지역을 다시 차지하는데 도움이 되도록 앗수르인들이 그 다음에 보냈던
여러 외국의 식민지 이주자들 사이에서 이루어진 이족 결혼을 나타낸 혼혈 유대인들
이었다. 유대인들이 바벨로으로부터 돌아와서 성전을 재건축하기 시작하였을 때, 사
마리아인들이 도와주겠다고 제의하였으나, 그들의 제안은 무시되었다. 그 때 이후로
계속해서, 이 두 집단 사이에는 불화가 있었다. 이것은 예수의 사역에 관한 복음서
의 기사에서도 명백하다. 예수가 사마리아 여자에게 마실 물을 요청했을 때, 그녀는

---

2) Michael Green, *Evangelism in the Early Church*(Grand Rapids:
   Eerdmans, 1970), vol.1, pp.117ff.

"당신은 유대인으로서 어찌하여 사마리아 여자 나에게 물을 달라 하나이까?"라고 대답하였다. 요한은 이렇게 주석을 달았다. "이는 유대인이 사마리아인과 상종치 아니함이러라"(요 4:9). 이것은 드문 만남이었는데, 그 이유는 예수와 그의 제자들이 북쪽의 갈릴리와 남쪽의 유대 사이를 여행할 때 대개는 사마리아를 거쳐서 지나가지 않았고, 오히려 요단강을 건너 베뢰아를 거쳐서 여행하기를 더 좋아했기 때문이었다. 예수는 사마리아인을 비유의 주인공으로 만듦으로써 이웃을 사랑하는 일에 관한 그의 비유에 부가적인 힘을 더하였다(눅 10:29-37). 그들이 "우리가 너를 사마리아 사람이라 또는 귀신이 들렸다 하는 말이 옳지 아니하냐?"(요 8:48)라고 물었을 때, 유대인들은 예수를 모욕할 작정이었다. 앞의 조롱이 둘 중에서 더 굴욕적인 것으로 의도되었던 것 같다. 틀림없이 사마리아인들은 교회 안에 포함되어 있던 유대인들이 가장 보고 싶어하지 않았던 사람들이었다. 그러나 예수는 "너희가 사마리아에서 내 증인이 되리라"라고 말하였다.

  마지막으로, 제자들은 "땅 끝까지 이르러" 증언해야만 하였다. 이 위임 명령에는 어떠한 지리적인 제한도 없었다. 그들은 복음의 메시지를 모든 곳, 즉 모든 족속들과 모든 형태의 사람들에게로 가지고 가야 했다. 물론, 그들은 이것을 그들 혼자서 성취할 수는 없었다. 오히려, 그들이 개종자들을 얻었을 때, 그 개종자들은 차례로 다른 사람들에게 복음을 전해 나가게 되었을 것이다. 이렇게 해서 메시지는 점점 넓은 범위로 퍼져나가게 되었을 것이며, 이 과제는 마침내 완성될 것이다.

  그러므로, 만약 교회가 주께 대하여 성실하고 주의 마음을 기쁘시게 하려고 한다면, 교회는 복음을 모든 사람들에게 가져다 주는 일에 종사해야 한다. 이것은 우리가 좋아하는 사람들과 본성상 우리가 싫어할 수도 있는 사람들에게로 가는 일도 포함한다. 이것은 우리와 다른 사람들에게도 확대된다. 그리고 이것은 우리의 직접적인 접촉과 작용의 영역 너머까지 뻗어간다. 아주 진정한 의미에서, 지역적인 복음 전도, 즉 교회의 확장이나 교회의 설립과, 세계 선교는 모두 다 같은 일이다. 유일한 차이는 활동 범위의 정도에 있다. 교회는 이들 모든 지역에서 일해야 한다. 만약 그렇지 못하다면, 교회는 영적으로 병들게 될 것인데, 그 이유는 교회가 주께서 결코 의도하지 않으신 방식으로 작용하려고 시도할 것이기 때문이다.

### 덕성 함양(건덕)

  교회의 두번째 주요한 기능은 신자들의 덕을 세우는 일이다. 비록 예수가 복음 전도를 더 크게 강조하였지만, 신자들의 덕을 세우는 일이 논리적으로 우선한다. 바울은 몸의 덕을 세우는 일에 대해서 반복하여 말하였다. 예를 들어, 에베소서 4:12

에서 그는 하나님께서 "성도를 온전케 하며 봉사의 일을 하게 하며 그리스도의 몸을 세우기 위하여" 교회에 다양한 은사들을 주셨다고 지적한다. 신자들은 "그에게서 온 몸이 각 마디를 통하여 도움을 입음으로 연락하고 상합하여 각 지체의 분량대로 역사하여 그 몸을 자라게 하여 사랑 안에서 스스로 세우게 됨으로써"(16절) 그리스도에게까지 자라게 될 것이다. 덕을 세우는 일의 가능성은 우리의 말을 포함하여, 모든 활동들이 평가되어야 하는 기준이다. "무릇 더러운 말은 너희 입 밖에도 내지 말고 오직 덕을 세우는 데 소용되는 대로 선한 말을 하여 듣는 자들에게 은혜를 끼치게 하라"(29절).

더욱이, 어떤 논쟁의 여지가 있는 영적인 은사들에 대해서 논의하면서, 바울은 덕을 세우는 문제를 꺼낸다. 예를 들어, 그는 고린도전서 14:4-5에서 이렇게 말한다. "방언을 말하는 자는 자기의 덕을 세우고 예언하는 자는 교회의 덕을 세우나니 나는 너희가 다 방언 말하기를 원하나 특별히 예언하기를 원하노라. 방언을 말하는 자가 만일 교회의 덕을 세우기 위하여 통역하지 아니하면 예언하는 자만 못하니라." 논쟁의 여지가 있는 은사들을 사용할 때 다른 사람들의 덕을 세워주는 일의 중요성이 12,17,26절에서 여러 가지 방식으로 다시 언급되고 있다. 이것들 가운데 마지막 참고절이 이 문제를 요약해 준다. "모든 것을 덕을 세우기 위하여 하라." 덕을 세우는 일은 몸의 모든 지체들이 서로를 세워주는 것임을 유념하라. 다른 지체들을 세워주어야 하는 사람은 단순히 성직자나 목사만이 아니다.

교회의 지체들이 세움을 받을 수 있는 몇가지 방편들이 존재한다. 그 가운데 하나가 친교이다. [3] 신약 성경은 κοινωνία(코이노니아), 즉 문자 그대로, 모든 것을 공동으로 갖거나 소유하는 일에 대해서 말한다. 그리고 실제로, 사도행전 5장에 의하면, 초대 교회의 성도들은 심지어 그들의 모든 물건들까지도 서로 통용하였다. 바울은 서로의 경험들을 나누는 것에 대해서 말하고 있다. "만일 한 지체가 고통을 받으면 모든 지체도 함께 고통을 받고 한 지체가 영광을 얻으면 모든 지체도 함께 즐거워하나니"(고전 12:26). 나눔으로써 아픔은 줄어드는 반면에, 기쁨은 증대된다. 우리는 서로를 격려하고 위로해야 한다. 신자들은 서로의 짐을 져 주어야 한다(갈 6:2). 때때로, 이것은 애정으로 다스려져야 하는 징계와 힐책을 수반할 수도 있다. 예수는 마태복음 18:15-17에서 징계를 위한 양식을 제시하였다. 심한 경우에는 고린도전서 5:1-2에서 언급된 부도덕한 사람의 사건에서처럼, 집단으로부터 추방해야 할 필요도 있을 수 있다. 그러나 이러한 징계 행위의 일차적인 목표는 잘못된 지체를 집단으로

---

3) James E. Carter, *The Mission of the Church*(Nashville: Broadman, 1974), pp.65-73.

부터 제거하려는 것이 아니라, 그런 사람을 바른 삶으로 돌이켜 신자들과의 친교를 회복시키려는 것이다.

교회는 또한 훈계와 교양을 통하여 그 지체들의 덕을 함양한다.[4] 이것은 징계의 폭넓은 과제의 일부분이다. 대(大)위임 명령에 나오는 예수의 명령들 가운데 하나는 "내가 너희에게 분부한 모든 것을 지킬 수 있도록"(마 28:20) 개종자들을 가르치라는 것이었다. 이를 위하여 교회들에 주어진 하나님의 은사들 가운데 하나는 하나님의 백성들이 봉사의 일을 하도록 준비시키고 갖추게 하기 위한 "목사들과 교사들"(엡 4:11)이다. 그러나 이러한 가르침은 항상 회중의 공식적인 목사-교사에 의해서 이루어질 필요는 없으며, 또한 대집단 속에서 이루어져야 할 필요도 없다. 이 진리에 대한 아름다운 묘사가 사도행전 18장에서 나타난다. 예수를 알게 되었던, 학문이 많고 능한 유대인인 아볼로가 에베소의 회당에서 힘있게 말하고 있었다. 그곳에서 브리스길라와 아굴라가 그것을 듣고, 그를 자기들의 집으로 초대하여, "그에게 하나님의 도를 더 자세하게 풀어 설명해 주었다"(26절). 그 후에 그는 훨씬 더 효과적으로 그의 사역을 계속하였다.

교육은 여러 형태를 취하며 또한 다양한 수준에서 나타날 수 있다. 오늘날 활용할 수 있는 모든 합법적인 방편들과 기술들을 활동하는 것이 교회의 책임이다. 예를 들어, 무엇보다도 먼저, 주일 학교를 통한 지역 교회에서의 기독교 교육이 있다. 그 수준을 넘어서 지역 교회는 그들의 교육적 과제의 특별한 측면들을 수행하기 위하여 다른 교회들과도 협동한다. 예를 들어, 신학교와 대학교의 신학부들은 말씀으로 사람들을 가르칠 수 있도록 목사-교사들과 다른 사람들을 준비시킨다. 이것은 디모데를 향한 바울의 명령의 실현이다. "또 네가 많은 증인 앞에서 내게 들은 바를 충성된 사람들에게 부탁하라. 저희가 또 다른 사람들을 가르칠 수 있으리라"(딤후 2:2).

교회는 성경에 계시된 하나님의 진리를 가르치는 과제를 갖고 있기 때문에, 함축적으로 그 계시를 이해하는데에도 자라야 할 의무를 지니고 있다. 따라서 성서학의 과제는 교회의 책임이다. 이 과제는 이런 문제들에 대한 은사를 소유한 전문가들에 의하여 수행된다. 그러나 교회는 단순히 하나님의 특별 계시뿐만 아니라, 그의 일반 계시와 이 양자간의 관계에 대해서도 연구해야 한다. 기독교 대학들은 교회가 가르쳐야 할 책임을 완수할 수 있는 한 가지 방편이다. 기독교 중고등학교들과 전문 학교들은 덜 진보된 수준에서 같은 목적을 나타낸다. 그리고 기본적인 읽고 쓰기를 가르치는 성경 학교들은 성경의 메시지를 읽을 수 있도록 사람들을 갖추게 한다.

---

4) Edmund Clowney, "Toward a Biblical Doctrine of the Church," *Westminster Theological Journal* 31, no. 1(November 1968):71-72.

설교는 아주 시초로부터 기독교 교회에 의해 사용된 교육의 또다른 방편이다.[5] 고린도전서 14장에서 바울이 예언하는 일에 관하여 말할 때, 그는 아마도 설교를 지칭하고 있었을 것이다. 그는 예언하는 일이 교회의 덕을 함양하거나 세워주기 때문에, 방언으로 말하는 것보다 더 큰 가치를 가지고 있다고 논평한다. "예언하는 자는 사람에게 말하여 덕을 세우며 권면하며 안위하는 것이요 방언을 말하는 자는 자기의 덕을 세우고 예언하는 자는 교회의 덕을 세우느니라"(3-4절).

서로 덕을 세워주기 위하여 하나님께서는 성령이 나누어 주시는 여러 가지 은사들로 교회를 구비하게 하셨다(고전 12:11). 우리가 앞에서 주목한 대로, 신약 성경은 이 은사들에 대한 네 가지의 상당히 다른 목록들을 포함하고 있다. 성경에 근거하여 모든 신자들에게 기대되는 믿음과 봉사와 주는 것과 같은 덕목들이 성령의 특별한 은사로서 제시될 때마다, 저자는 이러한 덕목들의 비범하거나 특별한 차원들이나 정도를 염두에 두고 있는 것처럼 보인다. 성령은 그의 지혜 안에서 필요한 것을 정확히 주시며, 그렇게 해서 전체적인 몸이 적절하게 세워지고 갖추어질 수 있게 하신다.

## 예배

교회의 또다른 활동은 예배이다. 덕을 세우는 일이 신자들에게 초점을 맞추고 그들을 유익되게 하는 반면에, 예배는 주께 전념하는 것이다. 초대 교회는 사도 바울이 명령하고 권고한 예배를 정해진 일정에 따라 드리기 위하여 함께 모였다. 매주 첫날에 연보를 하지 않도록 하라는 바울의 고린도교회에 보내는 지시(고전 16:2)는 그들이 그 날에 규칙적으로 예배를 드리기 위하여 모였다는 사실을 암시한다. 히브리서 저자는 독자들에게 어떤 사람의 습관과 같이 함께 모이는 일을 폐하지 말라고 권고한다(히 10:25). 비록 예배가 하나님을 강조하지만, 이것은 또한 예배자들에게 유익을 주기 위해서도 의도되었다. 알지 못하는 사람들에게 그것들의 의미를 아무도 해석해 주려고 생각하지 않기 때문에, 덕을 세우지 못하는 기도와 노래와 감사에 대해서 경고하는 바울의 경고로부터 우리는 이것을 추론하게 된다(고전 14:15-17).

예배, 즉 하나님에 대한 찬양과 찬미는 특별히 시편에서 볼 수 있는 것처럼, 일반적인 구약 성경의 예배의식이었다. 그리고 요한계시록과 그 밖의 책에 나오는 천국에 대한 묘사들 속에서, 하나님의 백성들은 그의 위대하심을 인정하고 선언하는 것으로 나타난다. 하나님께 속해 있는 교회가 그를 찬양하고 영화롭게 하는 것은 적

---

5) Karl Barth, *The Word of God and the Word of Man*, trans. Douglas Horton (New York: Harper and Row, 1956), pp. 97-135.

절한 것이다. 교회 활동의 이러한 측면에서, 교회는 그 자신에 대해서가 아니라, 하나님이 누구시며 어떤 분이신가에 주의를 집중한다. 교회는 자신의 감정을 만족시키는 것이 아니라, 그가 누구시며 어떤 분이신가를 적절하게 표현하는 일을 목표로 삼는다.[6]

이런 점에서 교회의 다양한 기능들의 중심을 주목하는 것이 중요하다. 성서 시대에 교회는 예배와 교육을 위하여 모였다. 그 다음에 교회는 복음을 전하기 위하여 밖으로 나갔다. 예배를 드릴 때, 교회의 신자들은 하나님께 집중하며, 교육과 친교를 통하여서는, 그들 자신과 동료 그리스도인들에게 집중한다. 그리고 복음을 전할 때에, 그들은 비기독교인들에게로 그들의 주의를 돌린다. 교회는 이러한 몇가지 활동들 사이에 어떤 구분을 유지하는 것이 적절하다. 만약 이것이 이루어지지 않는다면, 한 가지 혹은 그 이상의 일이 밀려날 수도 있다. 그 결과, 잘 균형잡힌 식사에서의 다양한 요소들과 같이 이런 모든 활동들이 몸의 영적인 건강과 행복에 대하여 필수적이기 때문에, 교회는 고통을 받게 될 것이다. 예를 들어, 조직의 모임이 주로 그리스도인들 사이의 상호 작용을 지향하게 된다거나, 혹은 예배가 우연히 참석하게 되는 불신자들을 전도하는 일만을 배타적으로 의도하게 된다면 하나님을 예배하는 일은 고통을 겪게 될 것이다. 이것은 사도행전에 나오는 교회의 형태가 아니었다. 오히려, 신자들은 하나님을 찬양하고 덕을 세우기 위하여 모였으며, 그 다음에 바깥 세계의 잃어버린 자들에게 손을 내밀기 위하여 나아갔다.

## 사회적인 관심

우리가 지금까지 조사해 온 교회의 여러 가지 기능들을 초월해 있는 것이 신자들과 비기독교인들 모두를 위하여 그리스도인의 사랑과 연민의 행위들을 수행해야 할 교회의 책임이다. 예수가 곤궁한 자와 고난당하는 자의 문제들을 염려하셨다는 것은 분명하다.[7] 그는 병든 자를 치료하셨고 심지어 때때로는 죽은 자를 일으키셨다. 만약 교회가 그의 사역을 수행하려 한다면, 교회는 곤궁한 자와 고난당하는 자에 대한 어떤 형태의 사역에 종사하게 될 것이다. 예수가 신자들에게 이러한 기대를 가지고 계셨다는 것은 선한 사마리아인의 비유에서 명백하다(눅 10:25-37). 예수는, 사람이 전 존재를 다하여 하나님을 사랑하고 자기의 이웃을 자기 몸과 같이 사랑함으로써 영생을 유업으로 얻을 수 있다는 사실을 알고 있으면서도, 누가 그의 이웃이

---

6) Langdon Gilkey, *How the Church Can Minister to the World Without Losing Itself*(New York: Harper and Row, 1964), pp. 104-17.
7) Sherwood Wirt, *The Social Conscience of the Evangelical*(New York: Harper and Row, 1968), pp. 19-26.

냐고 물었던 율법사에게 이 비유를 말씀하셨다. 이 질문에 대답하시면서, 예수는 또한 자기 이웃을 자기 몸과 같이 사랑하는 것이 무엇을 의미하는지를 설명하셨다. 선한 사마리아인은 비록 여리고로 내려가던 사람의 강도 만난 일과는 아무런 관계도 없었지만, 자신의 비용을 쓰고 불편을 참으면서, 자신에게 닥칠 수도 있을 위험까지도 무릅쓰며, 강도 만난 자의 어려움들을 돌보는 일을 스스로 떠맡았다. 율법에 의하면 이웃 사랑은 하나님 사랑과 밀접하게 연결되어 있고 또한 선한 사마리아인의 행위들과 같은 행위들을 포함하고 있기 때문에, 기독교 교회는 세상의 상하고 궁핍한 자에 대하여 관심을 갖고 있어야 한다. 실제로, 예수는 마태복음 25:31-46에서 참된 신자들이 공허한 고백들을 일삼는 사람들과 구분될 수 있는 한 가지 표지(標識)는 예수의 이름으로 행해지고 또한 그를 본받는 사랑의 행위들임을 암시하시고 있다. 고아와 과부와 나그네를 돌보는 일은 스스로 그런 배려를 나타내시는 하나님을 예배하는 사람들에게 적합하다(신 10:17-19).

사회적인 관심에 대한 강조는 마찬가지로 서신들 속으로도 옮겨지고 있다. 야고보는 특별히 실천적인 기독교를 강하게 강조하고 있다. 예를 들어, 종교에 대한 그의 정의를 생각해 보라. "하나님 아버지 앞에서 정결하고 더러움이 없는 경건은 곧 고아와 과부를 그 환난 중에 돌아보고 또 자기를 지켜 세속에 물들지 아니하는 이것이니라"(약 1:27). 그는 부자를 편애하는 것이 교회 안에서도 일어났던 악한 일이라고 거리낌없이 말하고 있다(2:1-11). 그는 행함이 동반되지 않은 말만의 격려를 통렬히 비난한다. "만일 형제나 자매가 헐벗고 일용할 양식이 없는데 너희 중에 누구든지 그에게 이르되 평안히 가라, 더웁게 하라, 배부르게 하라 하며 그 몸에 쓸 것을 주지 아니하면 무슨 이익이 있으리요. 이와 같이 행함이 없는 믿음은 그 자체가 죽은 것이라"(2:15-17). 요한도 똑같이 지적하고 있다. "누가 이 세상 재물을 가지고 형제의 궁핍함을 보고도 도와 줄 마음을 막으면 하나님의 사랑이 어찌 그 속에 거할까보냐? 자녀들아, 우리가 말과 혀로만 사랑하지 말고 오직 행함과 진실함으로 하자"(요일 3:17-18). 예수의 이복 동생과 사랑하는 제자는 예수가 가르치셨던 "네 이웃을 네 몸과 같이 사랑하라"는 말씀의 의미가 무엇인지를 잘 알고 있었다.

사회적인 관심은 마찬가지로 불의를 비난하는 일도 포함한다. 아모스와 몇몇 다른 구약 성경의 예언자들은 그 당시의 악과 부패에 맞서서 거리낌없이 강하게 말하였다. 세례 요한도 역시 이 일이 그의 자유를 앗아갔고(눅 3:19-20), 결국은 그의 목숨까지도 앗아갔지만(막 6:17-29), 당시의 통치자인 헤롯의 죄를 비난하였다.

교회는 곤궁에 처하거나, 상하거나, 혹은 악한 자를 볼 때마다, 관심을 보이고 행동을 취해야 한다. 채택되어야 할 전략과 전술에 대해서는 상이한 선택의 길이 있을 것이다. 어떤 경우에, 교회는 단순히 상한 자의 고통을 덜어주기 위해, 즉 문제의 결과들을 치유하기 위하여 일할 것이다. 다른 경우에, 교회는 그 문제를 산출한 상황을 변경하기 위해 행동할 것이다. 집단적으로 행동하는 교회가 개별적으로 행동하는 그리스도인들보다 더 많은 것을 성취할 수 있는 때도 있을 것이다. 다른 상황에서는 그 역이 사실일 수도 있을 것이다.[8]

교회는 기록을 활용함으로써 더 많은 일을 해야 한다. 그러나 교회는 얼마나 많은 일이 이미 성취되었는지를 정확히 알지 못하고 있다. 영국과 미국의 대학과 병원들의 몇 퍼센트가 기독교 단체에 의하여 초창기에 설립되었는가? 한때는 교회에 의해서 수행되었던 자선과 교육적인 기능들 중의 많은 것들이 오늘날 국가에 의해서 대신 운영되고 기독교인들과 비기독교인들 모두가 내는 세금에 의해서 후원되고 있다. 또한 선진국에서의 사회적인 필요들은 그들이 한 때 그랬던 것처럼 거의 그렇게 심각하지 않다는 것을 생각해 보라.

중생의 필요성을 과소평가하는 많은 교회들은 복음주의자들이 인간의 필요들을 완화시키는 일에 충분히 참여하지 않았다고 주장한다.[9] 그러나, 우리가 미국 국내의 장면으로부터 세계로 준거의 틀을 옮겨 보면, 이 그림은 아주 달라진다. 왜냐하면, 필요한 것들이 가장 심각한 나라들에서 의학적이고 농업적이며 교육적인 사역들에 전념하고 있는 복음주의자들이 세계적인 선교 노력의 주류에 속한 교회들 속에 있는 그들의 상대방들을 능가하고 있기 때문이다. 실제로, 개별적인 토대에서 볼 때, 복음주의자들은 자유주의 교회들보다 더 많은 일을 하였으며, 확실히 일반적인 대중들보다는 훨씬 더 많은 일을 하였다.[10]

## 교회 사역의 중심: 복음

8) David O. Moberg, *Inasmuch: Christian Social Responsibility in the Twentieth Century* (Grand Rapids: Eerdmans, 1965), pp. 81-82.

9) Robert M. Price, "A Fundamentalist Social Gospel?" *Christian Century* 96, no. 39(28 November 1979): 1183-86. 97권 제3호(23 January 1980): 78-79에 나오는 독자들의 답변들을 주목하라.

10) Harold Lindsell, "The Missionary Retreat," *Christianity Today*, 9 November 1971, pp. 26-27(188-89); William Hordern, *New Directions in Theology Today*, vol. 1, *Introduction*(Philadelphia: Westminster, 1966), pp. 75-76. 또한 *Yearbook of American Churches*, ed. Herman C. Weber(New York: Round Table), 1933 ed., pp. 300-05; 1939 ed., pp. 6-17; 1941 ed., pp. 129-38을 보라.

우리는 이제 교회가 행하는 모든 일에 대하여 기본적인 형태를 부여하는 유일한 요소, 즉 교회의 전체 기능의 중심부에 놓여 있는 요소인 복음, 즉 좋은 소식을 면밀히 살펴보는 것이 중요하다. 사역의 초기에 예수는 자신이 복음을 전하기 위하여 특별히 기름부음을 받았다고 발표하였으며, 나중에 그는 제자들이 복음을 전파함으로써 그의 사역을 계속할 것을 위임하였다. 그렇다면 의심할 바 없이, 복음은 교회가 행하는 모든 일의 근본에 놓여 있다.

예수는 아주 초기부터 자신의 가르침과 선포를 특징지어주었던 좋은 소식을 신자들에게 위임하였다. 마가복음에서 예수의 세례와 시험 이후에 예수에 대하여 최초로 기록된 활동이 갈릴리에서의 그의 복음 선포라는 사실은 의미가 있다. "요한이 잡힌 후 예수께서 갈릴리에 오셔서 하나님의 복음을 전파하여 가라사대 때가 찼고 하나님 나라가 가까웠으니 회개하고 복음을 믿으라 하시더라"(막 1:14-15). 이와 유사하게, 누가는 예수가 이사야 61:1-2을 읽으시고 그 예언을 자신에게 적용하심으로써 나사렛에서 그의 사역을 시작하셨다고 기록하고 있다. "주의 성령이 내게 임하셨으니 이는 가난한 자에게 복음을 전하게 하시려고 내게 기름을 부으시고 나를 보내사 포로 된 자에게 자유를 눈 먼 자에게 다시 보게 함을 전파하며 눌린 자를 자유케 하고 주의 은혜의 해를 전파하게 하려 하심이라"(눅 4:18-19). 그리고 세례 요한이 예수가 진실로 예언된 그 사람인지를 물었을 때, 예수의 대답은 "가난한 자에게 복음이 전파된다"(눅 7:22)는 사실을 증거로서 포함하였다. 마태는 예수의 사역을 "저희 회당에서 가르치시며 천국 복음을 전파하시며 모든 병과 모든 약한 것을 고치시는"(마 9:35) 것으로 묘사한다. 더욱이 예수는 복음에 대한 충성을 자신에 대한 헌신과 매우 밀접하게 연결하였다. "내가 진실로 너희에게 이르노니 나와 및 복음을 위하여 집이나 형제나 자매나 어미나 아비나 자식이나 전토를 버린 자는 금세에 있어 집과 형제와 자매와 모친과 자식과 전토를 백배나 받되 핍박을 겸하여 받고 내세에 영생을 받지 못할 자가 없느니라"(막 10:29-30). 그는 또한 복음이 마지막까지 만국에 혹은 온세계에 전파되어야 한다고 선언하였다(마 24:13; 막 13:10).

복음과 관련되는 중요한 구약 성경의 단어는 בשׂר(바사르)라는 동사이다. 이것은 "좋은 소식을 선포한다"는 일반적인 의미를 지니고 있다. 한 가지 예가 열왕기상 1:42에서 발견되는데, 여기에서 아도니야는 제사장 아비아달의 아들 요나단에게 이렇게 말한다. "들어오라, 너는 용사라 아름다운 소식을 가져 오는도다." 다윗은 사무엘하 4:10에서 이 동사를 사용한다. "전에 사람이 내게 고하기를 사울이 죽었다 하며 좋은 소식을 전하는 줄로 생각하였어도 내가 저를 잡아 시글락에서 죽여서 그것으로 그 기별의 갚음을 삼았거늘." 전쟁터에서 오는 사자(使者)는 좋은 소식을 지니고 있는 것으로 생각된다(삼하 18:27). 예레미야 20:15에서 이 동사는 한 아들의 탄생의 기쁜 소식에 대하여 사용되고 있다.

어떤 경우에, בשׂר(바사르)라는 동사는 사무엘상 4:17에서와 같이 좋지 않은 소식에 대해서도 사용되는데, 여기에서 사자는 이스라엘의 패배와 법궤의 빼앗김, 그리고 엘리의 아들들인 홉니와 비느하스의 죽음과, 엘리의 죽음 — 그는 의자 뒤로 넘어져서 목이 부러졌다 — 으로 귀결된 나쁜 일련의 소식들을 전하였다. 사무엘하 18:27과 마찬가지로, 열왕기상 1:42과 이사야 52:7에서도 형용사 טוב(토브, 좋은)가 בשׂר(바사르)와 결합되어 사용되고 있다. 따라서, 어떤 학자들은 이 동사 혼자로는 단순히 "소식을 전하다"를 의미한다고 결론을 짓고 있다. 즉, 이 동사는 소식이 좋은지 나쁜지에 관해서는 중립적인 것으로 생각된다. 게르하르트 프리드리히(Gerhard Friedrich)는 다른 셈족 언어들로부터 나오는 증거에 호소하면서, 이런 결론을 거부한다.

> 이것은 그렇지 않다. 모든 셈족 언어들에, 즉 아카드어와 에티오피아어와 아랍어에서, "기쁨"이란 의미는 어간에 포함되어 있다. 셈족 언어들에서 이 "단어"의 실제적인 개념은 이것들이 어떤 선한 것을 선언하기 위하여 특별한 어간을 가지고 있다는 사실에 의하여 나타나지만, 반면에 라틴어와 현대 언어들은 그렇지 않으며, 헬라어는 합성어인 εἰαγγέλιον(유앙겔리온), εἰαγγελίζεσθαι(유앙겔리제스타이)를 구성함으로써 중간 과정을 취한다. 구약에서의 טוב(토브)의 추가는 어간에 이미 존재하는 것을 단순히 강화하는 것이다.[11]

이와 유사하게, 복음과 관련된 중요한 신약 성경 단어들인 εἰαγγελίζομαι(유앙겔리조마이)와 εἰαγγέλιον(유앙겔리온)은 εὐ(유)라는 요소에 의하여 언제나 좋은 소식을 의미한다.[12] 사실상, 프리드리히는 "εἰαγγέλιον(유앙겔리온)이 '승리의 소식'을 의미하는 전문적인 용어다"[13]라고 명확히 진술한다.

예수가 스스로에 대해 말씀하시면서 εἰαγγέλιον(유앙겔리온, 혹은 더 정확하게는 이 말의 아람어 상당 어구)이라는 용어를 사용하였는지는 질문해 보아야 한다. 이 책의 범위로는 이 주제에 관하여 모아진 모든 논의들을 고려하기에는 모자란다. 예수가 자신을 복음을 선포하는 자로서 뿐만 아니라, 그것을 구성하는 자로서 생각했음을 주목하는 것으로 충분하다.

---

11) Gerhard Friedrich, εἰαγγελίζομαι, in *Theological Dictionary of the New Testament*, ed. Gerhard Kittel and Gerhard Friedrich, trans. Geoffrey W. Bromiley, 10 vols. (Grand Rapids: Eerdmans, 1964-1976), vol. 2, p. 707.
12) Ibid., pp. 710-12, 721-25.
13) Ibid., p. 722.

　　실제로 결정적인 문제는 예수 자신이 유앙겔리온이라는 단어를 사용했느냐가 아니라, 이 것이 그의 메시지의 본질에 적합한 단어였는가 하는 것이다. 의심할 바 없이 예수는 그의 말과 행동 속에 복음으로서 이미 현존하고 있는 도래할 하나님의 나라(막 1:14)에 대한 그의 메시지를 알고 있었다 … 더욱이, 그는 메시지의 사자(使臣)와 창시자로서 뿐만 아니라, 동시에 그것의 주체, 즉 이 메시지를 말하는 사람으로서 나타난다. 그러므로 초대 그리스도교 교회가 예수의 도래와 관련된 구원의 메시지를 묘사하기 위하여 유앙겔리온이라는 용어를 택하고 있는 매우 일관된 것이다.[14]

　　프리드리히는 예수가 자신에 대해서 유앙겔리온이라는 단어를 사용했는지의 여부는 "그의 메시야 의식에 관한 문제이며, 만약 그가 자신이 죽었다가 다시 살아나야 하는 하나님의 아들이라는 사실을 깨닫고 있었다면, 그는 또한 자신이 메시지의 내용이라는 사실도 깨닫고 있었을 것이다 … 그의 인격에 주어져 있는 것이 복음의 내용을 구성한다"[15]고 주장하였다.

　　신약 성경의 저자들 가운데 유앙겔리온과 유앙겔리조마이라는 용어를 가장 많이 사용한 사람은 바울이다. 많은 경우에 그가 아무런 수식어도 없이 명사를 사용하고 있다는 것이 중요하다. 즉 그가 "복음"으로써 의미하는 바를 정의하기 위한 어떠한 형용사나 구(句)나 절(節)도 존재하지 않는다(롬 1:16;10:16;11:28; 고전 4:15;9:14〔두번〕;9:23; 고후 8:18; 갈 2:5,14; 빌 1:5,7,12,16,27; 2:22;4:3,15; 살전 2:4; 딤후 1:8; 몬 13절). 분명히 유앙겔리온은 바울의 독자들이 그가 "복음"으로써 의미하는 바를 정확히 알고 있었음을 충분히 표준화해 주는 의미를 가지고 있었다. 이 단어는 두 가지의 기본적인 의미, 즉 메시지의 적극적인 선포와 선포된 내용을 가지고 있다. 두 가지 의미가 다 고린도전서 9:14에서 나타난다. "복음〔내용〕 전하는 자들이 복음〔전하는 행동〕으로 말미암아 살리라."

　　바울이 유앙겔리온을 말하거나 듣는다는 동사의 직접적인 대상으로 사용할 때, 그는 특별한 내용, 즉 특별한 사실들의 본체를 염두에 두고 있음이 분명하다. 유앙겔리온과 연결하여 사용되는 말한다는 동사들 가운데에는 유앙겔리조마이(고전 15:1; 고후 11:7; 갈 1:11), καταγγέλλω(카탕겔로, 고전 9:14), κηρύσσω(케루소, 갈 2:2; 골 1:23; 살전 2:9), λαλέω(랄레오, 살전 2:2), γνωρίζω(그노리조, 고전 15:1; 엡 6:19), διδάσκω(디다스코, 갈 1:12), ἀνατίθημι(아나티데미, 갈 2:2)가 있다. 유

---

14) Ulrich Becker, "Gospel, Evangelize, Evangelist," in *The New International Dictionary of New Testament Theology*, ed. Colin Brown(Grand Rapids: Zondervan, 1976), vol. 2, p. 110.
15) Friedrich, εὐαγγελίζομαι, p. 728.

앙겔리온과 같이 사용되는 듣는다는 동사들은 ἀκούω(아쿠오, 골 1:23), προακούω(프로아쿠오, 골 1:5), παραλαμβάνω(파라람바노, 고전 15:1; 갈 1:12), δέχομαι(데코마이, 고후 11:4)를 포함한다.

문제가 제기된다. 만약 바울과 그의 독자들이 복음을 어떤 내용을 포함하는 것으로 생각하였다면, 무엇이 그 내용인가? 바울은 어느 곳에서도 우리에게 복음의 교의들에 대한 완전하고도 상세한 진술을 제공하고 있지 않지만, 어떤 인용절들은 그것이 포함하고 있는 것을 지시해준다. 로마서 1:3-4에서 그는 "육신으로는 다윗의 혈통에서 나셨고 성결의 영으로는 죽은 가운데서 부활하여 능력으로 하나님의 아들로 인정되신 우리 주 예수 그리스도이신, 〔하나님의〕 아들에 관한 복음"에 대해서 말한다. 고린도전서 15장에서 바울은 그가 복음을 설교하였던 용어로써 그의 독자들을 상기시키고 있다(1절). "내가 받은 것을 먼저 너희에게 전하였노니 이는 성경대로 그리스도께서 우리 죄를 위하여 죽으시고 장사 지낸 바 되었다가 성경대로 사흘 만에 다시 살아나사 게바에게와 … 열두 제자에게와 … 오백여 형제에게 일시에 … 그리고 야고보에게 … 또한 내게도 보이셨느니라"(3-8절). 더 간단한 언급은 디모데후서 2:8에 나오는 바울의 권고이다. "나의 복음과 같이 다윗의 씨로 죽은 자 가운데서 다시 살으신 예수 그리스도를 기억하라."

요약하면, 바울은 복음을 예수 그리스도에게 집중하는 것과 하나님께서 그를 통하여 행하셨던 것으로 보았다. 복음의 본질적인 특징들은 하나님의 아들로서의 예수 그리스도의 신분, 즉 그의 진정한 인간성, 우리 죄로 인한 그의 죽음, 그의 장사됨, 부활, 그 이후의 나타나심, 장래의 심판하러 오심이다. 바울의 견해에 의하면, 예수 그리스도가 복음이다(is)라고 당연히 언급될 수 있을 것이다. 사실상, 사도들은 몇몇 경우에 "그리스도의 복음"이라는 표현을 사용한다(롬 15:19; 고전 9:12; 고후 2:12; 9:13; 10:14; 갈 1:7; 빌 1:27; 살전 3:2). 프리드리히는 객관적이거나 주관적인 소유격이 이 인용절들에서 사용되고 있는지의 여부를 우리가 결정하려고 해서는 안된다고 주장한다. 그리스도는 메시지의 대상이면서 동시에 창시자로서 이해되어야 한다.[16] 바울은 이 복음 메시지의 본질적인 진리들을 구약 성경의 약속들이 성취된 것들로 보고 있다(롬 1:1-4; 16:25-26; 고전 15:1-4). 그리스도가 심판의 주체가 되실 것이기 때문에, 다가올 심판의 사실조차도 신자들에게는 복음이다(롬 2:16). 신자들에게는 심판의 결과가 정죄가 아니라 변호가 될 것이다.

바울이 반대하거나 반박하고 있는 것을 주목하는 것은 복음의 어떤 기본 요소들을 결정하는 또다른 방법이다. 그가 갈라디아서를 쓰게 된 이유는 그들이 그가 선포

---

16) Ibid., p. 731.

한 것과 그들이 믿었던 것으로부터 다른 종류의 복음 ─ 실제로 전혀 복음이 아니었던 ─ 을 향하여 돌아선 때문이었다(갈 1:6-9). 어떤 갈라디아인들이 의(義), 즉 적어도 어느 정도의 의는 행위에 의해서 얻을 수 있다고 믿게 되었다. 다른 한편으로, 바울은 참된 복음은 사람이 예수 그리스도의 죽음과 부활의 은혜로운 행위를 믿음으로 말미암아 의롭다 함을 받는 것을 절대적으로 지지한다고 주장한다.

이 문제와 관련하여 언급된 모든 사실에도 불구하고, 우리는 복음을 단순히 신학적인 진리들과 역사적인 사건들에 관한 이야기로서 생각해서는 안된다. 오히려, 이것은 이 진리들과 사건들을 모든 개별적인 신자들의 상황과 관련시킨다. 이렇게 해서, 예수는 죽으셨다. 그러나 그는 "우리 죄를 위하여"(고전 15:3) 죽으셨다. 예수의 부활도 분리된 사건이 아니다. 이것은 모든 신자들의 일반적인 부활의 시작이었다(롬 1:3-4과 관련하여 고전 15:20). 더욱이, 다가올 심판의 사실은 모든 사람에게 관련된다. 우리는 모두 다 복음에 대한 우리의 개인적인 태도와 응답에 근거하여 평가받게 될 것이다. "하나님을 모르는 자들과 우리 주 예수의 복음을 복종치 않는 자들에게 형벌을 주시리니"(살후 1:8).

바울에게, 복음은 가장 중요한 것이다. 그는 로마에 있는 교회에 대하여 이 복음은 "모든 믿는 자에게 구원을 주시는 하나님의 능력이 됨이라. 첫째는 유대인에게요 또한 헬라인에게로다"(롬 1:16)라고 선언하였다. 그는 고린도인들에게도 이렇게 상기시켜 준다. "너희가 만일 그것을 굳게 지키고 헛되이 믿지 아니하였으면 이로[복음으로] 말미암아 구원을 얻으리라"(고전 15:2). 그는 에베소인들에게도 설명한다. "그[그리스도] 안에서 너희도 진리의 말씀 곧 너희의 구원의 복음을 듣고 그 안에서 또한 믿어 약속의 성령으로 인치심을 받았으니"(엡 1:13). 이것은 생명이 얻어지는 방편이다. 그는 디모데에게 하나님께서 "이제 우리 구주 그리스도 예수의 나타나심으로 [은혜를] 나타내셨으니, 저는 사망을 폐하시고 복음으로써 생명과 썩지 아니할 것을 드러내신지라"(딤후 1:10)라고 적고 있다. 복음은 믿는 사람들에게 평안과 소망을 가져온다. 따라서, 바울은 "평안의 복음"(엡 6:15)과 "복음의 소망"(골 1:23)에 대해서 말한다.

오직 복음만이 모든 부수적인 축복들과 함께 구원을 가져올 수 있다는 사실을 확신하면서, 바울은 복음이 절대적이며 유일한 것이라고 주장한다. 어떤 것도 그것에 더하거나 빼서는 안되며, 구원에 이르는 어떤 다른 길도 없다. 우리는 바울이 그곳에서 설교한 이후에, 갈라디아에 온 어떤 유대인들의 사건을 이미 언급한 바 있다. 복음을 개량하려고 애쓰면서, 그들은 이방인 개종자들이 할례, 즉 구약의 율법이 유대교에 들어온 개종자들에게 요구하였던 의식을 받아야 한다고 주장하였다. 바울은 그런 행위에 의존하는 것은 은혜의 유효성에 대한 확신을 부분적으로 상실하도록 만들기 때문에, 매우 격렬하게 반대하였다. 그는 갈라디아인들에게 율법을 의존하는 사람들은 율법의 모든 사항들을 성취하도록 요청받으며 따라서 실패하게 된다는 사실을 상기시켜 주었다(갈 3:10). 이런 다른 복음으로 돌아선 신자들은 그들을 부르신 이를 저버렸다(1:6). 바울은 그가 선포한 복음의 메시지를 변경하려는 어떠한 시도에 대해서도 매우 단호하게 반대하였다. "그러나 우리나 혹 하늘로부터 온 천사라도 우리가 너희에게 전한 복음 외에 다른 복음을 전하면 저주를 받을지어다"(8절). 그는 다음 절에서 이러한 생각을 반복해서 말하고 있다. "만일 누구든지 너희의 받은 것 외에 다른 복음을 전하면 저주를 받을지어다"(9절). (처음 진술에 나온 동사는 가설적인 상황을 지시하는 가정법〔전한다면〕이고, 뒤의 문장에 나온 동사는 실제적인 상황을 지시하는 직설법〔전하고 있다면〕이다.) 틀림없이 바울은 최대한의 중요성을 가진 문제에 관해서만 이렇게 끈질길 것이다.

복음이 구원에 이르는 유일한 길이라는 사실을 알고 있기 때문에, 바울은 그것을 지키기로 결심한다. 그는 "복음을 변명함과 확정함"(빌 1:7)에 대하여 빌립보인들에게 편지를 썼다. 사랑으로 그리스도를 전하는 사람들은 바울이 복음을 변명하기 위하여 감옥에 있다는 사실을 알고 있다(16절). 이 두 가지 경우에, 헬라어 단어는 공판에 회부된 사람의 소송 사건을 의미하는 법률 용어인, ἀπολογία(아폴로기아)이다. 빌립보 교회에 보내는 편지에서 바울이 복음을 변명하는 일에 대해서 말하고 있다는 것은 주목할 만하다. 바울의 복음 제시에 응답하여 새로운 피조물이 된 간수(행 16:25-34)는 십중팔구는 그 교회의 일원이 되었을 것이다. 바로 그 도시에서 구원에 이르는 하나님의 능력의 위대한 증거를 목격하였는데, 바울이 어떻게 그 복음을 버릴 수 있었겠는가? 그러나 어떤 사람들은 복음이 어떠한 변명도 필요로 하지 않으며, 자신의 두 발로 설 수 있다고 주장하였다. 그러나 이 추론은 바울 자신의 활동의 형태, 예를 들어 아레오바고 가운데 서서 한 그의 설교(행 17:16-34)와는 상반된다.[17] 변증적인 접근 방법에 대한 반대는 하나님이 어떻게 일하시는가에 대한 오해, 즉 믿음을 창조하실 때에 성령께서 인간의 마음과 이성을 사용하신다는 사실을 깨닫지 못한 사실에 근거하고 있다.

그러나 우리는 바울의 활동을 단순히 복음에 대한 변명이라고 규정지어서는 안 된다. 그는 마찬가지로 계속하여 공격적이었다. 그는 복음을 모든 족속들에게 열심으로 선포하였다. 그는 도처에서 복음이 확립되는 것을 보고 싶어하였다. 그는 그것을 로마인들에게 전하기를 원했다(롬 1:15). 그는 자기의 선교에 대한 강박관념이

---

17) F.F.Bruce, *The Defence of the Gospel in the New Testament*(Grand Rapids: Eerdmans, 1959), pp.37-48.

있었다. "만일 복음을 전하지 아니하면 내게 화가 있을 것임이로라"(고전 9:16). 이것은 그의 책임으로 위임되었으며, 그는 이것을 선포하는 신성한 책무를 갖고 있었다.

이 복음은 모든 인종적, 사회적, 경제적, 교육적인 장벽들을 뛰어넘을 뿐만 아니라(롬 1:16; 갈 3:28), 시간의 세기들에 걸쳐 있다. 낡아지지 않는 메시지(유 3), 이것은 오늘날 교회의 성스러운 위임이다. 기술들과 상품들과 마찬가지로 대부분의 관념들과 사상 체계들이 쓰고 버릴 정도로 다양한 시대에, 교회는 무오하고 영속하는 방편, 즉 구원의 유일한 방편인 메시지를 가지고 있다. 교회는 바울이 가졌던 복음에 대한 동일한 확신을 나타낼 수 있는데, 그 이유는 이것은 여전히 동일한 복음이기 때문이다. 시간은 그것의 효력을 잠식하지 못하였다.

교회는 세상에 제공해야 할 복음, 즉 우리가 앞에서 살펴 본 대로, 소망을 가져오는 소식을 가지고 있다. 이러한 측면에서 교회의 메시지와 사역은 유일하다. 왜냐하면 오늘날 우리 세계는 거의 희망이 없기 때문이다. 물론 다양한 정도에 따라 항상 소망의 결핍이 있어 왔다. 소포클레스(Sophocles)는 주전 약 5세기경의 희랍의 황금 시대에 이렇게 기록하였다. "전혀 태어나지 않는 것 — 이것이 단연 최고의 운명이다. 두번째로 가장 좋은 것은 태어나자마자 전속력으로 그가 나온 그곳으로 돌아가는 것이다."[18]

그러나 20세기에는 절망 상태가 새로운 비율에 도달하게 되었다. 실존주의는 장 폴 사르트르의 「출구가 없다」(*No Exit*)와 알베르 카뮈의 「시지프스의 신화」(*Myth of Sisyphus*)와 같은 문학 작품들을 낳게 되었다. 사회적이든, 경제적이든, 혹은 정치적이든 간에 신문에서는 용기를 북돋워주는 소식이 거의 존재하지 않는다. 「공작」(公爵, *Herzog*)에서 솔 벨로우(Saul Bellow)는 전(全)세대의 정신을 잘 포착하였다. "그러나 이 세대의 철학은 무엇인가? 하나님은 죽었고 그 기간은 오래 전에 사라졌다. 아마도 죽음이 하나님이라고 진술되어야 할 것이다. 이 세대는 생각한다 — 그리고 이것은 이 세대의 생각들 중의 생각이다 — 충실하고 상처받기 쉽고 부서지기 쉬운 어떤 것도 영속적이거나 어떤 진정한 힘을 가질 수 없다는 사실을. 죽음은 떨어지는 전구를 기다리는 시멘트바닥처럼 이런 것들을 기다리고 있다."[19]

이와 대조하여, 교회는 베드로와 더불어 "찬송하리로다. 우리 주 예수 그리스도의 아버지 하나님이 그 많으신 긍휼대로 예수 그리스도의 죽은 자 가운데서 부활하심으로 말미암아 우리를 거듭나게 하사 산 소망이 있게 하시며"(벧전 1:3)라고 말한

---

18) Sophocles, *Oedipus at Colonus* 1224.
19) Sam Keen, "Death in a Posthuman Era," in *New Theology No.5*, ed. Martin E.Marty and Dean G.Peerman (New York: Macmillan, 1968), p.79에서 인용함.

다. 희망이 있다. 그리고 이것은 우리가 복음을 믿고 순종할 때 성취된다.

복음은 우리가 기대하는 것과는 상반되는 방식으로 평안과 기쁨과 만족의 축복을 제공해 준다.(예수는 그의 동시대인들이 기대했던 종류의 메시야가 아니었기 때문에, 이것은 놀라운 일은 아니다.) 우리는 그것들을 직접 추구함으로써 복음의 은택을 얻는 것은 아니다. 그 이유는 예수께서 "누구든지 제 목숨을 구원코자 하면 잃을 것이요 누구든지 나와 복음을 위하여 제 목숨을 잃으면 구원하리라"(막 8:35)라고 말씀했기 때문이다. 평안과 기쁨과 만족이 나타나는 것은 우리가 우리 자신의 의지와 자기 본위, 그리고 자만심을 포기할 때 뿐이다. 자존심의 문제에 관해서도 같은 사실이 강조될 수 있다. 자기들의 자존심을 세우려고 하는 사람들은 실패할 것이다. 왜냐하면 진정한 자존심은 하나님을 찬양하고 존중하는 일의 부차적인 결과이기 때문이다.

복음은 구원의 방법이자, 유일한 방법이었고, 방법이며, 또한 항상 구원의 방법일 것이기 때문에, 교회는 어떻게 해서라도 복음을 보존해야 한다. 복음이 변경되면, 교회의 생명력이 상실된다. 교회는 죽는다. 케네스 스코트 라투렛(Kenneth Scott Latourette)은 합리주의가 복음 메시지의 부분들, 특히 그리스도의 인격을 잠식하였을 때 무슨 일이 일어났는지를 주목한다.

> 이러한 영원하고 장소를 초월한 정체성을 희생할 정도로 환경에 대해서 너무 지나치게 순응하였던 〔교회의〕 그러한 형태들은 그들이 순응한 시대와 사회와 견해의 분위기가 지나가면서 점차 소멸되었다. 예수의 유일성과, 역사의 사건들과 같은 그의 탄생과 생애와 교훈들과 죽음과 부활, 그리고 자신에 대한 계시와 인간의 구원을 위한 하나님의 그를 통한 일하심에 대한 믿음 따위의 주요한 핵심이 영원한 삶에 필수적인 것으로 입증되었다.[20]

라토렛이 관찰한 진리는 20세기의 기독교에서 명백해졌다. 이 세기의 전반부에 초자연적이고 속죄적인 그리스도에 대한 믿음을 통한 초자연적인 중생의 복음을 버린 집단들은 번성하지 못했다. 실제로, 그들은 영적인 힘이 그들에게서 빠져나간 것처럼 쇠퇴하였다. 이와 반면에, 보수적이고 복음적인 집단들은 성장하였다. 바울이 선포했던 복음을 계속해서 선포하며, 신앙이 없거나 세속적인 세계에 대하여 참된 대안을 제공했던 그러한 단체들은 계속해서 비기독교인들을 사로잡고 있었다. 이러한 현상은 딘 켈리(Dean Kelly)의 「왜 보수적인 교회들이 성장하고 있는가」(*Why Conservative Churches Are Growing*)와 같은 책들 속에서 조사되었다.[21] 복음

---

20) Kenneth Scott Latourette, *A History of the Expansion of Christianity*(New York: Harper and Brothers, 1945), vol. 7, p. 492.

은 1세기에 그랬던 것처럼, 여전히 믿는 모든 이에게 구원을 주시는 하나님의 능력
이다.


## 교회의 성격

우리는 교회의 역할에 대한 우리의 연구를 교회가 하는 일, 즉 그것의 기능들에
대한 연구로 제한해서는 안된다. 교회가 자기의 기능들을 수행하는 태도나 경향도
역시 대단히 중요한 문제이다. 교회는 그것의 계속적인 존재 속에서 그리스도의 몸
이며 그의 이름을 지니고 있기 때문에, 그리스도가 지상에서의 그의 육체적인 성육
신 기간 동안에 나타내셨던 속성들에 의하여 기술되어야 한다. 이 속성들 가운데 두
가지는 교회가 우리의 급속하게 변하는 세계 속에서 활동하기 때문에 중요하다. 이
두 가지는 자발적인 봉사와 적응성이다.

### 자발적인 섬김

예수는 그가 오신 목적이 섬김을 받으려는 것이 아니라, 섬기려는 것이라고 말
씀하셨다(마 20:28). 성육신 하실 때에, 그는 스스로 종의 모습을 취하셨다(빌
2:7). "그는 자기를 낮추시고 죽기까지 복종하셨으니 곧 십자가에서 죽으셨다"(8
절). 교회는 이와 유사한 자발적인 섬김을 나타내어야 한다. 교회는 높임을 받고,
자신의 필요와 욕망들을 만족시키기 위해서가 아니라, 그것의 주와 세상을 섬기기
위하여 세상 속에 놓여졌다. 교회는 비록 커다란 수완과 부와 명예를 얻을 수도 있
지만, 그런 목적을 위해서 여기에 있는 것이 아니다.

예수는 그에게 차례로 갚을 수 있는 사람들과 교제하지 않으셨다. 만약 그가 그
렇게 했다면, 그는 삭개오의 집에 결코 갈 수도 없었을 것이고, 혹은 사마리아 여자
와 대화를 할 수도 없었을 것이며, 바리새인인 시몬의 집에서 죄많은 여인이 그의
발을 씻도록 허락하지도 않았을 것이다. 이것들은 현대의 선거 매니저나 광고 전문
가라면 확실히 찬성할 수 없었던 행위들이었는데, 그 이유는 그것들이 예수의 명성
이나 우호적인 선전을 얻는데 소용이 되지 않았을 것이기 때문이다. 그러나 예수는
사람들을 부당하게 이용하는데는 관심이 없었다. 이와 유사하게, 교회는 오늘날 교
회를 번영하고 성장하게 해 줄 수 있는 것의 토대 위에서 교회의 활동을 결정하지는

---

21) Dean M.Kelly, *Why Conservative Churches Are Growing*(New York:
Harper and Row, 1977).

않을 것이다. 오히려, 교회는 교회의 주(主)의 섬김의 본을 따르려고 할 것이다. 교회는 탐탁지 않고 무력한 자들, 즉 보답으로 교회에 어떤 것을 줄 수 없는 사람들에게로 기꺼이 갈 것이다. 교회의 참된 대리인은 그것의 사역을 위하여 필요하다면, 자신의 목숨까지도 기꺼이 제공할 것이다.

자발적인 섬김은 교회가 자신의 목적들을 위하여 사회를 지배하려고 하지 않는 것을 의미한다. 교회와 국가의 관계에 관한 문제는 길고 복잡한 역사를 가지고 있다. 성경은 우리들에게 국가도 교회와 같이, 특별한 목적을 위하여 하나님이 제정하신 제도라고 말씀한다(롬 13:1-7; 벧전 2:13-17). 교회와 국가의 관계에 관한 많은 모델들이 고안되었고 실행되었다. 이 모델들 가운데 어떤 것들은 둘 사이에 너무나 밀접한 동맹 관계를 포함함으로써, 국가의 힘이 사실상 교회의 회원됨과 어떤 종교적인 관습을 강요했다. 그러나 그런 경우에 교회는 종으로서보다는 주인으로서 행동하였다. 바른 목표가 (모든 세상 왕국들과 교환하는 조건으로 땅에 엎드려 사탄을 예배하라는 시험에 예수가 굴복하셨더라면 사실이 될 수도 있었을) 잘못된 방식으로 추구되었다. 이것은 국가가 그 영역 안에 있는 모든 사람들에게 공급하는 혜택을 교회가 받아서는 안된다거나, 혹은 법령이 규정되어야 하는 문제들에 관하여 교회는 국가에 청원해서는 안된다는 것을 말하려는 것이 아니다. 그러나 교회는 영적인 목적들을 강요하기 위하여 정치력을 사용하려고 하지는 않을 것이다.

## 적응성

교회는 또한 자신이 존재하는 세계의 변화하는 상황들에 대하여 자신의 방법들과 절차들을 맞추는데에 융통성과 적응성을 갖고 있어야 한다. 교회는 그것이 지리적이거나 문화적인 변화를 의미한다 하더라도, 궁핍한 사람들이 발견되는 곳으로 가야 한다. 교회는 그것의 모든 옛 방식들에 집착해서는 안된다. 교회가 섬기려고 노력하는 세상이 변하는 것처럼, 교회도 그에 따라서 자신의 기본적인 방향을 변경하지는 말고, 자신의 사역을 적응시켜야 한다.

교회가 적응될 때, 교회는 인간을 구원하기 위하여 주저하지 않고 이 땅에 오신 교회의 주를 모방하게 될 것이다. 주께서 이 땅에 오실 때에, 그는 인간의 처지를 떠맡으셨다(빌 2:5-8). 이와 유사한 방식으로, 그리스도의 몸은 자신에게 위탁된 근본적인 메시지를 보존하고, 또한 계속해서 그것의 과제의 주요한 기능들을 완수하겠지만, 주의 목적들을 수행하기 위하여 필요한 모든 합법적인 변화들을 가하게 될 것이다. 전형적인 교회 ― 뾰족탑이 달린 조그만 하얀 건물 안에서 주일 아침 11시에 모이는, 오직 한 사람의 목사를 수장으로 하고 핵가족 집단으로 구성된 시골의 회중

— 가 아직도 몇몇 지역에 존재한다. 그러나 이것은 예외이다. 사정은 세계 대부분의 지역에서 이제 매우 다르다. 그러나 만약 교회가 교회의 주(主)의 선교 의식과 같은 것을 갖고 있다면, 그들이 어느 곳에 있든지 간에 사람들에게 이를 수 있는 방법들을 발견하게 될 것이다.

# 51

# 교회의 정치



에큐메니즘(세계교회 일치운동)에 대한 강조와 더불어, 교회의 조직이나 정치의 문제가 20세기에 와서 특별히 시야에 떠오르게 되었다. 왜냐하면 친밀한 교제와 협동이 있으려면, 권위의 위치에 대해서도 어떤 동의가 있어야 하기 때문이다. 예를 들어, 만약 한 종파에 속해 있는 성직자가 다른 종파에서 설교하고 성찬을 집전하려고 한다면, 누가 정당하게 안수받은 성직자인가에 대하여 어떤 일치가 있어야 하며, 이것은 이어서 누가 안수를 줄 수 있는 권위를 갖고 있는가에 대한 의견의 일치를 전제하여야 한다. 왜냐하면 교회 정치의 문제는 최종적으로 분석해 볼 때, 권위가 교회 내에서 어디에 속해 있으며, 누가 그것을 행사할 수 있는가에 대한 문제이기 때문이다. 실제로, 다양한 형태의 교회 정치의 주창자들은 하나님이 궁극적인 권위라는(혹은 갖고 계신다는) 사실에 동의한다. 그들이 다른 것은 그가 그것을 어떻게 혹은 누구를 통하여 표현하거나 행사하시느냐 하는 개념들에 관한 것이다.

# 교회 정치의 형태들

교회사를 통하여 시종일관 몇가지 기본적인 교회 정치의 형태들이 있었다. 우리의 연구는 가장 고도로 구성된 것으로부터 시작해서 좀 덜 구성된 것으로 옮겨가게 될 것이다. 우리는 기본적인 형태들을 주의 깊게 연구한 이후에, 어느 것이 더 바람직한 것인가를 결정하려고 시도하게 될 것이다.

### 감독제도

교회 정치의 감독제 형태에서, 권위는 감독(ἐπίσκοπος)에게 속한다. 다양한 등급의 감독제도들, 이를테면 여러 수준의 감독들이 다양하게 존재한다. 감독 정치의 가장 단순한 형태는 오직 한 가지 수준의 감독들만이 존재하는 감리교회에서 발견된다. 다소간 좀더 발전된 것은 영국 성공회 혹은 감독제 교회의 정치 구조이지만, 반면에 최고의 주교이자 로마의 감독인 교황에게 특별히 권위가 주어지는 로마 가톨릭교회는 가장 완전한 성직 체계를 가지고 있다. 감독 제도의 특징은 권위가 특별한 직분인 감독의 직분 안에 고정되어 있다는 것이다.

감독 구조에 고유한 것은 상이한 수준의 성직자들이나 상이한 등급의 성직 수임들에 대한 관념이다.[1] 첫번째 수준은 보통의 성직자나 사제의 수준이다. 어떤 교회들에는 이 첫번째 수준 안에 등급들이나 분류들, 예를 들어 부제(副祭)와 장로가 존재한다. 이 수준에 속한 성직자들은 목회와 관련된 모든 기본적인 임무들을 수행할 수 있는 권위를 갖고 있다. 즉 그들은 설교를 하고 성례전을 집행한다. 그러나, 이 수준을 넘어서게 되면, 감독을 임명하고 그에게 어떤 특별한 권세를 부여하게 되는 두번째 수준의 성직수임이 존재한다.

감독은 교회 정치를 작용하게 하는 열쇠이다. 어떤 사람들은 감독 제도가 교회의 진정한 본질을 갖고 있다고, 즉 교회는 이것 없이는 존재할 수 없다[2]고 말할 정도까지 나아갈 것이다. 실제로, 소수의 사람들은 감독제도가 교회라고 단언할 수도 있을 것이다. 감독제도가 교회의 진정한 존재에 필수적이라고 주장하는 사람들은 로마 가톨릭 교도들과 영국 성공회 신도들(혹은 영국 고교회 신도들)을 포함한다. 영국 저(低)교회 신도들과 같은 다른 사람들은 감독들의 체계를 성경적인 토대를 갖고

---

1) Leon Morris, "Church, Nature and Government of (Episcopalian View)," in *Encyclopedia of Christianity*, ed. Gary G. Cohen (Marshalltown, Del.: National Foundation for Christian Education, 1968), vol. 2, p. 483.
2) A. G. Hebert, *The Form of the Church* (London: Faber and Faber, 1944), pp. 109-23.

있는 수많은 교회 정치 형태들 가운데 단지 하나로서 본다.[3] 그러나, 그들은 감독제도를 하나님 나라의 사역을 행하기에 가장 좋은 체계로 생각한다. 이것은 단지 교회의 존재가 아니라, 교회의 행복을 위하여 바람직하고 어쩌면 필수적인 일일 것이다. 교회는 감독제도가 없어도 존재할 수 있지만, 최상의 상태는 아닐 것이다. 그러므로, 절대적이지는 않다 하더라도, 감독의 권력들은 상당히 큰 것이다. 마지막으로, 상당히 축소된 권력들을 지니고 있지만, 감독의 직분을 유지하고 있는 교회들이 있다. 예를 들어, 감리교회의 역사를 통하여 시종일관 감독들에게 주어졌던 권력의 양은 차이가 있었다.[4]

감독들의 역할은 그들에게 수여된 하나님의 능력을 행사하는 것이다. 그들의 권위는 보통 성직자들의 권위를 능가한다. 특히, 하나님의 대리인들과 목회자들로서 그들은 단순히 하나의 지역적인 회중보다는 교회들의 무리를 다스리고 돌본다.[5]

감독의 한 가지 특별한 권력은 성직 안수이다. 그는 성직자들이나 사제들을 안수할 수 있는 권위를 가지고 있다. 성직 수임 후보자에게 손을 안수할 때에, 감독은 후보자에게 귀속되는 능력들을 수여한다. 감독은 또한 목사를 배치하는 권위를 가지고 있다. 이론상으로, 그는 목사를 특별한 교구에 배치할 수 있는 절대적인 권력을 가지고 있다. 그러나 사실상으로, 감독제도는 근년에 와서보다 더 크게 민주화되는 경향을 갖고 있다. 즉 감독이나 그의 대리인은 대개 지역 회중들과 그들의 소원에 대하여 의논하고 심지어 때로는 이 문제에 대하여 상당한 양의 주도권을 회중들에게 허용한다. 이것은 로마 가톨릭 교회보다는 감리교를 훨씬 더 많이 특징지어주고 있다. 감독은 또한 특별한 지역 내에서 참된 신앙과 적절한 질서를 보존하는 책임을 지고 있다. 그는 자기의 교구나 협의회 내에서 권징을 행사한다.

하나님께서 그의 권위를 지상에서 표현하시는 일차적인 통로로서 간주되었던 감독들은 세속적인 사건들에 대하여 과거에 폭넓은 책임들을 행사하였다. 어떤 형태의 감독제도에서는, 그들은 교회의 군주로서 혹은 심지어, 우리가 이미 앞에서 제기하였듯이, 교회 자체로서 생각되었다. 어떤 종파들은 감독들을 사도들의 계승자들로서 간주한다. 성직 안수식에서 손을 얹음으로써, 사도들의 권위는 역사를 통하여 오늘날의 감독들에게로 전달되었다. 사도적 계승의 이론으로 알려져 있는 이 이론에 의하면, 현대의 감독들은 사도들이 가지고 있었던 권위를 갖고 있는데, 이것은 사도들

---

3) Morris, *Encyclopedia of Christianity*, vol.2, p.485.
4) Gerald F.Moede, *The Office of Bishop in Methodism: Its History and Development* (Nashville: Abingdon,1964).
5) Leon Morris, "Church Government," in *Baker's Dictionary of Theology*, ed.Everett F.Harrison(Grand Rapids: Baker,1960),p.126.

이 그리스도께로부터 받았던 권위이다.[6]

　이 도식에서는 유형 교회와 무형 교회 사이에 거의 차이가 없다. 감독들이 교회를 규정짓는다. 그들은 밑으로부터가 아니라, 위로부터 선택된다. 감독은 더 높은 수준에 있는 사람(대감독과 같은)이나 혹은 다른 감독들에 의하여 선택되기 때문에 감독이다. 교회를 다스리거나 인도하려는 사람들이 더 낮은 수준의 사람들에 의하여 선택되는 곳에서는, 그런 명칭이 사용된다 하더라도, 감독교회가 실제로 존재하는지는 의심스럽다.

　가장 고도로 발전된 감독제 정치 형태는 로마 가톨릭 교회 내에서 발견되는 것이다.[7] 여기에서 로마의 감독은 최고의 감독으로서 나타나며 교황으로서 혹은 전체 교회의 아버지로서 언급되게 되었다. 그는 큰 지역들을 감독하는 대주교들을 통하여 다스린다. 그들 밑에는 사제들이 책임을 지는 주교들이 있다.

　제1바티칸 공의회(1869-1870) 때까지는, 교황은 그가 다른 주교들과 협의하여 행동했을 때에만 최고의 권위를 갖는 것으로 생각되었다. 그러나, 이 공의회에서 교황은 자기의 본래 권위로 최고의 그리고 사실상 무제한적인 권위를 갖고 있는 것으로 결정되었다. 왜냐하면 제1바티칸 공의회는 그가 신앙과 행위의 문제들에 대하여 '그의 공적인 능력으로'(ex cathedra) 말할 때, 그가 무오하다고 선포하였기 때문이다.[8] 그러나 이 권위의 정확한 성격은 결코 완전하게 정의되지 않았다. 왜냐하면 그 결정이 내려진 직후에 프랑스와 프러시아간에 전쟁이 발발하여 무오성이 의미하는 바를 정확히 결정하기도 전에 공의회가 산회되어야 했기 때문이다. 어떤 의미에서, 제2바티칸 공의회(1962-1965)는 제1바티칸 공의회의 미결된 업무를 뒤이어 완성하려는 시도였다.

　교황이 언제 '그의 공적인 능력으로' 말하고 있는지, 그리고 교회사에서 그런 진술들이 얼마나 많이 있었는지에 대해서는 상당한 견해차가 존재한다. 교황은 대개 "나는 '공적인 능력으로' 선포하려고 한다"고 말하면서 교령을 시작하지는 않는다. 현명하고 주의깊은 지도자들인 교황들은 그들의 공적인 선언들을 ex cathedra와 동일시하는 것에 대하여 신중하였는데, 그 이유는 일단 그렇게 되면, 그러한 판정들은 결코 번복되거나 변경될 수 없기 때문이다.

　사실상, 교황은 주교들을 통하여 그의 권위를 행사한다. 그들은 그와 관계없이

---

6) Kenneth E. Kirk, "The Apostolic Ministry," in *The Apostolic Ministry*, ed. Kenneth E. Kirk(London: Hodder and Stoughton, 1946), p. 43.

7) Ludwig Ott, *Fundamentals of Catholic Dogma*, ed. James Canon Bastible(St. Louis: B. Herder, 1960), pp. 270-93.

8) Ibid., pp. 286-87.

행동할 수 있지만, 그들이 그로부터 그들의 권력들을 받는다는 사실이 남아 있다. 그는 교회 안에서의 절대적이고 궁극적인 권위의 원천이다. 권위는 위로부터 나와서 아래로 흐른다. 그러나 교황의 직분과 권력에는 한 가지 견제가 존재한다. 그는 그의 후계자를 지명할 수 없다. 새로운 교황은 추기경단에 의하여 선출된다. 그러나 추기경들을 지명하는 사람은 교황이며, 새로운 교황들은 그들의 수 가운데에서 선택된다. 따라서 어떤 의미에서 교황들은 그들의 후계자들을 결정하는데 관계한다.

감독제 정치 형태를 뒷받침하는 몇가지 논증들이 제시되었다. 이 논거는 보통 그리스도가 교회의 설립자라는 선언과 더불어 시작된다.[9] 그리스도는 교회에 권위있는 통치 기구를 제공하셨다. 왜냐하면 하늘과 땅의 모든 권세가 그의 것이라고 선언하신 직후에(마 28:18), 그는 그 권세로서 열한 사도들을 파송하였기 때문이다(19-20절; 행 1:8). 우리가 아는 한에서는 사도들은 예수가 임명하신 유일한 직원들이었다는 사실이 주목되어야 한다. 그들은 신약 성경에서 교회에 관한 감독이나 권한(ἐξουσία)을 행사할 수 있는 권력을 가지고 있는 유일한 사람들이었다고 결론을 내릴 수 있을 것이다.[10] 그러나, 우리는 그들이 그들의 어떤 권한을 다른 사람들에게, 특히 디모데와 디도에게 위임하기 시작하였다는 증거를 발견한다. 게다가, 사도들은 지역 교회들에서 장로들이나 다스리는 자들을 분명히 '임명하였다.' 바울과 바나바가 그들이 이전에 세운 교회들을 강하게 하고 격려하면서 갈라디아를 통하여 여행했을 때, 그들은 "각 교회에서 장로들을 택하여 금식 기도하며 저희를 그 맡은 바 주께 부탁하였다"(행 14:23). 선택의 과정이 사도들에게 달려 있었는지는 분명하지 않지만, 안수하여 세운 사람들은 그들이었다. 예루살렘의 교회가 이 일을 돕기 위하여 "성령과 지혜가 충만하여 칭찬 듣는" 일곱 사람들을 선택하였을 때, 그들은 "사도들 앞에 세워졌으며, 사도들이 기도하고 그들에게 안수하였다"(행 6:3,6).

두번째 논증은 예루살렘의 교회 안에서 야고보가 차지하고 있던 지위이다. 그의 권위는 감독들이 나중에 갖게 된 것과 유사하였다. 그렇다면 여기에 감독 제도의 전례가 있다.[11]

마지막으로, 사도들로부터 오늘날의 감독들로 이어지는 직접적인 계승의 방향이 존재한다는 역사적인 논증이 있다.. 성직 안수의 과정을 통하여 사도들의 권위가 오

---

9) Edward J.Gratsch, "The Development of Ecclesiology," in *Principles of Catholic Theology*, ed.Edward J.Gratsch(New York: Alba House-1980),pp.157-60.

10) A.M.Farrer, "The Ministry in the New Testament," in *The Apostolic Ministry*, pp.113-82.

11) Ibid.,p.181.

늘날의 감독들에게로 내려왔다는 사실이 주장되고 있다.[12]

교회 정치의 감독제 형태에 대한 반대 의견들도 역시 존재한다. 한가지는 이 체계가 너무 형식화되어 있어서, 직분을 가지고 있는 사람보다 직분을 더 강조하는 경향이 있다는 것이다. 신약 성경에서, 권위는 영적으로 자격을 갖추고 있고 교리적으로 건전한 사람들에게만 주어졌다. 바울은 그가 한 것과 동일한 조건 위에서 일한다고 주장하는 어떤 사람들에 대하여 고린도인들에게 경고하였다. "저런 사람들은 거짓 사도요 궤휼의 역군이니 자기를 그리스도의 사도로 가장하는 자들이니라"(고후 11:13). 바울은 그가 그들에게 전한 것과 다른 복음을 전파하려는 사람들은 천사들이라 하더라도, 저주를 받으라고 선언하면서 거짓 교사들에 대하여 갈라디아인들에게 역시 경고하였다(갈 1:8-9). 사람이 존재하고 행동하고 믿고 말하는 것은 그가 가지고 있는 어떠한 지위보다도 훨씬 더 중요하다. 실제로, 전자가 후자(지위)에 의하여 결정되는 것이 아니라, 후자가 전자에 의하여 결정되는 것이다.[13]

사도적 계승의 이론에 대한 예외도 거론된다. 역사적인 기록은 기껏해야 약하고 모호한 것처럼 보인다. 더욱이, 비록 여러 사람들이 그들의 손을 다른 사람들에게 얹은 것으로 보도되고 있지만, 안수할 수 있는 능력을 전달했다는 아무런 특별한 증거도 없다. 아주 고도로 발전된 정치에 대한 어떠한 묘사나 특별한 정치 형태를 영속시키라는 명령에 대한 어떠한 보도도 성경에 나타나지 않는다. 게다가, 감독들과 장로들 사이에 권위의 차이가 있다는 암시는 빈약하다. 예를 들어, 사도행전 6:6은 사도들이 예루살렘에서 일곱 사람에게 그들의 손을 안수하였다고 말하지만, 디모데는 장로들이 그에게 안수했을 때 그의 은사를 받았다(딤전 4:14). 여기에서의 성경의 자료들은 우리가 바라는 것만큼 단순히 분명하거나 명백하지 않다.[14]

더욱이 교회 정치의 감독제 형태를 주창하는 사람들은 교회에 대한 그리스도의 직접적인 지배권의 행사를 충분히 주목하지 않고 있다. 그는 어떠한 매개도 없이 바울을 임명하셨다. 즉 어떠한 사도도 연루되지 않았다. 바울은 그의 사도직을 정당화할 때 이 점을 상당히 소중히 하였다(갈 1:15-17). 그런데 만약 바울이 그의 직분을 하나님께로부터 직접 받았다면, 다른 사람들도 마찬가지가 아니겠는가? 다른 말로 하면, 적어도 이 한 가지 사건에서는 사도적인 권위가 이전의 사도적인 권위에 의존하지 않는 것으로 보인다.[15]

---

12) Ott, *Catholic Dogma*, pp.282-85.
13) Hebert, *Form of the Church*, p.110.
14) S.L.Greenslade, "The Ministry in the Early Church," in *The Ministry of the Church* (London: Canterbury, 1947), pp.55-61.
15) Morris, "Church Government," pp.126-27.

## 장로제도

교회 정치의 장로 제도도 역시 마찬가지로 특별한 직분에 일차적인 권위를 두고 있지만, 그러한 권위를 행사하는 일련의 대표적인 다수보다는 개별적인 직분과 공직자를 덜 강조한다. 장로 조직의 기본적인 공직자는 장로[16]로, 유대교 회당으로까지 거슬러 올라가는 지위이다. 구약 성경 시대에 장로들은 통치하거나 다스리는 역할과 능력들을 갖고 있던 사람들이었다. 그들은 그들의 나이와 경험을 인하여 권위를 유지하였다. 장로들은 또한 신약 성경의 교회에서도 발견된다. 사도행전 11:30에서 우리는 예루살렘 회중 가운데에서 장로들의 존재를 읽게 된다. 안디옥의 형제들이 예루살렘의 신자들에게 부조를 보냈는데, "이를 실행하여 바나바와 사울의 손으로 장로들에게 보내었다." 우리는 바울과 바나바가 모든 교회에서 장로들을 지명하였다는 것을 이미 살펴 보았다(행 14:23). 바울은 에베소의 장로들을 밀레도로 청하여 그들에게 설교하였다(행 20:17). 목회 서신들도 역시 장로들을 언급하고 있다. 장로제 정치 형태를 주창하는 어떤 사람들은 장로(elder)와 감독(bishop)이라는 용어가 상호교환적이며, 따라서 디모데전서 3:1-2과 디도서 1:7과 같은 인용절들에 나오는 ἐπίσκοπος(에피스코포스)라는 용어는 장로들을 지칭하는 것으로 이해되어야 한다고 주장한다. 그러나 장로(πρεσβύτερος)라는 용어는 보통 복수로 나타나며, 장로들의 권위가 개별적인 것이라기보다 집단적이라는 사실을 암시한다.

신약성경 시대에는 사람들이 그들의 장로들, 즉 교회를 다스리기 위하여 특별히 자격을 갖춘 것으로 그들이 평가했던 사람들을 선택하였던 것으로 보인다. 이런 의식은 다른 직분의 충원에 대해서도 일관된 것으로 나타난다. 비록 최종적인 선택은 제비를 뽑는 것으로 성사되었지만, 전체 회중이 바사바와 맛디아를 유다를 대신하여 사도들 가운데 천거하였다(행 1:23-26). 무리들은 하나님께서 이미 선택하신 사람들을 드러내기 위하여 제비 뽑기를 사용하여 주실 것을 기도로 요청하였다. 이와 유사하게, 예루살렘의 신자들의 전체 무리가 사도들을 돕기 위하여 "성령과 지혜가 충만하여 칭찬 듣는 사람"(행 6:3) 일곱을 선택하였다. 이런 점에서, 신약 성경의 과정은 기본적으로 연공(年功)의 문제였던 회당에서의 장로들의 선택과는 상당히 달랐다.

교회를 다스리기 위하여 장로들을 선택할 때에, 사람들은 주께서 이미 행하시는 것을, 그들의 외적인 행동에 의하여 확인하는 것으로 인식하였다. 교회는 그리스도를 대신하여 그가 교회에 위임하신 능력이나 권위를 행사하였다. 하나님께서 그의

---

16) R.Laird Harris, "Church,Nature and Government of (Presbyterian View)," in *Encyclopedia of Christianity*,vol 2,pp.490-92.

교회의 장로들을 선택하신다는 사실이 신약 성경의 몇 군데에서 나타난다. 사도행전 20:28에서 바울은 에베소의 장로들에게 이렇게 권고하였다. "너희는 자기를 위하여 또는 온 양떼를 위하여 삼가라. 성령이 저들 가운데 너희로 감독자〔έπίσκοποι〕를 삼고 하나님이 자기 피로 사신 교회를 치게 하셨느니라." 그는 고린도인들에게 이렇게 썼다. "하나님이 교회 중에 몇을 세우셨으니 첫째는 사도요 둘째는 선지자요 셋째는 교사요 그 다음은 능력이요 그 다음은 병 고치는 은사와 서로 돕는 것과 다스리는 것과 각종 방언을 하는 것이라"(고전 12:28). 우리는 감독과 장로의 직분들이 이 목록에 함축되어 있는 것으로 보고 있다. 하나님께서 그의 교회의 공직자들을 선택하신다는 다른 지시들은 마태복음 16:19, 요한복음 20:22-23, 그리고 에베소서 4:11-12을 포함한다.

그리스도의 권위는 개별적인 신자들에게 분배되어 그들에 의하여 그들을 대표하는 장로들에게 위임되는 것으로 이해되어야 한다. 일단 선택되거나 임명되면, 장로들은 개별적인 신자들을 위하여 혹은 대신하여 역할을 수행한다. 그러므로 신적인 권위가 실제로 교회 내에서 작용하는 것은 장로들의 수준에서이다.[17]

이 권위는 일련의 다스리는 회합에서 행사된다. 지역 교회의 수준에서는 당회(장로교회, session)[18]나 장로 법원(개혁교회, consistory)[19]이 의사 결정 모임이다. 한 지역에 있는 모든 교회들은 각 장로 법원(개혁교회)에서 온 한 명의 평신도 장로와 한 명의 목사나, 혹은 각 당회(장로교회)에서 온 한 명의 평신도 장로와 이 지역 내의 모든 목사들로 구성되는 노회(장로교회, presbytery: 개혁교회, classis)에 의하여 다스려진다. 그 다음으로 분류되는 모임은 각 노회에 의하여 선택된 동수(同數)의 평신도 장로들과 목사로서 구성되는 대회(synod)이다. 가장 높은 수준에서 장로교회는 또한 노회들로부터 온 평신도와 목사 대표들로서 다시금 구성되는 총회(General Assembly)를 가지고 있다. 대회(synod)들이 이 과정에서 무시된다는 것을 유의하라. 이것들은 총회에 보내는 대표들을 선택하지 않는다. 오히려, 노회들이 대회들과 총회 양쪽에 보내는 대표들을 선택한다.[20] 각 수준의 다스리는 모임에 의

---

17) *The Constitution of the United Presbyterian Church in the United States of America* (Philadelphia: Office of the General Assembly of the United Presbyterian Church in the United States of America, 1967), vol. 2, *Book of Order*, chapter 9.
18) Ibid., chapter 11.
19) Louis Berkhof, *Systematic Theology* (Grand Rapids: Eerdmans-1953), pp. 588-89.
20) Park Hays Miller, *Why I Am a Presbyterian* (New York: Thomas Nelson, 1956), pp. 77ff.

하여 결정들이 이루어진다. 이러한 결정들은 그 다음의 가장 높은 모임에 의하여 재조사되고 개정되어야 한다. 이 과정은 소송을 시작하거나 법을 제정하는 것이라기보다는 특별히 보수적인 배경에서는 그리스도의 분명한 가르침들과 교회의 정책들을 해석하고 적용하는 것이다.

각각의 다스리는 모임의 특권들은 종파의 헌장에 자세하게 설명되어 있다. 예를 들어, 각 지역 교회의 당회(session)는 자체의 목사를 선택한다. 그러나 노회가 이 선택을 추인해야 한다. 비록 최근의 법원 판례에 의하여 다소간 수정되었지만, 노회는 지역 회중이 이용하는 재산에 대한 소유권도 역시 가지고 있다. 어떤 집단도 그 수준에 속해 있는 다른 집단들에 대해서는 여하간의 권한도 갖고 있지 않다. 예를 들어, 노회는 다른 노회에 대하여 권한을 갖고 있지 않다. 그러나 분쟁 중에 있는 두 노회가 같은 대회(synod)에 속해 있다면 소송에 대한 항소는 대회에 제출될 수 있다. 그러나 그렇지 않다면, 항소는 총회에 제출될 수 있다. 이와 유사하게, 해당 노회 안에 있는 다른 당회(session)와 불화하게 된 한 당회는 그 소송을 노회에 상고할 수 있다.

장로제도는 오직 한가지 수준의 성직자만 존재한다는 점에서 감독제와는 다르다.[21] 오직 가르치는 장로나 목사만이 존재한다. 감독과 같은 어떠한 더 높은 수준들도 존재하지 않는다. 물론, 어떤 사람들은 통치 회의들 내의 행정직으로 선출된다. 그들은 주재하거나 감독하기 위하여 (밑으로부터) 선출되며, 일반적으로 노회의 정기(定期) 서기(stated clerk)와 같은 직함을 갖게 된다. 그들은 감독들이 아니며, 그런 직임을 위한 특별한 성직수임식도 존재하지 않는다. 이 직책에 부속된 특별한 권한도 없다. 이 직원들이 갖는 유일한 권력은 그들을 선출한 모임의 결정들을 수행할 수 있는 집행 권력이다. 따라서, 권한은 이 직책이나 이 직책의 점유자가 아니라 선출하는 모임에 속한다. 더욱이, 봉직 기간이 제한되어 있어서, 이 직책의 점유는 모임의 지속적인 의지와 뜻에 좌우된다.

장로제도에는 목사와 평신도의 신중한 조화가 존재한다. 양 집단들은 모든 다양한 통치 회의들 속에 포함된다. 어떤 집단도 다른 집단이 갖고 있지 않은 특별한 권력이나 권리들을 갖고 있지 않다. 그러나 다스리는 장로들(평신도)과 가르치는 장로들(목사) 사이에는 구분이 도출된다. 이 구분은 성서 시대에는 그렇게 분명하지 않았다. 왜냐하면 많은 가르침들이 사도들과 선지자들, 그리고 전도자들에 의하여 이루어졌지만, 어떤 가르침은 디모데전서 5:17에 나타나는 것처럼, 다스리는 장로들에

---

21) Charles Hodge, *The Church and Its Polity*(London: Thomas Nelson and Sons, 1879), p.119.

의하여 이루어졌기 때문이다. "잘 다스리는 장로들을 배나 존경할 자로 알되 말씀과 가르침에 수고하는 이들을 더할 것이니라." 이 구절은 다스리는 장로들이 가르치는 데 종사하였음을 지시하고 있지만, 또한 어떠한 전문화가 이미 일어나고 있었음을 암시한다. 사도들이 점차로 무대에서 사라지고 이단적인 해석이 일어남에 따라, 권위있는 가르침의 필요성이 증가하였다. 따라서, 가르치는 장로의 직책이 생겨나게 되었다. 어떤 사람들은 말씀의 의미를 바르게 해석하고 가르치는 일에 모든 시간의 주목과 능력을 쏟기 위하여 다른 활동들로부터 벗어나게 되었다.

활발한 논증이 교회 정치의 장로제 형태를 주창하는 사람들에 의하여 이루어지고 있다. 그들의 논거는 유대교 회당이 일단의 장로들에 의하여 다스려졌으며, 기독교 교회가 적어도 처음에는 회당 안에서 역할을 수행했다는 견해와 더불어 시작된다. 이 교회의 사람들이 그곳에 복음을 전하였고 분명히 비슷한 방식으로 그들의 모임들을 조직하였다. 분명히 어떤 일종의 통치 회의나 위원회가 있었다. 바울은 데살로니가인들에게 "너희 가운데서 수고하고 주 안에서 너희를 다스리며 권하는 자들을 너희가 존경하라"(살전 5:12)고 청하였다. 히브리서 기자는 그의 독자들에게 이렇게 권고하고 있다. "너희를 인도하는 자들에게 순종하고 복종하라. 저희는 너희 영혼을 위하여 경성하기를 자기가 회계(會計)할 자인 것같이 하느니라"(히 13:17). 예루살렘 회의의 결정(행 15장)은 이런 유형의 교회 정치가 실행되고 있는 한 예이다.[22]

더욱이, 장로 정치 제도는 몇가지 본질적인 신약 성경의 정치 원리들을 보존하고 있다. 이것들 가운데 하나는 그리스도의 지배이다. 장로 제도에서, 그의 뜻과 그의 말씀은 교회가 자신의 행위들을 결정하는 궁극적인 표준들이다. 둘째로, 사람들의 참여의 원리가 보존되고 있다. 그들은 하나님께 직접 다가가며 그들의 개인적인 견해들을 표현할 권리가 있다. 셋째로, 장로 제도는 단체라는 개념을 가지고 있다. 즉 각 개인은 조직체의 일부로서 간주된다. 마지막으로, 지역 교회의 권력은 감독으로부터 그의 권한을 얻는 단순히 한 명의 목사나 장로가 아니라, 집단, 즉 장로들에게 속해 있다.[23]

비판적인 반대 의견들은 특별히 더 개별적이거나 회중적인 형태의 교회 정치를 주창하는 사람들에게서 나온다. 그들은 장로 제도가, 성경 안에서 거의 혹은 아무런 지지도 발견되지 않는 통치 조직들의 교권 제도에 뿌리박고 있다는 사실을 마땅치 않게 생각한다.[24] 나아가서, 그들은 장로 정치 형태가 각각의 모든 신자들에게 교회

---

22) Harris, *Encyclopedia of Christianity*, vol. 2, p. 492.
23) Ibid., p. 495 ; Berkhof, *Systematic Theology*, pp. 581-84.
24) Franz Pieper, *Chriatian Dogmatics*(St. Louis : Concordia, 1953), vol. 3, p. 421.

정치에서 적절한 역할을 제공해주지 않는다는 사실에 반감을 갖고 있다. 노회와 당회는 이론상으로 개개의 신자들의 공복(公僕)들이며 대표들이지만, 그들은 다스리는 역할을 취하게 될 수도 있다. 전체로서의 교회 성원에게 회부될 수 있었던 많은 결정들이 존재하지 않는다. 따라서, 비록 개개의 신자들의 권한을 대표하여 수행하도록 의도되었지만, 교회 정치의 장로 기구는 때로 그 권한을 불법으로 행사하였다.[25]

### 회중제도

교회 정치의 세번째 형태는 개별적인 그리스도인의 역할을 강조하고 지역 회중을 권위의 자리로 삼는다. 두 가지의 개념, 즉 자율과 민주주의가 회중적인 조직의 기초이다. 자율이란 말은 지역 회중이 독립적이며 자치적이라는 것을 의미한다.[26] 행동 방향을 지역 교회에 명령할 수 있는 어떤 외적인 권력도 존재하지 않는다. 민주주의란 지역 회중의 모든 회원이 그것의 관심사에서 한 목소리를 갖고 있음을 의미한다. 권한을 소유하고 행사하는 것은 회중의 개별적인 회원들이다. 권한은 고립된 개인이나 선택된 집단의 특권이 아니다. 군주제(감독제)나 과두정치 체제(장로제)의 어떤 것도 개인을 대신할 수 없다. 회중제 내의 민주주의 원리의 두번째 의미는 교회간의 연합들 속에서의 결정들이 대의 제도의 토대 위에서 이루어진다는 것이다. 회중적인 정치 형태를 실천하는 주요한 종파들 가운데에는 침례교도들과 회중교회 신자들과 대부분의 루터파 집단들이 있다.

자율과 민주주의의 원리들을 좀더 면밀하게 조사하는 것이 필요하다. 자율의 원리는 교회 정치에 관한 신약 성서의 기본적인 입장을 반영하는 것으로 믿어진다. 사도행전과 서신들 속에서 일차적인 초점은 지역 교회에 있다. 그것 위에 혹은 그것을 초월하는 구조에 대한 어떠한 언급도 존재하지 않는다. 어떤 유형의 교회간의 연합을 형성하라는 어떠한 명령도 존재하지 않는다.[27] 우리는 외부의 조직이나 개인들에 의하여 이루어지는 지역 교회에 대한 통제의 어떠한 예도 발견하지 못한다. 사도들은 권고를 하고 조언을 하였지만, 어떤 실제적인 다스림이나 통제도 행사하지 않았다. 심지어 바울도 자신의 사도적인 권위를 입증하고 독자들에게 그의 가르침들을 따를 것을 구하였다(갈 1:11-24).

자율의 원리는 각 지역 교회가 자치적임을 의미한다. 각각의 회중이 자신의 목사를 청하고 자체의 예산을 결정한다. 이것은 어떤 외부의 관계자들과 관계없이 재

---

25) Ibid., p. 431.
26) Ibid., p. 475.
27) Ibid., p. 421.

산을 구입하고 소유한다.[28] 이것은 다른 교회들과 교파의 관리들로부터 조언을 구할 수도 있지만, 그 조언을 반드시 따라야 하는 것은 아니며, 그것의 결정들은 외부의 재가나 승인이 필요하지 않다.

회중은 협력적인 제휴를 시작할 수 있지만, 이것들은 본성상 엄격하게 자의적이다. 일반적으로 이러한 제휴들은 몇가지 이유로 해서 바람직스럽다. 첫째로, 그들은 우주적이거나 불가시적인 교회 내에 존재하는 연합을 가시적인 형태로 보여준다. 둘째로, 그들은 단일 회중내에서 있을 수 있는 것보다 더 넓은 토대 위에서 그리스도인의 친교를 제공하고 장려한다. 나아가서, 그들은 섬김과 교역을 지역 교회가 혼자서 행하는 것보다 더 효과적인 방식으로 이루어질 수 있게 한다. 선교와 새로운 회중의 설립, 그리고 청년 활동들(예를 들어, 캠핑)은 좀더 대규모로 실행할 수 있는 다수의 사업들 가운데 속해 있다. 그렇다면 이러한 제휴의 이유들은 일차적으로 실용적이다. 이런 집단들을 결합하고 그들의 결정들을 고수하는 일은 지역 교회의 편에서는 자발적이다. 더욱이, 이 관계는 개개의 회중이 선택할 때마다 종결될 수 있다. 지역 교회들에 의해 형성된 연합이나 협약이나 협의회들은 민주적인 토대 위에서 작용되어야 한다. 어떤 한 교회나 교회들의 집단이나 개인도 다른 것들을 지배하거나 통제하거나 명령할 수 없다. 선거는 대개 관련된 개개의 교회들의 크기에 비례하여, 대의 제도의 토대 위에서 이루어진다. 장로제 정치 형태에서와 같이, 관여된 지도자들은 교회와 교회의 회원들의 주인이 아니라 종들이다. 그들은 지역 회중들의 전회원의 뜻에 따라 특별히 제한된 기간 동안 봉사한다. 그들은 실행 서기와 같은 명함을 갖고 있지만, 결코 감독들이 아니다.

지역 회중의 자율이 제한되는 한 가지 문제가 있다. 회중이 교회들의 더 큰 친교로부터 재정적인 보조를 받아들일 때, 연합회나 총회는 지역 조직체의 활동들을 충분히 알기를 원할 것이며, 심지어 후자가 따라야 하는 어떤 지침과 제약을 계속해서 제기할 수도 있다.(이것은 놀라운 일이 아니다. 왜냐하면 은행으로부터 대부나 저당을 받아들이는 일은 어떠한 채무와 제약을 떠맡는 일을 수반하기 때문이다.) 그러나, 이 제약들이 자발적으로 취하여진다는 사실을 우리는 명심해야 한다. 즉 회중은 보조를 받아들이라고 강요되지 않는다.

민주주의의 개념은 지역 회중 안에 있는 권한이 개별적인 회원들에게 있다는 것을 의미한다. 만인 제사장직이 여기에서 중시된다. 만약 감독들이나 장로들에게 결정하는 득권이 주어져 있다면 이 원리가 포기될 것이라고 생각되었다. 그리스도의

---

28) Edward T. Hiscox, *The New Directory for Baptist Churches*(Philadelphia: Judson, 1894), pp. 153-59.

사역은 그러한 통치자들을 불필요하게 만들었는데, 그 이유는 이제 모든 신자들이 지성소로 나아가서 직접 하나님께 가까이 갈 수 있기 때문이다. 더욱이, 바울이 우리에게 상기시켜 주었듯이, 몸의 각 지체나 부분은 전체의 행복을 만들기 위하여 가치있는 공헌을 해야 한다.[29]

교회 정치의 회중적인 형태 내에 대의 제도적인 민주주의의 어떤 요소들이 존재한다. 어떤 사람들은 조직의 회원들의 자유로운 선택에 의하여 특별한 방식으로 봉사하기 위하여 선출된다.[30] 그들은 교회의 대표들이며 종복들이다. 그들은 그들을 선택한 사람들에게 책임을 진다. 그들은 사람들의 소원들과 관계없이 혹은 그것들과 모순되게 그들의 권한을 행사해서는 안된다. 만약 그들이 그렇게 한다면, 그들은 직책으로부터 물러날 수도 있다. 그러나 목사의 청빙이나 재산의 구입이나 매각과 같은 모든 주요한 결정들은 전체 교회에 의해 이루어진다. 이런 권력은 교회의 헌법에 의하여 전체 회원들에게 유보되어 있다. 회중의 결정에 관한 이러한, 그리고 모든 다른 문제들에서, 투표 연령의 모든 회원들은 사회적이거나 경제적인 지위와 상관없이 하나의 투표권을 갖고 있다.

장로제에서와 같이 회중제 정치 형태에서도 오직 한 가지 수준의 성직자가 존재한다. 감독과 장로와 목사의 명칭들은 같은 직무에 대한 다른 명칭들로 믿어지고 있다. 그것들이 목회의 다른 기능들이나 다른 측면들을 나타낸다는 사실이 제기되어왔다.[31] 에베소의 장로들에게 설교할 때(행 20:17) 바울은 "너희는 자기를 위하여 또는 온 양떼를 위하여 삼가라. 성령이 저들 가운데 너희로 감독자[ἐπίσκοποι, 감독들]를 삼고 하나님이 자기 피로 사신 교회를 치게[ποιμαίνειν, 양을 치거나 목양하게] 하셨느니라"(28절)라고 권고하였다. 동일한 집단과 관련하여 이 용어들을 전부 사용하였다는 사실이 표현의 동의성을 나타내 주는 것으로 주장된다. 유일한 다른 직은 평신도 직책, 즉 집사(문자적으로는 "섬기는 사람")의 직책이다.

회중 제도를 교회 정치의 규범적인 형태로 만들기 위하여 몇가지 논증들이 제기되었다. 사도행전에 의해서 자세히 언급되는 초대 교회 시대에는, 전체 회중이 직분을 위하여 사람들을 선택하였고 정책을 결정하였다.[32] 그들은 유다의 후임을 선택하였다(행 1장). 그들은 최초의 집사를 선출하였다(행 6장). 전체 회중이 바울과 바나

---

29) William Roy McNutt, *Polity and Practice in Baptist Churches* (Philadelphia:Judson, 1935),pp.21-26.

30) James M.Bulman, "Church, Nature and Government of Autonomous View," in *Encyclopedia of Christianity*, vol.2,p.478.

31) Augustus H.Strong, *Systematic Theology*(Westwood,N.J.:Revell,1907),pp.914-15.

32) Ibid.,p.906.

바를 그들의 직분으로 임명하는 일과 관련되어 있다는 어떠한 분명한 진술도 없지만, 우리는 그들이 안디옥으로 돌아왔을 때, 전체 교회에 보고하였다는 사실로부터 그 결론을 이끌어낸다(행 15:2-3). 이와 유사하게, 예루살렘 전(全)교회가 응답하였다. "이에 사도와 장로와 온 교회가 그 중에서 사람을 택하여 바울과 바나바와 함께 안디옥으로 보내기를 가결하니 곧 형제 중에 인도자인 바사바라 하는 유다와 실라더라"(22절). 그렇다면 사도들에 의한 장로들의 외견상의 임명은 도대체 무엇인가?(행 14:23) 한 가지 가능한 해석은 그들이 실제로 사도들에 의하여 선택되지 않았을 수도 있다는 것이다. 아마도 사도들은 그런 생각을 제안하고 성직 안수식을 주재하였을 것이겠지만, 그 선택은 사람들에 의하여 이루어졌을 것이다. 이것이 실제로 사도행전 6장의 양식이다.

나아가서, 예수의 가르침은 감독제와 장로제 정치 조직들 속에서 발견되는 특별한 지도자들의 지위들과는 반대되는 것처럼 보일 것이다. 그는 다른 사람들보다 높은 지위를 추구하였던 사람들을 책망하셨다. 그의 제자들이 그들 가운데 누가 가장 큰가에 대하여 논쟁했을 때, 예수는 그들에게 "이방인의 임금들은 저희를 주관하며 그 집권자들은 은인이라 칭함을 받으나 너희는 그렇지 않을지니 너희 중에 큰 자는 젊은 자와 같고 두목은 섬기는 자와 같을지니라. 앉아서 먹는 자가 크냐? 섬기는 자가 크냐? 앉아 먹는 자가 아니냐? 그러나 나는 섬기는 자로 너희 중에 있노라"(눅 22:25-27)라고 말씀하셨다. 그렇다면 지도자는 실제로 모든 사람의 종이 되어야 한다. 종됨의 진정한 의미는 지도자들이 자신들이 섬기고 책임져야 하는 사람들에 의하여 선택되었다는 사실을 명심할 때에 나타나게 될 것이다. 예수는 또한 우리가 특별한 영예나 직함들을 추구해서는 안된다고 가르치셨다. "그러나 너희는 랍비라 칭함을 받지 말라. 너희 선생은 하나요 너희는 다 형제니라"(마 23:8). 예수의 이러한 가르침들은 기독교 교회 내에서의 민주적인 구조를 찬성하는 것처럼 보일 것이다.

또다른 고찰은 예수와 바울 양자가 다 징계하는 권한이 어떤 개인이나 일련의 지도자들이 아니라 전체 집단에 속해 있는 것으로 가르쳤다는 것이다. 죄를 범한 형제를 대하는 일에 대한 예수의 논의에서, 최종적인 징계의 주체는 교회이다. 만약 죄를 범하는 형제가 교회의 말을 듣기를 거절하면, 그는 이방인과 세리와 같이 다루어져야 한다(마 18:15-17). 바울은 장로들뿐만 아니라, 전체 고린도 회중에게(고전 1:2) 자기 아버지의 아내와 부도덕하게 살고 있는 사람을 그들의 교제에서 내쫓으라고 명령하였다(고전 5장).[33]

---

33) Ibid., pp.905-06.

마지막으로, 바울의 서신들이 감독이나 일단의 장로들이 아니라 전체 교회들에 보내졌다는 사실이 주목되어야 한다. 디모데전후서와 디도서, 빌레몬서는 특정한 교회의 지도자들로서가 아니라 개인으로서의 그들에게 쓰여졌다.[34]

그러나 감독제와 장로제 형태들에 대해서 그랬던 것처럼, 교회 정치의 회중제 형태에 대해서도 몇가지의 반대 의견들이 존재한다. 회중적인 조직에 대한 첫번째 반대는 이것이 사도적인(따라서 감독적인) 권위에 대한 성경의 증언을 무시한다는 것이다. 예를 들어, 바울은 장로들을 임명하였고(행 14:23) 디도에게도 같은 일을 하라고 명령했다(딛 1:5). 이외에도, 바울이 교회들에게 말하거나 편지를 쓴 많은 경우에, 그는 단순히 조언이나 권고만을 제공하지는 않았다. 그는 실제로 그들에게 그가 말한 것을 행하라고 명령했다.[35]

둘째로, 교회사의 상당히 초기에 감독과 장로와 집사의 직무에 분리가 있었다는 사실이 주목된다. 감독들은 특별한 지위와 권위를 수여받았다. 만약 이러한 경향이 신약 성경 시대에 그리스도의 몸 안에서 이미 존재하지 않았다고 주장한다면, 우리는 교회가 매우 빨리 그것의 신약 성경의 토대들로부터 벗어났다고 하는 상당히 큰 가정을 하고 있는 것이다.[36]

마지막으로, 바울의 서신들이 그들의 지도자들이 아니라 오히려 전체 회중에게 전달되었다는 것은 사실이지만, 요한계시록 2-3장에서 요한이 일곱 교회들에 보내는 편지들은 무엇인가? 이 편지들은 아마도 각각의 입장에서 다스리는 장로였을, 각 회중들의 "사자(使者)"나 "사신(使臣)"에게 전달되었을 것이다.

## 무정치

마지막 견해가 간단하게 고려되어야 할 필요가 있다. 사실상, 이것을 주장하는 사람들은 무정치라고 부르면 가장 좋을 듯한 것을 주장하는 만큼 교회 정치의 어떤 특정한 형태를 주장하지는 않는다. 퀘이커 교도(친우회)와 플리머스 형제단과 같은 어떤 집단들은 교회가 구체적이거나 가시적인 형태를 띨 필요성을 가지고 있다는 것을 부인한다. 따라서 그들은 모든 정치적인 구조를 사실상 제거해 버렸다. 그들은 대신에 성령의 내적인 역사를 강조한다. 성령은 조직들이나 제도들을 통해서보다는 직접적인 방식으로 개개 신자들을 인도하고 그들에게 영향력을 발휘한다는 것이다.

퀘이커 교도들은 "내적인 빛"의 개념을 강조한다. 교회의 회원됨은 엄밀히 말하

---

34) Hiscox, *New Directory*, pp. 155ff.
35) Harris, *Encyclopedia of Christianity*, vol. 2, p. 490.
36) Morris, *Encyclopedia of Christianity*, vol. 2, p. 484.

자면 최소한의 의미를 가지고 있기 때문에, 가입하기 위한 어떤 명백한 규칙들이 존재하지 않는다. 지역 집단들에는 어떤 책임들을 갖고 있는 장로들이나 감독(overseer)들이 있을 수 있다. 모임들은 행동의 방향들을 결정하기 위하여 개최된다. 그러나 어떤 투표도 도무지 이루어지지 않는다. 대신에, 결정들은 성령이 가져오시는 상호 합의에 의하여 이루어진다.[37]

플리머스 형제단은 사실상 유형 교회를 무시한다. 그들은 교회가 일차적으로 모든 참된 신자들로 구성되는 불가시적인 형태로서 지상에 존재한다고 주장한다. 따라서, 자체로서의 특정한 공직들을 포함하는 조직은 필요하지 않다. 성령의 통솔이 다스리는 힘이다.[38]

이들 각 집단에는 할 수 있는 한, 많은 구조적인 조직을 제거하려는 일치된 노력이 존재한다. 그들은 직접적인 방식으로 역사하시며, 이루어지기를 원하시는 것을 확신할 수 있도록 그들을 인도하시는 성령께 의존한다. 이런 입장을 주장하는 사람들은 성령의 역할과 그에게 의존할 필요성을 강조하는 것으로 칭찬할 만 하다. 그러나, 성령의 보편적이고 직접적인 역사하심에 대한 그들의 가정은 성경의 증거에 의하여 정당화되지 않는다. 더욱이, 그들이 회중의 구성원들에 대하여 가정하는 성화와 성령에 대한 민감성의 정도는 비실재적인 이상(理想)이다. 여기에서 주요한 문제는 우리가 성경이나 혹은 성령에 의한 어떤 더 직접적인 정보를 우리의 삶에 대한 하나님의 주요한 지침으로 간주하느냐 하는 것이다. 지금까지 우리의 연구 전체를 특징지어 주었던 원리를 유지하면서, 우리는 성경을 계시의 가장 중요한 방편으로서 고려한다.


## 오늘날의 교회 정치 체계의 수립

성경의 권위를 신봉하는 교회 정치의 구조를 발전시키려는 시도들은 두 가지 점에서 난점에 부딪치게 되었다. 첫번째 문제는 교훈적인 자료의 부족이다. 교회 정치가 어떠해야 한다는데 대한 아무런 규범적인 설명도 존재하지 않는다. 가령, 인간의

---

37) Rufus M. Jones, *The Faith and Practice of the Quakers*, 3rd ed. (London: Methuen, 1928), pp. 54-69.
38) Clarence B. Bass, *The Doctrine of the Church in the Theology of J. N. Darby with Special Reference to Its Contribution to the Plymouth Brethren Movement* (Ann Arbor, Mich.: University Microfilms, 1952), p. 116.

죄성과 이신칭의의 교리에 대한 바울의 설명에 필적할 만한 어떤 것도 단순히 존재하지 않는다. 교회들은 특정한 형태의 교회 질서를 채택하라고 명령받지 않는다. 교회 정치에 관한 유일한 교훈적인 인용절은 이미 존재하고 있던 직책들의 기본적인 자격에 대한 바울의 열거들이다(딤전 3:1-13; 딛 1:5-9). 설화적이거나 서술적인 인용절보다는 교훈적이거나 규범적인 인용절들에 근거하여 이론을 세우는 것이 더 바람직하겠지만, 이 경우에 우리는 거의 선택의 여지가 없다.

우리가 서술적인 인용절들을 조사하는 일에 착수할 때, 우리는 두번째 문제를 발견하게 된다. 즉 어떤 단일한 양식도 없다는 것이다. 한편으로는, 회중적인 형태의 지지자들에 의하여 지적된 사실인, 강한 민주적인 요소들이 있다. 또한 특별히 사도들이 직원들을 임명하고 안수하는 일과 교회들을 가르치는, 강력한 군주제적인 요소들도 있다. 이 인용절들은 감독제적인 접근법을 찬성하는 사람들에 의하여 강조된다. 여전히 다른 인용절들에서도 우리는 장로들이 강한 역할을 하였다고 결론을 내리게 된다.

신약 성경의 증거가 결정적이지 않다고 말하는 것이 아마도 안전할 것이다. 신약 성경의 어느 곳에서도 우리는 오늘날의 충분히 발전된 어떤 체계들과도 엄밀하게 닮은 묘사를 발견하지 못한다. 그 당시에 교회 정치는 실제로 그렇게 고도로 발전되지 못하였으며, 지역 회중들은 오히려 느슨하게 짜여진 집단들이었던 것 같이 보인다. 오히려 정치적인 체재들에 대한 폭넓은 다양성이 있었을는지도 모른다. 각 교회는 그것의 개별적인 상황에 적합한 양식을 채택하였다.

이 시점에서 교회가 막 생겨나게 되었다는 사실을 명심해야 한다. 이것은 아직까지 유대교와 분명히 구분되지 않았다. 물론 창립 기간 동안의 실용적인 필요들은 발전의 후기 단계에서의 그것들과는 매우 다르다. 교회의, 특별히 새로운 그리스도인들로 구성된 교회의 초대 목회자로서 봉사한 모든 사람은 대표 임명과 위원회의 사역이 단순히 실제적이지 않은 경우들도 있다는 것을 안다.

신약 성경에 나오는 대부분의 교회들은 순회 선교사들에 의하여 세워졌다. 따라서 어떠한 고정된 영구적인 목회는 존재하지 않았다. 이러한 상황들을 고려하면, 사도들이 막대하고도 일방적인 권한을 행사하는 것은 당연한 것이었다. 그러나 영구적으로 체류하는 목회를 수립하는 일이 나중에 가능하며 또한 필요하게 되었다. 한 가지 의미에서, 이것은 필요한 것이 아니었다. 이상적으로 말하면, 보편적인 만인제사장직은 권위 있는 직분들의 필요성을 제거해야만 하였다. 그러나 이상적인 것은 이 시점에서는 실제적이지 않았다.

처음에 우리가 기대했던 대로, 회당의 형태, 즉 장로들의 조직이 채택되었다. 그러나 이 양식은 보편적으로 되지 않았다. 희랍적인 배경에서는 감독의 직무가 지배하는 경향이 있었다. 이외에도, 좀더 민주적인 양식을 산출하는 어떤 수정된 요인들이 이미 작용하고 있었다.

신약 성경 안에 한 가지의 배타적인 형식이 존재하는 것이 분명하다 하더라도, 그 형식은 오늘날의 우리에게는 반드시 규범적이지는 않을 것이다. 이것은 그렇게 되어야 하는 형식이 아니라, 단순히 그랬던 형식뿐일 것이다. 그러나 현재 상태로는, 신약 성경의 교회들에 대한 묘사에 너무나 많은 변동이 있어서, 우리는 권위있는 형식을 발견할 수 없다. 그러므로 우리는 신약 성경에서 나타나는 원리들로 돌아가, 그 원리들 위에 우리의 정치 체계를 세우려는 시도를 해야 한다.

이런 방식으로 우리의 체계를 세우려고 할 때, 우리는 두 가지 질문을 해야 한다. 첫째로, 신약 성경의 기간 동안에 교회 정치는 어떤 방향으로 움직이고 있었는가? 최종적인 결과를 나타내 주는 어떤 것이 있는가? 우리는 신약 성경에서 여자들과 노예들의 상황을 개선하려는 운동의 시초들을 식별할 수 있다. 교회 정치를 개선하기 위한 유사한 운동이 존재하였는가? 만약 그렇다면, 이 운동이 어느 정도까지 발전하도록 의도되었는지를 확인하는 것이 어렵다 하더라도, 우리는 이 운동이 목표하고 있었던 이상(理想)을 추론할 수 있을 것이다. 여기에서 불행하게도 우리는 더 이상 나아갈 수 없다. 우리는 교회가 처음에는 유대교 회당의 형식을 취했다는 것, 즉 일단의 장로들이 다스리는 자들로 일하였다는 것을 알고 있다. 우리는 또한 교회가 유아기에 있을 때, 사도 바울이 때때로 지도적인 접근법을 취해야 했다는 것을 알고 있다. 그 외의 것에 대해서 우리는 거의 알지 못한다. 교회가 특정한 형태의 교회 정치를 향하여 나아갔다는 어떠한 암시도 없다.

우리가 물어야 하는 두번째 질문은 교회 정치의 동기는 무엇인가 하는 것이다. 그것이 장려하고 보존하려고 의도하는 것은 어떤 가치들인가? 줄곧 우리의 접근 방법이었던 것처럼, 우리는 권위있는 답변을 듣기 위하여 성경을 의지하게 될 것이다. 이 문제에 관하여 성경이 말해야 하는 바를 일단 결정하게 되면, 우리는 성경의 메시지를 현대화하기 위한 우리의 정책에 일치되도록[39] 오늘날에 적합한 교회 정치의 모델을 수립할 수 있을 것이다.

신약 성경에서, 특히 고린도전서에서 분명한 한 가지 원리는 질서의 가치이다. 전(全) 개체가 떠맡는 경향이 있었던 고린도의 상황은 그렇게 바람직스러운 것이 아니었다. 최악의 상태에서 이것은 철저히 파괴적이었다. 그렇다면 영성이 표현되고 있었던 고도로 개별화된 방식들에 대하여 어떤 통제를 기하는 일이 필수적이었다(고전 14:40). 어떤 사람들이 특정한 목회 사역에 책임을 지는 것도 역시 바람직한 일

---

39) 5장을 보라.

이었다. 우리는 여기에서 사도행전 6장의 상황을 상기하게 된다. 거기에서 우리는 일곱 사람이 과부들에 대한 사역을 담당하도록 임명되었다는 사실을 듣게 된다.

또 다른 원리는 만인제사장직이다.[40] 각 사람이 직접 하나님과 관계를 가질 수 있다. 몇몇 본문들이 이 진리를 명백하거나 함축적으로 가르치고 있다(롬 5:1-5; 딤전 2:5; 히 4:14-16). 어떤 특별한 매개의 필요성은 존재하지 않는다. 모두가 주께 구속받기 위하여 접근한다. 그리고 그리스도인의 삶에 가입하는데 적용되는 것은 또한 그것의 지속에도 적용된다. 각 신자들은 하나님의 뜻을 직접적으로 알 수 있다.

마지막으로, 각 사람들이 전체 몸에서 중요하다는 관념이 신약 성경을 통하여 줄곧 함축되어 있으며 로마서 12장과 고린도전서 12장과 같은 인용절들에서 명백하다. 다양한 은사들은 의사 결정을 위한 정보가 광범위한 근거 위에서 입력되어야 한다는 사실을 암시한다. 사도행전은 집단의 일치를 강조한다(행 4:32; 15:22). 무엇이 이루어져야 하는지를 결정하는 데에 공동체의 모든 회원들이 중요한 역할을 수행하고 있다고 느낄 때마다 특별한 의미의 친교가 있게 된다.

교회 정치의 회중적인 형태가 제기되었던 원리들을 대부분 거의 성취하고 있다는 것이 나의 판단이다. 이것은 모든 신자들의 제사장직과 영적인 능력의 원리를 진지하게 받아들인다. 이것은 또한 내주하시는 성령이 모든 신자들을 인도하실 것이라는 약속을 진지하게 받아들인다.

동시에, 질서에 대한 필요는 어느 정도의 대의 정치가 필요하다는 것을 암시한다. 어떤 상황에서는 지도자들이 집단을 대표하여 행동하도록 선택되어야 한다. 선택된 사람들은 그들이 대표하는 사람들에 대한 자신들의 책임성을 언제나 의식해야 한다. 그리고, 가능한 곳에서는, 주요한 문제들이 결정되기 위하여 전체 회원들에게 회부되어야 한다.

우리는 군주제나 제국주의적인 방향들과 더불어 교회를 구성하는 것으로서 감독제도에 대하여 생각할 수 있다. 장로제 형태는 대의 민주주의와 비슷하고, 회중제도는 직접 민주주의와 유사하다. 감독제도가 군주 정치 시대에 발전되었고 번성하였다는 것은 놀라운 일이 아니다. 군주 정치는 사람들이 익숙해져서 아마도 가장 편안함을 느꼈던 정치 체계였을 것이다. 그러나 광범위한 교육과 정치적인 관심이 있는 시대에는 사람들이 장로제나 회중제 체계 안에서 가장 잘 기능을 발휘할 것이다.

오늘날 대부분 나라의 민주주의들이 대의 민주주의들이기 때문에, 장로 제도가 교회 정치의 가장 적합한 형태라고 결론을 내릴 수 있을 것이다. 그러나 지역 교회

---

40) Cyril Eastwood, *The Priesthood of All Believers*(Minneapolis: Augsburg, 1962), pp.238-57.

들은 국가 정부보다, 공청회와 읍민회를 개최하는 지역 정부들에 더 유사하다. 전문적인 지식을 갖고 있는 사람들이 직접 관여하는 일의 가치는 상당히 크다. 그리고 마찬가지로 가장 영향을 많이 받게 될 사람들에 의해서 결정들이 가장 잘 이루어진다는 원리는 지역적인 자치권을 가진 회중적인 형식을 찬성한다.

　　두 가지 상황이 우리의 결론에 대한 어떤 조건을 요청한다. (1) 아주 큰 교회에서는 많은 회원들이 문제들과 직분의 후보자들에 대하여 박식하게 결정을 내리기 위한 충분한 지식을 갖지 못할 수도 있다. 대규모의 회중적인 모임들은 비현실적일 수도 있다. 그러나 심지어 이런 상황에서도, 선택된 종복들은 그들이 전체 조직에 대하여 책임을 져야 한다는 사실을 여전히 염두에 두고 있어야 한다. (2) 훈련되고 유능한 평신도 지도자가 없는 미성숙한 그리스도인들의 집단에서, 목사는 보통의 사례보다는 좀더 주도권을 가져야 할 필요가 있을 수도 있다. 그러나 그는 회중이 점차로 교회 업무에 관계를 갖게 될 수 있도록 회중을 교육하고 강화하기 위하여 끊임없이 일해야 한다.

# 52

# 교회에 입교하는 의식: 세례



사실상의 모든 기독교 교회들은 세례 의식을 행한다. 그들은 예수가 그의 마지막 위임 명령에서 사도들과 교회에게 "가서 모든 족속으로 제자를 삼아 아버지와 아들과 성령의 이름으로 세례를 주라"(마 28:19)고 명하셨기 때문에, 대부분 그렇게 한다. 세례가 어떤 점에서 그리스도의 삶의 시작과 관련되어 있다는 사실에 대하여 거의 보편적으로 의견이 일치한다. 이것은 사람이 지역적이고 가시적인(유형) 교회뿐만 아니라, 보편적이고 불가시적인(무형) 교회로 가입해 들어오는 것이다. 그러나 세례에 관한 상당히 큰 의견 차이도 존재한다.

세례에 대한 다음 세 가지 기본적인 질문들은 그리스도인들 사이에서 커다란 논란을 야기하였다. (1) 세례의 의미는 무엇인가? 그것은 실제로 무엇을 성취하는가? (2) 누가 세례의 진정한 주체들인가? 그것은 예수 그리스도에 대한 의식적인 믿음을 나타낼 수 있는 사람들에게 제한되어야 하는가? 그렇지 않으면 어린이들과 심지어 유아들에게도 시행될 수 있는 것인가? 또한 그렇다면, 어떤 근거에서 그러한가? (3)

무엇이 세례의 진정한 양식인가? 그것은 물에 담금(침례)으로써 이루어져야 하는가? 그렇지 않으면 다른 방법들(붓는 것, 물을 뿌리는 것)이 받아들여질 수 있는가? 세례 행위의 의미와 가치에 대한 우리의 결론이 다른 문제들에 대한 우리의 결론을 결정할 만큼 큰 영향을 미칠 것이기 때문에, 이 질문들은 중요성이 감소하는 순서로 정돈되었다고 말할 수 있을 것이다.

## 세례에 관한 기본적인 견해들

### 구원하는 은혜의 방편으로서의 세례

우리가 이 문제들을 해명하려고 하기 전에, 그리스도인들이 세례를 해석하는 다양한 방식들을 약술해 보는 것이 우리에게 현명할 것이다. 어떤 집단들은 물세례의 행위가 세례받는 사람에게 실제로 은혜를 전달한다고 믿는다. 이 견해를 지지하는 사람들은 세례의 중생에 대해서 말한다. 즉 세례가 실제로 사람을 영적인 죽음에서 생명으로 옮겨주는 변화를 초래한다는 것이다. 이 견해의 가장 극단적인 형태는 전통적인 가톨릭 교회에서 발견될 수 있을 것이다. 그러나 우리는 많은 특징들을 가톨릭 교회와 공유하는 고전적인 루터교회의 입장에 초점을 맞추게 될 것이다.

성례주의자들에 의하면, 세례는 하나님께서 구원의 은혜를 나누어주시는 방편이다. 즉 이것은 죄의 용서를 가져온다.[1] 믿음을 일깨우든지 아니면 강화함으로써, 세례는 중생의 씻음을 초래한다. 루터교의 이해에 의하면 성례전은 믿음이 이미 있지 않다면 효력이 없다. 이 점에서, 루터교의 입장은, 세례가 '행해짐으로써 효력이 발생한다'(ex opere operato), 즉 성례 그 자체의 작용에 의하여 은혜를 수여한다고 주장하는 가톨릭의 입장과는 다르다. 바꾸어 말하면, 루터교의 관점은 믿음이 필요조건임을 강조하지만, 가톨릭의 교의는 성례가 자충족적임을 강조한다. 강조되어야 하는 것은 성례전은 어떤 영적인 실체가 세례받는 사람의 영혼 속으로 물리적으로 주입되는 것이 아니라는 사실이다.

세례의 성례와 말씀의 설교가 종종 비교된다. 설교는 마음을 감동시키기 위하여 귀로 들어감으로써 믿음을 일깨운다. 이와 반면에, 세례는 눈을 통하여 마음에 도달하고 감동시킨다.

이해되어야 하는 것은 성례전이 하나님의 행위라는 사실이다. 이것은 세례받는 사람에 의하여 하나님께 드려진 행위가 아니다. 이것은 목사나 사제에 의하여 수행

---

1) Franz Pieper, *Christian Dogmatics*(St. Louis: Concordia, 1953), vol. 3, p. 264.

되는 행위도 아니다. 이를테면, 세례자는 어떤 형태의 은혜를 세례받는 사람에게 부어주는 것이 아니다. 오히려, 세례는 사람들을 교회로 가입시키는 성령의 사역이다. "우리가 유대인이나 헬라인이나 종이나 자유자나 다 한 성령으로 세례를 받아 한 몸이 되었고 또 다 한 성령을 마시게 하셨느니라"(고전 12:13).[2]

로마서 6:1-11은 세례에 관한 성례주의자들의 견해에서 결정적이다. 이 인용절에 대한 그들의 해석에 의하면, 세례는 그리스도의 죽음과 부활을 통하여 우리가 그와 연합되는 것에 관한 단순한 묘사가 아니다. 오히려 이것은 실제로 우리를 그리스도와 연합시킨다. 바울이 "무릇 그리스도 예수와 합하여 세례를 받은 우리는 그의 죽으심과 합하여 세례 받은 것이라"(3절)라고 말했을 때, 그는 세례가 실제로 우리를 그리스도의 죽음과 연합시킨다는 것을 의미하였다. 그리고 이것은 또한 그의 부활을 통하여 우리를 그와 연합시켜 줄 것이다(5절).[3]

세례에 의하여 단번에 그리스도와 객관적으로 연합되는 것 이외에도, 성례전은 또한 신자에 대한 주관적인 효력도 가지고 있다. 비록 세례가 단 한번만 시행된다 하더라도, 이 효력은 일생을 통하여 지속될 것이다. 신자들은 종종 이것을 상기하게 될 것이다. 사실상 이것은 바울이 갈라디아서 3:26-27에서 뿐만 아니라 로마서 6:3-5에서도 행하고 있는 일이다. 세례를 받고 따라서 그의 죽음과 부활을 통하여 그리스도와 연합된다는 인식은 신자에게 끊임없는 격려와 영감의 원천이 될 것이다.[4]

루터교 전통에 의하면 세례의 주체들은 두 가지의 일반적인 집단으로 나누어진다. 첫째로, 그리스도를 믿는 믿음에 이르게 된 어른들이 있다. 명백한 보기들이 사도행전 2:41과 8:36-38에서 발견된다. 둘째로, 어린이들과 심지어 유아들도 역시 신약 성경 시대에 세례를 받았다. 증거는 어린이들이 예수의 만져주심을 바라서 예수께로 인도되었다는 사실에서 나타난다(막 10:13-16). 이외에도, 우리는 온 집안이 세례를 받았다는 내용을 사도행전에서 읽을 수 있다(행 11:14〔10:48을 보라〕; 16:15; 31-34; 18:8). 이들 온 집안 식구들의 대부분이 어른들로만 배타적으로 구성되지는 않았다고 가정하는 것이 합당할 것이다. 어린이들은 구약 성경에서 그들이 이스라엘 민족의 일부였던 것과 마찬가지로 하나님 백성의 일부이다.[5]

어린이들이 신약 성경에서 세례받았다고 하는 사실은 오늘날의 의식에 대한 전례(前例)이다. 더욱이, 어린이들의 세례는 필수적이었다. 왜냐하면 모든 사람들은 정죄의 충분한 근거가 되는, 원죄를 가지고서 이 세상에 태어났기 때문이다. 이 죄

---

2) Ibid., p. 270.
3) Ibid., p. 268.
4) Ibid., p. 275.
5) Ibid., p. 277.

의 오염은 제거되어야 한다. 어린이들은 중생에 필요한 믿음을 사용할 수 없기 때문에, 그들이 세례에 의해서 작용되는 씻음을 받는 것은 필수적인 것이다.

로마 가톨릭 신학에서는, 세례를 받지 못하고 죽은 유아들은 천국에 들어갈 수 없다. 그들은 "유아 림보"(limbus infantium)로 불리는 장소로 보내진다. 그곳에서 그들은 지옥의 고통과 박탈을 당하지는 않지만, 천국의 지복(至福)의 은택들을 누리지도 못한다.[6] 다른 한편으로, 루터교의 신학자들은 세례받지 못한 유아들의 상태에 대하여 그렇게 확신적이지 않다. 우리에게 충분히 계시되지는 않았지만, 하나님께서는 그리스도인들의 세례받지 못한 자녀들 안에 믿음을 산출하시는 방편을 갖고 계실 가능성이 존재한다. 우리는 구약 성경의 여자들이 비록 할례는 받지 않았지만, 어쨌든 계약의 은택을 누릴 수 있었던 사실을 상기하게 된다. 그러나 불신자의 어린이들에 관해서는 어떤 유사한 제안도 존재하지 않는다. 그것들은 우리에게 계시되지는 않았지만, 하나님의 신비한 일들 가운데 있는 것이기 때문에, 이런 문제들에 대한 여하간의 독단론도 존재하지 않는다.[7]

루터교도들은 유아 세례 의식의 긴 역사가 존재한다고 주장한다. 사실상, 이것은 적어도 주후 2세기의 성경 외적인 자료들로 거슬러 올라갈 수 있다. 따라서 이 의식에 대한 좋은 전례가 존재한다. 우리는 하나님께서 세례받지 못한 어린이들과 유아들을 다루시는 세세한 일들을 알지 못하기 때문에, 그리스도인들이 그들의 자녀들에게 세례를 받게 하는 것은 현명한 일이다.

루터교 신학자들은 유아 세례 의식과 이신칭의에 대한 주장 사이의 모순에 대한 비난을 알고 있다. 이 외견상의 딜레마는 일반적으로 두 가지 방식 중 하나에서 다루어지고 있다. 한 가지는 세례받은 유아들이 무의식적인 믿음을 소유할 수 있다는 착상이다. 믿음은 반드시 추론하는 능력과 자의식을 필요로 하지는 않는 것으로 주장된다. 루터는 우리가 잠들어 있거나 격렬한 일에 몰두하거나 혹은 종사할 때에 믿음이 멈추지 않는다고 말하였다. 예수는 어린이들이 맹목적인 신앙을 가질 수 있다고 가르치셨다. 증거는 마태복음 18:6("나를 믿는 이 소자 중 하나")과 19:14, 마가복음 10:14, 그리고 누가복음 18:16-17에 나타난다. 또다른 증거는 세례 요한이 "모태로부터 성령의 충만함을 입을 것"(눅 1:15)이라는 예언이다. 마지막으로, 우리는 "아이들아 내가 너희에게 쓴 것은 너희가 아버지를 알았음이요"(요일 2:14)라는 요한의 말씀을 갖고 있다.[8] 외관상의 모순을 다루는 또다른 수단은 어린이가 세례를

---


6) Thomas Aquinas, *Summa theologica*, part 3, supplement, question 69, articles 4-7.
7) Pieper, *Christian Dogmatics*, vol. 3, p. 278.
8) Ibid., vol. 2, pp. 448-49.

받을 때 관련되는 것이 바로 부모의 신앙이라고 주장하는 것이다. 어떤 이들은 심지어 교회가 어린이를 대신하여 믿음을 갖는다고 말할 수도 있을 것이다. 그렇다면 유아 세례는 대리적인 신앙에 의존한다.[9]

로마 가톨릭에서는 이런 딜레마가 일어나지 않는다. 왜냐하면 가톨릭 교리에 의하면, 세례는 '행해지는 일 자체로부터'(ex opere operato) 효력을 나타내기 때문이다. 믿음은 실제로 필요하지 않다. 유일한 필요 조건은 누군가가 아이를 데려오고 사제가 성례를 정확하게 시행하는 것이다.[10]

루터교의 견해에 의하면 세례의 양식은 크게 중요하지 않다. 이것은 물론 물(水)을 필요로 하지만, 그것이 유일하게 결정적인 요소이다. 확실히, βαπτίζω(밥티조)라는 단어의 일차적인 의미는 "물에 담근다"이다. 그러나 이 단어의 다른 의미들이 있다. 따라서 우리는 성서 시대에 어떤 방법이 사용되었는지, 혹은 심지어 오직 한 가지 방법만이 있었는지를 분명히 알지 못한다. 양식에 대한 아무런 본질적이고 필요불가결한 상징 체계도 없기 때문에, 세례는 한 가지 형태에 얽매이지 않는다.

### 계약의 표징(sign)과 보증(seal)으로서의 세례

전통적인 개혁교회와 장로교회 신학자들이 주장하는 입장은 계약의 개념과 밀접하게 연결되어 있다. 그들은 세례가 한 부분을 이루고 있는 성례전을 하나님의 은혜의 표징과 보증으로서 간주한다. 성례전은 '행해지는 일 자체로부터'(ex opere operato)나 혹은 의식 그 자체의 어떤 내재적인 내용에 의한 은혜의 방편이 아니다. 오히려 벨기에 신앙고백이 말하고 있는 것처럼, 이것들은 "하나님이 성령의 능력에 의하여 우리 안에서 역사하시는 방편이 되는 내적이며 불가시적인 것의 가시적인 표징들이며 보증들이다."[11] 특별히 이것들은 그가 인류와 맺으신 계약을 하나님께서 성취하신다는 표징들이며 보증들이다. 구약 성경의 할례와 같이 세례는 우리에게 하나님의 약속을 확신시켜 준다.

세례의 성례의 중요성은 개혁교회와 장로교회에는 성례주의자들에게 만큼 그렇게 분명하지 않다. 계약, 즉 하나님의 은혜의 약속이 칭의와 구원의 기초요 원천이다. 세례는 우리가 그 계약 속으로 인도되고 따라서 그 은택을 경험하는 믿음의 행위이다. 세례의 행위는 계약과 구원의 표징으로 들어오는 방편이다. 찰스 하지(Charles Hodge)는 그것을 이렇게 말한다. "하나님은 당신 편에서, 믿음의 사용을

---


9) Ibid., vol. 3, p. 285.
10) Ibid., p. 256.
11) 벨기에 신앙고백 제33조.

통하여 그 성례를 받는 모든 어른들과, 그들이 세례받을 때 그들의 이름으로 이루어진 서약들을 그들이 성숙하였을 때에도 충실히 지키는 모든 유아들에게 세례에서 나타나는 은택을 베푸실 것을 약속하신다."[12] 어른들의 경우에는 이런 은택들이 절대적이지만, 유아들의 구원은 이루어진 서약들이 미래에도 지속되느냐에 달려있다.

세례의 주체들은 많은 점에서 성례주의자들의 견해와 같다. 한편으로, 모든 믿는 어른들은 세례를 받을 수 있다. 그들은 이미 믿음에 이르게 되었다. 성경에 나오는 예들은 오순절날에 베드로의 초청에 응답하여 믿고 세례를 받은 사람들(행 2:41)과 빌립보의 간수이다(행 16:31-33).[13] 다른 한편으로, 믿는 부모의 자녀들도 역시 세례를 받을 수 있다. 어린이들의 세례는 성경에서 명백하게 명령되어 있지 않지만, 그럼에도 불구하고 함축적으로 가르쳐진다. 하나님은 아브라함과 그의 씨와 더불어 영적인 계약을 맺으셨다(창 17:7). 이 계약은 오늘날까지 계속되고 있다. 구약 성경에서 이것은 항상 단수로 언급되었다(예를 들면, 출 2:24; 레 26:42). 이 계약에는 오직 하나의 중보자가 있다(행 4:12; 10:43). 신약 성경의 개종자들은 이 계약에 참여하는 자들이거나 혹은 상속자들이다(행 2:39; 롬 4:13-18; 갈 3:13-18; 히 6:13-18). 따라서, 신약 성경과 오늘의 신자들의 상황은 아브라함과 맺은 계약에 의해서 이해되어야 한다.[14]

구약 성경의 계약이 유효하기 때문에, 그것의 규정들이 여전히 적용된다. 만약 어린이들이 그 때에 계약에 포함되었다면, 그들은 오늘날도 역시 포함되어야 한다. 우리는 이 계약이 아브라함에 대해서 뿐만 아니라, 마찬가지로 그의 씨에 대해서도 맺어졌다는 사실을 이미 주목하였다. 또한 구약 성경의 이스라엘 개념의 포괄적인 특성도 역시 중요하다. 어린이들은 이 계약이 갱신되었을 때 참여하였다(신 29:10-13). 여호수아는 전(全)회중 — "이스라엘 온 회중과 여인과 아이들"(수 8:35) — 이 듣는 가운데 모세의 글들을 읽었다. 여호와의 신이 야하시엘에게 임하였을 때, 그는 모든 이스라엘에게 주의 약속의 말씀을 전하였는데, 어린이들이 참여하고 있었다(대하 20:13). 젖먹는 유아들까지 포함하여(욜 2:16), 모든 회중이 그들의 아들과 딸들에게 성령을 부어주시겠다는 약속을 들었다(28절).

논거의 중요한 단계가 지금 나타난다. 즉, 할례가 구약 성경에서 계약의 표징이었듯이, 세례는 신약 성경에서 표징이다. 세례는 할례를 대신하였다.[15] 할례가 버려

---

12) Charles Hodge, *Systematic Theology*(Grand Rapids: Eerdmans, 1952), vol.3, p.582.
13) Louis Berkhof, *Systematic Theology*(Grand Rapids: Eerdmans, 1953), pp.631-32.
14) Ibid., pp.632-33.
15) Ibid., p.634.

지게 된 것은 분명하다. 그것은 더 이상 효력이 없다(행 15:1-2; 21:21; 갈 2:3-5; 5:2-6; 6:12-13,15). 세례가 계약으로 들어오는 의식으로서 할례를 대신하게 되었다. 이러한 대치를 이루신 분이 바로 그리스도였다. 그는 가서 복음을 전하고 '세례를 베푸는' 권한을 그의 제자들에게 주셨다(마 28:19). 할례가 유대교로 개종하기 위하여 개종자들에게 요청되었듯이, 세례도 기독교로 개종하는 사람들에게 요청된다. 이것이 계약으로 들어가는 그것들의 표지이다. 두 의식(儀式)들은 분명히 같은 의미를 갖고 있다. 할례가 죄를 잘라내는 것과 마음의 변화를 지시하였다는 사실이 마음의 할례, 즉 육체적인 할례와 반대되는 영적인 할례에 관한 수많은 구약 성경의 언급들 속에서 나타난다(신 10:16; 30:6; 렘 4:4; 9:25-26; 겔 44:7,9).

세례도 이와 유사하게 죄를 씻는 것으로 묘사된다. 사도행전 2:38에서 베드로는 듣는 무리들에게 "너희가 회개하여 각각 예수 그리스도의 이름으로 세례를 받고 죄 사함을 얻으라. 그리하면 성령을 선물로 받으리라"고 명하였다. 베드로전서 3:21에서 그는 "세례가 이제 너희를 구원한다"고 썼다. 바울은 "중생의 씻음과 성령의 새롭게 하심"(딛 3:5)에 대하여 언급하면서 또한 세례를 영적인 부활과 연결하고 있다(롬 6:4). 세례가 할례를 대신하였다는 결정적인 증거는 골로새서 2:11-12에서 발견된다. "또 그 안에서 너희가 손으로 하지 아니한 할례를 받았으니 곧 육적 몸을 벗는 것이요 그리스도의 할례니라. 너희가 세례로 그리스도와 함께 장사한 바 되고 또 죽은 자들 가운데서 그를 일으키신 하나님의 역사를 믿음으로 말미암아 그 안에서 함께 일으키심을 받았느니라." 확실히 이 인용절은 세례가 계약의 표징으로서 이제 충분하다는 사실을 지시한다.

여기에서 두 가지의 추가적인 언급이 이루어져야 할 필요가 있다. 첫째로, 세례가 본질적으로 계약의 표징이요 보증이라고 생각하는 사람들은 어른들에게 의무로서 부과되는 요구들을 어린이에게 강요하는 것이 정당하지 않다고 주장한다. 둘째로, 이런 견해를 가지고 있는 사람들은 성례전의 객관적인 측면을 강조한다. 실제로 문제가 되는 것은 인간의 주관적인 반응이 아니라, 구원의 약속을 지니고 있는 계약으로의 객관적인 가입이다.[16]

세례에 대한 개혁교회와 장로교회의 접근 방법에 의하면, 양식(樣式)은 상대적으로 하찮은 문제이다. βαπτίζω(밥티조)라는 동사는 뜻이 분명하지 않다. 신약 성경 시대에 중요하였던 것은 세례의 사실이나 결과들이었지, 그것이 집행된 방법이 아니었다.[17]

---

16) Hodge, *Systematic Theology*, pp.552-55.
17) Berkhof, *Systematic Theology*, p.630.

　　신약 성경 시대에 사용된 방편들은 사실상 배타적으로 침례만이 아니었으며, 그럴 수도 없었다는 지시들이 존재한다. 예를 들어, 요한은 그에게 나아온 모든 사람들을 육체적으로 침례할 수 있었는가? 빌립보의 간수는 침례를 받기에 충분한 물이 있었던 곳으로 가기 위하여 감옥에 있는 그의 근무처를 떠났는가? 침례를 받기에 충분한 양의 물이 고넬료의 집으로 옮겨졌는가? 바울이 세례를 받았을 때, 그는 아나니아가 자기를 발견한 장소를 떠났는가? 이것들은 침례가 모든 경우에 실행될 수는 없었음을 암시하는 질문들이다.[18]

　　더구나, 침례는 세례의 상징 체계를 보존하기 위하여 요청되지 않는다. 세례 의식에서 표명되는 것은 일차적으로 죽음과 부활이 아니다. 오히려 묘사되는 중심적인 개념은 정화(淨化)이다. 구약 성경의 정결예식(淨潔禮式)의 모든 수단들 ― 침례, 붓는 것, 뿌리는 것 ― 이 정화(淨化)를 묘사할 것이다. 이것들이 히브리서 9:10에서 언급되고 있는 διαφόροις(디아포로이스), βαπτισμοῖς(밥티스모이스)이다. 이런 모든 고찰들에 비추어볼 때, 우리는 적절하고 효력이 있는 모든 수단들을 자유롭게 사용할 수 있다.[19]

## 구원의 증거(token)로서의 세례

　　우리가 조사하게 될 세번째 견해는 세례를 증거, 즉 신자 안에서 초래된 내적인 변화의 외적인 상징이나 표시로 생각하는 것이다.[20] 이것은 예수 그리스도에 대한 믿음의 공적인 증거로서의 역할을 한다. 이것은 입회(入會)의식이다 ― 우리는 예수 그리스도의 이름으로(into) 세례를 받는다.[21]

　　세례의 행위는 그리스도께서 명하셨다(마 28:19-20). 이것은 그로 말미암아 제정되었기 때문에, 성례(sacrament)라기보다는 의식(ordinance)으로서 적절하게 이해된다. 이것은 세례받는 사람 안에 어떤 영적인 변화를 가져오지 않는다. 우리는 단순히 그리스도께서 그것을 명하셨고 또한 그것이 선포의 형태로서 역할을 하기 때문에 계속해서 세례를 이행한다. 이것은 구원받은 사실을 자신에게 확실하게 하며, 다른 사람들에게 단언한다.

　　세례의 행위는 아무런 직접적인 영적인 은혜나 축복도 전달하지 않는다. 특별

---

18) Ibid.

19) Hodge, *Systematic Theology*, pp. 533-34.

20) H. E. Dana, *A Manual of Ecclesiology*(Kansas City, Kans.: Central Seminary, 1944), pp. 281-82.

21) Edward T. Hiscox, *The New Directory for Baptist Churches*(Philadelphia: Judson, 1894), p. 121.

히, 우리는 세례가 믿음과 그 믿음이 이르게 되는 구원을 전제하기(presuppose) 때문에, 세례를 통하여 중생되지 않는다. 그렇다면 이것은 우리가 이미 중생함을 받았다고 하는 증거이다. 만약 영적인 유익이 존재한다면, 그것은 세례가 우리를 지역 교회의 회원이 되게 하거나 혹은 그것에 참여하게 한다는 사실이다.[22]

세례를 기본적으로 외적인 상징으로 간주하는 사람들의 견해에 의하면, 세례의 진정한 주체들에 대한 문제는 대단히 중요하다. 세례 지원자들은 이미 믿음에 기초하여 신생을 경험하였을 것이다. 그들은 신뢰할 만한 중생의 증거를 나타내 보일 것이다. 지원자를 판단하는 일에 참여하는 것은 세례를 집행하는 교회나 사람의 입장이 아니지만, 적어도 지원자가 이 의식의 의미를 이해하고 있는지를 결정해야 할 의무는 있다. 이것은 지원자에게 구두로 증언하거나 어떤 질문들에 대답할 것을 요구함으로써 결정될 수 있다. 세례를 집행하기 이전의 이러한 신중함에 대한 전례(前例)는 세례를 받기 위하여 그에게로 나아온 바리새인들과 사두개인들에게 전한 세례 요한의 말씀들 속에서 발견될 수 있다. "독사의 자식들아! 누가 너희를 가르쳐 임박한 진노를 피하라 하더냐? 그러므로 회개에 합당한 열매를 맺으라"(마 3:7-8).[23]

우리가 말하고 있는 세례는 '신자들'의 세례이다. 이것은 반드시 어른의 세례만이 아니라는 사실을 유의하라. 이것은 구원의 조건들(즉, 회개와 적극적인 믿음)을 충족한 사람들의 세례이다. 이런 입장에 대한 증거가 신약 성경에서 발견될 수 있다. 첫째로, 소극적인 주장이나 침묵으로부터의 주장이 있다. 신약 성경이 특별히 그 이름으로서 세례를 받은 것으로 확인하는 유일한 사람들은 세례를 받은 어른들이다.[24] "온 집안 사람들이 세례를 받았을 때에는 틀림없이 어린이들도 포함되었을 것이 분명하다"는 것과 "우리는 어떤 어린아이들이 세례를 받았는지 확실하게 말할 수 없다"는 주장은 신자들의 세례를 고수하는 사람들에게는 큰 비중을 지니지 못한다. 그리고 실제로 이러한 주장들은 기껏해야 보잘 것 없는 것으로 보일 뿐이다. 더구나, 성경은 그리스도에 대한 개인적이고 의식적인 신앙이 세례의 필요 조건임을 분명히 한다. 대(大)위임 명령에서, 세례를 주라는 명령은 제자를 삼으라는 명령에 이어서 나온다(마 28:19). 세례 요한은 회개와 죄의 고백을 요구하였다(마 3:2,6). 그의 오순절 설교의 결론에서, 베드로는 회개에 이어서 세례를 요청하였다(행 2:37-41). 세례가 믿음을 뒤따르는 것이 사도행전 8:12, 18:8, 19:1-7에 나오는 패턴이

---

22) Augustus H.Strong, *Systematic Theology*(Westwood,N.J.:Revell,1907), p.945.

23) Augustus H.Strong, *Systematic Theology*(Westwood,N.J.:Revell,1907), p.945.

24) Ibid.,p.951.

다.[25] 이 모든 고찰들이 도달하게 되는 결론은 책임있는 신자들이 세례를 받을 수 있는 유일한 사람들이라는 것이다.

세례의 양식에 관해서는 어떤 변화가 존재한다. 어떤 단체들, 특별히 메노나이트교도들은 침례가 아닌 방식으로 신자들의 세례를 실행한다.[26] 그러나 아마도 '신자들의 세례'를 고수하는 대부분의 사람들은 침례만을 배타적으로 이용하며 일반적으로 침례교도들과 동일시될 것이다. 세례가 개인의 삶 속에 일어난 구원의 상징과 증언으로 이해되는 곳에서, 침례가 지배적인 양식이라는 사실은 놀라운 것이 아니다. 그 이유는 이것이 영적인 죽음으로부터의 신자의 부활을 가장 잘 묘사하고 있기 때문이다.[27]

## 문제의 해결

우리는 이제 이 장의 시초에 제기하였던 문제들에 이르게 되었다. 관련되는 모든 증거들에 비추어 볼 때, 우리는 약술한 입장들 중에서 어떤 것이 가장 조리가 있는 것인지를 자문해 보아야 한다. 세례의 본질과 의미에 대한 질문은 다른 모든 질문들보다 우선되어야 한다.

### 세례의 의미

세례는 중생의 방편인가? 즉 구원에 필수적인 것인가? 많은 본문들이 이러한 입장을 지지하는 것처럼 보인다. 그러나, 좀더 면밀히 조사해 보면, 이 입장의 설득력은 덜 효과적인 것이 된다. 마가복음 16:16에서 우리는 "믿고 세례를 받는 사람은 구원을 얻을 것이요"라고 읽게 된다. 그러나 이 절의 하반부가 세례를 전혀 언급하지 않고 있다는 사실을 주목하라. 즉 "믿지 않는 사람은 정죄를 받으리라." 정죄와 관련되는 것은 세례가 아니라, 단순히 믿음의 부재이다. 귀납적인 논리의 규범에 의하면, 만약에 어떤 현상(예를 들어, 구원)이 한 경우에는 일어나고 다른 경우에는

---

25) Geoffrey W.Bromiley, "Baptism, Believers," in *Baker's Dictionary of Theology*, ed.Everett F.Harrison(Grand Rapids: Baker,1960),p.86.

26) John C.Wenger, *Introduction to Theology*(Scottdale,Pa.: Herald,1954), pp.237-40.

27) Paul King Jewett, "Baptism(Baptist View)," in *Encyclopedia of Christianity*, ed.Edwin H.Palmer(Marshalltown,Del.:National Foundation for Christian Education,1964), vol.1,p.520.

그렇지 않다면, 그것들의 다른 유일한 상황이 이 현상의 원인이다. 이렇게 해서, 마가복음 16:16은 믿음이 구원에 필수적이라는 사실에 대한 강력한 주장이지만, 세례의 문제에 관해서는 그렇게 분명하지 않다. 추가적인 고찰은 전체의 절(그리고 사실상 전체 인용절, 9-20절)이 최상의 본문들 속에서 발견되지 않는다는 사실이다.

세례의 중생이라는 개념, 즉 세례가 구원하는 은혜의 방편이라는 관념을 지지하여 인용된 또 다른 절은 요한복음 3:5이다. "사람이 물과 성령으로 거듭나지 아니하면 하나님 나라에 들어갈 수 없느니라." 그러나 세례가 여기에서 고려되고 있다는 어떤 분명한 지시도 없다. 우리는 "물로 나는"(born of water) 것이 니고데모에게 무엇을 의미하였는지를 물어보아야 하는데, 우리의 결론은 명백하지는 않지만, 세례가 아니라 씻음이나 정화의 관념을 지지하는 것처럼 보인다.[28] 이 인용절 전반에 대한 강조는 성령에 대한 것이며, 물에 대한 더 이상의 언급이 존재하지 않는다는 사실을 유의하라. 중요한 요소는 초자연적인 것(성령)과 자연적인 것(육체) 사이의 대비이다. 즉 "육으로 난 것은 육이요 성령으로 난 것은 영이니"(6절). 예수는 거듭나는 것은 성령으로 나는 것이라고 설명한다. 바람이 부는 것과 같이, 성령의 이러한 역사하심은 전혀 이해될 수 없는 것이다(7-8절). 전체적인 문맥을 고려해 보면, 물로 나는 것은 성령으로 나는 것과 같은 뜻을 가지고 있다. 그렇다면 5절에 나오는 καί(카이)는 접속사의 강조적인 용법의 한 예이며, 이 절은 이렇게 번역되어야 한다. "사람은 물로, 더욱이 성령으로 나지 아니하면, 하나님 나라에 들어갈 수 없다."

고려되어야 할 필요가 있는 세번째 인용절은 베드로전서 3:21이다. "물은 예수 그리스도의 부활하심으로 말미암아 이제 너희를 구원하는 표니 곧 세례라. 육체의 더러운 것을 제하여 버림이 아니요 오직 선한 양심이 하나님을 향하여 찾아가는 것이라." 이 절은 세례 의식이 그 자체로서 어떤 효력을 갖고 있다는 것을 부인하고 있는 것임을 유의하라. 세례는 다만 그것이 "하나님을 향하여 찾아가는 것," 즉 그에 대한 의존을 인정하는 신앙의 행동이라는 점에서만 구원한다. 우리의 구원의 진

---

28) Leon Morris, *The Gospel According to John*(Grand Rapids: Eerdmans, 1971), pp.215-16. 영국 성공회 교인인 모리스는 예수가 그리스도인의 세례를 언급하고 있다는 착상에 대하여 이렇게 논평하고 있다. "약점은 니고데모가 아직 존재하고 있지 않은 성례에 대한 언급을 도저히 이해할 수 없었을 것이라는 사실이다. 예수가 자신이 의미하는 바가 도무지 파악될 수 없는 방식으로 말씀하셨을 것이라고 생각하기는 어렵다. 그의 목적은 신비화하는 것이 아니라 밝히 설명하는 것이었다. 여하튼 이 인용절의 전체적인 취지는 교회의 어떤 의식이 아니라, 성령의 활동을 강조하는 것이었다." 또한 D.W.B.Robinson, "Born of Water and Spirit: Does John 3:5 Refer to Baptism?" *Reformed Theological Review* 25, no.1(January-April 1966):15-23을 보라.

정한 기초는 그리스도의 부활이다.

　　그 다음으로 회개와 세례가 함께 연결되어 있는 인용절들이 사도행전에 나온다. 아마도 가장 결정적인 것이 오순절날에 "형제들아, 우리가 어찌 할꼬?"(행 2:37)라는 질문에 대답한 베드로의 응답일 것이다. 그는 이렇게 대답하였다. "너희가 회개하여 각각 예수 그리스도의 이름으로 세례를 받고 죄 사함을 얻으라. 그리하면 성령을 선물로 받으리라"(38절). 그러나 이 기사의 나머지 부분의 강조는 3000명이 그의 말씀을 받았고, 그 다음에 그들이 세례를 받았다는 것이다. 베드로의 다음에 기록된 설교(3:17-26)에서는, 강조점이 회개와 회심과 그리스도를 영접하는 것에 주어진다. 세례에 대한 어떤 언급도 존재하지 않는다. 기조가 되는 절(이 19절은 세례를 받으라는 어떠한 명령도 없다는 중요한 사실을 제외하고는 2:38과 평행을 이룬다)은 "그러므로, 너희가 회개하고 돌이켜 너희 죄 없이 함을 받으라. 이같이 하면 유쾌하게 되는 날이 주 앞으로부터 이를 것이요"라고 기록되어 있다. 4장에 나오는 케리그마는 예수에 대한 믿음의 중대성에 집중한다. 즉 다시 한번 이것은 세례에 대해서는 전혀 언급이 없다(8-12절). 그리고 빌립보의 간수가 "내가 어떻게 하여야 구원을 얻으리이까?"(행 16:30)라고 물었을 때, 바울은 간단하게 대답하였다. "주 예수를 믿으라. 그리하면 너와 네 집이 구원을 얻으리라"(31절). 그는 세례를 언급하지 않았다. (그러나, 우리는 온 집안 사람들이 그 직후에 세례를 받았다는 사실을 간과해서는 안된다.) 한편으로는 회개와 회심과, 다른 한편으로는 세례 사이에는 밀접하고도 중요한 관계가 있지만, 사도행전에 나오는 이들 인용절들은 이 관계가 분리될 수 없거나 혹은 절대적이라는 사실을 지시하는 것처럼 보인다. 따라서, 회개와 회심과는 달리, 세례는 구원에 필수 불가결한 것이 아니다. 오히려, 세례는 회심의 표현이거나 결과일 수도 있는 것처럼 보인다.

　　마지막으로, 우리는 디도서 3:5을 조사해야 한다. 여기에서 바울은 하나님께서 "우리를 구원하시되, 우리의 행한 바 의로운 행위로 말미암지 아니하고 오직 그의 긍휼하심을 좇아 중생의 씻음과 성령의 새롭게 하심으로 하셨나니"라고 쓰고 있다. 만약 이것이 세례를 언급하는 것이라면, 이것은 애매하다. 오히려 "중생의 씻음"은 죄를 정화하고 용서하는 것을 언급하고 있는 것처럼 보인다. 세례는 이러한 용서의 방편이 아니라, 단순히 상징적인 묘사일 뿐이다. 우리는 세례가 중생의 방편이거나 혹은 구원에 필수적인 은혜의 통로라는 관념을 지지해주는 성경적인 증거가 거의 존재하지 않는다고 결론을 내린다.

　　더욱이, 어떤 특정한 난점들이 세례의 중생의 개념에 부가된다. 모든 함의들을 자세히 연구해 보면, 이 개념은 신약 성경에서 아주 분명하게 가르쳐지는 은혜로 말미암은 구원의 원리와 모순된다. 세례가 구원에 필수적이라는 주장은 할례가 구원에 필수적이었다는 유대교인들의 주장, 즉 바울이 갈라디아서 5:1-12에서 맹렬하게 거절하였던 주장과 필적하는 것이다. 나아가서, 대 위임 명령을 제외하고, 예수는 하나님 나라에 대한 그의 설교와 가르침에 세례의 주제를 포함하지 않았다. 사실상, 십자가상의 강도는 세례를 받지 않았으며, 받을 수도 없었다. 그러나 그는 예수의 보증을 받았다. "오늘 네가 나와 함께 낙원에 있으리라." 세례의 중생 개념과 오직 믿음으로 말미암은 구원의 성경적인 원리를 화해시키려는 시도들이 부적절한 것으로 입증되었다는 사실도 역시 유의되어야 할 것이다. 세례를 받은 유아들이 무의식적인 신앙을 소유한다는 주장이나 부모들(혹은 교회)의 신앙이 효력이 있다는 주장 중의 어떤 것도 그렇게 설득력이 없다. 그렇다면, 다양한 근거에서 볼 때, 세례가 구원을 초래하는 은혜의 방편이라는 견해는 지지될 수 없다.

세례가 사람이 계약으로 가입하는 표로서의 구약 성경의 할례 의식의 연속이거나 대체라고 하는 견해는 어떠한가? 신약 성경이 할례의 외적인 행위를 경시하는 경향이 있다는 사실이 여기에서 중요하다. 이것은 할례가 다른 외적인 행위(예를 들어, 세례)에 의해서가 아니라, 마음의 내적인 행위에 의해서 대체되어야 한다고 주장한다. 바울은 구약 성경의 할례가 유대인임을 나타내는 외적인 형식이었으며, 진정한 유대인은 내적인 유대인이라고 지적하였다. "오직 이면적 유대인이 유대인이며 할례는 마음에 할지니 신령에 있고 의문(儀文)에 있지 아니한 것이라. 그 칭찬이 사람에게서가 아니요 다만 하나님에게서니라"(롬 2:29). 바울은 할례가 지나갔을 뿐만 아니라, 할례가 그 한 부분을 차지하고 있었던 전체 구조가 대체되었다고 주장하고 있다. 오스카 쿨만(Oscar Cullmann)[29]과 다른 사람들은 세례가 신약 성경에서 할례와 동등한 것이라고 열정적으로 주장하였지만, 조지 비슬리-머리(George Beasley-Murray)는 세례가 실제로 "신자와 그리스도의 연합을 의미하였으며, 또한 그와의 연합을 통하여 옛 본성이 버려졌기 때문에, 할례의 필요성을 폐지하였다. 좀 더 낮은 할례가 좀더 큰 것에 의하여 대체되었다. 옛 계약 하에서 약속된 영적인 할례가 새 계약 하에서 세례를 통하여 현실이 되었다"[30]고 지적하였다. 만약 어떤 것이 외적인 할례를 대체하였다면, 그것은 세례가 아니라 내적인 할례이다. 그러나 바울이 골로새서 2:11-12에서 제안하였듯이, 영적인 할례와 세례 사이에는 밀접한 관계가 존재한다.

그렇다면 무엇이 세례의 의미인가? 이 질문에 대답하기 위하여, 우리는 먼저 세

---

29) Oscar Cullman, *Baptism in the New Testament*(London:SCM-1950), pp.56-70.
30) George R.Beasley-Murray, *Baptism in the New Testament*(London: Macmillan, 1962), p.315.

례와 그리스도의 죽음과 부활 안에서 우리와 그리스도의 연합됨 사이에 강한 관련이 존재한다는 사실을 유의하게 된다. 바울은 로마서 6:1-11에서 이 점을 강조하였다. 부정 과거 시제가 사용된다는 사실은 어떤 특정한 순간에 신자가 실제로 그리스도의 죽음과 부활에 연결된다는 것을 암시한다. "무릇 그리스도 예수와 합하여 세례를 받은 우리는 그의 죽으심과 합하여 세례 받은 줄을 알지 못하느뇨? 그러므로 우리가 그의 죽으심과 합하여 세례를 받음으로 그와 함께 장사되었나니 이는 아버지의 영광으로 말미암아 그리스도를 죽은 자 가운데서 살리심과 같이 우리로 또한 새 생명 가운데서 행하게 하려 함이니라"(3-4절). 둘째로, 우리는 사도행전이 종종 믿음과 세례를 함께 결합한다는 사실을 주목한다. 세례는 대개 믿음에 이어서 따라오거나 그것과 거의 동시에 일어난다. 바울은 회심할 때에 눈이 멀게 되었다. 하나님의 명령을 받은 아나니아가 직가(直街)라 하는 거리에 있는 집으로 가서, 바울에게 말하고, 그에게 안수하였을 때, 비늘과 같은 것이 바울의 눈에서 떨어지고 그는 다시 볼 수 있게 되었다. 그리고 나서 그는 일어나서 세례를 받고 음식을 먹었다(행 9:18-19). 여러 해 후에, 이 사건을 예루살렘의 군중들에게 다시 이야기하면서, 바울은 아나니아가 자기에게 한 말을 인용하였다. "이제는 왜 주저하느뇨? 일어나 주의 이름을 불러 세례를 받고 너의 죄를 씻으라"(행 22:16). 아나니아의 말은 세례를 받을 때 사람이 주의 이름을 부른다는 사실을 암시하고 있다. 그렇다면 세례는 그 자체로서 믿음과 헌신의 행동이다. 믿음은 세례 없이도 가능하지만(즉 구원은 사람이 세례받았다는 사실에 의존하지 않는다), 세례는 믿음의 자연적인 부속물이며 완성이다.

그렇다면 세례는 사람이 그리스도의 죽음과 부활 안에서 그리스도와 연합되었다는, 즉 사람이 영적인 할례를 경험하게 되었다고 하는 믿음의 행위이며 증언이다. 이것은 사람의 그리스도에 대한 헌신을 공적으로 표시하는 것이다. 칼 바르트(Karl Barth)는 그의 주목할 만한 작은 책 「세례에 관한 교회의 가르침」(*The Teaching of the Church Regarding Baptism*)의 최초의 언급에서 이 점을 바르게 언급하였다. "기독교 세례는 본질에서 성령의 능력에 의하여 예수 그리스도의 죽음과 부활에 참여함을 통한 인간의 갱신의 표현이며, 그것과 더불어 인간의 그리스도와의 연합의 표현이며, 그리스도 안에서 종결되고 실현된 은혜의 계약과, 그리고 그의 교회와의 교제와 연합됨의 표현이다."[31]

세례는 선포의 강력한 형태이다. 이것은 그리스도가 행하신 것의 진리를 표명하는 것이다. 이것은 그리스도의 죽음과 부활에 신자가 참여하고 있음을 증거하는 "물

---

31) Karl Barth, *The Teaching of the Church Regarding Baptism*, trans. Earnest A.Payne (London:SCM,1948),p.9.

로 된 말씀"이다(롬 6:3-5). 이것은 단순한 표시라기보다는 오히려 상징이다. 그 이유는 이것이 전달하는 진리에 대한 생생한 그림이기 때문이다. 표시와 그것이 표현하는 것 사이에는 어떤 고유한 관계도 존재하지 않는다. 예를 들어, 녹색 신호등이 우리에게 멈추지 말고 가라고 말하는 것은 단순히 관습에 의한 것이다. 이와는 대조적으로, 철도 건널목의 표시는 표시 이상의 것이다. 이것은 또한 하나의 상징인데, 그 이유는 이것이 도로의 건널목과 철도의 선로를 지시하도록 의도된 대충적인 그림이기 때문이다. 세례는 단순한 표시가 아니라 상징인데, 그 이유는 이것이 실제로 신자가 그리스도와 함께 죽고 다시 사는 것을 묘사하기 때문이다.

### 세례의 주체들

우리는 다음으로 세례의 진정한 주체들에 대한 문제로 돌아가게 되었다. 여기에서 문제는 유아 세례나 혹은 신자들의 세례(즉, 세례가 그리스도의 속죄의 사역에 대한 믿음을 고백하는 사람들에게 제한되어야 한다는 입장)를 고수할 수 있는가 하는 것이다. 우리의 이분법이 유아 세례와 어른 세례 사이에 있지 않다는 것을 유의하라. 그 이유는 유아 세례를 부인하는 사람들은 세례 지원자들이 실제로 믿음을 나타낼 것을 요구하기 때문이다. 우리는 신자들의 세례가 그 정확한 입장이라고 주장한다.

가장 중요한 고찰들 가운데 하나는, 유아들이 세례를 받았다는 실제적인 신약 성경의 지적이 결여되어 있다는 것이다. 한가지 인상적인 고백이 "영국 성공회의 세례와 견진성사와 거룩한 성찬에 관한 합동위원회"의 보고서인, 「오늘날의 세례와 견진성사」(*Baptism and Confirmation Today*)에서 이루어졌다.

> 세례를 받는 사람들은 정상적으로는 유아들이 아니라 어른들이었음이 분명하다. 그리고 신약 성경에 유아 세례를 위한 어떤 결정적인 증거도 없다는 사실이 인정되어야 한다. 우리가 말할 수 있는 전부는 세례를 받은 것으로 언급되는 이 "온 집안"이 어린이들을 포함하였을 가능성이 있다는 것이다(행 16:15,33; 고전 1:16). 그러나 어쨌든 신약 성경의 세례 교리(doctrine)가 첫 3세기 동안의 저자들에게서도 역시 사실이었던 것처럼, 어른들의 세례와 관련하여 진술된다는 것은 분명하다 … 신약 성경의 모든 기록된 세례 사건에서는, 복음이 들려지고 받아들여졌으며, 믿음의 조건(그리고 아마도 회개의 조건)이 성례를 받기 이전에 의식적으로 이행되었다.[32]

다수의 신약 성경 학자들이 이제 이 점을 인정한다. 그들은 온 집안의 세례가

---

32) *Baptism and Confirmation Today*(London:SCM, 1955), p.34.

유아들을 포함하였을 가능성이 있다는 그 이상으로 더 강하게 주장하지는 않는다.

그러나 어떤 학자들은 좀더 활발한 접근 방법을 취한다. 그들 가운데 요아킴 예레미아스(Joachim Jeremias)가 있는데, 그는 세례를 받은 그 집안에 유아들이 있었음에 틀림없다고 주장하였다. 사도행전 11:14(또한 10:48을 보라); 16:15; 16:31-34; 18:8; 고린도전서 1:16과 관련하여 그는 이렇게 진술한다. "이 다섯가지 사례 전부에서 나타나는 언어학적인 증거는 '집'의 개념을 가족의 어른 구성원들에게 제한하지 못한다는 사실을 보여준다. 이와는 반대로 이것은 세례를 받은 사람이 '모든 구성원들을 포함하는 온 가족'임을 분명히 보여준다."[33]

그러나 비슬리-머리는, 이런 주장의 방향이 합리적인 것처럼은 보이겠지만, 예레미아스가 의도하였던 것 이상의 결론에 이르게 되는데, 그 이유는 문제의 이 집안이 세례 이상의 것을 경험하였기 때문이다. 예를 들어, 비슬리-머리는 "예레미아스의 원리에 의하면 〔사도행전 10:44-48〕의 의미에 대하여 어떤 의혹도 받아들여져서는 안된다. 고넬료의 온 집안이 말씀을 들었고, 모두가 성령을 받았으며, 모두가 방언으로 말하였고, 모두가 세례를 받았다. 즉 참여한 유아들도 역시 말씀을 들었고, 성령을 받았으며, 방언으로 말하였고 그렇게 해서 세례를 받았다. 이것에는 어떤 예외도 허용될 수 없다!"[34] 물론 이 인용절과 그것과 같은 다른 인용절들에 대한 또다른 해석이 있다. 이들 집안의 온 식구가 세례를 받기 위한 조건들을 충족하였을 가능성이 있다. 그들은 믿고 회개하였다. 물론, 그 경우에, 관련된 모든 개인들은 알고 책임질 수 있는 나이에 도달하였다.

유아 세례를 지지하여 사용된 또다른 주장은 예수의 안수하심을 바라고 예수께로 인도되었던 어린이들(마 19:13-15; 막 10:13-16; 눅 18:15-17)이 실제로 세례를 받기 위하여 인도되었다는 것이다. 스코틀랜드 교회의 세례에 관한 특별 위원회는 1955년의 중간 보고서에서 "나를 믿는 이 소자들"(마 18:6)이라는 예수의 표현은 그들이 "그리스도와 합하여 세례를 받았다"는(갈 3:27) 것을 의미한다고 주장하였다.[35] 이 보고서는 나아가서 마태복음 18:3과 마가복음 10:15, 그리고 누가복음 18:17이 요한복음 3:3과 3:5과 평행을 이루며, 이 모든 인용절들이 세례를 언급하고 있다는 사실을 증명하려고 하였다.[36] 이것은 예레미야의 주장에 대한 상세한 설

---


33) Joachim Jeremias, *The Origins of Infant Baptism: A Further Study in Reply to Kurt Aland*, trans.Dorothea M.Barton(London:SCM.1965)-p.25.

34) Beasley-Murray, *Baptism*, p.315.

35) The Church of Scotland, "Interim Report of the Special Commission on Baptism," May 1955, p.23.

36) Ibid., p.25.

명이다. 비슬리-머리는 보고서의 이 부분에 대하여 이렇게 논평하고 있다. "이 주석의 어떤 부분은 내게는 대단히 있을 수 없는 것으로 보인다. 나는 어떻게 20세기 중반의 책임있는 단체의 신학자들이 그들의 이름으로 그것이 출판되도록 허용하였는지를 이해할 수 없다."[37]

예레미아스와 쿨만은 둘 다 마가복음 10:13-16과 평행절들을 '삶의 정황'(Sitz im Leben), 즉 초대 교회 상황의 관점에서 보고 있다. 그들은 교회가 유아 세례의 실행을 정당화하기 위하여 이 기사들이 복음서에 포함되었다고 믿고 있다.[38] 이 문제에 대한 분석과 평가는 우리의 논고의 범위를 넘어가지만,[39] 문제의 인용절들은 세례를 언급하지 않는다는 사실을 깨닫는 것이 중요하다. 물론, 복음서 안에 그것들을 포함한 목적이 유아 세례를 정당화하려는 것이었다면, 인접한 문맥의 어느 곳에서라도 세례에 대한 명백한 언급이 있었을 것이다. 예수가 누구든지 하늘 나라에 들어오려는 사람은 어린아이와 같이 되어야 한다고 말씀했을 때, 그는 세례가 아니라, 단순한 신뢰의 필요성에 대한 논지를 입증하고 있었다.

마지막으로, 우리는 유아들의 세례에 대한 주장이 세례가 구원하는 은혜의 방편이라는 견해이든가 아니면 구약 성경의 할례와 같이 세례가 계약으로 들어오는 징표와 보증이라는 견해에 의존하고 있다는 사실을 유념하게 된다. 이 두 가지 견해들이 부적절한 것으로 발견되었기 때문에, 우리는 유아 세례가 지지될 수 없다고 결론을 내려야 한다. 신약 성경의 어느 곳에서도 믿음을 나타내기 이전에 개인이 세례를 받은 분명한 사례가 제시되지 않는다는 사실에서와 같이, 세례의 의미는 우리에게 신자들의 세례의 입장을 고수할 것을 요청한다.

### 세례의 양식

언어학적인 자료들에 근거하여 세례의 적절한 양식에 관한 문제를 해결하는 것은 불가능하다. 그러나 우리는 βαπτίζω(밥티조)의 지배적인 의미가 "물 속에 담그거나 던져넣는다"[40] 는 것임을 주목해야 한다. 루터와 칼빈도 침례가 이 용어의 기본적인 의미이며 초대 교회가 시행하였던 세례의 본래적인 형태임을 인정하였다.[41] 침례

---

37) Beasley-Murray, *Baptism*, p. 311, n. 27.

38) Joachim Jeremias, *Infant Baptism in the First Four Centuries*, trans. David Cairns (Philadelphia: Westminster, 1960), p. 51; Cullmann, *Baptism*, pp. 72-78.

39) Beasley-Murray, *Baptism*, pp. 322ff를 보라.

40) Henry George Liddell and Robert Scott, *A Greek-English Lexicon*, (Oxford: Clarendon, 1951), vol. 1, pp. 305-06.

가 성경적인 절차라고 주장하는 몇가지 고찰들이 존재한다. 요한은 애논에서 "거기에 물들이 많았기 때문에"(요 3:23) 세례를 주었다. 요한에게 세례를 받으시고, 예수께서 "물에서 올라오셨다"(막 1:10). 복음을 들은 에티오피아 내시는 빌립에게 "보라 물이 있으니 내가 세례를 받음에 무슨 거리낌이 있느뇨?"(행 8:36)라고 말하였다. 그리고 나서 둘 다 물에 내려가서 빌립이 그에게 세례를 주고, 그들이 물에서 올라왔다(38-39절).

그러나 침례가 우리에게 역사적으로 권위있는 것 이상으로 원래 사용되었던 양식이었다는 것이 사실인가? 즉, 이것은 또한 규범적으로도 우리에게 권위가 있는가? 신약 성경 시대에 따랐던 절차가 침례였다는 데는 의심의 여지가 없다. 그러나 그것은 우리가 오늘날도 침례를 거행해야 한다는 것을 의미하는가? 그렇지 않으면 다른 가능성들이 있는가? 이 양식이 결정적인 것으로 보지 않는 사람들은 세례의 의미와 그것이 집행되는 방식 사이에는 어떤 본질적인 관련도 없다고 주장한다. 그러나, 우리가 의미에 관한 논의에서 진술한 대로, 만약 세례가 진실로 상징이며, 단순히 정해지지 않은 표시가 아니라면, 우리는 마음대로 이 양식을 변경할 수 없다.

로마서 6:3-5에서 바울은 세례가 거행되는 방법(사람이 물속으로 내려졌다가 물에서 일으켜진다)과 그것이 상징하는 것(죄에 대한 죽음과 그리스도 안에서의 새로운 삶 — 그리고 그밖에 세례는 신자의 죄에 대한 죽음과 새 삶의 토대인 그리스도의 죽음과 장례(매장), 부활을 상징한다) 사이에 중요한 관련이 있다고 주장하는 것처럼 보인다. 비슬리-머리는 이렇게 말한다.

주석가들의 빈번한 부인에도 불구하고, 세례받는 자가 죽었다(died)는 것이 아니라 죽은 자(dead)로서 매장된다는 바울의 진술의 동기가 침례로서의 세례의 본질이라고 믿는 것이 틀림없이 합리적이다. 매장을 의미하는 것으로서의 침례의 상징 체계가 두드러진다. 그리고 만약 세례가 도대체 예언적인 상징 체계와 비교되어야 한다면, 상징으로 나타난 행동과 사건의 비교는 중요하지 않은 것이 아니다. "침례는 일종의 매장이고 … 일종의 부활의 출현이다"라는 다드(C.H.Dodd)의 진술과 같은 것은 확실히 케리그마가 세례에 이러한 의미를 부여하였기 때문에 비로소 이루어질 수 있다. 즉 이것의 전체적인 의미는 그리스도와 그의 구속으로부터 유래된다 — 이것은 활동적인 케리그마이다. 그리고 만약 이 행동이 케리그마의 내용을 적절하게 표상한다면, 그것의 언어는 그만큼 더 분명하게 된다. 그러나, 우리는 세례의 "그와 함께"는 모방이 아니라, 복음에 기인한 것이라고 반복하여 말한다. 이것은 "그의 죽음에 대한 것"이다. 그리스도와 그의 죽음, 그리스도와 그의 다시 사심이 이 의식에 모든 의미를 부여한

---

41) *What Luther Says*, comp.Ewald M.Plass(St.Louis:Concordia, 1959),vol.1,pp.57-58;John Calvin, *Institutes of the Christian Religion*,book 4,chapter 16,section 13.

다. 초기의 영국 침례교도들 가운데 한 사람이 제기하였듯이, 세례 받는 것은 "물 속에 죽은 자로서 담가지는 것"이어야 한다.[42]

사람들은 침례교도인 비슬리-머리가 이 문제와 관련하여 편견을 갖고 있다고 주장할 수도 있을 것이다. 그러나 개혁교회 학자인 칼 바르트에 대해서는 같은 것이 언급될 수 없다. 그는 이렇게 썼다.

> 헬라어 단어인 βαπτίζω(밥티조)와 독일어 단어인 taufen(Tiefe, 깊이에서 나왔다)은 사람이나 물건이 물 속에 완전히 가라앉았다가 다시 그것으로부터 꺼내지는 과정을 처음부터 적절하게 묘사하고 있다. 이런 방식으로 실행된 초기의 세례는 구약 성경의 할례와 정확하게 닮은, 즉 생명에 대한 직접적인 위협의 특성과, 그것에 즉시 따라오는 상응하는 구원과 보호, 즉 세례로부터 일으켜지는 양식을 갖고 있었다. 특별히 관수식이 실제적인 물에 젖음으로부터 물을 뿌리는 것으로, 그리하여 사실상 가능한 한 적은 물로서 단순히 적시는 것으로 축소되었을 때, 사람들은 침례로 거행된 세례가 — 서양에서 중세까지 시행되었다 — 나중에는 관례적인 것이 되어버린 관수식이 보여주었던 것보다 훨씬 더 감동적인 방식으로 표현된 것을 보여주었다는 사실을 거의 부인할 수 없다 … 거행하는 시설과 건강, 타당성이 이것을 다른 방식으로[즉, 세례를 원래의 형태가 아닌 다른 방식으로 거행하는 것] 행하게 되는 중요한 동기들이라는 것이 이 문제와 관련하여 될 수 있는 결어(結語)가 아닐까[43]

이러한 고찰들에 비추어 보면, 침례가 몇가지 입장에서 가장 적절한 것으로 보인다. 이것은 유일하게 효력이 있는 세례의 형태가 아닐지는 모르지만, 세례의 의미를 가장 완전하게 보존하고 성취하고 있는 형태이다.

어떤 양식이 채택되든 간에, 세례는 가볍게 취급되어야 할 문제는 아니다. 이것은 신자와 그리스도의 연합의 징표이며, 동시에 그 연합에 대한 고백으로서, 그 관계를 좀더 굳게 결속시키는데 도움이 되는 추가적인 믿음의 행동이기 때문에 대단히 중요하다.

---

42) Beasley-Murray, *Baptism*, p. 133.
43) Barth, *Teaching*, pp. 9-10.

# 53

# 교회의 계속적인 의식: 성만찬

사용되는 떡과 포도즙

성례식의 빈도(頻度)

세례가 입교 의식이라면, 성만찬은 유형 교회의 계속적인 의식이다. 예비적인 방식으로, 이것은 그리스도 자신이 그의 죽음을 기념하여 행하도록 교회를 위하여 제정하신 의식으로 정의될 수 있을 것이다.

우리는 곧 성만찬에 대한 이상한 사실과 마주치게 된다. 기독교의 거의 모든 분파들이 이것을 거행한다. 이것은 기독교의 거의 모든 부분들을 연합하는 공통된 요소이다. 그러나 다른 한편으로, 많은 상이한 해석들이 존재한다. 역사적으로, 이것은 다양한 기독교 집단들을 실제로 떨어져 나가게 하였다. 이것은 오늘날에도 마찬가지로 그런 영향력을 갖고 있다. 따라서 이것은 동시에 기독교계를 연합하고 또한 분리시키는 요소이다.

철학적인 전제들이 성만찬의 주요 견해들을 형성하는데 큰 역할을 하였다. 이 전제들 가운데 어떤 것들은 중세 시대에 일어났던 논쟁과 분쟁들을 반영하고 있다. 많은 경우에, 전제들의 기초가 되는 철학적인 입장들은 변경되었거나 심지어 폐기되었다. 게다가 오늘날은 철학적인 문제들이 훨씬 덜 지향된다. 그러나 이상하게도, 중세의 철학적 논쟁들의 신학적인 결과들은 좀처럼 사라지지 않고 남아 있다. 그러므로, 성만찬의 상이한 견해들이 의존하고 있는 전제들을 분리해 내는 것이 중요할 것이다.

어떤 경우에는 성만찬의 영적이거나 실제적인 가치에 대한 주제가 이론적인 문제들에 대한 논쟁 속에서 사라져 버리게 되었다. 이론적인 문제들은 중요하기 때문에(그것들은 영적인 고찰들에 영향을 미친다), 그것들은 너무 빨리 처리되어 버리면 안된다. 그러나 만약, 우리가 전문적인 문제들에 빠져서, 실제적인 의미를 다루는 데로 나아가지 못한다면, 우리는 그리스도께서 성만찬을 제정하신 전체적인 진의를 놓쳐버리게 될 것이다. 이것이 의미하는 바를 파악하는 것으로는 충분하지 않다. 우리는 또한 그것이 의미하는 바를 경험해야 한다.

## 일치되는 주제들

몇가지 전통들이나 종파적인 집단들이 의견을 같이 하는 그런 문제들에서부터 성만찬에 대한 우리의 연구를 시작하는 것이 적절할 것이다. 이러한 일치되는 주제들은 광범위하며 또한 매우 중요한 것이라는 사실이 강조되어야 한다. 우리가 그것들을 적절하게 조사해 보면, 우리는 견해가 일치하지 않는 영역들을 확인할 수 있을 것이다.

### 그리스도가 제정하심

오랜 기간 동안, 예수 자신이 성만찬을 제정하셨다는 데에 의문의 여지가 없었다. 이 의식이 그에게로 거슬러 올라가야 한다는 사실이 신약 성경의 모든 학자들에 의하여 단순히 가정되었다. 이 문제를 진지하게 질문하게 한 최초의 요청은 신약 성경에 대한 주석(1800-1804)과 「예수의 생애」(1828)라는 책에서의 파울루스(H.E.G.Paulus)였다. 다비드 스트라우스(David Strauss)도 역시 그의 「예수의 생애」 첫판(1835)에서 이것을 부인하였지만, 그가 단순히 사소한 것들만을 문제삼았던 후기의 인기있는 판(1864)에서는 그 가능성을 인정하였다.[1] 오늘날 어떤 양식 비평가들도 역시 성만찬을 제정하시는 예수의 진술들의 진정성에 이의를 제기한다. 예를 들어, 데이비스(W.D.Davies)는 "랍비의 정신을 통하여 걸러진 그 말씀들의 침전물"에 대해서 말한다.[2]

그러나 대부분은 성만찬의 제정이 예수 자신에게로 거슬러 올라간다는데 동의한다. 그 증거는 세 공관복음이 이 의식을 시작하시는 말씀들을 그의 것으로 여기는데 동의한다는 사실을 포함한다(마 26:26-28; 막 14:22-24; 눅 22:19-20). 비록 세세한 내용에서는 변화들이 있지만, 공관복음의 공통된 골자는 구전 전승의 초기에 포함되었음을 입증하고 있다.[3] 이외에도, 고린도전서 11:23-29에서 바울은 성만찬의 제정에 대한 유사한 설명을 하고 있다. 그는 지금 그가 독자들에게 넘겨주는(παραδίδωμι, 파라디도미) 것을 주께로부터 받았다(παραλαμβάνω, 파라람바노)고 말한다. 바울은 그의 편지에 있는 사실들이 주로 말미암아 직접 그에게 계시되었는지, 아니면 다른 사람들에 의하여 그에게 전해졌는지에 대해서는 말하지 않지만,

---

1) "Lord's Supper," in *The New Schaff-Herzog Encyclopedia of Religious Knowledge*, ed.Samuel Macauley Jackson(New York: Funk and Wagnalls, 1908), vol.7, p.24.
2) W.D.Davies, *Paul and Rabbinic Judaism*(London:S.P.C.K., 1948), pp.246-50(p.240에서 인용).
3) Joachim Jeremias, *The Eucharistic Words of Jesus*(New York: Macmillan, 1955), pp.68-71.

παραλαμβάνω(파라람바노)라는 동사는 이 기사(記事)가 다른 사람들에 의해 전해졌고, 그가 그것을 고린도교회에 전하는 것은 이 전달 과정의 연속이라는 사실을 암시하고 있다.[4] 바울은 아마도 이 기사를 목격자들, 즉 사도들로부터 들었을 것이다. 여하튼 바울의 기사에 포함된 내용은 아마도 최초의 복음서인 마가복음이 기록되기 몇 년 전에 전승이 존재하였다는 사실을 보여준다.[5] 우리는 예수가 말씀하신 정확한 말씀들을 결정할 수는 없겠지만, 그가 자신의 이름을 지니고 있는 의식, 즉 성만찬(Lord's Supper, 주의 만찬)을 제정하셨다는 사실을 알 수 있는 것으로 결론을 내린다.

### 반복의 필요성

어떤 신학자들은 예수 자신이 성만찬을 제정하셨지만, 그것을 반복하라는 명령을 내리지는 않으셨다고 주장한다. 이러한 결론은 마태복음과 마가복음이 그들의 기사에서 "이것을 행하여 나를 기념하라"는 말씀을 포함하고 있지 않다는 사실에 근거한 것이다.[6] 어떤 편집 비평가들은 누가가 그가 받은 전승 속에는 포함되어 있지 않았으나, 이 명령을 본문 속에 덧붙여 편집해 넣었다고 추측한다. 그러나 마태복음과 마가복음에 빠져 있다는 사실이 이 명령이 진정성이 없다는 것을 입증하지는 않는다. 누가는 독립적인 자료들을 갖고 있었는지도 모른다. 여하튼 누가는 성령의 영감 하에서 글을 썼기 때문에, 그의 편지 전부가 하나님의 말씀이며, 따라서 이런 특별한 점에서 우리들에게 권위가 있고 구속력이 있다.

이외에도, 바울의 기사는 "이것을 행하여 나를 기념하라"(고전 11:24-25)는 명령을 포함하고 있으며, 또한 "너희가 이 떡을 먹으며 이 잔을 마실 때마다 주의 죽으심을 오실 때까지 전하는 것이니라"(26절)고 계속한다. 우리는 이러한 고찰들에 교회의 의식을 더해야 한다. 분명히 신자들은 아주 초기로부터 성만찬을 집행하였다. 틀림없이 이것은 바울의 고린도전서가 쓰여진 시기(주후 55년)에 교회에 의해서 이미 집행되었다. 이것은 예수의 말씀에 대한 바울의 보도의 진정성을 점검하였던 목격자들이 살아있는 동안에는 용이한 것이었다. 그렇다면, 성례를 반복하라는 명령이 예수에게로 거슬러 올라가는 것처럼 보일 것이다.

성만찬을 반복하라는 명령이 없었다고 한다면, 우리는 성만찬의 목적(point)이

---

4) Donald Guthrie, *New Testament Theology*(Downers Grove, Ill. : Inter-Varsity, 1981), p. 758.
5) Jeremias, *Eucharistic Words*, pp. 27-35.
6) Ibid., p. 110.

무엇이었는지에 대해서도 역시 물어 볼 필요가 있다. 그런 경우에, 떡과 포도즙은 참석한 무리들에게만 의미가 있었을 것이다. 떡과 포도즙은 열한 사도를 위한 어떤 일종의 사적인 목적의 수업을 제정하신 것이었을 것이다. 그리고 성만찬의 보도는 단지 역사적인 기록을 위하여서만 복음서에 통합되었을 것이다. 그러나 우리는 마가복음의 저작 시기(주후 60-62)에 의하여 최후의 만찬(예수의 사역의 대부분의 다른 사건들과는 달리)의 역사적인 기사(記事)를 위한 긴급한 필요성이 더 이상 존재하지 않았음을 알고 있다. 바울의 상세한 역사적이고 교훈적인 기사가 이미 유포되고 있었다. 그럼에도 불구하고 마가와 다른 공관복음 기자들이 최후의 만찬에 대한 보고를 포함하는 것을 적당하다고 보았던 것은 그들이 대체로 그것을 역사적인 사건 이상의 것으로서 간주하였다는 사실을 암시한다. 예수가 장래의 세대들을 위하여 이것이 계속적인 의식이 되도록 의도하셨기 때문에 그들이 성만찬을 자기들의 복음서에 포함하였다고 추론하는 것이 합당할 것이다. 그런 경우에, 이들 두 저자가 그 효과에 대하여 어떠한 전망도 기록하지 않고 있다 하더라도, 마태와 마가의 기사(記事)들 속에 성만찬이 포함된 것은 이 의식이 규칙적으로 반복되어야 한다는 증거이다.

### 선포의 형태

떡과 포도즙이 단순한 상징들 이상의 것인지에 대해서는 견해차가 있으나, 성만찬이 적어도 그리스도의 죽음의 사실과 의미에 대한 구상적인 설명이라고 하는 일반적인 동의가 모든 종파들 간에 존재한다. 바울은 성만찬이 선포의 형태라는 사실을 특별히 지적하였다. "너희가 이 떡을 먹으며 이 잔을 마실 때마다 주의 죽으심을 오실 때까지 전하는 것이니라"(고전 11:26). 떡과 잔을 취하는 행동은 복음의 극화(劇化), 즉 그리스도의 죽음이 성취한 것에 대한 생생한 표현이다. 이것은 우리의 구원의 기초로서의 그의 죽음을 소급하여 지시하고 있다. 그러나 그 이상으로, 이것은 또한 현재의 진리, 즉 정신과 마음의 적절한 구조의 중대성을 선포한다. 성찬 배령자들은 떡을 먹고 포도즙을 마시기 전에 스스로를 살펴야 한다. 누구든지 "주의 몸을 분변치 못하고 먹고 마시는 자는 자기에게 임할 심판을 먹고 마시는 것이니라"(28-29절). 합당치 않은 태도로 떡을 먹거나 주의 잔을 마시는 것은 주의 몸과 피에 대하여 죄를 범하는 것이다(27절). 우리는 "몸을 분변하는 것"(29절)에 대한 바울의 언급이 교회가 적절하게 인정되지 않고 있었다는 사실을 의미하는 것으로 해석할 수도 있겠지만, "주의 몸과 피"(27절)라는 표현은 바울이 예수의 죽음을 실세로 생각하고 있었다는 증거이다. 그리스도가 성취하신 것에 대한 정확한 이해와 그와의 중대한 관계를 갖는 것 이외에, 성찬배령자들은 서로 사이좋게 지내야 한다. 바울은 고린도교회 내에 분열이 있었다는 사실을 원통한 마음으로 언급하였다(18절). 떡과 포도즙을 먹는 데에 어떤 사람들은 실제로 성만찬을 먹지 않았는데(20절), 그 이유는 그들이 다른 사람들을 기다리지 않고 단순히 미리 가버렸기 때문이다(21절). 동료 그리스도인들과 교회를 무시하는 것은 성만찬을 부인하는 것이다. 따라서 성만찬은 예수의 지나간 죽음의 상징인 만큼 신자들과 주(主)의, 그리고 서로 서로의 현재적인 중대한 교제의 상징이기도 하다. 이것은 또한 장래의 사실에 대한 선포이다. 즉 이것은 주의 재림을 기대한다. 바울은 이렇게 썼다. "너희가 이 떡을 먹으며 이 잔을 마실 때마다 주의 죽으심을 그가 오실 때까지 전하는 것이니라."(26절).

### 참여자에 대한 영적인 유익

성만찬에 참여하는 모든 그리스도인들은 자신들에게 영적인 유익을 주시는 것으로서 그것을 생각한다. 이런 의미에서, 모두가 성만찬이 신성한 것(sacramental)이라는데 동의한다. 이것은 주 안에서 자라는 영적인 성장의 방편이거나 적어도 근거가 될 수 있다. 성만찬을 취함으로써 주어지는 유익의 성질에 대해서는 다양한 이해들이 존재한다. 이러한 영적인 유익을 받기 위한 필요 조건들에 대해서도 역시 다양한 이해들이 존재한다. 그러나 단순히 주의 명령이 우리에게 그렇게 하도록 의무를 지우기 때문에, 우리가 떡과 포도즙을 취하는 것은 아니라는 데에는 모두가 일치한다. 참여하는 것은 실제로 성찬 배령자에게 유익한 효력을 갖고 있다. 이것은 그 점에서 구원이나 성장으로 인도하거나 공헌한다.

### 그리스도의 제자들에게 제한됨

모든 종파들은 성만찬이 모든 사람들에게 마구잡이로 시행되어서는 안된다는데 동의한다. 이것은 어떤 방식에서는 개별적인 신자와 주(主)와의 관계 사이에 포함된 제자됨의 상징(token)이다. 따라서, 이것은 주의 제자가 아닌 사람에게는 시행되어서는 안된다.

이러한 제한은 성만찬이 처음부터 제자들의 내부 집단에서 시행되었다는 사실에 근거하고 있다. 이것은 예수께로 나온 다수의 사람들과는 함께 나누어지지 않았는데, 그들 중 어떤 사람들은 단순히 호기심이 강해서 혹은 그로부터 어떤 개인적인 은혜를 바라는 마음에서 나온 사람들이었다. 오히려 최후의 만찬은 그리스도에게 가장 완전하게 헌신하였던 사람들의 친밀한 모임 속에서 나누어졌다. 더욱이, 이 무리가 정화되어야 했다는 사실을 기억하라. 예수를 배반하였던 유다는 이 식사의 중간에 분명히 무리를 떠났다.

신자들에게로 성만찬이 제한되었다는 것은 우리가 앞에서 주목했던, 자기 성찰에 대한 바울의 진술에 의해서도 역시 확증된다. 사람이 자신을 살피는 것이 필수적이었다. 그렇게 해서 그는 합당하게 먹고 마실 수 있는 것이다. 우리는 떡과 포도즙을 취하기 위하여, 한 사람의 신자일 뿐만 아니라, 실천적인 신자가 되어야 한다. 그것보다 적은 어떤 것도 죄이다(고전 11:27-34).

### 수평적인 차원

성만찬은 주의 몸이거나 혹은 그것을 나타낸다. 이것은 또한 몸, 즉 교회를 위한 것이다. 고린도전서 10:15-17에서 바울은 모두가 그리스도의 몸인 한 떡에 참예하고 있기 때문에, 그들 모두가 한 몸이라고 주장한다. 이것이 고린도전서 11:17-22에 나오는 바울의 진술들의 배경이다. 교회의 구성원들이 당파들로 나누어지거나 그들과 함께 한 떡에 참예한 다른 사람들을 멸시하는 것은 성례전에 대한 남용이며 반대이다. 성만찬은 교회의 의식(ordinance)이다. 이것은 갈라져서 고립되어 있는 개인들에 의해서는 적절하게 시행될 수 없다. 이것은 그리스도의 기능적인 '몸'(body)의 소유이다.


## 논쟁적인 주제들

### 그리스도의 임재

성만찬에 관한 논쟁적인 문제들 가운데에서, 그리스도의 임재의 본질이 아마도 가장 두드러진 논쟁점이었을 것이다. 이 의식의 유효성과 가치를 포함하여, 다른 문제들에서는 일치하였던 마틴 루터(Martin Luther)와 울리히 츠빙글리(Ulrich Zwingli)도 이 점에 관해서는 일치에 도달할 수 없었다. 문제는 그리스도의 몸과 피가, 사용된 떡과 포도즙에 실제로 임재하는가 하는 여부와 그것의 의미에 관계한다. 즉, 우리는 "이것은 내 몸이다"와 "이것은 내 피다"라는 진술들을 어느 정도나 문자적으로 해석할 수 있는가? 몇가지 답변들이 이 질문에 대하여 주어졌다.

1. 떡과 포도즙은 그리스도의 육체적인 몸과 피이다.[7]

---

7) Joseph Pohle, *The Sacraments: A Dogmatic Treatise*, ed. Arthur Preuss (St. Louis: B. Herder, 1942), vol. 2, p. 25.

2. 떡과 포도즙은 육체적인 몸과 피를 포함한다.[8]
3. 떡과 포도즙은 몸과 피를 영적으로 포함한다.[9]
4. 그것들은 살과 피를 상징한다.[10]

### 의식의 유효성

성만찬의 가치는 무엇인가? 그것은 참여자들을 위하여(혹은 안에서) 실제로 무엇을 성취하는가? 한 가지 입장은 이것이 실제로 성찬 배령자에게 은혜를 전달한다는 것이다. 이 의식은 그 안에서 다른 방식으로는 일어나지 않을 영적인 변화들을 초래하는 능력을 갖고 있다. 두번째 입장은 성만찬이 참여자들을 살아계신 그리스도와의 교제로 인도하는데 이바지한다는 것이다. 그는 영적으로 임재하시고, 이렇게 해서 우리는 그를 만남으로부터 은혜를 받는다. 그러나 은혜의 근원은 의식 그 자체가 아니라, 만남이다. 이 의식은 우리와 그의 관계를 촉진하는 단순한 도구가 아니다. 이것은 관계를 구성하지도 않고 참여자에게 축복을 전달하지도 않는다. 그러나 세번째 선택 사항은 주께서 임재하시며 우리에게 유익하다는 진리를 단순히 생각나게 하는 것으로서 성만찬이 사용된다고 주장한다. 영적인 은혜를 위한 그것의 능력은 설교의 그것과 상당히 동일하다. 설교의 내용은 믿어지고 받아들여질 수 있으며, 그 결과로서, 개인은 영적으로 은혜를 받게 될 것이다. 그렇지 않으면 그것은 믿어지지 않으며 거절될 수도 있는데, 이런 경우에는 어떤 영적인 은혜도 없을 것이다. 결과는 전적으로 응답에 달려 있다. 사실상 성만찬에 참여하고도 경험에 의하여 영향을 받지 않을 가능성도 있다.

### 적합한 집례자

성만찬이 거행될 때 누가 주재할 수 있는가? 사제나 목사가 반드시 있어야 하는가? 이 의식이 효력이 있기 위해서는 안수받은 사람이 반드시 필요한가? 그리고 그렇다면, 무엇이 적합한 성직 수임을 구성하는가?

우리는 여기에서 성례주의(sacramentalism)와 밀접하게 연결되어 있는 사제주의(sacerdotalism)의 문제를 다루고 있다. 성례주의는 성례들이 그 자체로서 저절

---

8) Franz Pieper, *Christian Dogmatics*(St.Louis: Concordia, 1953), vol.3, p.345.

9) Lewis Berkhof, *Systematic Theology*(Grand Rapids: Eerdmans, 1953), pp.653-54.

10) Augustus H.Strong, *Systematic Theology*(Westwood, N.J.: Revell-1907), pp.538-43.

로 은혜를 전달하며 심지어 개인의 구원을 성취할 수도 있다는 교리이다. 사제주의는 일정한 사람들만이 성례전을 집행하는 권한을 갖고 있다는 이와 유사한 교리이다. 예를 들어, 고전적인 로마 가톨릭 교의에 의하면 사도적 계승권으로 서품을 받은 가톨릭의 사제만이 성체 성사(성만찬)를 집례할 수 있다. 만약 어떤 다른 사람이 동일한 물질적인 떡과 포도즙을 들어서 그것들에 대하여 동일한 말씀을 선포한다 하더라도, 그것들은 떡과 포도즙으로 남아 있을 것이다. 이 떡과 포도즙을 받은 사람들은 성체가 아니라, 단순한 식사에 참여하게 될 것이다.

몇몇 매우 비예전적인 기독교 집단들에서는, 성만찬을 누가 집행하느냐에 대하여 어떤 특별한 제한도 가하지 않는다. 성만찬에 참여할 수 있는 영적인 자격을 갖고 있는 그리스도인이면 누구라도 역시 이것을 집행할 수 있다. 만약 어떤 평신도가 제정된 형태를 따르고 적절한 의미를 가지고 있으면, 이 성례는 유효하다.

여기에서 보조적인 문제는 교회와 성직자들의 관계에 대한 강조이다. 집례자에 대한 정확한 자격을 자세하게 말하는 몇몇 단체들은 그럼에도 불구하고 교회를 더 크게 강조한다. 성직자들은 교회의 기관이며, 성직자는 단순히 그것의 지정된 대표이다. 다른 단체들은 그 자체로서의 성직과 적절한 성직 수임을 강조한다. 그들의 견해에 의하면, 성직자는 실제로 성만찬이 성취하는 것을 초래하는 능력을 소유하고 있다.

### 적절한 배령자(拜領者)들

우리는 모든 교회들이 성만찬에 참여하는 사람들이 그리스도인들일 것을 요구한다는 사실을 주목하였다. 마찬가지로 추가적인 조건들이 있을 수 있다. 어떤 집단들은 참여자가 적절하게 세례를 받았어야 한다고 주장한다. 어떤 지역 회중들은 오직 그들 자신의 회원들에게만 떡과 포도즙을 분배한다. 다른 회중들은 최소한도의 연령을 명시한다. 특별한 단계의 영적인 준비성이 적어도 묵시적으로 혹은 비공식적으로 종종 요구된다. 거의 모든 집단들이 심각한 죄 가운데서 살고 있는 것으로 알려진 사람들에게는 성찬을 거절한다. 떡과 포도즙을 받기 전에 고해하거나 금식하러 가는 것이 필수적일 수도 있다.

역사적으로 관심을 끌었던 특정한 문제는 평신도들이 성만찬의 떡과 포도즙을 두 가지 다 받을 수 있는 적합한 수령자들인가에 관한 것이었다. 가톨릭 교회에 대한 루터의 큰 비판들 가운데 하나는 그것이 평신도들로 하여금 잔을 대하지 못하도록 한다는 것이었다. 그들은 오직 떡만 받을 수 있도록 허용되었다. 성직자들이 평신도들을 대신하여 잔을 받았다. 이러한 관습이 루터가 교회의 "바벨론 포로들" 가

운데 하나라고 불렀던 것을 구성하게 만들었다.[11]

### 사용되는 떡과 포도즙

마지막으로, 우리는 교회내 집단에서 분쟁들을 야기시킬 정도로 종파들을 서로 갈라 놓지는 않은 문제로 방향을 돌리고자 한다. 떡과 포도즙은 최초의 성만찬 준수에서 사용되었던 것들과 동일한 것이어야 하는가? 유월절 식사에서 그랬던 것처럼, 떡은 누룩을 넣지 않아야 하는가? 그렇지 않으면 우리는 "한 떡"(고전 10:17)에 대한 바울의 언급을 다른 떡들이 받아들여질 수도 있다는 사실을 의미하는 것으로 해석할 수 있는가? 우리는 포도주를 사용해야 하는가, 그렇지 않으면 포도 주스도 똑같이 훌륭하게 쓸모가 있을 것인가? 만약 포도주를 사용해야 한다면, 어떠한 알코올의 용량이 예수와 제자들이 사용한 포도주의 알코올 용량과 같은가? 그리고 하나의 공동의 잔이 있어야 하는가, 그렇지 않으면 개별적인 잔들도 똑같이 훌륭하게 쓸모가 있는가? 회중은 위생상의 목적을 위한 절차를 마음대로 변경해도 좋은가? 이런 문제들은 어떤 사람들에게는 상대적으로 하찮은 것으로 보일 수도 있지만, 그것들은 심지어 회중들을 거의 갈라지게 만들기도 하면서, 때로 상당히 심각한 논쟁의 토대가 되어왔다.

때로 이 문제는 기독교적인 메시지의 타문화권에서의 적응을 위한 희망으로부터 비롯된다. 떡과 포도즙을 입수할 수 없다면 원래 사용되었던 것들과 전혀 비슷하지 않은 성만찬의 떡과 포도즙이 사용될 수도 있는가, 그렇지 않으면 그것들은 신약 성경의 세상에 살았던 사람들에게 전달되었던 의미를 지니지 않게 될 것인가? 예를 들어, 에스키모 문화는 물과 생선을 포도즙과 떡 대신으로 사용할 수도 있는가?

때때로 이 문제는 다양성이나 새로움에 대한 희망으로부터 비롯된다. 젊은 사람들은 상징을 변경함으로써 그들의 종교적인 경험에 신선함을 불어넣을 수 있다고 생각할 수도 있다. 떡과 포도즙이나 포도 주스가 이용될 수 있을 때 포테이토 칩과 콜라를 대용하는 것은 효력이 있을 것인가?

## 주요한 견해들

---

11) Martin Luther, *The Babylonian Captivity of the Church*, in *Three Treatises* (Philadelphia: Muhlenberg, 1943), pp. 127-36.

## 전통적인 로마 가톨릭의 견해

성만찬에 관한 공식적인 로마 가톨릭의 견해는 트렌트 공의회(1545-1563)에서 분명하게 설명되었다. 특별히 서구의 나라들에 있는 많은 가톨릭 교도들은 이 견해의 어떤 특징들을 이제 포기하였지만, 그것은 아직도 다수의 믿음의 토대이다. 그것의 주요한 교의들을 유의해 보도록 하자.

화체설(Transubstantiation)은 집전하는 사제가 떡과 포도즙을 축성할 때, 실제로 형이상학적인 변화가 발생한다는 교리이다. 떡과 포도즙의 본질 — 즉, 그것들이 실제로 존재하고 있는 것 — 이 각각 그리스도의 살과 피로 변화된다. 변화된 것은 본질(substance)이지 속성(형태)(accidents)이 아니다. 따라서 떡은 떡의 형태와 성분과 맛을 계속 유지한다. 화학적인 분석은 그것이 여전히 떡이라고 우리에게 말해 준다. 그러나 그것이 본질적으로 존재하는 것은 변화되었다.[12] 그리스도의 전부가 성체의 각 분자들 속에 충분히 임재하고 있다.[13] 성만찬이나, 혹은 소위 거룩한 성체 성사에 참여하는 모든 사람은 문자적으로 그리스도의 물질적인 살과 피를 자신들 안으로 받아들인다.

형이상학적인 측면에서 생각하기를 좋아하지 않는 현대인들에게, 화체설은 불합리한 것은 아니지만, 생소한 것으로 보인다. 그러나, 이것은 본질(substance)과 속성(accidents)에 대한 아리스토텔레스(Aristotle)의 구분에 근거하고 있는데, 이 구분을 토마스 아퀴나스(Thomas Aquinas)가 채택하였고, 이렇게 해서 로마 가톨릭 교회의 공식적인 신학으로 들어오게 되었다. 그러한 철학적인 관점에서 보면, 화체설은 더할 나위 없이 뜻이 잘 통한다.

가톨릭의 견해의 두번째 주요한 교의는, 성만찬이 희생제의 행동을 포함하고 있다는 것이다. 미사에서 참된 희생은 예배자들을 대신하여 그리스도에 의하여 다시 바쳐진다. 이것은 십자가 처형에서와 똑같은 의미에서의 희생이다.[14] 이것은 하나님의 요구들을 만족시키는 화목(propitiatory)의 희생으로서 이해되어야 한다. 이것은 용서받을 수 있는 죄를 속죄하기 위하여 이바지한다. 그러나 만약 용서받을 수 없는 치명적인 죄들을 지니고 있는 사람이 참여하고 있다면, 성체 성사의 성찬은 크게 오염된다. 따라서, 우리는 바울이 독자들에게 행하라고 가르쳤던 것처럼, 미리 자신을 진지하게 살펴보아야 한다.

가톨릭의 견해의 세번째 교의는 사제주의, 즉 적절하게 서품받은 사제가 성체를 축성하는데 참여하여야 한다는 관념이다. 이러한 사제가 집전하지 않으면, 성찬의

---

12) Pohle, *Sacraments*, pp. 103-27.
13) Ibid., p. 99.
14) Ibid., part 3.

떡과 포도즙은 단순한 떡과 포도즙으로 남아 있는다. 그러나 자격을 갖춘 성직자가 적절한 형식을 따를 때에는, 떡과 포도즙이 완전하고도 영구적으로 그리스도의 몸과 피로 변하게 된다.[15]

성사의 전통적인 집례에서, 잔은 평신도들에게는 보류되었고 오직 성직자들만 받았다. 주요한 이유는 피를 흘릴 수도 있다는 위험이었다.[16] 예수의 피가 발 밑에서 짓밟힐 수도 있다는 것은 신성모독이 될 수도 있는 것이다. 이외에도, 평신도들이 잔을 받는 것이 불필요하다는 취지에 대한 두 가지 주장들이 있었다. 첫째로, 성직자들은 평신도들을 대신하여 대표적으로 행동한다. 즉, 그들이 사람들을 대신하여 잔을 받는다. 둘째로, 평신도들이 잔을 받는 것에 의해서는 어떤 것도 얻어질 수 없을 것이다. 성사는 그것 없이도 완전한데, 그 이유는 떡과 포도즙의 모든 분자들이 그리스도의 몸과 영혼과 신성을 충분히 포함하고 있기 때문이다.[17]

### 루터교회의 견해

루터교회의 견해는 모든 점에서는 아니지만 많은 점에서 로마 가톨릭의 견해와 다르다. 루터는 전통적인 견해를 전부(in toto) 거절하지는 않았다. 개혁 교회들과 츠빙글리와 대조해 보면, 루터는 그리스도의 몸과 피가 떡과 포도즙에 물질적으로 임재하고 있다는 가톨릭의 개념을 계속 유지하고 있었다. 츠빙글리와의 대화(마르부르크 회담)에서, 루터는 "이것은 내 몸이다"라는 말씀을 반복해서 강조하였던 것으로 평가된다.[18] 그는 이 문제에서 예수의 말씀을 매우 문자적으로 받아들였다. 몸과 피는 단순히 비유적으로가 아니라, 실제적으로 떡과 포도즙에 임재하신다.

루터가 부인하였던 것은 가톨릭의 화체설 교리였다. 분자들은 살과 피로 변하지 않으며, 그들은 떡과 포도즙으로 남아 있다. 그러나 그리스도의 몸과 피는 떡과 포도즙의 "안에, 함께, 그리고 아래에" 임재한다. 이것은 떡과 포도즙이 그리스도의 몸과 피가 되었다는 것이 아니라, 우리가 이제 떡과 포도즙 이외에 몸과 피를 갖고 있다는 것이다. 몸과 피는 거기에 존재하지만, 배타적으로 그렇지는 않은, 즉 떡과 포도즙의 임재를 배제하는 방식으로 존재하는 것은 아니다. 어떤 사람들은 몸과 떡

---

15) Ibid., pp. 256-60.

16) Ibid., p. 252.

17) Ibid., pp. 246-54.

18) *Great Debates of the Reformation*, ed. Donald J. Ziegler (New York: Random House, 1969), pp. 75, 78, 80. 개혁파-루터파의 논쟁의 지속에 대한 설명은 *Marburg Revisited*, ed. Paul C. Empie and James I. McCord(Minneapolis: Augsburg, 1966)에서 발견될 것이다

이 동시에 임재하며, 피와 포도즙이 동시에 존재한다는 루터의 개념을 나타내기 위하여 성체 공재설(consubstantiation)이라는 용어를 사용하였지만, 이것은 루터의 용어는 아니었다. 한 본질이 다른 본질과 상호 침투한다는 측면에서 생각하면서 그는 불에 달구어진 쇠막대기를 유비로서 사용하였다. 쇠의 본질은 불의 본질이 그것에 침투하여 높은 온도로 가열할 때에도 존재하기를 멈추지 않는다.[19]

루터는 가톨릭의 미사 개념의 다른 면들도 역시 거부하였다. 특별히, 그는 미사가 제사라는 관념을 거부하였다. 그리스도께서 죄를 위하여 단번에 죽으시고 속죄하셨고, 또한 신자는 그 한번의 희생에 기초하여 믿음으로 의롭다 함을 받기 때문에, 반복된 희생제를 드릴 필요가 없다.[20]

루터는 또한 사제주의도 거부하였다. 그리스도의 몸과 피의 임재는 사제의 행위의 결과가 아니다. 그 대신에 이것은 예수 그리스도의 능력의 결과이다. 가톨릭 교회는 사제가 말씀을 선포하는 순간에 떡과 포도즙이 변화된다고 주장하지만, 루터교회는 몸과 피가 처음 나타나는 때에 관하여 깊이 생각하지 않는다. 적절하게 안수받은 목사가 성례전을 집례하지만, 몸과 피의 임재는 그나 그가 행하는 어떤 행위의 탓으로 돌려지지 않는다.[21]

가톨릭의 입장의 여러 가지 측면들을 부인함에도 불구하고, 루터는 "먹기"(manducation)라는 개념을 주장하였다. 예수의 몸의 실재적인 먹기가 존재한다. 루터는 "받아 먹으라 이것은 내 몸이니라"(마 26:26)를 문자적으로 해석하였다. 그의 견해에 의하면, 이 말씀은 그리스도나 그의 몸의 어떤 영적인 받음이 아니라, 그리스도를 우리 몸 속으로 실재적으로 받아들임을 언급하고 있다.[22] 실제로, 예수는 다른 기회에 이렇게 말씀하셨다. "내가 진실로 진실로 너희에게 이르노니 인자의 살을 먹지 아니하고 인자의 피를 마시지 아니하면 너희 속에 생명이 없느니라. 내 살을 먹고 내 피를 마시는 자는 영생을 가졌고 마지막 날에 내가 그를 다시 살리리니 내 살은 참된 양식이요 내 피는 참된 음료로다. 내 살을 먹고 내 피를 마시는 자는 내 안에 거하고 나도 그 안에 거하느니라"(요 6:53-56). 이 말씀의 명백한 의미는 최후의 만찬에서의 예수의 진술과 잘 어울린다. 만약 우리가 본문에 충실하고 우리의 해석에 철저하려고 한다면 이 진술들을 문자적으로 받아들여야 한다.

성례의 은혜에 관해서는 어떠한가? 여기에서의 루터의 진술들은 우리가 바라는 것만큼 그렇게 분명하지 않다. 그는 성례전에 참여함으로써, 사람이 진정한 은혜,

---

19) Luther, *Babylonian Captivity*, p.140.
20) Ibid., pp.161-68.
21) Ibid., pp.158-59.
22) Ibid., pp.129-32.

즉 죄의 용서와 믿음의 확증을 경험하게 된다고 주장한다. 그러나 이 은혜는 성례전의 떡과 포도즙이 아니라, 사람이 믿음으로 말씀을 받아들이는 것에 기인한다.[23] 이 문제에 대해서 루터는 성례전을 거의 사람이 설교에 대하여 응답하는 단순한 선포의 수단으로서 고려하는 것처럼 생각된다. 그러나 만약 성례전이 단순한 선포의 형태라면, 무엇이 그리스도의 몸과 피의 물질적인 임재의 요점인가? 다른 때에 루터는 은혜가 실제로 그리스도의 몸을 먹음으로부터 온다고 주장하는 것처럼 보인다. 공통점이 없는 루터의 진술들에서 분명히 나타나는 것은 그가 성만찬을 성례전으로 확실히 간주하였다는 사실이다. 떡과 포도즙을 받아 먹음으로써 신자들은 그들이 다른 방식으로는 경험하지 못하였을 영적인 은혜를 받게 된다. 그러므로 그리스도인들은 성만찬의 성례전에 의하여 제공되는 은혜의 기회를 이용해야 한다.

### 개혁교회의 견해

성만찬에 대한 세번째의 주요한 견해는 칼빈주의 혹은 개혁 교회의 견해이다. 칼빈주의라는 용어는 특정한 구원관과 그 안에서의 하나님의 주도권에 관한 표상들, 즉 그가 어떤 사람들이 믿고 구원을 받도록 선택하시고 작정하신다는 관념을 불러 일으키지만, 그것은 우리가 여기에서 염두에 두고 있는 것이 아니다. 오히려, 우리는 성만찬에 관한 칼빈의 견해를 언급하고 있다.

정확히 칼빈(Calvin)과 츠빙글리(Zwingli) 각자의 견해가 어떤 것이었는지에 대해서는 약간의 견해 차이가 존재한다. 한 가지 해석에 의하면, 그리스도의 역동적이거나 혹은 영향력있는 임재에 대한 칼빈의 견해는 루터의 견해와 크게 다르지 않다.[24] 이와 반면에, 츠빙글리는 그리스도가 단순히 영적으로 임재하신다고 가르쳤다. 만약 이 해석이 정확하다면, 개혁 교회 진영에 널리 퍼져있는 것은 칼빈의 견해가 아니라 츠빙글리의 견해였다.

다른 해석에 의하면, 칼빈은 그리스도가 떡과 포도즙 안에 영적으로 임재하신다고 주장하였으며, 츠빙글리는 떡과 포도즙이 그리스도에 대한 단순한 상징들이라고 주장하였다. 즉 그는 물질적으로나 영적으로나 임재하지 않으신다.[25] 만약 그들 각자의 입장들에 대한 이러한 해석이 옳다면, 개혁 교회들에 의하여 받아들여진 것은 칼빈의 견해였다. 그러나 누구의 견해가 결국 개혁 교회들의 표준이 되었는가 하는

---

23) Ibid., p.147.
24) Charles Hodge, *Systematic Theology*(Grand Rapids: Eerdmans, 1952), vol.3, pp.626-31.
25) Louis Berkhof, *Systematic Theology*(Grand Rapids: Eerdmans, 1953), p.646.

문제는 개혁 교회의 입장이 무엇을 수반하고 있느냐 하는 문제만큼 중요하지는 않다. 그리고 그 점에 대해서 우리는 아주 분명할 수 있다. 따라서 우리가 논의하는 입장을 "칼빈주의의"라기보다는 "개혁 교회의"라고 부르는 것이 가장 좋다.

개혁 교회의 견해는 그리스도가 성만찬에 임재하시지만, 물질적으로나 몸으로가 아니라고 주장한다. 오히려 성만찬에서의 그의 임재는 영적이거나 역동적이다. 태양을 한 가지 실례로서 사용하면서, 칼빈은 그리스도가 영향력을 가지고서 임재하신다고 주장하였다. 태양은 하늘에 있지만, 그 온기와 빛이 땅 위에 임재한다. 이와 같이 성령의 광채도 그리스도의 살과 피의 영적인 교제를 우리에게 전달한다.[26] 로마서 8:9-11에 의하면, 그리스도가 우리 안에 거하시는 것은 성령에 의한, 오직 성령에 의한 것이다. 우리가 실제로 그리스도의 몸을 먹고 그의 피를 마신다는 관념은 불합리하다. 오히려, 참된 성찬 배령자들은 떡과 포도즙에 참여함으로써 영적으로 자양분을 얻는다. 성령은 그들을 교회의 살아계신 머리요 영적인 생명력의 근원이신 그리스도의 인격과 밀접한 관계를 맺게 하신다.

개혁 교회의 견해에 의하면, 성만찬의 떡과 포도즙은 독단적이거나 그것들이 의미하는 것, 즉 그리스도의 죽음과, 그의 죽음의 가치, 십자가에 달리신 그리스도에 대한 신자의 참여, 그리고 신자들 서로 간의 연합으로부터 분리되지 않는다.[27] 그리고 떡과 포도즙은 그리스도의 몸과 피를 의미하거나 나타내면서도, 그 이상의 역할을 한다. 그것들은 또한 보증해 준다. 루이스 벌코프(Louis Berkhof)는 성만찬이 신자들에게 그리스도의 사랑을 보증해 주며, 그들에게 계약의 모든 약속들과 복음의 풍부함이 하나님의 증여에 의하여 그들에게 주어졌다는 확신을 제공해 준다는 사실을 암시하였다. 이런 모든 부(富)에 대한 개인적인 요청과 그것의 실제적인 소유의 대가로, 신자들은 구세주로서의 그리스도에 대한 믿음을 표현하고 주님과 왕으로서의 그에 대한 복종을 맹세한다.[28]

그렇다면 성례전의 진정한 객관적인 은혜가 존재한다. 이것은 참여자에 의하여 초래되지 않으며, 오히려 그리스도 자신에 의하여 성례전에 이르게 된다. 떡과 포도즙을 받음으로써, 참여자들은 그리스도의 생명력을 실제로 새로이 계속해서 받게 된다. 그러나 이것은 참여자들이 다른 어떤 곳에서도 경험하지 못한 것을 성례전 안에서 경험한다는 의미에서, 유일한 것으로 생각되어서는 안된다. 사실상, 구약 성경의 신자들도 같은 성격을 지니고 있는 것을 경험하였다. 칼빈은 이렇게 말하였다. "사

---

26) John Calvin, *Institutes of the Christian Religion*, book 4, chapter 17, section 12.
27) Berkhof, *Systematic Theology*, p. 650.
28) Ibid., p. 651.

막에 있는 반석에서 솟아나는 물은 이스라엘 사람들에게, 성만찬의 포도즙에 의하여 우리에게 표상되는 것과 같은 사건의 상징과 징표였다."[29] 성만찬의 은혜는 자동적인 것으로 생각되어서도 안된다. 성례전의 효과는 대부분 참여자의 믿음과 수용성에 달려 있다.

### 츠빙글리파의 견해

우리가 조사하게 될 마지막 입장은 성만찬이 단순히 기념일 뿐이라는 견해이다. 어떤 사람들은 츠빙글리의 견해가 더 멀리까지 나아갔다고 주장하겠지만, 이 견해가 보통 츠빙글리와 관련된다. 츠빙글리는 이 문제에 관하여 한 가지 이상의 태도를 받아들였으며, 또한 그의 생애 말엽에 그의 입장을 변경했었던 것 같다. 찰스 하지 (Charles Hodge)는 츠빙글리와 칼빈의 견해 사이에는 매우 적은 차이가 존재한다고 주장한다.[30]

츠빙글리의 견해에서 특출한 것은 그리스도의 죽음과 신자를 위한 그것의 효력을 생각하게 하는 점에서의 성례전의 역할에 대한 그의 강한 강조이다. 따라서, 성만찬은 본질적으로 그리스도의 죽음에 대한 기념이다.[31] 츠빙글리는 그리스도의 영적인 임재에 대하여 언급하였지만, 많은 점에서 그의 입장을 채택하였던 어떤 사람들(예를 들면, 재세례파)은 어떠한 형태의 특별한 임재를 위한 여지도 거의 남겨놓지 않을 정도로 열정적으로 물질적이거나 신체적인 임재의 개념을 거절하였다. 그들은 예수가 영적으로 모든 곳에 임재하신다고 지적하였다. 떡과 포도즙에서의 그의 임재는 다른 곳에서의 그의 임재와 마찬가지로 강하지 않다.

이 견해에 의하면, 성례전의 가치는 그리스도의 죽음의 은혜를 단순히 믿음으로 받는다는 사실에 있다. 성만찬은 우리가 믿음으로써 이런 은혜들을 받을 수 있는 방법들 가운데 단지 하나인데, 그 이유는 성만찬의 효력이 설교의 그것과 본성상 전혀 다르지 않기 때문이다. 두 가지가 다 선포의 형태이다.[32] 성만찬은 선포의 가시적인 수단을 포함하고 있다는 점에서만 설교와 다르다. 모든 선포에서와 같이, 이 두 가지 경우에도 어떤 은혜가 있으려면 믿음의 절대적인 요소가 존재한다. 그리스도는 믿지 않는 사람에게는 임재하지 않으신다. 그렇다면, 우리는 성례전이 그리스도를 성찬 배령자에게로 인도하는 것이라기보다는 신자의 믿음이 그리스도를 성례전으로

---

29) Calvin, *Institutes*, book 4, chapter 17, sections 1, 5.
30) Hodge, *Systematic Theology*, pp. 626-27.
31) Ibid., pp. 627-28.
32) Strong, *Systematic Theology*, pp. 541-43.

인도한다고 말할 수 있을 것이다.


## 문제점의 해결

### 그리스도의 임재

우리는 이제 이 장의 앞에서 제기하였던 문제들과 맞붙어 씨름하여, 어떤 결론에 도달하기 위하여 노력해야 한다. 첫번째 문제는 성례전에서의 그리스도의 임재의 문제이다. 그리스도의 몸과 피는 어떻게 해서든지 특별한 방법으로 임재하는가, 그리고 만약 그렇다면, 어떤 의미에서 그러한가? "이것은 내 몸이다"와 "이것은 내 피다"라는 예수의 말씀을 번역하는 가장 자연스럽고 솔직한 방법은 그것들을 문자적으로 해석하는 것이다. 성경을 문자적으로 해석하는 것이 우리의 일반적인 관례이기 때문에, 우리가 이 말씀을 어떤 다른 방법으로 해석한다면 그것에 대한 타당성을 제시해야 한다. 이러한 특별한 경우에는 사실상 문자적인 해석을 반증하는 어떤 고찰들이 정말로 존재할 수도 있다.

첫째로, 우리가 "이것은 내 몸이다"와 "이것은 내 피다"를 문자적으로 받아들인다면, 모순이 초래된다. 만약에 예수가 실제로는 그의 몸과 그의 피인 떡과 포도즙이 그 순간에 다락방에 있음을 의미하였다면, 그의 신체의 형체가 떡과 포도즙 바로 옆에 있었기 때문에, 그는 자기의 살과 피가 두 곳에 동시에 있다고 주장하고 있었다는 것이다. 예수가 동시에 두 장소에 있었다고 생각하는 것은 그의 육체적인 인간의 본성을 한 장소로 제한하였던 성육신을 부정하는 것이다.

둘째로, 그리스도가 그 이후의 성만찬 사건들에서 몸으로 임재하셨다고 주장하는 사람들에게 개념적인 난점들이 존재하게 된다. 바로 앞의 단락에서는 그리스도의 살과 피가 어떻게 동시에 두 곳에 있을 수 있었는지에 관한 문제를 소개하였지만, 여기에서 우리는 어떻게 두 본질(예를 들면, 살과 떡)이 동시에 같은 장소에 있을 수 있는지(루터교회의 견해) 혹은 어떻게 하나의 특별한 본질(예를 들면, 피)이 그것의 어떤 관례적인 특징들도 없이 존재할 수 있는지(가톨릭의 견해)에 관한 문제에 대면하고 있다. 물질적인 임재를 고수하는 사람들이 그들의 견해에 대한 설명을 제시하지만, 그들의 주장들은 20세기의 사람들에게는 매우 생소하게 보이며, 사실상 우리들에게는 지지될 수 없는 것처럼 보이는 형태의 형이상학에 의존하고 있다.

이러한 난점들은 그 자체로서는 우리의 해석을 결정할 만큼 충분하지 않다. 그러나, 그것들은 예수의 말씀이 문자적으로 받아들여져서는 안된다는 사실을 암시한다. 우리는 예수가 "이것은 내 몸이다"와 "이것은 내 피다"라고 말씀하였을 때, 그가 실제로 의미하였던 것에 대한 단서를 이제 찾아야 한다.

예수가 성만찬의 성례전을 개시하시는 말씀을 하셨을 때, 그는 개별적인 신자들과 그들의 주(主)와의 관계에 주의를 집중하였다. 그가 이런 주제를 다루었던 다른 많은 경우에, 자신의 특성을 묘사하기 위하여 다음과 같은 은유들을 사용하였다는 사실은 주목할 만한 가치가 있다. "나는 길이요, 진리요, 생명이다." "나는 포도나무요 너희는 가지이다." "나는 선한 목자다." "나는 생명의 떡이다." 최후의 만찬에서 그는 주어와 술어 명사를 바꾸면서, 비슷한 은유들을 사용하였다. "이것〔떡〕은 내 몸이다." "이것〔포도즙〕은 내 피다." 비유적인 언어를 계속 사용하면서, 우리는 예수의 진술들을 "이것은 나의 몸을 나타낸다〔혹은 의미한다〕"와 "이것은 나의 피를 나타낸다〔혹은 의미한다〕"라고 번역할 수도 있을 것이다. 이러한 접근 방법은 그리스도가 물질적으로 떡과 포도즙 안에 임재하신다는 견해에 의해서 초래된 난점들의 형태로부터 우리를 피할 수 있게 해준다.

그러나 그리스도가 영적으로 임재하신다는 관념은 어떠한가? 이 견해는 두 가지 역사적인 근원에서 비롯되었다. 한 가지는 그들이 그것을 변화시키려고 했을 때에도 그리스도의 임재에 대한 전통적인 신념의 어떤 것을 계속 유지하려는 어떤 신학자들의 소망이었다. 신앙 개혁에 대한 그들의 접근 방법은 단지 성경에서 명백하게 가르치는 믿음에 대한 교의들만을 보존하면서, 스타트라인에서 출발하는 것보다는 성경에 의하여 분명하게 거절되지 않는 것을 계속 유지하는 쪽으로 좀더 기울어졌다. 전통을 전적으로 부인하고 완전히 새로운 이해를 세우는 대신에, 그들은 옛 신념을 수정하기를 선택하였다. 그리스도가 영적으로 임재하신다는 견해의 또다른 근원은 신비주의적으로 기울어진 성향이었다. 성만찬을 지켰을 때 그리스도와의 심오한 만남의 경험을 느꼈던 어떤 신자들은 그리스도가 영적으로 임재하였음에 틀림없다고 결론을 내렸다. 이 교리는 경험에 대한 설명으로서 유용하다.

우리가 이 견해를 평가할 때, 예수가 어느 곳에서나 세상 끝날까지 그의 제자들과 함께 있겠다고 약속하셨다는 사실을 기억하는 것이 중요하다(마 28:20; 요 14:23; 15:4-7). 이렇게 해서 그는 모든 곳에 계시지만, 특별히 우리들이 신자들로서 모일 때에 우리와 함께 있겠다고 또한 약속하셨다(마 18:20). 그러므로 예배 행위로서, 성만찬은 그와 만나기 위한 특별히 유리한 기회이다. 성례전에서의 그리스도의 특별한 임재는 본성상 형이상학적인 것이라기보다는 감화적인(influential) 것 같다. 이 점에서 성만찬에 대한 바울의 기사(記事)가 그리스도의 임재에 대하여 아무것도 말하지 않고 있다는 사실이 중요하다. 그 대신에, 이것은 단순히 이렇게 말하고 있다. "너희가 이 떡을 먹으며 이 잔을 마실 때마다 주의 죽으심을 오실 때까지 전하는 것이니라."(고전 11:26). 이 구절은 이 의식이 기본적으로 기념적인 것이라는 사실을 암시한다.

우리는 성만찬이 본질적으로 기념 행사라는 견해를 때때로 특징지어 주었던 부정주의(negativism)를 피하기 위하여 특별히 주의해야 할 필요가 있다. 예수가 어떤 일종의 마술적인 방법으로 임재하신다는 개념을 피하려는 열심으로부터, 다른 이들 가운데 어떤 침례교도들은 예수가 가장 확실하게 발견되어서는 안되는 장소가 바로 성만찬이라고 표현할 만큼 극단으로 치우쳐 버렸다. 이것이 바로 한 침례교 지도자가 예수 그리스도의 "진정한 부재의 교리"라고 불렀던 것이다.

그렇다면, 우리는 성만찬을 어떻게 생각해야 하는가? 우리는 그리스도와의 관계와 친교의 시간으로서 성만찬을 기대해야 한다. 그가 우리와 만나시겠다고 약속하셨기 때문에, 우리는 그 속에서 그와 만나게 될 것이라는 확신을 가지고 그것의 각각을 지키기 위하여 나아가야 한다. 우리는 성례전을 그리스도의 임재의 측면에서가 아니라 그의 약속과 그와의 더 밀접한 관계를 위한 가능성의 측면에서 생각해야 한다. 우리는 또한 참된 성찬 배령자에게는 성만찬이 그리스도와의 주관적인 만남이라는 신정통주의적인 개념을 피하기 위하여 주의해야 할 필요가 있다. 그는 객관적으로 임재하신다. 성령은 우리의 경험 속에서 그를 실재적으로 만드실 수 있으며 그렇게 할 것을 약속하셨다. 그렇다면, 성만찬은 우리가 그리스도에게로 가까이 인도됨으로써, 그를 더 잘 알고 그를 더 사랑하게 되는 기회이다.

## 이 의식의 유효성

그리스도의 임재에 대하여 언급된 것은 성만찬에 의하여 주어진 은혜의 본성과 관련하여서도 역시 많은 것을 암시하였다. 고린도전서 11:27-32에 나오는 바울의 진술들을 살펴보면, 이 은혜에 대하여 어떤 자동적인 것도 없다는 사실이 명백할 것이다. 영적으로 덕을 세움받지 않고, 성만찬에 참여한 많은 고린도인들이 약하고 병들게 되었으며, 심지어 어떤 사람들은 죽고 말았다(30절). 주께서 예정하신 가치가 그들의 경우에는 실현되지 않고 있었다. 분명히 성만찬의 효력은 신자의 믿음과 이 의식에서 제시된 것에 대한 그의 응답에 달려 있거나 조절되는 것임에 틀림없다. 병들거나 죽게 된 고린도인들은 그리스도의 몸을 정확하게(διακρίνω, 디아크리노) 인식하거나 판단하지 못하였다. 이 의식이 효력이 있기 위해서는 성만찬의 의미에 대한 정확한 이해와 적절한 믿음 안에서의 응답이 필수적이다.[33]

---

33) G.H.Clayton, "Eucharist," in *Dictionary of the Apostolic Church*, ed.James Hastings (New York: Scribner,1916),vol.1,p.374.

그러므로 성만찬이 상징하는 것을 다시 조사하는 것이 중요하다. 이것은 특별히 그리스도의 죽음과 우리를 대신하여 하나님께 바쳐진 제물로서의 그것의 희생적이고 화해적인 성격을 생각나게 해 주는 것이다. 나아가서 이것은 주께 대한 우리의 의존성과 그와의 중대한 연관을 상징하며, 그의 재림을 기다리게 한다. 이외에도, 이것은 교회 내에서의 신자들의 연합과 그들 상호간에 대한 사랑과 관심을 상징한다. 성만찬은 몸이 '한' 몸이라는 사실을 반영한다.

각각의 의식에서 성만찬의 의미를 설명하는 것이 적절하다. 그리고 또한 각 참여자들에 의한 엄격한 자기 성찰이 있어야 한다. 모든 개인은 자기 자신의 이해와 영적인 상태를 주의깊게 확인해야 한다(고전 11:27-28). 그렇게 되면 성만찬은 자신을 주께 재위탁하는 기회가 될 것이다.

### 적합한 집례자

성경은 누가 성만찬을 집례해야 하는가 하는 문제에 대해서는 매우 적은 안내만을 제공한다. 예수 자신이 떡과 포도즙을 집례했을 때의 최초의 성찬식의 집례를 제외하고, 우리는 누가 주재했거나 그들이 무엇을 하였는지에 대해서 듣지 못한다. 성경은 이 의식을 인도하거나 도울 수 있는 사람들에 대한 어떤 특별한 자격들도 규정하지 않는다. 이 문제에 관해서는 신약 성경에서 성직 수임에 대하여 실제로 거의 언급되지 않는다.

복음서 기사들과 바울의 논고에서 나타나는 것은 성만찬이 교회에 위임되었으며, 아마도 교회에 의해서 집전되어야 한다는 것이다. 그러므로 교회의 예배 의식들을 감독하고 수행하기 위하여 교회에 의하여 선택받고 권한을 부여받은 사람들은 마찬가지로 성만찬을 감독하기 위하여서도 성직으로 수임받은 것으로 보일 것이다. 따라서, 적어도 교회의 어떤 정당하게 선택된 지도자들은 성례전의 준수를 도와야 한다. 즉 목사는 지도적인 역할을 떠맡아야 한다. 그러한 직원들이 없을 때에는 자격을 충족하는 다른 사람들이 그들을 대신하여 봉사할 수도 있다. 일반적으로, 보조하는 사람들은 바울이 집사들을 위하여 세워 놓은 자격들을 충족해야 한다. 인도하는 사람들은 감독들을 위하여 그가 정한 자격들을 충족해야 한다(딤전 3장).

### 적절한 배령자들

성경 어느 곳에서도 우리는 성만찬을 받기 위하여 필요한 조건들에 대한 광범위한 진술을 발견하지 못한다. 우리가 알고 있는 조건들은 고린도전서 11장에 나오는 바울의 강론과 성례전의 의미에 대한 우리의 이해에서 추론한 것이다. 만약 성만찬이 적어도 부분적으로, 개별적인 신자와 주님 사이의 영적인 관계를 의미한다면, 하나님과의 인격적인 관계가 필요 조건인 것으로 추론된다. 다른 말로 하면, 참여한 사람들은 그리스도 안에 있는 참된 신자여야 한다. 그리고 어떤 연령 제한도 난해하고 조급한 방식으로 자세하게 설명될 수는 없지만, 성찬 배령자들은 몸을 분별할 수 있을 정도로 충분히 성숙해야 한다(고전 11:29).

우리는 그들의 죄가 너무 중하여서 바울이 교회로 하여금 그들을 몸으로부터 제거하라고 권하였던 어떤 사람들이 있었다(고전 5:1-5)는 사실로부터 또 다른 필요 조건을 추론하게 된다. 틀림없이, 성만찬을 위임받은 교회는 징계의 첫번째 조치로서, 악명높은 죄 속에서 살고 있는 것으로 알려진 사람에게 떡과 잔을 허락하지 않았다. 그러나 다른 경우에 우리는 신약 성경의 교회들의 지체됨의 필요 조건들이 무엇이었는지를 알지 못하기 때문에, 일단 우리가 성례전이 무엇을 의미하는지와 어떤 근거에서 사람이 참여하게 되는지를 설명하였다면, 참여할 수 있는 여부에 관한 결정은 개인들 스스로에게 맡겨두는 것이 아마도 가장 좋을 것이다.

### 사용되는 떡과 포도즙

성만찬을 시행하기 위하여 우리가 어떤 떡과 포도즙을 사용하기로 결정해야 하는가 하는 문제는 적어도 부분적으로는 우리의 주된 관심사가 가능한 한 원래의 조건들에 가깝게 복제하는 것이냐 아니면 성례전의 상징 체계를 보존하는 것이냐의 여부에 달려 있다. 만약 우리의 주요한 관심사가 복제라면, 우리는 전통적인 유월절 식사의 누룩없는 떡을 사용하게 될 것이다. 그러나 만약 우리의 관심사가 상징 체계라면, 우리는 누룩있는 한 덩어리의 떡을 사용할 수도 있을 것이다. 이 떡의 단일성은 교회의 일치를 상징할 것이며, 떡을 떼는 것은 그리스도의 몸이 찢김을 의미할 것이다. 잔에 관하여서는 원래의 사건의 복제는 아마도 포도즙 1에 물 1에서 20까지의 비율로 희석된 포도즙을 요청할 것이다.[34] 만약 다른 한편으로, 그리스도의 피를 나타내는 것이 일차적으로 고려된다면, 포도 주스도 똑같이 훌륭하게 필요를 채워줄 것이다.

전통적인 떡과 포도즙을 이용할 수 없는 곳에서는, 이 상징 체계를 유지하고 있는 대용품들이 사용될 수 있다. 사실, 생선은 떡보다도 더 적절한 상징이 될 수도 있다. 단순히 다양성을 위하여 이상 야릇한 대용품들을 사용하는 것은 피해야 한다. 예를 들어, 포테이토 칩과 콜라는 원물(元物)과 거의 닮지 않았다. 한편으로는 행동

---

34) Robert H.Stein, "Wine-Drinking in New Testament Times," *Christianity Today*, 20 June 1975, pp.9-11(923-25).

을 거의 변경하지 않고 반복하여 우리가 그것의 의미도 모른 채 기계적으로 참여하는 것과, 다른 한편으로는 이 절차들을 너무 심하게 변경하여 우리가 그리스도의 속죄의 사역 대신에 기교에다 우리의 주의를 집중하게 되는 것 사이에서 균형이 추구되어야 한다.

성만찬에서 우리가 기념하고 있는 것은 그것의 개시에 대한 정확한 상황이 아니라, 그것이 다락방에서 예수와 제자들에게 의미하였던 것이다. 사실은, 원래의 상황에 대한 유사성이 아니라 의미 전달의 적절성이 떡과 포도즙에 관한 한 중요한 것이다. 이와 유사한 고찰이 성만찬을 집례하는 시간에 대해서도 적용된다. 성 금요일이 아니라 세족 목요일에 성만찬을 시행하는 것은 주의 죽음을 기념하는 것보다는 최후의 만찬을 더 재연해 보려는 시도일 것이다.

한 덩어리의 떡과 하나의 잔을 사용하는 것이 필수적인가에 대해서는 약간의 자유가 허용된다. 바울은 모두가 참예하는 "한 떡"(고전 10:17)에 대해서 말하고 있지만, 이것은 반드시 전체적인 떡을 지시하지는 않는다. "하나의 잔"에 대해서는 어떤 평행되는 진술도 존재하지 않기 때문에, 개별적인 잔들을 사용하는 것이 상징 체계를 손상시키는 것은 아니다. 위생상의 관심들은 교회로 하여금 하나의 공동 잔이 아니라 개별적인 용기들을 사용하도록 당연히 인도하게 될 것이다. 더욱이, 큰 집회에서는 이것이 성만찬을 축하하는 유일한 실제적인 수단이 될 것이다.

### 성례식의 빈도(頻度)

얼마나 자주 우리가 성만찬을 지켜야 하는가는 우리가 성경에서 어떤 명백한 교훈적인 진술들을 갖고 있지 않은 또다른 문제이다. 비록 이것이 매주마다, 즉 교회가 모이는 때마다 있었을 법하지만, 우리는 심지어 이 의식이 초대 교회에서 있었는지에 관한 어떤 명확한 지시도 갖고 있지 않다. 특정한 정보가 결여되어 있다는 사실을 고려하여, 우리는 성경의 원리들과 실제적인 고찰들에 근거하여 결정을 내리게 될 것이다.

의식적인 수준에서 무의식적인 수준으로 미끄러져 내려가는 우리들의 신념들의 경향이 그리스도께서 성만찬을 제정하셨던 이유들 가운데 하나였다. 지그문트 프로이트(Sigmund Freud)는 인간의 성격이 적어도 세 가지 수준의 의식, 즉 의식(意識, 혹은 프로이트가 부르듯이, 지각적인 의식)과 전의식(前意識)과, 무의식(無意識)을 가지고 있다는 사실을 인지하였다. 의식은 우리가 실제로 어떤 주어진 순간을 알고 있는 것이다. (비록 어떤 심리학자들과 정신 의학자들은 어떤 경험도 결코 상실되지 않으며, 모든 생각은 정신분석이나 최면술이나 어떤 형태의 약품을 통하여 의식으로 회복될 수 있다고 주장하지만) 무의식 속에는 우리가 의지적으로 의식할 수 없는 우리들의 경험들과 생각들이 놓여 있다. 전의식은 비록 우리가 그것들을 지금은 알지 못할지라도, 의지의 행동에 의하여 기꺼이 의식으로 불러올 수 있는 경험들과 생각들을 포함한다. 우리의 교리적인 신념들의 대부분은 이 중간적인 수준에서 머물고 있다. 성만찬은 전의식적인 신념들을 의식으로 가져오는 효과를 가지고 있다. 그러므로 이것은 그것이 의미하는 진리들에 대한 성찰의 시간들 사이의 긴 공백들을 예방하기에 충분할 정도로 종종(often), 그러나 평범하거나 너무 진부하여서 우리가 그 의미에 대하여 실제로 생각하지도 않고 행동을 이행하는 것처럼 보일 만큼 그렇게 빈번하지는 않게 거행되어야 한다.

아마도 교회가 개개의 신자에게 얼마나 자주 참여할 것인지를 결정하도록 허용하면서, 자주 성만찬을 시행하는 것이 좋을 것이다. 우리가 필요성과 갈망을 느낄 때, 성만찬에 참여할 수 있지만, 모든 활용할 수 있는 기회에 참여하도록 요청받지 않는다는 사실을 알고 있다면, 우리는 성례전이 관습화되는 것을 예방할 수 있을 것이다.

사람이 참여하는 것이 가능한 한 쉬워야 하는가, 그렇지 않으면 이것은 좀더 어려워야 하는가? 참여하려는 일정한 취지와 결단을 요구하는 것과 같이 성례전을 충분히 이용할 수 없게 만들기 위하여 언급되는 어떤 것이 있다. 만약 성만찬이 다른 예배에 추가된다면, 많은 사람들은 우연히 거기에 있기 때문에 단순히 남아서 참여할 것이다. 다른 한편으로, 만약 성만찬이 독립된 예배라면 그것의 중요성이 강조될 것이다. 모든 참여자들이 떡과 포도즙을 받고 그것들의 의미에 집중하기 위하여 특정한 결정을 내리게 될 것이다.

적절하게 집례된 성만찬은 신자가 주의 죽으심의 경이와 그를 믿는 사람들이 영원히 살게 될 것이라는 사실을 다시금 숙고할 때 신자에게 믿음과 사랑을 불어넣는 방편이다.

> 그리고 나는 얻을 수 있는가
> 구세주의 보혈의 은혜를?
> 그가 나를 위하여 죽으셨네, 누가 그를 아프게 했는가?
> 나를 위하여, 누가 죽음으로 몰아내었는가, 그를?
> 놀라운 사랑이여! 어떻게 그런 일이 있을 수 있나요?
> 나의 하나님, 당신께서 나를 위하여 죽으셔야만 했나요?
> (찰스 웨슬리, 1738)

# 54

# 교회의 일치



역사의 여러 시기에 토론에 부쳐졌던 주제가 교회의 일치이다. 교회의 일치에 대한 정의와 이 논의의 긴급성의 정도는 여러 세기를 통하여 줄곧 변경되었다. 때때로 교회 일치는 상당한 논란을 일으키는 주제였다. 얄궂게도, 20세기에 와서 교회 일치의 본질에 대한 견해 차이들이 상당한 불일치를 야기하였다. 그러나 이 주제는 너무나 커서 피할 수 없는 것이다.


## 교회의 일치에 대한 주장들

### 교회의 일치에 대한 성경의 가르침들

교회가 일치를 위하여 노력해야 하는 이유들 가운데에 교회가 하나 되어야 하고, 실제로 하나이며, 하나가 될 것이라고 명확하게 가르치는 교훈적인 인용절들이 신약 성경에 있다. 아마도 가장 설득력이 있는 것은 소위 예수의 대제사장 기도일 것이다. "내가 비옵는 것은 이 사람들만 위함이 아니요 또 저희 말을 인하여 나를 믿는 사람들도 위함이니 아버지께서 내 안에 내가 아버지 안에 있는 것 같이 저희도 다 하나가 되어 우리 안에 있게 하사 세상으로 아버지께서 나를 보내신 것을 믿게 하옵소서. 내게 주신 영광을 내가 저희에게 주었사오니 이는 우리가 하나가 된 것 같이 저희도 하나가 되게 하려 함이니이다. 곧 내가 저희 안에 아버지께서 내 안에 계셔 저희로 온전함을 이루어 하나가 되게 하려 함은 아버지께서 나를 보내신 것과 또 나를 사랑하심 같이 저희도 사랑하신 것을 세상으로 알게 하려 함이로소이다"(요 17:20-23). 우리 주께서 제자들의 행복을 위한 관심을 강하게 표현하실 때, 그가 신자들 서로간의 일치를 위한 모델로서 아버지와 아들 사이의 일치에 대하여 말하는 것은 의미가 있다. 신자들 서로간의 일치와 하나님과의 일치가 아버지께서 아들을 보내셨다는 사실을 세상에 증거하게 될 것이다. 그러나 이러한 일치의 본질에 대해서는 거의 언급되지 않는다.

두번째 주요한 인용절은 에베소서 4장에 나오는 바울의 권고이다. 독자들에게 그들의 부름에 합당한 삶을 살 것을 부탁한 이후에(1절), 그는 그들에게 "평안의 매는 줄로 성령의 하나 되게 하신 것을 힘써 지키라"(3절)고 권하였다. 그는 신자들을 하나되게 하는 기초들의 목록을 가지고 더욱 철저하게 호소하고 있다. "몸이 하나이요 성령이 하나이니 이와 같이 너희가 부르심의 한 소망 안에서 부르심을 입었느니라. 주도 하나이요 믿음도 하나이요 세례도 하나이요 하나님도 하나이시니 곧 만유의 아버지시라. 만유 위에 계시고 만유를 통일하시고 만유 가운데 계시도다"(4-6절). 모든 신자들이 같은 몸, 성령, 소망, 주, 믿음, 세례, 하나님과 아버지를 고백하기 때문에, 그들은 성령의 일치를 나타내야 한다. 바울은 그의 주장을 끝내면서, 그의 독자들에게 그리스도에게까지 자라가라고 권고하였다. "그에게서 온 몸이 각마디를 통하여 도움을 입음으로 연락하고 상합하여 각 지체의 분량대로 역사하여 그 몸을 자라게 하며 사랑 안에서 스스로 세우느니라"(16절). 교회가 머리되신 그리스도 아래에서 하나될 때, 성숙한 그리스도인의 경험이 존재한다. 그러나 성령의 일치를 세우는데 대하여 바울이 관련되는 한, 그는 이 일치가 정확히 존재하고 있는 것이 무엇인지를 실제로 상술하지 않는다. 그는 자신이 편지를 쓰고 있는 지역 교회 너머에까지 이 일치가 퍼져나가야 한다는 사실을 분명히 하지도 않는다. 그러나 우리는 여기에서 에베소서가 아마 회람 편지였을 것이라고 명심하는 것이 중요하다. 이것은 신자들의 한 회중에 제한되지는 않았다.[1] 따라서 일치에 대한 바울의 호소는 의심할 바 없이 넓은 지역에서 회람되었다.

바울은 빌립보서 2:2에서도 다소간 유사한 호소를 하고 있는데, 이 인용절에서 그는 독자들에게 "뜻을 합하며 한 마음을 품으라"고 권한다. 이러한 태도를 발전시키는 열쇠는 겸손과 다른 사람들에 대한 관심이다(3-4절). 그리고 완전한 모델은 그리스도의 자기를 비우시는 행동이다(5-8절). 그의 모범을 따르는 것이 회중의 구성원들 가운데에서 진정한 일치에 이르게 될 것이다.

### 일반적인 신학적 고찰들

성경의 이런 특정한 가르침들 이외에도, 신자들 가운데에서 일치를 찬성하는 일반적인 신학적 고찰들이 존재한다. 이 고찰들은 이스라엘의 백성됨이 근거하고 있었던 옛 이스라엘의 단일성과 하나님의 단일성을 포함하고 있다. 이스라엘은 그들이 예배하였던 하나님이 한 분이시기 때문에 한 국가로 될 수 있었다. 하나님이 한 분이시라는 사실은 신명기 6:4과 같은 인용절들에서 가장 분명하게 표현되어 있다. 하나님이 한 분이시기 때문에, 이스라엘 백성들은 전심으로 그를 예배하도록 요청되었다(5절). 더욱이, 하나님이 한 분이시기 때문에, 우주도 진실로 하나이다. 창세기 1장이 가르치고 있듯이, 그 가운데 있는 모든 것이 하나님에 의하여 지음을 받았으며, 하나인 전세계가 그것의 창조주의 뜻을 따른다. 인간을 포함한 만물이 공통된 기원과 한 주님을 갖고 있기 때문에, 신자들이 하나되라고 하는 것은 전적으로 적합하며, 실제로 이것은 명령이다.[2]

구약 성경 이스라엘의 일치는 성전과 율법이라고 하는 두 제도 안에서 표상된다. 신명기 12장에 의하면, 오직 한 분 참되신 하나님이 계시기 때문에, 모든 다른 예배의 장소와 형태들은 분명히 제거되어야 했다. 성전은 하나님의 거처이며, 이스

---

1) Stig Hanson, *The Unity of the Church in the New Testament: Colossians and Ephesians*(Lexington, Ky.: American Theological Library Association, 1963), pp. 107-08.
2) Ibid., p. 7.

라엘의 모든 백성들은 그 안에서 그들의 예배를 집중해야 한다. 이와 유사하게, 율법도 하나로 만드는 요소이다. 그들의 지파와 사회적인 계급에 상관없이, 모든 사람들이 그것을 복종해야 한다.[3]

다양한 신약 성경의 표상들은 이스라엘의 계승자인 교회가 하나됨을 명백히 하기 위하여 이스라엘의 본을 따라야 한다는 사실을 분명히 한다. 이스라엘과 같이 그리스도를 믿는 신자들은 한 민족과 한 국가를 구성한다. "너희는 택하신 족속이요, 왕같은 제사장들이요, 거룩한 나라요, 그의 소유된 백성들이다"(벧전 2:9). 그러나 신약 성경은 민족의 개념을 초월하는데, 그 이유는 하나님의 새로운 공동체 안에는 다양한 국민들이 존재하기 때문이다. 일치는 좀더 강하다. 즉 바울은 교회를 한 가족으로 언급한다. "그러므로 이제부터 너희가 외인도 아니요 손도 아니요 오직 성도들과 동일한 시민이요 하나님의 권속이라"(엡 2:19).

여기에서 바울은 일치의 관념을 강조하기 위하여 성전의 표상을 도입한다. "너희는 사도들과 선지자들의 터 위에 세우심을 입은 자라. 그리스도 예수께서 친히 모퉁이돌이 되셨느니라. 그의 안에서 건물마다 서로 연결하여 주 안에서 성전이 되어 가고 너희도 성령 안에서 하나님의 거하실 처소가 되기 위하여 예수 안에서 함께 지어져 가느니라"(20-22절). 베드로도 이와 유사하게 교회를 영적인 집이라고 말한다. "너희도 산 돌같이 신령한 집으로 세워지고 예수 그리스도로 말미암아 하나님이 기쁘게 받으실 신령한 제사를 드릴 거룩한 제사장이 될지니라"(벧전 2:5).[4]

마찬가지로 그리스도의 신부로서의 교회의 표상도 신자들 가운데에서의 일치를 찬성한다. 태초로부터 결혼은 일부일처제로 의도되었다. "이러므로 남자가 부모를 떠나 그 아내와 연합하여 둘이 한 몸을 이룰지로다"(창 2:24). 여기에는 한 남자와 한 여자 이외의 어떤 암시도 없다. 예수는 결혼의 영구성을 찬성하면서 이 구절을 인용하셨으며(마 19:5), 바울은 결혼의 관계를 그리스도와 교회의 관계에 비유하는 인용절 속에서 이것을 인용하였다(엡 5:31). 만약 교회가 그리스도의 신부라면, 그것은 많은 몸이 아니라, 한 몸이어야 한다.[5]

그리스도의 몸으로서의 교회의 표상은 일치를 위한 또 다른 강력한 주장이다. 바울은 교회 안에 있는 지체들과 기능들의 다양성을 논하면서, 명백하게 말하였다. "몸은 하나인데 많은 지체가 있고 몸의 지체가 많으나 한 몸임과 같이 그리스도도 그러하니라. 우리가 유대인이나 헬라인이나 종이나 자유자나 다 한 성령으로 세례를

---

3) Geoffrey W. Bromiley, *The Unity and Disunity of the Church*(Grand Rapids: Eerdmans, 1958), pp.9-10.
4) Ibid., pp.10-11.
5) Ibid., p.11.

받아 한 몸이 되었고 또 다 한 성령을 마시게 하셨느니라"(고전 12:12-13).

신자들의 일치에 대한 바울의 가장 심오한 신학적인 변론은 아마도 에베소서와 골로새서에서 발견될 수 있을 것이다. 구원론적인 증거로부터 시작하여 하나님의 창조 사역으로 화제를 바꾸고 있는 인용절인 골로새서 1:13-23에서, 바울은 그리스도께서 만물을 창조하셨으며(15-16절), 그 안에서 만물이 함께 서 있다고(17절) 선언한다. 이것은 그가 몸인 교회의 머리임을 의미한다(18절). 절정은 19-20절에서 도달된다. "아버지께서는 모든 충만으로 예수 안에 거하게 하시고 그의 십자가의 피로 화평을 이루사 만물 곧 땅에 있는 것들이나 하늘에 있는 것들을 그로 말미암아 자기와 화목케 되기를 기뻐하심이라." 그리스도의 목표는 만물을 자신과 화해시키는 것이다. 교회를 포함하여 만물이 그 안에서 연합될 것이다. 바울은 3:14-15에서 변론할 때 이 목적을 고려하고 있었다. "이 모든 것 위에 사랑을 더하라. 이는 온전하게 매는 띠니라. 그리스도의 평강이 너희 마음을 주장하게 하라. 평강을 위하여 너희가 한 몸으로 부르심을 받았느니라."[6]

교회의 일치는 에베소서 전체를 통하여 들려오는 주제이다. 1장은 "그의 몸인 교회를 위한 만물 위에 있는 머리"(엡 1:22-23)로서의 그리스도의 표상을 가지고 글을 맺고 있다. 다음 장에서는 강조점이 유대인과 이방인들의 일치에 놓이게 되었다. "그는 우리의 화평이신지라. 둘로 하나를 만드사 중간에 막힌 담을 허시고 원수된 것 곧 의문(儀文)에 속한 계명의 율법을 자기 육체로 폐하셨으니 이는 이 둘로 자기의 안에서 한 새 사람을 지어 화평하게 하시고 또 십자가로 이 둘을 한 몸으로 하나님과 화목하게 하려 하심이라. 그리고 그것에 의하여 원수된 것을 십자가로 소멸하셨느니라"(2:14-16). 이 장은 우리가 앞에서 주목하였던 — 즉 유대인과 이방인들이 서로 연결하여 주 안에서 거룩한 성전이 되어간다(20-22절) — 인용절로써 끝을 맺고 있다. 4장에서 바울은 교회가 하나로서 생각되어야 하는 근거들의 목록을 편집하고 있다(4:4-6). 스틱 핸슨(Stig Hanson)은 이 인용절을 이렇게 주석하였다. "한 몸은 대부분의 주석가들의 견해인, 그리스도의 몸으로서의 교회를 지시한다. 그리스도가 한 분이시기 때문에 이 몸은 틀림없이 하나이며, 그리스도는 나누어질 수 없다."[7] 4장의 뒤에서(11-14절), 바울은 교회를 한 믿음으로 세우는 목적을 갖는 목회의 관념을 전개하고 있다(5절). 이것은 한 분 그리스도에 의하여 시작된 일치를 보증한다.

---

6) Hanson, *Unity of the Church*, pp. 109-11.
7) Ibid., p. 152.

### 실제적인 고찰들: 공통된 증언과 유효성

또한 기독교의 일치를 찬성하는 어떤 실제적인 고찰들이 존재한다. 이것들 가운데 하나는 밀접하게 결합된 집단이 나타낼 수 있는 공통된 증언이다. 우리는 그들의 일치된 증언이 세상에 영향을 끼칠 수 있도록 예수께서 신자들의 일치를 위하여 기도하셨음을 앞에서 언급하였다(요 17:21). 초기의 신자들은 목적의 단일성이 특징이었으며, 그들은 그들의 증언에서 매우 효과적이었다. 아마도 이 둘 사이에는 논리적인 인과관계가 있을 것이다. "믿는 무리가 한 마음과 한 뜻이 되어 모든 물건을 서로 통용하고 제 재물을 조금이라도 제 것이라 하는 이가 하나도 없더라. 사도들이 큰 권능으로 주 예수의 부활을 증거하니 무리가 큰 은혜를 얻었더라"(행 4:32-33).

신자들의 무리는 서로 싸우거나 심지어 비난할 때에는 당연히 부정적이거나 말살하는 효과를 가질 수도 있겠지만, 그들의 증언이 일치될 때에는 성장하는 경향이 있다. 이 진리는 교파 내부에서의 싸움들이 사람들로 하여금 기독교 신앙으로 연합되는 것을 방해하는 미국에서 충분히 명백하다. 그러나, 문제는 다양한 선교적인 노력들이 대면하고 있는 원주민들이 기독교인이 되어야 하는 여부뿐만 아니라, 어떤 형태의 기독교인 — 즉 장로교인, 침례교인, 루터교인, 혹은 어떤 형태이든지 간에 — 이 되어야 하느냐의 여부까지도 결정해야 하는 비기독교 국가들에서 더욱 악화된다.[8] 어떤 경우에는 심지어 두 가지 혹은 그 이상으로 다양한 같은 교파의 분파들이 있을 수도 있다. 선택할 수 있는 것들 가운데에서 기본적으로 같은 것으로 보이는 것을 선택할 수 없어서, 잠재적인 개종자들이 당황하여 포기하게 된다고 해도 놀라운 일이 아닐 것이다. 확실히 복음 증거는 경쟁적인 집단들의 존재에 의하여 강화되지는 않는다.

또다른 실제적인 고찰은 효율성의 문제이다. 그리스도인들 가운데 일치가 부족하다면, 노력들의 커다란 중복이 있게 된다. 모든 지역 회중들은 모든 선교 위원회와 모든 기독교 대학과 신학교가 그런 것처럼, 일정한 구조적이고 절차적인 구성 요소들을 가지고 있어야 한다고 생각하게 된다. 결과는 하나님의 나라의 자원의 커다란 낭비이다. 극단적인 예로서 중서부에 있는 한 마을의 광장을 생각해 보라. 광장의 각 측면마다 교회 건물이 서 있다. 이 네 건물은 다 낡았고, 열을 데우기에는 불충분하며, 수리되어야 한다. 네 회중들 모두의 규모와 예산이 별로 크지 않다. 목사의 봉급들도 작다. 따라서, 회중들은 젊고 경험이 없는 목사들이나 그렇지 않으면 절정을 훨씬 지난 더 나이든 사람들에 의하여 습관적으로 예배를 드리게 된다. 기독

---

8) Martin H.Cressy, "Organic Unity and Church Unions," *The Reformed World* 35, no.3 (September 1978):103; Martin Marty, *Church Unity and Church Mission*(Grand Rapids: Eerdmans, 1964), pp.40-41.

교 교육과 같은 분야의 평범한 프로그램들이 표준이다. 그러나 가장 비참한 것은 네 회중들의 예배와 말씀과 프로그램들이 거의 같다는 사실이다! 방문객은 그들 가운데에서 어떤 중요한 차이점도 발견하지 못할 것이다.

생산성 향상 전문가는 이 상황을 자원의 엄청난 오용으로 간주할 것이다. 네개의 조그만 다투는 교회들 대신에, 그들을 한 회중으로 병합하는 것이 훨씬 더 이치에 맞을 것이다. 네 교회의 자산들은 팔릴 수 있었고, 새로운 회중은 능률적인 구조로 다시 배치되었다. 유능한 전문가들로 이루어진 직원이 적당한 보수들로 고용될 수 있었으며, 선교사 파송이 축소된 총경비의 결과로 늘어날 수 있었다. 우리가 지역적인 수준에서 주장하고 있는 것은 마찬가지로 더 넓은 수준들에서도 매우 바람직스러울 것이다. 어떤 사람들은 이러한 제안을 제너럴 모터스사의 정신이 교회의 업무에 적용된 것으로 간주할 수도 있겠지만, 이것은 사실상 우리 그리스도인들이 위임받은 자원들에 대하여 선한 청지기직을 실천하는 문제이다.

## 일치의 본질에 관한 개념들

일치가 바람직하다는 것에 대한 상당히 많은 동의에도 불구하고 그것의 본성, 즉 그것이 취해야 하는 형태에 대해서는 거의 동의가 없다. 기본적으로 일치에 대한 네 가지의 다른 관념들이 존재한다. 그것들은 어느 정도 교회의 본질의 개념들과 관련될 수 있다. 따라오는 목록은 무형 교회를 강조하는 견해에서부터 유형 교회를 강조하는 견해로 나아간다. 일반적으로, 유형 교회에 대한 집중력이 커지면 커질수록, 일치가 실제적인 조직의 연합에서 표명되어야 한다는 관심도 점점 더 커질 것이다.

### 영적인 일치

교회 일치에 대한 첫번째 견해는 모든 그리스도인들이 같은 주께 위탁되었고 같은 주를 섬김으로써 하나라는 사실을 강조한다. 그들은 그리스도가 그것의 머리이신 무형 교회 안에서 함께 결합된다. 언젠가 이 몸은 가시적인 형태로 실제적으로 모이게 될 것이다. 그 동안에는 교회의 일치는 신자들 사이에 아무런 적대감도 존재하지 않는다는 사실에 놓여 있게 된다. 모든 신자들은 다른 신자들을, 즉 그들이 실제로 접촉하거나 서로 영향을 미치지 않는 사람들까지도 사랑한다. 심지어 같은 지역 내에서도 유형 교회의 독립된 조직들의 존재가 이러한 일치에 대하여 적대적인 태도를 나타내지는 않는다. 사실상 교회 일치를 본질적으로 영적인 것으로 간주하는 그리스

도인들은 회원됨의 기준으로 대개 교리적인 신념과 삶의 양식의 순수성을 강조한다.[9]

### 상호 인정과 친교

두번째 견해는 일치를 단순히 관념적으로 받아들이는 것 이상의 것을 포함한다. 일치는 실제적인 수준에서 이행된다. 각 회중들은 다른 회중들을 하나님의 가족의 합법적인 부분들로서 인정한다. 이렇게 해서 신자들은 기꺼이 한 회중으로부터 다른 회중에게로 그들의 회원됨을 양도해 줄 수 있다. 마찬가지로 강단의 교환, 즉 다른 집단들에 의한 성직 안수를 승인해 주는 실천이 있을 수도 있다. 이외에도, 다른 교회의 회원들이 서로 간에 친교를 가지게 되며, 비슷한 열심과 이상들을 지니고 있는 회중들이 가능하다면 함께 일하게 된다. 예를 들어, 그들은 대규모의 복음 전도 십자군을 계획하는 일에 협력할 수도 있다. 그러나 본질적으로 협력은 특별한 근거 위에 있으며, 이것은 어떤 형태의 공식적이고 영구적인 조직으로 표현되지는 않는다.[10]

### 협의회적인 일치

그러나 교회들이 그들의 공통된 목적들을 성취하기 위하여 조직적인 연합을 맺게 되는 경우들이 있다. 이것들은 소위 협의회나 혹은 교회 연합으로서 단결된다. 이것은 본질적으로 각각 자신의 정체성을 유지하고 있는 교파들의 협력적인 친교이다. 이것은 이를테면 그들 모두가 자신들의 독특한 전통들을 지속하고 있는 감리교도들과 루터교도들, 그리고 감독교회 신도들의 연합된 노력이다. 이 일치는 영적일 뿐만 아니라 가시적이기 때문에, 친교와 행동을 강조한다.

### 조직적인 일치

마지막으로, 교회 일치는 갈라진 주체들로서 버려졌던 하나의 조직을 실제적으로 창조하는 것을 의미한다는 견해가 존재한다. 전회원과 성직 수임이 연합된다. 교파들이 이런 방식으로 연합할 때에, 마찬가지로 지역 회중들의 합병이 종종 일어난다. 주요한 예가 감리교도들과 장로교도들, 그리고 회중교도들을 연합함으로써 1925년에 형성된 단일한 교파인 캐나다 연합 교회(the United Church of

---

9) J.Marcellus Kik, *Ecumenism and the Evangelical*(Philadelphia: Presbyterian and Reformed, 1958), pp.48-53.
10) James DeForest Murch, *Cooperation Without Compromise*(Grand Rapids: Eerdmans, 1956).

Canada)이다. 또다른 예는 남인도 교회(the Church of South India)이다. 1960년대 초기에 '교회 연합에 관한 협의회'(the Concultation on Church Union, COCU)는 몇몇 교파들을 그들이 '연합하는 그리스도의 교회'(the Church of Christ Uniting)로 합병하려는 계획을 시작하게 되었다. 최종적인 목표는 로마 가톨릭과 동방 정교회와 개신교의 모든 기독교 교회들을 하나의 공통된 교회로 연합하는 것이었다. 실제로 '기독교 교회 협의회'(the National Council of the Churches of Christ)의 목표는 협의회적인 일치와 조직적인 일치 사이에서 왔다갔다 하는 것처럼 보였다.

그들 지역은 불일치와 논쟁이 일어나기 쉬운 지역들이기 때문에, 우리가 협의회적인 일치와 조직적인 일치를 좀더 면밀히 고찰하는 것이 중요하다. 그러나, 그렇게 하기 전에, 우리는 "조직적인 일치"(organic unity)라는 용어가 몇가지 다른 방식으로 이해되고 있음을 지적해야 한다:

1. "조직적인 일치"의 일반적인 의미는 우리가 위에서 언급한 것, 즉 상이한 교파들의 병합이다. 여기에서는 관례의 다양성을 허용하거나 혹은 어떤 최소의 공통분모 위에 연합을 근거시킨다는 동의가 존재한다. 우리는 이러한 유형의 상당히 주요한 병합들이 캐나다와 인도에서 일어났음을 주목하였다. 미국에서 일어났던 좀더 제한적인 병합들은 회중 교회와 복음 개혁파 교회가 '그리스도 연합 교회'(the United Church of Christ)로 형성되고, 또한 감리교 감독파 교회와 복음 연합 형제단이 '연합 감리 교회'(the United Methodist Church)로 형성된 병합들이다.

2. "조직적인 일치"는 또한 기본적으로 동일한 고백적 표준을 갖고 있는 단체들을 연합하는 것과 관계가 있다. 여기에서 우리는 예를 들어, 미국의 다양한 루터교 집단들 사이에서 일어났던 일련의 병합들을 생각하고 있다. 이와 비슷한 병합들이 또한 개혁교회 집단들, 특별히 장로교도들 가운데에서 일어났다. 침례교도들과 같이 회중교회주의와 한층 독립적인 태도를 갖는 경향이 있는 집단들은 연합하거나, 혹은 한때 연합하였다가 그 후에 분리되었던 경우에 재연합하려는 경향을 덜 보여주었다.

3. "조직적인 일치"는 일치를 수립하는 일 뿐만 아니라, 마찬가지로 그것을 유지하거나 보존하는 일에도 관계를 가진다. 우리는 불만을 나타내는 그리스도인들이 그들이 그것의 한 부분이었거나 혹은 그것으로부터 갈라져 나온 교파 내에 남아 있게 되는지의 여부에 관한 문제를 여기에서 언급하고 있다. 이것은 종종 현저하게 자유주의적으로 되어버린 교파 내에 있는 보수주의자들에 대한 문제이다. 몇가지 경우에, 그러한 결정을 내려야 하는 것은 덜 보수적인 요인이다. 한 가지 예가 루터 교

회-미주리 대회(Missouri Synod)의 회원들에 의한 '선교 복음 루터교회' (Evangelical Lutherans in Mission, ELIM)의 형성이다. 이러한 특별한 수준에서 "조직적인 일치"는 분리하는 대신에 교파 내에 남아 있거나 그렇지 않으면 기본적으로 유사한 전통과 예전을 지닌 다른 집단을 형성하기 위하여 교파로부터 분리하는 것(예를 들면, 또다른 침례교회 단체를 형성하기 위하여 한 침례교 집단으로부터 분리하는 것)을 가리킬 수도 있다.

　　4. 마지막으로, "조직적인 일치"는 지역 회중과 관계를 가질 수도 있다. 여기에서 우리는 개인이나 집단이 회중 내에 남아 있을 것인지 아니면 그것으로부터 분리할 것인지에 관한 문제를 언급하고 있다. 한 개인은 단순히 단체를 떠날 수 있지만, 만약 한 집단이 물러나게 되면, 그것은 실제적인 분열의 문제이다. 더 많은 사람들이 어떤 다른 수준들이 아니라 이러한 수준에서 조직적인 일치의 문제에 직면하고 있다.


## 세계교회연합운동의 역사와 현재 상황


　　세계교회연합운동(Ecumenism, 에큐메니즘)은 긴 노정을 거슬러 올라갈 수 있다. 실제로, 에큐메니즘의 한 역사는 1517년 이후로부터 그것을 규명하고 있다.[11] 그러나 어떤 의미에서 현대 에큐메니칼 운동은 1910년에 협력적인 선교적 노력으로서 시작되었다. 케네스 스코트 라투렛(Kenneth Scott Latourette)은 "에큐메니칼 운동은 대부분 선교 운동의 부산물이었다"[12]고 말하였다. 역사적인 배경을 위해서 우리는 18, 19세기에 유럽과 북미를 휩쓸었던 부흥 운동을 주시하게 된다. 그 부흥 운동들에 참여한 사람들은 그들이 교파의 방침을 초월하는 공통된 신학과 경험을 갖고 있음을 발견하였다. 가장 중요한 것은 그들이 자신들을 함께 묶어주는 세계 복음화라는 공통된 과제와 목적을 갖고 있었다는 사실이었다.[13] 이 부흥 운동들은 다음과 같은 다수의 단체들을 탄생시켰다. 기독청년회(the Young Men's Christian Association, Y.M.C.A., 1844), 복음주의 연맹(the Evangelical

---

11) *A History of the Ecumenical Movement, 1517-1948*, ed. Ruth Rouse and Stephen Charles Neill, 2nd ed. (Philadelphia: Westminster, 1968).

12) Kenneth Scott Latourette, "Ecumenical Bearings of the Missionary Movement and the International Missionary Council," in *Ecumenical Movement*, p. 353.

13) Ibid.

Alliance, 1846), 기독여성청년회(the Young Women's Christian Association, Y.W.C.A., 1855), 세계기독학생회(the World's Student Christian Association, W.S.C.F., 1895). 이 단체들은 본래적으로는 진정으로 에큐메니칼이 아니었지만, "나중에는 에큐메니칼 사상들을 전파할 수 있는 유리한 근거를 제공할 수 있었다."[14]

선교사들은 교회의 분열이 복음 전도 사역에 장애를 형성한다는 것을 처음으로 감지한 사람들이었다. 선교를 증진시키기 위한 국제적인 협의회들이 열렸는데, 1878년과 1888년에 런던에서 열린 협의회와 1900년에 뉴욕에서 열린 협의회가 특히 중요하다. 사실상, 이 협의회들 중에서 마지막 협의회는 에큐메니칼 선교 협의회(Ecumenical Missionary Conference, E.M.C.)라고 명명되었다. 참가자들이 점점 더 커지게 되었다. 결정적인 사건은 에딘버러에서 열린 '1910년의 세계 선교 협의회'(the 1910 World Missionary Conference)였는데, 이것은 일반적으로 현대 에큐메니칼 운동의 시작으로서 간주된다. 두 사람의 주요한 지도자들은 존 모트(John R. Mott)와 조셉 올덤(Joseph H. Oldham)이었다.[15] 목적은 세계를 복음화하는데에서의 다음 단계들을 계획하는 것이었다.[16]

이 회의들 중 한 회기에 극동으로부터 온 한 대표가 선교사들 사이에서의 교파적인 분열이 그의 나라에 가져온 해로운 결과를 비난하였다. 그의 이름이나 그의 정확한 말은 보존되지 않았지만, 우리는 그가 비판한 내용의 직접적인 재수집물을 갖고 있다.

> 여러분들이 우리들에게 선교사들을 파송해 주었고, 그들은 우리들에게 예수 그리스도를 소개해 주었으며, 그것에 대하여 우리는 감사하고 있습니다. 그러나 여러분들은 또한 우리들에게 당신들의 차별과 분열들도 가져다 주었습니다. 어떤 사람들은 감리교 교리를 설교하고, 다른 사람들은 루터교 교리나 회중교회의 교리나 감독교회의 교리를 설교합니다. 우리는 당신들이 우리에게 복음을 설교하며, 우리 국민들 가운데에서 예수 그리스도께서 스스로 그의 성령의 활동에 의하여 그의 요구들과 또한 우리 민족의 정신에 부합하는 하나의 교회를 세워줄 것을 요청합니다. 이 교회는 일본에 있는 그리스도의 교회, 중국에 있는 그리스도의 교회, 인도에 있는 그리스도의 교회가 될 것입니다. 즉 이것은 당신들이 우리들 사이에서 복음에 대한 설교를 채색하고 있는 모든 '주의'(主義)들로부터 우리를 해방시켜 줄 것입니다.[17]

---

14) Maurice Villain, *Unity: A History and Some Reflections*, trans, J.R. Foster from the 3rd rev. ed. (Baltimore: Helicon, 1961).
15) Latourette, "Ecumenical Bearings," p. 356.
16) Ibid., pp. 357-58.
17) Villain, *Unity*, p. 29.

모리스 빌런(Maurice Villain)은 이 연설이 많은 대표들에게 강력한 영향을 미쳤다고 보고하였다. 그들은 "이러한 수치(羞恥)를 제거하기 위하여 … 모든 가능한 수단을 사용하기로 결정하였다. 그 날 에큐메니칼 운동이 태어나게 되었다."[18] 대표들 중의 한 사람인, 개신교 감독교회의 찰스 브렌트(Charles Brent) 감독이 1910년 10월에 그의 교파에 대해서 "신앙과 직제"(faith and order)와 관련된 문제들을 연구하는 협의회를 소집할 것을 제안하였다. 전세계에서 온 다른 기독교 집단들이 이러한 노력에 참가하도록 초청되었을 것이다.[19] 거의 동시에, 이와 유사한 행동이 '그리스도의 제자들'(the Disciples of Christ)과 '회중교회 협의회'(the National Council of Congregational Churches)라는 두 개의 다른 미국 교파들에 의하여 취하여졌다.[20] 그 결과, '신앙과 직제 세계 협의회'(World Conference on Faith and Order)에 대한 광범위한 지지가 나타나게 되었다.[21] 그러나 협의회가 열리기도 전에, 제1차 세계대전이 발발하였다.

평화가 찾아왔을 때, 세계 협의회를 위한 계획들이 다시 시작되었다. 이것은 1927년에 스위스 로잔에서 모이게 되었다. 2년 후에, 스웨덴의 나단 죄더블롬(Nathan Söderblom) 감독이 스톡홀름에서 "생활과 사업을 위한 보편적 기독교 협의회"(Universal Christian Council for Life and Work)를 소집하였다. 죄더블롬은 교리적인 성격의 문제들을 없애 보려고 시도하였던 실용주의자였지만, 만약 협력적인 노력이 있어야 한다면 교회에 대한 분명한 이해가 있어야 한다는 사실이 분명하게 되었다.[22] 1937년에, "신앙과 직제 운동"은 에딘버러에서 모였고 "생활과 사업 운동"은 옥스퍼드에서 모이게 되었다. 이 모임들로부터 이 두 운동의 활동을 "세계 교회 협의회"(the World Council of Churches)라고 부르게 될 협의회로 연합하기 위한 임시 위원회가 수립되게 되었다.

그러나, 다시 전쟁이 이 계획들을 중단시켰다. 세계 협의회의 실제적인 형성은 1948년에 암스테르담(Amsterdam)에서 147개의 교파 단체들이 회원이 될 때까지는 이루어지지 않았다.[23] 나중에 세계 교회 협의회 총회들이 일리노이주의 에반스턴(Evanston, 1954), 뉴델리(New Dehli, 1961), 웁살라(Uppsala, 1968), 나이로비

---

18) Ibid., p. 30.
19) Tissington Tatlow, "The World Conference on Faith and Order," *Ecumenical Movement*, p. 407.
20) Ibid., pp. 407-08.
21) Ibid., pp. 408-13.
22) Villain, *Unity*, p. 32.
23) Norman Goodall, *The Ecumenical Movement: What Is and What It Does*, 2nd ed. (New York: Oxford University, 1964), pp. 63-68.

(Nairobi, 1975), 밴쿠버(Vancouver,1983)에서 열렸다.

세계 협의회의 신학적인 토대에 대한 최초의 진술은 간결하고도 단순한 것이었다. "세계 교회 협의회는 우리 주 예수 그리스도를 주와 구세주로 받아들이는 교회들의 친교이다."[24] 이 진술은 기독교 신앙 내용들의 전 영역을 포함하고 있지 않은 것으로 비판되었고, 이렇게 해서 1961년에 확대된 설명이 채택되었다. "세계 교회 협의회는 성경대로 주 예수를 하나님과 구세주로 고백하고, 따라서 한 분이신 하나님, 아버지와 아들과 성령의 영광을 위한 그들의 공통된 소명을 함께 실현하려고 노력하는 교회들의 친교이다."[25] 또한 1961년에는 1910년의 에딘버러 협의회에서 탄생한 또다른 운동인 '국제 선교 협의회'(International Missionary Council)가 세계 협의회에 합병되었다.[26]

또다른 중요한 새로운 사실이 동시에 나타나고 있었다. 1961년 성탄절에, 교황 요한 23세가 제2차 바티칸 공의회(Second Vatican Council)를 소집한다는 신호를 내렸다. 이 공의회에서 나타난 비가톨릭적인 기독교에 대한 새로운 개방성은 곧 개신교와 가톨릭의 대화를 하나의 현실로 만들게 되었다.

세계 교회 협의회와 그것의 미국 지부인 "국가 기독교 교회 협의회"(the National Council of the Churches of Christ)는 명성이 있는 유일한 초교파 운동들이 아니었다. 1941년에 "미국 기독교 교회 협의회"(the American Council of Christian Churches)가 조직되었는데, 그것의 세계적인 같은 단체인 "국제 기독교 교회 협의회"(the International Council of Christian Churches)는 얼마 후에 수립되었다. 표면적으로는 이 단체들은 보수적인 신학의 틀 안에서 같은 목표들을 성취하려고 하였기 때문에, NCC와 WCC에 대한 보수적인 상대 진영들로서 보일 것이다. 그러나 좀더 면밀히 조사해 보면, ACCC와 ICCC는 NCC와 WCC의 목표와 입장들을 반대하기 위한 목적으로 존재한다는 사실이 명백하게 드러난다.[27]

처음부터 미국 기독교 교회 협의회(ACCC)의 주된 운동력은 칼 매킨타이어 (Carl McIntire)였다. 그는 정통 장로 교회(the Orthodox Presbyterian Church)로부터 성경 장로교회(the Bible Presbyterians)를 분리하였고, 페이스

---

24) Ibid.,p.68.
25) Ibid.,p.69.
26) Norman Goodall, *Ecumenical Progress: A Decade of Change in the Ecumenical Movement, 1961-1971*(New York: Oxford University, 1972),p.139.
27) Carl McIntire, *Twentieth Century Reformation*, 2nd and rev. ed.(Collingwood-N.J.: Christian Beacon,1945).

신학교(Faith Theological Seminary)를 세웠으며, 국가 성경 학교(the National Bible Institute)를 쉘턴 대학(Shelton College)으로 바꾸어 놓은 지도자였다. 그는 또한 "20세기의 종교개혁 시간"이라는 라디오 프로그램의 연설자였다.

ACCC의 활동들은 목사의 임기와 외국 선교와 라디오 방송에 영향을 미치는 정부 정책에 관하여 워싱턴에서 로비 활동을 하는 것을 포함한다.[28] 그러나 이 단체의 존재 이유를 구성하고 있는 것은 바로 NCC와 WCC에 대한 반대였다. 그것의 전략 가운데 하나는 WCC나 그것의 기관들 중의 하나가 회합을 갖고 있는 바로 그 도시에서 동시에 대회를 개최하는 것이었다. 매킨타이어의 책「20세기의 종교개혁」 (*Twentieth Century Reformation*)은 에큐메니칼 그룹의 자유주의에 대한 광범위하고도 정력적이며 신랄한 공격이다. 정치적이고 경제적인 정책과 실천의 문제들도 역시 논쟁적인 토론에 회부되고 있기 때문에, 문제가 되고 있는 것은 단순히 신학뿐만이 아니었다.

ACCC와 그것의 회원 교회들의 활동들은 어떤 매우 부정적인 결과들에 이르게 되었다. 성경 장로 교회와 페이스 신학교가 각각 정통 장로 교회와 웨스트민스터 신학교로부터 분파들로서 존재하게 되었을 때 시작되었던 분열의 경향이 계속되었다. 문제가 된 사건은 카버넌트 대학과 신학교(Covenant College and Seminary)와 여기에 제휴한 교파의 설립이었다.[29] 나아가서, ACCC는 자유주의적인 교리를 지닌 사람들뿐만 아니라, 비록 철저한 정통주의는 아니었지만, NCC와 완전히 유대를 단절하지 않은 일관성이 없는 복음주의자들도 역시 반대하였다. 실제로, ACCC의 어떤 선거 회원도 NCC와 관계있는 사람을 지지하지 않을 것이다.[30]

ACCC가 생겨난 지 일년 후에, 벌써 또 다른 초교파적 협회가 존재하게 되었다. 일단의 복음주의자들이 1929년에 뉴 잉글랜드 협회(New England Fellowship)를 조직하였는데, 이것은 성경 협의회들과 캠프들, 그리고 라디오 방송국을 포함하고 있었다. 전국적인 협회의 이상을 갖고 있었던 이 모임의 지도자들 중 어떤 사람들이 1942년 4월에 세인트 루이스(St.Louis)에서 열리는 회의에 참석하라고 온 나라의 복음주의자들에게 초청장들을 보냈다. 이 회의에서 "연합 활동을 위한 전국 복음주의자 협회"(the National Association of Evangelicals for

---

28) Paul Woolley, "American Council of Christian Churches," in *Twentieth Century Encyclopedia of Religious Knowledge*, ed.Lefferts A.Loetscher(Grand Rapids: Baker, 1955),vol.1,p.30.
29) Carl Henry, "The Perils of Independency," *Christianity Today*,12 November 1956, p.21.
30) Woolley, "American Council," p.30.

United Action)가 나오게 되었는데, 이 명칭은 나중에 "전국 복음주의 협회"(the National Association of Evangelicals)로 단축되었다.[31]

전국 복음주의 협회(NAE)의 시작에 관한 두 가지 사실들이 이것의 독특한 성격과 목적들을 반영하고 있다. 첫째로, 원래의 명칭은 이것의 실천적인 활동 지향성을 지적한다. 이 점에서 NAE는 1910년의 에딘버러 협의회를 닮았다. 둘째로, 지나간 해에 ACCC의 형성을 주목하였던 복음주의자들의 지도자들은 그것의 부정적인 태도 때문에 참여하지 않기로 선택했다. 그 대신에, 이 새 단체의 일차적인 목표는 건설적이고 협력적인 활동이었다. 우리는 이것을 에큐메니칼적인 활동 집단이라고 부를 수 있을 것이다:

> 한 가지는 분명하게 되었다. 다수의 사람들이 연방[국가] 교회 협의회(NCC)와는 더 이상 협력할 수 없다는 결론에 도달하였다. [그러나 복음주의자들]은 고발을 이끌어내는 것과 협의회를 개혁하거나 파괴하기 위하여 호전적인 전략을 짜면서 시간을 보내는 데에는 관심이 없었다. 그들은 너무 많은 시간과 에너지와 돈과 재능이 이미 그런 노력들에 소진되었다고 믿었다. 그들은 복음 전도와 선교, 기독교 교육과 기독교 신앙의 모든 영역의 분야들에서 건설적이고 적극적이고 역동적이며 통일된 복음주의적인 활동의 프로그램을 원하고 있었다. 그들은 그런 활동을 위한 건전한 교리적 토대를 원하였다. 그들은 이들 영역에서의 리더십을 추구했다. 그들은 그들의 믿음의 타당성과 중요한 건설적 프로그램에서 함께 일하고 함께 이룩할 수 있는 복음주의자들의 능력을 증명해야 할 때가 왔다고 믿었다.[32]

NAE는 몇몇 위원회들을 통하여 기능을 발휘한다. 이것의 기관지인 「활동」(*Action*, 이전에는 「연합 복음주의 활동」[*United Evangelical Action*])은 이 협회의 회원들의 견해를 표현하고 있다.

## 복음주의자들에 의하여 제기된 문제들

에큐메니즘이 논의될 때에, 몇가지 문제들이 복음주의자들에게 특별히 관심을 끈다. 복음주의자들은 어떤 기본적인 진리들에 대한 동의가 없으면 친교는 불가능하다고 항상 주장해 왔다. 이 주장은 사람들이 믿음 안에서 관계를 맺는 객관적인 하

---

31) Murch, *Cooperation*, pp. 48-61.
32) Ibid., p. 62.

나님에 대한 믿음으로부터 유래한다. 우리는 그가 자신을 우리들에게 계시하셨기 때문에 그와 관계를 가질 수 있다. 이 계시는 적어도 부분적으로는 명제적인 형태로 존재하기 때문에, 믿음은 하나님에 대한 인격적인 신뢰와 그가 계시하신 진리들을 용인하는 문제이다. 따라서, 유사한 감정적인 경험들과 협력적인 노력들은 연합을 위한 불충분한 토대들이다. 또한 적어도 믿음의 가장 기본적인 항목들에 대한 일치가 있어야 한다.

복음주의자들의 이러한 입장은 에큐메니즘에 대한 자연적이거나 혹은 논리적인 장벽으로 해석될 수도 있을 것이다. 실제로, 존 워릭 몽고메리(John Warwick Montgomery)가 지적하였듯이, 이것은 정반대의 방식으로 작용하였다. 즉 이것은 교파간의 활동을 장려하였다. 진리에 대한 그들의 관심 때문에, 복음주의자들은 그들과 같은 기본 신념들을 갖고 있는 사람들과 협력하고 또한 일치감을 느끼고 싶어 하였다.[33] 실제로, 근본주의는 "믿음의 근본들"이라고 불리는 일련의 독특한 신념들을 공유하였던 사람들이 참석한 일련의 성경 협의회들에서 역사적으로 시작되었다. 많은 참석자들은 그들이 그들 자신의 교파의 어떤 회원들보다도 다른 교파의 라벨을 지니고 있는 어떤 그리스도인들과 신학적으로나 영적으로 더 많은 공통점을 가지고 있다는 사실을 발견하게 되었다. 이렇게 해서 좀더 큰 교파들 내에 교리적인 다양성이 존재한다는 바로 그 사실이 에큐메니즘의 자극이 되었다.

그러나 복음주의자들은 진리에 대한 그들의 관심에 비추어, 그들이 에큐메니즘에 기꺼이 종사하려고 하는 정도에 대하여 다소 신중하였다. 복음주의자들이 에큐메니즘을 논의할 때에 다수의 문제점들이 끊임없이 일어나고 있다. 윌리엄 에스텝(William Estep)은 그것들을 편리하게 범주별로 분류하였다. 그는 특별히 침례교도들의 관점과 에큐메니즘으로부터 글을 썼지만, 그의 주장의 개요를 약간 각색해서 이용하게 될 것이다.[34]

### 신학적인 문제

에큐메니칼 운동에 대하여 표현된 다양한 형태의 조건들을 고려해 보면, 신학이 즉시로 마음에 떠오르는 분야이다. 그 이유는 신학적인 문제들에 관한 불일치가 우선 분리된 교파들을 만들어낸 것이기 때문이다. 복음주의자들은 다음과 같은 어떤

---

33) John Warwick Montgomery, *Ecumenicity, Evangelicals, and Rome*(Grand Rapids: Zondervan, 1969), p. 18.
34) William R. Estep, *Baptists and Christian Unity*(Nashville: Broadman, 1966), p. 170.

기본적인 교리들에 찬성하지 않는 집단과는 연합을 고려하지 않을 것이다. 즉, 믿음과 그리스도인의 행위의 원천인 성경의 최상의 권위, 그의 기적들과 속죄적인 죽음과 육체의 부활을 포함하는 예수 그리스도의 신성, 믿음을 통하여 은혜로 말미암은 중생과 칭의의 초자연적인 사역으로서의 구원, 그리스도의 재림과 같은 교리들이다. 친교를 위한 신학적인 토대와 관련하여, 에큐메니칼 운동은 복음주의자들에게 종종 최소의 공통 분모에 동의하였던 것처럼 보인다. 그 결과, 복음주의자들은 이 친교의 어떤 회원들은 진정한 그리스도인들이 아닐 수도 있다고 생각한다. 또한 설사 있다 하더라도, 어떤 교리적인 표준들이 추종되어야 하며, 그것들의 지위나 권위는 어떤 것이어야 하는지에 대한 문제도 역시 존재한다.[35]

### 교회론적인 문제

어떤 의미에서, 교회론적인 문제는 신학적인 문제의 단순한 일부이다. 복음주의자들은 그들의 교회론을 함께 나누지 않는 집단들과는 연합을 고려하지 않을 것이다. 그러나, 다소간 더 광범위한 문제가 여기에서 문제가 된다. 복음주의자들은 교회를 교회되게 만드는 것에 대한 기본적인 일치가 존재한다고 주장한다. 실제로, 교회가 그리스도인들을 그리스도인으로 만드는가, 그렇지 않으면 그리스도인들이 교회를 교회되게 만드는가? 여기에서 우리는 어떤 의미에서 기독교의 진정한 본성에 관한 문제를 갖고 있다. 그렇다면, 역시 '교회'(church)라는 용어의 의미에 관한 문제가 존재한다. 이것은 일차적으로, 신자들의 지역적인 회중이나, 교파나, 혹은 교파들의 연합에 적용되는 것인가? 교회 정치의 구조와 목회 형태와 기능에 대하여서도 역시 일치가 있어야 함에 틀림없다. 확신을 가진 감독교회 신도들과 이론적인 회중교회 신도들의 병합은 교회 정치의 조직과 행정, 성직 수임의 의미와 기준, 그리고 유사한 주제들에 관한 어느 정도의 노력이 없이는 성취될 가망이 없다. 또한 교회의 목적과 전략, 사회적이고 정치적인 행동주의의 적절성과 정도, 그리고 국가와 교회 사이의 관계와 같은 문제들에 대해서도 고려해야 한다.

마틴 루터와 울리히 츠빙글리가 종교개혁의 그들의 당파들을 연합하지 못하고 성만찬에서의 그리스도의 임재의 본질에 관한 문제에 관하여 협상이 실패하였을 때와 같이, 우리가 방금 언급하고 성례들에 관한 질문들과 관련시켰던 분야들이 에큐메니칼 운동에 가장 심각한 긴장과 난점들을 불러 일으키고 있다는 것은 중요하다. 그 이유는 언뜻 보아도 분명하다. 믿음의 다른 분야와 관련해서는, 그들 자신의 사적인 견해들을 개인들이 갖도록 허용할 수도 있다. 그러나 교회와 성례전은 기독교

---

35) Mongomery, *Ecumenicity*, p.17, n.6; Estep, *Baptists*, p.170.

의 외적이며, 관찰할 수 있는 요소들이다. 따라서 그것들에 관해서는 더 큰 정도의
일치가 필요하다.

## 방법론적인 문제

에큐메니칼 운동을 수립하게 되는 주된 근거는 각기 다른 증언의 약점들을 극복
하는 것이었기 때문에, 복음주의자들에 의하여 제기된 실용적인 문제에 대하여 실제
적인 적절성이 존재한다. 정확히 말해서 세계를 복음화하는 과제를 수행하는데에 에
큐메니칼 운동은 얼마나 효과적인가? 해럴드 린셀(Harold Lindsell)은 다른 교파들
이 이 분야에서 성장과 진보를 보여주고 있었던 한 때에, 캐나다 연합 교회는 줄어
드는 회원과 선교사들의 감소라고 하는 특징을 보여주었다고 지적하였다.[36]

에큐메니칼 운동의 기원에 비추어 볼 때, 세계 선교 분야에서의 실패는 특별히
중요하다. 복음주의자들은 이러한 근거에서 세계 교회 협의회를 종종 비판하였다.
세계 교회 협의회(WCC)의 초대 사무총장이었던 비서트 후프트(W.A.Visser't
Hooft)가 이 비판에 대하여 응답하려고 하였다.

아마도 보수적인 복음주의자들이 제기한 가장 적절한 문제는 에큐메니칼 운동이 그것의
에너지를 사회적이고 국제적인 문제들에 너무 지나치게 집중하고 선교와 복음전도의 일차적
인 과제를 무시하지 않았는가 하는 것이었을 것이다. W.C.C.의 교회들과 복음주의적인 단체
들을 비교해 보면, 후자가 복음 전도와 외국 선교에 그들의 사람들과 돈의 자원들을 훨씬 더
큰 비율로 사용하고 있다는 사실을 보여주고 있기 때문에 이 질문은 그만큼 더 적절하다. 그
러나 다음과 같은 더 큰 문제가 제기된다. 무엇이 복음 전도인가? 교회는 개인들에게 복음을
설교할 때에만 복음적인가? 혹은 교회가 우리 시대의 더 큰 인간적인 문제들에 복음의 빛을
던질 때에 이것도 역시 복음적인가? 논쟁이 계속되고 대화의 두 상대방은 서로에게서 배워야
한다.[37]

## 목적론적인 문제

복음주의자들이 에큐메니즘을 평가할 때 제기하는 마지막 문제는 에스텝
(Estep)이 목적론적인 문제라고 부르는 것이다.[38] 에큐메니칼 운동의 최종적인 목표

---

36) Harold Lindsell, "What Are the Results? Ecumenical Merger and
   Mission," *Christianity Today*, 30 March 1962, p.5.
37) W.A.Visser't Hooft, "The General Ecumenical Development Since 1948,"
   in *The Ecumenical Advance: A History of the Ecumenical
   Movement*, vol.2, 1948-1968, ed.Harold E. Fey(Philadelphia:
   Westminster, 1970), p.19.

는 무엇인가? 이것은 모든 교파들을 하나의 초(超)교회로 조직적으로 병합하는 것인가? 세계 교회 협의회의 지도자들은 이것은 그들의 목표가 아니라고 반복해서 단호하게 선언하였다. 개별적인 교파들은 존속될 것이며 그들의 완전성을 유지할 것이다. 그럼에도 불구하고, 에스텝은 모든 교회들의 조직적인 연합이 추구되고 달성되어야 한다는 취지로 에큐메니칼 운동의 다른 지도자들이 말한 인상적인 진술들의 목록을 편집하였다. E. 로버츠-톰슨(E. Roberts-Thomson)은 세계 교회 협의회의 특정한 기능과 에큐메니칼 운동의 최종적인 목표를 구분한다. 협의회 자체는 그 자신의 헌법에 의하여 협의회 이상의 것이 되는 것이 금지된다. 그러나 세계 교회 협의회의 회원들의 양심들이 분리됨의 죄에 대하여 너무 민감하게 되어서 협의회의 활동들을 능가하는 병합을 추구하게 될 것이라는 사실이 예상된다.[39]

완전한 병합이 일어난다면, 어떤 불행한 결과들이 일어나게 될 것이다. 교회의 회원이 되는 것이 무의미하게 될 것이다. 로버트 핸디(Robert Handy)는 이렇게 말하였다. "전체적인 조직적 일치를 위한 추진력은 필연적으로 누가 이단인가에 관한 질문을 새롭게 강요한다. 이 질문의 보다 엄격한 측면들을 피하려는 노력을 통하여, 전체적인 조직적 일치를 강요하면서도, 회원됨의 표준들은 낮추어지게 될 것이고 교회의 본질은 사실상 최소한의 조건으로 제시될 것이다."[40]

이러한 초교회에서의 추가적인 문제점은 그것이 소위 기독교의 배타적인 (exclusive) 수탁자로서 간주될 것이라는 사실이다. 신자들은 사람이 가시적인 교회 밖에서는 그리스도인이 될 수 없다고 생각하게 될 것이다. 그러나 그렇다면 반대자나 비순종주의자가 되겠는가? 그런 사람이 어디로 갈 수 있겠는가? 획일적인 구조는 세속적인 정치에서와 같이 교회에서도 필수적인 견제와 균형의 체계를 배제하게 될 것이다.


## 행동을 위한 지침들

제자들의 일치를 위한 그리스도의 기도를 고려해 볼 때, 우리의 입장은 어떠해야 하는가? 우리는 교회 일치에 관한 이 장을 몇가지 지침들을 가지고 끝맺을 것이

---

38) Estep, *Baptists*, p. 185.
39) E. Roberts-Thomson, *With Hands Outstretched*(London: Marshall, Morgan and Scott, 1962), p. 39.
40) Robert Handy, "The Ecumenical Task Today," *Foundations* 4, no. 2(April 1961): 105-06.

다.

　1. 우리는 예수 그리스도의 교회가 하나의 교회라는 사실을 깨달을 필요가 있다. 한 분 구세주와 주께 관계된 모든 사람들은 사실상 동일한 영적인 몸의 일부분이다(고전 12:13).

　2. 신자들의 영적인 일치는 서로에 대한 선의와 친교와 사랑 속에서 나타나거나 표현되어야 한다. 우리는 우리와 분리되어 있는 그리스도인들과 우리가 처음부터 하나라는 사실을 모든 합법적인 방식을 사용하여 주장하여야 한다.

　3. 모든 형태의 그리스도인들은 가능할 때마다 함께 일해야 한다. 만약 교리나 실천의 어떤 본질적인 요점이 손상되지 않는다면, 그들은 힘을 합쳐야 한다. 다른 말로 하면, 그리스도인들이 그들의 차이점들을 제쳐놓는 경우들이 있어야 한다는 사실이 중요하다. 그리스도인들의 협력은 세상에 공통으로 증거하는 것이며 우리에게 위탁된 자원들의 충실한 청지기가 되는 것이다.

　4. 친교의 교리적인 토대와 목적들을 주의깊게 서술하는 것이 중요하다. 1910년 에딘버러의 세계 선교 협의회의 원래 목표는, 비서트 후프트(Visser't Hooft) 자신이 인정한 대로, 주로 다른 관심사들에 의하여 대체되었다. 그러나 그리스도의 명령을 실행하는 것은 아직도 교회의 주요한 과제이다. 따라서, 적어도 간접적으로라도 복음 전도에 공헌하지 않는 활동들에 시간과 인원과 재원을 위탁하는 것을 정당화하기는 어렵다. 다른 말로 하면, 에큐메니칼 운동의 원래의 목표로 돌아가는 것이 우리의 목표인데, 그 이유는 "주여, 주여"하는 자가 실제로 전부 다 그의 것은 아니기 때문이다.

　5. 우리는 교회의 영적인 생명력을 약화시키는 어떤 연합에 대해서도 경계해야 한다. 성장하고 있는 것은 보수적인 교회들이다. 즉 복음주의자들이 추진력을 갖고 있다. 그들의 생명력을 약화시키는 연합들은 매우 조심스럽게 평가되어야 하며 어쩌면 피해야 할 것이다.

　6. 그리스도인들은 그들의 모(母)교파를 떠나는 데에 너무 조급해서는 안된다. 교파를 구제할 정당한 가능성이 있는 한, 보수적인 증언은 포기되어서는 안된다. 그 문제에 대해서는, 만약 보수주의자들이 에큐메니칼 진영으로부터 물러서게 된다면, 그들의 입장은 그 안에서 표명되지 않을 것이다.

　7. 그리스도인들은 분열과 분리가 성격의 갈등들이나 개인적인 야심이 아니라, 진정한 확신들과 원리들에 기인한 것이라는 사실을 확신하는 것이 중요하다. 같은 신념들과 목표들을 가지고 있는 그리스도인들이 분리할 때, 그것은 그리스도의 대의에 대한 불신이다.

　8. 개인들이나 교회들이나 교파들로서, 그리스도인들이 일치하지 않는 곳에서

는, 그들을 반박하거나 조롱하기보다는 오히려 그들을 바로 잡아주고, 진리에 대하여 그들을 설득하되, 사랑의 정신으로 그렇게 하는 것이 가장 중요하다.

# 제12부

# 마지막 일들

# 55

# 종말론 서론



## 종말론의 지위

단어의 어원이 가리키고 있듯이, 종말론은 전통적으로 마지막 일들에 대한 연구를 의미하였다. 따라서, 이것은 역사의 완성, 즉 세상에서의 하나님의 일하심의 완성에 관한 문제들을 다루었다. 많은 경우에 이것은 또한 신학 연구에서 문자적으로 마지막 일, 즉 교과서의 마지막 장에서 고려되는 마지막 주제였다.

종말론은 기독교 역사에서 다양한 운명들을 갖고 있었다. 신학은 보통 도전들과 논쟁들에 응답하여 정의되고 다듬어지는데, 종말론에 대한 주요한 논쟁들의 수가 거의 없었기 때문에, 성례전의 본질과 그리스도의 인격과 사역과 같은 교리들과 비교하여 상대적으로 미개발된 채 남아 있었다. 이들 후자의 교리들은 기독교 신앙과 경

험에 대하여 좀더 중심적이어서, 초창기에 광범위하게 취급되었다. 제임스 오르
(James Orr)는 교회 역사가 흘러감에 따라, 상이한 교리들이 지배하게 되었다는
사실을 알게 되었다. 신학적인 연구들의 통상적인 순서는 다양한 교리들이 두드러지
게 되었던 순서를 반영한다. 이러한 순서를 계속 유지하면서도, 오르는 종말론이 현
대의 신학적인 비망록에서 지배적인 문제가 될 것임을 시사하였다.1) 이것이 최고의
주제가 되었는지의 여부는 토론의 여지가 있을 수 있는데, 그 이유는 현세기에 상당
히 큰 주목이 계시와 성령의 사역에 대하여 주어졌기 때문이다. 그러나 19세기 후반
과 20세기 내내 종말론이 이전의 어떤 때보다도 더 면밀히 고찰되었다는 것은 분명
한 사실이다.

    종말론과 다른 교리들의 관계에 대한 다양한 개념들이 존재한다. 어떤 신학자들
은 그것을 단순히 어떤 다른 교리의 부속물로서, 말하자면 또다른 신학적인 주제의
완성으로서 간주하였다. 예를 들어, 이것은 때때로 단순히 구원론의 일부로서 간주
되었다.2) 본질적으로 세상에서의 그리스도의 통치를 수립하는 마지막 조치에 대한
연구로서 간주될 때, 종말론은 그리스도의 사역에 관한 교리를 완성하게 된다.3) 이
것은 또한 교회론에 부속되었다. 예를 들어, 우리는 하나님의 나라와 교회에 대한
어거스틴의 논의를 생각할 수 있다.4) 다른 신학자들은 종말론을 다른 주요한 교리들
과 동등한 독립적인 교리로서 간주하였다.5) 게다가 다른 신학자들은 종말론이 최고
의 교리라고 주장하였다 ― 이것은 모든 다른 교리들을 요약하고 그것들을 성취되게
한다.6) 마지막으로, 소수의 사람들은 종말론이 신학의 전부이거나, 혹은 좀더 정확
하게 말해서 신학의 전부가 종말론이라고 주장하였다.7) 그렇다면 종말론의 지위에
대한 상당히 광범위한 견해들이 존재한다. 이것은 다른 교리들에 대한 부속물로서,

---

1) James Orr, *The Progress of Dogma*(Grand Rapids: Eerdmans, 1952
   reprint), pp. 20-30.
2) Theodore Haering, *The Christian Faith: A System of Dogamtics*(London:
   Hodder and Stoughton, 1913), vol. 2, pp. 829-924; Anthony Hoekma, *The
   Bible and the Future*(Grand Rapids: Eerdmans, 1979), p. 297.
3) Geerhardus Vos, *The Pauline Eschatology*(Princeton, N.J.: Princeton
   University, 1930), p. 36.
4) Augustine, *The City of God* 20.6-10, 특별히 9. (「하나님의 도성」 ― 본사 역간)
5) Augustus H. Strong, *Systematic Theology*(Westwood, N.J.:
   Revell, 1907), pp. 981-1056.
6) Joseph Pohle, *Eschatology: or, The Catholic Doctrine of the Last Things:
   A Dogmatic Treatise*(St. Louis: B. Herder, 1917), p. 1.
7) Karl Barth는 "만약 기독교가 전적으로 철저한 종말론이 아니라면, 그리스도와는 하
   등의 어떠한 관계도 그 속에 남아 있지 않다" ― *Epistle to the Romans*, 6th ed.,
   trans. Edwyn C. Hoskyns(New York: Oxford University, 1968), p. 314.

주요한 교리들 가운데 하나로서, 최고의 교리로서, 그리고 신학의 전부로서 가지 각색으로 간주된다.

종말론에 대한 현금(現今)의 주목에는 다수의 이유들이 존재한다. 한 가지는 우리 문화 전반에서의 기술의 급속한 발전과 그로 인한 변화들이다. 퇴보되지 않기 위해서, 단체들과 공공 기관들은 미래를 예견하고 준비하는 일이 필수적이다. 이것은 전체적인 새로운 질서 — "미래주의" — 를 야기시켰다. 가정과 수송 체계와 통신수단이 다음 10년 혹은 그 다음 세기에 어떻게 될 것인지에 대한 호기심이 추측과 연구를 불러 일으키고 있다. 좀더 광범위한 의미에서, 즉 우주적인 의미에서 미래에 대한 상응하는 관심이 존재한다. 실재 전체에 대하여 미래는 무엇을 준비하고 있는가?

종말론이 현저하게 된 두번째 주요한 이유는 제3세계의 번영이다. 선진국가에 살고 있는 사람들에게는, 과거가 풍부한 의미를 가지고 있다. 실제로, 어떤 사람들의 마음에는, 삶이 언젠가 제공할 최상의 것은 과거에 묻혀 있으며, 현재의 모든 경제적이고 정치적인 동향들은 부정적이고 낙담시키는 것이다. 그러나 제3세계의 국가들에서는 이것이 그렇지 않다. 미래는 큰 약속과 가능성을 갖고 있다. 기독교가 제3세계 국가들에서 급속한 성장을, 실제로 어떤 다른 곳에서보다 더 빠르게 계속할 때, 미래에 대한 그들의 흥분과 기대는 성취된 역사에 대해서보다는 종말론에 대하여 더 큰 흥미를 자극한다.

더욱이, 오늘날의 세계에서 공산주의나 변증법적인 유물론의 설득력이 신학자들로 하여금 미래에 초점을 맞추도록 강요하였다. 공산주의는 일정한 역사 철학을 갖고 있다. 이것은 역사가 최종적인 목표를 향하여 계속 나아가는 것으로 본다. 변증법이 그것의 목적들을 성취할 때, 역사는 한 단계에서 다음 단계에로 계속해서 움직인다. 마르크스주의를 더 나은 미래를 위한 세계의 희망으로 나타내고 있는, 에른스트 블로흐(Ernst Bloch)의 「희망의 원리」(*Das Prinzip Hoffnung*)[8]는 많은 신학자들에게 큰 영향을 주었다. 그들은 희망을 위한 훌륭한 근거가 되는 대안을 제시하도록 도전받고 있음을 느끼게 되었다.

어떤 심리학파들도 역시 희망을 강조하기 시작하였다. 아마도 가장 주목할 만한 보기가 빅터 프랭클(Viktor Frankl)의 실존 분석적 정신 요법(logotherapy, 의미 요법), 즉 실존주의와 정신분석의 혼합일 것이다. 제2차 세계대전 동안에 포로 수용소에서 겪은 경험으로부터, 프랭클은 사람들이 삶을 위한 목적을 필요로 한다는 결

---

8) Ernst Bloch, *Das Prinzip Hoffnung*(Frankfurt am Main: Suhrkamp, 1959).
9) Viktor Frankl, *Man's Search for Meaning*(New York: Washington Square, 1963), p. 127.

론을 얻게 되었다. 희망을 갖고 있는 사람, 즉 "자신의 존재의 '이유'(why)를 아는 사람은 여하간의 '방법'(how)도 가질 수 있을 것이다."[9] 매우 진정한 의미에서, 존재의 이유, 즉 목적은 인간이 일어날 것으로 기대하는 미래와 관계되어 있다.

마지막으로, 인류 위에 맴돌고 있는 파멸의 위협은 미래에 대한 질문을 각성시켰다. 핵무기로 인한 대학살의 가능성이 전세계 위에 먹구름을 드리고 있다. 그리고 우리가 직면하고 있는 생태학적인 위기의 결과들은 핵전쟁이 가져오게 될 것보다는 덜 급속하지만, 그것들도 역시 인류의 미래를 위태롭게 하고 있다. 이러한 사실들은 우리가 지금 있는 것에 정신이 팔린 채로, 단순히 현재에 살 수는 없다는 것을 분명하게 한다. 우리는 미래에 대하여 생각해야 한다.

신학자들과 목회자들이 종말론을 다루고 있는 것을 조사해 보면, 우리는 두 가지 대조를 이루는 경향들을 발견하게 된다. 한편으로는 종말론에 대한 강한 열심이 존재한다. 신학적인 보수주의자들이 이 주제에 큰 관심을 보여주었다. 특별히 세대주의자들은 이것을 그들의 설교와 가르침에서 강조하였다. 한 목사는 19년 동안 매주일 저녁마다 요한계시록을 설교하였던 것으로 보고되고 있다! 때때로 이 가르침은 마지막 때에 대한 대단히 상세한 도표들에 의하여 확대된다. 현재의 정치적이고 사회적인 사건들, 특별히 이스라엘과 관계되어 있는 사건들이 성경의 예언들과 동일한 것으로 간주되었다. 그 결과로, 어떤 설교가들은 한 손에는 성경을, 다른 손에는 일간 신문을 갖고 있는 것으로 풍자되었다. 홀 린세이(Hal Lindsey)의 「마지막 대유성 지구」(*Late Great Planet Earth*)는 이러한 유형의 "종말론 열병"(eschatomania)의 주목할 만한 보기이다.[10]

방향과 내용에서 매우 다른, 또 다른 종류의 종말론 열병이 있다. 이것은 종말론을 신학의 전부로 만드는 접근 방법이다.[11] 기독교 신앙은 너무나 철저하게 종말론적인 것으로 간주되기 때문에 거의 모든 신학적 개념에 "종말론적인"이라는 말이 형용사로서 붙어 있다. 종말론은 신약 성경의 "모든 수풀 뒤에서" 나타난다. 그러나 이러한 접근 방법을 따르는 사람들의 견해에 의하면, 종말론의 중심적인 주제는 미래가 아니라, 새로운 시대가 시작되었다는 관념이다. 종종 옛 시대와 새 시대 사이의 긴장이 강조된다. 사실상 "이미, 그러나 아직 아니"(already, but not yet)라는 구절은 일종의 표어가 되었다.

이 두 종류의 종말론 열병의 정반대는 "종말론 공포증"(eschatophobia) ― 종

---

10) Hal Lindsey, *The Late Great Planet Earth*(Grand Rapids: Zondervan, 1971).

11) **Jürgen** Moltmann, *The Theology of Hope*(New York: Harper and Row, 1967).

말론에 대한 공포나 혐오, 혹은 적어도 그것을 논하는 것을 회피하는 것 ― 으로 불릴 수 있을 것이다. 어떤 경우에, 종말론 공포증은, 성경에 있는 모든 예언 자료에 대한 일정한 해석을 가지고 역사의 모든 중요한 사건들을 어떤 성경의 예언과 동일시하는 사람들에 대한 반발이다. 종말론에 대한 이러한 상당한 물의를 일으키는 접근 방법과 동등하게 취급되기를 원치 않는 어떤 설교가들과 선생들은 이 주제에 대한 논의를 전적으로 피한다. 그 결과, 몇몇 보수적인 진영에서는 세대주의에 대한 거의 어떤 대안도 존재하지 않는다. 제시된 어떤 다른 견해를 들어보지 못한 많은 평신도들은 세대주의 종말론을 종말론에 대한 유일하게 정당한 접근 방법으로서 생각하게 되었다. 더욱이, 종말론에 대한 상당히 소수의 논점이 정통주의의 표준이 되어버린 상황에 처해 있는, 좀더 젊은 목회자들은 의혹을 피하기를 희망하면서, 이 주제를 완전히 회피하려는 경향이 있다. 그리고 종말론에 대한 논의가 교회 내의 농담거리로 되어버린 환경 속에서는, 분열을 피하기를 바라는 어떤 목회자들은 천년 왕국과 대환난에 대하여 거의 혹은 전혀 언급하지 않는다. 이런 점에서, 종말론적인 주제들은 방언(glossolalia)과 크게 다르지 않다.

종말론에 관한 많은 논점들은 모호하며 다루기 힘들다. 따라서, 어떤 교사들과 설교가들은 단순히 이 주제를 피한다. 기독교 교리의 과목들을 가르치는 어떤 교수들은 항상 그들의 강의 시간이 부족하다. 따라서, 그들은 천년 왕국과 대 환난을 취급할 시간을 결코 갖고 있지 않다. 이와 유사하게, 신약 성경의 교수들은 요한계시록을 가르치기 위한 시간을 찾는데 어려움이 있으며, 심지어 구약 성경의 어떤 교수들도 예언서들에 크게 주목하기 위하여 그들의 시간표를 짜는데 어려움이 있다. 아마도 이것은 단순히 편성과 학과가 부족한 것이기도 하겠지만, 한 사람 이상의 강사가 시간의 부족은 하나의 편의라는 사실에 동의하였다.

우리는 종말론에 대한 열의와 회피의 두 극단 사이의 어느 지점에서 우리의 태도를 취해야 한다. 왜냐하면 종말론은 사소하거나 임의적인 주제도 아니며 기독교인에게 유일하게 의미가 있고 흥미가 있는 주제도 아니기 때문이다. 종말론의 진정한 목적을 염두에 두고 있다면 우리는 적당한 중간 입장을 찾을 수 있을 것이다. 때때로 종말론은 토론의 주제가 되어서, 기독교인들 사이에서 비난과 신랄함을 초래하기도 하였다. 이것은 종말론의 진리들이 하나님에 의해서 계시되었던 목적은 아니다. 바울은 데살로니가전서 4장에서 재림에 대하여 그가 글을 쓰는 이유를 지적하고 있다. 그들의 사랑하는 사람들이 죽은 어떤 신자들은 적어도 상당히 불건전하고 불필요한 슬픔을 경험하고 있었다. 바울은 죽은 사랑하는 사람들에 대하여, 아무런 희망도 갖고 있지 않은 불신자들과 같이 그들이 슬퍼하는 것을 원치 않았다(13절). 재림을 묘사하고 독자들에게 그것의 확실성을 확신시킨 후에, 그는 "그러므로 이 여러 말로 서로 위로하라"(18절)고 권고하고 있다. 하나님의 말씀에서 종말론의 진리들이 그의 나머지 계시와 같이, 우리를 위로하고 안심케 하기 위하여 의도되었다는 사실을 때때로 잊기가 쉽다.

## 종말론의 분류

그리스도인들이 갖고 있는 다양한 종말론의 견해들을 분류하도록 우리에게 도움을 주기 위하여 제시될 수 있는 일련의 질문들이 존재한다. 어떤 경우에는, 이것이 전체적인 체계에 대한 열쇠가 되기 때문에, 단 한 가지의 질문이 고려되는 견해를 분류하기 위하여 사용될 것이다. 다른 경우에는 우리가 취급하고 있는 견해의 성격을 충분히 이해하기 위하여 몇가지 질문들이 질문되어야 할 것이다:

1. 종말론이 일차적으로 미래에 혹은 현재에 관계하는 것으로 생각되는가? 종말론은 전통적으로 마지막 때, 즉 어떤 미래의 시점에 일어나는 문제들을 다루는 것으로 이해되어 왔다. 그러나 어떤 신학자들은 종말론을 여기에서 지금 일어나는 사건들을 기술하는 것으로 보고 있다. 우리는 새로운 시대에 있고 새로운 삶의 질을 경험하고 있다. 게다가 다른 사람들은 종말론을 항상 참되었고, 참되며, 항상 참될 것에 대한 묘사로서 간주한다. 다른 말로 하면, 종말론은 초시간적인(timeless) 특성을 갖고 있다.

이 점에서 성경의 예언적이거나 묵시적인 자료에 대한 다양한 해석들을 분류하기 위하여 사용된 체계를 유념하는 것이 유용할 것이다. 이것은 종종 요한계시록이나[12] 혹은 좀더 일반적으로는 모든 그런 예언적인 문서에 대한 해석들을 분류하는 수단으로써 가장 많이 사용되지만, 이 체계는 또한 종말론에 대한 견해들을 구분하기 위해서 적용될 수도 있다:

1. 미래적인 견해는 묘사된 대부분의 사건들이 미래에 있을 것이라고 생각한다. 그것들은 시대의 마지막에 성취될 것이며, 그것들 중 많은 것들이 아마도 함께 일어날 것이다.
2. 과거적인 견해는 묘사된 사건들이 저자의 시대에 일어나고 있었다고 생각한다. 그것들은 저자에게는 현재였기 때문에, 이제는 과거에 있다.
3. 역사적인 견해는 묘사된 사건들이 글을 쓰고 있던 때에는 미래에 있었으나, 교회사

---

12) Merrill C.Tenney, *The New Testament: An Historical and Analytic Survey*(Grand Rapids: Eerdmans, 1953), pp. 404-06.

내내 일어나도록 예정되었던 문제들을 언급하고 있다고 말한다. 우리는 그것들의 발생에 대하여 오직 미래만을 주시하는 대신에, 그것들을 또한 역사상의 사건들 속에서도 찾아서 그것들 중 어떤 것들이 바로 지금도 일어날 수 있는지를 고려해야 한다.

4. 상징적인 혹은 관념적인 견해는 묘사된 사건들이 전혀 시간의 순서로 생각되어서는 안된다고 말한다. 이것들은 단일한 역사적 사건이 아니라, 본성상 초시간적인 진리들을 가리킨다.


2. 여기 지상에서의 삶의 미래에 대한 견해가 일차적으로 낙관적인가 그렇지 않으면 비관적인가? 어떤 종말론들은 상황의 개선을 예기한다. 다른 종말론들은 인간 존재의 상황에 대한 일반적인 악화를 기다린다. 그것들 중 많은 것들이 하나님께서 일어나는 일에 개입하셔서 고치실 때까지는 인간의 통제 하에서 상황이 악화될 것으로 기대한다.

3. 신적인 활동이나 인간의 노력이 종말론적 사건들의 동인(動因)으로서 생각되는가? 만약 신적인 활동이라면, 이 사건들은 초자연적으로 실현되는 것으로 간주되겠지만, 만약 인간의 노력이라면, 이것들은 잘 알고 있는 자연적인 과정의 결과로서 간주될 것이다. 전자의 시각은 하나님에 의한 초월적인 일하심을 진정으로 기대하지만, 후자는 세계 내에서의 하나님의 내재적인 활동을 강조한다.

4. 종말론적인 신념의 초점이 현세적인가 그렇지 않으면 내세적인가? 다른 말로 하면, 하나님의 약속이 우리가 지금 경험하고 있는 삶과의 기본적인 연속성 속에서 이 지상에서 주로 일어나게 될 것으로 기대되는가, 그렇지 않으면 현재의 장면으로부터 구원이 있을 것이고 또한 그의 약속들이 우리가 지금 경험하는 것과는 근본적으로 다른 천국이나 혹은 어떤 장소나 혹은 상황에서 성취될 것으로 기대되는가? 전자의 형태의 종말론들은 좀더 세속적인 희망들을 추구하지만, 후자의 형태의 종말론들은 본성상 더 영적이다.

5. 특별한 견해가 교회에 대해서만 희망을 말하는가 그렇지 않으면 전반적인 인류를 위한 희망을 말하는가? 기대되는 은혜들은 신자들에게만 발생하는가, 그렇지 않으면 모두에 대한 약속들인가? 만약 후자라면, 교회는 모두에게 다가오는 선한 일의 주체나 매개물인가?

6. 종말론은 우리가 새로운 시대의 은혜들에 개별적으로 도달하게 될 것이라고 말하는가, 그렇지 않으면 그것들의 수여가 성격상 우주적일 것이라고 말하는가? 만약 후자라면, 하나님의 약속들은 하나의 총괄적인 사건에서 성취될 것이다. 더욱이, 그런 경우에 그 효과들은 인간에게만 제한되지 않고, 피조물의 다른 부분들도 포함할 것이며, 자연적인 질서에 변화가 생길지도 모른다.

7. 미래의 사건들 속에 유대 백성들을 위한 특별한 자리가 있는가? 구약 성경에서의 하나님의 선택된 계약의 백성들로서, 그들은 아직도 유일한 지위를 갖고 있는가, 그렇지 않으면 그들은 단순히 나머지 인류와 같은가?

## 종말론에 대한 현대적인 표현들

많은 점에서 종말론의 역사는 성령론의 역사와 평행을 이룬다. 두 가지 경우에 형식적인 입장은 꽤 일찍이 해명되었고 정통주의의 일부분이 되었다. 따라서 정통주의 진영 내에서 종말론과 성령론은 단지 드물게만 중대한 관심이나 주된 관심의 대상들이었다. 이 교리들이 매우 진지하게 취급되고, 또한 역동적이고 적극적으로 표현되었던 것은 이교(異敎)들이나 과격한 주변 집단들에서였다. 이것들은 전통적인 믿음의 일부였지만, 많이 토론되거나 설교되는 주제는 아니었다. 그러나 20세기에 와서, 두 교리들은 훨씬 더 광범위한 흥미와 관심을 끄는 문제들이 되었다.

### 자유주의적인 접근 방법: 현대적 종말론

19세기는 지적으로 상당히 흥분된 시대였으며, 기독교 신학은 그것의 힘을 느꼈다. 다윈(Darwin)의 진화론과 자연 과학의 성장, 그리고 성서 비평학과 같은 모든 것들이 새로운 분위기에 공헌하였다. 신학에서, 자유주의는 종교적인 문제들을 과학적으로 접근하도록 하면서도 기독교 신앙을 계속 유지하려고 시도하였다. 실제로 성서 시대에 일어났던 일에 대한 이해를 얻는 방편으로써 역사적인 방법에 대한 신뢰가 존재하였다. 이 방법을 복음서 연구에 적용하는 일이 역사적 예수에 대한 탐구로서 알려지게 되었다. 결론에서는 변화들이 있었지만, 어떤 일반적인 동의들이 존재하였다. 한 가지는 예수는 주로 하늘의 아버지에 대해서 그의 메시지를 전하였던 인간적인 교사였다는 것이다. 그는 최초의 그리스도인이었다. 어떤 사람들이 주장하듯이, 예수는 그가 아니라 그와 더불어 믿을 것을 우리에게 요구하셨다.

19세기 자유주의의 극치를 대표하였던 아돌프 폰 하르낙(Adolf von Harnack)의 생각에 의하면, 예수의 메시지는 실제로 매우 단순하였다. 예수는, 모든 인간을 창조하셨고 또한 그들을 그의 피조물의 전부분들처럼 지키시며 보호하시는 하나님의 부성(父性)을 강조하였다. 인간 영혼의 무한한 가치는 예수의 또다른

13) Adolf von Harnack, *What Is Christianity?*(New York: Harper and Brothers, 1957), pp.52-74.

주요한 가르침이었다. 하나님은 인간을 그의 창조와 그의 사랑의 가장 고귀한 대상으로 만드셨으며, 따라서 우리는 우리의 동료 인간들을 사랑해야 한다.[13]

하나님의 나라도 여전히 예수의 가르침의 또다른 기본적인 주제이다. 이 하나님의 나라는 전통적으로 그의 극적인 재림에 의하여 이룩될 그리스도의 미래적인 지상 통치로서 이해되어 왔지만, 자유주의자들은 이 왕국의 현재적인 성격을 강조하였다. 그들은 예수가 제자들에게 "어느 동네에 들어가든지 너희를 영접지 아니하거든 그 거리로 나와서 말하되 너희 동네에서 우리 발에 묻은 먼지도 너희에게 떨어 버리노라. 그러나 '하나님의 나라가 가까이 온 줄을 알라' 하라"(눅 10:8-9)고 말씀하셨다고 지적하였다. 그렇다면 이 왕국은 공간적으로든지 아니면 시간적으로 멀리 떨어져 있는 것이 아니다. 이것은 가까이 있는 것, 즉 사람들이 들어올 수 있는 어떤 것이다. 이것은 외부에서부터 강요된 외적인 것이 아니다. 이것은 단순히 하나님께 대한 복종이 발견되는 모든 인간의 마음 속에서 나타나는 하나님의 통치이다. 알브레히트 리츨(Albrecht Ritschl)에 의하면, 그리스도인들의 역할은 의와 윤리적인 가치들의 영역인 이 왕국을 전파하는 것이다.[14]

자유주의자들의 견해에 의하면, 예수는 또한 어떤 상당히 이상한 관념들을 가르치셨다. 이런 관념들 중의 하나가 재림, 즉 그가 자신의 왕국을 수립하기 위하여 이 시대의 마지막에 육체대로 돌아올 것이라는 개념이었다. 자유주의자들은 이것을 실재를 이해하는 과학 이전의 방법으로부터 넘어온 지지될 수 없는 이월(移越)이라고 보았다. 그러나 그들은 또한 이 개념이 중요한 메시지를 담고 있다고 믿었다. 육체대로의 재림이라는 가르침은 진정한 메시지, 즉 알맹이가 포함되어 있는 단순한 껍질에 불과한 것이다. 이루어져야 하는 일은 알맹이를 얻기 위하여 껍질을 벗겨내는 것이다.[15] 재림의 가르침에 의하여 실제로 선포되고 있는 것은 세상에 있는 악에 대한 하나님의 의(義)의 승리이다. 이것이 알맹이이다: 즉 재림은 단순히 껍질이거나 포장에 불과하다. 우리는 이 포장을 계속 가지고 있을 필요가 없다. 제정신을 갖고 있는 사람이라면 아무도 옥수수의 껍질을 먹지 않는다 — 적어도 인간은 그것을 먹지 않는다.

재림의 관념에 대한 거절 속에서, 우리는 역사적인 방법과 함께, 성경에 대한 그들의 접근 방법의 기본적인 요소들 가운데 하나였던 현대 학문의 결론들에 대한 자유주의자들의 깊은 이해를 보게 된다. 자유주의의 전성기에 두드러진 것은 진보의 관념이었다. 신보가 과학적으로, 징치적으로, 그리고 경제적으로 이룩되고 있었다.

---

14) Albrecht Ritschl, *The Christian Doctrine of Justification and Reconciliation* (Edinburgh: T. and T. Clark, 1900), pp. 30ff.

15) Harnack, *What Is Christianity?* pp. 55-56.

다윈의 진화론이 모든 실재에 적용되는 것으로 일반화되고 있었다. 매사가 성장하고 발전하며, 진보하는 것으로 간주되었다. 단순히 생물학적인 유기체들 뿐만이 아니라, 인간의 성격과 제도들도 마찬가지로 전진하고 있는 것으로 상상되었다. 악에 대하여 하나님이 승리하실 것이라는 믿음이 이 발전의 교리와 혼합되었다. 경제를 포함한 사회 질서의 기독교화가 재림의 실제적인 의미의 현재적인 예증이 될 것으로 가정되었다.

### 알버트 슈바이처: 비현대적 종말론

그러나 어떤 신학자들은 자유주의자들의 저작들 속에서 발견되는 예수에 대한 해석들을 불안하게 생각하였다. 이의(異意)를 제기하였던 사람들은 단순히 보수주의자들뿐만이 아니었다. 성경을 해석하기 위하여 자유주의자들의 기본적인 접근 방법을 공유하고 있던 사람들도 역시 반대하였다. 이 집단의 첫번째 한 사람은 요한네스 바이스(Johannes Weiss)였다. 그의 「하나님 나라에 대한 예수의 선포」(*Jesus' Proclamation of the Kingdom of God*)는 복음서들에 역사적인 방법을 적용하였던 사람들에게서는 하나의 근본적인 새 출발로 입증되었다. 예수가 언급하였던 왕국이 현재의 윤리적인 왕국이라고 가정하는 대신에, 바이스는 예수가 그의 전망에 철저하게 종말론적이고 미래적이며 심지어 묵시적이었다는 이론을 세웠다. 바이스에 의하면, 예수는 사람들의 마음 속에서 윤리적인 통치로서의 하나님의 나라가 점진적으로 퍼져나가는 것을 기대하지 않았고, 하나님의 극적인 행동에 의하여 미래적인 왕국이 도입될 것을 기대하였다. 이러한 전제는 바이스에게는 예수의 표준적인 삶의 결말에 대해서보다는 예수의 생애와 교훈의 자료들에 훨씬 더 잘 어울리는 것으로 보였다.[16]

바이스가 시작하였던 것을 알버트 슈바이처(Albert Schweitzer)가 완성하였다. 그는 예수의 생애에 대한 자유주의적인 해석들과 재구성들을 날카롭게 비판하였다. 이러한 절반은 역사적이고 절반은 현대적인 개념들은 효력이 있는 상상력의 산물이었다. 그는 윤리적인 왕국의 설교가로서의 자유주의적인 예수의 개념에 대하여 "그는 합리주의에 의하여 고안되었고, 자유주의에 의하여 생명을 부여받았으며, 현

---

16) Johannes Weiss, *Jesus' Proclamation of the Kingdom of God*, ed.and trans. Richard H.Hiers and David L.Holland(Philadelphia: Fortress,1971).

17) Albert Schweitzer, *The Quest of the Historical Jesus: A Critical Study of Its Progress from Reimarus to Wrede*(New York: Macmillan,1964),p.396.

대 신학에 의하여 역사적인 의상이 입혀진 인물이다"[17]라고 말하였다. 미래에 대하여 거의 말하지 않은 예수 대신에, 슈바이처는 사상들과 행위들이 근본적이고 철저한 종말론으로 꽉 들어찬 예수를 발견하였다. 슈바이처는 "철저한 종말론"(consistent eschatology)이라는 구절을 사용하였다. 예수의 메시지의 주요한 요소는 그의 미래의 도래였다(슈바이처는 이 용어를 "재림"이라는 용어보다 더 좋아 하였다). 이러한 종말론적인 설교가 예수의 사역에 있어서 기본적이고 중심적인 것이었을 뿐만 아니라, 또한 원래적인 계획이었다. 어떤 신학자들은 예수의 가르침 속에 있는 종말론적인 요소를 그가 지상적인 왕국을 수립하지 못하였을 때 채택된 추가적인 표현으로서 보고 있지만, 슈바이처는 미래의 하늘 나라가 그의 첫 갈릴리 사역의 시초에서부터 이미 예수의 선포의 근저에 있었다고 믿었다.[18]

　　예수는 근본적으로 초자연적이고, 돌발적으로 도래하며, 이전에 경험하였던 인간 사회와 단절되는 미래의 왕국을 선포하였다. 이것은 우주적인 대재난을 통하여 도입될 것이다. 인간은 회개함으로써 그것에 대비해야 한다. 슈바이처에 의하면, 이것이 예수가 실제로 믿었던 것이지만, 물론 예수는 잘못 생각하였다! 그의 당대인들에게 이 우주적인 왕국을 소개하려는 시도가 실패했을 때, 예수는 죽임을 당하였다. 그는 순교자의 죽음을 죽었다.[19] 우리가 따라야 하는 것은 현대적인 예수가 아니라, 이 참된 역사적인 예수이다. 왜냐하면 예수는 우리의 개념들에 합치될 수 없기 때문이다. 그는 그의 계명들을 지키고 그가 그들에게 명하신 과제들을 수행하는 사람들에게 자신을 계시하실 것이다.[20] 슈바이처는 이것이 무엇을 의미하는지 혹은 이 계시가 어떻게 일어나는지를 정확하게 명기하지 않았지만, 람브레네(Lamberéné)에서의 그의 선교 활동은 분명히 그리스도의 명령들을 성취하려는 그의 개인적인 시도였다.

### C.H. 다드: 실현된 종말론

다드(C.H.Dodd)는 종말론에 다음과 같은 주요한 방향을 새롭게 설정해 주었다. 그의 종말론은 한 가지 주요한 전망에서 슈바이처의 그것과 비슷하였지만, 또다른 점에서는 그것과 정반대였다. 슈바이처와 같이, 그는 종말론이 성경, 특별히 예수의 교훈들을 관통하는 주요한 주제라고 주장하였다. 그러나 슈바이처와는 달리,

---

18) Albert Schweitzer, *The Mystery of the Kingdom of God: The Secret of Jesus' Messiahship and Passion*, trans. Walter Lowrie(London: Black, 1914), p. 87.
19) Schweitzer, *Quest of the Historical Jesus*, pp. 368-69.
20) Ibid., p. 401.

다드는 예수의 메시지의 내용이 미래의 도래와 미래의 왕국이 아니라, 오히려 예수의 강림과 더불어 하나님의 나라가 이미 도달하였다는 것이라고 주장하였다. 우리가 앞에서 언급한 종말론의 네 가지 견해들에 의하면, 이것은 과거적인 접근 방법이다.

그의 종말론을 공식화 하면서, 다드는 주의 날에 대한 성경의 언급들을 특별히 주목하였다. 그는 구약 성경에서는 주의 날이 미래의 문제로서 고찰되었지만, 신약 성경에서는 현재적인 사건으로서 묘사되고 있다는 사실을 알게 되었다. 주의 날의 신화적인 개념이 명확한 역사적인 실재가 되었다. 종말론이 성취되었거나 실현되었다. 따라서 다드의 견해는 "실현된 종말론"(realized eschatology)으로서 알려지게 되었다. 예언의 미래적인 성취를 위하여 앞을 바라보는 대신에, 우리는 이것이 이미 성취된 방법들을 주목해야 한다. 예를 들어, 하나님의 승리는 예수가 하늘에서 사탄이 떨어지는 것을 보았을 때 명백해졌다(눅 10:18). 그리스도의 도래와 더불어, 심판이 이미 일어났다(요 3:19). 영생은 이미 우리의 소유이다(요 5:24).

다드의 마음에는, 신약 성경의 저자들이 종말의 때가 이미 온 것으로 보았다는 사실에 대하여 거의 의혹이 존재하지 않았다. 이러한 결론을 이끌어 낼 때에, 다드는 슈바이처나 자유주의적인 예수의 생애들보다는 바울을 더 크게 주목하였다. 오순절의 베드로의 증언도 역시 중요하다. "이는 곧 선지자 요엘로 말씀하신 것이니 일렀으되 하나님이 가라사대 말세에 내가 내 영으로 모든 육체에게 부어 주리라"(행 2:16-17). 요엘의 예언과 같은 예언들의 성취를 위하여 앞을 바라볼 어떠한 필요도 실제로 존재하지 않았다.[21]

### 루돌프 불트만: 실존적 종말론

그 외에 종말론에 대한 또다른 접근 방법이 루돌프 불트만(Rudolf Bultmann)에 의하여 제기되었다. 그의 종말론 취급은 그의 훨씬 더 큰 비신화화 프로그램의 단순한 한 부분이다. 비신화화론은 이 논고의 다른 곳에서 조사되었기 때문에, 우리는 여기에서 전면적인 설명을 하지는 않을 것이다. 요컨대, 불트만은 신약 성경의 많은 내용이 신화의 형태로 되어 있다고 주장하였다. 저자들은 신약 성경 시대에 흔하였던 용어로써 삶에 대한 그들의 이해를 표현하였다. 그들이 기록한 것은 실제로 일어났던 일에 대한 객관적인 기술(記述)이나 혹은 우주에 대한 문자적인 설명으로서 받아들여져서는 안된다. 만약 이런 방식으로 받아들여진다면, 신약 성경은 우스꽝스럽게 보일 것이다. 예를 들어, 예수가 하늘로 올라갔다는 것과 질병

---

21) C.H.Dodd, *The Apostolic Preaching and Its Development*(Chicago: Willett, Clark, 1937),pp.142-49.

들이 사람들 속에 들어와 있는 귀신들에 의해 야기된다는 관념들은 불필요할 뿐만 아니라 마찬가지로 단순히 지지될 수도 없다. 그 대신에, 우리는 신약 성경의 저자들이 그들에게 일어난 일을 실존적으로 표현하기 위하여 영지주의와 유대교와 다른 자료들에서 끌어 낸 신화들을 사용한 것으로 이해해야 한다.[22]

불트만은 마르틴 하이데거(Martin Heidegger)의 실존주의를 그의 신약 성경 해석에 도입하였다. 신약 성경의 메시지는 역사적이라기보다는 실존적이기 때문에 (즉, 이것은 우리들에게 실제로 일어난 것을 말하지 않는다), 실존 철학을 사용하여 그것을 해석하는 것이 더 의미가 잘 통하지 않겠는가? 불트만은 하이데거의 사상을 인간의 실존에 대한 신약 성경의 관점이 세속화된 철학적인 해석이라고 생각하였다.[23]

신약 성경 속에 있는 역사적인 요소는 일차적으로 우리들에게 특정한 사건들이 아니라 존재의 참된 본성에 대하여 말해주기 때문에, 우리는 이것을 본질적으로 초시간적인 것으로 간주해야 한다. 같은 사실이 종말론에도 적용된다. 정확히 성경의 역사가 우리들에게 과거에 일어난 문자적인 사건들에 대하여 말해주지 않는 것처럼, 종말론은 미래에 일어나게 될 문자적인 사건들을 가리키지 않는다. 특별히 바울은 미래의 사건들이 아니라 현재의 경험에 대해서 쓰고 있다. 그는 구원이 현재의 경험과 관계되어 있는 것으로 생각하고 있다. "그런즉 누구든지 그리스도 안에 있으면 새로운 피조물이라. 이전 것은 지나갔으니 보라 새 것이 되었도다"(고후 5:17). 부활도 역시 현재적인 경험이다. "사망이 이김의 삼킨 바 되리라"(고전 15:54). 그리고 십자가에 달리시던 주간(週間)에 예수에 의하여 언급되고 요한이 기록한 말씀들로부터, 우리는 심판도 역시 마찬가지로 현재적인 현상이라는 사실을 알게 된다. "이제 이 세상의 심판이 이르렀으니 이 세상 임금이 쫓겨나리라"(요 12:31).

요한도 역시 영생과 부활을 미래적인 사건들이 아니라 현재적인 경험들로 표현하고 있는 예수의 말씀들을 보도하고 있다. "아들을 믿는 자는 영생이 있고 아들을 순종치 아니하는 자는 영생을 보지 못하고 도리어 하나님의 진노가 그 위에 머물러 있느니라"(요 3:36). "진실로 진실로 너희에게 이르노니 죽은 자들이 하나님의 아들의 음성을 들을 때가 오나니 곧 이 때라. 듣는 자는 살아나리라"(5:25). 불트만은 이렇게 주석하고 있다. "요한에게 예수의 부활과 오순절과 예수의 재림(parousia)은 하나이고 동일한 사건이며, 믿는 사람들은 이미 영생을 가지고 있다."[24] 심지어 적그

---

22) Rudolf Bultmann, *Jesus Christ and Mythology*(New York: Scribner, 1958), p.33.
23) Ibid., p.45.
24) Ibid., p.33.

리스도의 영의 도래와 같이 순전히 종말론적인 사건들도 실존적으로는 모든 시대에 들어 맞는다. "예수를 시인하지 아니하는 영마다 하나님께 속한 것이 아니니 이것이 곧 적 그리스도의 영이니라. 오리라 한 말을 너희가 들었거니와 이제 벌써 세상에 있느니라"(요일 4:3). 그 다음 절은 하나님의 자녀들이 이 영들을 이겼다(have overcome)고 선언한다. 그렇다면 부활과 영생과, 적그리스도의 영의 도래와 같은 종말론적인 현실들은 특정한 사건이 일어났는지의 여부에는 의존하지 않는데, 그 이유는 그것들이 초시간적이고 실존적인 의미에서 유효하기 때문이다.

### 위르겐 몰트만: 정치적 종말론

희망의 신학은 종말론을 단순히 신학의 한 부분이나, 혹은 신학의 한 가지 교리로서가 아니라, 오히려 신학의 전부로서 고려한다. 진기하게도, 이 신학을 위한 영감은 한 사람, 즉 위르겐 몰트만(Jürgen Moltmann)의 개인적인 경험으로부터 유래한다. 몰트만은 1948년까지 영국군 포로수용소에 있던 전쟁 포로였다. 그는 그의 모국인 독일과 그것의 모든 제도들이 붕괴되는 것을 보았다. 포로수용소에 대한 회고록의 몇몇 다른 저자들과 같이, 그는 일반적으로, 희망을 지닌 포로들이 생존할 최고의 가능성을 가지고 있음을 알게 되었다. 그가 독일로 돌아와서 신학을 연구하기 시작했을 때, 그의 견해들은 성숙되었다.

특별히 마르크스주의 철학자인 에른스트 블로흐(Ernst Bloch)의 사상에 접하게 되었을 때 희망의 주제에 대한 그의 흥미가 강화되었다. 그는 왜 이것의 적법한 소유자였던 기독교 신학이 이 주제가 사라져 버리도록 허용하였는지를 이해할 수 없었다.[25] 무신론적인 마르크스주의가 희망의 주제를 포착하여 이용하게 되었을 때, 기독교는 무의미하게 되고 있었다. 한편으로, 기독교는 하나님이 있었으나 미래가 없었으며, 다른 한편으로, 마르크스주의는 미래는 있었으나 하나님이 없었다.[26] 몰트만은 그리스도인들에게 구약 성경과 신약 성경 양쪽에서 증거되고 있는 "희망의 하나님"을 기억하도록 요청하였다. 즉 희망의 주제를 되찾기 위하여, 그들은 "현재의 개인적이고 사회적이며, 정치적인 문제들에 대하여 책임을 지기 시작해야"[27] 한다.

이 인용문은 몰트만의 그 이후의 사상이 나아간 방향을 시사해 주고 있다. 그는 교회가 하나님의 미래를 차례로 중재해 줄 그리스도의 존재를 중재해 주도록 요청하

---

25) Jürgen Moltmann, "Politics and the Practice of Hope," *Christian Century*, 11 March 1970, p. 288.
26) Jürgen Moltmann, "Hope and History," *Theology Today* 25, no. 3(October 1968): 370.
27) Ibid., p. 371.

였다. 그러나 기독교적인 희망은 단순히 수동적인 기다림에 의해서는 야기될 수 없다. 왜냐하면 "우리는 단순한 미래의 해석자들이 아니라 성취에서 뿐만 아니라 희망에 대한 우리들의 능력이 하나님께 있는 건설 공사의 노동자들이기 때문이다. 이것은 기독교적인 희망이 역사에서 창조적이고도 전투적인 희망이라는 사실을 의미한다. 종말론적인 기대의 지평은 여기에서 차례로 구체적이고 역사적인 주도권들에 의미를 부여하는 윤리적인 직관들의 지평을 산출한다."[28]

기독교적인 희망의 실현을 목표로 삼고, 몰트만은 세상을 변혁시키기 위하여 정치 신학을 발전시켰다. 우리는 미래의 도래를 수동적으로 기다려서는 안되는데, 그 이유는 미래로서 입증되는 것은 대부분 우리들의 노력에 달려 있기 때문이다. 그러나 미래는 일차적으로 우리의 행위에 의해서 성취되지는 않을 것이다. 이것은 기본적으로 하나님의 행위가 될 것이다. 그 미래(우리의 희망)를 달성하는 일은 신학적인 설명이 아니라, 행동을 요구한다. 신정론(하나님의 정의에 대한 변명)을 제시함으로써 세계 내에서의 악의 문제를 다루려고 시도하였던 이전의 신학들과 비교하였을 때, 희망의 신학은 왜 하나님께서 세계 속에 있는 악에 대하여 어떤 일을 하지 않으시는지를 묻는 대신에, 그 악을 변혁하기 위하여 행동한다. 그래서 믿음은 그 믿음의 대상을 야기하도록 차례로 도움을 주는 행동이 되었다.

### 세대주의: 조직적 종말론

종말론에 대한 한 가지 특별한 학파를 살펴 보아야 할 필요가 있는데, 그 이유는 비록 이것이 정통주의 신학들과 비교하였을 때 비교적 새로운 것이기는 하지만, 보수적인 진영 내에서 상당한 영향력을 발휘해 왔기 때문이다. 이것은 세대주의(dispensationalism)로서 알려지게 된 운동이다. 세대주의는 하나의 통합된 해석적인 계획이다. 이를테면, 각각의 특정한 부분이나 교의가 다른 것들과 극히 중요하게 서로 연결된다. 이렇게 해서 우리가 종말론의 체계화에 대해서 말할 때, 우리는 자료들이 이해하기 쉽게 조직되었다는 사실뿐만 아니라, 어떤 분야들의 결론들이 자동적으로 다른 분야들의 교리들로부터 추론된다는 사실을 생각하게 된다. 세대주의의 개발자는 존 넬슨 다비(John Nelson Darby, 1800-1882)였다. 그는 플리머스 형제단(Plymouth Brethren) 운동의 창립에서도 마찬가지로 유력한 인물이었다. 세대주의는 스코필드 주석성경(Scofield Reference Bible)과, 세대주의가 실제적으로

---

28) Ibid., p.384.
29) Clarence B. Bass, *Backgrounds to Dispensationalism: Its Historical Genesis and Ecclesiastical Implications*(Grand Rapids: Eerdmans, 1960).

공식적인 입장이었던 성경 대학들에서 공부한 목사들과 평신도들이 이끌었던 성경 예언에 대한 협의회들을 통하여 보급되었다.[29]

세대주의자들은 그들의 체계를 성경을 해석하는 첫번째의 으뜸가는 방법이라고 생각하려는 경향을 갖고 있다. 그 핵심에는 성경이 문자적으로 해석되어야 한다는 확신이 있다. 이것은 분명히 비유적인 인용절들이 문자적으로 받아들여져야 한다는 것이 아니라, 분명한 의미가 통한다면, 우리는 더 이상의 것을 찾아서는 안된다는 것을 의미한다.[30] 이 원리를 적용하게 되면 풍유적인 해석들과 또한 성경에 있는 초자연적인 요소들, 예를 들어 기적들을 해명해 보려는 자유주의적인 시도들은 모두 다 거부된다. 이것은 또한 예언이 매우 문자적으로 또한 종종 상당히 상세하게 해석된다는 것을 의미한다. 특별히, "이스라엘"은 교회가 아니라, 언제나 국가적이거나 민족적인 이스라엘을 언급하는 것으로 이해된다. 그러나 문자적인 해석을 강조함에도 불구하고, 때때로 옛 풍유를 사용하는 방법에 다가가는 몇몇 설화와 시적인 부분들에 대해서는 모형론적으로 이해하려는 경향도 역시 존재한다. 한 가지 예를 들어 보면 이 책이 그리스도나 교회에 대하여 아무 것도 말하고 있지 않다는 사실에도 불구하고, 아가서를 그의 교회를 향한 그리스도의 사랑을 묘사하는 것으로서 종종 설명하고 있다는 것이다.

세대주의는 하나님께서 세계를 다루시는 일련의 "세대들(dispensations)"이나 경륜들(economies)의 증거를 그의 말씀 속에서 발견한다. 이 세대들은 그의 목적들에 관한 하나님의 계시의 연속적인 단계들이다. 이것들은 구원의 상이한 방편들을 수반하지 않는데, 그 이유는 구원의 방편이 시대의 모든 기간들에 동일한, 즉 믿음을 통하여 은혜로 말미암은 것이었기 때문이다. 세대들의 수에 관해서는 약간의 불일치가 존재하는데, 가장 공통적인 수는 7이다. 이렇게 해서, 인간은 처음에는 무죄(innocence)의 시대에 있었다. 그 다음에 양심(타락에서 홍수까지), 인간 정부(홍수에서 아브라함의 부름까지), 약속, 율법, 그리고 은혜의 시대들이 오게 되었다. 일곱 번째는 아직은 와야 할 것이다. 많은 세대주의자들은 성경의 주어진 인용절이 어떤 세대에 적용되는지를 깨닫는 것이 중요하다고 강조한다. 우리는 예를 들어, 천년 왕국을 위하여 주장된 권고들에 의하여 우리의 삶을 다스리려고 해서는 안된다.[31]

세대주의자들은 또한 이스라엘과 교회 사이의 구분을 크게 강조한다. 사실상, 그들 중 어떤 사람들은 이러한 구분을 성경을 이해하고 종말론을 정리하는 데에 필

---

30) John Walvoord, "Dispensational Premillennialism," *Christianity Today*, 15 September 1958, pp. 11-12.

31) Charles C. Ryrie, *Dispensationalism Today* (Chicago: Moody, 1965), pp. 86-90.

수적인 것으로 간주한다. 그들의 견해에 의하면, 하나님은 이스라엘과 무조건적인 계약을 맺으셨다. 말하자면 그들에 대한 그의 약속들은 그들이 어떤 요구들을 성취하는 것에 달려 있지 않다. 그들은 그의 특별한 백성으로 남아서, 필경은 그의 축복을 받게 될 것이다. 민족적이고 국가적이며 정치적인 이스라엘은 결코 교회와 혼동되어서는 안되며, 이스라엘에 주어진 약속들도 교회 안에서 적용되고 성취된 것으로서 간주되어서도 안된다. 그것들은 두 개의 분리된 실체들이다.[32]

하나님은 말하자면, 이스라엘에 대한 그의 특별한 관계들은 중단하셨지만, 그것들을 미래의 어떤 시점에 다시 회복하실 것이다. 이스라엘에 대하여 성취되지 않은 예언들은 교회 안에서가 아니라, 국가 그 자체 안에서 성취될 것이다. 실제로, 교회는 구약 성경의 예언들 속에서 언급되지 않는다. 이것은 사실상 이스라엘을 다루시는 하나님의 전체적인 계획 속에 있는 괄호이다. 그렇다면 우리는 성경에서 언급된 이 두 가지 신적인 왕국들을 혼동하지 않도록 주의해야 한다. 하늘 나라는 유대적이고 다윗적이며 또한 메시야적이다. 이것이 예수의 사역 기간 동안에 국가적인 이스라엘에 의하여 거절되었을 때, 지상에서의 그것의 출현은 연기되었다. 다른 한편으로, 하나님의 나라는 더 포괄적이다. 이것은 하나님의 뜻에 복종하는 모든 도덕적인 지성적 존재들, 즉 모든 시대의 기간으로부터 온 천사들과 성도들을 포함한다.[33]

마지막으로, 천년 왕국이 세대주의에서 특별한 중요성을 얻고 있다. 그 때에 하나님은 이스라엘과의 관계를 회복하실 것이며, 교회는 언젠가 일찌감치(대환난이 오기 직전에) 세상으로부터 취하여지거나 혹은 "휴거될" 것이다. 천년 왕국은 따라서 현저하게 유대적인 성격을 갖게 될 것이다. 이스라엘에 관하여 성취되지 않은 예언들은 그 때에 일어나게 될 것이다. 여기에서 우리는 세대주의의 유기적인 성격, 즉 그 교리들의 상호 관련성을 볼 수 있다. 문자적인 해석의 원리에 의거하여 나아가면서, 세대주의자들은 이스라엘과 교회 사이의 구분을 크게 강조하였다. 이스라엘에 관한 모든 예언들은 국가에 적용되는 것으로 해석되고, 차례로, 천년 왕국은 유대적인 성격을 지니고 있는 것으로 고려된다.[34]

---

32) Ibid., pp. 132-55.
33) *The Scofield Reference Bible*, p. 996, n. 1; p. 1226, n. 3. 몇몇 후기의 세대주의자들은 하늘 나라와 하나님의 나라 사이의 구분이 본질적인 것이 아니라고 주장한다. 그들에게 문제는 다윗의 신정주의적인 나라가 오늘날 교회의 형태로 존재하는지 아니면 단순히 연기되었는지의 여부이다. 또한 Ryrie, *Dispensationalism Today*, pp. 170-74를 보라.
34) Walvoord, "Dispensational Premillennialism," p. 13.

## 종말론에 관한 결론들

1. 종말론은 조직 신학의 주요한 주제이다. 따라서, 우리는 우리의 신학을 구성할 때, 그것을 감히 무시하지 않는다. 다른 한편으로, 이것은 신학의 전부가 아니라, 몇가지 가운데 한 가지 교리에 불과하다. 우리는 우리의 전 교리적인 체계를 종말론으로 변경해서는 안되며, 우리의 신학이 그것에 대한 부당한 강조에 의하여 왜곡되도록 허락해서도 안된다.

2. 종말론의 진리들은 주의깊고, 강렬하며, 철저한 주목과 연구를 받을 만한 가치가 있다. 동시에, 우리는 단순한 호기심으로부터 이 문제들을 탐구하지 않도록 경계해야 한다. 그리고 하나님의 말씀의 난해하고 모호한 부분들의 의미를 이해하려고 애쓸 때, 우리는 또한 부당한 사변을 피해야 하며, 성경적인 자료들이 명료성에 서 차이가 있기 때문에, 우리의 결론들도 확실성의 정도에서 차이가 있을 것이라는 사실을 깨달아야 한다.

3. 우리는 종말론이 배타적으로 미래에만 관계하지 않는다는 사실을 깨달아야 할 필요가 있다. 예수는 새로운 시대를 들여 오셨고, 비록 그 싸움은 역사 속에서 여전히 행해지지만, 악한 세력들에 대한 승리는 이미 달성되었다.

4. 우리는 심지어 예수의 사역 속에서도 이미 성취된 것으로 단순히 간주될 수 없는 예언적인 예언의 요소들이 존재한다는 진리를 이러한 통찰과 결합해야 한다. 우리는 미래에 대한 개방성과 예기(豫期)를 가지고 살아야 한다.

5. 종말론적인 사건들에 대한 성경의 인용절들은 인생에 대한 실존적인 묘사(描寫)들보다 훨씬 더 중요하다. 이것들은 실제로 실존적인 중요성을 가지고 있지만, 그 중요성은 묘사된 사건들의 사실성에 달려 있고 또한 그것의 적용이다. 이것들은 실제로 일어날 것이다.

6. 우리 인간들은 여기 지상에서 그리고 역사 안에서 일어나게 될 종말론적인 사건들을 야기하는 데에 역할을 수행해야 할 책임이 있다. 어떤 사람들은 이 책임을 복음전도의 측면에서 보며, 다른 사람들은 이것을 사회적인 행동의 측면에서 본다. 그러나 우리가 우리의 역할을 수행할 때, 우리는 종말론이 일차적으로 시간과 공간을 초월하는 새로운 영역, 즉 새 하늘과 새 땅에 관계한다는 사실을 또한 염두에 두어야 한다. 이 나라는 하나님의 초자연적인 활동에 의하여 예고될 것이며, 인간적인 노력들에 의해서는 성취될 수 없다.

7. 종말론의 진리들은 미래에 대한 예기 속에서 우리가 깨어있으며 경계하도록 자극해야 한다. 그러나 일어날 일에 대한 준비는 우리 주께서 우리에게 할당하신 활

동들에서의 부지런함도 역시 수반할 것이다. 우리는 성급하게 되거나 조급하게 우리의 과제들을 포기해서도 안된다. 우리는 성경을 철저하게 연구하며 우리 세계에서의 새로운 사실들을 주의깊게 지켜보아야 하며, 그렇게 해서 하나님의 일하심을 분별하여 오도되지 않을 수 있다. 그러나 우리는 특정한 역사적 사건들을 성경의 예언과 교리적으로 동일시하거나 혹은 어떤 종말론적인 사건들이 일어날 때를 예언하는 것에 대하여 너무 경솔하게 되어서는 안된다.

8. 종말론적인 문제들에 대한 확신을 갖는 것이 중요한 만큼, 그것들이 의미가 변한다는 사실을 명심하는 것도 좋다. 그리스도의 재림과 그 이후의 삶과 같은 근본적인 문제들에 대하여 동의하는 것은 필수적이다. 다른 한편으로, 천년 왕국과 환난과 같이 덜 중심적이고 덜 분명하게 설명된 문제들에 대하여 특별한 입장을 고수하는 것이 정통주의의 표준이나 기독교적인 친교와 일치의 조건이 되어서는 안된다. 강조점은 일치하지 않는 문제들이 아니라, 일치하는 문제들에 놓여야 한다.

9. 종말론을 연구할 때, 우리는 그것들의 영적인 중요성과 실제적인 적용을 강조해야 한다. 이것들은 삶의 순결과 근면한 봉사, 미래에 대한 희망의 자극제들이다. 이것들은 토론의 주제들이 아니라 섬김을 위한 자원들로서 간주되어야 한다.

# 56

# 개인적 종말론



종말론에 관하여 말할 때, 우리는 개인적 종말론과 우주적 종말론, 즉 한편으로는 개인의 미래에, 다른 한편으로는 인류와 사실상 전 피조물의 미래에 놓여 있는 경험들을 구분해야 한다. 전자는 사람이 죽을 때, 각 개인에게 일어나게 될 것이다. 후자는 우주적인 사건들, 특별히 그리스도의 재림과 관련하여 모든 사람들에게 동시에 일어나게 될 것이다.

## 죽음

각 사람의 미래에 대하여 부인하기 어려운 한 가지 사실은 죽음의 불가피성이다. 히브리서 9:27에 이 사실에 대한 직접적인 주장이 존재한다. "한번 죽는 것은 사람에게 정하신 것이요 그 후에는 심판이 있으리니." 이 사상은 또한 죽음의 보편성과 그리스도의 부활의 효력에 대하여 기록되어 있는 고린도전서 15장 전체를 관류(貫流)하고 있다. 죽음이 패퇴되었고, 그것의 가시가 그의 부활에 의해서 제거된 것으로 언급되고 있지만, 우리가 죽지 않을 것이라는 어떠한 암시도 존재하지 않는다. 바울은 자신의 죽음을 확실히 예견하였다(고후 5:1-10; 빌 1:19-26).

### 죽음의 실재

죽음은 거의 모든 신학자들과 모든 신자들과 사실상의 전체적인 모든 사람들이 인정하고 있는 종말론의 한 국면이다. 유일한 예외가 있다면 질병과 죽음의 실재에 의문을 표시하는 크리스천 사이언스 신자들이 있는 것처럼 보일 것이다. 그러나 이 그룹조차도, 처음에는 부인하였지만 그들의 설립자인 메리 베이커 에디(Mary Baker Eddy)가 죽었다는 사실을 결국은 인정하게 되었다.[1]

모든 사람이 죽음의 실재와 확실성을 적어도 지적으로는 인정하고 있지만, 그럼에도 불구하고 종종 자신의 죽음의 불가피성에 대해서는 인정하고 싶어하지 않는다. 그래서 우리는 우리 사회 내에서 죽음에 대한 사고(思考)를 피하려는 수많은 시도들을 보게 된다. 장례식을 치르는 집들에서, 많은 사람들은 형식적인 조문을 표시한 후에는 가능한 한 관(棺)으로부터 멀리 떨어진 곳에 있으려고 한다. 미이라 기술자들의 화장술이 고도로 발달되었는데, 그 목적은 분명히 죽음의 외양을 은폐하려는 것이다. 우리는 육체적인 죽음의 실재를 인정하기를 회피하여 전반적인 일련의 완곡어법을 사용한다. 사람들은 죽지 않는다 — 그들은 숨을 거두거나 떠나간다. 우리는 더 이상 묘지들이 아니라, 잠드신 곳들과 추도 공원들을 갖고 있다. 심지어 교회에서도, 죽음은 단지 고난 주간과 장례식 기간 동안에만 언급된다. 많은 사람들은 유언을 하지 않는데, 어떤 사람들은 아마도 연기하기 때문이겠지만, 다른 사람들은 죽음에 대한 생각을 혐오하기 때문이다.

---

1) James Snowden, *The Truth About Christian Science*(Philadelphia: Westminster, 1920), p.154, n.1; Ernst S. Bates and John V. Dittermore, *Mary Baker Eddy: The Truth and the Tradition*(New York: Alfred A. Knopf, 1932), p.451.

실존주의자들에 의하면, 죽음의 실재와 맞붙어 싸우기를 피하려 하는 이러한 태도는 "비진정한 실존"의 으뜸가는 보기이다. 죽음은 삶의 가혹한 실재들 가운데 하나이다. 즉 각 개인마다 늙고, 죽어서 묘지로 가게 되고 땅 속에 묻히기로 예정되어 있다. 그것이 우리의 피할 수 없는 종말이다. 만약 인생을 훌륭하게 살고자 한다면, 그것은 죽음의 사실을 받아들이는 일을 포함해야 한다. 죽음은 단순히 이 과정의 끝이고, 삶의 최종적인 단계이며, 우리는 이것을 받아들여야 한다.[2]

죽음의 의미에 대해서는 실존주의자들과 의견이 다르지만, 그리스도인은 그것의 실재와 불가피성에 대해서는 일치한다. 바울은 죽음이 세계 속에 여전히 존재하고 있음을 인정하고 있다. "우리 산 자가 항상 예수를 위하여 죽음에 넘기움은 예수의 생명이 또한 우리 죽을 육체에 나타나게 하려 함이니라. 그런즉 사망은 우리 안에서 역사하고 생명은 너희 안에서 하느니라"(고후 4:11-12). 죽음은 우리에게 갑자기 닥쳐오는 것이 아니다. 이것은 우리의 죽어야 하며, 부패하기 쉬운 육체들이 썩어져가는 과정의 마지막이다. 우리는 육체적인 절정에 도달한 다음에는 쇠락되기 시작한다. 마지막으로 유기체가 더 이상 기능할 수 없게 될 때까지, 우리는 힘이 우리에게서 조금씩 빠져나가는 것을 발견하게 된다.

### 죽음의 본성

그렇다면 죽음은 무엇인가? 우리는 그것을 어떻게 정의할 수 있는가? 성경의 다양한 인용절들이 육체의 죽음, 즉 우리의 육체 안에서의 삶의 중단에 대하여 말하고 있다. 예를 들어, 마태복음 10:28에서 예수는 육체의 죽음을 육체와 영혼 전부의 죽음과 대비하시고 있다. "몸은 죽여도 영혼은 능히 죽이지 못하는 자들을 두려워하지 말고 오직 몸과 영혼을 능히 지옥에 멸하시는 자를 두려워하라." 같은 관념이 누가복음 12:4-5에서 나타난다. "내가 내 친구 너희에게 말하노니 몸을 죽이고 그 후에는 능히 더 못하는 자들을 두려워하지 말라. 마땅히 두려워할 자를 내가 너희에게 보이리니 곧 죽인 후에 또한 지옥에 던져 넣는 권세 있는 그를 두려워하라. 내가 참으로 너희에게 이르노니 그를 두려워하라." 몇몇 다른 인용절이 ψυχή(프쉬케, 생명)의 상실에 대하여 언급하고 있다. 한 가지 예가 요한복음 13:37-38이다. "베드로가 가로되 주여 내가 지금은 어찌하여 따를 수 없나이까? 주를 위하여 내 목숨을 버리겠나이다. 예수께서 대답하시되 네가 나를 위하여 네 목숨을 버리겠느냐?" 이러한 유형의 다른 참고절은 누가복음 6:9과 14:26을 포함한다.

---

2) Karl Jaspers, *The Way to Wisdom*, trans. Ralph Manheim(New Haven, Conn. : Yale University, 1951), p. 53.

마지막으로, 죽음은 전도서 12:7에서 몸과 영혼(혹은 정신)의 분리로서 언급된다. "흙은 여전히 땅으로 돌아가고 신은 그 주신 하나님께로 돌아간다." 이 인용절은 창세기 2:7(여호와 하나님이 흙으로 사람을 지으시고 생기를 그 코에 불어 넣으시니 사람이 생령이 된지라)과 3:19(인간은 흙으로 돌아갈 것이다)을 상기시켜 준다. 신약 성경에서는, 야고보서 2:26이 죽음을 몸과 정신의 분리로서 역시 언급하고 있다. "영혼 없는 몸이 죽은 것같이 행함이 없는 믿음은 죽은 것이니라."

우리가 여기에서 다루고 있는 것은 익숙한 육체의 상태 속에서의 생명의 중단이다. 그러나 이것은 존재의 마지막이 아니다. 성경에 의하면 삶과 죽음은 존재와 비존재로서가 아니라, 두 가지의 다른 존재의 상태들로서 생각되고 있다.[3] 죽음은 단순히 존재의 다른 양태로의 이행일 뿐이다. 즉 어떤 사람들이 생각하는 경향이 있듯이, 이것은 사멸(死滅)이 아니다.

육체적인 죽음 이외에도, 성경은 영적이며 영원한 죽음에 대해서 말한다. 육체적인 죽음은 육체로부터의 영혼의 분리이지만, 영적인 죽음은 인간이 하나님으로부터 분리되는 것이다. 영원한 죽음은 그러한 분리의 상태의 완성이다 ― 즉 인간은 그의 죄된 상태에서 영원히 상실된다.[4] 성경은 영적인 문제들에 응답할 수 없거나 심지어 그러한 자극들에 대한 감수성을 완전히 상실해 버린, 영적인 죽음의 상태를 분명히 언급하고 있다. 이것이 바울이 에베소서 2:1-2에서 염두에 두고 있던 것이다. "한때 너희가 그 가운데서 행하였던, 허물과 죄로 죽었던 너희를 살리셨도다." 요한계시록이 "둘째 사망"을 언급할 때, 이것이 여기에서 고려되고 있는 영원한 죽음이다. 한 가지 예가 요한계시록 21:8에서 발견된다. "그러나 두려워하는 자들과 믿지 아니하는 자들과 흉악한 자들과 살인자들과 행음자들과 술객들과 우상숭배자들과 모든 거짓말하는 자들은 불과 유황으로 타는 못에 참여하리니 이것이 둘째 사망이라." 이 둘째 사망은 정상적인 육체의 죽음과 구별되며 그 이후에 일어나는 것이다. 우리는 요한계시록 20:6에서부터 둘째 사망이 신자들에 의해서는 경험되지 않는다는 사실을 알게 된다. "이 첫째 부활에 참여하는 자들은 복이 있고 거룩하도다! 둘째 사망이 그들을 다스리는 권세가 없고 도리어 그들이 하나님과 그리스도의 제사장이 되어 천 년 동안 그리스도로 더불어 왕노릇 하리라." 둘째 사망은 형벌을 받으며 하나님의 존재로부터 분리되는 영원한 기간이며, 육체적인 죽음의 시점에 영적으로 죽어 있는 개인의 멸망된 상태의 완성이다.

---

3) Louis Berkhof, *Systematic Theology*(Grand Rapids: Eerdmans, 1953), p.668.
4) Augustus H.Strong, *Systematic Theology*(Westwood, N.J.: Revell, 1907), p.982.

### 육체적인 죽음: 자연적인 혹은 부자연스런?

인간이 사멸적이거나 혹은 불멸적인 존재로 태어났는지의 여부와, 그가 죄를 짓지 않았다면 죽었을 것인지의 여부에 대하여 상당한 논란이 있었다.[5] 육체적인 죽음은 인간의 상태의 원래의 한 부분이 아니었다는 것이 우리의 입장이다. 그러나 인간이 죄를 지으면, 즉 금지된 나무의 실과를 먹거나 만지게 된다면, 죽음은 위협으로써 그곳에 항상 내재하고 있었다(창 3:3). 위협을 주었던 죽음은 부분적으로는 영적인 죽음임에 틀림없었지만, 남자와 여자가 또한 생명 나무를 먹어서 영원히 살지 못하도록 에덴 동산에서 추방되어야 했기 때문에 육체적인 죽음도 역시 포함되었던 것으로 보인다(창 3:22-23).

육체적인 죽음이 인간의 죄의 결과라는 증거로서 제시되었던 몇몇 성경의 인용절들이 결코 그런 것을 입증하지 않는다는 사실이 인정되어야 한다. 적절한 한 가지 사례가 에스겔서 18:4, 20이다. "범죄하는 그 영혼이 죽으리라." 이 참조절은 영적이거나 영원한 죽음을 지칭하고 있는데, 그 이유는 만약 죄인이 그의 사악한 길에서 돌아서게 되면, 그는 살고 죽지 않을 것이라고 본문이 계속해서 말하고 있기 때문이다(21-22절). 신자와 불신자가 다같이 육체적인 죽음을 경험하기 때문에, 여기에서의 이 인용절은 육체적인 죽음에 대한 것일 수 없다. 같은 사실이 로마서 6:23에도 적용된다. "죄의 삯은 사망이요 하나님의 은사는 그리스도 예수 우리 주 안에 있는 영생이니라." 죽음과 대비되는 것이 영생이라는 사실은 여기에서 고려하고 있는 죄의 결과가 육체적인 죽음이 아니라, 영원한 죽음이라는 것을 암시한다. 그러나 고린도전서 15장에서 바울은 그가 다음과 같이 말할 때 적어도 부분적으로는 분명히 육체적인 죽음을 언급하고 있다. "사망이 사람으로 말미암았으니 죽은 자의 부활도 사람으로 말미암는도다"(21절). 왜냐하면 육체적인 죽음은 그리스도의 부활에 의하여 무효화되고 정복된 악들 중의 하나이기 때문이다. 그는 육체적인 죽음으로부터 스스로 구원받았다. 그렇다면, 이 구절은 육체적인 죽음이 인간의 죄로부터 왔다는 증거이다. 즉 이것은 인류에 대한 하나님의 원래 의도의 일부가 아니다.

육체적인 죽음은 죄의 결과이기 때문에, 인간은 영원히 살 수 있는 가능성을 가지고 창조되었을 개연성이 있었던 것으로 보인다. 그러나 그는 본래적으로 불멸적이지는 않았다. 즉 그는 그의 본성에 의하여 영원히 살 수 있었던 것은 아니었다. 오히려, 그가 죄를 짓지 않았다면, 그는 생명 나무를 먹음으로써 영원한 생명을 얻을 수도 있었을 것이다. 그는 죽을 수 있다는 의미에서 죽어야 할 운명이었다. 그리고

---

5) 예를 들면, Augustine, *Anti-Pelagian Writings*, in A Select Library of the Nicene and Post Nicene Fathers of the Christian Church, vol. 5, ed. Philip Schaff(New York: Scribner, 1902).

그가 죄를 지었을 때, 그 잠재성 혹은 가능성이 현실이 되었다. 우리는 그가 조건적인 불멸성을 가지고 창조되었다고 말할 수도 있을 것이다. 그는 영원히 살 수도 있었지만, 그가 그렇게 될 것인지는 확실하지 않았다. 죄를 지었을 때, 그는 그러한 상태를 상실하였다.

그렇다면 죽음은 인간에게 자연적인 것이 아니다. 이것은 이질적이고 적대적인 것이다. 바울은 이것을 원수(怨讐)로 묘사하였다(고전 15:26). 그리고 하나님 자신이 죽음을 악과 그의 원래 계획의 좌절로 보신다는 것은 거의 의심의 여지가 없다. 하나님은 스스로 생명의 수여자이시다. 따라서 인간의 피를 흘림으로써 생명에 대한 그의 계획을 훼방하는 사람들은 그들 자신의 생명을 잃어야 한다(창 9:6). 그가 죽음을 보내신 것은 인간의 죄에 대하여 그가 찬성하지 않으시며, 우리를 향하신 그의 의도를 우리가 방해하였다는 사실을 표현하고 있다. 이것이 하나님께서 모든 육체를 멸하시려고 보내신 홍수(창 6:13)와, 소돔과 고모라의 멸망(창 19장), 그리고 고라와 그와 함께 반역한 사람들에 대한 형벌(민 16장), 그리고 수많은 다른 죽음의 형벌에 관한 예들의 실상이었다. 각각의 경우에, 죽임을 당한 사람들은 그들을 향한 하나님의 의도를 벗어났다. 죽음은 그들이 자기들의 죄에 대하여 지불해야 할 부자연스런 결과였다. 시편 기자는 죽음을 하나님의 진노의 표현으로서 생생하게 묘사한다. "주께서 저희를 홍수처럼 쓸어 가시나이다. 저희는 잠간 자는 것 같으며 아침에 돋는 풀 같으니이다. 풀은 아침에 꽃이 피어 자라다가 저녁에는 벤 바 되어 마르나이다. 우리는 주의 노에 소멸되며 주의 분내심에 놀라나이다"(시 90:5-7). 그러나 하나님은 또한 동정을 베푸신다. 예수는 나사로가 죽었을 때 우셨으며(요 11:35), 마찬가지로 다른 경우들에도 죽은 자를 다시 살리셨다.

## 죽음의 결과들

불신자에게, 죽음은 저주이고 형벌이며 원수이다. 왜냐하면 비록 죽음이 사멸이나 존재의 종말을 야기하지는 않을지라도, 이것은 사람을 하나님으로부터 그리고 영생을 얻을 수 있는 기회로부터 단절시켜 버리기 때문이다. 그러나 그리스도를 믿음으로 의롭게 된 사람들에게는, 죽음은 다른 특성을 가지고 있다. 신자도 여전히 육체적인 죽음을 경험하게 되지만, 그것의 저주는 사라졌다. 그리스도께서 십자가 위에서 죽으심으로 우리를 위하여 스스로 저주가 되셨기 때문에(갈 3:13), 신자들은 여전히 육체적인 죽음에 종속되어 있다 하더라도, 그것의 무시무시한 권능과 그것의 저주를 경험하지 않는다. 바울은 이렇게 설명하고 있다. "이 썩을 것이 썩지 아니함을 입고 이 죽을 것이 죽지 아니함을 입을 때에는 사망이 이김의 삼킨 바 되리라고 기록된 말씀이 응하리라. 사망아 너의 이기는 것이 어디 있느냐? 사망아 너의 쏘는 것이 어디 있느냐? 사람의 쏘는 것은 죄요 죄의 권능은 율법이라. 우리 주 예수 그리스도로 말미암아 우리에게 이김을 주시는 하나님께 감사하노라"(고전 15:54-57).

죽음을 사실상 적으로서 간주하고 있는 비기독교인들은 그 속에서 어떤 적극적인 것도 보지 못하며 두려움 속에서 그것으로부터 물러선다. 그러나 바울은 그것에 대하여 완전히 다른 태도를 취할 수 있었다. 그는 죽음을 정복된 적으로, 즉 이제는 주의 뜻을 행하도록 강요된 옛날의 적으로 보았다. 이렇게 해서 바울은 죽음을 바람직한 것으로 간주하였는데, 그 이유는 이것이 그를 주의 현존으로 인도해 줄 것이기 때문이었다. 그는 빌립보인들에게 이렇게 편지하였다. "나의 간절한 기대와 소망을 따라 아무 일에든지 부끄럽지 아니하고 오직 전과 같이 이제도 온전히 담대하여 살든지 죽든지 내 몸에서 그리스도가 존귀히 되게 하려 하나니 이는 내게 사는 것이 그리스도니 죽는 것도 유익함이니라 … 내가 떠나서 그리스도와 함께 있을 욕망을 가진 이것이 더욱 좋도다"(빌 1:20-23).

이 사람은 다소의 사울로서, 죽어가던 스데반이 하늘과 인자가 하나님 우편에서 계신 것을 볼 수 있다고 외치던 목소리(행 7:56)를 들었던 바울이었다. 스데반은 그 때 단순히 "주 예수여 내 영혼을 받으시옵소서"(59절), 그리고 "주여 이 죄를 저들에게 돌리지 마옵소서"(60절)라고 기도하였다. 그리고 바울은, 죽음 직전에 "아버지여, 내 영혼을 아버지 손에 부탁하나이다!"(눅 23:46)라고 말씀하셨던 주님의 전승을 스스로 확실히 듣게 되었다. 스데반과 예수에게서와 같이, 바울에게 죽음은 더 이상 활동적인 적이 아니었고, 이제는 정죄하고 파멸하는 것이 아니라, 죄가 가져온 두려운 상태들로부터 우리를 해방시키는데 사용되는 정복된 적이었다.

이렇게 해서 신자는 죽음 그 자체가 파멸되었기 때문에, 그것의 결과들은 최종적이 아니라는 지식을 가지고 죽음의 전망을 대할 수 있다. 죽음에 대한 이러한 심판의 최종적인 실행이 비록 아직은 미래에 있지만, 심판 그 자체는 이미 완수되고 확실하게 되었다. 심지어 구약 성경도 죽음에 대한 승리에 관한 예언들을 포함하고 있었다. "사망을 영원히 멸하실 것이라. 주 여호와께서 모든 얼굴에서 눈물을 씻기시며 그 백성의 수치를 온 천하에서 제하시리라. 여호와께서 이같이 말씀하셨느니라"(사 25:8). "내가 저희를 음부의 권세에서 속량하며 사망에서 구속하리니 사망아 네 재앙이 어디 있느냐? 음부야 네 멸망이 어디 있느냐? 뉘우침이 내 목전에 숨으리라"(호 13:14). 고린도전서 15:55에서 바울은 후자의 인용절을 인용하였으며, 요한계시록 21:3-4에서 요한은 전자를 골라 내었다. "보라, 하나님의 장막이 사람들과 함께 있으매 하나님이 저희와 함께 거하시리니 저희는 하나님의 백성이 되고 하나님은 친히 저희와 함께 계셔서 모든 눈물을 그 눈에서 씻기시매 다시 사망이 없고 애

통하는 것이나 곡하는 것이나 아픈 것이 다시 있지 아니하리니 처음 것들이 다 지나
갔음이러라." 그 앞 장에서 요한은 "그리고 나서 사망과 음부도 불못에 던지우리라"
(계 20:14a)라고 적었다. 이와 같은 인용절들은 죽음이 패퇴되었으며 궁극적으로 파
멸될 것임을 분명히 한다.

여기에서 도대체 왜 신자들이 아직도 죽음을 경험해야 될 필요가 있는지에 대한
질문이 야기된다. 만약 영적이고 영원할 뿐만 아니라 육체적인 죽음이 죄에 대한 형
벌이라면, 우리는 언제 죄와 그것의 궁극적인 결과(영원한 죽음)로부터 구원받으며,
왜 우리는 그 정죄의 상징인, 육체적인 죽음으로부터 면함을 받아서는 안되는가? 만
약 에녹과 엘리야가 죽음을 보지 않고 주와 함께 취함을 받았다면, 왜 그러한 승천
이 그리스도를 믿는 모든 사람의 경험이 되어서는 안되는가? 죄에 대한 저주의 어떤
것이 죄를 용서받은 사람들에게 여전히 남아 있는 것으로 보이지는 않는가?

어떤 신학자들은 죽음이 확실한 은혜의 결과들을 갖고 있다는 사실을 보여주려
고 애썼다. 그런 한 가지 시도가 루이스 벌코프의 시도이다.[6] 그는 죽음이 하나님께
서 자기 백성들을 거룩하게 하기 위하여 사용하시는 징벌들의 극치라고 주장한다.
죽음이 분명히 성화의 완성에 필요 불가결하다는 사실을 인정하면서도, 에녹과 엘리
야가 죽지 않았기 때문에, 그럼에도 불구하고 벌코프는 신자들이 그의 영광에 이르
는 도중에 고난과 죽음을 겪으셨던 그들의 주와 함께 공감(共感)할 수 있는 하나의
방편으로써 죽음을 보고 있다. 죽음은 종종 보기 드문 정도의 믿음을 신자들에게 야
기시킨다. 그러나 이것은 많은 경우에 사실이지만, 죽음(그 문제에 관해서, 혹은 고
난)이 거룩하게 하거나 혹은 보기 드문 믿음을 일깨우는 것으로 나타나지는 않는다.
더 큰 정도의 성화와 믿음이 죽는 순간에 어떤 그리스도인들에 의하여 실현된다는
사실이 모든 신자들의 육체적인 죽음을 정당화해 줄 수 있는 충분한 근거는 전혀 아
니다. 따라서 벌코프의 노력은 다소간 부자연스런 설명으로 보인다. 좀더 훌륭한 접
근 방법은 죽음을 지금 확립된 인간의 상태들 중의 하나로서 단순히 고려하는 것이
다. 이런 점에서 죽음은 출생과 같다.

여기에서 죄의 일시적이고 영원한 결과들을 구분하는 것이 필수적이다. 우리는
우리 자신의 개별적인 죄의 영원한 결과들은 우리가 용서받을 때 폐기되지만, 일시
적인 결과들이나 혹은 적어도 어떤 결과들은 남아 있을 수도 있다는 사실을 주목하
였다. 이것은 칭의의 사실에 대한 부정이 아니라, 하나님께서 역사의 과정을 역전시
키지 않으신다는 단순한 증거에 불과하다. 우리의 개별적인 죄들에 적용되는 것은
또한 아담의 죄나 인류의 죄에 대한 하나님의 대처에도 마찬가지로 적용된다. 원죄

---

6) Berkhof, *Systematic Theology*, pp.670-71.

와 개별적인 죄에 대한 모든 심판과 우리의 죄책이 제거됨으로써, 영적이고 영원한 죽음이 취소된다. 우리는 둘째 사망을 경험하지 않을 것이다. 그럼에도 불구하고, 우리는 이것이 인간 존재의 조건들 가운데 하나가 되었기 때문에 단순히 육체적인 죽음을 경험해야만 한다. 이것은 출생과 성장과 고난이 그것의 기원을 궁극적으로 죄로부터 취하는 것만큼, 이제 삶의 일부분이다. 언젠가는 죄의 모든 결과들이 제거될 것이지만, 그 날은 아직도 존재하지 않고 있다. 성경은 현실적으로 전인류의 육체적인 죽음의 사실을 부인하지는 않지만, 신자들과 불신자들에게 이것이 다른 중요성을 갖고 있다고 주장한다.

## 중간 상태

### 이 교리의 난점

중간 상태의 교리는 매우 중요하면서도 또한 아직도 의심스러운 주제이다. 따라서 우리는 이러한 다소간 색다른 교리를 주의깊게 조사하는 것이 이중적으로 중요하다. "중간 상태"란 죽음과 부활 사이에 있는 사람들의 상태를 가리킨다. 문제는 이 기간 동안에 개인의 상태가 어떠한 것인가 하는 점이다.

우리가 사별할 때에 이 문제에 대한 실제적인 답변을 갖는 것은 매우 중요하다. 많은 목회자들과 부모들은 무덤 곁에서 "할머니는 지금 어디에 계십니까? 할머니는 지금 무엇을 하고 있습니까? 할머니는 이미 예수님과 함께 있습니까? 할머니와 할아버지는 함께 돌아옵니까? 할머니는 우리가 무엇을 하고 있는지 알고 있습니까?"라는 질문을 받게 된다. 이 질문들은 쓸데없는 사변이나 호기심의 산물이 아니다. 이것들은 이 질문들을 제기하는 개인에게 결정적인 의미를 갖고 있다. 위로와 격려를 나타낼 수 있는 기회는 문제를 알고 있는 그리스도인들에게 도움이 된다. 불행하게도, 많은 그리스도인들이 도움이 되는 답변을 알지 못하기 때문에 이런 기회를 이용하지 못한다. 이것은 특별히 최근에 사실이었다. 혼란과 불확실성이 이 질문자들에게 답변하고 그들을 돌볼 수 없었던 많은 목회자들의 운명이었다.

많은 그리스도인들이 유족들을 효과적으로 돌볼 수 없는 두 가지 주요한 이유들이 존재한다. 첫째는 중간 상태에 대한 성경의 언급이 비교적 결핍되어 있다는 사실이다. 이 교리는 부활과 재림이 존재하는 방식에 대한 어떤 확대된 강화(講話)의 주제가 아니다. 오히려, 이것은 얼마간 부수적으로 취급된다. 적어도 두 가지 설명들이 상대적인 침묵에 반하여 제시된다. 한 가지는 초대 교회가 예수의 떠나감과 그의 재림의 기간이 비교적 짧을 것으로 기대하였다는 사실이다. 따라서 인간의 죽음과 부활의 기간도 마찬가지로 비교적 짧을 것이다.[7] 다른 한 가지는 그 길이가 어떻든지 간에, 중간 상태는 단순히 일시적이며, 따라서 천국과 지옥의 최종적인 상태들에 대해서만큼 초대 교회의 신자들이 관심을 갖지 않았다는 것이다.[8] 중간 상태의 교리를 구성하는 상대적으로 조금밖에 없는 증거를 고려해 보면, 성경의 저자들이 그것을 그렇게 중요한 것으로는 고려하지 않았다는 생각을 하기가 쉽다. 물론 어떤 의미에서 보면, 인간의 구원은 중간 상태에 관한 그의 확신에 달려 있지 않기 때문에, 이것이 본질적이거나 필수 불가결한 것은 아니다. 그럼에도 불구하고, 다른 비본질적인 문제들, 예를 들어 교회 정치의 형태와 같이, 중간 상태의 교리는 우리가 앞에서 주목하였듯이 상당한 실제적인 중요성을 지니고 있다.

그리스도인들이 유족들을 효과적으로 돌보지 못하는 두번째 이유는 중간 상태의 교리를 둘러싸고 전개된 신학적인 논쟁이다. 20세기 이전에, 정통주의는 상당히 일관된 교리가 산출되도록 하였다. 인간에 대하여 일종의 육체와 영혼(혹은 정신)의 이원론을 믿으면서, 정통주의는 인간의 한 부분이 죽음 이후에도 살아 남는다고 주장하였다. 죽음은 영혼이 육체로부터 분리되는데 있다. 비물질적인 영혼은 육체가 부패하더라도 의식적인 인격적 존재로서 계속해서 살아 남는다. 그리스도의 재림시에, 영혼과 결합되어 갱신되거나 변화된 육체의 부활이 있을 것이다. 이렇게 해서, 정통주의는 영혼의 불멸과 육체의 부활을 동시에 고수하였다.[9]

그러나, 자유주의는 육체의 부활이라는 관념을 거절하였다. 예를 들어, 해리 에머슨 포스딕(Harry Emerson Fosdick)은 이 교리를 심히 유물론적인 것으로 간주하였다. 이외에도, 많은 자유주의자들이 이것을 신화적이며 과학적으로 불가능한 것으로 간주하였다. 부패되고, 어쩌면 심지어 화장되어서, 그 재가 흩뿌려져 버린 육체가 다시 생명으로 회복될 수 있으리라고 생각하는 것은 터무니없는 일이다. 죽음 이후에도 계속적인 일종의 생명을 주장하기를 원하였던 자유주의자들은 육체의 부활이라는 관념을 영혼의 불멸로 대체하였다. 비록 육체가 죽어서 부패할지라도, 영혼은 불멸하여 계속 살아 남는다. 이러한 견해를 주장하였던 사람들은 미래의 부활을

---

7) C. Harris, "State of the Dead(Christian)," in *Encyclopedia of Religion and Ethics*, ed. James Hastings(New York: Scribner, 1955), vol. 10, p. 837.

8) Loraine Boettner, "The Intermediate State," in *Baker's Dictionary of Theology*, ed. Everett F. Harrison(Grand Rapids: Baker, 1960), p. 291.

9) James Addison, *Life Beyond Death in the Beliefs of Mankind*(Boston: Houghton Mifflin, 1931), p. 202.

10) Harry E. Fosdick, *The Modern Use of the Bible*(New York: Macmillan, 1933), pp. 98-104.

기대하지 않았기 때문에, 그리스도의 육체적인 재림도 믿지 않았다.[10]

　　신정통주의는 이 문제에 대하여 전혀 다른 견해를 취하였다. 이 신학자들의 판단에 의하면, 영혼의 불멸이라는 관념은 성경적이 아니라 희랍적인 개념이었다. 이것은 육체를 포함하여 모든 물질이 본질적으로 악하며, 구원은 악한 육체로부터 선한 영혼 혹은 정신을 구원하는데 있다는 개념으로부터 유래하였다. 미래에 대한 신정통주의의 희망은 그 대신에 몸의 부활에 대한 기대에 놓여 있다. 어떤 사람들은 이 개념을 조심스럽게 육(flesh)의 부활과 구분하였지만, 어떤 형태의 몸의 부활이 상상되었다. 이 견해의 기초가 되는 것은 인간을 근본적인 일치로서 보는 일원론적인 관념이었다 — 존재는 육체적인 존재를 의미한다. 따라서 죽음 이후에도 살아 남아서 몸과 분리된 채 존재하는 어떤 분리된 영적인 실체는 존재하지 않는다.[11] 그렇게 해서 자유주의는 영혼의 불멸을 고수하였던 반면에, 신정통주의는 몸의 부활을 고수하였다. 두 학파들이 다 그들의 견해가 서로 배타적이었다는 사실에 동의하였다. 즉, 이것은 이것이냐/저것이냐의 문제가 아니었다. 그들은 둘다/그리고의 가능성을 고려하지 않았다.

## 중간 상태에 관한 현재의 견해들

### 영혼의 잠

　　우리는 이제 중간 상태에 대한 다양한 현재의 이해들을 조사하게 되었다. 여러 해 동안 상당한 인기를 끌었던 한 가지 견해는 "영혼의 잠"(soul sleep)으로 불린다. 이것은 죽음과 부활 사이의 기간 동안에 영혼이 무의식의 상태로 휴식하고 있다는 관념이다. 16세기에, 많은 재세례파들과 소키누스주의자들은 죽은 사람의 영혼이 꿈꾸지 않는 잠을 자고 있다는 견해에 분명히 동의하였다. 그리고 오늘날 제7일 안식일 예수 재림교도들은 그들의 "근본적인 신조들" 가운데에 "죽은 상태에 있는 사람의 상태가 무의식의 상태이며, 선하고 악한 모든 사람들이 똑같이 죽음으로부터 부활에 이르기까지 무덤 속에 머무르고 있다"[12]는 개념들을 기록하고 있다. (제7일 안식일 예수 재림교에서 유래한 집단인 여호와의 증인도 유사한 견해를 고수하고 있다.) 그러나 이 재림교도들의 경우에 "영혼의 잠"이라는 구절은 얼마간 오도된 것이

---

11) Emil Brunner, *The Christian Doctrine of the Church, Faith, and the Consummation* (Philadelphia: Westminster, 1962), pp. 383-85, 408-14.

12) *Seventh-day Adventists Answered Questions on Doctrine* (Washington: Review and Herald, 1957), p. 13.

다. 앤소니 후크마(Anthony Hoekema)는 재림교도들의 견해에 의하면 인간은 죽음에서 잠에 떨어지는 것이 아니라, 실제로 아무 것도 살아남지 않고, 완전하게 비존재가 되기 때문에, 그 대신에 "영혼 소멸"(soul-extinction)을 제안하였다.[13] "영혼"이 여기에서 흔히 있는 것처럼 "인격"의 동의어로서 사용되고 있다고 우리가 이해하는 한, 후크마가 재림교도들의 입장에 대하여 영혼 소멸이라는 특징을 부여한 것은 아주 제대로 된 것이다.

영혼의 잠의 논거는 성경이 죽음을 가리키기 위하여 종종 잠의 비유를 사용하고 있다는 사실에 대부분 근거하고 있다. 스데반의 죽음이 잠으로 묘사되고 있다. "그가 이 말을 하고 자니라"(행 7:60). 바울은 "다윗은 당시에 하나님의 뜻을 좇아 섬기다가 잠들었다"(행 13:36)고 말하였다. 바울은 고린도전서 15장에서 네 번(6,18,20,51절), 그리고 데살로니가전서 4:13-15에서 세 번 동일한 표상을 사용하였다. 예수는 나사로에 대하여 스스로 "우리 친구 나사로가 잠들었도다. 그러나 내가 깨우러 가노라"(요 11:11)라고 말씀하신 다음에 자신이 죽음을 가리키고 있었음을 명백히 지적하였다(14절). 이 비유의 문자적인 이해가 영혼의 잠이라는 개념에 이르게 되었다.

물론 중간 상태에 대한 모든 견해들은 인간의 본성에 대한 특정한 인간학이나 이해와 밀접하게 관련되어 있다. 영혼의 잠을 찬성하는 사람들은 인간을 구성 성분들이 없는 단일한 실체라고 주장한다. 인간은 육체와 영혼으로 구성되지 않는다. 오히려, 인간과 육체와 영혼은 하나이며 동일한 실체이다. 따라서, 육체가 기능을 멈추게 되면, 영혼(즉, 전인〔全人〕)이 존재하기를 멈추는 것이다. 어떤 것도 육체적인 죽음 이후에 살아 남지 않는다. 그렇다면 영혼 불멸과 육체의 부활 사이에는 어떠한 긴장도 존재하지 않는다. 이 견해의 단순성은 그것을 매우 호소력이 있게 만들어 준다. 그럼에도 불구하고, 몇가지 문제가 있다.

이 문제들 중의 한 가지는 죽음과 부활 사이에 있는 인격적이고 의식적인 존재에 대한 몇몇 성경의 언급들이 존재한다는 사실이다. 가장 확대된 것은 부자와 나사로의 비유(눅 16:19-31)이다. 우리에게 중간 상태의 본성에 대하여 가르쳐 주는 것이 여기에서 예수의 일차적인 의도는 아니었지만, 그가 이 주제에 대하여 우리를 오도하였던 것같이 보이지는 않는다. 또다른 언급은 십자가에 달린 강도에 대한 예수의 말씀이다. "내가 진실로 진실로 네게 이르노니 오늘 네가 나와 함께 낙원에 있으리라"(눅 23:43). 이 외에도, 죽어가는 사람들은 그들의 영혼들을 하나님께 맡긴다

---

13) Anthony Hoekema, *The Four Major Cults*(Grand Rapids: Eerdmans, 1963), p. 345.

고 말하였다. 예수는 스스로 "아버지여, 내 영혼을 아버지 손에 부탁하나이다!"(눅 23:46)라고 말하였으며, 스데반도 "주 예수여, 내 영혼을 받으시옵소서"(행 7:59)라고 말하였다. 우리는 스데반이 반드시 성령의 영감을 받아서 말하고 있었던 것은 아니며 따라서 이런 점에서 하나님께로부터 오는 무오한 말씀을 표현하지는 않았을 것이라고 주장할 수도 있겠지만, 확실히 예수가 말씀하신 것은 권위 있는 것으로 간주되어야 한다.

두번째 문제는 죽음을 잠으로 언급하는 성경의 인용절들이 부활하기 이전의 죽은 자의 상태를 문자적으로 표현하고 있는 것으로 결론을 짓는 것이 타당한가 하는 것이다. 오히려 "잠"은 단순히 삶의 중단에 대한 완곡어법으로서 이해되어야 하는 것으로 보인다. 죽은 사람의 상태의 특성에 대해서는 더 이상의 어떤 특정한 것도 함의되어 있지 않다. 나사로에 대한 언급(요 11:11)과 이어지는 설명(14절) 속에서 예수가 잠의 이미지를 사용하고 있다는 사실이 이러한 해석을 지지한다. 만약 실제로 "잠"이 말의 수사(修辭) 이상의 것이라면, 그것은 실증되어야 할 필요가 있다.

영혼의 잠의 이론에 대한 또다른 문제점은 인간의 본성이 단일하다는 견해에 귀속되는 개념적인 난점이다. 만약 실제로 인간의 어떤 것도 죽음 이후에 살아 남지 않는다면, 무엇이 우리의 정체성의 토대일 것인가? 만약 영혼, 즉 전인(全人)이 소멸된다면, 부활시에 무엇이 소생할 것인가? 우리는 어떤 근거에서 소생하게 될 것이 죽었던 사람일 것이라고 주장할 수 있는가? 우리는 부활한 몸에 근거하여 부활 이후의 사람과 죽음 이전의 사람을 동일시할 수 있는 것처럼 보일 것이다.

그러나 이것은 차례로 두 가지의 더 큰 난점들을 드러낸다. 어떻게 진정으로 똑같은 분자들이 부활 이후의 사람을 형성하기 위하여 함께 결합될 수 있겠는가? 죽음 이후의 사람을 구성하는 분자들은 파괴되었거나, 새로운 합성물들을 형성하였거나, 혹은 심지어 다른 사람의 몸의 일부가 되었을 수도 있다. 이와 관련하여, 화장은 특별히 어려운 문제를 드러낸다. 그러나 그 외에도, 부활한 몸에 근거하여 죽음 이전과 부활 이후의 사람들을 동일시하는 것은 인간의 본성이 일차적으로 물질적이거나 육체적인 것이라고 생각하는 것이다. 앞서 말한 모든 이유들로 인하여, 영혼의 잠 이론은 부적절한 것으로서 거절되어야 한다.

### 연옥

연옥(purgatory)의 교리는 일차적으로 로마 가톨릭의 교의이기 때문에, 전체적인 가톨릭 교리의 맥락에서 이것을 알아보는 것이 필요하다. 우리는 죽음 직후에, 개인의 영원한 상태가 결정된다는 관념에서부터 시작한다. 영혼은 그것에 대한 하나님의 심판을 알게 된다. 이것은 정식 판결이라기보다는 오히려 인간이 하나님 앞에서 유죄냐 무죄냐에 대한 분명한 인식이다. 그 다음에 영혼은 "그것의 당연한 응보에 따라 천국이나 지옥이나 혹은 연옥의 어느 한 곳으로 자발적으로 서둘러 옮겨가게 된다."[14] 이 견해가 근거로 삼고 있는 본문은 히브리서 9:27이다. "한 번 죽는 것은 사람에게 정하신 것이요, 그 후에는 심판이 있으리라." 이 두 사건의 병치는 죽음 직후에 각 개인의 행선지를 결정하는 심판이 있을 것이라는 사실에 대한 표시로서 이해된다. 사악한 상태에서 죽은 사람들은 직접 지옥으로 가며, 그곳에서 그들은 자신들이 돌이킬 수 없이 버려지게 되었다는 사실을 즉시로 깨닫게 될 것이다.[15] 본성상 영원한 그들의 형벌은 최대한의 모든 행복들을 잃어버렸다는 느낌과 동시에 실제적인 고난으로 이루어진다. 고난은 개인의 사악함에 비례하며 부활 이후에 더 강해질 것이다.[16] 다른 한편으로, 은혜와 회개의 완전한 상태에 있는 사람들은 죽음의 순간에 완전히 순결하게 되며, 직접적으로 곧장 천국으로 가게 되는데, 천국은 상태와 장소로서 동시에 묘사되지만, 일차적으로는 상태로서 생각되어야 한다.[17] 비록 은혜의 상태에 있지만, 아직 영적으로 완전하지 않은 사람들은 연옥으로 간다.

중간 상태에 대한 가톨릭의 견해의 두 가지 다른 특징들은 상당히 제한된 집단들에 적용된다. 선조 림보(Limbus patrum)는 그리스도 시대 이전에 죽은 성도들의 거처였다. 그리스도가 십자가에서 그의 속죄 사역을 완성하셨을 때, 그는 구약성경의 신자들이 내려가 있던 스올로 내려가서 그들을 사로잡힌 데서 구원하였다. 그 때 이후로 선조 림보는 비어 있게 되었다. 유아 림보(Limbus infantium)는 세례받지 못한 유아들을 위한 곳이다. 오직 세례의 성례에 의해서만 제거될 수 있는 원죄로 인하여, 그들은 주가 계신 곳으로 갈 수 없다. 그들은 원죄에 대한 형벌 — 하나님의 임재와 복된 환상의 상실 — 을 받게 된다. 그러나, 그들은 위에서 언급된 고난인, 실제적인 죄에 대한 형벌은 경험하지 않는다.

중간 상태에 관한 전통적인 로마 가톨릭 교훈의 가장 특이하고도 가장 흥미로운 특징을 이루고 있는 것이 바로 연옥이다. 조셉 폴(Joseph Pohle)은 이것을 "하나님의 은혜 속에서 이 세상을 떠났으나, 용서받을 수 있는 죄들로부터 완전히 자유롭지 않거나 혹은 그들의 죄에 대한 보속을 아직 충분히 치르지 못한 사람들에 대한 일시적인 형벌의 상태"[18]라고 정의한다. 우리가 주목한 대로, 영적인 완전의 상태에서 이 생을 떠난 사람들은 곧장 천국으로 간다. 그들의 영혼에 용서받지 못할 죄를 지었거

---

14) Joseph Pohle, *Eschatology; or, The Catholic Doctrine of the Last Things: A Dogmatic Treatise* (St. Louis: B. Herder, 1917), p. 18.
15) Ibid., p. 70.
16) Ibid., pp. 52-61.
17) Ibid., p. 28.
18) Ibid., p. 77.

나 혹은 전적으로 교회의 은혜 바깥에 있는 사람들은 지옥으로 인도된다. 그러나 이들 두 집단의 어느 곳에도 속하지 않는 다수의 사람들이 존재한다. 불결한 어떤 것도 천국으로 들어갈 수 없기 때문에, 하나님은 그들을 그의 직접적인 현존으로 정당하게 받아들일 수 없다. 다른 한편으로, 그는 그들을 정당하게 지옥으로 인도할 수도 없는데, 그 이유는 그들이 그러한 심한 형벌을 받을 만한 어떤 일도 하지 않았기 때문이다. 연옥은 중간 상태로서, 말하자면 그들의 용서받을 수 있는 죄들이 정화될 수 있는 곳이다.

토마스 아퀴나스(Thomas Aquinas)는 죽음 이후에 일어나는 정화(淨化)는 형벌적인 고난들을 통하여 이루어진다고 주장하였다. 이생에서 우리는 보속의 행위들을 수행함으로써 정화될 수 있지만, 죽은 다음에는 그것이 더 이상 불가능하다. 우리가 지상에서의 행위들을 통하여 완전한 순결을 성취하지 못하는 범위에 대해서는, 내세에서 더 많이 정화되어야 한다. 토마스는 "이것이 우리가 연옥이나 정화의 장소를 가정하는 이유이다"[19]라고 말하였다. 토마스는 또한 고난의 장소로서의 연옥은 지옥과 연결되어 있다고 말하였다.[20] 그 대신에 폴은 연옥에 있는 사람들이 하나님의 자녀들이며 조만간에 복된 자들의 거처로 받아들여질 것이기 때문에, 이것은 천국과 연결되어 있다고 주장한다. 그러나 그들이 최종적으로 연옥으로부터 천국으로 옮겨지는 것은 확실하고 명확하지만, 언제 구원받을 것인지는 불확실하며 정화의 비율도 변하기 쉽다.

용서받을 수 있는 죄들에 대한 용서는 세 가지 다른 방식으로, 즉 하나님 편에서의 무조건적인 용서에 의하여, 그리고 고난과 고해 성사의 행위를 수행함으로써, 또한 통회(contrition)에 의하여 성취될 것이다. 하나님은 무조건적으로 용서하실 수 있지만, 그는 이생에서의 용서의 조건들로서 통회와 선행을 요구하실 것을 선택하셨는데, 그는 연옥에서도 역시 용서받을 수 있는 죄들을 무조건적으로 용서하지는 않는 것으로 보인다.[21] 연옥에 있는 영혼은 보속의 선행을 수행할 수 없기 때문에, 오직 수동적인 고난에 의해서만 속죄할 수 있다. 그러나 연옥에 있는 영혼들이 천국으로 가는 과정에서 아직 지상에 있는 충실한 신자들에 의하여 도움을 받을 수 있는 세 가지 방편 — 즉, 미사와 기도와 선행 — 이 역시 존재한다.[22] 이 세 가지 방편은 연옥의 고난이 충분한 효력을 얻는데 필요한 기간을 줄여 준다. 영적인 완전에 도달하게 되면, 어떤 용서받을 수 있는 죄도 남아 있지 않으며, 영혼은 해방되어 천

19) Thomas Aquinas, *Summa contra Gentiles* 4.91.
20) Thomas Aquinas, *Summa theologica*, Appendix, question 1, article 2.
21) Pohle, *Eschatology*, pp.89-91.
22) Ibid., p.95.

국으로 들어가게 된다.

로마 가톨릭 교회는 연옥에 대한 믿음을 전승과 성경 양쪽에 논거를 두고 있다. 우리는 1439년 피렌체 공의회(the Council of Florence)에서 채택된 일치 교령(the Decree of Union)에서 이 교리에 대한 분명한 진술을 발견하게 된다. "영혼들은 죽음 이후에 연옥의 고통들에 의하여 정화되며, 이러한 고통들로부터 구원받기 위하여, 그들은 살아있는 믿음의 대도(代禱), 즉 미사와 기도와 자선과 다른 경건한 선행의 희생에 의하여 은혜를 입게 된다."[23] 트렌트 공의회는 이 믿음을 되풀이하여 말하였으며, 그것을 위한 전거들로서 다수의 교부들과 대회(synod)들을 지적하였다. 우리가 주목한 대로, 토마스 아퀴나스는 연옥에 관한 글을 썼으며, 또한 죽은 자의 유익을 위하여 기도하고, 미사를 드리고, 자선을 베푸는 것에 관한 옛 전승도 존재하고 있다. 터툴리안(Tertullian)은 죽은 자를 위한 연제(年祭) 미사들, 즉 연옥에 대한 믿음을 암시하는 예배를 언급하였다.[24]

호소되는 일차적인 성경 본문은 마카베오 후서 12:43-45이다.

그[유다 마카베오]는 또한 각 사람에게서 모금을 하여 은 이천 드라크마를 모아 그것을 속죄의 제사를 위한 비용으로 써 달라고 예루살렘으로 보냈다. 그가 이와 같이 숭고한 일을 한 것은 부활에 대해서 생각하고 있었기 때문이었다. 만일 그가 전사자들이 부활할 수 있다는 희망을 가지고 있지 않았다면 죽은 자들을 위해서 기도하는 것이 허사이고 무의미한 일이었을 것이다. 그가 경건하게 죽은 사람들을 위한 훌륭한 상이 마련되어 있다는 생각을 하고 있었으니 그것이야말로 갸륵하고 경건한 생각이었다. 그가 죽은 자들을 위해서 속죄의 제물을 바친 것은 그 죽은 자들이 죄에서 벗어날 수 있게 하려는 것이었다.

가장 흔히 인용되는 신약 성경의 본문은 마태복음 12:32인데, 여기에서 예수는 "그러나 누구든지 말로 성령을 거역하면 이 세상과 오는 세상에도 사하심을 얻지 못하리라"라고 말씀하신다. 로마 가톨릭 신자들은 이 구절이 오는 세상에서 어떤 죄들(즉, 성령을 거역하여 말하는 것과는 다른 죄들)이 용서받게 될 것이라는 것, 즉 어거스틴[25]과 다른 교부들에 의하여 주장된 해석을 의미한다고 주장한다. 어떤 가톨릭 신자들은 또한 고린도전서 3:15도 인용한다. "누구든지 공력이 불타면 해를 받으리니 그러나 자기는 구원을 얻되 불 가운데서 얻은 것 같으리라."

우리가 연옥의 개념을 거절하는 주된 특징들은 일반적으로 가톨릭과 개신교를

---

23) Ibid., p.78.
24) Tertullian, *On Monogamy* 10.
25) Augustine, *Confessions* 9.13.

구분하는 특징들이다. 호소되는 주요한 본문이 개신교도들이 정경적인 성경으로서 인정하지 않는 외경에 있다. 그리고 마태복음 12:32에 대한 추론은 오히려 무리한 것이다. 이 구절은 어떤 죄들이 오는 세상에서 용서받게 될 것이라는 사실을 결코 지시하지 않는다. 더욱이, 연옥의 개념은 공로에 의한 구원을 함의하고 있다. 그 이유는 사람들이 적어도 부분적으로, 그들의 죄를 속죄할 수 있는 것으로 생각되기 때문이다. 그러나 이 관념은 갈라디아서 3:1-14과 에베소서 2:8-9을 포함하여, 성경의 많은 분명한 가르침들과는 모순된다.

물론, 연옥의 교리에 대하여 상당히 호소력이 있는 어떤 것이 존재한다. 우리가 그것과 관련하여 생각해 보면, 우리가 천국으로 자유롭게 들어가도록 허용되어야 한다는 것은 옳은 것만으로는 보이지 않는다. 우리들 각각은 우리의 죄에 대하여 조금은 고통을 겪어야 한다. 여기에서 우리는 정확히 우리들 대부분이 은혜로 말미암은 구원의 관념을 받아들이기가 얼마나 어려운가에 대한 분명한 암시를 갖게 된다. 그러나 효력을 나타내야 하는 것은 우리에게 논리적이고 타당한 것으로 보이는 것이 아니라, 성경의 교훈이다. 그리고 그러한 근거 위에서, 연옥의 개념은 — 또한 실제로 죽음 이후에 시련과 속죄의 기간을 설정하는 견해는 어떤 것이든지 간에 — 거절되어야 한다.

### 즉각적인 부활

최근에 제시된 새롭고도 독창적인 개념은 즉각적인 부활 혹은, 좀더 정확하게는 즉각적인 다시 옷입음의 개념이다. 이것은 죽음 후 즉시로 신자들이 약속된 부활의 몸을 받는다는 믿음이다. 이 견해의 가장 완전한 노작들 가운데 하나가 데이비스 (W.D.Davies)의 「바울과 랍비적 유대교」(*Paul and Rabbinic Judaism*)에서 발견된다. 데이비스는 바울이 우리의 부활에 관하여 두 가지 상이한 개념들을 갖고 있다고 주장한다. 고린도전서 15장에서 바울은 몸의 미래적인 부활에 대해서 생각하고 있다. 그러나 고린도후서 5장에서, 우리는 이 주제에 관한 그의 좀더 진보된 이해를 갖게 된다. 오는 세대의 최초의 단계는 예수의 부활에서 이미 출현하였다. 바울은 육체적인 죽음의 순간에 그가 그리스도와 함께 죽고 부활하여, 이미 변화되고 있으며 또한 자신이 새롭거나 천상적인 몸을 받게 될 것이라는 사실을 깨달았다. 그가 3절에서 말하고 있는 벗은 자로 발견되는 두려움이 죽음의 이런 측면과 다른 일면에서, 그가 옷입게 될 것이라는 깨달음에 의하여 대체되었다.[26]

---

26) W.D.Davies, *Paul and Rabbinic Judaism*(London:S.P.C.K.,1955),pp.317-18.

죽음에서 우리가 육체로부터 분리되고 난 다음에 일반적인 부활을 기다려야 할 것이라는 것은 랍비적 유대교의 입장이었다. 데이비스는 바울이 그의 후기 저작들에서 다른 견해를 나타내고 있다고 주장하였다:

> 〔죽은 자〕는 이와 반대로, 합체(合體)될 것이며, 바울의 신학에는 죽은 자의 중간 상태를 위한 어떠한 여지도 존재하지 않는다. 바울이 그의 서신들의 후기 인용절에서 그리스도인들의 부활이 아니라, 그들의 나타남에 대하여 말하고 있다는 사실이 이것과 일치한다. 로마서 8:19에서 우리는 "피조물의 고대하는 바는 하나님의 아들들의 나타나는 것이니"라고 읽게 되며, 또한 골로새서 3:4에서는 "우리 생명이신 그리스도께서 나타나실 그 때에 너희도 그와 함께 영광 중에 나타나리라"라고 읽게 된다. 그리스도와 함께 이미 죽고 부활하여 그들의 천상적인 몸을 받은 사람들을 부활시킬 필요는 전혀 없으며, 그들은 나타날 수 있다. 최종적인 완성은 이미 존재하였지만, 영원한 질서 속에 "감추어져 있던" 것의 단순한 나타남이 될 것이다.[27]

그런데, 데이비스에 의하면, 바울이 고린도후서를 썼을 때, 그는 중간 상태를 더 이상 믿지 않았다. 오히려, 죽을 때에 최종적인 상태로의 즉각적인 이동, 즉 천상적인 몸의 즉각적인 수용이 있을 것이다. 이 입장이 재림과 관련하여 일어날 미래적인 몸의 부활에 대한 그의 믿음을 대체하였다. 그래서 만약 우리가 바울의 가장 원숙한 사상에 입각하여 종말론을 수립한다면, 우리는 아마도 중간 상태의 교리를 갖지 않게 될 것이다.

그러나 데이비스는 문제를 해결하였는가? 그는 희랍적인 불멸의 개념과 랍비적인 몸의 부활이라는 개념 사이에 존재하는 것으로 인식되는 본래적인 모순을 해결하려고 시도하였다. 그러나 인간의 본성이 본질적이고 절대적인 통일성이라는 전제, 즉 아마도 행동주의에서 유래하였을 관념 하에서 그가 수고를 하기는 했지만, 데이비스는 바울에 대한 그의 해석에서 잘못된 길로 나아가게 되었다. 사실은 바울의 인간론은 그가 미래의 부활과 동시에 육체에서 분리되어 살아 남음을 고수할 수 있을 만큼 대단한 것이었다. 이것들은 모순되는 관념들이 아니라 전체를 서로 보완해 주는 부분들이다. 또한 그가 생각하고 있는 것처럼 데이비스의 해결책은 성경적으로 보이지도 않는데, 그 이유는 바울이 우리의 몸의 변화를 재림에 수반되는 미래적인 부활과 결합하고 있는 다수의 인용절들이 존재하기 때문이다(예를 들어, 빌 3:20-21; 살전 4:16-17). 바울은 또한 재림을 구원과 영화의 기회로서 중시하고 있다(예를 들어, 롬 2:3-16; 고전 4:5; 살후 1:5-2:12; 딤후 4:8). 그리고 예수 자신이 죽은 자가 부활하게 될 미래의 시기를 강조하였다(요 5:25-29). 우리는 그릇된 전제의

---

27) Ibid., p.318.

결과로서 데이비스가 바울의 저작들에 도입한 해결책은 추가적인 문제들을 야기하는 정도밖에는 하지 못하였다고 결론을 내려야 한다.

### 제안된 해결책

중간 상태의 문제에 부속된 수많은 문제들을 해결하기 위한 어떤 방법, 즉 몸의 부활에 관한 성경의 증언과 죽음과 부활 사이에서 의식의 생존을 상호 관련시켜주는 어떤 방편들이 존재하는가? 몇가지 고찰들이 명심되어야 한다:

1. 요아킴 예레미아스(Joachim Jeremias)는 신약 성경이 게헨나와 하데스를 구분하고 있다고 지적하였다. 하데스는 죽음과 부활 사이의 기간 동안에 불의한 자를 받지만, 게헨나는 마지막 심판에서 영구히 지정된 형벌의 장소이다. 게헨나의 고통은 영원하다(막 9:43, 48). 더욱이 사악한 영혼들은 하데스에서 몸 밖에 있지만, 게헨나에서는 부활시에 재연합되는 몸과 영혼이 영원한 불에 의하여 소멸된다(막 9:43-48; 마 10:28). 이것은 의롭고 불의한 사람들이 모두 다 똑같이, 메시야의 재림을 기다리는 일종의 어둡고 덧없는 상태인 스올이나 하데스로 내려간다는 초대 교회의 어떤 교부들의 견해와는 반대되는 것이다.28)

2. 의롭게 죽은 자들은 하데스로 내려가지 않는다는 지시들이 존재한다(마 16:18-19; 행 2:31〔시편 16:10을 인용〕).

3. 오히려, 의로운 자들이나, 혹은 적어도 그들의 영혼들은 낙원으로 받아들여진다(눅 16:19-31; 23:43).

4. 바울은 몸을 떠나는 것을 주와 함께 있는 것과 동일시하고 있다(고후 5:1-10; 빌 1:19-26).

이러한 성경적인 고찰들에 근거하여, 우리는 죽을 때에 신자들이 즉각적으로 지복(至福)의 장소와 상태로 가게 되며, 불신자들은 고통과 괴로움과 형벌의 경험으로 들어가게 된다고 결론을 내린다. 비록 증거가 분명하지는 않지만, 이것들은 주가 계시는 곳(눅 23:43; 고후 5:8; 빌 1:23)이 천국 이외의 다른 어떤 것이 아닌 것으로 보이기 때문에, 신자들과 불신자들이 대심판 이후에 가게 될 바로 그 장소들인 것

---

28) Joachim Jeremias, γέεννα, in *Theological Dictionary of the New Testament*, ed. Gerhard Kittel and Gerhard Friedrich, trans. Geoffrey W. Bromiley, 10 vols. (Grand Rapids: Eerdmans, 1964-1976), vol. 1, pp. 657-58.

같다. 그러나 중간 상태와 최종적인 상태들이 같을 수도 있겠지만, 사람들이 얼마간 불완전한 상태에 있기 때문에, 낙원과 하데스의 체험들은 의심할 바 없이 최종적으로 그렇게 되는 것만큼 강하지는 않다.

제24장에서 우리가 육체로부터 분리된 인간의 존재를 고려하는 인간 본성의 모델을 발전시켰기 때문에, 여기서는 상세하게 나아가지 않을 것이다. 그러나 우리는 육체에서 분리된 존재의 개념에 대하여 본래적으로 지지하지 못할 어떠한 가능성도 존재하지 않는다는 사실을 주목할 필요가 있다. 인간은 물질적이거나(육체적이거나) 아니면 비물질적인 상태로 존재할 수 있다. 우리는 영혼이나 정신이 육체와 관계없이 존재할 수 있는 이원론의 관점에서 이 두 가지 상태를 생각할 수 있다. 화학적인 혼합물과 같이, 몸-영혼은, 말하자면, 어떤 상태하에서는 깨어질 수 있지만, 그렇지 않으면 명확한 통일체이다. 그렇지 않으면 우리는 존재의 상이한 상태들의 관점에서 생각할 수도 있다. 물질과 에너지와 똑같이, 인간의 물질적이고 비물질적인 상태들은 서로 전환될 수 있다. 이러한 유비들의 두 가지가 다 그럴 듯하다. 폴 헬름(Paul Helm)[29]과 리처드 퍼틸(Richard Purtill)[30] 그리고 다른 사람들은 자기모순적이지도 불합리하지도 않은, 육체에서 분리된 생존의 개념들을 명확히 표명하였다. 우리는 성경의 가르침에 의해서 표명된 이 육체에서 분리된 중간 상태가 철학적으로 주장될 수 있는 것이라고 결론을 내린다.

## 죽음과 중간 상태 교리들의 함의

1. 죽음은 신자와 불신자 모두에 의하여 예기(豫期)되어야 한다. 주께서 재림하실 때 우리가 살아있지 않다면, 죽음은 마찬가지로 우리들에게도 일어날 것이다. 우리가 이 사실을 진지하게 받아들이고 그에 따라 살아가는 일이 중요하다.

2. 죽음은 원수이기는 하지만(하나님은 원래 인간이 죽도록 의도하지 않으셨다), 이제는 정복되었고 하나님께 포로로 사로잡혔다. 따라서 죽음의 저주는 그리스도의 죽음과 부활에 의하여 제거되었기 때문에 두려워할 필요가 없다. 우리는 자기를 믿는 사람들을 자기에게로 인도하시는 주님의 목적에 죽음이 이제 사용된다는 사

29) Paul Helm, "A Theory of Disembodied Survival and Re-embodied Existence," *Religious Studies* 14, no. 1(March 1978):15-26.

30) Richard L. Purtill, "The Intelligibility of Disembodied Survival," *Christian Scholar's Review* 5, no. 1(1975):3-22.

실을 알고 있기 때문에, 죽음을 평화롭게 직면할 수 있다.

3. 신자들과 불신자들이 하나님의 현존과 부재를 각각 체험하는 중간 상태가 죽음과 부활 사이에 존재한다. 이러한 체험들은 최종적인 상태들보다는 덜 강하지만, 같은 질적인 본성을 갖고 있다.

4. 이 세상과 오는 세상 모두에서 신자들과 하나님의 관계의 기초는 행위가 아니라 은혜이다. 그렇다면, 우리가 하나님의 완전한 현존으로 들어갈 수 있기 전에, 우리의 불완전으로 인하여 죽음 이후에 어떠한 유형의 정화가 요청될 것이라는 사실을 조금도 두려워할 필요가 없다.

# 57

# 재림과 그것의 결과들

우리가 이 책에서 정의한 대로 우주적 종말론의 가장 중요한 사건들 가운데에는, 재림과 그것의 결과들, 즉 부활과 최후의 심판이 있다. 이 사건들이 이 장의 주제 문제를 구성하고 있다.


## 재림

죽음의 확실성을 제외하고, 정통주의 신학자들이 대부분 동의하는 한 가지 종말론적인 교리는 그리스도의 재림이다. 이것은 종말론에 필수불가결한 것이다. 이것은 기독교 신앙의 희망의 근거이며, 하나님의 계획의 완성의 시작을 표시하는 하나의 사건이다.


### 사건의 명확성

성경의 많은 인용절들은 그리스도가 재림할 것을 분명히 지시한다. 예수 자신도 그가 다시 오실 것이라고 약속하였다. 마지막 대강화(大講話, 마 24-25)에서 그는 "그 때에 인자의 징조가 하늘에서 보이겠고 그 때에 땅의 모든 족속들이 통곡하며 그들이 인자가 구름을 타고 능력과 큰 영광으로 오는 것을 보리라"(24:30)고 말씀하였다. 같은 강화의 몇몇 다른 때에 그는 "인자의 임함"(27, 37, 39, 42, 44절)에 대해서 언급하였다. 논의의 말미에서 우리는 "인자가 자기 영광으로 모든 천사와 함께 올 때에 자기 영광의 보좌에 앉으리라"(25:31)는 내용을 읽을 수 있다. 비유들을 포함하여 이 강화의 모든 가르침들이 재림을 예상하고 있다. 실제로, 예수는 "우리에게 이르소서, 어느 때에 이런 일이 있겠사오며 또 주의 임하심과 세상 끝에는 무슨 징조가 있사오리이까?"(마 24:3)라는 그의 제자들의 요청에 대한 응답으로 강화를 말씀하셨다. 그 주간의 말미에 가야바 앞에서 심문을 받으실 때, 예수는 "네가 말하였느니라. 그러나 내가 너희에게 이르노니 이 후에 인자가 권능의 우편에 앉은 것과 하늘 구름을 타고 오는 것을 너희가 보리라"(마 26:64)고 말씀하셨다.

마태가 다른 복음서 저자들보다 더 많이 기록하였지만, 마가와 누가와 요한도 재림에 관한 예수의 몇몇 진술들을 포함하고 있다. 우리는 마가복음 13:26과 누가복음 21:27에서, 예를 들어 마지막 날에 살아있는 사람들이 인자가 권능과 영광 중에 구름을 타고 오는 것을 볼 것이라는 거의 동일한 선언들을 발견하게 된다. 그리고 요한은 다락방에서 예수께서 제자들에게 "가서 너희를 위하여 처소를 예비하면 내가 다시 와서 너희를 내게로 영접하여 나 있는 곳에 너희도 있게 하리라"(요 14:3)라고 약속하셨다는 사실을 우리들에게 말해 주고 있다.

예수 자신의 말씀 이외에도, 그의 재림에 관한 수많은 다른 직접적인 진술들이 신약 성경에 존재한다. 예수의 승천시에, 아마도 천사들인 듯한 흰 옷을 입은 두 사람이, 제자들에게 "갈릴리 사람들아, 어찌하여 서서 하늘을 쳐다보느냐? 너희 가운데서 하늘로 올리우신 이 예수는 하늘로 가심을 본 그대로 오시리라"(행 1:11)고 말하였다. 재림은 사도적인 선포(kerygma)의 일부분이었다. "그러므로 너희가 회개하라 … 또 주께서 너희를 위하여 예정하신 그리스도 곧 예수를 보내시리니 하나님이 영원 전부터 거룩한 선지자의 입을 의탁하여 말씀하신 바 만유를 회복하실 때까지는 하늘이 마땅히 그를 받아두리라"(행 3:19-21). 바울은 몇차례 재림에 대하여 썼다. 그는 다음과 같이 빌립보인들을 안심시켰다. "오직 우리의 시민권은 하늘에 있는지라. 거기로서 구원하는 자 곧 주 예수 그리스도를 기다리노니 그가 만물을 자기에게 복종케 하실 수 있는 자의 역사로 우리의 낮은 몸을 자기 영광의 몸의 형체와 같이 변케 하시리라"(빌 3:20-21). 명백하게 종말론적으로 기록되지는 않은 이 인용절은 재림이 우리에게 미치게 될 실제적인 결과를 보여준다는 점에서 특별히 중요하다.

아마도 바울의 가장 분명하고 가장 직접적인 진술은 데살로니가전서 4:15-16일 것이다. "우리가 주의 말씀으로 너희에게 이것을 말하노니 주 강림하실 때까지 우리 살아 남아 있는 자도 자는 자보다 결단코 앞서지 못하리라. 주께서 호령과 천사장의 소리와 하나님의 나팔로 친히 하늘로 좇아 강림하시리라." 다른 직접적인 진술들은 데살로니가후서 1:7,10과 디도서 2:13에서 발견된다. 이외에도, 우리는 재림에 대한 다수의 덜 복잡한 언급들을 바울에게서 발견하게 된다(고전 1:7; 15:23;살전 2:19; 3:13; 5:23; 살후 2:1,8; 딤전 6:14; 딤후 4:1,8). 다른 저자들도 역시 재림을 언급하고 있다(히 9:28; 약 5:7-8; 벧전 1:7,13; 벧후 1:16; 3:4,12; 요일 2:28). 확실히 재림은 신약 성경에서 가장 광범위하게 가르쳐진 교리들 가운데 하나였다.

### 시간의 불명확성

재림에 대한 사실은 성경에서 매우 강하고 명백하게 주장되고 있지만, 시간은 그렇지 않다. 실제로, 성경은 예수가 재림하실 정확한 때를 우리가 모르며 또한 확인할 수도 없다는 사실을 분명히 한다. 비록 하나님께서는 명확한 때를 정하셨을지라도, 그 시간은 계시되지 않았다. 예수는 자기나 천사들이라도 그의 재림의 때를 알지 못하며, 제자들도 모를 것이라고 지적하였다. "그러나 그 날과 그 때는 아무도 모르나니 하늘에 있는 천사들도 아들도 모르고 아버지만 아시느니라. 주의하라. 깨어 있으라. 그 때가 언제인지 알지 못함이니라. 그러므로 깨어 있으라. 집 주인이 언제 올는지 혹 저물 때엘는지, 밤중엘는지, 닭 울 때엘는지, 새벽엘는지 너희가 알지 못함이니라"(막 13:32-33,35, 또한 마 24:36-44을 보라). 분명히 그의 재림의 때는 그의 승천 직전에, 그가 이스라엘 나라를 지금 회복하실 것인지에 관해 묻는 제자들의 질문에 대답하실 때 예수께서 언급하고 있던 문제들 가운데 하나였다. "때와 기한은 아버지께서 자기의 권한에 두셨으니 너희의 알 바가 아니다"(행 1:7). 그들의 호기심을 만족시켜 주는 대신에, 예수는 제자들에게 그들이 전세계에 나가서 그의 증인들이 될 것이라고 말씀하셨다. 그의 재림의 때가 계시되지 않을 것이라는 사실은 그것의 불시성(不時性)과 그 결과로서 생기게 되는 깨어 있어야 할 필요성에 대한 예수의 반복적인 강조를 설명해 준다(마 24:44,50; 25:13; 막 13:35).

### 재림의 특성

#### 인격성

그리스도의 재림이 특성상 인격적일 것이라는 사실은 어떤 광범위한 논의의 주제가 아니다. 오히려, 이것은 그의 재림에 대한 언급들을 통하여 줄곧 나타난다. 예수는 예를 들어, "내가 다시 와서 너희를 내게로 영접하여 나 있는 곳에 너희도 있게 하리라"(요 14:3)고 말씀하신다. "주께서 친히 하늘로 좇아 강림하시리니"(살전 4:16)라는 바울의 진술은 재림이 본성상 인격적일 것이라는데 거의 의심의 여지를 남겨 놓지 않는다. 예수가 승천하실 때에 천사들이 "너희 가운데서 하늘로 올리우신 이 예수는 하늘로 가심을 본 그대로 오시리라"(행 1:11)고 한 말은 그의 재림이 그의 올라가심과 같이 정확히 인격적일 것임을 결정적으로 입증하고 있다.

그럼에도 불구하고, 몇몇 최근의 해석자들은 인용된 성경 인용절들에 대해서 다른 해석을 하고 있다. 이것은 예수의 가르침 속에 두 가지의 대조적이고 심지어는 상반되는 강조점들이 있다고 그들이 믿고 있는 것을 해결하기 위한 시도이다.[1] 한편으로는 묵시적인 동기(motif)가 존재한다. 즉, 하나님의 나라는 갑작스럽고 격변하는 사건, 즉 그리스도의 인격적인 재림을 통하여 예고될 것이다. 다른 한편으로는 하나님의 나라가 내재적이라는 주제이다. 즉, 이것은 이미 세계 안에 존재하고 있으며 점진적인 방식으로 계속해서 커지게 될 것이다. 윌리엄 뉴턴 클라크(William Newton Clarke)는 전자를 후자의 빛에 비추어 해석하고 있다. "지상으로의 그리

---

1) L.Harold DeWolf, *A Theology of the Living Church*(New York: Harper and Row,1960), pp.306-07.

스도의 어떠한 가시적인 재림이 아니라, 오히려 그의 영적인 왕국의 장구하고도 꾸준한 진보가 기대되어야 한다 … 만약 우리 주께서 그가 시작하신 영적인 내림을 단순히 완성하실 것이라면, 지상에서의 그의 영광을 완전하게 해주는 가시적인 강림은 필요하지 않을 것이다."[2] 때때로 이 접근 방법은 예수가 아마도 바로 그 세대 안에 있게 될 임박한 재림을 믿고 가르쳤으나, 그것은 명백하게 잘못된 것이었다는 확신으로부터 채택되었다.[3] 그러나 관련된 인용절들에 대한 조심스러운 주석이라면 어떤 점에서도 예수가 자신이 빨리 재림할 것으로 명확하게 가르치시지 않았다는 사실을 보여주게 될 것이다. 더욱이, 왜 하나님의 나라가 현재적이면서 또한 미래적이고, 내재적이면서 또한 격변적일 수 없는지에 대한 어떤 본질적인 이유도 존재하지 않는다.

### 육체성

재림에 대한 예수의 약속이 영적인 내림을 통하여 오순절에 성취되었다고 주장하는 사람들이 있다. 예수는 어쨌든 "내가 세상 끝날까지 너희와 항상 함께 있으리라"(마 28:20)고 말씀하셨다. 그는 또한 "사람이 나를 사랑하면 내 말을 지키리니 내 아버지께서 저를 사랑하실 것이요 우리가 저에게 와서 거처를 저와 함께 하리라"(요 14:23)고 말씀하셨다. 그리고 바울은 이 비밀의 풍성함에 대하여 이렇게 말하였다. "너희 안에 계신 그리스도니, 곧 영광의 소망이니라"(골 1:27). 몇몇 해석자들은 재림에 대하여 παρουσία(파루시아)라는 용어를 사용하는 것을 상당히 중요하게 생각하였다. 이 단어가 기본적으로 '임재'(presence)를 의미한다는 사실을 지적하면서, 그들은 "주의 재림"과 관련되어 있는 이 말의 참 뜻은 예수가 어떤 미래의 시점에 오신다는 것이 아니라, 그가 우리와 함께 계신다는 것이라고 주장하였다.

오순절 이후에 그리스도는 실제로 신생의 순간부터 계속해서 각각의 신자와 함께 그들 안에 계셨다. 그러나 몇가지 고찰들에 의하면 우리는 이 영적인 임재를 그가 약속하신 재림의 완전한 의미로 간주해서는 안된다. 파루시아의 기본적인 의미가 "임재"인 것은 사실이지만, 이것은 또한 "재림"(coming)을 의미하는데, 이 단어가 문맥에서 어떻게 사용되고 있는지를 조사함으로써 결정될 수 있는 것과 같이, 이것

---

2) William Newton Clarke, *An Outline of Christian Theology*(New York: Scribner, 1901), p.444.
3) 예를 들어, Albert Schweitzer, *The Quest of the Historical Jesus: A Critical Study of Its Progress from Reimarus to Wrede*(New York: Macmillan, 1964), pp.368-69; Rudolf Bultmann, *Theology of the New Testament*(New York: Scribner, 1951), vol.1, pp.5-6.

은 신약 성경에서 가장 현저한 의미이다. 더욱이, 분명히 "재림"을 지시하는 몇몇 다른 신약 성경의 용어들이, 특히 ἀποκάλυψις(아포칼룹시스)와 ἐπιφάνεια(에피파네이아)가 존재한다.[4] 그리고 예수가 떠나가셨던 것과 같은 방식으로 다시 오실 것이라는 사도행전 1:11의 진술은 재림이 육체적일 것이라는 사실을 의미한다. 그러나 아마도 가장 설득력있는 주장은 예수의 재림에 대한 많은 약속들이 오순절 이후에, 사실상 거의 60년 이후에나 제시되었으며, 또한 재림을 여전히 미래에 두고 있다는 사실일 것이다.

### 가시성

여호와의 증인들은 그리스도가 1914년 10월 1일에 지상에서 그의 통치를 시작하였다고 주장한다. 그러나 예수가 그의 승천 이후로 가시적인 몸을 갖고 있지 않았기 때문에, 이것은 지상으로의 가시적인 재림이 아니었다. 또한 그리스도가 보좌에 오르신 것이 천국에서 이루어졌기 때문에, 이것은 문자적인 재림도 아니었다. 그렇다면, 그의 임재는 불가시적인 영향력의 성질 속에 있는 것이다.[5]

여호와의 증인의 재림의 개념과 성경적인 기술(記述)을 조화시키기는 어렵다. 다시 한번 우리는 사도행전 1:11을 지시하게 된다. 즉, 그리스도의 재림은 사도들이 예수가 하늘로 올리우시는 것을 보았기 때문에, 확실히 가시적이었던 그의 떠나가심과 같을 것이다(9-10절). 재림에 대한 다른 묘사들, 예를 들어 마태복음 24:30은 이것이 눈에 매우 현저할 것임을 분명히 한다. "그들이 인자가 구름을 타고 능력과 큰 영광으로 오는 것을 보리라."

### 불시성(unexpected)

재림에 앞서서 몇가지의 표적들 — 즉, 멸망의 가증한 것이 거룩한 곳에 서는 것(마 24:15)과 큰 환난(21절)과 해가 어두워지는 일(29절)— 이 먼저 일어나겠지만, 이것들이 예수의 재림의 정확한 때를 지시해 주지는 않을 것이다. 따라서, 그의 재림은 많은 사람들에게 매우 갑작스럽게 일어나게 될 것이다. 이것은 노아의 때와 같을 것이다(마 24:37). 노아는 방주를 만들면서 얼마간의 시간을 보냈지만, 자기의 가족을 제외하고 당시의 사람들은 아무도 홍수를 대비하지 않았다. 사람들은 안전하

---

4) George E. Ladd, *The Blessed Hope*(Grand Rapids: Eerdmans, 1956), pp. 65-70.

5) *Let God Be True*(Brooklyn: Watchtower Bible and Tract Society, 1952), p. 141.

다고 생각하겠지만, 갑작스러운 파멸이 그들에게 닥쳐올 것이다(살전 5:2-3). 예수의 가르침들은 재림이 오랫동안 지연되기 때문에, 어떤 사람들이 경솔한 행동에 떨어지게 될 것이라는 사실을 시시해 준다(마 25:1-13; 참고. 벧후 3:3-4). 그러나 파루시아가 마침내 일어날 때에는, 너무나 빨라서 준비할 시간이 없게 될 것이다(마 25:8-10). 루이스 벌코프는 "그리스도의 재림시의 놀라움의 정도는 그들의 깨어 있음의 정도에 반비례할 것이라는 사실을 성경이 암시하고 있다"[6]고 주장하였다.

### 승리와 영광

그리스도의 재림에 대한 다양한 묘사들은 그것의 영광스러운 특성, 즉 그의 초림의 초라하고 보잘 것없는 상황과 날카로운 대조를 보여주고 있다. 후자는 그리스도의 굴욕의 첫번째 단계였지만, 전자는 그의 승귀(exaltation)의 마지막 단계가 될 것이다. 그는 큰 능력과 큰 영광을 가지고 구름을 타고 오실 것이다(마 24:30; 막 13:26; 눅 21:27). 그는 천사장의 알리는 소리와 함께 천사들을 동반하실 것이다(살전 4:16). 그는 자기의 영광스러운 보좌에 앉아서 모든 민족들을 심판하실 것이다(마 25:31-46). 이 상황의 역설(irony)은 지상 체류의 말엽에 심판받았던 그가 자기의 재림시에 모든 사람을 심판하는 심판자가 될 것이라는 사실이다. 분명히, 그는 모든 사람에 대해서 승리한 영광스러운 주가 되실 것이다.

### 재림의 단일성

보수적인 그리스도인들의 크고 영향력이 있는 한 집단은 그리스도의 재림이 실제로 두 단계로 일어날 것이라고 가르치고 있다. 이 단계들은 휴거와 나타남, 혹은 성도들을 "위한 재림"(coming for)과 성도들을 "동반하는 재림"(coming with)이다. 이 두 사건들은 대체로 7년 동안 지속될 것으로 믿어지는 대환난에 의해서 분리될 것이다. 이 견해를 주장하는 사람들은 전환난설론자(pretribulationist)들로 불리는데, 그들 대부분은 세대주의자들이다.

휴거나 혹은 "위한 재림"은 은밀하게 일어날 것이며, 교회를 제외하고는 어느 누구에 의해서도 인식되지 않을 것이다. 이것은 환난에 앞서서 일어날 것이기 때문에, 그것이 일어나기 이전에 언제라도 성취되어야 하는 어떠한 예언도 남아있지 않다. 따라서, 휴거는 하시라도 일어날 수 있거나, 일반적인 용어로 말하자면 임박한 것이다. 이것은 교회를 대환난의 고통에서 구원할 것이다. 그리고 나서 7년의 말경

---

6) Louis Berkhof, *Systematic Theology*(Grand Rapids: Eerdmans, 1953), p.706.

에, 주께서 다시 재림하셔서, 그의 교회를 그와 더불어 큰 승리를 얻는 재림에 이르 도록 할 것이다. 이것은 보편적으로 인지되는 눈에 띄는, 영광스러운 사건이 될 것 이다.[7] 그 후에 그리스도께서 그의 지상적인 천년 왕국을 세우실 것이다.

전환난설과는 대조적으로, 그리스도의 재림에 대한 다른 견해들은 이것이 한번 발생하는 단일한 사건일 것으로 주장한다. 그것들은 재림에 대한 모든 예언들을 하 나의 사건으로 귀결시키지만, 전환난설론자들은 어떤 예언들은 휴거에, 다른 예언들 은 나타남에 귀착시키고 있다.[8]

우리는 이 문제를 어떻게 해결할 수 있는가? 재림은 단일한 사건인가, 아니면 이중적인 단계의 사건인가? 이 문제와 관련되는 수많은 고찰들이 다음 장에서 조사 되겠지만, 우리가 지금 조사하게 될 한 가지 중대한 고찰이 존재하고 있다. 이것은 재림을 나타내기 위하여 사용된 어휘와 관계된다. 재림을 나타내는 세 가지 주요한 용어들은 παρουσία(파루시아), ἀποκάλυψις(아포칼룹시스), ἐπιφάνεια(에피파네이아)이 다. 전환난설론자들은 파루시아가 휴거, 즉 재림의 첫번째 단계요 환난이 시작되기 전에 이 세상으로부터 구원받게 될 것이라는 신자들의 거룩한 기대를 가리킨다고 주 장한다. 다른 두 가지 용어들은 환난의 끝에 그리스도께서 성도들과 함께 재림하시 는 것을 가리킨다.

그러나, 면밀하게 조사해 보면, 재림을 나타내는 용어들은 전환난설론자들에 의 하여 내려지는 구분을 지지하지 않는다. 예를 들어, 데살로니가전서 4:15-17에서 파루시아라는 용어는 휴거로서 생각되기는 어려운 사건을 나타내기 위하여 사용되고 있다. "우리가 주의 말씀으로 너희에게 이것을 말하노니 주 강림[παρουσία]하실 때까 지 우리 살아 남아 있는 자도 자는 자보다 결단코 앞서지 못하리라. 주께서 호령과 천사장의 소리와 하나님의 나팔로 친히 하늘로 좇아 강림하시리니 그리스도 안에서 죽은 자들이 먼저 일어나고 그 후에 우리 살아 남은 자도 저희와 함께 구름 속으로 끌어 올려 공중에서 주를 영접하게 하시리니 그리하여 우리가 항상 주와 함께 있으 리라." 조지 래드(George Ladd)가 말하였듯이, "이 구절들 속에서 그리스도의 은 밀한 재림을 발견하는 것은 매우 어렵다."[9] 이외에도, 파루시아라는 용어는 데살로 니가후서 2:8에서도 사용되는데, 여기에서 우리는 환난에 이은 재림에 의하여 그리 스도께서 불법적인 사람과 적그리스도를 공적인 방식으로 멸하실 것이라는 사실을 읽을 수 있다. 더욱이 예수는 파루시아에 대하여 "번개가 동편에서 나서 서편까지

---

7) John F.Walvoord, *The Return of the Lord*(Findlay,Ohio: Dunham- 1955),pp.52-53.
8) Ladd, *Blessed Hope*,p.67.
9) Ibid.,p.63.

번쩍임 같이 인자의 임함도 그러하리라"(마 24:27)고 말씀하셨다.[10]

다른 두 가지 용어들도 전환난설론자들의 개념에는 맞지 않는다. 교회가 기다렸던 거룩한 기대는 아마도 ἀποκάλυψις(아포칼립시스)나 ἐπιφάνεια(에피파네이아)가 아니라 παρουσία(파루시아)였을 것이지만, 바울은 그의 독자들이 "우리 주 예수 그리스도의 나타나심[ἀποκάλυψις(아포칼룹시스)]을 기다릴"(고전 1:7) 때에 지식에 부요하게 된 것을 감사하고 있다. 그는 데살로니가인들에게 하나님께서 "주 예수께서 저의 능력의 천사들과 함께 하늘로부터 불꽃 중에 나타나실(ἀποκάλυψις) 때에, 너희로 환난 받게 하는 자들에게는 환난으로 갚으시고 환난 받는 너희에게는 우리와 함께 안식으로 갚으실"(살후 1:6-7) 것이라는 사실을 확신케 하고 있다. 그리고 베드로는 아포칼룹시스와 관련하여 신자들의 기쁨과 상급에 대하여 말하고 있다. "오직 너희가 그리스도의 고난에 참여하는 것으로 즐거워하라. 이는 그의 영광을 나타내실 때에 너희로 즐거워하고 기뻐하게 하려 함이라"(벧전 4:13).

그는 일찍이 그의 독자들에게 여러 가지 시련들을 겪게 되는 것은, "너희 믿음의 시련이 불로 연단하여도 없어질 금보다 더 귀하여 예수 그리스도의 나타나실 때에 칭찬과 영광과 존귀를 얻게 하려 함이라"(1:7)고 기록하였다. 이 두 참고절(또한 1:13도 역시) 모두가 베드로가 편지를 쓰고 있는 신자들이 그리스도의 나타나실[ἀποκάλυψις] 때에 영광과 존귀를 얻게 될 것임을 암시하고 있다. 그러나 전환난설론자들에 의하면, 교회는 파루시아에서 보상을 이미 받았어야 했다.

마지막으로, 바울은 또한 ἐπιφάνεια(에피파네이아)를 신자들의 소망의 대상으로서 언급하고 있다. 그는 디도에게 신자들이 "복스러운 소망과 우리의 크신 하나님 구주 예수 그리스도의 영광이 나타나심(ἐπιφάνεια)을 기다리면서"(딛 2:13) 거룩한 삶을 살아야 한다고 썼다. 이와 유사한 에피파네이아의 용법이 디모데전서 6:14과 디모데후서 4:8에서도 발견될 수 있다. 우리는 여러 가지 용어들이 사용되고 있다고 해서 이것이 재림시에 두 단계가 존재할 것이라는 사실을 암시하는 것은 아니라고 결론을 내린다. 오히려, 이 용어들의 상호 교환 가능성은 분명히 단일한 사건을 지시하고 있다.

### 재림의 임박성

우리가 다루어야 하는 추가적인 문제는 재림이 임박한 것인가 하는 것이다. 그것은 언제라도 일어날 수 있는가, 그렇지 않으면 먼저 성취되어야 하는 어떤 예언들이 존재하는가?

---

10) Ibid.

어떤 그리스도인들, 특별히 성도들을 위하여 그리스도로 말미암은 전환난설적인 재림을 고수하는 사람들은 재림이 언제라도 일어날 수 있다고 믿는다. 이것에 비추어 보면, 우리는 부지중에 사로잡히지 않도록, 그러한 가능성에 대하여 항상 준비해야 한다:

1. 예수는 이것이 언제 일어날지를 모르기 때문에, 그의 제자들에게 준비하고 있으라고 권고하셨다(마 24-25). 만약 대환난과 같이 그리스도가 재림하시기 전에 일어나야 하는 다른 사건들이 있다면, 그 다른 사건들이 일어날 때까지는 재림이 일어나지 않을 것이라는 사실을 우리가 적어도 알 수 있을 것이기 때문에, 그가 왜 그 때를 알 수 없는 것으로 말씀하셨는지 이해하기가 어렵다.[11]

2. 주의 재림이 가까웠기 때문에 우리는 간절히 기다려야 한다고 하는 반복적인 강조가 존재한다. 많은 인용절들(예를 들어, 롬 8:19-25; 고전 1:7; 빌 4:5; 딛 2:13; 약 5:8-9; 유 21)은 재림이 매우 빨리 어쩌면 어떤 순간에라도 일어날 수 있는 것으로 지시하고 있다.[12]

3. 우리가 우리의 복스러운 소망을 기다리고 있다는 바울의 진술(딛 2:13)은 하나님의 계획에서 다음 사건이 주의 재림이 될 것을 요청하고 있다. 만약 다음 단계가 그 대신에 대환난이라고 한다면, 우리는 거의 소망이나 기대를 가질 수 없을 것이다. 그 대신, 두려움과 염려가 우리의 반응이 될 것이다. 우리 주의 재림이 하나님의 시간표 상의 다음 사건이기 때문에, 이것이 왜 아무때에라도 일어날 수는 없었는지에 대하여 어떠한 근거도 존재하지 않는다.[13]

그러나 면밀히 조사해 보면, 이 주장들은 충분히 설득력이 있는 것이 아니다. 그의 재림을 깨어서 기다리라는 명령들과 예기치 않은 때에 분명한 표적들도 없이 그의 재림이 일어날 것이라는 경고들은 이것이 임박해 있다는 것을 반드시 의미하는가? 거의 이천년의 중재 기간이 이미 지나갔다. 우리는 이 지연이 얼마나 오랫동안 지속될 것인지, 따라서 그리스도의 재림의 정확한 때가 언제 일어날 것인지도 알지 못하지만, 그래도 그것이 아직 오지 않았다는 사실은 알 수 있다. 그것이 언제 일어날 것인지를 모른다는 사실은 그것이 일어나지 않을 때를 알 수 있다는 사실을 배제하지 않는다.

더욱이, 예수의 진술들은 그것들이 표현되었을 당시에는 재림이 임박하였다는 사실을 의미하지 않았다. 그는 적어도 그의 세 가지 비유들(먼 나라로 간 귀인, 눅

---

11) J.Barton Payne, *The Imminent Appearing of Christ*(Grand Rapids: Eerdmans,1962), p.86.
12) Ibid.,pp.95-103.
13) Walvoord, *Return of the Lord*,p.51.

19:11-27; 슬기롭고 미련한 처녀들, 마 25:5; 그리고 달란트들, 마 25:19)을 통하여 지연이 있을 것임을 지적하였다. 이와 유사하게, 종들의 비유(마 24:45-51)는 종들이 그들의 성격을 시험하는 일정한 기간을 포함하고 있다. 이외에도, 재림 이전에 어떤 사건들이 일어나야만 했다. 예를 들어, 베드로는 늙고 약해질 것이며(요 21:18), 복음이 모든 민족들에게 전파될 것이고(마 24:14), 성전이 파괴될 것이다(마 24:2). 만약 이런 사건들이 예수가 재림하시기 전에 일어나야 한다면, 재림은 즉시로 일어날 수는 없었을 것이다. "깨어 있으라"와 "너희가 그 때를 알지 못한다"는 그의 말씀은 어떤 사건들이 일어날 것을 허락하는 지연과 모순되지 않는다.

이것은 임박성에 대해서 언급하는 것이 부적절하다고 말하려는 것은 아니다. 그러나 임박한 것은 단일한 사건 그 자체라기보다는 오히려 재림을 둘러싼 복잡한 사건들이다. 아마도 우리는 이 복잡함을 임박한 것(imminent)으로, 재림 그 자체는 "절박한 것"(impending)이라고 언급해야 할 것이다.

## 부활

그리스도의 재림의 주된 결과는 개인적 종말론의 견지에서 볼 때에 부활이다. 이것은 죽음에 직면해 있는 신자의 소망의 근거이다. 죽음은 피할 수 없는 것이지만, 신자는 그것의 권세로부터 구원받기를 기대한다.

### 성경의 가르침

성경은 신자의 부활을 분명히 약속하고 있다. 구약 성경은 우리에게 몇가지 직접적인 진술들을 제공하고 있는데, 그 중에서 첫번째가 이사야서 26:19이다. "주의 죽은 자들은 살아나고 우리의 시체들은 일어나리이다. 티끌에 거하는 자들아 너희는 깨어 노래하라. 주의 이슬은 빛난 이슬이니 땅이 죽은 자를 내어 놓으리로다." 다니엘서 12:2도 역시 마찬가지로 신자와 사악한 자의 부활을 가르치고 있다. "땅의 티끌 가운데서 자는 자 중에 많이 깨어 영생을 얻는 자도 있겠고 수욕을 받아서 무궁히 부끄러움을 입을 자도 있을 것이며." 부활의 관념은 또한 에스겔서 37:12-14에서도 주장된다. "그러므로 너는 대언하여 그들에게 이르기를 주 여호와의 말씀에 내 백성들아 내가 너희 무덤을 열고 너희로 거기서 나오게 하고 이스라엘 땅으로 들어가게 하리라. 내 백성들아 내가 너희 무덤을 열고 너희로 거기서 나오게 한 즉 너희가 나를 여호와인 줄 알리라. 내가 또 내 신을 너희 속에 두어 너희로 살게 하고 내가 또 너희를 너희 고토에 거하게 하리니 나 여호와가 이 일을 말하고 이룬 줄을 너희가 알리라. 나 여호와의 말이니라 하셨다 하라."

직접적인 진술들 이외에도, 구약 성경은 우리가 죽음이나 스올로부터의 구원을 기대할 수 있다고 암시한다. 시편 49:15은 "하나님은 나를 영접하시리니, 이러므로 내 영혼을 음부의 권세에서 구속하시리로다"라고 말한다. 이 인용절에는 육체에 대한 어떤 진술도 나타나지 않지만, 스올에서의 불완전한 존재가 우리의 마지막 상태가 되지는 않을 것이라는 기대가 나타나고 있다. 시편 17:15은 하나님의 현존 속에서 깨어나는 것에 대하여 언급하고 있다. "나는 의로운 중에 주의 얼굴을 보리니 깰 때에 주의 형상으로 만족하리이다." 어떤 주석가들은 후자가 특별히 의심스럽기는 하지만, 시편 73:24-25과 잠언 23:14[14]에서 비슷한 암시들을 보고 있다.

우리는 신약 성경에 있는 계시 중에서 너무 많은 부분을 구약 성경으로써 해석하지 않도록 주의해야 하겠지만, 구약 성경이 부활을 가르치고 있는 것으로 예수와 신약 성경의 저자들이 주장하였다는 사실은 중요한 것이다. 예수가 부활을 부인하는 사두개인들에게 질문을 받았을 때, 그는 그들이 성경과 하나님의 능력을 잘 모른데서 그런 오해를 하였다고 비난한(막 12:24) 다음에, 계속해서 구약 성경에 근거하여 부활을 증명하였다. "죽은 자의 살아난다는 것을 의논할진대 너희가 모세의 책 중 가시나무 떨기에 관한 글에 하나님께서 모세에게 이르시되 나는 아브라함의 하나님이요 이삭의 하나님이요 야곱의 하나님이로라 하신 말씀을 읽어 보지 못하였느냐? 하나님은 죽은 자의 하나님이 아니요 산 자의 하나님이시라. 너희가 크게 오해하였도다"(26-27절). 베드로(행 2:24-32)와 바울(행 13:32-37)은 시편 16:10을 예수의 부활에 대한 예언으로 보았다. 히브리서 11:19은 죽은 자들로부터 사람들을 일으키시는 하나님의 능력에 대한 아브라함의 믿음을 칭찬하였다: "저가 하나님이 능히 죽은 자 가운데서 다시 살리실 줄로 생각한지라. 비유컨대 죽은 자 가운데서 〔이삭을〕 도로 받은 것이니라."

물론, 신약 성경은 부활을 훨씬 더 분명하게 가르치고 있다. 우리는 세 가지 공관복음에 전부 기록되어 있는, 사두개인들에 대한 예수의 답변을 이미 언급하였다(마 22:29-32; 막 12:24-27; 눅 20:34-38). 그리고 요한은 예수가 부활에 대하여 말씀하셨던 몇몇 특별한 사례들을 보고하고 있다. 가장 분명한 진술들 가운데 하나가 요한복음 5장에 나온다. "진실로 진실로 너희에게 이르노니 죽은 자들이 하나님의 아들의 음성을 들을 때가 오나니 곧 이 때라. 듣는 자는 살아나리라 … 이를 기이히 여기지 말라. 무덤 속에 있는 자가 다 그의 음성을 들을 때가 오나니, 선한 일

---

14) Berkhof, *Systematic Theology*, p. 721.

을 행한 자는 생명의 부활로, 악한 일을 행한 자는 심판의 부활로 나오리라"(25, 28-29절). 부활에 대한 다른 확언들은 요한복음 6:39-40, 44, 54과 나사로를 다시 살리신 이야기(요 11장, 특별히 24-25절)에서 발견된다.

신약 성경의 서신들도 역시 부활을 증거하고 있다. 바울은 미래에 육체적인 부활이 있을 것이라고 분명히 믿고 가르쳤다. 고전적인 인용절은 그가 부활을 장황하게 논하고 있는 고린도전서 15장이다. 그 가르침이 특별히 51절과 52절에서 강조되고 있다. "보라! 내가 너희에게 비밀을 말하노니 우리가 다 잠잘 것이 아니요 마지막 나팔에 순식간에 홀연히 다 변화하리니 나팔 소리가 나매 죽은 자들이 썩지 아니할 것으로 다시 살고 우리도 변화하리라." 부활은 또한 데살로니가전서 4:13-16에서 분명히 가르쳐지고 있고, 고린도후서 5:1-10에도 포함되어 있다. 그리고 바울이 공회 앞에 세워졌을 때, 그는 "여러분 형제들아 나는 바리새인이요 또 바리새인의 아들이라. 죽은 자의 소망 곧 부활을 인하여 내가 심문을 받노라"(행 23:6)라고 언명함으로써 바리새인들과 사두개인들 사이에 다툼이 일어나게 만들었다. 그는 벨릭스 앞에서도 비슷한 언명을 하였다(행 24:21). 요한도 역시 부활의 교리를 주장하였다(계 20:4-6, 13).

### 삼위일체 하나님의 사역

삼위일체의 모든 위격들이 신자들의 부활에 연결되어 있다. 바울은 아버지께서 성령을 통하여 신자들을 살리실 것이라는 사실을 우리에게 알려주고 있다. "예수를 죽은 자 가운데서 살리신 이의 영이 너희 안에 거하시면 그리스도 예수를 죽은 자 가운데서 살리신 이가 너희 안에 거하시는 그의 영으로 말미암아 너희 죽을 몸도 살리시리라"(롬 8:11). 고린도전서 15:12-14에서 바울이 특별히 강조하고 있는 논점인, 그리스도의 부활과 일반적인 부활 사이에는 특별한 관계가 존재한다. "그리스도께서 죽은 자 가운데서 다시 살아나셨다 전파되었거늘 너희 중에서 어떤 이들은 어찌하여 죽은 자 가운데서 부활이 없다 하느냐? 만일 죽은 자의 부활이 없으면 그리스도도 다시 살지 못하셨으리라. 그리스도께서 만일 다시 살지 못하셨으면 우리의 전파하는 것도 헛것이요 또 너희 믿음도 헛것이라."

골로새서 1:18에서 바울은 예수를 "근본이요, 죽은 자들 가운데서 먼저 나신 자"로 언급하고 있다. 요한계시록 1:5에서 요한은 이와 유사하게 예수를 "죽은 자들 가운데서 먼저 나신 자"로 언급하고 있다. 이러한 표현은 예수가 무리들 안에서 시간적으로 처음 났다는 사실이 아니라 오히려 무리들에 대한 그의 지배권을 가리키고 있다(참고. 골 1:15, "모든 창조물보다 먼저 나신 자"). 그리스도의 부활은 신자들의 소망과 확신의 근거이다. 바울은 "왜냐하면 우리는 예수가 죽었다가 다시 사셨다는 것을 믿기 때문이지만, 바로 그대로 예수를 통하여 하나님께서 그와 더불어 잠에 떨어졌던 사람들을 데려오실 것이기 때문이라"고 썼다. 그리고 문맥상으로는 일반적인 부활을 명백하게 언급하고 있지 않지만, 베드로는 그의 첫번째 서신에서 신자의 신생과 산 소망을 그리스도의 부활과 결부시킨 다음에, 참된 믿음이 칭찬과 영광과 존귀를 초래하게 되는 때인 재림을 기대하고 있다(벧전 1:3-9).

### 본성상 육체적임

육체가 부활하게 될 것이라고 단언하는 몇몇 인용절들이 신약 성경에 존재한다. 이런 인용절들 중의 하나가 로마서 8:11이다. "예수를 죽은 자 가운데서 살리신 이의 영이 너희 안에 거하시면 그리스도 예수를 죽은 자 가운데서 살리신 이가 너희 안에 거하시는 그의 영으로 말미암아 너희 죽을 몸도 살리시리라." 빌립보서 3:20-21에서 바울은 "오직 우리의 시민권은 하늘에 있는지라. 거기로서 구원하는 자 곧 주 예수 그리스도를 기다리노니 그가 만물을 자기에게 복종케 하실 수 있는 자의 역사로 우리의 낮은 몸을 자기 영광의 몸의 형체와 같이 변케 하시리라"고 기록하였다. 부활장인 고린도전서 15장에서, 그는 "육의 몸으로 심고 영광스러운 것으로 다시 살며 약한 것으로 심고 강한 것으로 다시 살며"(44절)라고 말한다.

바울은 또한 부활이, 말하자면 육체들이 무덤 속에 아직도 누워있다는 사실과 모순되지 않는 영적인 부활의 형태로 이미 일어났다는 견해가 이단이라는 사실을 분명히 한다. 그는 "진리에 관하여 그릇되었고, 부활이 지나갔다 하므로 어떤 사람들의 믿음을 무너뜨렸던"(딤후 2:18), 후메내오와 빌레도의 견해들을 정죄하면서 이것을 강조하고 있다.

이외에도, 부활의 육체적인 본성에 대한 추론적이거나 간접적인 증거들이 존재한다. 신자의 구원은 영혼뿐만이 아니라, 육체를 포함하고 있는 것으로 언급된다. "피조물이 다 이제까지 함께 탄식하며 함께 고통하는 것을 우리가 아나니 이뿐 아니라 또한 우리 곧 성령의 처음 익은 열매를 받은 우리까지도 속으로 탄식하여 양자될 것 곧 우리 몸의 구속을 기다리느니라"(롬 8:22-23). 고린도전서 6:12-20에서 바울은 몸의 영적인 중요성을 지적하였다. 이것은 몸을 과소 평가하였던 영지주의자들의 견해와는 날카롭게 대조된다. 어떤 영지주의자들은 몸은 악하기 때문에, 엄격한 금욕주의가 실천되어야 하는 것으로 결론을 이끌어 냈지만, 다른 사람들은 몸에 대해서 이루어지는 일은 영적으로는 무의미하기 때문에, 방탕한 행동에 종사하게 된다고 결론을 내렸다. 그러나, 바울은 몸이 거룩하다고 주장한다. 우리의 몸은 그리스도의 지체들이다(15절). 몸은 성령의 전이다(19절). "몸은 음란을 위하지 않고 오직 주를 위하며 주는 몸을 위하시느니라"(13절). 몸을 강조하는 점으로 보아, 곧이어 나타나는 진술은 명백하게 몸의 부활에 대한 주장이다. "하나님이 주를 다시 살리셨고 또한 그의 권능으로 우리를 다시 살리시리라"(14절). 전체 인용절의 결론은 "그런즉 너희 몸으로 하나님께 영광을 돌리라"(20절)는 것이다.

부활의 몸의 특성에 대한 또 다른 간접적인 주장은 예수의 부활이 본성상 육체적이었다는 것이다. 예수가 그의 제자들에게 나타났을 때, 그들은 놀라서, 유령을 보고 있는 것으로 생각하였다. 그는 "어찌하여 두려워하며 어찌하여 마음에 의심이 일어나느냐? 내 손과 발을 보고 나인 줄 알라. 또 나를 만져 보라. 영은 살과 뼈가 없으되 너희 보는 바와 같이 나는 있느니라"(눅 24:38-39)고 말씀하심으로써 그들을 다시 안심시키셨다. 그리고 부활을 의심하였던 도마에게 그가 나중에 나타나셨을 때, 예수는 "네 손가락을 이리 내밀어 내 손을 보고 네 손을 내밀어 내 옆구리에 넣어 보라. 그리하고 믿음 없는 자가 되지 말고 믿는 자가 되라"(요 20:27)고 말씀하셨다. 예수가 제자들에 의하여 보고 듣고 인정되었다는 사실은 그가 이전에 가지셨던 것과 유사한 몸을 가지고 있었음을 암시한다. 무덤이 비어 있었고 몸이 그리스도의 적대자들에 의하여 결코 제시되지 않았다는 사실은 그의 부활의 육체적인 성격에 대한 한층 더 깊은 암시이다. 우리가 앞에서 이미 언급하였던 대로, 그리스도의 부활과 신자의 부활 사이에 존재하는 특별한 관계는 우리의 부활도 마찬가지로 육체적인 것이 될 것임을 입증해 준다.

우리는 이제 부활이 육체를 포함한다고 말하는 것이 정확히 무엇을 의미하는지에 대한 문제와 대면해야 한다. 우리가 부활(resurrection)을 단순히 육체적인 소생(resuscitation)으로 간주하게 되면 어떤 문제들이 나타난다. 한 가지는 몸이 아마도 다시금 죽음에 종속될 것이라는 점이다. 분명히 예수에 의하여 소생된 나사로와 다른 사람들은 결국 다시 죽어서 매장되었다. 그러나 바울은 매장되는 "썩을" 몸과 대조적으로, 새로운 몸을 "썩지 않을 것으로" 말하고 있다(고전 15:42). 두번째 문제는 "육의 몸으로" 심고 "신령한 몸으로" 다시 사는 것 사이에서 도출되는 대조이다(44절). 이 둘 사이에는 중대한 차이가 있지만, 우리는 그 차이의 정확한 본성을 알지 못한다. 더욱이, 부활의 몸이 순수하게 육체적일 가능성을 배제하는 분명한 진술들이 존재한다. 바울은 부활의 몸에 대한 그의 논의의 말미에서 "혈과 육은 하나님 나라를 유업으로 받을 수 없고 또한 썩은 것은 썩지 아니한 것을 유업으로 받지 못하느니라"(고전 15:50)고 말하였다. 사두개인들에 대한 예수의 "부활 때에는 장가도 아니가고 시집도 아니가고 하늘에 있는 천사들과 같으니라"(마 22:30)는 대꾸도 같은 의미를 지니고 있는 것처럼 보인다. 마지막으로, 어떻게 인간의 몸이 또 다른 사람의 몸의 일부가 되었을 수도 있는 분자들로부터 재구성될 수 있는지에 관한 문제가 존재한다.[15] 식인주의(食人主義)는 이 문제의 가장 극단적인 보기를 나타낸다. 곡물들이 자라는 땅을 비옥하게 하는데 사용되는 인간의 육체들과 마실 물을 길어 올리는 강물 위에 인간의 유골들을 뿌리는 것이 적절한 다른 사례들이다. "부활 때에 그녀가 누구의 아내가 되리이까?"(막 12:23)라는 사두개인들의 질문에 대하여 어이없는 조롱이 일어난다. 즉 "그것들은 부활 때에 누구의 분자들이겠습니까?"

그런데, 우리가 갖게 될 것은 죽음 이후에 정신이나 영혼이 살아남는 더 이상의 어떤 것이다. 그러나 이 더 이상의 어떤 것은 단순히 육체적인 소생뿐만이 아니다. 옛 몸이 사용되지만, 그 과정 속에서 이것이 변화된다. 어떤 일종의 변형이 일어나고, 그렇게 해서 새로운 몸이 생겨난다. 이 새로운 몸은 옛 몸과 다소 관계나 일치점이 있지만, 다른 성질을 갖고 있다. 바울은 이것을 영적인 몸으로 언급하고 있으나(고전 15:44), 상세히 설명하지는 않는다. 그는 씨와 그것으로부터 싹이 트는 식물의 유비를 사용한다(37절). 땅에서 싹이 트는 것은 단순히 심어진 것뿐만이 아니다. 그러나 이것은 그 원래의 씨로부터 나온다.[16]

여기에서 철학적인 문제는 동일성의 근거이다. 우리들 각각을 출생시에, 어른으로서, 또한 부활에서 동일한 개인으로 표시해 주는 것은 무엇인가? 확실히 몸의 세포들은 아닌데, 그 이유는 7년마다 한번씩 사람의 몸 속에 있는 세포들이 완전히 바뀐다는 사실을 우리가 알고 있기 때문이다. 만약 생물학적인 세포들이 동일성의 근거였다면, 어른들은 그들이 출생하였을 때의 그 사람들이 아닐 것이다. 그러나, 모든 변화들에도 불구하고 분명히 동일성의 연속이 존재한다. 어른은 몸 속에 있는 모든 세포들이 대체되었다 하더라도, 아이와 동일한 사람이다. 이와 유사하게, 부활시에 일어나게 될 변화에도 불구하고, 우리는 여전히 동일한 사람이 될 것임을 바울에게서 알 수 있다.

우리의 새로운 몸들이 부활 직후의 예수의 몸과 정확히 비슷할 것이라는 사실이, 때때로 가정되었다. 그의 몸은 분명히 그의 십자가의 수난의 육체적인 흔적들을 가지고 있었으며, 볼 수도 있었고 만질 수도 있었다(요 20:27). 성경은 예수가 잡수셨다고 분명히 말하고 있지는 않지만, 우리는 누가복음 24:28-31과 요한복음 21:9-15에서 그러한 추론을 이끌어 낼 수 있다. 예수의 승귀(exaltation)에 더 많은 단계들이 있었을 것이라는 사실이 명심되어야 한다. 이 시공간의 우주로부터 천국의 영적

---

15) 또한 Augustus H. Strong의 질문, "Who ate Roger Williams?" in *Systematic Theology* (Westwood, N.J. : Revell, 1907), p.1019를 보라.

16) George E. Ladd는 바울이 부활의 몸의 본성을 묘사하려고 시도하지는 않지만, 그가 육체적인 몸과는 다른 어떤 특성들을 언급하고 있다고 지적하였다 ― *A Theology of the New Testament*(Grand Rapids: Eerdmans, 1974), p.564.

인 영역으로의 이동을 포함하는 승천은 그 이외에 또다른 변화를 산출하였을 수도 있을 것이다. 부활 때에 우리의 몸에서(혹은 재림시에, 아직도 살아있는 사람들의 경우에) 일어나게 될 변화는 그의 경우에 두 단계로 일어났다. 우리의 부활의 몸은 예수가 그의 부활과 승천 사이에 가졌던 그런 몸과 같지 않고, 예수의 현재의 몸과 같을 것이다. 우리는 우리의 부활의 몸들에 대한 묘사와 일치하지 않는 것으로 나타나는 예수의 부활 이후의 지상적인 몸의 특성들(예를 들면, 육체적인 촉수[觸手]의 가능성과 먹어야 될 필요성)은 갖지 않을 것이다.

우리는 부활에서 어떤 형태의 육체적인 실재가 존재할 것으로 결론을 내린다. 이것은 우리의 원래의 몸과 약간의 관계가 있으며, 그것으로부터 유래하게 될 것이지만, 단순히 우리의 원래 몸의 소생은 아닐 것이다. 오히려, 변화나 변형이 있을 것이다. 여기에서 한가지 분석을 들어본다면 통나무나 그루터기의 석화(石化)일 것이다. 원래의 물건의 윤곽이 유지되지만, 그 성분은 전혀 다르다.[17] 우리는 부활의 몸의 정확한 본성을 알지 못하기 때문에, 이해하는데 어려움이 있다. 그러나 이것은 인간의 형태를 계속 유지하면서 동시에 그것을 영화롭게 하는 것처럼 보인다. 우리는 우리가 지상에서 가지고 있었던 불완전성들과 필요들을 모면하게 될 것이다.

### 의로운 자와 불의한 자의 부활

부활에 대한 대부분의 언급들은 신자들의 부활에 대한 것이다. 이사야 26:19은 그것이 상급이라는 사실을 지시하는 방식으로 부활에 대해서 언급하고 있다. 예수는 "의인들의 부활"(눅 14:14)에 대하여 언급하였다. 부활에 관하여 사두개인들에게 하신 말씀에서, 그는 "저 세상과 및 죽은 자 가운데서 부활함을 얻기에 합당히 여김을 입은 자들은 장가가고 시집가는 일이 없으며"(눅 20:35)고 선언하였다. 그는 마르다에게 "나는 부활이요 생명이니 나를 믿는 자는 죽어도 살겠고 무릇 살아서 나를 믿는 자는 영원히 죽지 아니하리라"(요 11:25-26)라고 단언하였다. 빌립보서 3:11에서 바울은 "어찌하든지 죽은 자 가운데서 부활에 이르려 하노니"라는 그의 소망과

---

17) 다수의 신학자들이 이것이나 이와 유사한 입장을 가지고 있었다. Origen은 두가지의 몸들이 동일한 "배자(胚子)의 원리나 형태"를 갖고 있다고 제안하였다. Thomas Aquinas는 부활의 몸이 같은 본질에, 다른 부수적인 성질들을 갖게 될 것으로 가정하였다. M. E. Dahl은 물질적인 동일성이 없는 육체적인(somatic) 동일성에 대하여 말하였다. 존 힉(John Hick)은 부활의 몸을 이전의 몸을 정확히 복제한 신적인 피조물로서 언급하였다. 이 견해들에 대한 좀더 완전한 설명을 위해서는 Paul Badham, *Christian Beliefs About Life After Death*(New York: Harper and Row, 1976), pp. 65-94를 보라.

기대를 표현하고 있다. 공관 복음서들이나 바울 서신들 어느 것도 불신자들이 죽은 자들로부터 부활하게 될 것이라고 명백히 언급하지 않고 있다.

다른 한편으로, 불신자들의 부활을 지시하는 수많은 인용절들이 존재한다. 다니엘서 12:2은 "땅의 티끌 가운데서 자는 자 중에 많이 깨어 영생을 얻는 자도 있겠고 수욕을 받아서 무궁히 부끄러움을 입을 자도 있을 것이며"라고 말한다. 요한은 이와 유사한 예수의 진술을 보도하고 있다. "이를 기이히 여기지 말라. 무덤 속에 있는 자가 다 그의 음성을 들을 때가 오나니 선한 일을 행한 자는 생명의 부활로, 악한 일을 행한 자는 심판의 부활로 나오리라"(요 5:28-29). 바울은 벨릭스 앞에서 이렇게 자신을 변명하였다. "그러나 이것을 당신께 고백하리이다. 나는 저희가 이단이라 하는 도를 좇아 조상의 하나님을 섬기고 율법과 및 선지자들의 글에 기록된 것을 다 믿으며, 저희가 기다리는 바 하나님께 향한 소망을 나도 가졌으니 곧 의인과 악인의 부활이 있으리라 함이라"(행 24:14-15). 그리고 신자들과 불신자들이 둘 다 최후의 심판에 참여하고 연결될 것이기 때문에, 우리는 양자(兩者)들의 부활이 필수적이라고 결론을 내릴 수 있다. 그들이 동시에 아니면 두 가지 다른 때에 부활될 것인지는 다음 장에서 논의될 것이다.


## 최후의 심판


재림은 또한 최후의 대심판으로 끝나게 될 것이다. 이것은 많은 사람들에게 미래에 대한 가장 놀라운 전망들 가운데 하나이며, 또한 그리스도를 떠나서 결과적으로 불의한 자들 가운데에서 심판받게 될 사람들에게 더욱 그러할 것이다. 그러나 그리스도 안에 있는 사람들에게는, 이것은 그들의 삶의 정당성을 입증해 줄 것이기 때문에, 기대를 갖고 기다리는 어떤 것이다. 최후의 심판을 연구할 때, 우리는 이것이 우리의 영적인 상태나 처지를 확인하기 위하여 의도된 것이 아니라는 사실을 명심해야 하는데, 그 이유는 그것이 이미 하나님께 알려졌기 때문이다. 오히려, 이것은 우리의 상태를 명백하게 하거나 공표하게 될 것이다.[18]


## 미래적인 사건

---

18) Gottlob Schrenk, δικαιοσύνη, in *Theological Dictionary of the New Testament*, ed. Gerhard Kittel and Gerhard Friedrich, trans. Geoffrey W.Bromiley, 10 vols.(Grand Rapids: Eerdmans, 1964-1976), vol.2, p.207.

　　최후의 심판은 미래에 일어나게 될 것이다. 물론, 하나님은 의인인 에녹과 엘리야를 그와 함께 있도록 천국으로 데려가시고, 땅 위에 홍수를 보내시며(창 6-7장), 고라와 그와 함께 반역에 동참하였던 사람들을 파멸하실 때(민 16장)와 같이, 몇몇 경우에 이미 그의 심판을 명백하게 하셨다. 신약 성경의 보기는 하나님께서 아나니아와 삽비라를 치신 사건이다(행 5:1-11). 다른 사람들 중에서, 프리드리히 쉘링(Friedrich Schelling)은 세계의 역사가 세계에 대한 심판이라고, 즉 다른 말로 하면, 역사 속에서 일어난 사건들이 사실상 세계에 대한 심판이라고 주장하였다. 그러나 이것은 성경이 심판에 대해서 언급해야 하는 것의 전부가 아니다. 명확한 사건이 미래에 일어나야 한다.

　　예수는 마태복음 11:24에서 이것을 언급하셨다. "내가 너희에게 이르노니 심판 날에 소돔 땅이 너보다 견디기 쉬우리라." 또 다른 경우에 그는 미래의 부활과 관련하여 행하실 심판에 대하여 분명히 말씀하셨다(요 5:27-29). 마태복음 25:31-46에는 이러한 심판의 확대된 그림이 나타난다. 아레오바고에서 설교할 때에, 바울은 하나님께서 "정하신 사람으로 하여금 천하를 공의로 심판할 날을 작정하시고 이에 저를 죽은 자 가운데서 다시 살리신 것으로 모든 사람에게 믿을 만한 증거를 주셨음이니라"(행 17:31)고 선포하였다. 후에 바울은 벨릭스 앞에서 "의와 절제와 장차 오는 심판에 대하여"(행 24:25) 강론하였다. 그는 로마인들에게 "다만 네 고집과 회개치 아니한 마음을 따라 진노의 날 곧 하나님의 의로우신 판단이 나타나는 그 날에 임할 진노를 네게 쌓는도다"(롬 2:5)고 썼다. 히브리서 기자는 이것을 분명하고도 직접적으로 주장하였다. "한 번 죽는 것은 사람에게 정하신 것이요 그 후에는 심판이 있으리라"(히 9:27). 다른 분명한 언급들은 히브리서 10:27, 베드로후서 3:7, 그리고 요한계시록 20:11-15을 포함한다.

　　성경은 심판이 재림 이후에 일어날 것이라고 명시한다. 예수는 "인자가 아버지의 영광으로 그 천사들과 함께 오리니 그 때에 각 사람의 행한 대로 갚으리라"(마 16:27)고 말씀하셨다. 이런 관념은 마태복음 13:37-43; 24:29-35, 그리고 25:31-46에서도 발견된다. 이와 유사하게, 바울은 "그러므로 때가 이르기 전 곧 주께서 오시기까지 아무것도 판단치 말라. 그가 어두움에 감추인 것들을 드러내고 마음의 뜻을 나타내시리니 그 때에 각 사람에게 하나님께로부터 칭찬이 있으리라"(고전 4:5)고 적었다.

## 심판자 예수 그리스도

　　예수는 자신을 영광스러운 보좌에 앉아서 모든 민족들을 심판하는 자로서 표현하셨다(마 25:31-33). 하나님이 히브리서 12:23에서 심판자로서 언급되고 있지만,

몇몇 다른 참조절들로부터 분명한 것은 그가 이 권위를 아들에게 위임하였다는 사실이다. 예수는 스스로 "아버지께서 아무도 심판하지 아니하시고 심판을 다 아들에게 맡기셨으니 … 또 인자됨을 인하여 심판하는 권세를 주셨느니라"(요 5:22, 27)고 말씀하셨다. 베드로는 고넬료의 집에서 모인 모임에서 "〔예수께서〕 우리를 명하사 백성에게 전도하되 하나님이 산 자와 죽은 자의 재판장으로 정하신 자가 곧 이 사람인 것을 증거하게 하셨다"(행 10:42)고 말하였다.

바울은 아덴 사람들에게 하나님께서 "정하신 사람으로 하여금 천하를 공의로 심판할 날을 작정하시고 이에 저를 죽은 자 가운데서 다시 살리신 것으로 모든 사람에게 믿을 만한 증거를 주셨음이니라"고 통지해 주었다. 그리고 바울은 고린도인들에게 "이는 우리가 다 반드시 그리스도의 심판대 앞에 드러나 각각 선악간에 그 몸으로 행한 것을 따라 받으려 함이라"(고후 5:10)고 썼다. 디모데후서 4:1은 그리스도께서 산 자와 죽은 자를 심판하실 것이라고 진술하고 있다.

신자들은 심판에 참가하게 될 것으로 보인다. 마태복음 19:28과 누가복음 22:28-30에서 예수는 제자들이 이스라엘 열두 지파를 심판하게 될 것임을 시사하고 있다. 우리는 또한 신자들이 보좌에 앉아서 세상을 심판할 것이라고 듣는다(고전 6:2-3; 계 3:21; 20:4). 우리는 정확한 내역들에 대하여 듣지는 못하지만, 그리스도께서는 분명히 성도들이 이 일에 참여하도록 허용하실 것이다.

### 심판을 받는 주체들

모든 사람들이 심판을 받을 것이다(마 25:32; 고후 5:10; 히 9:27). 바울은 "우리가 다 하나님의 심판대 앞에 서리라"(롬 14:10)고 경고하고 있다. 모든 비밀이 드러나게 될 것이며, 지금까지 일어난 모든 일들이 평가를 받게 될 것이다. 어떤 사람들은 신자들의 죄가 포함될 것인지를 의심하였다 — 모든 신자들이 의롭다 함을 받았으므로 그것은 불필요한 것처럼 보일 것이다. 그러나 죄들의 반성에 대한 진술들은 보편적이다. 이 문제에 대한 벌코프의 시각이 아마도 정확할 것이다. "물론 그것들이 '용서함을 받은'(pardoned) 죄들로서 드러나게 될 것이지만, 성경은 〔신자들의 죄들이〕 〔드러나게 될〕 것이라고 우리에게 믿게 한다."[19]

이외에도, 악한 천사들이 이때에 심판받을 것이다. 베드로는 "하나님이 범죄한 천사들을 용서치 아니하시고 지옥〔타르타루스〕에 던져 어두운 구덩이에 두어 심판 때까지 지키게 하셨으며"(벧후 2:4)라고 적고 있다. 유다서 6절도 거의 동일한 진술을 하고 있다. 다른 한편으로, 선한 천사들이 심판받을 모든 사람을 한데 모음으로

---

19) Berkhof, *Systematic Theology*, p. 732.

써 심판에 참여하게 될 것이다(마 13:41; 24:31).

### 심판의 근거

나타나는 사람들은 그들의 지상 생애에 의해서 심판받을 것이다.[20] 바울은 우리가 모두 심판 때에 나타나서, "각각 선악간에 그 몸으로 행한 것을 따라 받게 될"(고후 5:10) 것이라고 말하였다. 예수는 부활 때에 모든 사람이 "선한 일을 행한 자는 생명의 부활로, 악한 일을 행한 자는 심판의 부활로 나올 것"(요 5:29)이라고 말씀하셨다. 우리는 마태복음 25:31-46로부터 선행을 행하는 것이 중요한 것이라고 추론할 수도 있겠지만, 예수는 자기를 내세우고 심지어 선행들을 행하였던 것처럼 보이는 사람들도 벗어나게 될 수 있다는 사실을 지적하셨다(마 7:21-23).

평가가 이루어지게 될 근거에 대한 표준은 하나님의 계시된 뜻이다. 예수는 "나를 저버리고 내 말을 받지 아니하는 자를 심판할 이가 있으니 곧 나의 한 그 말이 마지막 날에 저를 심판하리라"(요 12:48)고 말씀하셨다. 율법을 명백하게 듣지 못한 사람들도 심판받을 것이다. "무릇 율법 없이 범죄한 자는 또한 율법 없이 망하고 무릇 율법이 있고 범죄한 자는 율법으로 말미암아 심판을 받으리라"(롬 2:12).

### 심판의 최종성

일단 심판이 내려지면, 그 심판은 영원하고 취소할 수 없을 것이다. 의로운 자들과 불의한 자들이 각각 그들의 최종적인 장소들로 보냄받게 될 것이다. 평결이 변경될 수 있다는 어떠한 암시도 존재하지 않는다. 마지막 심판에 관한 가르침을 끝맺으면서, 예수는 그의 왼편에 앉은 사람들에게 "저희는 영벌에, 의인들은 영생에 들어가리라"(마 25:46)고 말씀하셨다.


## 재림과 그것의 결과들의 함의

1. 역사는 단순히 자연적인 흐름을 따라가지 않을 것이며, 하나님의 인도하에서 완성에 이르게 될 것이다. 그의 목적이 마침내 성취될 것이다.

2. 우리는 신자들로서 주의 확실한 재림을 기대하고 깨어서 일해야 한다.

---

20) Floyd V. Filson, "The Second Epistle to the Corinthians," in *The Interpreter's Bible*, ed. George A. Buttrick(Nashville: Abingdon, 1978), vol. 10, p. 332.

3. 우리의 지상적인 몸들은 훨씬 더 좋은 것으로 변화될 것이다. 우리가 지금 알고 있는 불완전한 것들은 사라질 것이며, 우리의 영원한 몸들은 어떤 고통이나 질병이나 죽음도 알지 못할 것이다.

4. 정의(justice)가 시행될 때가 다가오고 있다. 악은 처벌받을 것이고, 믿음과 성실은 보상받을 것이다.

5. 재림과 그 후에 올 심판의 최종성을 고려할 때, 우리는 반드시 하나님의 뜻에 따라 행동해야 한다.

# 58

# 천년 왕국과 환난에 대한 견해들



여러 해 동안 그리스도의 재림과 어떤 다른 사건들 사이의 연대기적인 관계에 관한 상당한 논의가 기독교 안에서 있었다. 특히, 이 논의는 두 가지 주요한 질문들을 포함하고 있다. (1) 예수 그리스도의 지상적인 통치인 천년 왕국이 존재할 것인가? 만약 그렇다면 재림은 그 기간 이전에 일어날 것인가, 그 이후에 일어날 것인가? 그리스도의 어떠한 지상적인 통치도 존재하지 않을 것이라는 견해는 무천년설이라고 불린다. 그리스도의 재림이 천년 왕국을 개시하게 될 것이라는 견해는 전천년설로 불리지만, 재림이 천년왕국을 마무리할 것이라는 믿음은 후천년설이다.

(2) 그리스도는 대환난 이전에 교회를 세상에서 옮기게 될 것인가(전환난설), 그렇지 않으면 환난 이후에야 비로소 재림할 것인가(후환난설)? 이 두번째 질문은 주로 전천년설에서 발견된다. 우리는 차례로 각각의 천년설과, 그 다음으로 환난에

관한 견해들을 조사할 것이다.


## 천년 왕국에 대한 견해들


비록 세 가지 천년 왕국설의 입장들이 모두 다 교회사를 통하여 거의 계속해서 주장되었지만, 어떤 시대에는 이것이, 다른 시대에는 저것이 우위를 차지하였다. 우리는 이것들을 그들이 주로 인기가 있었던 기간의 순서대로 조사하게 될 것이다.


### 후천년설(Postmillennialism)

후천년설은 복음의 선포가 너무나 성공적이어서 세상이 회심하게 될 것이라는 믿음에 근거하고 있다. 인간의 마음을 다스리시는 그리스도의 통치가 온전해지고 보편적이 될 것이다. "당신의 뜻이 하늘에서 이룬 것 같이 땅에서도 이루어지이다"라는 청원이 실현될 것이다. 평화가 넘쳐 흐르고 악은 사실상 추방될 것이다. 그리고 복음이 완전히 효력을 발휘하였을 때, 그리스도가 재림하실 것이다. 그렇다면 기본적으로, 후천년설은 낙관적인 견해이다.

첫 3세기 동안의 교회는 아마도 우리가 오늘날 전천년설이라 부를 수 있는 것에 의해 지배되었을 것이지만, 4세기에 티코니우스(Tyconius)라고 불린 아프리카의 한 도나투스파 사람이 이와 경쟁되는 견해를 제안하였다.[1] 비록 어거스틴은 도나투스파들에 대한 으뜸가는 반대자였지만, 티코니우스의 천년 왕국에 관한 견해를 채택하였다. 이 해석은 중세 시대 내내 종말론에 관한 사상을 지배하는 것이었다. 어거스틴은 천년 왕국이 미래에 있지 않고, 이미 시작되었다고 가르쳤다. 우리는 천년 왕국 안에 있다. 천년 왕국이 그리스도의 초림과 함께 시작되었다. 이 견해를 뒷받침하여, 어거스틴은 마가복음 3:27을 인용하였다. "사람이 먼저 강한 자를 결박치 않고는 그 강한 자의 집에 들어가 세간을 늑탈치 못하리니 결박한 후에야 그 집을 늑탈하리라." 이 구절에 대한 어거스틴의 이해에 의하면, 강한 자는 사탄이고 늑탈을 당한 세간은 이전에는 그의 지배 아래 있었으나 지금은 그리스도인들이 된 사람들을 나타낸다. 사탄은 그리스도의 초림시에 결박되었으며 그의 재림 때까지 결박된 채로 있을 것이다. 따라서 사탄이 민족들을 속일 수 없기 때문에, 복음의 선포는 매우 성

---

1) Traugott Hahn, *Tyconius-Studien. Ein Beitrag zur Kirchen-und-Dogmengeschichte des 4. Jahrhunderts*(Leipzig: Dieterich, 1900; Aalen:Schilling, 1971 reprint).

공적이다. 그리스도는 지상에서 다스리신다. 그러나 이 천년 왕국의 끝 무렵에 사탄이 최종적으로 정복되기 전에 잠깐 동안 풀려나게 될 것이다.[2]

우리가 세계와 교회의 현 상황들을 바라 보면, 어거스틴의 견해와 실제로 나타나고 있는 것을 조화시키기가 어려운 것으로 보인다. 그러나 어거스틴이 그의 견해를 형성하여 제시하였던 정황을 상기하는 것이 중요하다. 기독교는 전례없는 정치적인 성공을 이룩하였다. 일련의 상황들은 312년의 콘스탄티누스 황제의 회심으로 나아가게 되었다. 그 사건과 더불어, 기독교는 제국 안에서 관용을 받게 되어 사실상 공인을 받은 종교가 되었다. 교회는 그것의 상속을 시작하고 있었다. 교회의 주요한 적인 로마 제국이 사실상 항복하였다. 교회의 발전은 갑작스럽다기보다는 오히려 점진적이었지만, 그것은 확실한 것이었다. 천년 왕국의 완성과 그리스도의 재림의 기한이 정해지지는 않았으나, 그것들은 약 1000년경에 일어날 것으로 가정되었다.[3]

교회사의 첫번째 천년기의 마지막 무렵에, 물론 후천년설의 상세한 내용들을 얼마간 수정하는 일이 필요하게 되었다. 천년 왕국은 더 이상 일천년의 기간이 아니라, 교회사 전체로서 간주되었다. 후천년설은 교회가 세상을 이기는 그것의 임무에서 승리하는 것처럼 보였던 기간 동안에 가장 인기가 있었다. 이것은 19세기 후반에 특별히 인기가 있게 되었다. 이 시기가 사회적인 상황에 대한 관심과 발전의 때였을 뿐만 아니라 세계 선교가 크게 효력을 발휘하는 기간이었다는 사실을 명심하라. 따라서 세계가 곧 그리스도에게 이르게 되는 것처럼 가정하는 것은 당연한 것으로 보였다.

우리가 제안한 대로, 후천년설의 주요한 교리는 복음의 성공적인 전파이다. 이 관념은 성경의 몇몇 인용절들에 근거하고 있다. 구약 성경에서는 예를 들어, 시편 47편과 72편, 100편, 이사야 45:22-25과 호세아서 2:23은 모든 민족들이 하나님을 알게 될 것이라는 사실을 분명히 하고 있다. 이외에도, 예수는 복음이 그의 재림 이전에 널리 전파될 것이라고 몇몇 기회에 말씀하셨다. 이 가르침의 주요한 보기가 마태복음 24:14에서 발견된다. 대(大) 위임명령이 그의 권세 안에서 행하여지는 한(마 28:18-20), 이것은 꼭 성공할 것이다. 종종 복음 전파의 관념은 복음에 부수되는 것들을 포함한다 — 사회적인 상황들을 변화시키는 효과들이 다수의 듣는 자들의 회심으로부터 일어나게 될 것이다.

어떤 경우에, 하나님 나라의 전파에 대한 믿음은 얼마간 좀더 세속적인 형태를 띰으로써, 개인들의 회심보나는 사회적인 변화가 하나님 나라의 징표로서  고려된

---

2) Augustine, *Sermon* 259.2.
3) Adolf von Harnack, "Millennium," in *Encyclopaedia Britannica*, 9th ed.(New York: Scribner, 1883), vol.16, pp.314-18.

다. 예를 들어 19세기 후반의 사회 복음 운동은 경제 구조의 변화에서 절정에 달하는, 사회 질서의 기독교화를 목표로 하였다. 그렇게 되면 차별과 불의와 갈등이 사라질 것이며, 전쟁들은 과거의 일이 될 것이다. 후천년설의 이런 유형은 대개 하나님의 섭리에 관한 일반화된 개념을 동반하였는데, 하나님은 교회의 형식적인 울타리들 바깥에서 일하시는 분으로 간주되었다. 그렇게 해서 20세기의 두 가지 경우 — 즉 1910년대의 빌헬름 황제의 전쟁 정책과 1930년대의 히틀러의 국가 사회주의 — 에, 상당수의 독일 기독교인들이 세계 속에서의 하나님의 사역을 그들 시대의 정치적인 운동들과 동일시하였다.[4] 천년 왕국의 견해를 주장하는 한에서 사회적인 변화를 강조하였던 자유주의자들은 일반적으로 후천년설주의자들이었으나, 모든 후천년설주의자들이 반드시 자유주의자는 아니었다. 그들 가운데 많은 사람들이 인류가 중생한 개인들의 집단이 되는, 전례없는 수의 회심자들을 상상하였다.[5]

후천년설 사상에 의하면, 하나님의 나라는 미래의 천국의 영역이 아니라 지금여기에서의 현재적인 실재로서 간주된다. 마태복음 13장에 나오는 예수의 비유들은 우리에게 이 나라의 본성에 대한 관념을 제공해 준다. 이것은 누룩과 같이, 점진적이지만 확실하게 전체의 구석구석까지 퍼져나간다. 이것의 성장은 광범위하며(이것은 전세계를 통하여 구석구석까지 퍼져나갈 것이다) 또한 집중적일(이것은 지배적으로 될 것이다) 것이다. 이것의 성장이 너무나 점진적이어서 천년 왕국의 시작은 어떤 사람에 의해서도 인식되지 않을 것이다. 발전은 일정하지 않을 수도 있으며, 사실상 이 나라의 도래는 일련의 위기들에 의하여 산출될 수도 있을 것이다. 후천년주의자들은 복음의 궁극적인 승리를 믿기 때문에, 퇴보인 것처럼 나타나는 것들도 받아들일 수 있을 것이다.[6]

후천년설의 견해에 의하면, 천년 왕국은 반드시 문자적인 일천년이 아니라, 확대된 기간이 될 것이다. 실제로, 천년 왕국에 대한 후천년설의 견해는 종종 성경의 다른 인용절보다는 일천년의 기간과 두 가지 부활들이 언급되고 있는 요한계시록 20장에는 덜 근거를 두고 있다. 이 왕국 도래의 진정한 점진성이 천년 왕국의 길이를 계산하기 어렵게 만든다. 문제는 천년 왕국이, 그가 육체적으로는 떠나 계시지만,

---

4) Karl Barth, *How I Changed My Mind*(Richmond: John Knox- 1966),pp.21,45: *The Church and the Political Problem of Our Day*(New York: Scribner,1939).

5) Charles Hodge, *Systematic Theology*(Grand Rapids: Eerdmans, 1952),vol.3,pp.800-12.

6) Loraine Boettner, "Postmillennialism," in *The Meaning of the Mellennium*, ed.Robert G.Clouse(Downers Grove,Ill.:Inter- Varsity,1977),pp.120-21.

그리스도께서 지상에서 다스리시는 시간의 확대된 기간이 될 것이라는 점이다. 후천
년설을 다른 천년 왕국의 견해들과 구별해 주는 한 가지 본질적인 특징은 그리스도
의 재림 이전에 상황이 악화되는 것이 아니라 오히려 좀더 좋아지게 될 것으로 이것
이 기대한다는 것이다. 이렇게 해서 이것은 기본적으로 낙관적인 견해이다. 따라서,
이것은 20세기에는 상당히 초라하게 되었다. 확신을 지닌 후천년주의자들은 20세기
의 비참한 상황을 이 왕국의 성장에서 단순히 일시적인 변동으로서 간주하고 있다.
그들은 우리가 생각하였던 만큼 재림에 가까이 와 있지 않다고 지적한다. 그러나 이
주장은 다수의 신학자들과 목회자들과 평신도들에게 설득력이 있는 것으로서 입증되
지 않았다.[7]

### 전천년설(Premillennialism)

전천년설은 약 일천년간(혹은 적어도 상당한 시간의 기간 동안) 그리스도께서
지상에서 통치하신다는 개념과 관련되어 있다. 후천년설과는 달리, 전천년설은 그리
스도께서 이 기간 동안에 육체적으로 임재하시는 것으로 보고 있다. 즉 이것은 그가
천년 왕국을 개시하시기 위하여 인격적이고 육체적으로 재림하실 것이라고 믿는다.
이것이 사실이라면, 천년 왕국은 아직도 미래에 있는 것으로 간주되어야 한다.

전천년설은 아마도 초대 교회 기간 동안에 지배하였던 천년 왕국의 견해였을 것
이다. 첫 3세기의 기독교인들은 가까운 장래에 그리스도의 재림이 있을 것으로 강하
게 기대하고 있었다. 이 왕국의 점진적인 성장을 고수하는 대신에, 그들은 종말이
격변적인 사건에 의하여 개시될 것으로 기대하였다. 저스틴 마터(Justin Martyr)
와 이레네우스(Irenaeus)와 몇몇 다른 중요한 초기의 신학자들은 이 견해를 고수하
였다.[8] 이 시대의 천년 왕국설 가운데 많은 것들이 ― "천(千)"을 의미하는 헬라어
단어에서 유래한, 종종 chiliasm으로 불리는 ― 상당히 감각적인 운치를 갖고 있었
다. 천년 왕국은 아주 풍부하고 비옥하며, 땅을 새롭게 하며 영화로운 예루살렘을
건설하는 때가 될 것이다.[9] 이것은 클레멘트(Clement)와 오리겐(Origen)과 디오니
시우스(Dionysius)의 알렉산드리아 학파를 반박하는 경향이 있었다. 이 천년 왕국
설의 쇠퇴의 주된 요인은 우리가 앞에서 논의하였던 천년 왕국에 대한 어거스틴의
견해였다. 중세 시대에, 전천년설은 상당히 드물게 되었다. 종종 이것을 영속시켰던

---

7) Ibid., pp. 132-33.
8) Justin Martyr, *Dialogue with Trypho* 80.1.
9) A. J. Visser, "A Bird's-Eye View of Ancient Christian Eschatology,"
   *Numen* 14(1967) : 10-11.

것은 신비적인 종파들이었다.

19세기 중반 무렵에, 전천년설이 보수적인 진영에서 점차 인기를 얻게 되었다. 이것은 부분적으로는 천년 왕국의 견해를 주장하는 한에서, 자유주의자들이 후천년주의자들이었고, 또한 몇몇 보수주의자들이 자유주의와 연결된 것을 의심스러운 것으로 생각하였다는 사실에 기인한 것이었다. 세대주의적인 체계의 해석과 종말론에 대한 인기가 높아감에 따라, 전천년설도 역시 기세를 얻게 되었다. 이것은 보수적인 침례교도들과 오순절 집단들, 그리고 독립적인 근본주의자들의 교회들 사이에서 상당한 지지를 얻게 되었다.

전천년설에 대한 주요한 인용절은 요한계시록 20:4-6이다:

또 내가 보좌들을 보니 거기 앉은 자들이 있어 심판하는 권세를 받았더라. 또 내가 보니 예수의 증거와 하나님의 말씀을 인하여 목 베임을 받은 자의 영혼들과 또 짐승과 그의 우상에게 경배하지도 아니하고 이마와 손에 그의 표를 받지도 아니한 자들이 살아서 그리스도로 더불어 천 년 동안 왕 노릇하니 (그 나머지 죽은 자들은 그 천년이 차기까지 살지 못하더라) 이는 첫째 부활이라. 이 첫째 부활에 참여하는 자들은 복이 있고 거룩하도다. 둘째 사망이 그들을 다스리는 권세가 없고 도리어 그들이 하나님과 그리스도의 제사장이 되어 천 년 동안 그리스도로 더불어 왕노릇 하리라.

전천년주의자들은 여기에 일천 년의 기간과 두 가지의 부활, 즉 한 가지는 처음에, 한 가지는 마지막에 일어나는 부활의 증거가 있다고 주장한다. 전천년주의자들은 이 인용절에 대한 문자적이고 일관된 해석을 주장하고 있다. 두 가지 부활과 관련하여 같은 동사인 ἔζησαν(에제산)이 사용되고 있기 때문에, 이것들은 같은 형태를 갖고 있음에 틀림없다. 무천년주의자들이나, 혹은 이 문제에 대하여 후천년주의자들은 이것들이 다른 형태를 갖고 있는 것으로 대개 부자연스럽게 말하고 있다. 통상적인 설명은 첫번째 부활은 영적인 부활, 즉 중생이지만, 두번째 부활은 문자적이고 물리적인, 혹은 육체적인 부활이라는 것이다. 따라서 첫번째 부활에 참여한 사람들은 마찬가지로 두번째 부활도 체험하게 될 것이다.

그러나 전천년주의자들은 이러한 해석을 지지될 수 없는 것으로 거절한다. 조지 비슬리-머리(George Beasley-Murray)는 이 해석이 혼란과 혼동적인 사고를 성경 저자의 탓으로 돌리고 있다고 논평하였다.[10] 헨리 알포드(Henry Alford)는 일세기

---

10) George R. Beasley-Murray, "The Revelation," in *The New Bible Commentary, Revised*, ed. Donald Guthrie and J. A. Motyer(Grand Rapids: Eerdmans, 1970), p. 1306.

전에 만약 하나의 부활이 영적인 소생이고 다른 부활이 육체의 소생이라면, "언어에 서의 모든 의미가 끝장나게 될 것이고, 성경은 어떤 것에 대한 하나의 명확한 증거로서 지워지게 될 것이다"[11]라고 주장하였다. 조지 래드(George Ladd)는 만약 ἔζησαν(에제산)이 5절에서 육체의 부활을 의미한다면, 그것은 4절에서도 육체의 부활을 의미해야 한다고 말하였다. 즉 만약 그것이 그렇지 않다면, "우리는 주석을 통제할 수 없게 되어 버린 것이다."[12]

이 사람들 전부가 문맥이 단어들의 의미를 변경할 수 있다는 사실에 예민하게 반응한다. 그러나 그들은 이 경우에서 ἔζησαν(에제산)의 두 가지 용법이 함께 나타났다는 사실을 유의하고 있다. 그리고 의미에서의 변화를 암시하는 어떤 것도 문맥 속에 나타나지 않는다. 따라서, 우리가 여기에서 주장하고 있는 것은 일천년의 간격을 사이에 둔 두 가지의 상이한 집단들과 연루된 같은 형태의 두 가지 부활이다. 첫번째 부활에 참여한 사람들이 두번째에는 포함되지 않는다는 사실이 또한 문맥에서부터 분명해진다. 천년이 차기까지 소생하지 못한 사람들은 바로 "나머지 죽은 자들"(οἱ λοιποὶ τῶν νεκρῶν)이다. 그들이 그 때에 소생하게 될 것으로 언급되지는 않지만, 함축된 의미는 그들이 소생할 것이라는 것이다. 두번째 재림에 포함된 사람들과 첫번째 재림에 포함된 사람들 사이에는 명백한 차이가 존재한다.

천년 왕국의 본성을 주시하는 것도 역시 중요하다. 후천년주의자들은 천년 왕국이 점진적으로, 어쩌면 거의 알아차릴 수 없을 정도로 도입될 것으로 생각하는 반면에, 전천년주의자들은 갑작스럽고 격변적인 사건을 상상하고 있다. 전천년주의자들의 견해에 의하면, 예수 그리스도의 통치는 천년 왕국의 아주 처음부터 완전할 것이다. 악은 사실상 제거될 것이다.

그런데 전천년설에 의하면, 천년 왕국은 세계 내에서 이미 작용 중인 경향들의 확장이 아닐 것이다. 그 대신에, 우리가 지금 존재하고 있는 상황들과의 상당히 예리한 단절이 있을 것이다. 예를 들어, 세계적인 평화가 있게 될 것이다. 이것은 세계적인 평화가 실제로 진기한 일인 현재의 상황과는 현격한 차이가 있으며, 이 경향은 개선되지 않는 것으로 보인다. 만물의 조화는 인간들에게만 국한되지 않을 것이다. "고통 속에서 탄식"하며, 그것의 구속을 기다렸던 자연이 타락의 저주에서 해방될 것이다(롬 8:19-23). 심지어 동물들도 서로 조화를 이루며 살게 될 것이고(사 11:6-7; 65:25), 자연의 파괴적인 세력들도 잠잠하게 될 것이다. 성도들이 이 천년

---

11) Henry Alford, *The New Testament for English Readers*(Chicago: Moody, n.d.), pp. 1928-29.

12) George E. Ladd, "Revelation 20 and the Millennium," *Review and Expositor* 57, no. 2 (April 1960): 169.

왕국에서 그리스도와 함께 다스리게 될 것이다. 그들의 통치의 정확한 본질은 자세하게 설명되어 있지 않지만, 그들은 자기들의 성실에 대한 보상으로써 그와 함께 그에게 속한 영광에 참여하게 될 것이다.

모든 전천년주의자들은 또한 이스라엘이 천년 왕국에서 특별한 지위를 갖게 될 것으로 예기(豫期)하고 있다. 그러나 그들은 그 특별한 지위의 본성에 대해서는 일치하지 않는다. 세대주의자들은 하나님과 민족적인 이스라엘의 지속적이고 무조건적인 계약을 고수함으로써, 하나님께서 교회와의 관계를 완성하실 때에, 그가 민족적인 이스라엘과의 관계를 회복하실 것이라고 주장한다. 예수는 글자 그대로 다윗의 보좌 위에 앉아서 이스라엘에서부터 세계를 다스리실 것이다. 이로써 이스라엘에 관한 모든 예언들과 약속들은 현저하게 유대적인 특성을 갖게 될 천년 왕국 안에서 성취될 것이다. 비(非)세대주의자들은 민족적인 이스라엘을 훨씬 덜 강조하며, 그 대신에 본성상 영적인 이스라엘의 특별한 지위가 교회 안에서 발견될 것이라고 주장한다. 이스라엘은 천년 왕국의 기간 동안에 다수의 사람들이 회심하게 될 것이다.[13]

전천년주의자들은 천년 왕국이 그 직전에 일어났던 것, 즉 대환난으로부터 중대한 변화를 겪게 될 것이라고 또한 주장한다. 이 환난은 우주적인 소란과 박해와 큰 고통을 포함하는, 전례없는 고통과 혼란의 시기가 될 것이다. 전천년주의자들은 교회가 환난이 있는 동안에 존재할 것인지에 대하여는 견해가 일치하지 않지만, 이와 대조적으로, 평화와 의의 기간이 될 천년 왕국을 그리스도께서 세우시기 직전에 세계의 상황이 최악의 상태에 놓여 있게 될 것이라는 데에는 일치한다.

### 무천년설(Amillennialism)

문자 그대로, 무천년설은 어떤 천년 왕국도 없을 것이라는, 즉 어떤 그리스도의 지상적인 통치도 없을 것이라는 관념이다. 최후의 대심판이 재림에 뒤따라 즉시로 일어나서, 곧장 의인과 악인의 최종적인 상태로 귀결될 것이다. 무천년설은 우리가 고찰해 온 다른 어떤 견해들보다도 더 단순하다. 무천년설을 지지하는 사람들은, 상대적으로 이것이 분명한 종말론적인 인용절들 위에서 확립되지만, 전천년설은 기본적으로 단 하나의, 그것도 분명치 않은 인용절 위에 근거하고 있다고 주장한다.

무천년설의 단순성과 그것의 중심적인 교리의 명료성에도 불구하고, 이것은 많은 점에서 이해하기가 어렵다. 이것은 부분적으로는 그것의 가장 주목할 만한 특징이 부정적이기 때문에, 그것의 긍정적인 가르침들이 언제나 설명이 되지 않고 있다

---

13) George E.Ladd, "Israel and the Church," *Evangelical Quarterly* 36,no.4(October -December 1964):206-13.

는 사실에 기인하고 있다. 이것은 때때로 그것의 긍정적인 주장들보다는 전천년설에 대한 그것의 거절로 인하여 더 두드러지게 되었다. 또한 요한계시록 20:4-6의 아주 성가신 인용절을 논하면서, 무천년주의자들은 상당히 넓은 다양한 설명들을 제안하였다. 우리는 이 설명들이 동일한 기본 견해를 반영하고 있는지 아니면 종말론적이고 묵시적인 문학에 대한 전혀 다른 이해를 반영하고 있는지 때때로 의아함을 느끼게 된다. 마지막으로, 이것들은 많은 공통된 특징들을 공유하고 있기 때문에, 무천년설과 후천년설을 구분하는 것은 항상 가능하지는 않았다. 실제로, 이 두 견해들을 서로 구분하기 위하여 사용되는 특별한 문제들을 다루지 않고 있는 많은 신학자들이 — 그들 가운데에는 어거스틴(Augustince)과 칼빈(John Calvin)과 워필드(B.B.Warfield)가 있다 — 양 진영에 의하여 그들의 스승들로서 주장되고 있다. 이 두 견해가 공유하고 있는 것은 요한계시록 20장의 "천년"이 상징적으로 받아들여져야 한다는 믿음이다. 두 가지 견해는 또한 종종, 천년 왕국이 교회 시대라고 마찬가지로 주장한다. 그들이 다른 점은 무천년주의자들과는 달리, 후천년주의자들이 천년 왕국이 그리스도의 지상적인 통치를 포함하고 있다고 주장하는데 있다.

우리가 무천년설을 이해하려고 노력할 때 부딪치게 되는 문제들에 비추어 보면, 그것의 역사를 규명해 내기가 어렵다. 어떤 교리사가들은 바나바의 서신(the Epistle of Barnabas)[14] 에서 무천년설을 발견하였지만, 이것은 다른 사람들에 의하여 논박된다. 그가 무천년주의자로 분류되든 분류되지 않든 간에, 어거스틴은 일천년이라는 숫자가 일차적으로 문자적인 것이 아니라 상징적인 것이라고 제안함으로써 이 견해가 공표되는데 공헌하였다는 것은 분명하다. 후천년설과 무천년설은 교회의 19세기 초반의 상당한 기간 동안은 단순히 구분되지 않았던 것 같다. 후천년설이 20세기에 인기가 시들어가기 시작하였을 때, 무천년설이 전천년설보다는 후천년설에 훨씬 더 가깝기 때문에, 무천년설이 일반적으로 그것을 대체하게 되었다. 따라서, 무천년설은 제1차 세계대전 이후의 기간에 최대의 인기를 누리게 되었다.

무천년주의자들이 요한계시록 20장을 논할 때, 그들은 대개 전체로서의 책을 고려한다. 그들은 요한계시록이 몇 개의 부분들로 구성되어 있는 것으로 보는데, 가장 흔하게 언급되는 숫자가 일곱이다. 이 몇 개의 부분들은 시간의 연속적인 기간들을 다루지 않고, 오히려, 같은 기간인 그리스도의 초림과 재림 사이 기간의 반복들이다.[15] 이 각각의 부분들에서, 저자는 동일한 주제들을 선택하여 그것들을 정교하

---

14) Diedrich Kromminga, *The Millennium in the Church: Studies in the History of Christian Chiliasm*(Grand Rapids: Eerdmans, 1945), p. 40.

15) Floyd Hamilton, *The Basis of Millennial Faith*(Grand Rapids: Eerdmans, 1942), pp. 130-31.

게 다듬은 것으로서 생각된다. 만약 이것이 사실이라면, 요한계시록 20장은 오로지 교회사의 마지막 기간만을 언급하고 있는 것이 아니라, 교회의 전체 역사에 대한 특별한 전망이다.

무천년주의자들은 또한 전체로서의 요한계시록이 매우 상징적인 것이라는 사실을 우리에게 상기시켜 주고 있다. 그들은 심지어 가장 과격한 전천년주의자들도 요한계시록의 모든 것을 문자적으로 받아들이지는 않는다고 말한다. 예를 들어, 대접들과 인들과 나팔들은 보통 상징들로서 해석된다. 이 원리의 단순한 확장에 의하여 무천년주의자들은 요한계시록 20장의 "천년"도 역시 문자적인 것이 아닐 것이라고 주장한다. 이외에도, 그들은 천년 왕국이 성경 어느 곳에서도 언급되지 않고 있다고 지적한다.[16]

천년이라는 숫자가 문자적인 것이 아니라 상징적인 것으로 받아들여져야 한다면, 그것은 무엇의 상징인가 라는 질문이 야기된다. 많은 무천년주의자들이 워필드(Warfield)의 해석을 이용하고 있다. "신성한 숫자인 7이 마찬가지로 신성한 숫자인 3과 연합하여 거룩한 완전수인 10을 형성하고 이 10이 일천으로 세제곱될 때, 선지자는 절대 완전이라는 개념을 우리 마음에 전달하기 위하여 그가 말할 수 있는 전부를 말한 것이다."[17] 그렇다면 요한계시록 20장에 나오는 "천년"에 대한 언급들은 완전이나 완전성의 관념을 전달하고 있다. 2절에서 이 숫자는 사탄에 대한 그리스도의 승리의 완전성을 나타낸다. 4절에서 이 숫자는 지금 천국에 있는 구속받은 자의 완전한 영광과 기쁨을 암시하고 있다.[18]

그러나 무천년설에 대한 주요한 주석상의 문제는 일천년이 아니라, 두 가지의 부활이다. 두 가지 부활에 대한 다양한 무천년설적인 견해들 가운데에서, 한 가지 공통된 요소는 요한이 두 가지의 상이한 집단들을 포함하는 두 가지의 육체적인 부활들에 대해서 언급하고 있다는 전천년설의 주장을 부인하고 있다는 점이다. 가장 공통된 무천년설의 해석은 첫번째 부활은 영적이며 두번째 부활은 신체적이거나 육체적이라는 것이다. 이것을 상당히 상세하게 주장한 한 사람이 레이 섬머스(Ray Summers)이다. 요한계시록 20:6("이 첫째 부활에 참여하는 자들은 복이 있고 거룩하도다! 둘째 사망이 그들을 다스리는 권세가 없도다")에서부터, 그는 첫번째 부

---

16) William Hendriksen, *More than Conquerors*(Grand Rapids: Baker, 1939), pp. 11-64; Anthony Hoekema, "Amillennialism," in *Meaning of the Millennium*, pp. 156-59.

17) Benjamin B. Warfield, "The Millennium and the Apocalypse," in *Biblical Doctrines* (New York: Oxford University, 1929), p. 654.

18) W. J. Grier, "Christian Hope and the Millennium," *Christianity Today*, 13 October 1958, p. 19.

활이 두번째 사망에 대한 승리라고 결론을 내린다. 두번째 사망을 육체적인 것이 아니라 영적인 것으로 간주하는 것은 종말론에 관한 논의들에서 관례적이기 때문에, 첫번째 부활도 역시 마찬가지로 영적인 것임에 틀림없다. 언급되지는 않지만 암시되어 있는 첫번째 사망은 틀림없이 육체적인 죽음이었음이 분명하다.

만약 두번째 사망이 첫번째 부활과 관계되어 있는 것처럼 이것이 두번째 부활과 관계되는 것이라고 한다면, 두번째 부활은 육체적인 것임에 틀림없다. 그렇다면, 첫번째 부활은 신생이며, 그것을 경험하는 사람들은 정죄에 이르지 않게 될 것이다. 두번째 부활은 우리가 부활(resurrection)이라는 단어를 사용할 때 통상적으로 고려하는 신체적이거나 육체적인 부활이다. 첫번째 부활에 참여하는 모든 사람들은 두번째 부활에도 역시 참여하지만, 두번째 부활을 경험한 사람들 전부가 첫번째 부활에 참여하지는 않을 것이다.[19]

첫번째 부활이 영적이고 두번째 부활이 육체적이라는 견해에 대한 가장 공통적인 전천년설의 비판은 이것은 같은 문맥 속에서 동일한 용어(ἔζησαν, 에제산)들을 모순되게 해석하고 있다는 것이다. 어떤 무천년주의자들은 이 비판을 받아들여서 두가지 부활이 같은 형태를 갖고 있다는 입장을 발전시키려고 하였다. 제임스 휴스(James Hughes)가 이런 견해를 확립하였다. 그는 첫번째 부활과 두번째 부활이 같은 의미로 이해되어야 한다는 전천년주의자들의 논지를 받아들이고 있다.[20] 그러나, 그는 전천년주의자들이 간과한 것으로 보이는 논리적인 가능성을 제안하고 있다. 즉 두 가지 부활이 다 영적인 것일 수 있다는 것이다.

휴스는 요한계시록 20:4-6이 중간 상태에 있는 육체에서 분리된 영혼들에 대한 묘사라고 주장한다. 그는 첫번째 부활에 포함된 사람들이 "영혼들"(4절)로 불리고 있다는 사실을 증거로서 인용한다. 더욱이, 그는 ἔζησαν(에제산)이 기동(起動)적인 부정 과거("그들이 살게 되었다")가 아니라, 술정(述定)적인 부정 과거(그들이 살았고 그리스도와 함께 일천년간 다스렸다)로서 해석되어야 한다고 주장한다. 그는 첫번째 부활은 의로운 영혼들이 그리스도와 함께 다스리기 위하여 천국으로 올라가는 것이며, 따라서 소생하게 되는 육체에 대한 어떤 것도 여기에 나타나지 않는 것으로 결론을 내리고 있다. 이 부활에 참여하는 사람들은 "살아 있는" 죽은 자들이다. 이와는 대조적으로 "죽어 있는" 죽은 자들은 첫번째 부활에 참여하지 않으며 두번째 (영적인) 사망을 겪게 될 것이다. 그들의 영혼들은 첫번째(육체적인) 죽음에도 살아

---

19) Ray Summers, "Revelation 20: An Interpretation," *Review and Expositor* 57, no. 2 (April 1960):176.
20) James A. Hughes, "Revelation 20:4-6 and the Question of the Millennium," *Westminster Theological Journal* 35(1973):300.

남겠지만, 결코 소생하지는 않을 것이다. 두 그룹들이 다 육체적으로는 죽었지만, 전자는 천년의 기간 동안 영적으로 살아 있지만, 후자는 그렇지 않다. 어떤 주석가들은 5절("그 나머지 죽은 자들은 그 천년이 차기까지 살지 못하더라")로부터 "죽어 있는" 죽은 자들이 천년 왕국의 말미에 살아날 것으로 추론하였지만, 휴스는 문제의 구절을 이렇게 번역하였다. "그들은 천년 동안이나 그 이후에나 살아나지 못하였다." 그렇다면 두번째 부활에 대해서는 어떠한가? 휴스는 중간 상태 기간 동안에 의로운 영혼들과 불의한 영혼들의 생존에 관계된, "두번째 부활"이라는 용어가 요한계시록 20장에서 발견되지 않는 것을 매우 의미있는 것으로 간주하고 있다. 그렇다면 첫번째 부활과는 달리, 이것은 본성상 영적이다. 이렇게 해서, 휴스는 ἔζησαν(에제산)의 두 번의 사용을 용케도 일관되게 해석해 냈다.[21]

무천년설의 또다른 특징은 전천년설에서 발견되는 것보다 더 일반적인 예언에 대한, 특별히 구약 성경의 예언에 대한 개념이다. 우리는 전천년주의자들이 성경의 예언을 매우 문자적으로 해석하는 경향이 있음을 주목하였다. 이와는 달리, 무천년주의자들은 예언들을 미래적으로보다는 오히려 역사적이거나 상징적으로 종종 취급하고 있다. 일반적으로, 예언은 무천년설에서보다는 전천년설에서 훨씬 더 중요한 자리를 차지하고 있다.

마지막으로, 우리는 무천년설이 후천년설에서 전형적으로 발견되는 낙관주의를 일반적으로 나타내지 않는다는 사실을 주시해야 한다. 복음의 선포가 성공적일 것이지만, 이 점에서의 큰 성공은 그리스도의 어떤 문자 그대로의 통치나 혹은 왕의 도래 이전의 어떠한 왕국의 도래도 기대되지 않기 때문에, 무천년설의 도식에는 필수적이지 않을 것이라는 믿음이 있을 수도 있다. 이것은 무천년설의 견해를 20세기에 와서 후천년설보다 좀더 신뢰할 수 있게 만들어 주었다. 이것은 무천년설이 재림 이전에 상황의 극단적인 악화를 기대하는 점에서 전천년설과 유사하다는 사실을 말하려는 것이 아니다. 그러나 그러한 가능성을 배제하는 어떤 것도 무천년설에 존재하지 않는다. 그리고 어떠한 천년 왕국도 재림에 앞서서는 일어나지 않을 것이기 때문에, 주의 재림이 가까운 장래에 있을 수도 있다. 그러나 대체로, 무천년주의자들은 전천년설을 상당하게 특징지어주는 재림의 표적들을 찾는 형태의 열심에는 몰두하지 않는다.

### 문제의 해결

우리는 이제 어떤 천년 왕국설을 채택해야 할 것인지에 관한 질문을 제기해야

---

21) Ibid., pp. 299-300.

한다. 논점들은 크고도 복잡하지만, 면밀히 조사해 보면 비교적 소수로 감축될 수 있다. 우리는 이 논고의 중간에서 신학도 다른 학문들처럼 모든 자료들에 의해서 결정적으로 지지되는 하나의 견해를 흔하게 발견할 수는 없다는 사실을 특별히 언급하였다. 이런 상황에서 이루어져야 하는 일은 다른 방도들보다는 문제가 더 적은 견해를 찾아내는 일이다.

전천년설의 견해는 19세기 후반과 20세기 초반에 그랬던 것보다 오늘날 훨씬 적은 지지를 받고 있다. 이것이 그 자체로서 우리에게 이 입장을 거절하도록 하는 것이 되어서는 안된다. 그러나 우리는 후천년설이 쇠퇴하게 된 원인들을 찾아야 하는데, 그 이유는 이것들이 우리의 결론을 결정지어줄 수도 있기 때문이다. 여기에서 우리는 복음 선포에 관한 후천년설의 낙관주의가 다소 정당하지 않은 것처럼 보인다는 사실을 유의해야 한다. 복음 전도와 선교의 성공에 퇴보가 있어 왔다. 세계 여러 지역에서 기독교 신앙을 실천하는 인구의 비율은 실제로 매우 적다. 더욱이, 많은 공산주의자들과 회교도들의 국가들에서는 이제 전통적인 유형의 기독교적인 선교 노력이 금지되어 버렸다. 다른 한편으로, 우리는 세계의 몇몇 지역들, 특히 아프리카와 남아메리카에서 기독교가 번성하고 있고, 또한 다수의 지위에 도달하기 시작하고 있다는 사실을 망각해서는 안된다. 행운의 반전(反轉)이 복음 선포를 위하여 준비하는데 있다고 누가 말할 수 있는가?

또한 후천년설을 부인하는 강력한 성경적인 근거들이 존재한다. 그의 재림 이전에 있게 될 대악(大惡)과 많은 사람들의 믿음이 식을 것이라는 예수의 가르침은 후천년설의 낙관주의와는 매우 날카롭게 충돌하는 것으로 보인다. 그의 육체적인 현존이 없는 그리스도의 지상 통치에 대한 명백한 묘사가 성경 어디에서도 발견되지 않는다는 사실은 이 입장의 또다른 주요한 약점인 것처럼 보인다.

이것은 무천년설과 전천년설 사이의 선택을 우리에게 남겨 놓고 있다. 문제는 천년 왕국에 대한 성경의 언급들로 귀결된다 — 그것들은 좀더 단순한 무천년설의 개념보다는 좀더 복잡한 전천년설의 견해를 채택하기 위한 충분한 근거들인가? 때때로 전체적인 전천년설의 개념이 성경의 한 가지 인용절에 근거하고 있으며, 또한 어떠한 교리도 한 가지의 인용절에 근거해서는 안되는 것으로 주장된다. 그러나 만약 한 가지 견해가 어떤 특별한 인용문을 다른 것들보다 더 잘 설명할 수 있고, 이 두 가지 견해들이 성경의 나머지를 같이 잘 설명할 수 있다면, 전자의 견해가 확실히 후자보다는 더 적절한 것으로 판단되어야 한다.

우리는 전천년설이 대처할 수 없거나, 혹은 그것이 적절하게 설명될 수 없는 성경의 인용절은 없다는 사실을 여기에서 유의한다. 다른 한편으로 우리는 두 가지의 부활에 대한 언급(계 20장)이 무천년주의자들에게 난점을 제공하고 있음을 보았다.

우리가 여기에서 두 가지 다른 부활의 형태나 혹은 두 가지의 영적인 부활들을 갖고 있다는 그들의 설명은 해석학의 일반적인 원리들을 왜곡하고 있다. 전천년주의자들의 입장이 이 점에서 더 강력한 것으로 보인다.

전천년주의자의 해석은 성경에서 오직 하나의 인용절에만 근거하고 있지는 않다. 그것에 대한 암시들이 여러 곳에서 발견된다. 예를 들어, 바울은 이렇게 기록하였다. "아담 안에서 모든 사람이 죽은 것같이 그리스도 안에서 모든 사람이 삶을 얻으리라. 그러나 각각 자기 차례대로 되리니 먼저는 첫 열매인 그리스도요 다음에는 그리스도 강림하실 때에 그에게 붙은 자요 그 후에는 나중이니 저가 모든 정사와 권세와 능력을 멸하시고 나라를 아버지 하나님께 바칠 때라"(고전 15:22-24). 바울은 시간적인 순서를 지시하는 부사들인 ἔπειτα(에페이타)와 εἶτα(에이타)를 사용한다. 그는 동시에 일어나는 사건들을 지시하기 위하여 εἶτα(토테)라는 부사를 사용할 수도 있었지만, 그렇게 하지 않았다.[22]

그리스도의 초림과 부활이 시간상으로 구분되는 명확한 사건들이었던 것처럼, 재림과 종말 사이에도 간격이 있을 것으로 보인다.[23] 우리는 두 가지의 부활이 단지 요한계시록 20장에서만 분명하게 언급되고 있지만, 선택된 집단의 부활이든지(눅 14:14; 20:35; 고전 15:23; 빌 3:11; 살전 4:16) 아니면 두 단계의 부활(단 12:2; 요 5:29)을 암시하는 다른 인용절들이 존재한다는 것도 역시 주목해야 한다. 예를 들어 빌립보서 3:11에서, 바울은 "죽은 자 가운데서 부활에" 이르려 하는 그의 소망에 대해서 말한다. 문자적으로, 이 구절은 "죽은 자들 가운데로부터 나와서 바깥의 부활에"(τὴν ἐξανάστασιν τὴν ἐκ νεκρῶν, "the out-resurrection out from among the dead ones")라고 해석된다. 특별히 접두 전치사와 복수(複數)를 유의하라. 이 본문들은 두 가지 부활의 개념과 잘 어울린다. 따라서, 우리는 전천년설의 견해가 무천년설보다는 더 적절한 것이라고 생각한다.


## 환난에 대한 견해들


우리는 이제 그리스도의 재림과 대환난으로 알려진 복잡한 사건들과의 관계와

---

22) Joseph H.Thayer, *Greek-English Lexicon of the New Testament* (Edinburgh: T.and T. Clark, 1955), pp. 188, 231, 629.

23) George E.Ladd, *Crucial Questions About the Kingdom of God*(Grand Rapids: Eerdmans, 1952), p. 178.

관련된 문제에 이르게 되었다. 이론상으로, 모든 전천년주의자들은 그리스도의 재림 이전에 7년 동안(이 숫자는 문자적으로 받아들여질 필요는 없다)의 대환난이 있을 것으로 주장한다. 문제는 대환난 이전에 교회가 세상으로부터 옮겨지는 독립된 재림이 있을 것인지 아니면 교회가 대환난을 통과하여 그 후에야 비로소 주와 연합될 것인지에 관한 것이다. 그리스도가 환난 이전에 교회를 자신에게로 취하여 갈 것이라는 견해는 전환난설이라고 불리며, 그가 환난 이후에 교회를 취하여 갈 것이라는 견해는 후환난설이라고 불린다. 우리가 이 장의 결론 부분에서 간단히 언급할 어떤 중간적인 입장들도 또한 존재한다. 실제로, 이 구분들은 전천년주의자들에 의해서만 도출되는데, 그 이유는 그들이 후천년설이나 무천년설을 주장하는 사람들보다는 종말의 세세한 내용들에 더 많은 주의를 기울이는 경향이 있기 때문이다.

### 전환난설(Pretribulationism)

전환난주의자들에 의하여 주장되는 몇가지 특이한 관념들이 존재한다. 첫번째는 환난의 본질과 관계되어 있다. 이것은 사실상 '대'(great)환난이 될 것이다. 몇몇 다른 종말론자들은 교회의 역사를 통하여 줄곧 교회에 의하여 경험되었던 곤경들과 박해들을 강조하는 반면에, 전환난주의자들은 이 환난의 유일성을 강조한다. 이것은 역사 안에서는 전혀 비교할 만한 것이 없을 것이다. 이것은 하나님과 이방인들의 관계를 종결짓고 천년 왕국과 그 속에서 일어날 사건들을 준비하는 일종의 과도기가 될 것이다. 환난은 결코 신자들을 징계하거나 교회를 정화하는 기간으로 이해되어서는 안된다.

전환난설의 두번째 주요한 관념은 교회의 휴거(rapture)이다. 그리스도는 교회를 세상으로부터 옮기시기 위하여 대환난의 초기에(혹은 실제로 그것의 바로 직전에) 강림하실 것이다. 어떤 의미에서 이 강림은 은밀한 것이 될 것이다. 믿지 않는 자의 눈은 결코 그것을 보지 못할 것이다. 휴거는 데살로니가전서 4:17에서 묘사된다. "그 후에 우리 살아 남은 자도 저희와 함께 구름 속으로 끌어 올려 공중에서 주를 영접하게 하시리니 그리하여 우리가 항상 주와 함께 있으리라." 휴거에서 그리스도는 환난의 끝 무렵에 그가 교회와 함께 오실 때 땅 위로 오시는 것처럼, 내내 땅 위로 내려오시지는 않을 것이라는 사실을 유의하라.[24]

그 다음으로, 전환난설은 그리스도의 재림이 두 단계로 일어나거나, 혹은 우리가 심지어 두 번의 재림을 말할 수도 있을 것이라고 주장한다. 또한 세 번의 부활도

---

24) John F. Walvoord, *The Rapture Question*(Findlay, Ohio: Dunham, 1957), pp. 101, 198.

있을 것이다. 첫번째는 휴거시에 의로운 죽은 자들의 부활이 있을 것인데, 그 이유는 바울이 그 때에 살아있는 신자들이 죽어 있는 자들을 앞서지 못할 것이라고 가르치고 있기 때문이다. 그 다음으로 환난의 끝에 환난 기간 동안에 죽은 성도들의 부활이 있을 것이다. 마지막으로, 천년 왕국의 끝에 불신자들의 부활이 있을 것이다.[25]

이 모든 것은 교회가 환난 기간 동안에 존재하지 않을 것임을 의미한다. 교회를 환난으로부터 구원하는 것이 휴거의 목적이다. 바울은 데살로니가인들에게 그들이 하나님께서 불신자들에게 쏟으실 진노를 경험하지 않을 것이라고 약속하였기 때문에, 우리는 구원을 기대할 수 있다. "하나님이 우리를 세우심은 노하심에 이르게 하심이 아니요 오직 우리 주 예수 그리스도로 말미암아 구원을 얻게 하신 것이라"(살전 5:9). "예수께서 … 우리를 장차 올 노하심에서 건지시리라"(살전 1:10).

그러나 선택된 자들 중의 얼마가 환난 기간에 참여하게 될 것을 시사하는 마태복음 24장의 언급들은 무엇을 의미하는가? 우리는 예수의 재림과 마지막 날의 표적이 무엇인지를 묻는 제자들의 질문(24:3; 참고. 행 1:6)이 유대교의 구조 안에서 일어났다는 사실을 이해해야 한다. 따라서, 여기에서의 예수의 논의도 일차적으로 이스라엘의 미래에 관계된다. 복음이 "교회"나 "그리스도의 몸" 혹은 어떤 유사한 표현 대신에 "택하신 자들"(elect)이라는 일반적인 표현을 사용하는 것이 중요하다. 환난에 참여하게 되는 것은 교회가 아니라, 선택된 유대인들이다. 이스라엘과 교회 사이의 이러한 구분은 세대주의와 밀접하게 연결되어 있는 전환난설의 결정적이고 중대한 부분이다. 환난은 일차적으로 하나님과 교회의 관계로부터 그가 원래 선택하신 백성인 민족적인 이스라엘과의 관계를 재정립하시는 것으로의 변화로서 간주된다.[26]

마지막으로, 전환난설 안에는 주의 재림의 임박성에 대한 강한 강조가 존재한다.[27] 그의 재림이 환난에 앞서 일어날 것이기 때문에, 휴거 이전에 성취될 어떤 것도 남아있지 않다. 실제로, 세대주의자들은 교회에 적용되는 모든 예언적인 성경이 1세기에 성취되었다고 주장한다. 더욱이, 종말의 몇몇 일반적인 전조들이 오늘날 확실하게 보여질 수 있다. 즉, 많은 사람의 믿음이 점점 식어지고 악이 증가하고 있다. (실제로, 이것들은 환난의 끝무렵에 있을 그리스도의 재림의 전조들이다. 그것

---

25) Charles L. Feinberg, *Premillennialism or Amillennialism? The Premillennial and Amillennial Systems of Interpretation Analyzed and Compared*(Grand Rapids: Zondervan, 1936), p.146.

26) E. Schuyler English, *Re-thinking the Rapture: An Examination of What the Scriptures Teach as to the Time of the Translation of the Church in Relation to the Tribulation* (Neptune, N.J.: Loizeaux, 1954), pp.100-01.

27) Walvoord, *Rapture Question*, pp.75-82.

들 가운데 몇가지가 이미 여기에 있다는 것은 이런 현상들이 나중에 증가하게 될 것임을 암시한다.) 그렇다면, 교회를 위한 그의 재림은 언제라도, 심지어 다음 순간에라도 일어날 수 있을 것이다.

예수는 듣는 자들에게 그의 재림의 때를 알 수 없기 때문에, 깨어 있으라고 권고하셨다(마 25:13). 열 처녀의 비유는 이러한 메시지를 전하고 있다. 노아의 때와 같이, 어떤 경고하는 표적들도 없을 것이다(마 24:36-39). 악한 자들은 홍수가 와서 그들을 멸할 때까지 아무 것도 깨닫지 못하였다. 주의 재림은 밤에 도적이 오는 것과 같을 것이다(마 24:43). 혹은 예기치 않은 시간에 돌아오는 주인과 같을 것이다(마 24:45-51). 갑작스런 분리가 일어날 것이다. 두 사람이 밭에서 일을 할 것이며, 두 여자가 맷돌을 갈고 있을 것이다. 각각의 경우에, 한 사람은 데려감을 당하고 다른 사람은 남게 될 것이다. 휴거에 대하여 이보다 더 분명한 묘사가 있을 수 있겠는가? 이것은 어떤 순간에라도 일어날 수 있기 때문에, 깨어서 부지런히 활동하여 아주 많이 준비하는 것이 바람직할 것이다.[28]

그리스도의 재림이 임박하다는 믿음에 대한 또다른 근거가 존재한다. 교회는 일어나게 될 다음의 주요한 사건이 단지 그리스도의 재림일 때에만 복스러운 소망을 가질 수 있다(딛 2:13). 만약 적그리스도와 대환난이 종말론적인 일정의 다음 항목들이었다면, 바울은 고난과 박해와 고통을 기다리라고 말하였을 것이다. 그러나 그 대신에 그는 데살로니가인들에게 그리스도의 재림의 사실을 가지고 서로 위로하라고 명령하였다(살전 4:18). 교회가 희망적인 기대를 가지고 기다리는 다음 사건은 교회를 위한 그리스도의 재림이기 때문에, 그것이 아무때에도 일어나지 못하도록 방해하는 어떤 것도 존재하지 않는다.[29]

마지막으로, 전환난설은 적어도 두 가지의 심판이 있을 것이라고 주장한다. 교회는 휴거될 때에 심판받을 것이다. 그 때에 신실함에 대한 보상들이 분배될 것이다. 그러나 교회는 천년 왕국의 마지막에 일어나게 될 양과 염소의 분리에는 포함되지 않을 것이다. 교회의 신분은 이미 결정되었다.


### 후환난설(Posttribulationism)

후환난주의자들은 교회를 위한 그리스도의 재림이 대환난이 끝날 때까지는 일어나지 않을 것이라고 주장한다. 그들은 (1) 휴거가 성경적인 표현이 아니며, (2) 교

---

28) Gordon Lewis, "Biblical Evidence for Pretribulationism," *Bibliotheca Sacra* 125(1968):216-26.

29) John F. Walvoord, *The Return of the Lord*(Findlay, Ohio: Dunham, 1955), p.51.

회가 환난에서 벗어나거나 구원받게 될 것이라는 것, 즉 후환난설의 본질과는 반대되는 개념을 주장하기 때문에, 휴거(rapture)라는 용어의 사용을 피한다.

후환난설의 첫번째 특징은 전환난설에서 발견되는 것보다 최후의 사건들에 대하여 덜 문자적으로 해석한다는 것이다.[30] 예를 들어, 전환난주의자들은 다니엘서 9:27절에 나오는 שָׁבֻעַ(샤부아)라는 단어가 대환난이 문자 그대로 7년동안 지속될 것을 지시하는 것으로 받아들이는 반면에, 대부분의 후환난주의자들은 환난이 실제적인 시간의 기간 동안 지속될 것이라는 것을 단순히 주장한다. 이와 유사하게, 전환난주의자들은 일반적으로 천년 왕국의 구체적인 개념을 갖고 있다. 그들의 견해에 의하면, 많은 예언들이 이 천년의 기간 동안에 문자적으로 성취될 것이다. 실제로, 이것은 그리스도의 발이 문자 그대로 감람산 위에 서게 될 때 시작될 것이다(슥 14:4). 천년 왕국에 대한 후환난주의자들의 이해는 본성상 훨씬 더 일반화되어 있다. 예를 들어, 그것은 길이에서 반드시 일천년이 되지는 않을 것이다.

후환난설에 의하면, 교회는 대환난 기간에 존재할 것이며 그것을 겪게 될 것이다. 마태복음 24장(환난 후에 천사들이 택하신 자들을 모으리라: 29-31절)에 나오는 "택하신 자들"(elect)이라는 용어는 이것이 "믿는 자들"을 의미하는 성경의 다른 곳에서의 용법에 비추어서 이해되어야 한다. 오순절 이후로, "택하신 자들"(elect)이라는 용어는 교회를 의미하였다. 주께서 환난 기간에 교회를 보존하실 것이지만, 환난을 면하게 하지는 않으실 것이다.

후천년주의자들은 하나님의 진노와 환난을 구분한다. 하나님의 진노(ὀργή, 오르게)는 사악한 자에게 임하는 것으로서 성경에 언급되고 있다 — "아들을 순종치 아니하는 자는 영생을 보지 못하고 도리어 하나님의 진노가 그 위에 머물러 있느니라"(요 3:36). "하나님의 진노가 불의로 진리를 막는 사람들의 모든 경건치 않음과 불의에 대하여 하늘로 좇아 나타나나니"(롬 1:18; 또한 살후 1:8; 계 6:16-17; 14:10; 16:19; 19:15을 보라). 다른 한편으로, 신자들은 하나님의 진노를 경험하지 않을 것이다 — "우리가 그로 말미암아 진노하심에서 구원을 얻을 것이니라"(롬 5:9). "예수께서 … 우리를 장차 올 노하심에서 건지시리라"(살전 1:10). "하나님이 우리를 세우심은 노하심에 이르게 하심이 아니요"(살전 5:9).[31] 그러나 성경은 신자들이 환난을 겪을 것이라는 사실을 분명히 한다. θλῖψις(스립시스)라는 명사와 상응

---

30) George E. Ladd, "Historic Premillennialism," in *Meaning of the Millennium*, pp. 18-27.

31) George E. Ladd, *The Blessed Hope*(Grand Rapids: Eerdmans, 1956), p. 122; Robert H. Gundry, *The Church and the Tribulation*(Grand Rapids: Zondervan, 1973), pp. 48-49.

하는 동사인 θλίβω(스리보)의 용법의 압도적인 다수가 성도들이 견디게 될 환난과 관계가 있다. 이 명사는 마지막 때에 있게 될 성도들의 박해를 나타내기 위하여 사용된다(마 24:9,21,29; 막 13:19,24; 계 7:14). 이것은 하나님의 진노가 아니라, 하나님의 백성들을 거역하는 사탄과 적그리스도와 사악한 자의 진노이다.[32]

환난은 모든 시대를 통하여 줄곧 교회의 경험이었다. 예수는 "세상에서는 너희가 환난을 당하나"(요 16:33)라고 말씀하셨다. 다른 중요한 참조절들은 사도행전 14:22; 로마서 5:3; 데살로니가전서 3:3; 요한 일서 2:18,22; 4:3 그리고 요한 이서 7절이다. 후환난주의자들은 일반적인 환난과 대환난 사이의 구분을 부정하지는 않지만, 이 차이가 종류의 차이가 아니라 단지 정도의 차이라고 믿는다. 교회는 그 역사를 통하여 줄곧 환난을 경험하였기 때문에, 교회가 또한 대환난을 경험한다 하더라도 그것은 놀라운 일이 아닐 것이다.

후환난주의자들은 성경이 임박한 환난을 피하거나 면하게 되는 신자들에 대하여 언급하고 있음을 인정한다. 예를 들어, 누가복음 21:36에서 예수는 제자들에게 "이러므로 너희는 장차 올 이 모든 일을 능히 피하고 인자 앞에 서도록 항상 기도하며 깨어 있으라"고 말씀하신다. 여기에서 사용되는 단어는 " — 의 한가운데로부터 피하도록"(to escape out of the midst of)을 의미하는 ἐκφεύγω(에크퓨고)이다. 유사한 언급이 요한계시록 3:10에서 발견된다. "네가 나의 인내의 말씀을 지켰은즉 내가 또한 너를 지키어 시험의 때를 면하게 하리니 이는 장차 온 세상에 임하여 땅에 거하는 자들을 시험할 때라." " — 로부터"(from, ἐκ)로 번역된 전치사는 실제로 " — 의 한가운데로부터 밖으로"(out from the midst of)를 의미한다. 그렇다면 후환난주의자들은 보통 ἀπό(아포)라는 전치사가 필요한데 교회가 환난으로부터 피하게 될 것이 아니라, 교회가 환난의 한가운데로부터 지켜질 것이라고 주장한다.[33] 이 점에서, 우리는 애굽의 전염병 기간 동안에 겪은 이스라엘 민족들의 경험을 상기하게 된다.

요한계시록 3:10에서 특별히 중요한 것은 τηρέω(테레오, "지키다〔keep〕")라는 동사이다. 위험의 상황을 고려해 보면, 이것은 "보호하는 것"(to guard)을 의미한다. 이것은 오직 한 번 신약 성경의 다른 곳, 즉 요한복음 17:15에서 에크(ἐκ)라는 전치사와 함께 나타난다. "내가 비옵는 것은 저희를 세상에서 데려가시기를 위함이 아니요 오직 악에 빠지지 않게 보전하시기를 위함이니이다." 여기서 τηρέω(테레오)는 "들다, 들어 올리다, 혹은 옮기다"를 의미하는 αἴρω(아이로)와 대비된다. 후자의

---

32) Gundry, *Church and the Tribulation*, p.49.
33) Ibid., p.55.

동사는 전환난주의자가 주장하는 바, 예수가 휴거시에 교회에 대하여 행하실 것을 매우 정확하게 묘사하고 있다. 확실히, 예수는 여기에서 환난이 아니라, 그가 지상에서 떠나신 뒤에 즉시로 이어지는 기간의 그의 제자들의 상황에 대하여 말씀하시고 있다. 그러나 문제는 요한이 요한계시록 3:10에서 예수가 교회를 "들어올리신다"(rapture)고 가르치기를 원했다면, αἴρω(아이로)라는 동사가 틀림없이 사용될 수 있었을 것이라는 것이다. 사도는 그가 요한복음 17:15 하반절에서 사용했던 것, 즉 신자들을 그러한 위험의 현존으로부터 구원하는 것이 아니라 그들을 현재의 위험으로부터 보호한다는 내용을 여기에서 염두에 두고 있었다.[34]

후환난주의자들은 또한 우리가 공중에서 주를 만날 것이라는 데살로니가전서 4:17에 대한 바울의 언급을 다르게 이해한다. 전환난주의자들은 이 사건이 휴거라고 주장한다. 즉 그리스도께서 교회를 "위하여"(for) 은밀한 가운데 오셔서, 환난이 끝날 때까지 신자들을 그와 함께 구름 속으로 끌어 올려 천국으로 데려갈 것이다. 그러나 조지 래드(George Ladd)와 같은 후환난주의자들은 성경의 다른 곳에서 나타나는 ἀπάντησις(아판테시스, "만나다")라는 용어의 용법에 비추어 이 주장에 동의하지 않는다. 신약 성경에서는 이 단어가 오직 두 번 명백하게 나타난다(마 27:32은 본문적으로 의심스럽다). 이 언급들 중의 하나는 분명히 종말론에 관한 비유인 슬기롭고 미련한 처녀들의 비유 속에서 나타난다. 신랑이 올 때에, 다음과 같은 발표가 이루어진다. "보라, 신랑이로다! 그를 맞으러〔ἀπάντησις(아판테시스)〕나오라"(마 25:6). 이 단어는 이 상황에서 무엇을 의미하는가? 처녀들은 신랑을 맞으러 나가고 그 다음에 그와 함께 떠났는가? 오히려 그들은 그를 맞으러 나갔고 그 다음에 그와 함께 돌아와 혼인 잔치에 들어갔다.

이 단어의 또 다른 사용(행 28:15)은 비종말론적이고 역사적인 설화(narrative)이다. 바울과 그의 무리가 로마로 가고 있었다. 로마에 있는 일단의 신자들이 그들의 도착에 대해서 듣고는, 그들을 마중하기(ἀπάντησις) 위하여 압비오 저자와 삼관까지 나가게 되었다. 이 일로 인하여 바울이 용기를 얻었고, 그 다음에 무리가 그와 함께 로마로 계속해서 들어가게 되었다. 이러한 용법들에 근거하여, 래드는 아판테시스라는 단어가 어떤 사람을 도중에 만나러 나가서 그와 함께 그들이 온 곳으로 돌아가는 환영(歡迎)하는 모임을 나타낸다고 주장한다. 따라서 우리가 공중에서 주를 만나는 것은 데려감이 아니라, 그를 만나서 그 다음에 즉시로 그와 함께 그의 승리한 환경의 일부인 지상으로 내려오는 것의 실상이다. 이 만남에서 돌아오

---

34) Ibid., pp. 58-59.
35) Ladd, *Blessed Hope*, pp. 58-59.

는 것은 주가 아니라 교회이다.[35]

　후환난주의자들은 그들의 상대편인 전환난주의자들보다는 마지막날의 일들을 덜 복잡하게 이해한다. 예를 들어, 후환난설에는 오직 한번의 재림만 존재한다. 교회를 위한 재림과 환난의 종말 사이에는 어떠한 중간 기간도 존재하지 않기 때문에, 신자들을 위한 추가적인 부활의 필요성은 존재하지 않는다. 단지 두 번의 부활만이 존재한다. 즉, (1) 환난의 마지막과 천년 왕국의 시작에 있게 될 신자들의 부활과, (2) 천년 왕국의 마지막에 있게 될 악한 자들의 부활이다.

　후환난주의자들은 또한 종말시의 복잡한 사건들이 기본적인 통일성을 갖고 있는 것으로 본다. 그들은 통상적으로 재림 그 자체가 어떤 순간에라도 일어날 수 있다는 의미에서 그것이 임박하다는 것을 의미하지는 않지만, 이 복잡한 사건들이 임박해 있다(imminent)고 믿는다. 그들은 재림이 절박하다(impending)고 말하기를 더 좋아한다.[36] 그들의 복스러운 소망은 신자들이 대환난 이전에 지상으로부터 옮겨질 것이라는 기대가 아니라, 오히려 주께서 무슨 일이 일어나든 상관없이 신자들을 보호하시고 지킬 것이라는 확신이다.[37]

## 중간적인 입장들

　전환난설과 후환난설 양자 모두에 난점들이 첨부되어 있기 때문에, 다수의 중간적인 입장들이 만들어졌다. 세 가지의 주요한 변형들이 언급될 수 있을 것이다. 가장 일반적인 것은 중간환난설의 견해(the midtribulational view)이다. 이것은 교회가 환난의 덜 심각한 부분(보통 전반기, 혹은 3년 반)을 통과하게 되지만, 그 다음 순간에 세상으로부터 옮기어질 것이라고 주장한다.[38] 이 견해의 한 가지 공식적인 표명에 의하면, 교회는 환난을 경험하겠지만 하나님의 진노가 부어지기 전에 옮겨질 것이다. 두번째 유형의 중간적인 입장은 부분적 휴거의 견해(the partial-rapture view)이다. 이것은 일련(一連)의 휴거들이 있을 것이라고 주장한다. 신자들의 일부분이 준비가 될 때마다, 그들은 지상에서 옮겨질 것이다.[39] 세번째 중간적인 입장은 임박한 후환난설(imminent posttribulationism)이다. 그리스도의 재림

---

36) Gundry, *Church and the Tribulation*, pp. 29-43.

37) Ladd, *Blessed Hope*, p. 13.

38) James Oliver Buswell, Jr., *A Systematic Theology of the Christian Religion*(Grand Rapids: Zondervan, 1962-63); Norman B. Harrison, *The End: Re-thinking the Revelation* (Minneapolis: Harrison, 1941), p. 118.

39) Robert Govett, *The Saints' Rapture to the Presence of the Lord Jesus*(London: Nisbet, 1852); George H. Lang, *The Revelation of Jesus Christ: Select Studies*(London: Oliphant, 1945).

은 환난 이후까지는 일어나지 않을 것이지만, 환난이 이미 일어나고 있을 수도 있기 때문에, 어떤 순간에라도 기대될 수 있다.[40] 이 중간적인 입장들 가운데서 어느 것도 특별히 최근에는 다수의 지지자들을 갖고 있지 않다. 따라서, 우리는 이것들을 상세하게 다루지는 않을 것이다.[41]

### 문제의 해결

모든 고찰들을 평가했을 때, 후환난설의 입장이 더 가능성이 많은 것으로 보이는 몇가지 이유들이 존재한다:

1. 전환난설의 입장은 상당히 부자연스럽고 성경의 지지가 결여된 듯이 보이는 몇가지 특징들을 포함하고 있다. 재림을 두 단계로 나누는 것과 세 가지 부활을 가정하는 것, 그리고 민족적인 이스라엘과 교회를 예리하게 구분하는 것은 성경적인 근거들에 입각하여 지지되기가 어렵다. 민족적인 이스라엘에 대한 예언들이 교회와 별개로 성취될 것이며, 또한 이에 따라 천년 왕국이 확실히 유대적인 특성을 갖게 될 것이라는 전환난설의 견해는 새 계약의 도입과 더불어 일어났던 근본적인 변화들에 대한 성경의 묘사들과 쉽게 조화될 수 없다.

2. 좀더 명확하게 말하여, 몇가지 종말론적인 인용절들은 후환난설적인 근거들 위에서 더 잘 해석된다. 이 인용절들은 선택된 개인들이 환난에 참여할 것(마 24:29-31)이지만, 그것의 격렬함으로부터 보호받을 것(계 3:10)이라는 지시들과, 그리스도의 나타남과 함께 일어날 현상들에 대한 묘사들, 그리고 공중에서의 만남에 대한 언급(살전 4:17)을 포함하고 있다.

3. 성경의 가르침의 일반적인 취지는 후환난설의 견해와 더 잘 어울린다. 예를 들어, 성경은 신자들이 겪게 될 시련들과 시험들에 대한 경고들로 채워져 있다. 이것은 이러한 재난들로부터 옮긴다는 것이 아니라, 그것들을 견디고 극복할 수 있는 능력을 약속하고 있다.

이것은 후환난설적인 입장에 어떠한 난점들도 없다고 말하려는 것이 아니다. 예를 들어, 후환난설에는 천년 왕국에 대한 상대적으로 적은 신학적인 해석의 근거가

---

40) J.Barton Payne, *The Imminent Appearing of Christ*(Grand Rapids: Eerdmans, 1962).

41) 이 입장들에 대하여 좀더 철저하게 연구하기를 원하는 독자들은 Millard J.Erickson, *Contemporary Options in Eschatology*(Grand Rapids: Baker, 1977), pp.163-81를 보기를 바란다.

42) 그러나 또한 George E.Ladd, "The Revelation of Christ's Glory," *Christianity Today*, 1 September 1958, p.14를 보라.

존재한다. 이것은 약간은 불필요한 것으로 보인다.[42] 그러나 대체적으로, 우세한 증거들이 후환난설을 찬성한다.

# 59

# 최후의 상태



**최**후의 상태에 대하여 말할 때, 우리는 어떤 의미에서 개인적 종말론에 대한 논의로 되돌아가게 되는데, 그 이유는 최후의 심판에서 영원토록 친히 경험하게 될 특별한 상태로 모든 개인들이 할당될 것이기 때문이다. 그러나 전체 인류가 이 상태에 동시에 집단적으로 들어갈 것이기 때문에, 우리는 실제로 집단적이거나 우주적 종말론의 문제들도 역시 마찬가지로 다루게 된다. 미래의 상태에 관한 주제는 상당한 사변(思辨)과 오보(誤報)가 존재하는 주제이다. 그러나 놀랍게도 이 문제들과 관련하여, 특별히 천국의 문제에 관하여 조직 신학 교과서들에서 상대적으로 거의

---

1) Louis Berkhof의 738쪽으로 이루어진 한 권의 두꺼운 책인 「조직신학」〔*Systematic Theology*(Grand Rapids: Eerdmans, 1953)〕은 천국에 대하여 단지 한 페이지와 지옥에 대하여 두 페이지(pp. 735-37)를 할애하고 있다.

언급이 되지 않고 있다.[1]

## 의로운 자의 최후의 상태

### "천국"이라는 용어

의로운 자의 미래 상황을 나타내는 다양한 방법들이 존재한다. 물론 가장 공통적인 것은 "천국"이다. 그러나 이 용어 자체가 조사되어야 할 필요가 있는데, 그 이유는 םִיַמָשׁ(샤마임)과 οὐρανός(우라노스)가 성경에서 기본적으로 세 가지 다른 방식으로 사용되고 있기 때문이다. 첫번째는 우주론적인 것이다.[2] "하늘과 땅"(혹은 "하늘들과 땅")이라는 표현은 전체 우주를 나타내기 위하여 사용된다. 창조 기사에서 우리는 "태초에 하나님이 천지를 창조하시니라"(창 1:1)고 들을 수 있다. 예수는 "천지가 없어지기 전에는 율법의 일점 일획이라도 반드시 없어지지 아니하고 다 이루리라"(마 5:18; 또한 24:35; 눅 16:17을 보라)고 말씀하셨다. 그는 아버지를 "천지의 주재"(마 11:25)로서 언급하였다. 하늘[οὐρανός(우라노스)]은 별들이 달려 있는 창공이고(마 24:29), 공중이며(마 6:26), 번개(눅 17:24)와 비가 일어나는(눅 4:25) 곳이다.

둘째로, "하늘"은 하나님에 대한 사실상의 동의어이다.[3] 그 예들 가운데 아버지에 대한 탕자의 고백인 "내가 하늘과 아버지께 죄를 얻었사오니"(눅 15:18,21)와 바리새인들에 대한 예수의 질문인 "요한의 세례가 어디로서 왔느냐? 하늘로서냐 사람에게로서냐?"(마 21:25), 그리고 세례 요한의 "만일 하늘에서 주신 바 아니면 사람이 아무 것도 받을 수 없느니라"(요 3:27)라는 선언이 있다. 가장 주목할 만한 것은 누가가 평행적인 인용절들에서 "하나님의 나라"라고 부르고 있는 곳에서 마태는 "하늘 나라"라고 하는 표현을 반복해서 사용하고 있다는 사실이다. 야훼(Yahweh)라는 신명(神名)을 발성하지 않았던 유대 청중들을 대상으로 글을 쓰면서, 마태는 "하늘"을 하나님과 동의어로 사용하고 있다.

---

2) Helmut Traub, οὐρανός, in *Theological Dictionary of the New Testament*, ed. Gerhard Kittel and Gerhard Friedrich, trans. Geoffrey W. Bromiley, 10 vols. (Grand Rapids: Eerdmans, 1964-1976), vol. 5, pp. 514-20.

3) Ibid., pp. 521-22.

4) Francis Brown, S. R. Driver, and Charles A. Briggs, *Hebrew and English Lexicon of the Old Testament* (New York: Oxford University, 1955), p. 1030.

"하늘"이라는 단어의 세번째 의미이자, 우리의 목적을 위하여 유일하게 가장 중요한 것은 하나님의 거처이다.[4] 따라서, 예수는 그의 제자들에게 "하늘에 계신 우리 아버지여"(마 6:9)라고 기도하라고 가르치셨다. 그는 "하늘에 계신 너희 아버지"(마 5:16,45; 6:1; 7:11; 18:14)와 "하늘에 계신 내 아버지"(마 7:21; 10:32,33; 12:50; 16:17; 18:10,19)에 대하여 종종 언급하였다. "하늘에 계신 아버지"(heavenly Father)라는 표현도 같은 관념을 전달한다(마 5:48; 6:14,26,32; 15:13; 18:35). 예수는 하늘에서 내려오신 분으로서 언급된다. "하늘에서 내려온 자 곧 인자 외에는 하늘에 올라간 자가 없느니라"(요 3:13; 또한 3:31; 6:42,51을 보라).[5] 천사들은 하늘에서 내려오며(마 28:2; 눅 22:43) 하늘로 돌아간다(눅 2:15). 그들은 하늘에서 살고(막 13:32), 그곳에서 하나님을 뵈오며(마 18:10) 아버지의 뜻을 완전하게 수행한다(마 6:10). 그들은 심지어 천군으로서 언급된다(눅 2:13).

그리스도가 나타나시는 것도 바로 하늘로부터이다(살전 1:10; 4:16; 살후 1:7). 그는 신자들을 위한 영원한 처소를 예비하기 위하여 하늘로 올라 가셨다. 우리는 이 활동의 정확한 본질을 알지 못하지만, 그가 신자들이 자기와 교제할 처소를 준비하고 있다는 것은 분명하다. "내 아버지 집에 거할 곳이 많도다. 그렇지 않으면 너희에게 일렀으리라. 내가 너희를 위하여 처소를 예비하러 가노니 가서 너희를 위하여 처소를 예비하면 내가 다시 와서 너희를 내게로 영접하여 나 있는 곳에 너희도 있게 하리라"(요 14:2-3).

하나님의 거처로서, 하늘은 명백히 신자들이 영원히 거하게 될 곳이다. 이것이 바울이 "그 후에 우리 살아 남은 자도 저희와 함께 구름 속으로 끌어 올려 공중에서 주를 영접하게 하시리니 그리하여 우리가 항상 주와 함께 있으리라"(살전 4:17)고 말한 이유이다. 우리는 언젠가는 우리와 함께 거하게 될 이 주님께서 하늘에, 즉 아버지의 면전에 계신다는 사실을 알고 있다. "내가 내 아버지 곧 너희 아버지, 내 하나님 곧 너희 하나님께로 올라간다 하라"(요 20:17; 또한 행 1:10-11을 보라). 그는 이제 그 곳에 계신다. "그리스도께서는 참 것의 그림자인 손으로 만든 성소에 들어가지 아니하시고 오직 참 하늘에 들어가사 이제 우리를 위하여 하나님 앞에 나타나신다"(히 9:24). 따라서 그리스도와 함께 있는 것은 하늘에서 아버지와 함께 있는 것이다. 신자는 천국을 위하여 준비해야 한다. "너희를 위하여 보물을 땅에 쌓아 두지 말라. 거기는 좀과 동록이 해하며 도적이 구멍을 뚫고 도적질하느니라. 오직 너희를 위하여 보물을 하늘에 쌓아 두라. 저기는 좀이나 동록이 해하지 못하며 도적이

---

5) Leon Morris, *The Lord from Heaven*(Grand Rapids: Eerdmans, 1958), pp. 26-29.

구멍을 뚫지도 못하고 도적질도 못하느니라"(마 6:19-20). 베드로는 신자들이 "썩지 않고 더럽지 않고 쇠하지 아니하는 기업을 잇게 하시나니 곧 너희를 위하여 하늘에 간직하신 것이라. 너희가 말세에 나타내기로 예비하신 구원을 얻기 위하여 믿음으로 말미암아 하나님의 능력으로 보호하심을 입어서"(벧전 1:4-5) 새롭게 태어났다고 기록하였다. 바울도 이와 유사하게 "너희를 위하여 하늘에 쌓아 둔 소망"(골 1:5)과 하늘과 땅에 있는 모든 것들이 그리스도 안에서 통일될 미래에 대하여 말하고 있다. 즉 하나님께서는 "하늘에 있는 것이나 땅에 있는 것이 다 그리스도 안에서 통일되는 충만한 때에 관한 계획을 갖고"(엡 1:10) 계신다.

### 천국의 본질

천국은 무엇보다도 먼저 하나님의 현존이다. 요한계시록 21:3에서 새하늘은 하나님께서 구약 성경의 이스라엘 가운데 거하셨던 장막인 성막에 비유된다. 보좌에서 큰 음성이 나서 가로되 "보라 하나님의 장막이 사람들과 함께 있으매 하나님이 저희와 함께 거하시리니 저희는 하나님의 백성이 되고 하나님은 친히 저희와 함께 계시리라." 사람과 교제하시기 위한 태초로부터의 하나님의 의도는 처음에는 인류를 창조하셨고, 그 다음에는 성막과 성전에 거하셨으며, 그 다음에는 성육신 하셨고, 마지막으로 사람들을 데려다가 자기와 함께 거하게 하시는 것(천국)이었다.

때때로, 통속적인 표현에 의하면, 천국은 일차적으로 큰 물질적인 즐거움이 있는 장소, 즉 우리가 여기 지상에서 가장 소망하였던 모든 것이 최대한으로 성취되는 장소로서 묘사되고 있다. 이렇게 해서 천국은 단순히 지상적인(혹은 심지어 세속적인) 상황들이 확대된 것처럼 보인다. 그러나 정확한 시각은 천국의 기본적인 본성을 하나님의 현존으로 보는 것이다. 즉 그의 현존으로부터 천국의 모든 축복들이 따라오게 되는 것이다.

하나님의 현존은 우리가 온전한 지식을 갖게 될 것임을 의미한다. 이와 관련하여, 가톨릭의 전통은 천국에서 하나님에 대한 지복직관(至福直觀)을 갖게 될 것이라는 관념을 중요하게 생각하였다.[6] 이 개념이 지나치게 강조되었을 수도 있지만, 이것은 우리가 하나님을 최초로 직접 보고 알게 될 것이라는 중요한 진리를 붙잡고 있다. 바울은 지금은 "우리가 부분적으로 알고 부분적으로 예언하니 온전한 것이 올 때에는 부분적으로 하던 것이 폐하리라 … 우리가 이제는 거울로 보는 것같이 희미하나 그 때에는 얼굴과 얼굴을 대하여 볼 것이요 이제는 내가 부분적으로 아나 그

---

6) Joseph Pohle, *Eschatology; or, The Catholic Doctrine of the Last Things: A Dogmatic Treatise*(St. Louis: B. Herder, 1917), pp. 34-37.

때에는 주께서 나를 아신 것같이 내가 온전히 알리라"(고전 13:9-12)고 논평하였다. 요한은 하나님의 현존이 신자에게 가져올 결과에 대해서 말하고 있다. "사랑하는 자들아, 우리가 지금은 하나님의 자녀라. 장래에 어떻게 될 것은 아직 나타나지 아니하였으나 그가 나타내심이 되면 우리가 그와 같을 줄을 아는 것은 그의 계신 그대로 볼 것을 인함이니라"(요일 3:2).

천국은 또한 모든 악들이 제거된 곳으로 특징지어질 수 있을 것이다. 그의 백성들과 함께 거하실 때에, 하나님께서 "모든 눈물을 그 눈에서 씻기시매 다시 사망이 없고 애통하는 것이나 곡하는 것이나 아픈 것이 다시 있지 아니하리니 처음 것들이 다 지나갔음이러라"(계 21:4). 이러한 괴로움들뿐만 아니라, 악의 진정한 근원, 즉 우리로 하여금 죄를 짓도록 유혹하는 것도 사라지게 될 것이다. "또 저희를 미혹하는 마귀가 불과 유황 못에 던지우니 거기는 그 짐승과 거짓 선지자도 있어 세세토록 밤낮 괴로움을 받으리라"(계 20:10). 완전히 거룩하신 하나님의 현존과 흠없는 어린 양은 어떤 종류의 죄나 악도 없을 것이라는 사실을 의미한다.

영광은 하나님의 진정한 본성에 속한 것이기 때문에, 천국은 큰 영광의 처소가 될 것이다.[7] 예수의 수태고지(受胎告知)는 "지극히 높은 곳에서는 하나님께 영광이요 땅에서는 기뻐하심을 입은 사람들 중에 평화로다"(눅 2:14)라는 말씀을 동반하고 있다. 유사한 말씀이 예루살렘으로 의기양양하게 입성하는 장면에서 언급되었다. "하늘에는 평화요 가장 높은 곳에는 영광이로다"(눅 19:38). 그리스도의 재림은 큰 영광 중에 있게 될 것이며(마 24:30), 그는 그의 영광스러운 보좌에 앉으실 것이다(마 25:31). 예수는 무리들에게 그가 "아버지의 영광으로 거룩한 천사들과 함께"(막 8:38) 올 것이라고 말씀하셨다. 광대한 크기나 혹은 찬란한 광채를 암시하는 표상들이 천국을 상상할 수 없는 광채와 위대함과 탁월함과 아름다움을 지닌 장소로서 묘사하고 있다. 하늘로서 아버지께로부터 내려오게 될 새예루살렘은 순금으로 만들어져 있고(심지어는 그 거리들도 순금이다), 귀중한 보석들로 장식되어 있는 곳으로 묘사된다(계 21:18-21). 요한의 환상은 우리가 가장 가치있고 아름다운 것으로 생각하는 그런 품목들을 비유로서 사용하고 있지만, 천국의 실제적인 광채는 우리가 이미 경험한 어떤 것보다도 훨씬 탁월하다. 새 예루살렘은 해나 달의 비췸이 필요하지 않을 것인데, 그 이유는 "하나님의 영광이 비취고 어린 양이 그 등이 되시기"(계 21:23, 또한 22:5을 보라) 때문이다.

---

7) Bernard Ramm, *Them He Glorified: A Systematic Study of the Doctrine of Glorification* (Grand Rapids: Eerdmans, 1963), pp. 104-15.

## 천국에서의 우리의 삶: 안식과 예배와 봉사

우리는 천국에 있는 구속받은 자의 활동들에 대하여 상대적으로 거의 들어보지 못하였지만, 우리의 미래의 존재가 어떻게 될 것인지를 약간은 일별할 수 있다. 천국에서의 우리의 삶의 한 가지 특징은 안식이 될 것이다.[8] 히브리서 저자는 이 개념을 중시하고 있다. 히브리서에서 사용되는 용어로서 안식은 단순한 활동의 정지일 뿐만 아니라, 결정적인 중요성을 갖고 있는 목표에 도달하는 경험이다. 따라서, 광야를 거쳐 약속의 땅의 "안식"에 이르는 순례의 여정에 대한 빈번한 언급들이 존재한다(히 3:11,18). 약속의 땅에 도달하는 것은 일상적인 수고의 끝이 아니라, 극히 어렵고 고생스러운 노력의 완성이었다. 유사한 안식이 신자들을 기다리고 있다. "그런즉 안식할 때가 하나님의 백성에게 남아 있도다. 이미 그의 안식에 들어간 자는 하나님이 자기 일을 쉬심과 같이 자기 일을 쉬느니라. 그러므로 우리가 저 안식에 들어가기를 힘쓸지니 이는 누구든지 저 순종치 아니하는 본에 빠지지 않게 하려 함이라"(히 4:9-11). 여기에서 언급되는 백성들은 "함께 하늘의 부르심을 입은 거룩한 형제들"(3:1)이다. 그렇다면 천국은 그리스도인의 순례 여정의 완성, 즉 육과 세계와 마귀에 대한 싸움의 끝이 될 것이다. 행할 일이 있을 것이나, 그것은 대항하는 세력들에 대한 싸움을 포함하지 않을 것이다.

천국에서의 삶의 또 다른 면은 예배이다.[9] 생생한 묘사가 요한계시록 19장에서 발견된다.

> 이 일 후에 내가 들으니 하늘에 허다한 무리의 큰 음성 같은 것이 있어 가로되 "할렐루야!" 구원과 영광과 능력이 우리 하나님께 있도다. 그의 심판은 참되고 의로운지라. 음행으로 땅을 더럽게 한 큰 음녀를 심판하사 자기 종들의 피를 그의 손에 갚으셨도다 하고 두번째 가로되 "할렐루야!" 하더니 그 연기가 세세토록 올라가더라. 또 이십사 장로와 네 생물이 엎드려 보좌에 앉으신 하나님께 경배하여 가로되 "아멘 할렐루야!" 하니(1-4절).

> 그리고 나서 보좌로부터 나오는 음성이 무리에게 하나님을 찬양하라고 권하니(5절), 그들이 그렇게 하였다(6-8절).

---

8) 우리는 여기에서, 천국에서의 우리의 삶이 모든 성경의 언급들에서 전제되어 나타나고 있는 것처럼, 인격적이고 의식적이며 개별적인 존재가 될 것으로 가정하고 있다. 우리의 미래의 존재가 단순히 하나님의 기억 속에서 살아 있는 것에 불과할 뿐일 것이라는 견해에 대해서는 David L. Edwards, *The Last Things Now*(London: SCM, 1969), pp. 88-91을 보라.

9) Ulrich Simon, *Heaven in the Christian Tradition*(New York: Harper, 1958), p. 236.

우리는 성경의 다른 곳에서 이와 유사한 기사(記事)들을 발견한다. 예를 들어, 이사야는 주께서 높이 들리셔서 보좌 위에 앉아 계시는 그가 본 환상에 대하여 자세히 말한다. 한 스랍이 또다른 스랍에게 이렇게 창화(唱和)하였다 "거룩하다, 거룩하다, 거룩하다, 만군의 여호와여. 그 영광이 온 땅에 충만하도다"(사 6:3). 천국에 대한 이러한 묘사들에 의하면, 그곳에 거하는 자들은 규칙적으로 하나님을 찬양하고 예배하는 것처럼 보인다. 따라서, 우리는 구속받은 자가 주의 재림과 대심판과 그의 하늘나라의 수립에 이어서 이와 유사한 활동에 참여하게 될 것을 기대할 수 있다. 이런 의미에서, 참된 신자들은 지상에서 그들이 참여하였던 활동을 계속하게 될 것이다. 지금 여기에서의 우리의 예배와 찬양은 우리의 마음과 목소리로 드리는 미래의 활동을 위한 준비와 실천이다.

분명히 천국에서도 역시 마찬가지로 봉사의 요소가 있을 것이다.[10] 그 이유는 예수가 요단강 건너에 있는 유대 지역에 있었을 때, 그의 제자들에게 그들이 자기와 함께 심판할 것이라고 말씀하셨기 때문이다. "내가 진실로 너희에게 이르노니 세상이 새롭게 되어 인자가 자기 영광의 보좌에 앉을 때에 나를 좇는 너희도 열두 보좌에 앉아 이스라엘 열두 지파를 심판하리라"(마 19:28). 나중에, 최후의 만찬에서, 그는 "너희는 나의 모든 시험 중에 항상 나와 함께 한 자들인즉 내 아버지께서 나라를 내게 맡기신 것 같이 나도 너희에게 맡겨 너희로 내 나라에 있어 내 상에서 먹고 마시며 또는 보좌에 앉아 이스라엘 열두 지파를 다스리게 하려 하노라"(눅 22:28-30)고 말씀하셨다. 이 심판에 포함된 것이 정확히 무엇인지는 분명하지 않지만, 분명히 이것은 왕을 위하여 이루어진 봉사나 일이다. 인간이 에덴 동산에서 행하도록 처음에 의도되었던 지배와 유사한 것이 여기에 있을 법하다. 그는 하나님을 대신하여 자기의 사역을 수행하며, 지배인이나 혹은 대리인으로서 봉사하도록 되어 있었다. 우리는 또한 마태복음 25:14-30에서 청지기의 비유를 기억하게 되는데, 거기에서 충성되이 행해진 일에 대한 상급은 일을 할 수 있는 더 큰 기회였다. 이 비유가 종말론적인 배경에서 일어나고 있기 때문에, 이것은 여기 지상에서 행해진 충성된 일에 대한 상급이 하늘에서 주어질 일이 될 것이라는 사실에 대한 암시일 수도 있을 것이다. 또한 요한계시록 22:3이 우리에게 어린 양이 "그의 종들"에 의해 경배를 받게 될 것이라고 말하고 있음을 유의하라.

또한 천국에서 신자들 사이에 어떤 형태의 공동체나 사귐이 있을 것이라는 암시가 존재한다. "그러나 너희가 이른 곳은 시온산과 살아 계신 하나님의 도성인 하늘

---

10) Morton Kelsey, *Afterlife: The Other Side of Dying*(New York: Paulist, 1979), pp. 182-83.

의 예루살렘과 천만 천사와 하늘에 기록한 장자들의 총회와 교회와 만민의 심판자이신 하나님과 및 온전케 된 의인의 영들과 새 언약의 중보이신 예수와 및 아벨의 피보다 더 낫게 말하는 뿌린 피니라"(히 12:22-24). 또한 "온전케 된 의인의 영들"에 대한 언급을 주목하라 — 천국은 완전하게 된 영성의 장소이다.[11]

### 천국에 관한 문제들

천국에 관하여 논쟁되는 문제들 가운데 하나는 그것이 장소인가 아니면 상태인가 하는 것이다. 한편으로는, 천국의 주요한 특징이 하나님과의 친밀함과 교제라는 사실과, 또한 하나님이 순전한 영이시라는 사실(요 4:24)이 주목되어야 한다. 하나님은 우리 우주의 특징인 공간을 차지하고 계시지 않기 때문에, 천국은 장소가 아니라 오히려 상태, 즉 영적인 상태인 것처럼 보일 것이다.[12] 다른 한편으로, 우리가 어떤 형태의 몸들을 갖게 될 것이고(비록 그것들은 "영적인 몸들"이 되겠지만), 생각컨대 예수도 역시 마찬가지로 영화롭게 된 몸을 계속해서 갖고 계실 것이라는 고찰이 존재한다. 장소가 없음은 우리가 영혼 불멸에 대해 생각할 때는 의미가 있을 수도 있겠지만, 몸의 부활은 장소를 필요로 하는 것처럼 보인다. 이외에도, 하늘과 땅에 대한 평행적인 언급들은 땅과 같이 하늘도 하나의 장소여야 한다는 사실을 암시한다. 이러한 언급들 가운데 가장 익숙한 것은 "하늘에 계신 우리 아버지여 이름이 거룩히 여김을 받으시오며 나라이 임하옵시며 뜻이 하늘에서 이룬 것 같이 땅에서도 이루어지이다"(마 6:9-10)라고 하는 것이다.[13]

그러나, 우리는 천국이 또다른 영역이고 또다른 차원의 실재라는 사실을 염두에 두어야 하기 때문에, 현 세계의 어떤 특징들이 도래하는 세계에 대해서도 마찬가지로 적용될 수 있는지, 그리고 '장소'(place)라는 용어가 종말과 관련하여 무엇을 의미하는지를 알기가 어렵다. 아마도 천국은 장소이면서 또한 상태이지만, 일차적으로는 상태라고 말하는 것이 가장 안전할 것이다. 천국의 독특한 표지는 어떤 특정한 위치가 아니라 복스러움과 죄없음과 기쁨과 평화의 상태일 것이다.[14] 천국에서의 삶은 따라서 우리의 현재의 존재보다는 더 진정한 것일 것이다.

---

11) J.A.Motyer, *After Death: A Sure and Certain Hope?*(Philadelphia: Westminster, 1965), pp.74-76.

12) W.H.Dyson, "Heaven," in *A Dictionary of Christ and the Gospels*, ed.James Hastings (New York: Scribner, 1924), vol.1, p.712.

13) Alan Richardson, *Religion in Contemporary Debate*(London: SCM, 1966), p.72.

14) Austin Farrer, *Saving Belief*(London: Hodder, Stoughton, 1967), p.144.

두번째 문제는 **육체적인 즐거움**의 문제와 관계가 있다. 예수는 부활 때에 내세의 삶이 아마 장가도 아니가고 시집도 아니가는 것이 될 것이라고 지적하였다(마 22:30; 막 12:25; 눅 20:35). 성(性)은 이 세상에서는 결혼에 제한되었기 때문에 (고전 7:8-11), 우리는 천국에서는 어떠한 성(性)도 존재하지 않을 것이라는 주장을 여기에서 갖게 된다. 바울이 순결에 대하여 두고 있는 높은 가치(고전 7:25-35)도 동일한 결론을 암시한다.[15] 먹고 마시는 것은 어떠한가? 요한계시록 19:9은 "어린 양의 혼인 잔치"에 대하여 언급한다. 그리고 예수는 최후에 만찬에서 그의 제자들에게 이렇게 말씀하셨다. "그러나 너희에게 이르노니 내가 포도나무에서 난 것을 이제부터 내 아버지의 나라에서 새 것으로 너희와 함께 마시는 날까지 마시지 아니하리라"(마 26:29). 그리스도와 교회를 신랑과 신부로 언급하는 것이 상징적이라는 사실을 고려하면, 어린 양의 혼인 잔치도 아마 마찬가지로 상징적일 것이다. 비록 예수는 그의 부활의 몸을 가지고서 잡수셨지만(눅 24:43; 참고. 요 21:9-14), 그가 부활하였으나 아직 승천하지 않았으므로, 그의 몸의 변화가 아마도 아직 완성되지 않았다는 사실이 기억되어야 할 것이다. 만약에 어떤 먹는 일이나 성(性)도 없을 것이라면, 천국에서 어떤 즐거움이 있겠는가라는 질문이 제기된다. 천국의 경험들은 여기에서 경험되는 어떤 것보다도 훨씬 더 나을 것이라는 사실이 이해되어야 한다. 바울은 "하나님이 자기를 사랑하는 자들을 위하여 예비하신 모든 것은 눈으로 보지 못하고 귀로도 듣지 못하고 사람의 마음으로도 생각지 못하였다 함과 같으니라. 오직 하나님이 성령으로 이것을 우리에게 보이셨으니"(고전 2:9-10)라고 말하였다. 천국에서의 경험들은 예를 들어, 성(性)을 초월하는, 즉 인간이 영구적이고 배타적으로 자신을 위탁하기 위하여 선택한 특별한 개인과의 성(性)적인 결합의 경험을 초월하는 것으로 생각되어야 하는 것이 합당할 것이다.[16]

세번째 문제는 **완전의 문제**와 관련되어 있다. 이 세상에서 우리는 성장과 진보와 발전으로부터 만족을 얻는다. 그렇다면 천국에서 우리의 완전의 상태는 오히려 지루하고 불만족스런 상황이 되지 않겠는가?[17] 만약 천국이 실제로 천국이어야 한다면 성장이 있어서는 안되는가? 이 가정(假定)은 과정 사상, 즉 변화가 실재의 본질에 속해 있다는 개념에 근거하고 있다. 변화가 없는 천국은 불가능하거나 혹은 믿을 수 없는 것이다. 어떤 사람들은 또한 어린이들이 천국에 가기 때문에, 그들이 성숙

---

15) Simon, *Heaven*, p. 217.
16) C. S. Lewis, *Miracles*(New York: Macmillan, 1947), pp. 165-66. 루이스(Lewis)는 우리가 여기에서 "성을 초월하는"(suprasexual)이란 말에 부여한 것과 상당히 같은 의미를 지닌 "초성적(超性的)인"(trans-sexual)이라는 용어를 사용하고 있다.
17) Alfred, Lord Tennyson, "Wages."

할 수 있도록 천국에는 성장이 있음에 틀림없다고 주장한다.[18]

성장하지 않으면 우리가 만족할 수 없다는 주장에는 어떤 실재적인 설득력이 있지만, 이것은 지금 구성되어 있는 삶으로부터 추정하여 끼워넣은 것이다. 그러나 이렇게 추정하여 끼워 넣는 것은 비논리적이다. 좌절과 권태는 어떤 한정된 지점에서 발전이 정지될 때마다, 즉 우리가 완전에 이르지 않았을 때마다 이 세상 속에서 일어난다. 그러나, 만약 우리가 충분히 성취한다면, 즉 어떠한 불충분성이나 불완전성을 느끼지 않는다면, 아마도 좌절은 도무지 없을 것이다. 천국에서의 안정된 상태는 인간의 목표에 못미치는 고정된 상태가 아니라, 어떠한 진보도 있을 수 없는 완전의 상태이다. 진보에서부터 오는 만족은 정확히 우리가 소망하였던 목표에 더 가까이 와 있다는 사실을 알기 때문에 일어난다. 목표에 도달하는 것은 전체적인 만족을 가져다 줄 것이다. 따라서, 우리는 천국에서 성장하지 않을 것이다. 그러나 우리는 우리가 하나님께로부터 받게 될 완전한 인격을 계속해서 연습하게 될 것이다. 존 베일리(John Baillie)는 "결실을 향한(towards) 발전"과 대비되는 "결실 안에서(in)의 발전"에 대하여 말한다.[19]

네번째는, 천국에서 구속받은 자가 얼마나 알거나 기억할 것인지에 대한 질문이 존재한다. 우리는 이 세상에서 우리와 가까웠던 사람들을 기억할 것인가? 천국에 대한 통속적인 관심의 상당한 부분은 사랑하는 사람들과의 재결합에 대한 기대로부터 유래한다. 우리는 친척들과 가까운 친구들이 없다는 사실을 알 수 있을 것인가? 이 세상에서 둔한히 하였던 경건한 행동들과, 죄악된 행위들을 저지른 것에 대한 자각이 있을 것인가? 만약 그렇다면, 이 모든 것은 후회와 슬픔에 이르게 되지 않을 것인가? 이러한 질문들에 관하여 우리는 얼마간의 무지에 대해서 반드시 변명해야 한다. 그들 모두가 형제인, 일곱 남편이 죽은 다음에 살아 남은 여인에 대한 사두개인들의 질문에 대답하신 예수의 응답에서 보면(눅 20:27-40), 그 자체로서의 가족이 존재할 것이라는 사실은 분명하지 않은 것으로 보인다. 다른 한편으로, 제자들은 변모시에 모세와 엘리야를 분명히 알아볼 수 있었다(마 17:1-8; 막 9:2-8; 눅 9:28-36). 이 사실은 우리가 서로를 알아볼 수 있을 만한 어떤 인격적인 동일성을 나타내 주는 것들이 있을 것임을 시사한다.[20] 그러나 우리는 그것이 "그가 모든 눈물을 그 눈에서 씻기시매 다시 사망이 없고 애통하는 것이나 곡하는 것이나 아픈 것이 다시 있지 아니하리니 처음 것들이 다 지나갔음이러라"(계 21:4)는 말씀과 모순되는 슬픔

---

18) Edmund   G.Kaufman,   *Basic  Christian  Convictions*(North Newton,Kans.:Bethel College, 1972),p.289.
19) John Baillie, *And the Life Everlasting*(New York: Scribner,1933),p.281.
20) Motyer, *After Death*,p.87.

을 가져오게 될 것이기 때문에, 과거의 실패들과 죄들과 없어진 사랑하는 사람들을 기억하지 않게 될 것임을 추론할 수 있다.

　다섯번째 문제는 천국에서 다양한 상급들이 있게 될 것인지에 관한 문제이다. 상급의 차이들이 분명히 있을 것이라는 사실은 예를 들어, 므나들의 비유에서 명백하다(눅 19:11-27).[21] 열명의 종들이 그들의 주인으로부터 각각 한 므나씩을 받았다. 드디어, 그들은 다른 액수의 므나들을 가지고 와서 그에게 갚았으며 그들의 충성에 비례하여 상을 받게 되었다. 이를 지지해 주는 인용절들은 다니엘서 12:3("지혜 있는 자는 궁창의 빛과 같이 빛날 것이요 많은 사람을 옳은 데로 돌아오게 한 자는 별과 같이 영원토록 비취리라")과 고린도전서 3:14-15("만일 누구든지 그 위에 세운 공력이 그대로 있으면 상을 받고 누구든지 공력이 불타면 해를 받으리니 그러나 자기는 구원을 얻되 불 가운데서 얻은 것 같으리라")을 포함한다.

　천국에서의 여러 가지 상급들이나 혹은 여러 가지 만족의 정도는 보통 객관적인 상황에 의해서 묘사된다. 예를 들어, 우리는 매우 충성된 그리스도인은 아버지의 집에서 큰 방을 얻게 될 것이고, 덜 충성된 신자는 더 작은 방을 받게 될 것으로 가정할 수 있을 것이다. 그러나 만약 이것이 사실이라면, 천국의 기쁨은 이 차이들에 대한 인간의 인식과 그가 좀더 충성할 수도 있었을 것이라는 사실을 끊임없이 생각나게 해 주는 것으로 인하여 축소될 수도 있지 않겠는가? 게다가, 우리가 천국에서의 삶에 대하여 갖고 있는 소수의 묘사들은 어떤 실질적인 차이에 대해서도 증거하지 않는다. 즉 모두가 예배하고, 심판하며, 봉사하고 있다. 약간의 사변(思辨)이 이 문제와 관련해서 정리될 수 있을 것이다. 우리가 3장에서 지적하였듯이, 사변은 우리가 사색하고 있다는 사실을 알고 있는 한은 정당한 신학적인 활동이다. 상급의 차이는 외적이거나 객관적인 상황에 놓여 있는 것이 아니라, 그러한 상황들에 대한 주관적인 인식이나 평가에 있는 것 같지 않은가? 따라서, 모두가 동일한 활동에 ─ 예를 들어, 예배 ─ 에 참여하겠지만, 어떤 사람들은 다른 사람들보다 훨씬 더 많이 그것을 향유할 것이다. 아마도 이 세상에서 예배를 더 많이 향유하였던 사람들은 다른 사람들보다 내세의 삶에서 더 큰 만족을 그 안에서 발견할 것이다. 여기에서 한 가지 유비는 여러 사람들이 연주회에서 얻는 다양한 즐거움의 정도이다. 같은 소리의 파동이 모든 사람의 귀에 들려 오지만, 반응들은 지루함(혹은 더 나쁜 것)으로부터 황홀경에 이르기까지 다양한 범위에 걸쳐서 나타난다. 비록 반응의 범위가 아마 더 좁아지기는 하겠지만, 이와 비슷한 상황이 천국의 기쁨에 관해서도 적용될 수 있을

---

21) S.D.F.Salmond, "Heaven," in *A Dictionary of the Bible*, ed.James Hastings(New York: Scribner, 1919), vol.2, p.324.

것 같다. 어떤 사람도 기쁨의 범위의 차이에 대해서는 알지 못할 것이며, 따라서 낭비된 기회들에 대하여 후회함으로써 천국의 완전을 흐려 놓지는 않을 것이다.

## 사악한 자의 최후의 상태

지금까지와 마찬가지로, 사악한 자의 미래에 관한 문제가 오늘날 상당한 논란을 야기시키고 있다. 영원한 형벌의 교리는 어떤 사람들에게는 시대에 뒤떨어져 있거나 혹은 기독교의 아류(亞流)적인 견해로서 나타난다.[22] 이것은 천사들과 마귀들과 더불어, 종종 비신화화되어야 하는 기독교 신앙의 첫번째 주제들 중의 하나이다. 문제의 일부는 하나님의 본성의 주요한 특징인 하나님의 사랑과, 그의 심판 사이에 어떤 긴장이 있는 것처럼 보인다는 사실에서 유래한다. 그러나 우리가 영원한 형벌의 교리를 어떻게 생각하든, 이것은 성경에서 명백하게 가르쳐지고 있다.

성경은 불의한 자의 미래 상태를 묘사하기 위하여 몇가지 비유들을 사용하고 있다. 예수는 "또 왼편에 있는 자들에게 이르시되 저주를 받은 자들아 나를 떠나 마귀와 그 사자들을 위하여 예비된 영영한 불에 들어가라"(마 25:41)고 말씀하셨다. 그는 또한 그들의 상태를 "나라의 본 자손들은 바깥 어두운데 쫓겨나 거기서 울며 이를 갊이 있으리라"(마 8:12)라고 묘사하였다. 사악한 자의 최후의 상태는 또한 영원한 형벌(마 25:46)과, 고통(계 14:10-11), 무저갱(계 9:1-2,11), 하나님의 진노(롬 2:5)와 둘째 사망(계 21:8), 그리고 주의 얼굴로부터의 영원한 멸망과 쫓겨남으로서(살후 1:9) 언급되고 있다.

만약 지옥의 한 가지 근본적인 특징이 존재한다면, 이것은 천국과는 대조적으로, 하나님의 부재(不在)나 혹은 하나님의 현존으로부터의 추방일 것이다. 이것이 육체적인 고통이나 정신적인 고뇌 혹은 이 두 가지를 모두 다 포함하고 있든지 그렇지 않든지 간에, 이것은 강렬한 고통의 경험이 될 것이다.[23] 그것의 고통의 원인이 되는 버려진 개인의 상황의 또다른 측면들이 존재한다. 한 가지는 고독감, 즉 하나님의 영광과 위대성을 보았고, 또한 그가 만유의 주라는 사실을 깨달았지만, 그 다음에 잘려졌다는 느낌이다. 이러한 분리가 영원하다는 사실에 대한 깨달음이 존재한

---

22) Nels Ferré, *The Christian Understanding of God*(New York: Harper and Brothers, 1951),pp.233-34.
23) Charles Hodge, *Systematic Theology*(Grand Rapids: Eerdmans, 1952),vol.3,p.868.

다. 이와 유사하게, 인간의 도덕적이고 영적인 자아의 상태는 영구적인 것일 것이다. 삶의 마지막에 어떠한 일이 일어나든지 간에 이것은 영원히 지속될 것이다. 더 나은 것을 향한 변화를 기대할 수 있는 어떠한 근거도 존재하지 않는다. 따라서, 절망이 개인을 덮치게 된다.

### 미래 심판의 최종성

도래할 심판의 최종성을 인식하는 것이 중요하다. 평결이 최후 심판에서 내려지게 될 때, 사악한 자들은 그들의 최종적인 상태로 할당될 것이다.[24] 성경의 어떤 것도 예비적인 형벌의 기간 이후에 믿을 수 있는 기회가 있을 것이라고 지적하지 않는다.

어떤 사람들에게 심판의 최종성은 이성에 대하여, 그리고 심지어는 아마도 성경에 대해서도 모순되는 것처럼 보인다. 실제로 모든 사람이 구원 받을 것이라는 사실을 지시하는 것처럼 보이는 성경의 어떤 인용절들이 존재한다. 예를 들어, 바울은 "그 뜻의 비밀을 우리에게 알리셨으니 곧 그 기쁘심을 따라 그리스도 안에서 때가 찬 경륜을 위하여 예정하신 것이니 하늘에 있는 것이나 땅에 있는 것이나 다 그리스도 안에서 통일되게 하려 하심이라"(엡 1:9-10)고 기록하였다. 그리고 미래에 대하여 언급하면서, 그는 "하늘에 있는 자들과 땅에 있는 자들과 땅 아래 있는 자들로 모든 무릎을 예수의 이름에 꿇게 하시고 모든 입으로 예수 그리스도를 주라 시인하여 하나님 아버지께 영광을 돌리게 하셨느니라"(빌 2:10-11)고 선언하였다. 이러한 인용절들에 근거하여, 이 세상에서의 구원의 공여(供與)를 거절한 사람들이 그들의 죽음과 그리스도의 재림 이후에 그들의 상황에 따라 정신을 차리게 되고, 따라서 그리스도와 화해하게 될 것으로 주장되었다.[25]

그러나, 불행하게도 이 견해는 매력은 있지만, 지지될 수는 없다. 첫째로, 인용된 구절들은 보편구원론자들이 그것들이 가르치고 있다고 주장하는 것을 실제로 가르치지 않는다. 화해, 즉 만유를 통일하는 것은 타락한 인간을 하나님과의 교제로 회복시키는 것이 아니라, 다른 조치들 가운데에서, 죄를 주님께 굴복시킴으로써 창조의 조화를 회복하는 것이다. 이것은 인간들이 하나님을 받아들이는 문제가 아니

---

24) J.A.Motyer, "The Final State: Heaven and Hell," in *Basic Christian Doctrines*, ed.Carl F.H.Henry(New York: Holt,Rinehart and Winston,1962),p.292.

25) Origen, *De principiis* 1.6.2;3.6.3. 보편구원론에 대한 현대의 진술에 대해서는 또한 John.A.T.Robinson, *In the End, God*(New York: Harper and Row,1968),pp.119-33을 보라.

라, 하나님께서 그들의 반란을 진압하시는 문제이다. 그리고 모든 무릎이 꿇게 되고 모든 혀가 그리스도를 주라 고백하는 것이 실제로 사실이지만, 우리는 사악한 자들을 주님과 열심으로 규합되는 세력들이 아니라, 말하자면 정복하는 군대에 항복하는 세력으로서 묘사해야 한다. 즐거운 헌신이 아니라, 패배에 대한 묵인이 있을 것이다.

더욱이, 성경은 어느 곳에서도 두번째의 기회를 암시하지 않는다. 확실히, 심판 이후에 믿을 수 있는 기회가 있다고 한다면, 이것은 하나님의 말씀 속에서 분명히 진술되었을 것이다.

이러한 고찰들 이외에도, 그것과 반대되는 분명한 진술들이 존재한다. 최종성이 심판에서 언도된 판결에 대한 성경의 묘사들에 부여되고 있는데, 예를 들어 보면, "저주를 받은 자들아, 나를 떠나 마귀와 그 사자들을 위하여 예비된 영영한 불에 들어가라"(마 25:41)는 말씀이다. 비록 이것이 최후의 상태가 아니라 오히려 중간 상태와 관련이 있지만, 부자와 나사로의 비유(눅 16:19-31)는 그들의 상태에 어떤 절대성이 존재하고 있음을 분명히 하고 있다. 심지어 다른 상태들 사이를 이동하는 것도 불가능하다. "이뿐 아니라 너희와 우리 사이에 큰 구렁이 끼어 있어 여기서 너희에게 건너가고자 하되 할 수 없고 거기서 우리에게 건너올 수도 없게 하였느니라"(26절). 그러므로 우리는 만물회복론(restorationism), 즉 두번째의 기회라는 관념은 거절되어야 하는 것으로 결론을 내려야 한다.[26]

## 미래의 형벌의 영원성

불신자들에 대한 미래의 심판은 취소될 수 없을 뿐만 아니라, 그들의 형벌은 영원하다. 우리는 모든 사람이 구원받게 될 것이라는 관념을 단순히 거절하지 않을 뿐만 아니라, 아무도 영원히 처벌받지 않을 것이라는 주장도 역시 거절한다. 다른 한편으로, 멸절론(annihilationism)으로서 알려진 사상 학파는 비록 모든 사람이 구원받지는 못하지만, 오직 한 가지 종류의 미래의 존재만이 존재하게 될 것이라고 주장한다. 구원받은 사람들은 영원한 생명을 소유하게 되지만, 구원받지 못한 사람들은 제거되거나 멸절될 것이다. 그들은 단순히 존재하기를 멈추게 될 것이다. 모든 사람이 다 구원을 받을 만한, 즉 영원한 지복을 받을 만한 가치가 있지 않다는 사실이 인정되고 있지만, 어떤 사람도 끝없는 고통을 당연히 받을 만하지도 않다고 이 입장은 주장한다.

---

26) Leon Morris, *The Biblical Doctrine of Judgment*(Grand Rapids: Eerdmans, 1960), p. 66.

워필드(B.B.Warfield)는 세 가지 다른 형태의 멸절론, 즉 순수 필멸론(pure mortalism)과 조건적 불멸론(conditional immortality), 그리고 진정한 멸절론(annihilationism proper)이 존재한다고 주장하였다.[27] 순수 필멸론은 인간의 생명은 신체적인 유기체와 너무나 밀접하게 연결되어 있어서, 육체가 죽게 되면 하나의 실체로서의 인간은 존재하기를 멈추게 된다고 주장한다. 이것은 범신론적인 형태들 속에서도 때때로 발견되지만, 일차적으로는 유물론적인 견해이다.[28] 순수 필멸론은 인간이 하나님의 형상으로 창조되었다는 성경의 교리와는 정반대로 인간을 거의 동물과 같은 존재로 이해하기 때문에, 기독교 진영에서는 인기가 없었다.

멸절론의 두번째 형태인 조건적 불멸론은 인간은 본래 죽게 되어 있다고 주장한다. 죽음은 끝이다. 그러나 믿는 사람들의 경우에는, 하나님께서 불멸성이나 영생을 주시기 때문에, 그들이 죽은 이후에도 살아 있거나 혹은 소생하게 된다. 조건적 불멸론의 어떤 이해에 의하면, 하나님은 불신자들이 존재로부터 소멸되도록 단순히 허용하신다.[29] 다른 사람들은, 모든 사람들이 부활에 참여하게 되지만, 하나님께서 그 다음에 불의한 자들이 다시 존재로부터 소멸되도록 단순히 허용하실 것이라고 주장한다. 영원한 죽음은 그들을 위하여 적절한 그것이다. 그들의 둘째 사망은 영원히 계속될 것이다.

멸절론의 세번째 형태는 가장 이 명칭을 받을 만하다. 이것은 죽음에서 악인의 소멸을 죄의 직접적인 결과로서 보고 있다. 인간은 본래부터 불멸적이며, 죄의 결과들이 없었다면 영원한 삶을 살 수 있었을 것이다. 본래적인 멸절론에는 두 가지의 아류(亞流) 형태들이 존재한다. 첫번째 유형은 멸절을 죄의 당연한 결과로서 보고 있다. 죄는 개인의 인격이 점차적으로 소멸될 만큼 커다란 해로운 효력을 가지고 있다. 따라서, "죄의 삯은 사망이요"(롬 6:23)라는 구절이 매우 문자적으로 받아들여진다. 죄는 자기 파멸이다. 일정한 시간이 지난 후에, 아마도 개인의 죄성에 비례하여, 구원받지 못한 사람들이 말하자면 낡아서 소멸될 것이다. 순수 멸절론의 다른 형태는 하나님께서는 죄인이 영생을 얻도록 허용하실 수 없으시며 또한 허용하시지도 않을 것이라는 관념이다. 죄에 대해서는 형벌이 있다. 그러나 형벌이 무한할 필

---

27) Benjamin B.Warfield, "Annihilationism," in *Studies in Theology*(New York: Oxford University, 1932), pp.447-50.
28) Ibid., pp.447-48.
29) Edward White, *Life in Christ: A Study of the Scripture Doctrine of the Nature of Man, the Object of the Divine Incarnation, and the Conditions of Human Immortality*, 3rd ed.rev.(London: Elliot Stock, 1878).

요는 없다. 충분한 양의 형벌을 견딘 이후에, 하나님은 개인의 자아를 단순히 멸하실 것이다. 본래적인 멸절론의 두 가지 아류 형태 모두에서, 영혼이나 자아는 죄가 아니라면 불멸할 것이라는 사실을 유념해야 한다.[30]

모든 형태의 멸절론이 갖고 있는 문제는 그것들이 성경의 가르침을 부인하고 있다는 것이다. 몇몇 인용절들이 사악한 자의 형벌의 무한성을 단언하고 있다. 구약과 신약 성경 모두가 끝이 없거나 혹은 끌 수 없는 불에 대하여 언급하고 있다. 예를 들어, 이사야 66:24은 "그들이 나가서 내게 패역한 자들의 시체들을 볼 것이라. 그 벌레가 죽지 아니하며 그 불이 꺼지지 아니하여 모든 혈육에게 가증함이 되리라"고 말씀하고 있다. 예수는 죄인들의 형벌을 묘사하기 위하여 같은 비유를 사용하신다. "만일 네 손이 너를 범죄케 하거든 찍어 버리라. 불구자로 영생에 들어가는 것이 두 손을 가지고 지옥의 꺼지지 않는 불에 들어가는 것보다 나으니라. 만일 네 발이 너를 범죄케 하거든 찍어 버리라. 절뚝발이로 영생에 들어가는 것이 두 발을 가지고 지옥에 던지우는 것보다 나으니라. 만일 네 눈이 너를 범죄케 하거든 빼어 버리라. 한 눈으로 하나님의 나라에 들어가는 것이 두 눈을 가지고 지옥에 던지우는 것보다 나으니라. 거기는 구더기도 죽지 않고 불도 꺼지지 아니하느니라"(막 9:43-48). 이 인용절들은 형벌이 영원하다는 사실을 분명히 하고 있다. 이것은 형벌을 받음으로써 단순히 종말에 이르게 되는 사람을 소멸되게 하지 않는다.

게다가, "영원히 계속되는," "영원한," "끝없는"과 같은 단어들이 사악한 자의 미래 상태를 지시하는 명사들에 적용되는 몇가지 예들이 나타난다. 이를테면, 불이나 화염(사 33:14; 렘 17:4; 마 18:8; 25:41; 유 7), 수욕(단 12:2), 멸망(살후 1:9), 결박(유 6), 괴로움(계 14:11; 20:10), 형벌(마 25:46)이다. 물론, αἰώνος(아이오니오스)라는 형용사는 영원이 아니라 소수의 경우에 한 시대, 즉 매우 긴 시간의 기간과 관계가 있을 수도 있다. 그러나 일반적으로, 문맥에서 상반되는 지시가 없으면, 이 단어의 가장 일반적인 의미가 고려되는 유일한 의미이다. 우리가 인용한 사례에서는, 문맥 중의 어떤 것도 αἰώνος(아이오니오스)에 대한 우리의 이해를 "영원한"이 아닌 다른 어떤 의미로서 정당화하지 않는다. 마태복음 25:46에서 발견되는 평행절은 특별히 주목할 만하다. "저희는 영벌에 의인들은 영생에 들어가리라." 만약 생명이 영원히 지속된다면, 형벌도 역시 그러함에 틀림없다. 문맥 중의 어떤 것도 우리에게 αἰώνος(아이오니오스)라는 단어를 두 절에서 다르게 해석할 수 있는 정당한 근거를 제공해 주지 않는다.

---

30) *Seventh-day Adventists Answer Questions on Doctrine*(Washington: Review and Herald, 1957), p.14.

존 로빈슨(John A.T.Robinson)은 이렇게 논평한다.

> 진정한 보편구원론자들은 '영원한'에 해당하는 신약 성경의 단어(aionios)가 '영원히 계속되는'을 의미하지 않고, '단순히 무한히 긴 기간 동안만 지속하는'을 의미한다는 (하나의 사실인) 사실 위에 어떤 것도 근거되도록 하지 않을 것이다. 그 이유는 그가 같은 절에 있는 "영생"에 정확히 같은 의미를 부여하려고 할 때에만, 마태복음 25:46에 나오는 "영벌"에 이러한 의미를 적용할 수 있기 때문이다. 모리스(F.D.Maurice)는 호르트(F.J.A.Hort)에게 글을 쓰면서 여러 해 전에 "나는 어떻게 아이오니오스가 콜라시스(kolasis)와 결합되었을 때 한 가지를 의미하고 조에(zoe)와 연결되었을 때 다른 것을 의미할 수 있는지를 알지 못하였다"(J.O.F.Murray, *The Goodness and the Severity of God*, p.195에서 인용)라고 말하였다. 이 두 구절들이 평행적이지 않다고 인정하는 것은 동시에 그것들의 중요성을 동일하지 않은 비중으로 다루는 것이다.[31]

성경이 (사악한 자들은 부활되지 않을 것이라는 의미로서 해석할 수도 있을) 영원한 죽음에 대해서 뿐만 아니라, 영원한 불과 영원한 형벌과 영원한 고통에 대해서도 역시 언급하고 있다는 사실에서 한 가지 문제가 야기된다. 한정된 형벌로서 만족하지 않고, 사람들로 하여금 영원히 고통을 겪게 만드시는 분은 어떤 종류의 하나님인가? 이것은 정당성의 요구들을 넘어 있는 것으로 보이며, 하나님 편에서의 엄청난 정도의 복수를 포함하고 있는 것으로 보인다. 형벌은 아마도 모든 죄들이 하나님에 대한 제한된 행동들일 것이기 때문에, 죄와는 전혀 균형이 맞지 않는 것처럼 보인다. 선하시고 의로우시며 사랑하시는 하나님에 대한 믿음을 우리는 어떻게 영원한 형벌과 부합시킬 수 있을 것인가? 이 질문은 하나님의 본성의 진정한 본질과 관계되기 때문에, 가볍게 처리되어서는 안된다. 종종 이해되는 바와 같이, 지옥이 성경에서 계시되고 있는 바와 같이, 하나님의 사랑과 양립될 수 없는 것처럼 보인다는 사실은 우리가 지옥을 오해하였다는 것을 지적할 수도 있다.

죄를 지을 때마다, 무한한 요소가 일정 불변하게 포함된다는 사실을 우리는 먼저 유념해야 한다. 모든 죄는 하나님에 대한 반역이며, 무한한 존재의 뜻에 반대하여 유한한 뜻을 세우는 것이다. 이것은 만사가 그로부터 기인하는 이에 대하여 인간의 의무를 수행하지 않는 것이다. 따라서, 인간은 죄를 단순히 유한한 형벌에 처해지는 유한한 행동으로서 간주할 수 없다.

더욱이, 만약 하나님께서 이 세상에서 그의 목표들을 성취하시려고 하셨다면, 그는 인간이 끝없는 형벌에 대해서 둔감할 정도로 마음대로 만들지는 않으셨을 것이

---

31) Robinson, *In the End, God*, p.131, n.8.

다. 하나님의 전능은 그가 상상할 수 있는 행동을 모두 다 하실 수 있다는 것을 의미하지 않는다. 그는 예를 들어, 논리적으로 모순되거나 불합리한 일을 하실 수 없으시다. 그는 삼각형을 네 모서리로 만드실 수 없다.[32] 그리고 하나님께서 그와의 교제 속에서 영원히 살도록 의도하셨던 피조물들은 그것들이 그들의 조물주를 떠나서 살기를 선택한다면 영원한 고통을 겪게 되는 방식으로 지음받아야만 했을 것이다. 인간은 하나님과 영원히 살도록 예정되었다. 만약 인간이 이러한 그의 운명을 악용하게 되면, 그는 영원히 그 행위의 결과들을 겪게 될 것이다.

우리는 또한 하나님께서 어떤 사람도 지옥으로 보내지 않으신다는 사실을 깨달아야 한다. 그는 아무도 멸망치 않기를 원하신다(벧후 3:9). 하나님은 인간이 그와 교제를 갖도록 창조하시고 인간이 그러한 교제를 가질 수 있는 방편들을 제공하셨다. 지옥의 고통을 경험하게 되는 것은 인간의 선택이다. 그의 죄가 그를 그곳으로 보내며, 그리스도의 죽음의 유익에 대한 그의 거절이 그의 구원을 막는다. 루이스(C.S.Lewis)가 설명하였듯이, 죄는 일생을 통하여 인간이 하나님께 "가버리세요 그리고 나를 홀로 내버려 두세요"라고 말하는 것이다. 지옥은 하나님이 인간에게 마지막으로 "네 소원대로 되리라"라고 말씀하시는 것이다. 이것은 인간이 선택한 대로, 하나님께서 그를 그 자신에게로 내버려두시는 것이다.[33]

### 형벌의 등급들

마지막으로 우리는 예수의 가르침이 지옥에 여러 단계의 형벌이 존재한다는 것을 암시하고 있음을 깨달아야 한다. 그는 자기의 기적들을 목격하였지만 회개하지 않은 도시들을 책망하셨다. "화가 있을진저, 고라신아! 화가 있을진저, 벳새다야! … 네게서 행한 모든 권능을 소돔에서 행하였더면 그 성이 오늘날까지 있었으리라. 내가 너희에게 이르노니 심판 날에 소돔 땅이 너보다 견디기 쉬우리라"(마 11:21-24). 충성된 종과 불성실한 종들의 비유에도 비슷한 암시가 존재한다. "주인의 뜻을 알고도 예비치 아니하고 그 뜻대로 행치 아니한 종은 많이 맞을 것이요 알지 못하고 맞을 일을 행한 종은 적게 맞으리라 무릇 많이 받은 자에게는 많이 찾을 것이요 많이 맡은 자에게는 많이 달라 할 것이니라"(눅 12:47-48).

여기에서 나타나는 원리는, 우리의 지식이 많으면 많을수록 우리의 책임이 그만큼 커지고, 따라서 우리가 책임을 다하지 못하게 되면 그만큼 우리에 대한 형벌도 커지게 되는 것으로 나타난다. 지옥에서의 상이한 형벌의 등급들은 객관적인 상황이

---

32) C.S.Lewis, *The Problem of Pain*(New York: Macmillan, 1962), p. 28.
33) Ibid., pp. 127-28.

라기보다는 오히려 하나님으로부터 분리되는 고통에 대한 주관적인 인식인 것처럼 보인다. 이것은 천국에서의 다양한 보상의 정도들에 대한 우리의 개념과 평행된다. 상이한 형벌의 등급들은 어느 정도까지는 지옥이 하나님께서 죄인을 그가 이 세상에서 자신을 위하여 형성한 특별한 지위에 방치하시는 것이라는 사실을 반영하고 있다. 인간이 자신의 사악한 자아를 가지고 영원히 살아야 한다는 사실로부터 경험하게 되는 고통은, 그가 악을 선택했을 때 행하였던 것에 대한 그의 인식의 정도와 정비례할 것이다.

## 최후의 상태에 관한 교리들의 함의들

1. 우리가 이 세상에서 내리게 되는 결정들은 시간의 어떤 기간뿐만 아니라, 영원토록 우리의 미래 상황을 다스리게 될 것이다. 따라서 우리는 결정들을 내리게 될 때 특별한 관심과 부지런함을 발휘해야 한다.

2. 바울이 설명하였듯이, 이 세상의 상황들은 일시적이다. 이것들은 도래할 영원과 비교하면 상대적으로 무의미한 것으로서 사라지게 된다.

3. 미래의 상태들의 본성은 이 세상에서 알려진 어떤 것보다도 훨씬 더 강한 것이다. 이것들을 묘사하기 위하여 사용되는 표상들은 앞에 놓여 있는 것을 충분히 전달하기에는 매우 불충분하다. 예를 들어, 천국은 우리가 여기서 알고 있던 어떠한 기쁨보다도 훨씬 능가할 것이다.

4. 천국의 지복(至福)은 이 세상의 즐거움들을 단순히 강화한 것으로서 생각되어서는 안된다. 천국의 기본적인 중요성은 신자가 주와 함께 거하는 것이다.

5. 지옥은 육체적으로 고통스러운 곳이라기보다는 오히려 주께로부터 총체적이고 최종적으로 분리된 무시무시한 고독이다.

6. 지옥은 보응하시는 하나님께서 불신자들에게 내리시는 형벌로서가 아니라, 그리스도를 거절한 사람들이 선택한 죄악된 삶의 자연스런 결과들로서 우선적으로 생각되어야 한다.

7. 비록 모든 사람들이 천국이나 지옥 중 어느 한 곳으로 할당되겠지만, 여러 등급의 상급과 형벌이 존재할 것으로 보인다.

# 후기(後記)

　　우리는 착상들에 대한 오랜 조사의 끝에 다다르게 되었다. 우리는 많은 상이한 주제들을 살펴보았을 뿐만 아니라, 이러한 서로 다른 주제들에 관한 여러 가지 개념들도 주목하였다. 이러한 노력을 적절한 정황 속에 둠으로써 조직 신학에 대한 우리의 연구를 종결하는 것이 좋을 것 같다. 관념들은 실제로 중요한 것인가? 어떤 사람들에게는, 직접적인 경험에 대한 관심이나 순간적인 적용을 위한 소원이 이론적인 고찰들을 무색하게 만드는 경향을 갖게 될 수도 있다. 그 결과, 이와 같은 저술 작업의 가치가 의심스러운 것으로 보일 수도 있다. 물론, 여기까지 멀리 나오게 된 독자들은 관념들의 가치에 대한 이러한 평가를 공유하려고 하지 않을 것이다. 그러나 개념들이 수행하는 역할을 재빨리 음미해 보는 것이 바람직할 것이다.

　　대체로, 우리 세계는 생각되고 평가되고 입증된 관념들로 인하여 지금 존재하고 있다. 일세기 전에는 공상적인 것으로 생각되었던 사진들을 동시에 먼 거리를 넘어 전달한다는 개념이 하나의 현실이 되었고, 문화와 사회의 본성이 그 결과로 인하여 변경되었다. 다양한 인종들 간의 평등성의 관념과 그들 사이에서의 정의의 필요성이 20세기 후반부의 진로에 크게 영향을 미쳤다. 칼 마르크스(Karl Marx)가 게오르그 헤겔(Georg Hegel)에게서 빌려와 자신의 변증법적 유물론의 도식으로 수정한 변증법의 착상은 그가 그것을 처음 제의하였을 때에는 많은 사람들에게 추상적이고 부적절한 것으로 보였을 것이다. 그럼에도 불구하고, 이것은 전세계를 통하여 무수히 많은 사람들의 이해뿐만 아니라 그들의 경험에도 크게 영향을 미쳤다. 그리고 찰스 다윈(Charles Darwin)의 「종의 기원」이라는 이상한 개념이 세계에 미치게 될 영향을 누가 예언할 수 있었겠는가? 아돌프 히틀러(Adolf Hitler)의 우수 민족과 아리안족 지상주의의 관념은 약 600만의 유대인들의 죽음에 이르게 되었다.

　　이러한 관념들의 충격보다 더 중요한 것은 기독교의 중심 토대를 형성하는 개념들의 충격이다. 하나님께서 인간의 모양으로 세상에 오셔서, 십자가에서 죽으시고, 죽은 자들로부터 부활하셨다는 관념은 많은 사람들에게 믿을 수 없는 것으로 보였다. 그러나 세계는 이 메시지를 믿고 선포하였던 수많은 사람들이 없었다면 되었을 세상과는 전혀 다른 곳이다. 그들이 성육신하신 하나님으로 믿었던 이의 이름으로 나아갔던 사람들의 추진력으로 인하여 얼마나 많은 병원들이, 얼마나 많은 고등 교육 기관들이 존재하게 되었는가! 기독교가 일세기와 그 이후의 역사 발전에 미친 영향력은 예수 그리스도가 누구이시며 삶의 의미가 무엇인가에 대해서 그것이 제시하였던 혁명적인 관념들과 직접 연결되어 있다.

올바른 믿음의 문제는 오늘날에도 여전히 중요하다. 우리는 종교적인 관념들의 무수한 변화들을 발견한다. 그리고 우리는 또한 기독교적인 삶의 방식에 대한 무수한 개념들과 마주치게 되는데, 이것들은 상이한 교리적인 개념들에 뿌리박고 있다. 기본적인 개념들, 예를 들어, 은혜와 공로 사이의 관계에 대한 우리의 특별한 이해는 우리 그리스도인들의 삶에서 우리가 행하는 것과 우리가 그것을 행하는 정신에 심대한 영향을 미친다. 따라서 바른 믿음이 필수적인 것이다.

그러나 우리의 신념들이 순수하고 옳다 하더라도, 그것은 그 자체로서는 충분하지 않다. 그 이유는 바른 믿음과 신학적인 통달은 주께서 보시기에 그 자체로서나 저절로는 아무런 가치도 갖고 있지 않기 때문이다. 만약 당신이 하고자 한다면, 심판날에 주 앞에 나타나게 될 일단의 신학생들과 실천적인 신학자들과 그들이 마태복음 7:22을 흉내내어 다음과 같이 간청하고 있는 것을 상상해 보라. "우리가 당신의 이름으로 신학을 연구하지 않았습니까? 우리가 당신의 이름으로 기본적인 기독교 교리들을 설명하지 않았습니까?"라고 할 때, "주께서는 내가 너희를 도무지 알지 못하니, 불법을 행하는 자들아 내게서 떠나가라"고 하실 것이다.

교리가 중요하지만, 그것의 중요성은 그것이 우리와 하나님과의 관계에 기여하는 공헌에 놓여 있다. 그것이 없다면, 가장 웅변적으로 발표된 가장 훌륭한 신학이라 하더라도 단순히 "소리나는 구리와 울리는 꽹과리"에 불과할 뿐이다. 여기서 제기되는 요점은 우리의 신념들(성경의 객관적인 가르침들에 입각한 우리의 공적인 신학)이 (말하자면 우리의 비공식적인 신학인) 실천으로 바뀌어야 한다는 것이다. 만약 우리가 우리의 실제적인 실천을 우리의 신념들에 부합되도록 하려면, 우리는 그러한 신념들을 성찰하고 나아가서 묵상해야 할 것이다. 아마도 이것이 바로 바울이 "마음을 새롭게 함으로 변화를 받으라"고(롬 12:2) 말했을 때 의미하였던 것의 일부일 것이다.

신학의 연구와 관련하여 어떤 위험들이 존재한다. 우리가 접하고 있고 또한 이러한 노력의 결과로서 걸리게 되는 어떤 신학적인 질병들이 존재한다. 헬무트 틸리케(Helmut Thielicke)가 그의 책인 「젊은 신학자들을 위한 작은 연습」(*Little Exercise for Young Theologians*)에서 이것들 가운데 몇가지를 매우 생생하게 묘사하였다. 가장 흔하고 가장 심각한 것 중의 하나가 오만의 죄이다. 우리가 신학의 자료들에서 상당한 지적인 교양을 얻게 되었을 때, 우리는 그 지식을 덕행의 상징을 지닌 어떤 것, 즉 우리를 다른 사람들보다 우월한 존재로 구별해 주는 어떤 것으로 간주하게 될 위험성이 존재한다. 우리는 더 적은 지식을 갖고 있는 다른 사람들에게 알려주기 위하여 그 지식을, 특별히 우리가 얻은 전문 용어를 사용할 수도 있다. 우리는 우월한 기술들을 사용하여, 지적인 폭력을 휘두르게 될 수도 있다.[1] 혹은 우리의 신학 지식은 다른 이론에 반대하여 한 가지 이론을 주장하는 일이 삶에서 우리의 전체 목적이 되어 버리는, 신학적인 비신사적 행위에 우리를 이르게 할 수도 있다. 그러나 이것은 문제들 가운데 가장 진지한 것이어야 하는 것을 하나의 오락으로 바꾸어 버리는 일이다.

이와 관련하여 우리가 어린아이들과 같이 되어야 한다는 예수의 말씀을 우리는 기억해야 할 것이다. 하나님은 이 세상의 지혜있는 자들에게는 그의 진리를 감추셨으나 어린아이들에게는 그것을 나타내셨다(마 11:25). 우리는 형식상의 의미에서 신학 연구에 종사하고 있지 않은 사람들의 신학적인 통찰력과 민감성을 과소평가해서는 안된다. 틸리케가 "하나님의 자녀들의 영적인 본능"[2]이라고 부르는 것이 존재한다. 공식적인 신학에는 숙달되지 않았지만, 그럼에도 불구하고 많은 평신도들이 때때로 많은 전문적인 신학자들의 통찰을 훨씬 능가하는 통찰을 그들에게 제공해 주는 그리스도인의 삶을 경험하고 있다. 예수께서 신자들을 모든 진리 가운데로 인도하시게 될 성령을 보내주시겠다고 말씀하셨을 때(요 16:13), 그는 그의 약속을 신학교 졸업생들에게로 국한시키지 않으셨다.

그러나 우리는 이 마지막 논점으로부터 신학이 지적인 노력이 아니라고 결론을 내려서는 안된다. 이것은 논리적인 사고를 엄밀하게 요청한다. 조직 신학을 구성하기 위해서, 우리는 조직적으로 생각해야 한다. 이를테면, 우리는 절충적인 방식으로 나아갈 수 없다. 발견될 수 있는 모든 통찰들에 의존한다 하더라도, 우리는 항상 조리 있는 방식으로 생각하기 위하여 노력할 것이다. 우리는 서로 모순되는 전제들에 근거하고 있는 관념들을 의도적으로 우리의 체계 속에 통합하지는 않을 것이다. 물론 우리가 충분히 이해하지 못하는 신비들이 있을 것이다. 그러나 조직 신학자는 애매한 뜻을 선뜻 받아들이는 대신에, 그것을 이해하기 위하여 노력할 것이다.

---

1) Helmut Thielicke, *A Little Exercise for Young Theologians*(Grand Rapids: Eerdmans, 1962), pp. 13-20.
2) Ibid., pp. 25-26.

신학의 논리적이거나 합리적인 특성 이외에도, 역시 그것의 미학적인 특성이 존재한다. 우리가 하나님의 진리 전체를 개관해 보면, 그것의 예술적인 본성을 파악할 수 있는 가능성이 존재한다. 교리들의 상호 관련성과 방대한 범위에는 아름다움이 존재한다. 신학의 유기적인 특성과, 실재와 인간 전체에 대한 그것의 균형잡힌 묘사는 균형과 포괄성과 일관성의 형태 속에서 미(美)를 평가할 수 있는 인간의 능력에 만족감을 가져다 주어야 한다.

그러나 신학은 단순히 학습되고 이해되며 평가되는 것이어서는 안된다. 메시지를 전달하는 특별한 문제가 존재한다. 우리가 이 책에서 제시한 것은 기독교적인 세계관 및 인생관과, 그것으로 인하여 모든 인간들이 받아들이도록 요청받고 있는 메시지의 기본적인 내용이다. 그러나 그 내용은 계속적으로 다시 표현되어야 할 필요가 있다. 교리들의 초시간적 본질과 교리들에 대한 특별한 당대의 표현 사이에 놓여 있는 팽팽한 줄을 건너가려고 할 때, 선택을 강요받게 되면, 우리는 전자를 향하여 기울어지게 된다. 이 접근 방법은 교리들이 더 많은 사람들에게 이해될 수 있는 방식으로 교리들을 재진술해야 할 필요성을 남겨 주었다.

이러한 필요성은 부분적으로는 저자가 북미(北美)의 교육받은 중산계급에 속한 백인 남자라는 사실로부터 유래한다. 비록 그가 흑인들과 라틴 아메리카계의 사람들과 저소득층들에 대한 목회적인 역할 속에서 봉사하였다 하더라도, 이 글들이 기본적으로 지향하고 있는 것은 미국의 복음적인 신학교들에 현재 등록하고 있는 그런 유형의 학생들에 대한 것이다. 신학의 내용을 제3세계의 독자들의 수준에 맞추기 위해서는 상당한 작업이 이루어져야 할 필요가 있다. 또한 이 신학을 수직적으로 적응시키기 위한 필요성도 역시 존재한다. 그 이유는 이것이 일차적으로 신학생들을 위하여 쓰여졌기 때문이다. 이 책들을 연구하는 평신도들을 발견하는 일은 고무적인 일이다. 그러나 참된 신학은 어린아이들에게까지도 표현될 수 있다.

부분적으로 신학적인 정보의 전달은 신학이 논증적이거나 교훈적인 형태로 항상 표현되어야 할 필요는 없다는 인식에 의하여 도움을 받을 수 있을 것이다. 때로는 이야기가 그것을 더 잘 전달한다. 예수는 그의 비유들의 사용을 통하여 이것을 반복적으로 증명하셨다. 20세기에 와서, 루이스(C.S.Lewis)는 신학이 매력적인 이야기들, 심지어는 어린아이의 이야기들의 형태로 대체될 수 있다는 사실을 보여주었다. 설화체의 신학은 역동적인 효력을 지니고 있는 심오한 진리를 전달해 주었다.[3] 그러나 우리는 신학적인 성찰과 교리 내용의 전달 사이에 존재하는 차이점을 염두에 두

---

3) Millard J.Erickson, "Narrative Theology in Translation or Transformation?" in *Festschrift: A Tribute to William Hordern*, ed.Walter Freitag(Saskatoon: University of Saskatchewan, 1985)를 보라.

어야 할 필요가 있다. 반성적이고 논증적인 사상의 좀더 정확한 범주들은 신학의 실제적인 공표를 위하여 여전히 본질적인 것이다.

저자는 참된 신학, 즉 좋은 신학이 하나님의 위대성과 장엄하심에 대한 독자들의 인식을 강화시켜 줄 것으로 확신한다. 모세가 불타는 가시 덤불 속에서 하나님을 만났을 때(출 3장), 그는 자신의 무가치함과 자신의 죄에 대한 느낌으로 가득 차 있었다. 베드로도 역시 자신이 완전하고 강력하신 주의 현존 속에 있음을 느꼈을 때, 두려움을 느꼈다(눅 5:8). 만약 우리가 연구한 진리들의 중요성을 진정으로 파악하였다면, 우리는 이와 유사한 반응을 갖게 될 것이다. 거론된 어떤 주제들은 하나님이 어떤 분이시며 어떤 일을 하시는지를 우리에게 좀더 직접적이고 효과적으로 지적해 준다. 글을 쓰게 된 저자의 목적은, 독자들이 주님을 더욱 더 사랑하게 되고 그 사랑을 다른 사람들에게 더 잘 전달할 수 있을 때에만 성취될 수 있을 것이다.

**● 독자 여러분들께 알립니다!**

'**CH북스**'는 기존 '**크리스천다이제스트**'의 영문명 앞 2글자와
도서를 의미하는 '**북스**'를 결합한 출판사의 새로운 이름입니다.


## 복음주의 조직신학 (하)

**1판 1쇄 발행** 2000년　1월 31일
**1판 중쇄 발행** 2022년 11월 11일


**발행인** 박명곤　**CEO** 박지성　**CFO** 김영은
**기획편집** 채대광, 김준원, 박일귀, 이승미, 이은빈, 이지은
**디자인** 구경표, 한승주
**마케팅** 임우열, 김은지, 최고은, 이호
**펴낸곳** CH북스
**출판등록** 제406-1999-000038호
**전화** 070-4917-2074　**팩스** 0303-3444-2136
**주소** 서울시 강서구 마곡중앙6로 40, 장흥빌딩 10층
**홈페이지** www.hdjisung.com　**이메일** main@hdjisung.com
**제작처** 영신사


ⓒ CH북스 2000

# "크리스천의 영적 성장을 돕는 고전"
## 세계기독교고전 목록